【传世经典 文白对照】

资治通鉴

六

晋纪

〔宋〕司马光　编撰

沈志华　张宏儒　主编

中华书局

目录

卷第九十　晋纪十二

起丁丑(317)尽戊寅(318)凡二年

中宗元皇帝上
建武元年(丁丑,317)

1　春,正月,汉兵东略弘农,太守宋哲奔江东。

2　黄门郎史淑、侍御史王冲自长安奔凉州,称愍帝出降前一日,使淑等赍诏赐张寔,拜寔大都督、凉州牧、侍中、司空,承制行事;且曰:"朕已诏琅邪王时摄大位,君其协赞琅邪,共济多难。"淑等至姑臧,寔大临三日,辞官不受。

初,寔叔父肃为西海太守,闻长安危逼,请为先锋入援;寔以其老,弗许。及闻长安不守,肃悲愤而卒。

寔遣太府司马韩璞、抚戎将军张阆等帅步骑一万东击汉,命讨虏将军陈安、安故太守贾骞、陇西太守吴绍各统郡兵为前驱。又遗相国保书曰:"王室有事,不忘投躯。前遣贾骞瞻公举动,中被符命,救骞还军。俄闻寇逼长安,胡崧不进,麹允持金五百,请救于崧,遂决遣骞等进军度岭。会闻朝廷倾覆,为忠不遂,愤痛之深,死有馀责。今更遣璞等,唯公命是从。"璞等卒不能进而还。

至南安,诸羌断路,相持百馀日,粮竭矢尽。璞杀车中牛以飨士,泣谓之曰:"汝曹念父母乎?"曰:"念。""念妻子乎?"曰:"念。""欲生还乎?"曰:"欲。""从我令乎?"曰:"诺。"乃鼓噪进战,会张阆帅金城兵继至,夹击,大破之,斩首数千级。

中宗元皇帝上
晋元帝建武元年(丁丑,公元 317 年)

1 春季,正月,汉军向东进攻弘农郡,太守宋哲逃奔江东。

2 黄门郎史淑、侍御史王冲从长安逃奔凉州,称说西晋愍帝出降前一天,派他们携带诏书赐封张寔,拜张寔为大都督、凉州牧、侍中、司空,禀承国制处理事宜;诏书还说:"朕已下诏琅邪王及时代摄帝位,希望你们协助琅邪王,共度多难之秋。"史淑等到达姑臧,张寔隆重哭奠愍帝三天,辞谢不接受封职。

当初,张寔的叔父张肃任西海太守,听说晋都长安危亡在即,自请任先锋赴援;张寔以他年老为由不同意。等到听说长安失守,张肃悲愤而死。

张寔派遣太府司马韩璞、抚戎将军张阆等率领步兵和骑兵共一万人向东攻击汉军,命令讨虏将军陈安、安故太守贾骞、陇西太守吴绍各自统领本郡兵马为前驱。又送信给相国司马保说:"晋王室遇有灾祸,我没忘投身报效。以前曾派遣贾骞视先生举动行事,后来接受符命,敕令贾骞回军。不久听说敌寇进逼长安,胡崧屯兵不前,麹允带着五百金向他求救,于是我决定派遣贾骞等翻山越岭进军赴援,刚好听说朝廷已经倾覆,未能实现尽忠的愿望,我悲痛心情之深重,虽死也有馀责。现在重新派遣韩璞等率军前往,接受您的命令。"韩璞等人的军队始终不能东进,只好退军。

军队行至南安,被多支羌人部族截断退路,双方相持一百多天,韩璞等人的军队箭尽粮绝。韩璞把拉车的牛杀掉犒饷士卒,流着眼泪对他们说:"你们思念父母吗?"士卒回答:"思念。""思念妻子儿女吗?"回答说:"思念。""想活着回家吗?"回答说:"想。"韩璞又问:"愿意听从我的号令吗?"士卒回答说:"愿意。"于是擂鼓呐喊,进击搏战。适逢张阆率金城士兵赶到,夹击羌人,大破敌军,斩首数千。

先是，长安谣曰："秦川中，血没腕，唯有凉州倚柱观。"及汉兵覆关中，氐、羌掠陇右，雍、秦之民，死者什八九，独凉州安全。

3　二月，汉主聪使从弟畅帅步骑三万攻荥阳，太守李矩屯韩王故垒，相去七里，遣使招矩。时畅兵猝至，矩未及为备，乃遣使诈降于畅。畅不复设备，大飨，渠帅皆醉。矩欲夜袭之，士卒皆恇惧，矩乃遣其将郭诵祷于子产祠，使巫扬言曰："子产有教，当遣神兵相助。"众皆踊跃争进。矩选勇敢千人，使诵将之，掩击畅营，斩首数千级，畅仅以身免。

4　辛巳，宋哲至建康，称受愍帝诏，令丞相琅邪王睿统摄万机。三月，琅邪王素服出次，举哀三日。于是西阳王羕及官属等共上尊号，王不许。羕等固请不已，王慨然流涕曰："孤，罪人也。诸贤见逼不已，当归琅邪耳！"呼私奴，命驾将归国。羕等乃请依魏、晋故事，称晋王。许之。辛卯，即晋王位，大赦，改元；始备百官，立宗庙，建社稷。

有司请立太子，王爱次子宣城公裒，欲立之，谓王导曰："立子当以德。"导曰："世子、宣城，俱有朗隽之美，而世子年长。"王从之。丙辰，立世子绍为王太子；封裒为琅邪王，奉恭王后；仍以裒都督青、徐、兖三州诸军事，镇广陵。以西阳王羕为太保，封谯刚王逊之子承为谯王。逊，宣帝之弟子也。又以征南大将军王敦为大将军、江州牧，扬州刺史王导为骠骑将军、都督中外诸军事、领中书监、录尚书事，丞相左长史刁协为尚书左仆射，右长史周顗为吏部尚书，军谘祭酒贺循为中书令，右司马戴渊、王邃为尚书，司直刘隗为御史中丞，行参军刘超为中书舍人，参军事孔愉长兼中书郎；自馀参军悉拜奉车都尉，掾属拜驸马都尉，行参军舍人拜骑都尉。

长安失陷以前，曾有民谣说："秦川中，血没腕，唯有凉州倚柱观。"等到汉军攻陷关中，氐族、羌族攻掠陇右，雍州、秦州的人民十有八九死亡，唯独凉州安然无恙。

3 二月，汉主刘聪派堂弟刘畅率领步兵、骑兵三万进攻荥阳，荥阳太守李矩屯兵韩王故旧壁垒，双方相距七里，刘畅派遣使者招降李矩。当时刘畅的军队突然到达，李矩来不及设备防御，于是派遣使者见刘畅，诈称愿降。刘畅不再防备，大肆犒劳士卒，主要将领都喝醉了。李矩打算乘夜偷袭，但手下士卒都心存畏惧，李矩便派部将郭诵到子产祠祝祷，让巫祝扬言说："子产神灵告知，到时会派遣神兵相助。"众人都踊跃争先。李矩挑选勇士千人，令郭诵率领他们，突然袭击刘畅军营，斩首数千，刘畅只身逃出，仅免于死。

4 辛巳（二十八日），宋哲到达建康，称说奉晋愍帝诏书，令丞相、琅邪王司马睿总摄国家所有事宜。三月，琅邪王换上素色服装，避居于别室，举哀三天。此时西阳王司马羕和官员、部属等共同进上皇帝尊号，琅邪王不肯即位。司马羕等坚持请求，不肯罢休。琅邪王感慨地流着眼泪说："孤是有罪之人。诸位贤良如果逼我不止，我将返归琅邪封国！"并传呼私人奴仆，让他们驾车准备返回封国。司马羕等于是请求琅邪王依照魏、晋旧有成例，称晋王。琅邪王同意了。辛卯（初九），琅邪王即晋王位，大赦天下，改年号为建武；开始设置百官，建立宗庙和社稷。

主掌官员请求立太子，晋王喜爱次子宣城公司马裒，想立他为太子，对王导说："立太子应当视其德行。"王导说："世子与宣城公，都有清朗隽秀的美德，但世子年长。"晋王听从了王导的意见。丙辰，晋王立世子司马绍为王太子；封司马裒为琅邪王，继承恭王的祭祀；仍任司马裒为都督，总摄青、徐、兖三州军事，镇守广陵。任西阳王司马羕为太保，封谯刚王司马逊的儿子司马承为谯王。司马逊是晋宣帝弟弟的儿子。又任征南大将军王敦为大将军、江州牧；扬州刺史王导为骠骑将军、都督内外军事、兼管中书监和录尚书事，丞相左长史刁协被任为尚书左仆射，右长史周顗被任为吏部尚书，军谘祭酒贺循任中书令，右司马戴渊、王邃为尚书，司直刘隗任御史中丞，行参军刘超为中书舍人，参军事孔愉长兼中书郎；其馀参军全部封官奉车都尉，部属封驸马都尉，行参军舍人官拜骑都尉。

王敦辞州牧,王导以敦统六州,辞中外都督,贺循以老病辞中书令,王皆许之;以循为太常。是时承丧乱之后,江东草创,刁协久宦中朝,谙练旧事,贺循为世儒宗,明习礼学,凡有疑议,皆取决焉。

5　刘琨、段匹磾相与歃血同盟,期以翼戴晋室。辛丑,琨檄告华、夷,遣兼左长史、右司马温峤,匹磾遣左长史荣邵,奉表及盟文诣建康劝进。峤,羡之弟子也,峤之从母为琨妻。琨谓峤曰:"晋祚虽衰,天命未改,吾当立功河朔,使卿延誉江南。行矣,勉之!"

王以鲜卑大都督慕容廆为都督辽左杂夷流民诸军事、龙骧将军、大单于、昌黎公,廆不受。征虏将军鲁昌说廆曰:"今两京覆没,天子蒙尘,琅邪王承制江东,为四海所系属。明公虽雄据一方,而诸部犹阻兵未服者,盖以官非王命故也。谓宜通使琅邪,劝承大统,然后奉诏令以伐有罪,谁敢不从!"处士辽东高诩曰:"霸王之资,非义不济。今晋室虽微,人心犹附之,宜遣使江东,示有所尊,然后仗大义以征诸部,不患无辞矣。"廆从之,遣长史王济浮海诣建康劝进。

6　汉相国粲使其党王平谓太弟乂曰:"适奉中诏,云京师将有变,宜衷甲以备非常。"乂信之,命宫臣皆衷甲以居。粲驰遣告靳准、王沈。准以白汉主聪曰:"太弟将为乱,已衷甲矣!"聪大惊曰:"宁有是邪!"王沈等皆曰:"臣等闻之久矣,屡言之,而陛下不之信也。"聪使粲以兵围东宫。粲使准、沈收氐、羌酋长十馀人,穷问之,皆悬首高格,烧铁灼目,酋长自诬与乂谋反。

王敦辞谢江州牧的官职，王导因为王敦已统领六州，辞谢都督内外军事的职务，贺循因年老多病辞去中书令，都获得晋王的同意；任命贺循为太常。此时承续西晋的丧乱之后不久，江南东晋政权刚刚草创，因刁协久在西晋时为官，熟悉旧制，贺循为当世儒学泰斗，精通礼学，所以凡遇疑碍难决的问题，都由他们定夺。

5　刘琨和段匹磾歃血盟誓，相约共同拥戴和辅佐晋王室。辛丑，刘琨发布檄文遍告汉族和其他民族，自己派遣兼左长史、右司马温峤，段匹磾派遣左长史荣邵，共同奉呈上表和盟约誓文前往建康进劝晋王即帝位。温峤是温羡兄弟的儿子，其姨母是刘琨的妻子，刘琨对温峤说："晋朝国运虽然中衰，但天命尚未变易，我将建立功名于河朔，让你的声誉流播江南。去吧，努力为之！"

晋王任命鲜卑大都督慕容廆为都督辽左杂夷流民诸军事、龙骧将军、大单于、昌黎公，慕容廆辞谢不受。征虏将军鲁昌劝说道："现在洛阳、长安两座京城沦陷，天子出降失位，琅邪王接受制诏于江东，四海归心。贤君虽然雄据一方，但仍有许多部族拥兵不听从号令，这是因为您的官职不是晋王正式任命的缘故。我认为应当派遣使者见琅邪王，劝他承续晋国帝位，然后遵奉皇上诏令攻伐有罪之人，谁敢不听从号令！"处士、辽东人高诩也说："霸王之业，不义不能成功。现在晋王室虽然衰微，仍然是民心所向，应当派遣使者至江东，以示所有尊崇，然后倚仗君臣大义征伐各部族，不愁没有正当的理由。"慕容廆听从他们的意见，派遣长史王济由海路前往建康劝晋王即帝位。

6　汉丞相刘粲让党羽王平对太弟刘乂说："刚刚奉受国主密诏，说京师将有变乱发生，应当内穿甲衣以备不测。"太弟刘乂信从，令东宫臣属都在外衣内穿上甲衣。刘粲派人驰告靳准、王沈，靳准禀报汉主刘聪说："太弟刘乂准备作乱，手下已内着甲衣了！"刘聪大惊，说："怎么会有这种事情！"王沈等人都说："我们早已听说太弟刘乂有犯上作乱之心，多次上言，但陛下不信我们的话。"刘聪令刘粲率军包围东宫。刘粲让靳准、王沈拘捕了听命于东宫的氐、羌酋长十多人，严刑拷问，把他们的头颅都枷锢于高木格之上，烧红铁器炙灼双目，酋长们便诬陷自己和刘乂共同谋反。

聪谓沈等曰："吾今而后知卿等之忠也！当念知无不言，勿恨往日言而不用也！"于是诛东宫官属及乂素所亲厚，准、沈等素所憎怨者大臣数十人，坑士卒万五千馀人。夏，四月，废乂为北部王，粲寻使准贼杀之。乂形神秀爽，宽仁有器度，故士心多附之。聪闻其死，哭之恸，曰："吾兄弟止馀二人而不相容，安得使天下知吾心邪！"氐、羌叛者甚众，以靳准行车骑大将军，讨平之。

7 五月壬午，日有食之。

8 六月丙寅，温峤等至建康，王导、周顗、庾亮等皆爱峤才，争与之交。是时，太尉豫州牧荀组、冀州刺史邵续、青州刺史曹嶷、宁州刺史王逊、东夷校尉崔毖等皆上表劝进，王不许。

9 初，流民张平、樊雅各聚众数千人在谯，为坞主。王之为丞相也，遣行参军谯国桓宣往说平、雅，平、雅皆请降。及豫州刺史祖逖出屯芦洲，遣参军殷乂诣平、雅。乂意轻平，视其屋，曰："可作马厩。"见大镬，曰："可铸铁器。"平曰："此乃帝王镬，天下清平方用之，奈何毁之！"又曰："卿未能保其头，而爱镬邪！"平大怒，于坐斩乂，勒兵固守。逖攻之，岁馀不下，乃诱其部将谢浮，使杀之，逖进据太丘。樊雅独据谯城，与逖相拒。逖攻之不克，请兵于南中郎将王含。桓宣时为含参军，含遣宣将兵五百助逖。逖谓宣曰："卿信义已著于彼，今复为我说雅。"宣乃单马从两人诣雅曰："祖豫州方欲平荡刘、石，倚卿为援。前殷乂轻薄，非豫州意也。"雅即诣逖降。逖既入谯城，石勒遣石虎围谯，王含复遣桓宣救之，虎解去。逖表宣为谯国内史。

刘聪对王沈等人说:"我现在才知道你们的忠心!你们应当追念知无不言的训诫,不要怨恨过去上言而不被信用!"于是诛杀太弟东宫属官,又诛杀平素与刘乂亲近、交厚而被靳准、王沈等人憎恶怨恨的大臣数十人,坑杀士卒一万五千多人。夏季,四月,废黜刘乂太弟身份,改封北部王,不久刘粲让靳准谋杀了他。刘乂形神秀爽,为人宽仁而有雅量,所以士人大多心存景仰。刘聪听说刘乂死讯,悲恸痛哭说:"我们兄弟仅剩二人却不能相容,怎么才能使天下人知晓我内心的情感呢!"氐族、羌族反叛的很多,刘聪让靳准代行车骑大将军职务,征讨平定了叛乱。

7　五月壬午(初一),发生日食。

8　六月丙寅(十五日),温峤等人到达建康。王导、周颛、庾亮等都喜爱温峤有才,争相和他交往。此时,太尉、豫州刺史荀组和冀州刺史邵续、青州刺史曹嶷、宁州刺史王逊、东夷校尉崔毖等人都上表劝晋王即帝位,晋王不同意。

9　当初,流民张平和樊雅在谯地各自聚集数千人,自任坞主。晋王司马睿任愍帝丞相时,曾派遣行参军、谯国人桓宣前往劝说张平、樊雅,二人自请归降。等到豫州刺史祖逖出兵屯居芦洲,派遣参军殷义拜会张平和樊雅。殷义瞧不起张平,打量张平的屋宇,说:"可以当马厩。"看见大铁锅,又说:"可以熔铸铁器。"张平说:"这是帝王的铁锅,天下清平时才能使用,怎么能轻易毁坏!"殷义则说:"你不能保有自己的头颅,却吝惜什么铁锅!"张平大怒,在座位上斩杀了殷义,率军固守。祖逖领兵攻击他们,一年多未能攻克。祖逖便诱使张平部将谢浮,让他杀掉了张平,祖逖进军占据太丘。当时樊雅还占据着谯城,与祖逖对抗。祖逖久攻不下,向南中郎将王含请求援兵。桓宣当时任王含的参军,王含派遣桓宣率兵五百人援助祖逖。祖逖对桓宣说:"你的信义已为对方所了解,这次再为我劝说樊雅。"桓宣于是一人独骑,只带二人随从于后,进见樊雅说:"祖逖正准备荡平刘聪、石勒,仰仗你为后援。前次殷义轻薄无礼,并非祖逖本意。"樊雅立即拜会祖逖,请求归降。祖逖进入谯城以后,石勒派遣石虎围困谯城。王含又派桓宣率军救援,石虎解围而去。祖逖上表请任桓宣为谯国内史。

己巳,晋王传檄天下,称:"石虎敢帅犬羊,渡河纵毒,今遣琅邪王裒等九军,锐卒三万,水陆四道,径造贼场,受祖逖节度。"寻复召裒还建康。

10 秋,七月,大旱;司、冀、并、青、雍州大蝗;河、汾溢,漂千馀家。

11 汉主聪立晋王粲为皇太子,领相国、大单于,总摄朝政如故。大赦。

12 段匹䃅推刘琨为大都督,檄其兄辽西公疾陆眷及叔父涉复辰、弟末杯等会于固安,共讨石勒。末杯说疾陆眷、涉复辰曰:"以父兄而从子弟,耻也;且幸而有功,匹䃅独收之,吾属何有哉!"各引兵还。琨、匹䃅不能独留,亦还蓟。

13 以荀组为司徒。

14 八月,汉赵固袭卫将军华荟于临颍,杀之。

初,赵固与长史周振有隙,振密谮固于汉主聪。李矩之破刘畅也,于帐中得聪诏,令畅既克矩,还过洛阳,收固斩之,以振代固。矩送以示固,固斩振父子,帅骑一千来降。矩复令固守洛阳。

15 郑攀等相与拒王廙,众心不一,散还横桑口,欲入杜曾。王敦遣武昌太守赵诱、襄阳太守朱轨击之,攀等惧,请降。杜曾亦请击第五猗于襄阳以自赎。

廙将赴荆州,留长史刘浚镇扬口垒。竟陵内史朱伺谓廙曰:"曾,猾贼也,外示屈服,欲诱官军使西,然后兼道袭扬口耳。宜大部分,未可便西。"廙性矜厉自用,以伺为老怯,遂西行。曾等果还趋扬口。廙乃遣伺归,裁至垒,即为曾所围。刘浚自守北门,

己巳(十八日),晋王传布檄文于天下,内称:"石虎胆敢率领犬羊乌合之众,渡过黄河荼毒民众,现派遣琅邪王司马裒等九军、精锐士卒三万,由水、陆四路直赴贼寇所在地,受祖逖指挥。"不久又召司马裒返回建康。

10 秋季,七月,旱情严重;司州、冀州、并州、青州、雍州发生严重蝗灾;黄河、汾水发生洪灾,淹没一千多户。

11 汉主刘聪立晋王刘粲为皇太子,兼领相国职务、大单于称号,总摄朝政一如往昔。实行大赦。

12 段匹磾推举刘琨为大都督,用檄书邀请兄长辽西公疾陆眷、叔父涉复辰、兄弟段末柸等在固安聚会,共同征讨石勒。段末柸游说疾陆眷、涉复辰说:"以父辈、兄长的身份追从子侄、兄弟,是一种耻辱;况且侥幸立功,段匹磾独收其利,我们能得到什么!"于是疾陆眷、涉复辰、段末柸各自领军退还。刘琨、段匹磾不能单独留守固安,也回师蓟州。

13 晋王任荀组为司徒。

14 八月,汉将赵固在临颍击杀卫将军华荟。

当初,赵固与长史周振不和,周振私下在汉主刘聪面前诋毁赵固。在李矩攻破刘畅的战役中,李矩曾于军帐中发现刘聪的诏令,诏令让刘畅攻克李矩之后,回军经过洛阳,收捕赵固并杀掉,用周振取代赵固。李矩将此诏送给赵固看,赵固斩杀了周振父子,率骑兵千人投降东晋。李矩仍然命令赵固戍守洛阳。

15 郑攀等人共同抗拒王廙,因众心不齐,退散至横桑口,打算投靠杜曾。王敦派遣武昌太守赵诱、襄阳太守朱轨率军攻击,郑攀等人畏惧,请求归降。杜曾也自请袭击襄阳第五猗的军队,以赎其罪。

王廙将前往荆州,留下长史刘浚镇守扬口壁垒。竟陵内史朱伺对王廙说:"杜曾是狡猾凶险之徒,他向外公开表示屈服,是想诱使官军往西,然后迅速突袭扬口。应当增强军力部署,不能立即西进。"王廙性格矜持严厉、自以为是,认为朱伺是年老怯懦,于是率军向西挺进。杜曾等果然回军直奔扬口。王廙这才派遣朱伺回军,刚至壁垒之中,很快被杜曾军队包围。刘浚自己守御北门,

使伺守南门。马隽从曾来攻垒,隽妻子先在垒中,或欲皮其面以示之。伺曰:"杀其妻子,未能解围,但益其怒耳。"乃止。曾攻陷北门,伺被伤,退入船,开船底以出,沈行五十步,乃得免。曾遣人说伺曰:"马隽德卿全其妻子,今尽以卿家内外百口付隽,隽已尽心收视,卿可来也。"伺报曰:"吾年六十馀,不能复与卿作贼,吾死亦当南归,妻子付汝裁之。"乃就王廙于甑山,病创而卒。

戊寅,赵诱、朱轨及陵江将军黄峻与曾战于女观湖,诱等皆败死。曾乘胜径造沔口,威震江、沔。

王使豫章太守周访击之。访有众八千,进至沌阳。曾锐气甚盛,访使将军李恒督左甄,许朝督右甄,访自领中军。曾先攻左、右甄,访于阵后射雉以安众心。令其众曰:"一甄败,鸣三鼓;两甄败,鸣六鼓。"赵诱子胤,将父馀兵属左甄,力战,败而复合,驰马告访。访怒,叱令更进,胤号哭还战。自旦至申,两甄皆败。访选精锐八百人,自行酒饮之,敕不得妄动,闻鼓音乃进。曾兵未至三十步,访亲鸣鼓,将士皆腾跃奔赴,曾遂大溃,杀千馀人。访夜追之,诸将请待明日,访曰:"曾骁勇能战,向者彼劳我逸,故克之;宜及其衰乘之,可灭也。"乃鼓行而进,遂定汉、沔。曾走保武当。王廙始得至荆州。访以功迁梁州刺史,屯襄阳。

16　冬,十月丁未,琅邪王衷薨。

17　十一月己酉朔,日有食之。

18　丁卯,以刘琨为侍中、太尉。

让朱伺守御南门。马隽跟随杜曾前来攻垒,而他的妻子儿女原先留在垒中,有人想剥其妻子儿女的脸皮向马隽示威。朱伺说:"杀了他们并不能解围,只是增添马隽的怒气罢了。"这才罢休。杜曾攻陷北门,朱伺受伤,退走上船,打开船底入水,在水底潜行了五十步,才得以幸免。杜曾派人游说朱伺说:"马隽感激您保全了他妻子儿女的性命,我现在已把您全军老小百十口人交托给马隽,马隽尽心照看,您可回来。"朱伺回答说:"我年龄已超过六十岁,不能再与你同做叛贼,即便死了也要回到南方,妻子儿女等就交由你处置。"于是前往甑山投奔王廙,伤重而死。

戊寅(二十八日),赵诱、朱轨及陵江将军黄峻与杜曾交战于女观湖,赵诱等人都兵败战死。杜曾乘胜直抵沔口,威震长江、沔水一带。

晋王派豫章太守周访进攻杜曾的军队。周访拥有八千兵众,进至沌阳。杜曾的军队锐气很盛,周访让将军李恒督守军阵左翼,许朝督守右翼,自己坐镇中军。杜曾先攻左、右两翼,周访在阵后射雉发箭以安军心。命令士卒说:"一翼兵败,鸣鼓三声;两翼都败,鸣鼓六声。"赵诱的儿子赵胤统领父亲部下剩存士兵从属左翼,奋勇作战,失败以后又聚集起来,骑马禀告周访。周访发怒,叱斥让他继续进击,赵胤大哭,返身作战。从早上激战至傍晚,周访军阵两翼都战败,周访挑选精锐士兵八百人,亲自斟酒劝饮,令他们不得妄动,听到鼓声再进攻。杜曾军队前行不到三十步,周访亲自击鼓,将士们都腾跃赴敌,杜曾军队因此大败,被杀一千多人。周访连夜追击,众将请求等待明日,周访说:"杜曾骁勇善战,以往我们以逸待劳,所以胜敌;现在应当乘其衰败之时追袭,才能歼灭他。"于是鸣鼓进军,追袭杜曾,平定了汉水、沔水流域。杜曾逃跑固守武当。王廙这才得以到达荆州。周访因军功升迁任梁州刺史,屯军襄阳。

16 冬季,十月丁未(二十九日),琅邪王司马裒死。

17 十一月己酉朔(初一),出现日食。

18 丁卯(十九日),晋王任命刘琨为侍中、太尉。

19 征南军司戴邈上疏,以为:"丧乱以来,庠序隳废。议者或谓平世尚文,遭乱尚武,此言似之,而实不然。夫儒道深奥,不可仓猝而成;比天下平泰,然后修之,则废坠已久矣。又,贵游之子,未必有斩将搴旗之才,从军征戍之役,不及盛年使之讲肄道义,良可惜也。世道久丧,礼俗日弊,犹火之消膏,莫之觉也。今王业肇建,万物权舆,谓宜笃道崇儒,以励风化。"王从之,始立太学。

20 汉主聪出畋,以愍帝行车骑将军,戎服执戟前导。见者指之曰:"此故长安天子也。"聚而观之,故老有泣者。太子粲言于聪曰:"昔周武王岂乐杀纣乎? 正恐同恶相求,为患故也。今兴兵聚众者,皆以子业为名,不如早除之!"聪曰:"吾前杀庾珉辈,而民心犹如是,吾未忍复杀也,且小观之。"十二月,聪飨群臣于光极殿,使愍帝行酒洗爵;已而更衣,又使之执盖。晋臣多涕泣,有失声者。尚书郎陇西辛宾起,抱帝大哭,聪命引出,斩之。

赵固与河内太守郭默侵汉河东,至绛,右司隶部民奔之者三万馀人。骑兵将军刘勋追击之,杀万馀人,固、默引归。太子粲帅将军刘雅生等步骑十万屯小平津,固扬言曰:"要当生缚刘粲以赎天子。"粲表于聪曰:"子业若死,民无所望,则不为李矩、赵固之用,不攻而自灭矣。"戊戌,愍帝遇害于平阳。粲遣雅生攻洛阳,固奔阳城山。

21 是岁,王命课督农功,二千石、长吏以入谷多少为殿最,诸军各自佃作,即以为廪。

22 氐王杨茂搜卒,长子难敌立,与少子坚头分领部曲;难敌号左贤王,屯下辨,坚头号右贤王,屯河池。

19 征南军司戴邈上疏,认为:"自王室丧乱以来,学校废毁。议政者有的以为清平之世尚文,遭逢世乱尚武,此言似是而非。儒家道义渊深玄奥,不可能仓促学成;等到天下安宁然后修习,那就废毁已久了。再者,富贵人家的游闲子弟,未必有斩将拔旗的英才,却从军征伐戍守,不乘壮年让他们研讨道义,实在可惜。世道衰微日久,礼制日渐凋敝,如同燃火销熔油脂一样,不知不觉。现在王业初建,万事方兴,我认为应当笃守道义、尊崇儒家,以勉励世风好转。"晋王听从了他的意见,开始设立太学。

20 汉主刘聪出猎,让已经投降的西晋愍帝权充车骑将军,穿上军服手持画戟作为先导。看见的人指着他说:"这就是过去在长安的皇帝。"众人聚集观望,西晋遗老有的潸然泪下。太子刘粲对刘聪说:"古时周武王怎会以杀商纣为乐事呢?只是唯恐恶人聚集在一起,酿成祸患。现在聚众起兵之人,莫不以降帝司马子业之名相号召,不如早些除掉他!"刘聪说:"当年我虽杀了庾珉等人,但民心仍然如此,我不忍再杀司马子业,暂且观察一段时间。"十二月,刘聪在光极殿大宴群臣,让愍帝斟酒洗杯;又让他更换服装拿盖。晋朝旧臣见了,不少人潸然泪下,有的甚至哭出了声。尚书郎陇西人辛宾起身,抱着愍帝大哭,刘聪令人将他带出去,杀了他。

赵固和河内太守郭默进犯汉河东,到达绛县,右司隶部的人民投奔而去的有三万多人。骑兵将军刘勋追袭他们,杀死一万多人,赵固、郭默领军退回。汉太子刘粲率将军刘雅生等步、骑兵十万屯居小平津,赵固扬言说:"誓当活捉刘粲赎回愍帝。"刘粲上表给刘聪说:"如果司马子业死了,民众无所期望,就不会再被李矩、赵固驱用,将不攻自灭。"戊戌(二十日),愍帝司马邺在平阳遇害。刘粲派遣刘雅生进攻洛阳,赵固逃奔阳城山。

21 这年,晋王下令考核、督促农业生产,俸禄二千石的官员、长官依据交纳谷物的数量多少考评政绩高下,各地驻军各自耕作,所获充当军队给养。

22 氐族酋长杨茂搜去世,长子杨难敌继位,和小儿子杨坚头分别统领部曲;杨难敌号称左贤王,屯驻下辨,杨坚头号称右贤王,屯驻河池。

23　河南王吐谷浑卒。吐谷浑者,慕容廆之庶兄也,父涉归,分户一千七百以隶之。及廆嗣位,二部马斗,廆遣使让吐谷浑曰:"先公分建有别,奈何不相远异,而令马有斗伤!"吐谷浑怒曰:"马是六畜,斗乃其常,何至怒及于人!欲远别甚易,恐后会为难耳!今当去汝万里之外。"遂帅其众西徙。廆悔之,遣其长史乙郍娄冯追谢之。吐谷浑曰:"先公尝称卜筮之言云:'吾二子皆当强盛,祚流后世。'我,孽子也,理无并大。今因马而别,殆天意乎!"遂不复还,西傅阴山而居。属永嘉之乱,因度陇而西,据洮水之西,极于白兰,地方数千里,鲜卑谓兄为阿干,廆追思之,为之作《阿干之歌》。吐谷浑有子六十人,长子吐延嗣。吐延长大有勇力,羌、胡皆畏之。

太兴元年(戊寅,318)

1　春,正月,辽西公疾陆眷卒,其子幼,叔父涉复辰自立。段匹磾自蓟往奔丧,段末柸宣言:"匹磾之来,欲为篡也。"匹磾至右北平,涉复辰发兵拒之。末柸乘虚袭涉复辰,杀之,并其子弟党与,自称单于。迎击匹磾,败之,匹磾走还蓟。

2　三月癸丑,愍帝凶问至建康,王斩缞居庐。百官请上尊号,王不许。纪瞻曰:"晋氏统绝,于今二年,陛下当承大业。顾望宗室,谁复与让!若光践大位,则神、民有所凭依;苟为逆天时,违人事,大势一去,不可复还。今两都燔荡,宗庙无主,刘聪窃号于西北,而陛下方高让于东南,此所谓揖让而救火也。"王犹不许,使殿中将军韩绩彻去御坐。瞻叱绩曰:"帝坐上应列星,敢动者斩!"王为之改容。

23　河南王吐谷浑去世。吐谷浑是慕容廆的异母兄长，父亲涉归曾划给他一千七百户为部曲。等到慕容廆继承鲜卑酋长位，吐谷浑和慕容廆双方的马群争斗，慕容廆派使者斥责吐谷浑说："先父划分的部族本来不同，你为什么不离得远点儿，而让马群争斗致伤！"吐谷浑生气地说："马是六畜之一，争斗本是常事，哪至于迁怒于人！要想远远分开很容易，只怕将来相会就难了！我现在要离开你到万里之外。"于是带领部众向西迁徙。慕容廆后悔此事，派长史乙郍娄冯追上道歉，吐谷浑说："先公曾经传述卜筮之语说：'我的两个儿子都会强盛的，统治权力将延续到后世。'我非正妻之子，按理不能与嫡子并重。现在因为马群之事分开，大概是天意吧！"于是不再回去，向西傍依阴山居住。当永嘉之乱时，吐谷浑借机越过陇右向西发展，占据洮水以西地区，一直到达白兰，方圆数千里。鲜卑语把哥哥叫作"阿干"，慕容廆遥思兄长，因此作《阿干之歌》。吐谷浑有六十多个儿子，长子吐延继承王位。吐延高大勇武，羌人、胡人都怕他。

晋元帝太兴元年（戊寅，公元 318 年）

1　春季，正月，辽西公疾陆眷死，儿子幼小，叔父涉复辰自立为王。段匹磾由蓟州出发去奔丧，段末柸扬言说："段匹磾此来，是想篡位。"段匹磾到达右北平，涉复辰发兵阻拦。段末柸乘虚击杀涉复辰，兼并其子弟、党羽，自称单于。段末柸迎战段匹磾并战胜了他，段匹磾逃回蓟州。

2　三月癸丑（初七），愍帝死讯传至建康，晋王服斩衰丧服，别居倚庐。百官奏请晋王使用皇帝尊号，晋王不同意。纪瞻说："晋政权灭亡，至今已经两年，陛下应当继承大业。遍观皇室子弟，又有谁值得推让！陛下如果荣登皇位，那么祖宗神灵和国民都能有所依凭；如果拂逆天命，违背人心，大势一旦失去，就无法挽回了。现在洛阳、长安两座京城被毁，国家无主，刘聪在西北自立国号，而陛下却在东南清高地推谢帝位，这就如同急于救火却恭礼谦让。"晋王还是不同意，让殿中将军韩绩撤去摆好的皇帝宝座。纪瞻呵斥韩绩说："皇帝之座与天上列星相应，敢搬动的斩首！"晋王脸色为之一变。

　　奉朝请周嵩上疏曰:"古之王者,义全而后取,让成而后得,是以享世长久,重光万载也。今梓宫未返,旧京未清,义夫泣血,士女遑遑。宜开延嘉谋,训卒厉兵,先雪社稷大耻,副四海之心,则神器将安适哉!"由是忤旨,出为新安太守,又坐怨望抵罪。嵩,颉之弟也。

　　丙辰,王即皇帝位,百官皆陪列。帝命王导升御床共坐,导固辞曰:"若太阳下同万物,苍生何由仰照!"帝乃止。大赦,改元,文武增位二等。帝欲赐诸吏投刺劝进者加位一等,民投刺者皆除吏,凡二十余万人。散骑常侍熊远曰:"陛下应天继统,率土归戴,岂独近者情重,远者情轻! 不若依汉法遍赐天下爵,于恩为普,且可以息检核之烦,塞巧伪之端也。"帝不从。

　　庚午,立王太子绍为皇太子。太子仁孝,喜文辞,善武艺,好贤礼士,容受规谏,与庾亮、温峤等为布衣之交。亮风格峻整,善谈老、庄,帝器重之,聘亮妹为太子妃。帝以贺循行太子太傅,周颉为少傅,庾亮以中书郎侍讲东宫。帝好刑名家,以《韩非》书赐太子。庾亮谏曰:"申、韩刻薄伤化,不足留圣心。"太子纳之。

　　3　帝复遣使授慕容廆龙骧将军、大单于、昌黎公,廆辞公爵不受。廆以游邃为龙骧长史,刘翔为主簿,命邃创定府朝仪法。裴嶷言于廆曰:"晋室衰微,介居江表,威德不能及远,中原之乱,非明公不能拯也。今诸部虽各拥兵,然皆顽愚相聚,宜以渐并取,以为西讨之资。"廆曰:"君言大,非孤所及也。然君中朝名德,不以孤僻陋而教诲之,是天以君赐孤而祐其国也。"乃以嶷为长史,委以军国之谋,诸部弱小者,稍稍击取之。

奉朝请周嵩上疏说:"古代帝王,道义周全而后撷取,谦让顺成而后据有,所以能长久地统治国家,恩泽被服万世。现在愍帝的梓宫尚未返国,故都耻辱尚未涤清,胸怀节义者痛心泣血,士子民女惶惶失措。应当广开言路征求良好的建议,训练士卒、整备兵器,先洗雪国家覆亡的大耻,实现天下人民的共同愿望,那么君临天下的大权还能给谁呢!"周嵩上疏违背了晋王的旨意,被贬黜出京,任新安太守,又因心怀怨谤被夺职。周嵩是周顗的兄弟。

丙辰(初十),晋王即帝位,文武百官陪列于两侧。元帝令王导登御床同坐,王导坚决拒绝,说:"如果太阳与天下万物等同,怎么能俯照苍生!"元帝便不再坚持。大赦天下,改年号为太兴,文武官员都晋升二级爵位。元帝打算对所有曾经投贴建议自己接受皇位的人格外优宠,凡官吏都增加爵位一等,平民都提升为官吏,总计有二十多万人。散骑常侍熊远说:"陛下顺应天命,继承皇位,普天之下莫不拥戴,岂止左近之人情深,偏远之人情浅! 不如依照汉朝的做法,普遍赐封臣民官爵,这样皇恩浩荡,而且可以省去考察核实的烦劳,堵塞弄虚作假的渠道。"元帝不听。

庚午(二十四日),立王太子司马绍为皇太子。太子仁义而有孝道,喜欢文学,爱好武艺,礼贤下士,从谏如流,与庾亮、温峤等结为平民之交。庾亮为人端庄肃正,擅长谈论老子、庄子之学,元帝很器重他,礼聘其妹为皇太子妃。元帝任命贺循行使太子太傅职权,周顗为少傅,庾亮以中书郎身份侍讲东宫。元帝喜好刑名之学,曾把《韩非子》一书赠送给太子。庾亮规谏太子说:"申不害、韩非行事刻薄有伤圣教,不值得圣上留心。"太子听从了。

3　元帝再次派遣使者任命慕容廆为龙骧将军、大单于、昌黎公,慕容廆推辞昌黎公的爵位不肯接受。慕容廆任命游邃为龙骧长史,刘翔为主簿,让游邃创定军府礼仪。裴嶷对慕容廆说:"晋王室衰微,孤独地处于江南,国威和恩德都不能覆及远方,中原的战乱局面,除了贤君您无人能够拯救。现在各部族虽然各自拥有军队,但都是由顽钝愚昧的族人聚合而成,应当逐个兼并,充实征讨中原的实力。"慕容廆说:"您所说的宏图远大,不是孤现在所能做的。不过您是朝中名贤,不因为孤的僻陋而加以教诲,这是上天把您赐给孤而祐护国家。"于是任裴嶷为长史,委托他策划军国之事,对势力弱小的部族,逐步以武力兼并。

4 李矩使郭默、郭诵救赵固,屯于洛汭。诵潜遣其将耿稚等夜济河袭汉营,汉具丘王翼光觇知之,以告太子粲,请为之备。粲曰:"彼闻赵固之败,自保不暇,安敢来此邪!毋为惊动将士!"俄而稚等奄至,十道进攻,粲众惊溃,死伤太半,粲走保阳乡。稚等据其营,获器械、军资,不可胜数。及旦,粲见稚等兵少,更与刘雅生收馀众攻之,汉主聪使太尉范隆帅骑助之,与稚等相持,若战二十馀日,不能下。李矩进兵救之,汉兵临河拒守,矩兵不得济。稚等杀其所获牛马,焚其军资,突围奔虎牢。诏以矩都督河南三郡诸军事。

5 汉蝱斯则百堂灾,烧杀汉主聪之子会稽王康等二十一人。

6 聪以其子济南王骥为大将军、都督中外诸军事、录尚书,齐王劢为大司徒。

7 焦嵩、陈安举兵逼上邽,相国保遣使告急于张寔,寔遣金城太守窦涛督步骑二万赴之。军至新阳,闻愍帝崩,保谋称尊号。破羌都尉张诜言于寔曰:"南阳王,国之疏属,忘其大耻而亟欲自尊,必不能成功。晋王近亲,且有名德,当帅天下以奉之。"寔从之,遣牙门蔡忠奉表诣建康。比至,帝已即位。寔不用江东年号,犹称建兴。

8 夏,四月丁丑朔,日有食之。

9 加王敦江州牧,王导骠骑大将军、开府仪同三司。
导遣八部从事行扬州郡国,还,同时俱见。诸从事各言二千石官长得失,独顾和无言。导问之,和曰:"明公作辅,宁使网漏吞舟,何缘采听风闻,以察察为政邪!"导咨嗟称善。和,荣之族子也。

4 李矩派郭默、郭诵救援赵固,屯兵洛水、汭水一带。郭诵悄悄地派遣部将耿稚等人夜间渡过黄河偷袭汉军军营,汉国具丘王翼光得到消息,传告太子刘粲,请求做好防备。刘粲说:"他们听说赵固兵败,自顾不暇,哪儿还敢到这儿来! 不要因此惊动将士!"不久,耿稚等人率军扑来,分十路围攻,刘粲所部惊慌溃逃,死伤过半,刘粲奔逃保守阳乡。耿稚等占据其军营,缴获的兵器和军事物资不计其数。到了天亮,刘粲看见耿稚等人兵力不多,又和刘雅生收拾残馀部队反攻,汉主刘聪派太尉范隆率骑兵助战,与耿稚等相持,苦战二十多天,不能攻克。李矩进军救援耿稚,汉军凭借黄河拒守,李矩的军队无法渡河。耿稚等人杀掉缴获的牛马,烧掉军事物资,突围奔向虎牢。元帝下诏让李矩总领河南三郡军务。

5 汉国螽斯则百堂发生火灾,烧死汉主刘聪的儿子会稽王刘康等二十一人。

6 刘聪任命其子济南王刘骥为大将军、都督中外诸军事、录尚书,任命齐王刘劢为大司徒。

7 焦嵩、陈安起兵进逼上邽,相国司马保派人向张寔告急,张寔派金城太守窦涛督率步、骑兵两万人赴援。军队行至新阳,听说愍帝死,司马保策划自立为帝。破羌都尉张诜对张寔说:"南阳王司马保是晋皇室中血统疏远的宗族,把巨大的耻辱忘于脑后,急于想自己称帝,一定不会成功。晋王司马睿是皇室近亲,而且有贤名,应当率天下之人共同奉他为主。"张寔听从,派遣牙门蔡忠奉呈劝进表书去建康。等到了建康,晋王已即帝位。张寔不用江南新改的年号,仍用愍帝建兴的年号。

8 夏季,四月丁丑朔(初一),出现日食。

9 元帝加任王敦为江州牧,王导为骠骑大将军、开府仪同三司。

王导分遣八部从事八人行察扬州所属八郡,回来后同时召见。各位从事纷纷禀告二千石官长的为政得失,唯独顾和默默无言。王导询问他,顾和说:"贤君您辅佐国政,宁可使法网宽松以至可以漏过大鱼,为什么又要搜集、听信道听途说,以斤斤计较来治理政事呢!"王导感叹称赞。顾和是顾荣的同族子侄。

10　成丞相范长生卒，成主雄以长生子侍中贲为丞相。长生博学，多艺能，年近百岁，蜀人奉之如神。

11　汉中常侍王沈养女有美色，汉主聪立以为左皇后。尚书令王鉴、中书监崔懿之、中书令曹恂谏曰："臣闻王者立后，比德乾坤，生承宗庙，没配后土，必择世德名宗，幽闲令淑，乃副四海之望，称神祇之心。孝成帝以赵飞燕为后，使继嗣绝灭，社稷为墟，此前鉴也。自麟嘉以来，中宫之位，不以德举。借使沈之弟女，刑馀小丑，犹不可以尘污椒房，况其家婢邪！六宫妃嫔，皆公子公孙，奈何一旦以婢主之！臣恐非国家之福也。"聪大怒，使中常侍宣怀谓太子粲曰："鉴等小子，狂言侮慢，无复君臣上下之礼，其速考实！"于是收鉴等送市，皆斩之。金紫光禄大夫王延驰，将入谏，门者弗通。

鉴等临刑，王沈以杖叩之曰："庸奴，复能为恶乎？乃公何与汝事！"鉴瞋目叱之曰："竖子！灭大汉者，正坐汝鼠辈与靳准耳！要当诉汝于先帝，取汝于地下治之！"准谓鉴曰："吾受诏收君，有何不善，君言汉灭由吾也？"鉴曰："汝杀皇太弟，使主上获不友之名。国家畜养汝辈，何得不灭！"懿之谓准曰："汝心如枭镜，必为国患，汝既食人，人亦当食汝。"

聪又立宣怀养女为中皇后。

12　司徒荀组在许昌，逼于石勒，帅其属数百人渡江。诏组与太保西阳王羕并录尚书事。

10　成汉丞相范长生故去,成汉主李雄任命其子侍中范贲为丞相。范长生博学多能,享年近百岁,蜀地人民尊奉他有如神灵。

11　汉国中常侍王沈的养女容颜美丽,国主刘聪立她为左皇后。尚书令王鉴、中书监崔懿之、中书令曹恂进谏说:"臣听说帝王册立王后,效法乾坤相配之理,在世时承嗣宗庙祭祀,去世后配祀土神,必须选择道德传家、名门显族的女子,本人也应幽闲贤淑,才能与四海之民的期望相称,使神祇满意。汉成帝立赵飞燕为皇后,结果使子嗣灭绝,社稷毁为废墟,这是前代的教训。本朝从麟嘉年间开始,选立皇后不以道德为准绳。即便是王沈的妹妹或亲女儿,也不过如同阉宦丑类,尚且不能让她们玷污后妃之位,更何况王沈的婢女呢!君王六宫的嫔妃,都是王公贵胄的子孙,怎能轻率地让婢女做他们的主人!臣怕这不是国家的福兆。"刘聪大为生气,让中常侍宣怀对太子刘粲说:"王鉴这帮小子,口出狂言,侮慢尊上,不再有君臣上下的礼节,望从速定罪!"于是收捕王鉴等人送往刑场斩首。金紫光禄大夫王延骑马赶来,要进宫规谏,守门者不给通报。

王鉴等人临刑前,王沈用手杖叩击他们说:"无用奴才,还能再作恶吗?老公关你们什么事!"王鉴瞋目叱骂说:"小子!覆灭大汉的人,正是你这样的鼠辈和靳准之流!我一定要向先帝控告你,把你拘到地下治罪!"靳准对王鉴说:"我接受诏命拘捕,有什么不对,你却说覆灭汉国是因为我?"王鉴说:"你杀死皇太弟,使主上蒙受不友爱的恶名。国家畜养你这样的人,怎能不灭亡!"崔懿之对靳准说:"你的心像枭和破獍这种畜类一样残忍,必定是国家的祸害,你既然要吃人,别人也会吃掉你。"

刘聪又立宣怀的养女为中皇后。

12　司徒荀组在许昌,被石勒所逼,率领部属数百人渡过长江。元帝下诏让荀组和太保、西阳王司马羕同录尚书事。

13 段匹磾之奔疾陆眷丧也,刘琨使其世子群送之。匹磾败,群为段末柸所得。末柸厚礼之,许以琨为幽州刺史,欲与之袭匹磾,密遣使赍群书,请琨为内应,为匹磾逻骑所得。时琨别屯征北小城,不知也,来见匹磾。匹磾以群书示琨曰:"意亦不疑公,是以白公耳。"琨曰:"与公同盟,庶雪国家之耻,若儿书密达,亦终不以一子之故负公而忘义也。"匹磾雅重琨,初无害琨意,将听还屯。其弟叔军谓匹磾曰:"我,胡夷耳;所以能服晋人者,畏吾众也。今我骨肉乖离,是其良图之日;若有奉琨以起,吾族尽矣。"匹磾遂留琨。琨之庶长子遵惧诛,与琨左长史杨桥等闭门自守,匹磾攻拔之。代郡太守辟闾嵩、后将军韩据复潜谋袭匹磾,事泄,匹磾执嵩、据及其徒党,悉诛之。五月癸丑,匹磾称诏收琨,缢杀之,并杀其子侄四人。琨从事中郎卢谌、崔悦等帅琨馀众奔辽西,依段末柸,奉刘群为主,将佐多奔石勒。悦,林之曾孙也。朝廷以匹磾尚强,冀其能平河朔,乃不为琨举哀。温峤表"琨尽忠帝室,家破身亡,宜在褒恤";卢谌、崔悦因末柸使者,亦上表为琨讼冤。后数岁,乃赠琨太尉、侍中,谥曰愍。于是夷、晋以琨死,皆不附匹磾。

末柸遣其弟攻匹磾,匹磾帅其众数千将奔邵续,勒将石越邀之于盐山,大败之,匹磾复还保蓟。末柸自称幽州刺史。

初,温峤为刘琨奉表诣建康,其母崔氏固止之,峤绝裾而去。既至,屡求返命,朝廷不许。会琨死,除散骑侍郎。峤闻母亡,阻乱不得奔丧、临葬,固让不拜,苦请北归。诏曰:"凡行礼者,当使理可经通。今桀逆未枭,诸军奉迎梓宫犹未得进,峤以一身,于何济其私难,而不从王命邪!"峤不得已受拜。

13　段匹磾为疾陆眷奔丧时,刘琨让自己的嫡长子刘群陪送。段匹磾兵败,刘群被段末柸俘获。段末柸对他非常有礼,并答应让刘琨当幽州刺史,想和刘琨共同攻击段匹磾。段末柸秘密派遣使者携带刘群写的信,请刘琨当内应,结果被段匹磾的巡逻骑兵抓获。当时刘琨单独屯兵于征北小城,不知内情,来见段匹磾。段匹磾把刘群的信给他看,并说:"我心中也没有怀疑您,所以告诉您。"刘琨说:"我和您共同结盟,但愿能洗雪国家的耻辱,即便儿子的信秘密地送到我手中,我最终也不会因为一个儿子的缘故辜负您而忘大义。"段匹磾素来看重刘琨,本来也没有加害刘琨的意思,准备听任他返回驻屯地。但段匹磾的弟弟段叔军对他说:"我们是胡夷族。之所以能够让晋国人服从我们,是因为畏惧我们人数众多。现在我们骨肉不和,正是晋人图谋我们的良机,如果有人推奉刘琨为首而起兵,我们这一族就完了。"段匹磾于是羁留了刘琨,不让他返回。刘琨的庶长子刘遵惧怕因此被杀,和刘琨的左长史杨桥等人闭门自守,被段匹磾攻破。代郡太守辟闾嵩、后将军韩据又密谋偷袭段匹磾,事情泄露,段匹磾抓获辟闾嵩、韩据及其党徒,一并处决。五月癸丑(初八),段匹磾假称奉诏拘捕刘琨。把他勒死,并杀掉他子、侄四人。刘琨的从事中郎卢谌、崔悦等率领刘琨馀部逃奔辽西,依附段末柸,尊奉刘群为主,将佐们大多投奔石勒。崔悦是崔林的曾孙。朝廷因为段匹磾势力尚强,希望他能平定河朔。于是不为刘琨发丧。温峤上表称颂"刘琨尽忠于晋室,家破身亡,应当褒扬优恤";卢谌、崔悦通过段末柸的使节,也上表为刘琨诉冤。过了几年,才追赠刘琨太尉、侍中,谥号为"愍"。此时夷人、晋人因为刘琨之死,都不再附从段匹磾。

段末柸派他兄弟进攻段匹磾,段匹磾率其部众数千人准备投奔邵续,石勒部将石越在盐山截击段匹磾,重创其军,段匹磾又回头保守蓟州。段末柸自称幽州刺史。

当初,温峤受刘琨之命奉呈上表到建康,母亲崔氏坚持阻拦,温峤断袖而去。到达建康以后,温峤多次请求返回复命,朝廷不同意。适逢刘琨死,元帝提升温峤任散骑侍郎。温峤听说母亲亡故,因战乱阻隔不能前去奔丧并安葬,所以坚持辞谢封职,苦苦请求北归家乡。元帝下诏说:"凡是遵循礼节的人,行为应当常常符合大道理。现在逆贼未能翦除,奉迎愍帝梓宫的军队尚且无法北进,温峤怎能让自己只顾个人私难,不听从王命呢!"温峤不得已,只好接受封职。

14　初,曹嶷既据青州,乃叛汉来降。又以建康悬远,势援不接,复与石勒相结,勒授嶷东州大将军、青州牧,封琅邪公。

15　六月甲申,以刁协为尚书令,荀崧为左仆射。协性刚悍,与物多忤,与侍中刘隗俱为帝所宠任。欲矫时弊,每崇上抑下,排沮豪强,故为王氏所疾,诸刻碎之政,皆云隗、协所建。协又使酒放肆,侵毁公卿,见者皆侧目惮之。

16　戊戌,封皇子晞为武陵王。

17　刘虎自朔方侵拓跋郁律西部,秋,七月,郁律击虎,大破之。虎走出塞,从弟路孤帅其部落降于郁律。于是郁律西取乌孙故地,东兼勿吉以西,士马精强,雄于北方。

18　汉主聪寝疾,征大司马曜为丞相,石勒为大将军,皆录尚书事,受遗诏辅政。曜、勒固辞。乃以曜为丞相、领雍州牧,勒为大将军、领幽冀二州牧,勒辞不受。以上洛王景为太宰,济南王骥为大司马,昌国公颛为太师,朱纪为太傅,呼延晏为太保,并录尚书事;范隆守尚书令、仪同三司,靳准为大司空、领司隶校尉,皆遂决尚书奏事。癸亥,聪卒。甲子,太子粲即位。尊皇后靳氏为皇太后,樊氏号弘道皇后,武氏号弘德皇后,王氏号弘孝皇后;立其妻靳氏为皇后,子元公为太子。大赦,改元汉昌。葬聪于宣光陵,谥曰昭武皇帝,庙号烈宗。靳太后等皆年未盈二十,粲多行无礼,无复哀戚。

靳准阴有异志,私谓粲曰:“如闻诸公欲行伊、霍之事,先诛太保及臣,以大司马统万机,陛下宜早图之!”粲不从。准惧,复使二靳氏言之,粲乃从之。收其太宰景、大司马骥、骥母弟车骑大将军吴王逞、太师颛、大司徒齐王劢,皆杀之。朱纪、范隆奔长安。八月,粲治兵于上林,谋讨石勒。以丞相曜为相国、都督中外诸军事,仍镇长安。靳准为大将军、录尚书事。粲常游宴后宫,军国之事,一决于准。准矫诏以从弟明为车骑将军,康为卫将军。

14　当初，曹嶷已经占据青州，于是背叛汉国来投降东晋。又因为建康遥远，威势、军援均不能及远，又与石勒勾结，石勒委授曹嶷为东州大将军、青州牧，封琅邪公。

15　六月甲申(初九)，元帝任刁协为尚书令，荀崧为左仆射。刁协性情刚烈，对事常有不同意见，和侍中刘隗都是元帝所宠爱、信任的人。他们想纠正时弊，总是抑制臣下的势力以崇奉君主的权威，排挤豪强，所以被王氏所恨，许多严酷、劳民的政策，都说是刘隗、刁协的主意。刁协本人又酗酒任性，放浪无羁，攻讦公卿大臣，见到他的人都畏惧而不敢正视。

16　戊戌(二十三日)，元帝封皇子司马晞为武陵王。

17　刘虎从朔方侵犯拓跋郁律的西部，秋季，七月，拓跋郁律攻击刘虎，大胜。刘虎逃到塞外，堂弟刘路孤率部落民众投降拓跋郁律。于是拓跋郁律向西攻取乌孙故地，向东兼并了勿吉以西地区，兵强马壮，称雄于北方。

18　汉国主刘聪病重，征召大司马刘曜任命为丞相，石勒任大将军，都领尚书事，禀受遗诏辅佐国政。刘曜、石勒固执地推辞，于是任刘曜为丞相，兼雍州牧，石勒为大将军，兼领幽州、冀州牧，石勒推辞不接受。任上洛王刘景为太宰，济南王刘骥为大司马，昌国公刘颚为太师，朱纪为太傅，呼延晏为太保，同领尚书事；范隆仍为尚书令、仪同三司，靳准任大司空、领司隶校尉，轮流决断尚书所奏事宜。癸亥(十九日)，刘聪去世。甲子(二十日)，太子刘粲即位，尊皇后靳氏为皇太后，樊氏号称弘道皇后，武氏号称弘德皇后，王氏号称弘孝皇后；立妻子靳氏为皇后，儿子刘元公为太子。大赦天下，改年号为汉昌。刘聪葬于宣光陵，谥号是昭武皇帝，庙号烈宗。靳太后等人年龄都不到二十岁，刘粲多行非礼之举，并无悲哀神色。

靳准私下怀有异志，悄悄对刘粲说："好像听说诸位公卿准备像商代伊尹、汉代霍光那样代摄朝政，杀掉太保呼延晏和我，让大司马刘骥统领万机，陛下应当早做准备。"刘粲不听。靳准恐惧，又让皇太后靳氏和皇后靳氏二人劝说，刘粲于是听从。收捕太宰刘景、大司马刘骥、刘骥的同母弟车骑大将军吴王刘逞、太师刘颚和大司徒齐王刘劢，全部处死。朱纪和范隆逃奔长安。八月，刘粲在上林练兵，准备征讨石勒。任丞相刘曜为相国，总督内外军事事宜，仍然镇守长安。任靳准为大将军，领尚书事。刘粲经常在后宫游乐，军国大事，全由靳准决断。靳准假称诏令，让堂弟靳明任车骑将军，靳康为卫将军。

准将作乱,谋于王延。延弗从,驰,将告之,遇靳康,劫延以归。准遂勒兵升光极殿,使甲士执粲,数而杀之,谥曰隐帝。刘氏男女,无少长皆斩东市。发永光、宣光二陵,斩聪尸,焚其宗庙。准自号大将军、汉天王,称制,置百官。谓安定胡嵩曰:"自古无胡人为天子者,今以传国玺付汝,还如晋家。"嵩不敢受,准怒,杀之。遣使告司州刺史李矩曰:"刘渊,屠各小丑,因晋之乱,矫称天命,使二帝幽没。辄率众扶侍梓宫,请以上闻。"矩驰表于帝,帝遣太常韩胤等奉迎梓宫。汉尚书北宫纯等招集晋人,堡于东宫,靳康攻灭之。准欲以王延为左光禄大夫,延骂曰:"屠各逆奴,何不速杀我,以吾左目置西阳门,观相国之入也;右目置建春门,观大将军之入也!"准杀之。

相国曜闻乱,自长安赴之。石勒帅精锐五万以讨准,据襄陵北原。准数挑战,勒坚壁以挫之。

冬,十月,曜至赤壁。太保呼延晏等自平阳归之,与太傅朱纪等共上尊号。曜即皇帝位,大赦,惟靳准一门不在赦例。改元光初。以朱纪领司徒,呼延晏领司空,太尉范隆以下悉复本位。以石勒为大司马、大将军,加九锡,增封十郡,封爵为赵公。

勒进攻准于平阳,巴及羌、羯降者十馀万落,勒皆徙之于所部郡县。

汉主曜使征北将军刘雅、镇北将军刘策屯汾阴,与勒共讨准。

19　十一月乙卯,日夜出,高三丈。

20　诏以王敦为荆州牧,加陶侃都督交州诸军事。敦固辞州牧,乃听为刺史。

靳准将要作乱,与王延商议。王延不肯依从,驰马准备告发,路上遇见靳康,被劫持回来。靳准便领兵登上光极殿,派甲士抓住刘粲,数落他的罪名并杀了他,谥号隐帝。刘氏的男男女女,不分老幼都斩杀于东市。又挖掘永光、宣光两座陵墓,斩断刘聪尸身,焚毁刘氏宗庙。靳准自称大将军、汉天王,行使皇帝权力,设置百官。靳准对安定人胡嵩说:"自古以来没有胡人当天子的,现在把传国玉玺交给你,还给晋王室。"胡嵩不敢接受,靳准发怒,杀胡嵩。靳准派使者告诉司州刺史李矩说:"刘渊是匈奴屠各部的小丑,乘晋内乱,矫称天命为天子,使得晋怀帝、晋愍帝被俘身死。我立即率众扶侍二帝梓宫送往南方,请报知皇帝。"李矩急速上表元帝,元帝派太常韩胤等人奉迎梓宫。汉国尚书北宫纯等招集晋国民众,在东宫建堡固守,被靳康攻灭。靳准想让王延任光禄大夫,王延骂道:"屠各族的逆奴,为什么不快把我杀了,把我的左眼放在西阳门,好看相国刘曜攻进来;把右眼放在建春门,好看大将军石勒攻进来!"靳准杀了王延。

相国刘曜听说国中有乱,由长安前来救难。石勒率五万精兵讨伐靳准,占据襄陵以北平原。靳准多次挑战,石勒坚壁不出,耗去敌人锐气。

冬季,十月,刘曜到达赤壁。太保呼延晏等从平阳来归附,与太傅朱纪等共同拟上皇帝尊号。刘曜便即帝位,大赦天下,只有靳准一族不在赦免之列。改年号为光初。以朱纪领司徒,呼延晏领司空,太尉范隆以下诸人都官复原职。任石勒为大司马、大将军,加九锡,增封十郡为私邑,封爵为赵公。

石勒在平阳进攻靳准,巴人、羌人和羯族人投降的有十多万人,石勒把他们全部迁徙到自己统治的郡县内。

汉主刘曜派征北将军刘雅、镇北将军刘策屯兵汾阴,与石勒共同讨伐靳准。

19 十一月乙卯(十三日),夜间出现太阳,高三丈。

20 元帝下诏任命王敦为荆州牧,授予陶侃都督交州军事。王敦坚持辞谢,于是听任他为刺史。

21 庚申，诏群公卿士各陈得失。御史中丞熊远上疏，以为："胡贼猾夏，梓宫未返，而不能遣军进讨，一失也。群官不以雠贼未报为耻，务在调戏、酒食而已，二失也。选官用人，不料实德，惟在白望，不求才干，惟事请托；当官者以治事为俗吏，奉法为苛刻，尽礼为谄谀，从容为高妙，放荡为达士，骄蹇为简雅，三失也。世之所恶者，陆沈泥滓；时之所善者，翱翔云霄；是以万机未整，风俗伪薄。朝廷群司，以从顺为善，相违见贬，安得朝有辨争之臣，士无禄仕之志乎！古之取士，敷奏以言；今光禄不试，甚违古义。又举贤不出世族，用法不及权贵，是以才不济务，奸无所惩。若此道不改，求以救乱，难矣！"

先是，帝以离乱之际，欲慰悦人心，州郡秀、孝，至者不试，普皆署吏。尚书陈颙亦上言："宜渐循旧制，试以经策。"帝从之，仍诏："不中科者，刺史、太守免官。"于是秀、孝皆不敢行，其有到者，亦皆托疾，比三年无就试者。帝欲特除孝廉已到者官，尚书郎孔坦奏议，以为："近郡惧累君父，皆不敢行；远郡冀于不试，冒昧来赴。今若偏加除署，是为谨身奉法者失分，侥幸投射者得官，颓风伤教，恐从此始。不若一切罢归，而为之延期，使得就学，则法均而令信矣。"帝从之，听孝廉申至七年乃试。坦，愉之从子也。

21　庚申(十八日),元帝下诏让群臣公卿各陈国政得失。御史中丞熊远上疏认为:"胡族寇贼作乱华夏,二帝梓宫未还,却不能派军征讨,这是第一个过失;官员们不以敌仇未报为耻,只顾饮宴调侃,这是第二个过失;选官用人,不考察实际的德行,只看虚名,不求有才干,只重关系,当官的人把治理政事看作是俗吏所为,把遵奉法律看作是苛刻,把尽守礼仪看作诌谀,把无所事事看作高妙,把放荡不羁之人看作通达之士,把骄傲怠慢看作简雅,这是第三个过失。时俗所憎恶的人,沉沦于尘埃;时俗所褒扬的人,得以翱翔云霄,所以万事未备,而风俗却虚伪、刻薄。朝廷众官,以顺从为善,意见不合便遭贬责,这怎能使朝廷有抗辩谏诤的大臣,怎能使士人没有为俸禄做官之心呢!古代选拔人才,根据他们陈述的言论,现在光禄大夫不举行考试,大大违背古制。再加上推举贤良不超出豪强世族,刑律实施不到权贵们头上,所以有才能的人不能建功立业,奸佞之人无从惩治。如果这种做法不改变,希望拯救乱政是太困难了!"

以前,元帝因为正当战乱离散之世,想抚慰、取悦人心,州郡荐举的秀才、孝廉进京不必考试,普遍署任为官吏。尚书陈頵也上言说:"应当逐渐恢复过去的制度,考试经策。"元帝听从,于是下诏说:"凡荐举的秀才、孝廉考试不合格的,所在地的刺史、太守免职。"这样被荐举出来的秀才、孝廉都不敢来参加考试,即使有来的,也都以生病为由推托,连续三年没有应试者。元帝想将已到京的孝廉按特例处理授予他们官职,尚书孔坦上奏发表意见,认为:"附近州郡的孝廉怕牵累长官,家人,都不敢来,而远处州郡的孝廉寄希望于免予考试,冒昧前来。现在如果一律只授予他们官职,那么持身严谨、奉尊法令的人便失去了机会,而心存侥幸、冒险一试的人却得到了官职,风气败坏、教化不行,恐怕从此开始。不如所有的人都不授职,推延策试日期,让他们再去学习,这样法令便公正而诚信。"元帝听从,任凭策试孝廉推迟七年才举行。孔坦是孔愉的侄子。

22 靳准使侍中卜泰送乘舆、服御请和于石勒。勒囚泰，送于汉主曜。曜谓泰曰："先帝末年，实乱大伦。司空行伊、霍之权，使朕及此，其功大矣。若早迎大驾者，当悉以政事相委，况免死乎！卿为朕入城，具宣此意。"泰还平阳，准自以杀曜母兄，沈吟未从。十二月，左、右车骑将军乔泰、王腾、卫将军靳康等，相与杀准，推尚书令靳明为主，遣卜泰奉传国六玺降汉。石勒大怒，进军攻明，明出战，大败，乃婴城固守。

23 丁丑，封皇子焕为琅邪王。焕，郑夫人之子，生二年矣，帝爱之，以其疾笃，故王之。己卯，薨。帝以成人之礼葬之，备吉凶仪服，营起园陵，功费甚广。琅邪国右常侍会稽孙霄上疏谏曰："古者凶荒杀礼；况今海内丧乱，宪章旧制，犹宜节省，而礼典所无，顾崇饰如是乎！竭已罢之民，营无益之事，殚已困之财，修无用之费，此臣之所不安也。"帝不从。

24 彭城内史周抚杀沛国内史周默，以其众降石勒。诏下邳内史刘遐领彭城内史，与徐州刺史蔡豹、泰山太守徐龛共讨之。豹，质之玄孙也。

25 石虎帅幽、冀之兵会石勒攻平阳，靳明屡败，遣使求救于汉。汉主曜使刘雅、刘策迎之，明帅平阳士女万五千人奔汉。曜西屯粟邑，收靳氏男女，无少长皆斩之。曜迎其母胡氏之丧于平阳，葬于粟邑，号曰阳陵，谥曰宣明皇太后。石勒焚平阳宫室，使裴宪、石会修永光、宣光二陵，收汉主粲已下百馀口葬之，置戍而归。

22 靳准派侍中卜泰赠送车驾、服御给石勒,向他请和。石勒囚禁卜泰,押送到汉主刘曜那里。刘曜对卜泰说:"先帝刘粲末年,行为实在是违背人伦。大司空靳准行使伊尹、霍光那样的权利,使得朕能登上君位,功劳很大。如果能早日迎奉大驾,我会把政事全部委托他管辖,何况免除一死呢!你为我进城去向靳准原原本本地传达我的意思。"卜泰回到平阳转告靳准,靳准自己觉得杀害了刘曜的母亲、兄弟,犹豫不决。十二月,左、右车骑将军乔泰、王腾、卫将军靳康等,合谋杀了靳准,推举尚书令靳明为主,派遣卜泰奉送传国的六颗印信投降汉国。石勒大为恼怒,进军攻击靳明,靳明出兵迎战,大败,于是环城固守。

23 丁丑(初五),晋元帝封皇子司马焕为琅邪王。司马焕是郑夫人所生,已经两岁了,元帝宠爱他,因为他病得很重,所以封他为王。己卯(初七),司马焕死。元帝依照成人的礼仪安葬他,准备吉凶仪服,营造园陵,花费的人力、财力很多。琅邪国右常侍、会稽人孙霄上书规谏说:"古时候凶年、荒年都要简化繁文缛节;何况当今宇内正处于丧乱之中,即便是宪章旧制,尚且应当简化,而礼典本无之事,难道应当这样大肆铺张吗!穷尽已经疲惫的民众,去干无益的事情,耗干已经困乏的财力,用以修建无用的东西,这使我深感不安。"元帝不听。

24 彭城内史周抚杀沛国内史周默,率其部众投降石勒。晋元帝下诏令下邳内史刘遐兼任彭城内史职,和徐州刺史蔡豹、泰山太守徐龛共同讨伐他。蔡豹是蔡质的玄孙。

25 石虎率领幽州、冀州的军队与石勒会合,进攻平阳。靳明多次战败,派遣使者向汉主求救。汉主刘曜派刘雅、刘策相迎,靳明率平阳士民一万五千人逃奔汉国。刘曜驻屯西部的粟邑,拘捕靳氏家人,不分老幼全都杀掉。刘曜从平阳迎回母亲胡氏的灵柩,安葬于粟邑,号称阳陵,上谥号为宣明皇太后。石勒焚毁平阳的宫室,让裴宪、石会修复永光、宣光两座陵墓,收敛汉主刘粲以下一百多人的尸体入土埋葬,安排好戍守的军队,然后返回。

26　成梁州刺史李凤数有功,成主雄兄子稚在晋寿,疾之。凤以巴西叛。雄自至涪,使太傅骧讨凤,斩之;以李寿为前将军,督巴西军事。

26 成汉的梁州刺史李凤多次立功,成汉国主李雄兄长的儿子李稚在晋寿县,嫉恨李凤。李凤占据巴西背叛成汉。李雄亲自到涪县,派太傅李骧征讨李凤,将李凤斩杀;任李寿为前将军,督察巴西军事事宜。

卷第九十一　晋纪十三

起己卯(319)尽辛巳(321)凡三年

中宗元皇帝中
太兴二年(己卯,319)

1　春,二月,刘遐、徐龛击周抚于寒山,破斩之。初,掖人苏峻帅乡里数千家结垒以自保,远近多附之。曹嶷恶其强,将攻之,峻率众浮海来奔。帝以峻为鹰扬将军,助刘遐讨周抚有功,诏以遐为临淮太守,峻为淮陵内史。

2　石勒遣左长史王脩献捷于汉,汉主曜遣兼司徒郭汜授勒太宰、领大将军,进爵赵王,加殊礼,出警入跸,如曹公辅汉故事;拜王脩及其副刘茂皆为将军,封列侯。脩舍人曹平乐从脩至粟邑,因留仕汉,言于曜曰:“大司马遣脩等来,外表至诚,内觇大驾强弱,俟其复命,将袭乘舆。”时汉兵实疲弊,曜信之。乃追汜还,斩脩于市。三月,勒还至襄国。刘茂逃归,言脩死状。勒大怒曰:“孤事刘氏,于人臣之职有加矣。彼之基业,皆孤所为,今既得志,还欲相图。赵王、赵帝,孤自为之,何待于彼邪!”乃诛曹平乐三族。

3　帝令群臣议郊祀,尚书令刁协等以为宜须还洛乃修之。司徒荀组等曰:“汉献帝都许,即行郊祀,何必洛邑!”帝从之,立郊丘于建康城之巳地。辛卯,帝亲祀南郊。以未有北郊,并地祇合祭之。诏:“琅邪恭王宜称皇考。”贺循曰:“《礼》,子不敢以己爵加于父。”乃止。

中宗元皇帝中

晋元帝太兴二年(己卯,公元 319 年)

1 春季,二月,刘遐、徐龛在寒山攻击周抚,攻破并杀死周抚。当初,掖县人苏峻率领乡里数千家民众营造壁垒自保,远近民众大多附从。曹嶷恨苏峻势力强大,准备攻击他,苏峻率部众渡海投奔东晋。元帝任苏峻为鹰扬将军,因为帮助刘遐讨伐周抚有功,下诏任刘遐为临淮太守,苏峻为淮陵内史。

2 石勒派左长史王脩向汉主献俘告捷,汉主刘曜派兼司徒郭汜授石勒为太宰、领大将军,晋升爵位为赵王,给予特殊礼遇,出入宫禁,如同曹操辅佐汉室的旧制;拜王脩和他的副将刘茂为将军,封为列侯。王脩的舍人曹平乐随从王脩到粟邑,顺势留在汉国做官,他对刘曜说:"大司马石勒派王脩等人前来,外表至为忠诚,实则是窥察您的强弱,等他回去报告后,将要袭击您。"当时汉军的确疲敝,刘曜相信了曹平乐所言,于是命人追回郭汜,在街市上杀了王脩。三月,石勒回到襄国。刘茂逃回,告知王脩死的情况,石勒大怒,说:"孤侍奉刘氏,已经超过了臣下该尽的本职。刘氏的基业,都是我所创下的,现在他志得意满,却反过来想算计我。赵王、赵帝,孤自己就能做,哪里还要等他呢!"于是诛杀曹平乐三族。

3 元帝令群臣商议郊祀之事,尚书令刁协等人认为应该等还都洛阳之后再举行。司徒荀组等人说:"汉献帝迁都许昌,马上便举行郊祀,又何必等回到洛邑时!"元帝听从了荀组等人意见,在建康城的巳地建立郊祀园丘。辛卯(二十日),元帝亲自到南郊祭天。因为还没有北郊,所以连同地祇合并祭祀。元帝下诏说:"琅邪恭王应当称作皇考。"贺循说:"根据《礼》,儿子不敢把自己的爵位加在父亲身上。"于是停止执行。

4 初,蓬陂坞主陈川自称陈留太守。祖逖之攻樊雅也,川遣其将李头助之。头力战有功,逖厚遇之。头每叹曰:"得此人为主,吾死无恨。"川闻而杀之。头党冯宠帅其众降逖。川益怒,大掠豫州诸郡,逖遣兵击破之。夏,四月,川以浚仪叛,降石勒。

5 周抚之败走也,徐龛部将于药追斩之;及朝廷论功,而刘遐先之。龛怒,以泰山叛,降石勒,自称兖州刺史。

6 汉主曜还,都长安,立妃羊氏为皇后,子熙为皇太子;封子袭为长乐王,阐为太原王,冲为淮南王,敞为齐王,高为鲁王,徽为楚王;诸宗室皆进封郡王。羊氏,即故惠帝后也。曜尝问之曰:"吾何如司马家儿?"羊氏曰:"陛下,开基之圣主;彼,亡国之暗夫;何可并言!彼贵为帝王,有一妇、一子及身三耳,曾不能庇。妾于尔时,实不欲生,意谓世间男子皆然。自奉巾栉已来,始知天下自有丈夫耳。"曜甚宠之,颇干预国事。

7 南阳王保自称晋王,改元建康,置百官,以张寔为征西大将军、开府仪同三司。陈安自称秦州刺史,降于汉,又降于成。上邽大饥,士众困迫,张春奉保之南安祁山。寔遣韩璞帅步骑五千救之,陈安退保绵诸,保归上邽。未几,保复为安所逼,寔遣其将宋毅救之,安乃退。

8 江东大饥,诏百官各上封事。益州刺史应詹上疏曰:"元康以来,贱经尚道,以玄虚弘放为夷达,以儒术清俭为鄙俗,宜崇奖儒官,以新俗化。"

9 祖逖攻陈川于蓬关,石勒遣石虎将兵五万救之,战于浚仪,逖兵败,退屯梁国。勒又遣桃豹将兵至蓬关,逖退屯淮南。虎徙川部众五千户于襄国,留豹守川故城。

4　当初,蓬陂坞主陈川自称陈留太守。祖逖攻打樊雅之时,陈川派部将李头助战。李头力战建功,祖逖对他另眼相看。李头常常感叹说:"能得到祖逖做自己的主公,我死无遗憾。"陈川听说,杀了李头。李头的党徒冯宠率领部众投降祖逖。陈川更加恼怒,大肆攻掠豫州诸郡,祖逖派兵打败了他。夏季,四月,陈川占据浚仪背叛,投降石勒。

5　周抚败逃时,是徐龛的部将于药追上并杀了周抚,等到朝廷论功时,却是刘遐占先。徐龛生气,占据泰山背叛,投降石勒,自称兖州刺史。

6　汉主刘曜回到长安,定都于此,立后妃羊氏为皇后,儿子刘熙为太子;封儿子刘袭为长乐王,刘阐为太原王,刘冲为淮南王,刘敞为齐王,刘高为鲁王,刘徽为楚王,各宗室子弟都进封郡王。羊氏就是过去晋惠帝的皇后。刘曜曾经问她说:"我比起司马家的孩子怎么样?"羊氏说:"陛下是开基的圣主,他是亡国的昏君,怎么能相提并论!他贵为帝王时,只有一个夫人、一个孩子和他自己三个人,竟然都不能庇护。我在那时实在是不想活了,以为世上的男人都是这样。自从做了您的妻子,才知道天下自有大丈夫。"刘曜非常宠爱她,羊氏常干预国事。

7　南阳王司马保自称晋王,改年号为建康。设置百官,任张寔为征西大将军、开府仪同三司。陈安自称秦州刺史,投降汉,后又投降成汉。上邽发生严重饥荒,士民困迫,张春侍奉司马保去南安的祁山。张寔派遣韩璞率领步、骑兵五千救援司马保,陈安退守绵诸,司马保回到上邽。不久,司马保又被陈安进逼,张寔派部将宋毅救援,陈安才退军。

8　江南发生严重饥荒,元帝下诏让百官各自上书奏事。益州刺史应詹上疏说:"自元康年间以来,轻视经典,崇尚道学,把玄虚弘放视作平达,把儒术、清俭看作鄙俗,应当尊崇和奖掖儒官,来革新风俗教化。"

9　祖逖在蓬关进攻陈川,石勒派石虎率兵五万救援,两军在浚仪交战,祖逖兵败,退军驻屯梁国。石勒又派桃豹率兵到达蓬关,祖逖退守淮南。石虎将陈川部众五千户迁徙到襄国,留下石豹守卫陈川故城。

10 石勒遣石虎击鲜卑日六延于朔方,大破之,斩首二万级,俘虏三万馀人。孔苌攻幽州诸郡,悉取之。段匹磾士众饥散,欲移保上谷,代王郁律勒兵将击之,匹磾弃妻子奔乐陵,依邵续。

11 曹嶷遣使赂石勒,请以河为境,勒许之。

12 梁州刺史周访击杜曾,大破之。马隽等执曾以降,访斩之;并获荆州刺史第五猗,送于武昌。访以猗本中朝所署,加有时望,白王敦不宜杀,敦不听而斩之。初,敦患杜曾难制,谓访曰:"若擒曾,当相论为荆州。"及曾死而敦不用。王廙在荆州,多杀陶侃将佐,以皇甫方回为侃所敬,责其不诣己,收斩之。士民怨怒,上下不安。帝闻之,征廙为散骑常侍,以周访代廙为荆州刺史。王敦忌访威名,意难之。从事中郎郭舒说敦曰:"鄙州虽荒弊,乃用武之国,不可以假人,宜自领之,访为梁州足矣。"敦从之。六月丙子,诏加访安南将军,馀如故。访大怒,敦手书譬解,并遗玉环、玉碗以申厚意。访抵之于地,曰:"吾岂贾竖,可以宝悦邪!"访在襄阳,务农训兵,阴有图敦之志,守宰有缺辄补,然后言上。敦患之而不能制。

魏该为胡寇所逼,自宜阳率众南迁新野,助周访讨杜曾有功,拜顺阳太守。

赵固死,郭诵留屯阳翟,石生屡攻之,不能克。

13 汉主曜立宗庙、社稷、南北郊于长安,诏曰:"吾之先,兴于北方。光文立汉宗庙以从民望。今宜改国号,以单于为祖。亟议以闻!"群臣奏:"光文始封卢奴伯,陛下又王中山。中山,赵分也,请改国号为赵。"从之。以冒顿配天,光文配上帝。

10 石勒派遣石虎在朔方重创鲜卑族日六延,斩首两万,俘虏三万多人。孔苌攻取了幽州诸郡。段匹磾的士众因饥饿离散,段匹磾想移军保守上谷,代王郁律领兵准备攻击他,段匹磾丢弃妻子儿女逃奔乐陵,依附邵续。

11 曹嶷派使者给石勒送去财物,请求以黄河作为分界,石勒答应了。

12 梁州刺史周访进攻杜曾,大胜。马隽等人抓住杜曾投降,周访斩杀杜曾;并抓获荆州刺史第五猗,送往武昌。周访因为第五猗本是朝廷任命,而且有一定声望,告诉王敦最好不要杀他,王敦不听,杀了第五猗。当初,王敦忧虑杜曾难以控制,对周访说:“如果能擒获杜曾,我将论功让你治理荆州。”等到杜曾死后,王敦不用周访。王廙在荆州,杀了许多陶侃的将佐,因为皇甫方回是陶侃所敬重的人,王廙责怪他不拜诣自己,把他拘捕杀害。士人民众因此怨怒,上下关系紧张。元帝听说这件事,征召王廙任散骑常侍,让周访代替王廙任荆州刺史。王敦嫉妒周访有威名,有意为难。从事中郎郭舒劝王敦说:“本州虽然荒凉凋敝,却是用武之地,不可以让人占有,应当自己管辖,周访治理梁州就够了。”王敦听从了他的话。六月丙子(初七),元帝下诏授予周访安南将军,其馀职务不变。周访大为恼怒,王敦亲自写信劝解,并赠玉环、玉碗表示看重之意。周访扔在地上,说:“我难道是商人和小孩吗? 怎么可以用宝物来让我高兴呢!”周访在襄阳发展农业、训练士卒,暗藏谋算王敦的心志,官吏有缺员就自行补录,然后才上报。王敦对他深以为患但又不能控制他。

魏该被胡族敌寇所逼迫,从宜阳率领部众向南迁徙到新野,因帮助周访讨伐杜曾有功,被拜为顺阳太守。

赵固死,郭诵屯军阳翟,石生多次进攻,不能取胜。

13 汉主刘曜在长安建立宗庙、社稷和南郊、北郊,下诏说:“我的祖先从北方开始兴盛,光文建立汉国宗庙是为了顺从民众愿望。现在应当改国号,奉单于为祖。尽快论议上报!”群臣上奏说:“光文最早受封卢奴伯,陛下又曾在中山称王。中山本是赵国领土,请求改国号为赵。”刘曜听从。将冒顿配祀上天,光文配祀上帝。

14　徐龛寇掠济、岱,破东莞。帝问将帅可以讨龛者于
王导,导以为太子左卫率泰山羊鉴,龛之州里冠族,必能制
之。鉴深辞,才非将帅;郗鉴亦表鉴非才,不可使,导不从。
秋,八月,以羊鉴为征虏将军、征讨都督,督徐州刺史蔡豹、临
淮太守刘遐、鲜卑段文鸯等讨之。

15　冬,石勒左、右长史张敬、张宾,左、右司马张屈六、
程遐等劝勒称尊号,勒不许。十一月,将佐等复请勒称大将
军、大单于、领冀州牧、赵王,依汉昭烈在蜀、魏武在邺故事,
以河内等二十四郡为赵国,太守皆为内史,准《禹贡》,复冀州
之境,以大单于镇抚百蛮,罢并、朔、司三州,通置部司以监
之;勒许之。戊寅,即赵王位,大赦;依春秋时列国称元年。

初,勒以世乱,律令烦多,命法曹令史贯志,采集其要,作
《辛亥制》五千文,施行十馀年,乃用令律。以理曹参军上党
续咸为律学祭酒,咸用法详平,国人称之。以中垒将军支雄、
游击将军王阳领门臣祭酒,专主胡人辞讼,重禁胡人,不得陵
侮衣冠华族,号胡为国人。遣使循行州郡,劝课农桑。朝会
始用天子礼乐,衣冠、仪物,从容可观矣。加张宾大执法,专
总朝政;以石虎为单于元辅、都督禁卫诸军事,寻加骠骑将
军、侍中、开府,赐爵中山公;自馀群臣,授位进爵各有差。

张宾任遇优显,群臣莫及;而谦虚敬慎,开怀下士,屏绝
阿私,以身帅物,入则尽规,出则归美。勒甚重之,每朝,常为
之正容貌,简辞令,呼曰右侯而不敢名。

16　十二月乙亥,大赦。

14　徐龛寇掠济水、泰山之间,攻破东莞。元帝向王导询问将帅中有谁能够征讨徐龛,王导认为太子左卫率泰山人羊鉴,是徐龛州里的显贵豪族,必能制服徐龛。羊鉴恳切地推辞,认为自己不是将帅之才;郗鉴也上表认为羊鉴不是合适的人选,不能委派,王导不听。秋季,八月,任羊鉴为征虏将军、征讨都督,总领徐州刺史蔡豹、临淮太守刘遐、鲜卑部段文鸯等讨伐徐龛。

15　冬季,石勒的左、右长史张敬、张宾,左、右司马张屈六、程遐等劝石勒称皇帝尊号,石勒不同意。十一月,将佐们又请求石勒称大将军、大单于、领冀州牧、赵王,依照蜀汉昭烈帝刘备在蜀、魏武帝曹操在邺的旧例,以河内等二十四郡为赵国,太守都改为内史,根据《尚书·禹贡》,恢复冀州的行政区划,以大单于的身份镇抚众蛮族;撤销并州、朔州、司州的建置,合置部司监管,石勒同意了。戊寅,石勒即赵王位,大赦天下;依照春秋时列国旧例称元年。

当初,石勒因为世事紊乱,律令繁多,命法曹令史贯志采撷纲要,作《辛亥制》五千字,施行十多年,才用律令。任理曹参军上党人续咸为律学祭酒,续咸运用法律细致、公平,受到国人的称赞。任用中垒将军支雄、游击将军王阳兼门臣祭酒,专管胡人的诉讼,严厉禁止胡人,不许他们欺凌污辱具有较高文化的汉人,把胡人称作国人。派遣使者巡行州郡,鼓励、督促农业生产。朝会时开始用天子的礼乐,衣冠、仪物都充足可观。升张宾为大执法,专门总理朝政;任石虎为单于元辅、都督禁卫各种军务,不久又担任骠骑将军、侍中、开府,赐爵为中山公;其馀群臣,授官封爵各有等次。

张宾得到的职位高、待遇优厚,群臣没有可比拟的;但他本人却谦虚、恭敬、小心,真诚地折节下士,杜绝私情,以身作则,入朝时直言规谏,出外却将美誉归功于主上。石勒非常看重他,每次上朝,经常因为张宾的缘故端正容貌,修饰辞令,以右侯称呼张宾,不叫他的名字。

16　十二月乙亥(初九),东晋大赦天下。

17　平州刺史崔毖，自以中州人望，镇辽东，而士民多归慕容廆，心不平。数遣使招之，皆不至，意廆拘留之，乃阴说高句丽、段氏、宇文氏，使共攻之，约灭廆，分其地。毖所亲勃海高瞻力谏，毖不从。

三国合兵伐廆，诸将请击之，廆曰："彼为崔毖所诱，欲邀一切之利。军势初合，其锋甚锐，不可与战，当固守以挫之。彼乌合而来，既无统一，莫相归服，久必携贰，一则疑吾与毖诈而覆之，二则三国自相猜忌。待其人情离贰，然后击之，破之必矣。"

三国进攻棘城，廆闭门自守，遣使独以牛酒犒宇文氏。二国疑宇文氏与廆有谋，各引兵归。宇文大人悉独官曰："二国虽归，吾当独取之。"

宇文氏士卒数十万，连营四十里。廆使召其子翰于徒河。翰遣使白廆曰："悉独官举国为寇，彼众我寡，易以计破，难以力胜。今城中之众，足以御寇，翰请为奇兵于外，伺其间而击之，内外俱奋，使彼震骇不知所备，破之必矣。今并兵为一，彼得专意攻城，无复他虞，非策之得者也；且示众以怯，恐士气不战先沮矣。"廆犹疑之。辽东韩寿言于廆曰："悉独官有凭陵之志，将骄卒惰，军不坚密，若奇兵卒起，掎其无备，必破之策也。"廆乃听翰留徒河。

17 平州刺史崔毖自以为在中州享有声望,现在镇守辽东,而士民却大多归附慕容廆,心中不服。多次派遣使者招纳士民,但他们全都不来,崔毖怀疑是慕容廆羁留他们,于是暗地游说高句丽、段氏和宇文氏,让他们共同攻伐慕容廆,约定剪灭慕容廆后,共同瓜分他的辖地。崔毖的亲信、勃海人高瞻极力劝谏,崔毖不听。

高句丽、段氏、宇文氏三国合兵攻伐慕容廆,慕容廆部下众将请战,慕容廆说:"他们被崔毖诱惑,想乘机谋利。军势刚刚会合,锋头正锐,现在不能和他们交战,应当固守以挫其锐气。他们乌合前来,既没有统一的号令,互相之间又不服气,时间久了必然产生二心,一来怀疑我和崔毖共使欺诈,想消灭他们;二来三国之间也互相猜忌。等到他们人心离散,然后进攻,一定能打败他们。"

三国军队进攻棘城,慕容廆闭门固守,派遣使者单独用牛和酒犒劳宇文氏。高句丽和段氏怀疑宇文氏与慕容廆勾结,各自领军退还。宇文氏首领悉独官说:"高句丽和段氏虽然回去,我要独自攻取慕容廆。"

宇文氏士卒有数十万,营寨相连有四十里。慕容廆派人从徒河征召儿子慕容翰。慕容翰派遣使者告诉慕容廆说:"悉独官倾国来犯,敌众我寡,易于智取,难以力敌。现在城中的军队,已足以防御,我请求作为外面的奇兵,伺机攻击,内外同时发兵,使他们惊骇而不知道如何防备,这样一定能打败他们。如果现在把兵力集中在一处,他们便能专心攻城,没有其他顾虑,这不是合适的对策。而且这是向民众表示内心的怯惧,恐怕还没作战士气就要先丧失了。"慕容廆犹疑不决。辽东人韩寿对慕容廆说:"悉独官有侵凌进逼的志向,将领骄纵,士卒愈惰,军队组织松散,如果使用奇兵突然发难,在他们没有防备时实施攻击,这是必定取胜的策略。"慕容廆这才同意慕容翰留在徒河。

悉独官闻之曰:"翰素名骁果,今不入城,或能为患,当先取之,城不足忧。"乃分遣数千骑袭翰。翰知之,诈为段氏使者,逆于道曰:"慕容翰久为吾患,闻当击之,吾已严兵相待,宜速进也。"使者既去,翰即出城,设伏以待之。宇文氏之骑见使者,大喜驰行,不复设备,进入伏中。翰奋击,尽获之,乘胜径进,遣间使语廆出兵大战。廆使其子皝与长史裴嶷将精锐为前锋,自将大兵继之。悉独官初不设备,闻廆至,惊,悉众出战。前锋始交,翰将千骑从旁直入其营,纵火焚之,众皆惶扰,不知所为,遂大败,悉独官仅以身免。廆尽俘其众,获皇帝玉玺三纽。

崔毖闻之,惧,使其兄子焘诣棘城伪贺。会三国使者亦至,请和,曰:"非我本意,崔平州教我耳。"廆以示焘,临之以兵,焘惧,首服。廆乃遣焘归谓毖曰:"降者上策,走者下策也。"引兵随之。毖与数十骑弃家奔高句丽,其众悉降于廆。廆以其子仁为征虏将军,镇辽东,官府、市里,按堵如故。

高句丽将如奴子据于河城,廆遣将军张统掩击,擒之,俘其众千馀家。以崔焘、高瞻、韩恒、石琮归于棘城,待以客礼。恒,安平人;琮,鉴之孙也。廆以高瞻为将军,瞻称疾不就,廆数临候之,抚其心曰:"君之疾在此,不在他也。今晋室丧乱,孤欲与诸君共清世难,翼戴帝室。君中州望族,宜同斯愿,奈何以华、夷之异,介然疏之哉!夫立功立事,惟问志略何如耳,华、夷何足问乎!"瞻犹不起,廆颇不平。龙骧主簿宋该,与瞻有隙,劝廆除之,廆不从,瞻以忧卒。

悉独官听说慕容翰留在徒河,说:"慕容翰素来以骁勇果敢闻名,现在不进城,或许会成为祸患,应当先攻取他,城里不足为患。"于是分出数千骑兵攻击慕容翰。慕容翰得知此事,派人假扮成段氏的使者,在路上迎住悉独官的骑兵,对他们说:"慕容翰长久以来就是我心头之患,听说你们将要进攻他,我们已严阵以待,你们可以快速前进。"使者离开以后,慕容翰立即出城,设下埋伏等待宇文氏的军队。宇文氏的骑兵见到使者,大为高兴,骑马驰行,不再防备,进入了伏击圈中。慕容翰突然攻击,全部俘获了他们。又乘胜进军,同时派遣密使告诉慕容皝,让他出兵大战。慕容皝令其子慕容皝和长史裴嶷率领精锐士卒为前锋,自己统率大军随后。悉独官原先没有设防,听说慕容皝来了,大惊,倾巢出战。两军前锋刚刚交战,慕容翰率领千余骑兵从旁侧直冲入悉独官军营,纵火焚烧,悉独官的士卒都惶恐不安,不知所措,结果大败,悉独官只身逃脱。慕容皝尽数俘获他的士众,缴获到三个皇帝的玉玺。

崔毖听说此事,心中恐惧,让他兄长的儿子崔焘到棘城假装祝贺。正巧高句丽、宇文氏、段氏三国使者也来请和,都说:"我们本来并不想与你为敌,是崔毖让我们这么做的。"慕容皝让崔焘见三国使者,执刀相对,崔焘害怕,低头臣服。慕容皝便让崔焘回去对崔毖说:"投降是上策,逃跑是下策。"并带兵随后而行。崔毖带着数十骑弃家逃奔高句丽,部众全部投降慕容皝。慕容皝任儿子慕容仁为征虏将军,镇守辽东,官府、市里,一仍其旧。

高句丽将领如奴子占据于河城,慕容皝派将军张统突然袭击,擒获如奴子,俘虏部众一千多家。慕容皝带着崔焘、高瞻、韩恒、石琮回到棘城,慕容皝以客人的礼节对待他们。韩恒是安平人;石琮是石鉴的孙子。慕容皝任高瞻为将军,高瞻以有病为由不答应,慕容皝多次亲临问候,抚摸他的心口说:"您的病在这儿,不在别处。现在晋王室丧乱,孤想和诸君共同廓清世上的灾难,辅翼、拥戴帝室。您是中州的名门望族,应当与我同有此愿,为何因为华夏、夷族的区别,便耿耿于怀,故意疏远呢!至于立功成事,只问志向、谋略怎样便可以了,何须再问是华夏还是夷族呢!"高瞻还是不肯出来做官,慕容皝心中颇为忿忿不平。龙骧主簿宋该与高瞻有矛盾,劝慕容皝除去高瞻,慕容皝没有听从,高瞻因忧虑而死。

初,鞠羡既死,苟晞复以羡子彭为东莱太守。会曹嶷徇青州,与彭相攻。嶷兵虽强,郡人皆为彭死战,嶷不能克。久之,彭叹曰:"今天下大乱,强者为雄。曹亦乡里,为天所相,苟可依凭,即为民主,何必与之力争,使百姓肝脑涂地!吾去此,则祸自息矣。"郡人以为不可,争献拒嶷之策,彭一无所用,与乡里千馀家浮海归崔毖。北海郑林客于东莱,彭、嶷之相攻,林情无彼此,嶷贤之,不敢侵掠,彭与之俱去。比至辽东,毖已败,乃归慕容廆。廆以彭参龙骧军事。遗郑林车牛粟帛,皆不受,躬耕于野。

宋该劝廆献捷江东,廆使该为表,裴嶷奉之,并所得三玺诣建康献之。

高句丽数寇辽东,廆遣慕容翰、慕容仁伐之;高句丽王乙弗利逆来求盟,翰、仁乃还。

18　是岁,蒲洪降赵,赵主曜以洪为率义侯。

19　屠各路松多起兵于新平、扶风以附晋王保,保使其将杨曼、王连据陈仓,张颐、周庸据阴密,松多据草壁,秦、陇氐、羌多应之。赵主曜遣诸将攻之,不克,曜自将击之。

三年(庚辰,320)

1　春,正月,曜攻陈仓,王连战死,杨曼奔南氐。曜进拔草壁,路松多奔陇城,又拔阴密。晋王保惧,迁于桑城。曜还长安,以刘雅为大司徒。

张春谋奉晋王保奔凉州,张寔遣其将阴监将兵迎之,声言翼卫,其实拒之。

当初，鞠羡已死，苟晞又让鞠羡的儿子鞠彭任东莱太守。适逢曹嶷到青州略地，和鞠彭相互攻击。曹嶷的军队虽强，但郡民都为鞠彭拼命死战，曹嶷不能取胜。相持日久，鞠彭叹息说："现在天下大乱，强大者是英雄。曹嶷也是同乡之人，有天相助，只要可以依靠，便可为民众主宰，何必和他力争，使老百姓肝脑涂地呢！我离开这里，战祸就会自然停止。"郡里人民都认为这样不行，争相进献抵抗曹嶷的计谋，鞠彭一个不用，随同乡里数千家民众渡海归附崔毖。北海人郑林旅居东莱，对于鞠彭、曹嶷之间的争斗，无所偏向。曹嶷认为他有贤德，不敢侵犯、劫掠。鞠彭和他一同离开。到了辽东，崔毖已经失败，鞠彭等于是归附慕容廆。慕容廆让鞠彭参与龙骧军事。赠送郑林车乘、服牛、粟谷、布帛，郑林都不接受，亲自在田野里耕种。

宋该劝慕容廆向江南晋王室献俘、告捷，慕容廆派宋该撰写上表，让裴嶷奉持，连同得到的三个玉玺，一起送到建康进献。

高句丽多次侵扰辽东，慕容廆让慕容翰、慕容仁领军攻伐。高句丽国王乙弗利迎上请求缔结盟约，慕容翰、慕容仁这才回师。

18　这年，蒲洪投降前赵，赵主刘曜封蒲洪为率义侯。

19　屠各部落的路松多起兵于新平、扶风，归附晋王司马保。司马保派部将杨曼、王连占据陈仓，张颙、周庸占据阴密，路松多占据草壁，秦州、陇州的氐人和羌人大多响应他们。前赵主刘曜派遣多员将领攻伐，不能取胜，刘曜准备自己亲征。

晋元帝太兴三年(庚辰,公元320年)

1　春季，正月，刘曜进攻陈仓，王连战死，杨曼逃奔南氐。刘曜进而攻取草壁，路松多逃往陇城，又攻取阴密。晋王司马保恐惧，迁都于桑城。刘曜回到长安，任刘雅为大司徒。

张春筹划侍奉晋王司马保逃奔凉州，张寔派遣部将阴监带兵来迎，说是护卫，其实是阻拦。

2　段末杯攻段匹磾,破之。匹磾谓邵续曰:"吾本夷狄,以慕义破家。君不忘久要,请相与共击末杯。"续许之,遂相与追击末杯,大破之。匹磾与弟文鸯攻蓟。后赵王勒知续势孤,遣中山公虎将兵围厌次,孔苌攻续别营十一,皆下之。二月,续自出击虎,虎伏骑断其后,遂执续,使降其城。续呼兄子竺等谓曰:"吾志欲报国,不幸至此。汝等努力奉匹磾为主,勿有贰心。"匹磾自蓟还,未至厌次,闻续已没,众惧而散,复为虎所遮,文鸯以亲兵数百力战,始得入城,与续子缉、兄子存、竺等婴城固守。虎送续于襄国,勒以为忠,释而礼之,以为从事中郎。因下令:"自今克敌,获士人,毋得擅杀,必生致之。"

吏部郎刘胤闻续被攻,言于帝曰:"北方藩镇尽矣,惟馀邵续而已。如使复为石虎所灭,孤义士之心,阻归本之路,愚谓宜发兵救之。"帝不能从。闻续已没,乃下诏以续位任授其子缉。

3　赵将尹安、宋始、宋恕、赵慎四军屯洛阳,叛,降后赵。后赵将石生引兵赴之,安等复叛,降司州刺史李矩。矩使颍川太守郭默将兵入洛。石生虏宋始一军,北渡河。于是河南之民皆相帅归矩,洛阳遂空。

4　三月,裴嶷至建康,盛称慕容廆之威德,贤隽皆为之用,朝廷始重之。帝谓嶷曰:"卿中朝名臣,当留江东,朕别诏龙骧送卿家属。"嶷曰:"臣少蒙国恩,出入省闼,若得复奉辇毂,臣之至荣。但以旧京沦没,山陵穿毁,虽名臣宿将,莫能雪耻,独慕容龙骧竭忠王室,志除凶逆,故使臣万里归诚。

2　段末柸进攻段匹磾,打败了段匹磾的军队。段匹磾对邵续说:"我本来是夷族,因为仰慕君臣大义,招致兵败家破。您如果不忘我们的旧约,便请和我共同抗击段末柸。"邵续答应了。于是和段匹磾共同追击段末柸,使段末柸的军队受到重创。段匹磾和兄弟段文鸯进攻蓟州。后赵君王石勒知道邵续势单力薄,派遣中山公石虎率军围攻厌次,又让孔苌进攻邵续,攻下十一座别营。二月,邵续亲自率军出击石虎,石虎埋伏骑兵截断其退路,结果抓住了邵续,并让他向城中军民劝降。邵续呼唤兄长的儿子邵竺等人,对他们说:"我的志向是想报效国家,不幸落到了这步田地。你们努力尊奉段匹磾为主帅,不要有异心。"段匹磾从蓟州归来,还没到厌次,听说邵续已被俘,部众惊恐逃散,又被石虎乘势攻击,段文鸯依仗数百亲兵的奋力死战,才得以进入厌次城中,和邵续的儿子邵缉、邵续兄长之子邵存、邵竺等人环城固守。石虎把邵续解送到襄国,石勒认为邵续是忠贞之士,释放了他,以礼相待,任为从事中郎。继而下令说:"从今以后克敌制胜,俘获士人不许擅自杀害,一定要活着送来。"

吏部郎刘胤听说邵续受到攻击,向元帝上言说:"北方的藩镇已经尽失,只剩下邵续一处。如果让他再被石虎攻灭,会使忠贞义士心感孤寂,并阻塞回归祖国的道路。我认为应当发兵救助。"元帝没有听从。后来听说邵续已受陷被擒,于是下诏把邵续的职位授予其子邵缉。

3　前赵将军尹安、宋始、宋恕、赵慎的四支军队驻屯洛阳,叛国投降后赵。后赵将领石生率军前往洛阳,尹安等人又背叛后赵,向晋的司州刺史李矩投降。李矩让颍川太守郭默率兵进入洛阳。石生俘获宋始这支军队,向北渡过黄河。于是黄河以南的民众都相互牵引归附李矩,洛阳城为之一空。

4　三月,裴嶷到达建康,盛赞慕容廆有威德,贤隽之士都乐意为他效力,朝廷这才开始重视慕容廆。元帝对裴嶷说:"您本是朝中名臣,应当留在江东,朕另外下诏让龙骧将军慕容廆把您的家属送来。"裴嶷说:"我自小蒙受晋室的恩宠,出入宫禁,如果能重新侍奉皇上,是我无上的荣耀。只是因为旧日京都沦陷,山陵毁败,即使是名臣宿将,也没有能够报仇雪耻,只有龙骧将军慕容廆尽忠于王室,立志赶除凶逆,所以派我不远万里前来表示忠诚。

今臣来而不返，必谓朝廷以其僻陋而弃之，孤其向义之心，使懈体于讨贼，此臣之所甚惜，是以不敢徇私而忘公也。"帝曰："卿言是也。"乃遣使随嶷拜廆安北将军、平州刺史。

5　闰月，以周顗为尚书左仆射。

6　晋王保将张春、杨次与别将杨韬不协，劝保诛之，且请击陈安，保皆不从。夏，五月，春、次幽保，杀之。保体肥大，重八百斤，喜睡，好读书，而暗弱无断，故及于难。保无子，张春立宗室子瞻为世子，称大将军。保众散，奔凉州者万馀人。陈安表于赵主曜，请讨瞻等。曜以安为大将军，击瞻，杀之。张春奔枹罕。安执杨次，于保枢前斩之，因以祭保。安以天子礼葬保于上邽，谥曰元王。

7　羊鉴讨徐龛，顿兵下邳，不敢前。蔡豹败龛于檀丘，龛求救于后赵。后赵王勒遣其将王伏都救之，又使张敬将兵为之后继。勒多所邀求，而伏都淫暴，龛患之。张敬至东平，龛疑其袭己，乃斩伏都等三百馀人，复来请降。勒大怒，命张敬据险以守之。帝亦恶龛反覆，不受其降，敕鉴、豹以时进讨。鉴犹疑惮不进，尚书令刁协劾奏鉴，免死除名，以蔡豹代领其兵。王导以所举失人，乞自贬，帝不许。

8　六月，后赵孔苌攻段匹磾，恃胜而不设备，段文鸯袭击，大破之。

9　京兆人刘弘客居凉州天梯山，以妖术惑众，从受道者千馀人，西平元公张寔左右皆事之。帐下阎涉、牙门赵印，皆弘乡人，弘谓之曰："天与我神玺，应王凉州。"涉、印信之，密与寔左右十馀人谋杀寔，奉弘为主。寔弟茂知其谋，请诛弘。寔令牙门将史初收之，未至，涉等怀刃而入，杀寔于外寝。

现在如果我来而不返,他一定认为朝廷因为他偏远落后而抛弃他,辜负他崇尚大义之心,惰怠讨伐逆贼之事,而这正是我所珍视的,所以我不敢因为个人私利而忘却公义。"元帝说:"您说的对。"于是派遣使者随同裴嶷前往,赐封慕容廆为安北将军、平州刺史。

5 闰月,晋任周顗为尚书左仆射。

6 晋王司马保部将张春、杨次和别将杨韬不和,劝司马保杀杨韬,并且请求攻击陈安,司马保都没听从。夏季,五月,张春、杨次软禁司马保,并杀了他。司马保身高体胖,重八百斤,嗜睡,喜欢读书,但糊涂懦弱,缺少决断,所以遇难。司马保没有儿子,张春立宗室子弟司马瞻为王世子,自称大将军。司马保的部众离散,逃奔到凉州的有一万多人。陈安上表给前赵国主刘曜,请求征讨司马瞻等人。刘曜任陈安为大将军,进攻司马瞻并杀了他。张春逃奔到枹罕。陈安抓住杨次,在司马保灵柩前将他斩首,用来祭奠司马保。陈安用对待天子的礼节把司马保葬于上邽,谥号元王。

7 羊鉴征讨徐龛,在下邳停兵,不敢前进。蔡豹在檀丘击败徐龛,徐龛向后赵求救。后赵国主石勒派部将王伏都救援,又让张敬率军作为后援。石勒向徐龛多有索求,而王伏都又淫荡残暴,徐龛为之忧患。张敬部到达东平,徐龛怀疑他是来袭击自己,于是将王伏都等三百多人斩首,又向东晋请降。石勒勃然大怒,命令张敬占据险要地形固守。元帝也憎恶徐龛反复无常,不接受他的请降,敕令羊鉴、蔡豹按原计划进发征讨。羊鉴仍然疑虑、忌惮,停止不前,尚书令习协上疏弹劾羊鉴,敕令免除职务,饶其不死,让蔡豹代为指挥军队。王导因为自己荐举的人选不当,自请贬职,元帝不同意。

8 六月,后赵孔苌进攻段匹磾,恃仗取得的胜利便不再防备,段文鸯趁势攻击,孔苌大败。

9 京兆人刘弘客居凉州的天梯山,用妖术迷惑民众,随他受道的人有一千多,西平元公张寔身边的人也都崇奉他。张寔的帐下阎涉、牙门赵印,都是刘弘的同乡。刘弘对他们说:"上天送给我神玺,应当统治凉州。"阎涉、赵印深信不疑,私下与张寔身边的十多人密谋杀害张寔,侍奉刘弘为主君。张寔的弟弟张茂得知他们的计划,请求诛杀刘弘。张寔命令牙门将史初拘捕刘弘。史初还未到刘弘处,阎涉等人怀藏凶器入内,把张寔杀死在外寝。

弘见史初至,谓曰:"使君已死,杀我何为!"初怒,截其舌而囚之,轘于姑臧市,诛其党与数百人。左司马阴元等以寔子骏尚幼,推张茂为凉州刺史、西平公,赦其境内,以骏为抚军将军。

10　丙辰,赵将解虎及长水校尉尹车谋反,与巴酋句徐、库彭等相结,事觉,虎、车皆伏诛。赵主曜囚徐、彭等五十馀人于阿房,将杀之。光禄大夫游子远谏曰:"圣王用刑,惟诛元恶而已,不宜多杀。"争之,叩头流血。曜怒,以为助逆而囚之,尽杀徐、彭等,尸诸市十日,乃投于水。于是巴众尽反,推巴酋句渠知为主,自称大秦,改元曰平赵。四山氐、羌、巴、羯应之者三十馀万,关中大乱,城门昼闭。子远又从狱中上表诤谏,曜手毁其表曰:"大荔奴,不忧命在须臾,犹敢如此,嫌死晚邪!"叱左右速杀之。中山王雅、郭汜、朱纪、呼延晏等谏曰:"子远幽囚,祸在不测,犹不忘谏争,忠之至也。陛下纵不能用,奈何杀之! 若子远朝诛,臣等亦当夕死,以彰陛下之过。天下将皆舍陛下而去,陛下谁与居乎!"曜意解,乃赦之。

曜敕内外戒严,将自讨渠知。子远又谏曰:"陛下诚能用臣策,一月可定,大驾不必亲征也。"曜曰:"卿试言之。"子远曰:"彼非有大志,欲图非望也,直畏陛下威刑,欲逃死耳。陛下莫若廓然大赦,与之更始;应前日坐虎、车等事,其家老弱没入奚官者,皆纵遣之,使之自相招引,听其复业。彼既得生路,何为不降! 若其中自知罪重,屯结不散者,愿假臣弱兵五千,必为陛下枭之。

刘弘见史初到来,对他说:"张使君已经死了,为什么还要杀我!"史初发怒,割断他的舌头后把他关了起来,在姑臧城的街市上处以车裂的酷刑,并诛杀刘弘党徒数百人。左司马阴元等人认为张寔的儿子张骏的年龄幼小,推举张茂为凉州刺史、西平公,在境内赦免罪犯,任张骏为抚军将军。

10 丙辰(二十三日),前赵的将军解虎和长水校尉尹车谋反,与巴族酋长句徐、厍彭等人相勾结,事发后,解虎、尹车都被处决。前赵国王刘曜将句徐、厍彭等五十多人囚禁在阿房,准备统统杀掉。光禄大夫游子远进谏说:"圣贤的君主施用刑罚,只不过诛杀元凶而已,不宜滥杀。"为此直言诤谏,以至叩头流血。刘曜发怒,认为这是帮助叛逆因而把游子远囚禁起来,尽杀句徐、厍彭等五十多人,暴尸于街市达十天,然后将尸首投弃水中。于是巴族民众都起来造反,推举巴族酋长句渠知为首,自称大秦,改年号为平赵。四山的氐族、羌族、巴族、羯族人有三十多万群起响应,关中因此大乱,城门白天也关闭。游子远又从狱中上表诤谏,刘曜撕毁表文说:"这个大荔的奴仆,不担忧自己命在须臾,还敢如此,是嫌死得晚吗?"叱令手下人立即杀掉他。中山王刘雅、郭汜、朱纪、呼延晏等人规谏说:"游子远遭幽禁,朝不保夕,依然不忘诤谏,这是最大的忠贞。陛下即使不能听用其言,又怎么能杀他呢!如果游子远早上被杀死,我们也当在晚上死去,以此显示陛下的过错,这样天下人都将舍弃陛下而离去,陛下与谁为伍呢?"刘曜怒意缓和,于是赦免了游子远。

刘曜敕令都城内外严加戒备,自己将亲征句渠知。游子远又进谏说:"陛下如果确实能用我的计谋,一个月可以平定叛乱,大驾也不必亲征。"刘曜说:"你说说看。"游子远说:"他们造反并非因为有什么远大志向,想要图谋帝王之业,只不过是畏惧陛下威严的刑罚,想逃免一死罢了。陛下不如普遍地实行赦免,让他们重新做人。前些时日受解虎、尹车之事牵连坐罪,其家人中被籍没为奴的老弱者,全部释放遣返,让他们自己互相招引,允许他们重操旧业。他们既然得到生路,怎么会不降服呢!假如其中有人自知罪孽深重,因而聚集不散,希望调给我弱兵五千,我一定为陛下翦除他们。

不然，今反者弥山被谷，虽以天威临之，恐非岁月可除也。"曜大悦，即日大赦，以子远为车骑大将军、开府仪同三司、都督雍秦征讨诸军事。子远屯于雍城，降者十馀万。移军安定，反者皆降。惟句氏宗党五千馀家保于阴密，进攻，灭之，遂引兵巡陇右。先是氐、羌十馀万落，据险不服，其酋虚除权渠自号秦王。子远进造其壁，权渠出兵拒之，五战皆败。权渠欲降，其子伊馀大言于众曰："往者刘曜自来，犹无若我何，况此偏师，保谓降也！"帅劲卒五万，晨压子远垒门。诸将欲击之，子远曰："伊馀勇悍，当今无敌，所将之兵，复精于我，又其父新败，怒气方盛，其锋不可当也，不如缓之，使气竭而后击之。"乃坚壁不战。伊馀有骄色，子远伺其无备，夜，勒兵蓐食，旦，值大风尘昏，子远悉众出掩之，生擒伊馀，尽俘其众。权渠大惧，被发、劓面请降。子远启曜，以权渠为征西将军、西戎公，分徙伊馀兄弟及其部落二十馀万口于长安。曜以子远为大司徒、录尚书事。

曜立太学，选民之神志可教者千五百人，择儒臣以教之。作酆明观及西宫，起陵霄台于滴池，又于霸陵西南营寿陵。侍中乔豫、和苞上疏谏，以为："卫文公承乱亡之后，节用爱民，营建宫室，得其时制，故能兴康叔之业，延九百之祚。前奉诏书营酆明观，市道细民咸讥其奢曰：'以一观之功，足以平凉州矣！'今又欲拟阿房而建西宫，法琼台而起陵霄，其为劳费，亿万酆明，若以资军旅，乃可兼吴、蜀而一齐、魏矣！又闻营建寿陵，周围四里，深三十五丈，以铜为椁，饰以黄金，功费若此，

不这样的话,现在造反的人漫山遍野,即使凭借天威去征讨,恐怕也不是短期内可以翦除的。"刘曜大为高兴,即日大赦天下,任游子远为车骑大将军、开府仪同三司、总领雍州、秦州征讨等军事事务。游子远屯军雍城,投降的人有十多万。移军至安定,反叛者都归降。只有句氏宗族五千多家在阴密固守,游子远率军进攻,将其歼灭,于是率军巡行陇右。此前氐族、羌族的十多万村落凭仗险要地势不肯降服,其酋长虚除权渠自号秦王。游子远率军进逼其壁垒,虚除权渠率兵出战,五战都失败了。虚除权渠想投降,他的儿子伊馀向部众高声煽动说:"以前刘曜自己来,尚且没把我们怎么样,何况这仅是偏师,为什么要投降?"自己率领五万精锐士卒,于清晨进逼至游子远壁垒门前。游子远手下诸将想反击,游子远说:"伊馀十分悍勇,当今天下无敌,他统率的军队也比我方精锐。况且又正当他父亲刚刚战败之时,伊馀怒气正盛,锐不可当,不如暂缓出战,等他们士气衰竭然后攻击他们。"于是坚壁不战。伊馀有骄傲的神色,游子远乘他不加防备,夜间率领军队在寝席上进食,第二天凌晨,正逢大风刮起尘土弥漫,游子远率军全数突袭,活捉伊馀,部众都当了俘虏。虚除权渠大为恐慌,披散着头发,用刀割破脸皮,请求归降。游子远禀报刘曜,任虚除权渠为征西将军、西戎公,分别把伊馀兄弟及其部落二十多万人迁徙至长安。刘曜任游子远为大司徒、录尚书事。

刘曜建立太学,遴选精神、志向可堪教诲的士民一千五百人,选择儒臣来教授他们。建造酆明观和西宫,在滈池边建起陵霄台,又在霸陵西南修筑寿陵。侍中乔豫、和苞上疏规谏,认为:"卫文公在乱亡之后,节俭费用、爱恤士民,营造的宫室,符合当时建制,所以能振兴卫康叔的基业,延续九百年的国运。先前奉承诏书营建酆明观,市井小民都讥讽其奢侈,说:'用修建一座观的人力,足以平定凉州了!'现在又要比拟阿房宫而建造西宫,效法琼台而造陵霄台,这需要的人力、费用,远超营建酆明观的亿万倍,如果用以资助军旅,便可以兼并晋、蜀,统一齐、魏了!又听说营建寿陵,周长有四里,深三十五丈,用铜做棺椁,以黄金为饰,耗费如此的人力、费用,

殆非国内所能办也。秦始皇下锢三泉,土未干而发毁。自古无不亡之国,不掘之墓,故圣王之俭葬,乃深远之虑也。陛下奈何于中兴之日,而蹈亡国之事乎!"曜下诏曰:"二侍中恳恳有古人之风,可谓社稷之臣矣。其悉罢宫室诸役,寿陵制度,一遵霸陵之法。封豫安昌子,苞平舆子,并领谏议大夫。仍布告天下,使知区区之朝,欲闻其过也。"又省酆水囿以与贫民。

11 祖逖将韩潜与后赵将桃豹分据陈川故城,豹居西台,潜居东台,豹由南门,潜由东门,出入相守四旬。逖以布囊盛土如米状,使千馀人运上台,又使数人担米,息于道。豹兵逐之,弃担而走。豹兵久饥,得米,以为逖士众丰饱,益惧。后赵将刘夜堂以驴千头运粮馈豹,逖使韩潜及别将冯铁邀击于汴水,尽获之。豹宵遁,屯东燕城,逖使潜进屯封丘以逼之。冯铁据二台,逖镇雍丘,数遣兵邀击后赵兵,后赵镇戍归逖者甚多,境土渐蹙。

先是,赵固、上官巳、李矩、郭默互相攻击,逖驰使和解之,示以祸福,遂皆受逖节度。秋,七月,诏加逖镇西将军。逖在军,与将士同甘苦,约己务施,劝课农桑,抚纳新附,虽疏贱者皆结以恩礼。河上诸坞,先有任子在后赵者,皆听两属,时遣游军伪抄之,明其未附。坞主皆感恩,后赵有异谋,辄密以告,由是多所克获,自河以南,多叛后赵归于晋。

恐怕不是国内所能承担的。秦始皇陵掘穿三重泉水,以金属浇铸,但墓土未干便被发掘毁坏。自古以来没有不灭亡的国家,也没有不被盗掘的陵墓,所以圣贤的君王葬事从俭,这是有深远考虑的。陛下怎么能在国家中兴之时,去重蹈亡国的覆辙呢!”刘曜下诏说:“二位侍中恳恳忠诚有古人的风范,可以说是国家的股肱之臣。还是停止所有宫室的建造,寿陵的建制,完全依照霸陵的成例。赐封乔豫为安昌子,和苞为平舆子,同时兼谏议大夫职。就此布告天下,使大家知道我的朝廷希望能听到对过失的指责。”此外还省并鄠水囿苑,交给贫民使用。

11 祖逖的部将韩潜和后赵的将军桃豹分别割据陈川老城,桃豹占据西台,出入经由南门,韩潜占据东台,出入经由东门,双方相持坚守达四十天。祖逖用许多布袋盛土,好像盛满粮米的样子,派一千多人输运到台上,又让一些人担挑真米,在路边休息。桃豹的士兵追来,祖逖的部下丢下担子逃走。桃豹的士卒挨饿已有很长时间,得到粮米,便以为祖逖的部众生活丰饱,心中更为恐惧。后赵将领刘夜堂用一千头驴子为桃豹运来军粮,祖逖派遣韩潜和别将冯铁在汴水截击,全数劫获。桃豹因此连夜遁逃,驻屯于东燕城。祖逖让韩潜进军驻扎在封丘,威逼桃豹。冯铁占据了陈川老城的东、西二台,祖逖则镇守雍丘,经常派遣士兵截击后赵军队,后赵国镇戍的士卒归降祖逖的很多,国土也日渐缩小。

以前,赵固、上官巳、李矩、郭默等人互相攻战,祖逖派遣使者前往调解,剖析利害,这些人便都接受祖逖的调度。秋季,七月,元帝下诏授予祖逖镇西将军。祖逖在军中,与将士们同甘共苦,严于律己,宽以待人,鼓励、督促农业生产,抚慰安置新近归附的兵民,即使是关系疏远、地位低贱的人也施恩礼遇去结交他们。黄河流域的许多坞堡,只要是此前有人质被扣留在后赵的,都听任他们同时听命后赵和晋,并且不时派遣流动作战的军队佯装抄掠,以表明他们并未归附自己。坞主们都感恩戴德,只要后赵有什么特殊举动,便秘密传告祖逖,因此战事常胜,俘获良多,从黄河以南,士民大多背叛后赵而归附东晋。

逖练兵积谷,为取河北之计。后赵王勒患之,乃下幽州为逖修祖、父墓,置守冢二家,因与逖书,求通使及互市。逖不报书,而听其互市,收利十倍。逖牙门童建杀新蔡内史周密,降于后赵,勒斩之,送首于逖曰:"叛臣逃吏,吾之深仇,将军之恶,犹吾恶也。"逖深德之,自是后赵人叛归逖者,逖皆不纳,禁诸将不使侵暴后赵之民,边境之间,稍得休息。

12 八月辛未,梁州刺史周访卒。访善于抚士,众皆为致死。知王敦有不臣之心,私常切齿,敦由是终访之世,未敢为逆。敦遣从事中郎郭舒监襄阳军,帝以湘州刺史甘卓为梁州刺史,督沔北诸军事,镇襄阳。舒既还,帝征为右丞,敦留不遣。

13 后赵王勒遣中山公虎帅步骑四万击徐龛,龛送妻子为质,乞降,勒许之。蔡豹屯卞城,石虎将击之,豹退守下邳,为徐龛所败。虎引兵城封丘而旋,徙士族三百家置襄国崇仁里,置公族大夫以领之。

14 后赵王勒用法甚严,讳"胡"尤峻,宫殿既成,初有门户之禁。有醉胡乘马,突入止车门。勒大怒,责宫门小执法冯翥。翥惶惧忘讳,对曰:"向有醉胡,乘马驰入,甚呵御之,而不可与语。"勒笑曰:"胡人正自难与言。"恕而不罪。

勒使张宾领选,初定五品,后更定九品。命公卿及州郡岁举秀才、至孝、廉清、贤良、直言、武勇之士各一人。

15 西平公张茂立兄子骏为世子。

祖逖训练士兵,积蓄粮食,为收复黄河以北的失地做准备。后赵国主石勒为此忧患,于是下令让幽州守吏为祖逖修葺祖父和父亲的陵墓,并安置两户人家看守坟冢,然后写信给祖逖,要求互通使节和开放贸易。祖逖不回复他的信,但是听任双方来往贸易,因而获取了十倍的利润。祖逖的牙门童建杀死新蔡内史周密,投降后赵,石勒将童建斩首,把首级送给祖逖说:"叛臣逃吏,是我深以为恨的。将军憎恶的人,也是我所憎恶的人。"祖逖深为感动,从此凡后赵叛降归附的人,祖逖都不接纳,禁止众将侵犯、攻掠后赵民众,两国边境之间,逐渐得以休养生息。

12 八月辛未,梁州刺史周访去世。周访善于抚慰军士,大家都愿为他效命。周访知道王敦有不甘为臣的心志,私下经常切齿为恨,王敦因此在周访活着的时候,一直不敢反叛。王敦派遣从事中郎郭舒到襄阳监察军队,元帝让湘州刺史甘卓为梁州刺史,总领沔水以北地区所有军事事务,镇守襄阳。郭舒回去后,元帝征召他任右丞,王敦却留住不放行。

13 后赵国主石勒派遣中山公石虎率步兵、骑兵四万攻击徐龛,徐龛把妻子、儿子送到后赵为人质,乞求投降,石勒答应了。蔡豹屯军于卞城,石虎准备攻击他,蔡豹退守到下邳,被徐龛击败。石虎率领军队在封丘修建城堡,然后回军,迁徙三百家士族安置在襄国的崇仁里,设置了公族大夫来统领他们。

14 后赵国主石勒施用刑法非常峻刻,特别忌讳"胡"这个字眼,当时后赵的宫殿已经建成,开始有出入门户的限制。有一个胡人喝醉了酒,骑马闯入止车门。石勒大发雷霆,叱责宫门小执法冯翥。冯翥惊惶恐惧,忘了忌讳,对石勒说:"刚才有个醉酒胡人骑马冲进来,我虽极力呵斥禁止他,但简直没法和他交谈。"石勒笑着说:"胡人本来就难以和他们言谈。"饶恕了冯翥,不再追究。

石勒让张宾总领铨选官员事宜,起初将官衔定为五品,后来改定为九品。令公卿和州郡长官按年度推举秀才、至孝、廉清、贤良、直言、武勇者各一人。

15 西平公张茂立兄长张寔的儿子张骏为世子。

16 蔡豹既败，将诣建康归罪，北中郎将王舒止之。帝闻豹退，遣使收之。舒夜以兵围豹，豹以为他寇，帅麾下击之，闻有诏，乃止。舒执豹送建康，冬，十月丙辰，斩之。

17 王敦杀武陵内史向硕。

帝之始镇江东也，敦与从弟导同心翼戴，帝亦推心任之，敦总征讨，导专机政，群从子弟布列显要，时人为之语曰："王与马，共天下。"后敦自恃有功，且宗族强盛，稍益骄恣，帝畏而恶之，乃引刘隗、刁协等以为腹心，稍抑损王氏之权，导亦渐见疏外。中书郎孔愉陈导忠贤，有佐命之勋，宜加委任；帝出愉为司徒左长史。导能任真推分，澹如也，有识皆称其善处兴废。而敦益怀不平，遂构嫌隙。

初，敦辟吴兴沈充为参军，充荐同郡钱凤于敦，敦以为铠曹参军。二人皆巧诌凶狡，知敦有异志，阴赞成之，为之画策。敦宠信之，势倾内外。敦上疏为导讼屈，辞语怨望。导封以还敦，敦复遣奏之。左将军谯王承，忠厚有志行，帝亲信之。夜，召承，以敦疏示之，曰："王敦以顷年之功，位任足矣，而所求不已，言至于此，将若之何？"承曰："陛下不早裁之，以至今日，敦必为患。"

刘隗为帝谋，出心腹以镇方面。会敦表以宣城内史沈充代甘卓为湘州刺史，帝谓承曰："王敦奸逆已著，朕为惠皇，其势不远。湘州据上流之势，控三州之会，欲以叔父居之，何如？"承曰："臣奉承诏命，惟力是视，何敢有辞！然湘州经蜀寇之馀，民物凋弊，若得之部，比及三年，乃可即戎。

16　蔡豹战败之后,准备到建康领受罪责,被北中郎将王舒制止。元帝听说蔡豹退还不来,派使者前去拘捕他。王舒夜间派兵包围蔡豹,蔡豹以为是别的敌寇,率领麾下士兵攻击,听说有元帝诏书,这才停止。王舒抓住蔡豹送到建康,冬季,十月丙辰(二十五日),蔡豹被斩首。

17　王敦杀死武陵内史向硕。

元帝开始统治江东的时候,王敦和堂弟王导同心同德,共同拥戴和辅佐,元帝也推心置腹,重用他们,王敦总领征讨军事,王导把持机要政务,门生子弟各自占据显要的职位,当时人因此有这样的说法:"王与马,共天下。"后来王敦自恃有功,而且宗族势力强盛,越来越骄恣跋扈,元帝因畏惧而憎恶,于是提拔刘隗、刁协等人作为自己的心腹,逐渐抑制和削弱王氏的职权,王导也逐渐被疏远。中书郎孔愉向元帝陈述王导的忠贤,认为有辅佐王室的功勋,应当加以任用,也被元帝贬黜为司徒左长史。王导能够听任自然,安守本分,性情澹泊,了解其为人的都称赞他能妥善对待职位的升降。但王敦却更加心怀不满,于是与元帝之间产生了裂痕和矛盾。

当初,王敦征召吴兴人沈充为参军,沈充把同郡人钱凤推荐给王敦,王敦任用他为铠曹参军。这两人都是奸巧谄谀、凶恶狡诈之徒,知道王敦心怀异志,暗地促成,为王敦出谋划策。王敦宠信他们,两人权势倾重内外。王敦给元帝上疏,为王导鸣冤叫屈,言辞之间颇多怨恨。王导把疏文加封,退还给王敦,王敦又遣使奏上。左将军、谯王司马承,为人忠厚而有节操,元帝亲近并信任他。元帝夜间召见司马承,把王敦的上疏拿给他看,说:"以王敦近年来的功劳,现在的职位已够大了,但他的索求却没有止境,以至说出这样的话,现在怎么办呢?"司马承说:"陛下不早点处置他,以至到今天的地步,王敦必定会成为国家的祸患。"

刘隗为元帝出主意,派自己的心腹去镇守各地。适逢王敦上表,要让宣城内史沈充代替甘卓任湘州刺史,元帝对司马承说:"王敦叛逆的行为已经昭著,照这样的情势下去不会很久,朕就要遭受惠帝那样的命运了。湘州占据长江上游的地势,控制着荆州、交州、广州的交会处,我想让叔父您镇守那里,不知如何?"司马承说:"我既奉承诏令,必定尽力而为,哪敢再说什么! 不过湘州经历蜀人杜弢的寇乱之后,人民稀少,物产凋敝,如果我去治理,得等到三年之后,才有能力参加战事。

苟未及此,虽复灰身,亦无益也。"十二月,诏曰:"晋室开基,方镇之任,亲贤并用,其以谯王承为湘州刺史。"长沙邓骞闻之,叹曰:"湘州之祸,其在斯乎!"承行至武昌,敦与之宴,谓承曰:"大王雅素佳士,恐非将帅才也。"承曰:"公未见知耳,铅刀岂无一割之用!"敦谓钱凤曰:"彼不知惧而学壮语,足知其不武,无能为也。"乃听之镇。时湘土荒残,公私困弊,承躬自俭约,倾心绥抚,甚有能名。

18　高句丽寇辽东,慕容仁与战,大破之,自是不敢犯仁境。

四年(辛巳,321)

1　春,二月,徐龛复请降。

2　张茂筑灵钧台,基高九仞。武陵阎曾夜叩府门呼曰:"武公遣我来,言:'何故劳民筑台!'"有司以为妖,请杀之。茂曰:"吾信劳民。曾称先君之命以规我,何谓妖乎!"乃为之罢役。

3　三月癸亥,日中有黑子。著作佐郎河东郭璞以帝用刑过差,上疏,以为:"阴阳错缪,皆繁刑所致。赦不欲数,然子产知铸刑书非政之善,不得不作者,须以救弊故也。今之宜赦,理亦如之。"

4　后赵中山公虎攻幽州刺史段匹磾于厌次,孔苌攻其统内诸城,悉拔之。段文鸯言于匹磾曰:"我以勇闻,故为民所倚望;今视民被掠而不救,是怯也。民失所望,谁复为我致死!"遂帅壮士数十骑出战,杀后赵兵甚众。马乏,伏不能起。虎呼之曰:"兄与我俱夷狄,久欲与兄同为一家。今天不违愿,于此得相见,何为

如果不到三年,即使粉身碎骨,也不能有太大的帮助。"十二月,元帝下诏说:"自从晋王室建立基业以来,任命方镇大员,都是宗亲和贤良并用,现任命谯王司马承为湘州刺史。"长沙人邓骞听说此事,叹息说:"湘州的祸乱,恐怕由此而生了!"司马承行至武昌,王敦设宴招待他,对司马承说:"大王平素是德才兼备的读书人,恐怕不是将帅之才。"司马承说:"您不知道就是了,即使是铅刀又怎能连一割之用都没有呢!"王敦对钱凤说:"他不知畏惧却要学豪言壮语,足以知晓他不通军事,不会有什么作为。"于是听任司马承到任。当时湘州土地荒芜,官府和私人均财用短缺,司马承带头节俭,尽心安绥和抚恤民众,很有能干的名声。

18 高句丽进犯辽东,慕容仁与他们作战,大败来犯之敌,高句丽从此不敢侵犯慕容仁的边境。

晋元帝太兴四年(辛巳,公元 321 年)

1 春季,二月,徐龛再次向东晋请求归降。

2 张茂修筑灵均台,台基高九仞。武陵人阎曾夜间叩击张茂府门,大声呼叫说:"武公张轨派我来说:'为什么扰劳百姓修筑此台!'"主管官员认为这是妖人,请求把阎曾处死。张茂说:"我的确使百姓辛劳,阎曾假称先君的意思来规劝我,怎能说是妖孽呢!"于是为此停止工役。

3 三月癸亥(初四),太阳中出现黑子。著作佐郎、河东人郭璞认为是元帝滥用刑罚所致,上疏说:"阴阳发生错乱,都是因刑罚苛繁所致。赦免罪人不应当频繁,然而春秋郑国的子产也知道铸刑书并非治国的好办法,不得不这样做的原因,是想以挽救时弊。现在应当赦免罪人,道理也是一样的。"

4 后赵的中山公石虎,进攻驻守厌次城的东晋幽州刺史段匹磾,孔苌攻克了幽州辖属的多座城池。段文鸯对段匹磾说:"我以勇悍闻名,所以受民众倚重,寄予期望。现在眼看百姓被劫掠而不去救助,这是怯弱的表现。民众失去期望,谁还能再为我效命呢?"于是率领壮士数十人驰马出战,杀掉的后赵士兵为数众多。段文鸯的坐骑疲乏过度,伏地无法站立起来,石虎对着段文鸯大声呼叫说:"兄长和我同是夷狄之人,我很久以来就想和兄长像一家人一样相处。如今上天成全了我的愿望,和兄长在这里相见,为什么

复战！请释仗。"文鸯骂曰："汝为寇贼，当死日久，吾兄不用吾策，故令汝得至此。我宁斗死，不为汝屈！"遂下马苦战，槊折，执刀战不已，自辰至申。后赵兵四面解马罗披自鄣，前执文鸯；文鸯力竭被执，城内夺气。

匹磾欲单骑归朝，邵续之弟乐安内史洎勒兵不听。洎复欲执台使王英送于虎。匹磾正色责之曰："卿不能遵兄之志，逼吾不得归朝，亦已甚矣，复欲执天子使者。我虽夷狄，所未闻也！"洎与兄子缉、竺等舆榇出降。匹磾见虎曰："我受晋恩，志在灭汝，不幸至此，不能为汝敬也。"后赵王勒及虎素与匹磾结为兄弟，虎即起拜之。勒以匹磾为冠军将军，文鸯为左中郎将，散诸流民三万馀户，复其本业，置守宰以抚之。于是幽、冀、并三州皆入于后赵。匹磾不为勒礼，常著朝服，持晋节。久之，与文鸯、邵续皆为后赵所杀。

5　五月庚申，诏免中州良民遭难为扬州诸郡僮客者，以备征役。尚书令刁协之谋也，由是众益怨之。

6　终南山崩。

7　秋，七月甲戌，以尚书仆射戴渊为征西将军、都督司兖豫并雍冀六州诸军事、司州刺史，镇合肥；丹杨尹刘隗为镇北将军、都督青徐幽平四州诸军事、青州刺史，镇淮阴，皆假节领兵，名为讨胡，实备王敦也。

隗虽在外，而朝廷机事，进退士大夫，帝皆与之密谋。敦遗隗书曰："顷承圣上顾眄足下，今大贼未灭，中原鼎沸，欲与足下及周生之徒戮力王室，共静海内。若其泰也，则帝祚于是乎隆；若其否也，则天下永无望矣。"隗答曰："'鱼相忘于江湖，人相忘于道术'。'竭股肱之力，效之以忠贞'，吾之志也。"敦得书，甚怒。

还要打呢！请放下武器。"段文鸯骂道："你是寇贼，早就该死了，只因我的兄长不用我的计谋，才让你活到今天。我宁愿战死，决不向你屈服！"于是下马苦战，长矛折断后，又持刀苦斗不止，从辰时一直打到申时。后赵士兵四面包围，解下战马的罗披护住身体，向前抓住段文鸯。段文鸯力竭被俘，城内兵民因此斗志消沉。

段匹磾打算单骑逃归朝廷，邵续的弟弟、乐安内史邵洎带领军队不听段匹磾的号令。邵洎又想抓住朝廷使者王英送给石虎，段匹磾正色斥责他说："你不能遵从你兄长遗志，逼得我不能回归朝廷，这已经很过分了，又想抓获天子的使者。虽然我是夷狄之人，这种事也是前所未闻！"邵洎和邵续之子邵缉、邵竺等人载着棺材出城投降。段匹磾见到石虎说："我承受晋朝恩泽，立志灭除你们，现在不幸弄到这种地步，我不能对你表示敬意。"后赵王石勒以及石虎，旧时曾与段匹磾结为兄弟，石虎马上起向段匹磾行拜礼。石勒任段匹磾为冠军将军、段文鸯为左中郎将，分散流亡民众三万多户，让他们重操旧业，设置地方官员抚慰他们。于是幽州、冀州、并州都被并入后赵版图。段匹磾不行后赵的礼节，经常穿着东晋的朝服，手持晋朝的符节。久而久之，段匹磾和段文鸯、邵续等同被后赵所杀。

5　五月庚申(初二)，中州的良民因为战乱，有不少沦为扬州诸郡豪强士族的家僮、佃客，元帝下诏免除他们的奴仆身份，准备战争时征召服役。这是尚书令习协的主意，因此豪门士族都更怨恨他。

6　终南山出现山崩。

7　秋季，七月甲戌(十七日)，东晋任命尚书仆射戴渊为征西将军，都督司、兖、豫、并、雍、冀六州诸军事，司州刺史，镇守合肥；任丹杨尹刘隗为镇北将军，都督青、徐、幽、平四州军务及青州刺史，镇守淮阴，此二人均持朝廷符节统领军队，名义上是征讨胡人，其实是防备王敦。

刘隗虽在外地，但朝廷的机密事宜、任免士大夫等，元帝都和他秘密商议。王敦送信给刘隗说："近来承蒙圣上垂青您，现在国家的大敌未能翦灭，中原鼎沸，我想和您以及周生等人同心合力辅佐王室，共同平定海内。此事如能行得通，那么国运由此昌隆；否则国家便永远没有希望了。"刘隗回答说："'鱼得处于江湖就会彼此相忘，人为追求道义也会彼此相忘'，'竭尽自身的力量，以效忠贞'，这是我的志向。"王敦得到这封信，勃然大怒。

壬午，以骠骑将军王导为侍中、司空、假节、录尚书、领中书监。帝以敦故，并疏忌导。御史中丞周嵩上疏，以为："导忠素竭诚，辅成大业，不宜听孤臣之言，惑疑似之说，放逐旧德，以佞伍贤，亏既往之恩，招将来之患。"帝颇感寤，导由是得全。

8 八月，常山崩。

9 豫州刺史祖逖，以戴渊吴士，虽有才望，无弘致远识；且已翦荆棘、收河南地，而渊雍容，一旦来统之，意甚怏怏；又闻王敦与刘、刁构隙，将有内难，知大功不遂，感激发病。九月壬寅，卒于雍丘。豫州士女若丧父母，谯、梁间皆为立祠。王敦久怀异志，闻逖卒，益无所惮。

冬，十月壬午，以逖弟约为平西将军、豫州刺史，领逖之众。约无绥御之才，不为士卒所附。

初，范阳李产避乱依逖，见约志趣异常，谓所亲曰："吾以北方鼎沸，故远来就此，冀全宗族。今观约所为，有不可测之志。吾托名姻亲，当早自为计，无事复陷身于不义也，尔曹不可以目前之利而忘长久之策。"乃帅子弟十馀人间行归乡里。

10 十一月，皇孙衍生。

11 后赵王勒悉召武乡耆旧诣襄国，与之共坐欢饮。初，勒微时，与李阳邻居，数争沤麻池相殴，阳由是独不敢来。勒曰："阳，壮士也；沤麻，布衣之恨；孤方兼容天下，岂雠匹夫乎！"遽召与饮，引阳臂曰："孤往日厌卿老拳，卿亦饱孤毒手。"因拜参军都尉。以武乡比丰、沛，复之三世。

壬午(二十五日),东晋任骠骑将军王导为侍中、司空、假节、录尚书、领中书监。元帝本因王敦的缘故,连同王导也疏远、猜忌。御史中丞周嵩上疏认为:"王导忠诚无私、尽心竭力,帮助建立大业,不应当听信个别臣僚之言,被似是而非的说法迷惑,放逐旧日的功臣,使其与奸佞同伍。这样会使往日的恩德荡然无存,为今后招来祸患。"元帝颇有感悟,王导的职位因此得以保全。

8　八月,常山山崩。

9　豫州刺史祖逖认为戴渊是吴地人,虽具有才能和名望,但没有远大的抱负和远见卓识;而且自己披荆斩棘,收复河南失地,而戴渊却从从容容,突然前来坐享其成,心中怏怏不乐;又听说王敦与刘隗、刁协之间相互结怨,国家将有内乱,知道统一北方的大业难以成功,受到很大刺激,引发了重病。九月壬寅,死于雍丘。豫州的男女百姓都像失去了自己的亲生父母,谯国、梁国之间都为祖逖建立祠堂。王敦长久以来就心怀不轨,听说祖逖去世,更加肆无忌惮。

冬季,十月壬午,东晋朝廷让祖逖的兄弟祖约任平西将军和豫州刺史,统领祖逖的部众。祖约缺乏抚慰和驾驭士众的才能,所以不受士卒们的拥戴。

当初,范阳人李产为避战乱依附祖逖,见祖约志趣不同寻常,便对自己亲近的人说:"我因为北方局势动荡,所以远远地来到这里,希望能保全宗族家人。现在我看祖约的所作所为,心怀叵测。我要以联结姻亲的名义,及早为自己安排脱身之计,不再侍奉再次使我陷身于不义境地的人了。你们这些人不可因为眼前的利益而忘却长久之计。"于是率领子弟十多人抄小路回归乡里。

10　十一月,皇孙司马衍出生。

11　后赵国主石勒把武乡全部的耆旧故老们召到襄国,和他们坐在一起欢乐宴饮。当初,石勒身份卑微低贱时,和李阳是邻居,多次因争夺沤麻的池子相互殴斗,所以只有李阳因此不敢前来。石勒说:"李阳是勇士。当初因沤麻结恨,是平民时的恩怨,孤正准备兼并天下,怎会怀恨一介平民呢?"于是急速征召李阳前来参加宴饮。石勒挽着李阳的胳臂说:"孤过去饱受您的老拳,您也饱尝我的毒手。"于是封李阳为参军都尉。石勒把自己的故里武乡,比作汉皇室的故里丰县和沛县,免除武乡三代人的赋税和徭役。

勒以民始复业,资储未丰,于是重制禁酿,郊祀宗庙,皆用醴酒,行之数年,无复酿者。

12　十二月,以慕容廆为都督幽平二州、东夷诸军事、车骑将军、平州牧,封辽东公,单于如故,遣谒者即授印绶,听承制置官司守宰。廆于是备置僚属,以裴嶷、游邃为长史,裴开为司马,韩寿为别驾,阳耽为军谘祭酒,崔焘为主簿,黄泓、郑林参军事。廆立子皝为世子。作东横,以平原刘赞为祭酒,使皝与诸生同受业,廆得暇,亦亲临听之。皝雄毅多权略,喜经术,国人称之。廆徙慕容翰镇辽东,慕容仁镇平郭。翰抚安民夷,甚有威惠;仁亦次之。

13　拓跋猗㐌妻惟氏,忌代王郁律之强,恐不利于其子,乃杀郁律而立其子贺傉,大人死者数十人。郁律之子什翼犍,幼在襁褓,其母王氏匿于袴中,祝之曰:“天苟存汝,则勿啼。”久之,不啼,乃得免。惟氏专制国政,遣使聘后赵,后赵人谓之“女国使”。

石勒因为百姓刚刚恢复旧业,财物储备不丰饶,因此严厉禁止酿酒,郊祀宗庙,都用一夜而成的醴酒。如此推行数年,不再有酿酒的人。

12　十二月,元帝任命慕容廆为都督幽州、平州、东夷诸军事及车骑将军、平州牧,封为辽东公,仍旧保留单于的称号,派遣谒者当即授予印绶,允许他秉承皇帝旨意设置官府机构、委任官员。慕容廆于是配置了完备的僚属,任用裴嶷、游邃为长史,裴开为司马,韩寿为别驾,阳耽为军谘祭酒,崔焘为主簿,黄泓、郑林参与军事。慕容廆又立儿子慕容皝为世子。并建造学舍,让平原人刘赞出任祭酒,让慕容皝和学子们一块从师学习,慕容廆闲暇时,自己也前来听讲。慕容皝性格勇敢坚定,处事颇多权略,爱好研习经义,受到国人的称赞。慕容廆调慕容翰镇守辽东,让慕容仁镇守平郭。慕容翰安顿、抚慰百姓和胡夷,恩威并重;慕容仁也追随效仿他。

13　拓跋猗㐌的妻子惟氏,疑忌代王拓跋郁律势力强盛,怕对自己所生的儿子不利,于是杀害了拓跋郁律,立自己所生的拓跋贺傉为世子,部落首领被杀的有数十人。拓跋郁律的儿子拓跋什翼犍,此时年龄幼小,尚在襁褓之中,母亲王氏把他藏匿在自己的裤中,对天祷祝说:"天命如果想让你活下去,你就别哭。"结果长时间内果真不哭,因此幸免。惟氏把持了国政,派遣使者与后赵修好,后赵人称使者为"女国使"。

卷第九十二　晋纪十四

起壬午(322)尽癸未(323)凡二年

中宗元皇帝下
永昌元年(壬午,322)

1　春,正月,郭璞复上疏,请因皇孙生,下赦令,帝从之。乙卯,大赦,改元。

王敦以璞为记室参军。璞善卜筮,知敦必为乱,已预其祸,甚忧之。大将军掾颍川陈述卒,璞哭之极哀,曰:"嗣祖,焉知非福也!"

敦既与朝廷乖离,乃羁录朝士有时望者置己幕府。以羊曼及陈国谢鲲为长史。曼,祐之兄孙也。曼、鲲终日酣醉,故敦不委以事。敦将作乱,谓鲲曰:"刘隗奸邪,将危社稷,吾欲除君侧之恶,何如?"鲲曰:"隗诚始祸,然城狐社鼠。"敦怒曰:"君庸才,岂达大体!"出为豫章太守,又留不遣。

戊辰,敦举兵于武昌,上疏罪状刘隗,称:"隗佞邪谗贼,威福自由,妄兴事役,劳扰士民,赋役烦重,怨声盈路。臣备位宰辅,不可坐视成败,辄进军致讨,隗首朝悬,诸军夕退。昔太甲颠覆厥度,幸纳伊尹之忠,殷道复昌。愿陛下深垂三思,则四海乂安,社稷永固矣。"沈充亦起兵于吴兴以应敦,敦以充为大都督、督护东吴诸军事。敦至芜湖,

中宗元皇帝下

晋元帝永昌元年(壬午,公元 322 年)

1 春季,正月,郭璞再次上疏,请求以元帝皇孙司马衍出世为契机,颁布赦免令,元帝允准。乙卯(初一),大赦天下罪犯,改年号为永昌。

王敦任用郭璞为记室参军。郭璞擅长卜筮之术,知道王敦必定会作乱,自己将被牵连进灾祸之中,为此深深忧虑。王敦大将军府的僚属、颍川人陈述去世,郭璞痛哭欲绝,说:"陈述,你的辞世焉知非福呢!"

王敦已经与朝廷离心离德,于是羁留、录用当朝有名望的士人,安置在自己的幕府。任用羊曼以及陈国人谢鲲为长史。羊曼是羊祜兄长的孙子。羊曼、谢鲲终日饮酒酣醉,所以王敦并不委派他们从事具体事务。王敦准备作乱,对谢鲲说:"刘隗奸佞邪恶,将会危害国家,我打算除去君王身边的这个恶人,怎么样?"谢鲲说:"刘隗的确是祸乱之源,不过他是藏于城中之狐、匿于社木之鼠,有皇帝的庇护。"王敦发怒,说:"你是庸碌之才,哪里懂得事关大局的道理!"便派谢鲲出任豫章太守,后又羁留谢鲲,不让他到任。

戊辰(十四日),王敦在武昌举兵,给元帝上疏罗列刘隗的罪状,内称:"刘隗奸佞邪恶,谗言惑众,残害忠良,作威作福,随意发起事端,动用百姓服劳役,士民疲惫忧苦,赋税和劳役负担繁重,怨声载道。我担任宰辅的职位,不能对此无动于衷,于是进军声讨,倘若刘隗早上授首,众军傍晚即退。往昔商朝天子太甲败坏国家制度,幸好接纳了伊尹忠诚无私的处置,才使商朝国运重新昌盛。我希望陛下再三深思,那么将会四海安宁,国家长存。"沈充也在吴兴起兵与王敦相呼应,王敦任命沈充为大都督、督护东吴地区军事事务。王敦到达芜湖,

又上表罪状刁协。帝大怒,乙亥,诏曰:"王敦凭恃宠灵,敢肆狂逆,方朕太甲,欲见幽囚。是可忍也,孰不可忍!今亲帅六军以诛大逆,有杀敦者,封五千户侯。"敦兄光禄勋含乘轻舟逃归于敦。

太子中庶子温峤谓仆射周顗曰:"大将军此举似有所在,当无滥邪?"顗曰:"不然,人主自非尧、舜,何能无失?人臣安可举兵以胁之!举动如此,岂得云非乱乎!处仲狼抗无上,其意宁有限邪!"

敦初起兵,遣使告梁州刺史甘卓,约与之俱下,卓许之。及敦升舟,而卓不赴,使参军孙双诣武昌谏止敦。敦惊曰:"甘侯前与吾语云何,而更有异,正当虑吾危朝廷耳!吾今但除奸凶,若事济,当以甘侯作公。"双还报,卓意狐疑。或说卓:"且伪许敦,待敦至都而讨之。"卓曰:"昔陈敏之乱,吾先从而后图之,论者谓吾惧逼而思变,心常愧之。今若复尔,何以自明!"

卓使人以敦旨告顺阳太守魏该,该曰:"我所以起兵拒胡贼者,正欲忠于王室耳。今王公举兵向天子,非吾所宜与也。"遂绝之。

敦遣参军桓罴说谯王承,请承为军司。承叹曰:"吾其死矣!地荒民寡,势孤援绝,将何以济!然得死忠义,夫复何求!"承檄长沙虞悝为长史,会悝遭母丧,承往吊之,曰:"吾欲讨王敦,而兵少粮乏;且新到,恩信未洽。卿兄弟,湘中之豪俊,王室方危,金革之事,古人所不辞,将何以教之?"悝曰:"大王不以悝兄弟猥劣,亲屈临之,敢不致死!然

又上表罗列刁协的罪状。元帝勃然大怒，乙亥（二十一日），下诏说："王敦凭仗国家对他的恩宠，竟敢肆行狂妄、叛逆之事，把朕比作太甲，想把我幽禁起来。是可忍，孰不可忍！我现在亲自统率六军前去诛戮这个大叛贼，有谁能杀掉王敦，封为五千户侯。"王敦的兄长、光禄勋王含乘坐轻便小舟逃回到王敦身边。

太子中庶子温峤对仆射周顗说："大将军王敦这么做似乎有一定原因，应当不算过分吧？"周顗说："不对，人主本来就不是尧、舜那样的圣人，怎么能没有过失呢？作为人臣，怎么可以举兵来胁迫君王！如此举动，哪能说不是叛乱呢！王敦傲慢暴戾，目无主上，他的欲望难道会有止境吗！"

王敦开始起兵时，派使者告诉梁州刺史甘卓，与他相约共同顺长江向下游进发，甘卓同意了。等到王敦登船，甘卓却不来，派参军孙双到武昌劝阻王敦。王敦惊诧地说："甘卓过去是和我怎么说的，怎么又改变主意了，他是顾忌我危害朝廷吧！我现在只想除去奸凶，如果事成，我将让甘卓当公爵。"孙双回去报知甘卓，甘卓心里犹豫不决。有人劝甘卓说："暂且佯装答应王敦，等王敦到了京都再征讨他。"甘卓说："往昔陈敏作乱，我先是随从，后来图谋反击，论说此事的人都说我是害怕逼迫，因而改变立场，我心中常感愧赧。这回如果再这样做，怎样才能自我表白呢！"

甘卓派人把王敦的意图告诉顺阳太守魏该，魏该说："我之所以起兵抗击胡人寇贼，正因想效忠王室而已。现在王敦发兵针对天子，不是我所应当参与的。"于是加以拒绝。

王敦派遣参军桓罴向谯王司马承游说，请司马承出任军司。司马承叹息说："我怕是要死了！此地土地荒芜，人民稀少，势力孤单，后援断绝，怎能捱得过去呢！不过能为忠义而死，还能再有什么希求呢！"司马承以文书征召长沙人虞悝为长史，适逢虞悝母亲去世，司马承前往吊唁，说："我想讨伐王敦，但军力不够，粮食匮乏，而且我是新近到任的，恩德和信用还未能霑润民心。您家兄弟是湘州地区的豪俊之士，现在王室正遭受危难，古人在服丧期间，投身战事也在所不辞，您对我有什么教诲？"虞悝说："大王您不因为我们兄弟身份卑贱而见弃，亲自降节光临，我们岂敢不效命！不过

鄖州荒弊,难以进讨。宜且收众固守,传檄四方,敦势必分,分而图之,庶几可捷也。"承乃因桓罴,以恽为长史,以其弟望为司马,督护诸军,与零陵太守尹奉、建昌太守长沙王循、衡阳太守淮陵刘翼、舂陵令长沙易雄,同举兵讨敦。雄移檄远近,列敦罪恶,于是一州之内皆应承。惟湘东太守郑澹不从,承使虞望讨斩之,以徇四境。澹,敦姊夫也。

承遣主簿邓骞至襄阳,说甘卓曰:"刘大连虽骄蹇失众心,非有害于天下。大将军以其私憾,称兵向阙,此忠臣义士竭节之时也。公受任方伯,奉辞伐罪,乃桓、文之功也。"卓曰:"桓、文则非吾所能,然志在徇国,当共详思之。"参军李梁说卓曰:"昔隗嚣跋扈,窦融保河西以奉光武,卒受其福。今将军有重望于天下,但当按兵坐以待之,使大将军事捷,当委将军以方面,不捷,朝廷必以将军代之,何忧不富贵。而释此庙胜,决存亡于一战邪?"骞谓梁曰:"光武当创业之初,故隗、窦可以文服从容顾望。今将军之于本朝,非窦融之比也;襄阳之于太府,非河西之固也。使大将军克刘隗,还武昌,增石城之戍,绝荆、湘之粟,将军将安归乎! 势在人手,而曰我处庙胜,未之闻也。且为人臣,国家有难,坐视不救,于义安乎!"卓尚疑之。骞曰:"今既不为义举,又不承大将军檄,此必至之祸,愚智所见也。且议者之所难,以彼强而我弱也。今大将军兵不过万馀,其留者不能五千,而将军见众既倍之矣。以将军之威名,帅此府之精锐,杖节鸣鼓,以顺讨逆,岂王含所能御哉!

鄯州荒凉凋敝,难于出兵讨伐。应当暂时聚众固守,把讨伐王敦的檄书传布四方,这样王敦必得分兵应付,待其兵力分散后再图谋攻击,大概可以取胜。"司马承于是囚禁桓罴,任命虞悝为长史,任命他的兄弟虞望为司马,总领、监护诸军,和零陵太守尹奉、建昌太守长沙人王循、衡阳太守淮陵人刘翼、春陵令长沙人易雄,共同举兵征讨王敦。易雄四处传布檄书,罗列王敦罪状,于是一州之内的郡县,全都响应司马承。只有湘东太守郑澹不从命,司马承让虞望讨伐并把他处斩,用以晓示各地。郑澹是王敦的姐夫。

司马承派遣主簿邓骞到襄阳游说甘卓,说:"刘隗虽然傲慢不驯,有失众望,但并不为害国家。大将军王敦因个人私仇便对朝廷用兵,这正是忠臣义士尽忠的时候。您受命为一方的统帅,如果禀承君命讨伐他的罪行,这就如同齐桓公和晋文公的功绩。"甘卓说:"齐桓公和晋文公不是我所能仿效的,不过为国尽职,这是我的心愿,我们应当共同仔细斟酌这件事。"参军李梁劝说甘卓道:"当年隗嚣飞扬跋扈,窦融自保河西之地而拥戴汉光武帝,终于得到福禄。现在将军您在天下人心中有重望,只应按兵不动,坐待事态发展。假如大将军王敦的事情成功,当会委任您统领一方;不成功,朝廷必定会让您取代王敦,何愁不会富贵。何必放弃这不战而胜的谋略,依靠一场战斗来定生死存亡呢?"邓骞对李梁说:"汉光武帝当时正处创业初期,所以隗嚣、窦融可以表面臣服,从容观望。现在将军您对于朝廷来说,不是窦融可以类比的;襄阳对于王敦的太府来说,也没有河西那样的险固。如果王敦攻克刘隗,回师武昌,增强石城戍守的兵力,切断荆州、湘州的粮道,将军您将何去何从呢!大势掌握在别人手中,却说自己处于不战而胜的地位,这是从未听说过的事。况且作为人臣,国家遇到危难,坐视不救,这在道义上说得过去吗!"甘卓还是犹豫不决。邓骞说:"现在您既不能为道义而动,又不奉承大将军王敦的檄令,一定会招致灾祸,这是无论智愚的人都可预料到的。况且议论此事的人之所以诘难,是因为彼强我弱。现在大将军王敦的兵力不过一万有余,留驻的不到五千,而将军您现有的部众已经超过其一倍。凭仗您的威名,统帅府下的精锐士兵,举着朝廷符节,鸣起军鼓,以顺臣身份征讨叛逆,岂是王舍所能抵御的!

溯流之众,势不自救,将军之举武昌,若摧枯拉朽,尚何顾虑邪!武昌既定,据其军实,镇抚二州,以恩意招怀士卒,使还者如归,此吕蒙所以克关羽也。今释必胜之策,安坐以待危亡,不可以言智矣。"

敦恐卓于后为变,又遣参军丹杨乐道融往邀之,必欲与之俱东。道融虽事敦,而忿其悖逆,乃说卓曰:"主上亲临万机,自用谯王为湘州,非专任刘隗也。而王氏擅权日久,卒见分政,便谓失职,背恩肆逆,举兵向阙。国家遇君至厚,今与之同,岂不违负大义,生为逆臣,死为愚鬼,永为宗党之耻,不亦惜乎!为君之计,莫若伪许应命,而驰袭武昌,大将军士众闻之,必不战自溃,大勋可就矣。"卓雅不欲从敦,闻道融之言,遂决曰:"吾本意也。"乃与巴东监军柳纯、南平太守夏侯承、宜都太守谭该等露檄数敦逆状,帅所统致讨。遣参军司马赞、孙双奉表诣台,罗英至广州,约陶侃同进。戴渊在江西,先得卓书,表上之,台内皆称万岁。陶侃得卓信,即遣参军高宝帅兵北下。武昌城中传卓军至,人皆奔散。

敦遣从母弟南蛮校尉魏乂、将军李恒帅甲卒二万攻长沙。长沙城池不完,资储又阙,人情震恐。或说谯王承,南投陶侃或退据零、桂。承曰:"吾之起兵,志欲死于忠义,岂可贪生苟免,为奔败之将乎!事之不济,令百姓知吾心耳。"乃婴城固守。未几,虞望战死,甘卓欲留邓骞为参军,骞不可,乃遣参军虞冲与骞偕至长沙,遗谯王承书,劝之固守,当以兵出沔口,断敦归路,则湘围自解。承复书称:"江左中兴,草创始尔,岂图恶逆萌自宠臣。吾以宗室受任,志在陨命。而至止尚浅,凡百茫然。足下能卷甲电赴,犹有所及;若其狐疑,则求我于枯鱼之肆矣。"卓不能从。

王敦军队如要救援，必须逆江而上，势必救助不及，将军攻下武昌，如同摧枯拉朽，还有什么可顾虑的呢！武昌一旦平定，拥有其军事物资，镇抚荆州和江州，以恩德招纳、关怀士卒，使得回来的人如同回到了家，这正是吕蒙战胜关羽的方法。现在放弃必胜的策略，安然坐待危亡的降临，这不能说是明智的。"

　　王敦怕甘卓在后方有变，又派参军丹杨人乐道融去邀请他，一定要和他一起东进。乐道融虽然侍奉王敦，但恨王敦悖逆作乱，于是劝甘卓说："主上亲自处理国家所有事务，自己任用谯王司马承治理湘州，并非由刘隗专权。而王氏专权已经很久，一旦权势被分夺，便说是失去职位，于是背叛皇恩，肆行叛逆，对朝廷用兵。国家对您的待遇非常优厚，您如果与王敦同行，岂不是违背和辜负了君臣大义，生为叛逆之臣，死为愚昧之鬼，永远是宗族、党朋的耻辱，不是很可惜吗！为您打算，不如佯装听从其令，却急速突袭武昌，大将军王敦的士众听说此事，必定不战自溃，大功便可告成了。"甘卓原本就不想追从王敦，听了乐道融所言，于是决断说："这正是我的本意。"于是与巴东监军柳纯、南平太守夏侯承、宜都太守谭该等人，发布檄书数落王敦叛逆的行状，率领麾下军队开始征讨。派遣参军司马赞、孙双持奉上表送到朝廷，派罗英到广州，约陶侃共同进讨。戴渊镇守在长江西部，先得到甘卓的信，用表文的形式奏上，朝廷内都欢呼万岁。陶侃见到甘卓的来信，随即派参军高宝领兵北上。武昌城内传言甘卓大军来了，众人都逃奔离散。

　　王敦派遣姨母的兄弟、南蛮校尉魏乂和将军李恒，率领甲士两万人进攻长沙。长沙的城墙、护城河不完善，物资储备也不充足，人心惊恐。有人劝说谯王司马承向南投靠陶侃，或者退守零陵、桂林。司马承说："我之所以起兵，是心存为忠义献身的志向，怎能贪生怕死、苟且活命，当一个败逃的将领呢！即使守卫长沙失败，也让百姓们知道我的心意。"于是环城固守。不久，虞望战死，甘卓想让邓骞留下任参军，邓骞不同意，甘卓便派参军虞冲和邓骞同赴长沙，并致信谯王司马承，劝他固守长沙，自己将遣军自沔口出击，截断王敦的退路，这样湘州之围便会不救自解。司马承复信说："江东国朝中兴，一切刚刚草创，谁想到由得宠的大臣萌生叛乱。我以王朝宗室的身份禀受重任，志在以身殉职。不过到任时日尚短，一切尚未理出头绪。足下如果能轻装迅速赶赴来救，或许还来得及；如果犹豫迟滞，那么就只有到干鱼铺去找我了。"甘卓未能听从。

2 二月甲午,封皇子昱为琅邪王。

3 后赵王勒立子弘为世子。遣中山公虎将精卒四万击徐龛。龛坚守不战,虎筑长围守之。

4 赵主曜自将击杨难敌,难敌逆战不胜,退保仇池。仇池诸氐、羌及故晋王保将杨韬、陇西太守梁勋皆降于曜。曜迁陇西万馀户于长安,进攻仇池。会军中大疫,曜亦得疾,将引兵还,恐难敌蹑其后,乃遣光国中郎将王犷说难敌,谕以祸福,难敌遣使称藩。曜以难敌为假黄钺、都督益宁南秦凉梁巴六州陇上西域诸军事、上大将军、益宁南秦三州牧、武都王。

秦州刺史陈安求朝于曜,曜辞以疾。安怒,以为曜已卒,大掠而归。曜疾甚,乘马舆而还。使其将呼延寔监辎重于后,安邀击,获之,谓寔曰:"刘曜已死,子尚谁佐!吾当与子共定大业。"寔叱之曰:"汝受人宠禄而叛之,自视智能何如主上?吾见汝不日枭首于上邽市,何谓大业!宜速杀我!"安怒,杀之,以寔长史鲁凭为参军。安遣其弟集帅骑三万追曜,卫将军呼延瑜逆击,斩之。安乃还上邽,遣将袭汧城,拔之。陇上氐、羌皆附于安,有众十馀万,自称大都督、假黄钺、大将军、雍凉秦梁四州牧、凉王,以赵募为相国。鲁凭对安大哭曰:"吾不忍见陈安之死也!"安怒,命斩之。凭曰:"死自吾分,悬吾头于上邽市,观赵之斩陈安也!"遂杀之。曜闻之,恸哭曰:"贤人,民之望也。陈安于求贤之秋而多杀贤者,吾知其无所为也。"

休屠王石武以桑城降赵,赵以武为秦州刺史,封酒泉王。

2 二月甲午(初十),元帝封皇子司马昱为琅邪王。

3 后赵王石勒立儿子石弘为世子。派遣中山公石虎统帅精兵四万人攻击徐龛。徐龛坚守不出战,石虎筑起长长的围墙与之相持。

4 前赵国王刘曜自为统帅,攻击杨难敌,杨难敌迎战,不能取胜,退走保守仇池。仇池氐族、羌族的许多部族以及原来晋王司马保的部将杨韬、陇西太守梁勋都投降刘曜。刘曜从陇西迁徙一万多户到长安,然后进攻仇池。适逢军中疫病流行,连刘曜也染上疾病,刘曜准备领兵退还,又怕杨难敌追袭于后,便派光国中郎将王犷游说杨难敌,向他剖明利害,杨难敌于是派使者前来,表示愿为藩属。刘曜任命杨难敌为假黄钺、都督益、宁、南秦、凉、梁、巴六州及陇上、西域诸军事,上大将军,益、宁、南秦三州州牧,武都王。

秦州刺史陈安请求朝见刘曜,刘曜因病推辞不见。陈安发怒,以为刘曜已死,纵兵大肆劫掠后返回。刘曜病情严重,只能乘坐马车返回。派部将呼延寔随后监护辎重,陈安在半路截击,抓获了呼延寔,对他说:"刘曜已经死了,你还辅佐谁呢! 我将和你共创大业。"呼延寔叱骂说:"你接受别人的宠爱、俸禄却又背叛他,自己瞧瞧你的智能哪点比得上主上? 我看你的首级不久将会悬挂在上邽街市示众,还谈什么大业! 你应该快快杀了我!"陈安发怒,杀死呼延寔,让呼延寔的长史鲁凭当参军。陈安派兄弟陈集率领三万骑兵追袭刘曜,遭到卫将军呼延瑜的反击,陈集被杀。陈安于是回到上邽,派部将攻克了汧城。陇上的氐族、羌族部落都归附了陈安,陈安拥有兵众十多万,自称大都督、假黄钺、大将军,雍、凉、秦、梁四州州牧和凉王,任命赵募为相国。鲁凭对着陈安大哭说:"我不忍心看陈安的死啊!"陈安发怒,命令将他斩首。鲁凭说:"死亡本是我分内之事,把我的头悬挂在上邽街市,我要观看赵国斩杀陈安!"于是被杀。刘曜听说此事,悲恸地大哭,说:"贤人是民众的寄望所在。陈安在应当求贤而用的时候却多杀贤人,我由此得知他不会有什么作为。"

休屠王石武献桑城投降了前赵,前赵让石武出任秦州刺史,赐封酒泉王。

5　帝征戴渊、刘隗入卫建康。隗至，百官迎于道，隗岸帻大言，意气自若。及入见，与刁协劝帝尽诛王氏，帝不许，隗始有惧色。

司空导帅其从弟中领军邃、左卫将军廙、侍中侃、彬及诸宗族二十馀人，每旦诣台待罪。周顗将入，导呼之曰："伯仁，以百口累卿！"顗直入不顾。既见帝，言导忠诚，申救甚至，帝纳其言。顗喜饮酒，至醉而出，导犹在门，又呼之。顗不与言，顾左右曰："今年杀诸贼奴，取金印如斗大，系肘后。"既出，又上表明导无罪，言甚切至。导不之知，甚恨之。

帝命还导朝服，召见之。导稽首曰："逆臣贼子，何代无之，不意今者近出臣族！"帝跣而执其手曰："茂弘，方寄卿以百里之命，是何言邪！"

三月，以导为前锋大都督，加戴渊骠骑将军。诏曰："导以大义灭亲，可以吾为安东时节假之。"以周顗为尚书左仆射，王邃为右仆射。帝遣王廙往谕止敦。敦不从而留之，廙更为敦用。征虏将军周札，素矜险好利，帝以为右将军、都督石头诸军事。敦将至，帝使刘隗军金城，札守石头，帝亲被甲徇师于郊外。以甘卓为镇南大将军、侍中、都督荆梁二州诸军事，陶侃领江州刺史，使各帅所统以蹑敦后。

敦至石头，欲攻刘隗。杜弘言于敦曰："刘隗死士众多，未易可克，不如攻石头，周札少恩，兵不为用，攻之必败，札败则隗自走矣。"敦从之，以弘为前锋，攻石头，札果开门纳弘。敦据石头，叹曰："吾不复得为盛德事矣！"谢鲲曰："何为其然也！但使自今以往，日忘日去耳。"

5　元帝征召戴渊、刘隗来建康参与防卫。刘隗到达之时,百官们在道路上迎接,刘隗把头帻掀起露出前额,高谈阔论,意气昂扬。等到入见元帝,和刁协一起劝元帝将王氏宗族尽数诛杀,元帝不同意,刘隗才显露出畏惧的神色。

司空王导率领堂弟中领军王邃、左卫将军王廙、侍中王侃、王彬以及各宗族子弟二十多人,每天清晨到朝廷等候定罪。周𫖮将要入朝,王导呼唤他说:"周𫖮,我把王氏宗族一百多人的性命托付给您!"周𫖮连头也不回,直入朝廷。等到见了元帝,周𫖮阐说王导忠诚不贰,极力为他辩白,元帝听从了他的意见。周𫖮心中欢喜,以至喝醉了酒,周𫖮走出宫门,王导还在门外等候,又呼唤周𫖮。周𫖮不与他交谈,环顾左右说:"今年杀掉一干乱臣贼子后,能得到斗大的金印,系挂在臂肘之后。"出来以后,又奏上表章,辨明王导无罪,言辞十分妥帖和有力。王导不知道这些事,对周𫖮深为怨恨。

元帝令人把朝服送还王导,召王导进见。王导跪拜叩首至地,说:"叛臣贼子,哪一个朝代没有,想不到现在我出在臣下宗族之中!"元帝来不及穿鞋,赤脚拉着他的手说:"王茂弘,我正要把朝廷政务交给你,你这是说的什么话!"

三月,任命王导为前锋大都督,授予戴渊骠骑将军。元帝下诏说:"王导为大义灭亲,可以把我任安东将军时的符节交给他。"又任命周𫖮为尚书左仆射,王邃为尚书右仆射。元帝派王廙去告诉王敦,让他停止叛乱。王敦拒不从命,扣留了王廙,王廙又为王敦效力。征虏将军周札,素来为人阴险,贪图私利,元帝任他为右将军、都督石头地区军务。王敦军队日益临近,元帝让刘隗驻军金城,令周札驻守石头,自己亲自披上甲衣,巡视郊外的军队。又任命甘卓为镇南大将军、侍中、都督荆州、梁州军务,任命陶侃兼领江州刺史职,让他们各自率领所部跟随在王敦军队之后。

王敦到达石头,想攻击刘隗。杜弘向王敦建议说:"刘隗手下不怕死的士兵众多,不容易战胜,不如进攻石头,周札对人缺少恩泽,士兵都不愿为他效力,一旦遭攻击必然败走,周札兵败则刘隗自己就会逃走。"王敦采纳了杜弘的意见,任命他为前锋,进攻石头,周札果然打开城门让杜弘入城。王敦占据石头后,感叹地说:"我既为叛臣,再也不会做功德盛大的事情了!"谢鲲说:"为什么这样呢!只要从今以后,这些事一天天淡忘,也就会一天天从心中消失了。"

帝命刁协、刘隗、戴渊帅众攻石头，王导、周颛、郭逸、虞潭等三道出战，协等兵皆大败。太子绍闻之，欲自帅将士决战；升车将出，中庶子温峤执鞚谏曰："殿下国之储副，奈何以身轻天下！"抽剑斩鞅，乃止。

敦拥兵不朝，放士卒劫掠，宫省奔散，惟安东将军刘超按兵直卫，及侍中二人侍帝侧。帝脱戎衣，著朝服，顾而言曰："欲得我处，当早言！何至害民如此！"又遣使谓敦曰："公若不忘本朝，于此息兵，则天下尚可共安；如其不然，朕当归琅邪以避贤路。"

刁协、刘隗既败，俱入宫，见帝于太极东除。帝执协、隗手，流涕呜咽，劝令避祸。协曰："臣当守死，不敢有贰。"帝曰："今事逼矣，安可不行！"乃令给协、隗人马，使自为计。协老，不堪骑乘，素无恩纪，募从者，皆委之，行至江乘，为人所杀，送首于敦。隗奔后赵，官至太子太傅而卒。

帝令公卿百官诣石头见敦，敦谓戴渊曰："前日之战，有馀力乎？"渊曰："岂敢有馀，但力不足耳！"敦曰："吾今此举，天下以为何如？"渊曰："见形者谓之逆，体诚者谓之忠。"敦笑曰："卿可谓能言。"又谓周颛曰："伯仁，卿负我！"颛曰："公戎车犯顺，下官亲帅六军，不能其事，使王旅奔败，以此负公！"

辛未，大赦；以敦为丞相、都督中外诸军、录尚书事、江州牧，封武昌郡公，并让不受。

初，西都覆没，四方皆劝进于帝。敦欲专国政，忌帝年长难制，欲更议所立，王导不从。及敦克建康，谓导曰："不用吾言，几至覆族。"

元帝令刁协、刘隗、戴渊率领兵众进攻石头，王导和周颢、郭逸、虞潭等分三路出击，刁协等人的军队都大败。太子司马绍听说以后，打算自己率领将士与敌人决战，坐上军车正要出发，中庶子温峤抓住马勒头劝谏说："殿下是国家君位的继承人，怎么能逞一己之快，轻弃天下而不顾！"抽出剑斩断马的鞯带，司马绍这才罢休。

王敦聚集军队，不朝见元帝，放纵士卒劫掠财物，皇宫、朝廷里的人奔逃离散，只有安东将军刘超屯兵不动，当值护卫，以及侍中二人在元帝身边侍奉。元帝脱下军衣，穿上朝服，环顾四周说："王敦想得到我这个地方，应当早说！何至于如此残害百姓！"又派遣使者告诉王敦说："你如果还没有将朝廷置于脑后，那么就此罢兵，天下还可以安然相处。如果不是这样，那么朕将回到琅邪，为贤人让路。"

刁协、刘隗战败以后，都进入宫中，在太极殿东侧阶与元帝相见。元帝拉着刁协、刘隗的手，流泪哭泣，呜咽有声，劝说并命令二人出逃以避灾祸。刁协说："我将守卫至死，不敢有二心。"元帝说："现在事情紧迫了，怎么能不走呢！"于是下令为刁协、刘隗准备随行的人马，让他们自谋生路。刁协年老，难耐骑乘之苦，平素又缺少恩惠，招募随从人员时，大家都推委不去，刁协出行至江乘，被人杀死，把首级送给王敦。刘隗投奔后赵，在任太子太傅时死去。

元帝命令百官公卿到石头拜见王敦，王敦对戴渊说："前日的交战，还有剩余的力量吗？"戴渊说："岂敢留有余力，只是力量不足罢了！"王敦说："我现在这样的举动，天下人会怎么看？"戴渊说："只看到表象的人说是叛逆，体会诚心的人说是忠贞。"王敦笑着说："您可以称得上会说话了。"王敦又对周颢说："周伯仁，您辜负了我！"周颢说："您依仗武力违背顺上的道德，我亲自统率六军，不能胜任，致使君王的军队战败奔逃，这就是我辜负您的地方！"

辛未(十八日)，元帝实行大赦；任命王敦为丞相、都督中外各军、录尚书事、江州牧，赐封武昌郡公，王敦都推辞不受。

当初，西晋都城覆没，四方人士都劝琅邪王即帝位。王敦想把持国政，怕元帝年龄较大，难以控制，想另行商议立君的人选，王导不同意。等到王敦攻克建康，对王导说："不遵从我的意见，几乎全族覆灭。"

敦以太子有勇略，为朝野所向，欲诬以不孝而废之，大会百官，问温峤曰："皇太子以何德称？"声色俱厉。峤曰："钩深致远，盖非浅局所量；以礼观之，可谓孝矣。"众皆以为信然，敦谋遂沮。

帝召周顗于广室，谓之曰："近日大事，二宫无恙，诸人平安，大将军固副所望邪？"顗曰："二宫自如明诏，臣等尚未可知。"护军长史郝嘏等劝顗避敦，顗曰："吾备位大臣，朝廷丧败，宁可复草间求活，外投胡、越邪！"敦参军吕猗，尝为台郎，性奸诌，戴渊为尚书，恶之。猗说敦曰："周顗、戴渊，皆有高名，足以惑众，近者之言，曾无怍色，公不除之，恐必有再举之忧。"敦素忌二人之才，心颇然之，从容问王导曰："周、戴，南北之望，当登三司无疑也。"导不答。又曰："若不三司，止应令仆邪？"又不答。敦曰："若不尔，正当诛尔！"又不答。丙子，敦遣部将陈郡邓岳收顗及渊。先是，敦谓谢鲲曰："吾当以周伯仁为尚书令，戴若思为仆射。"是日，又问鲲："近来人情何如？"鲲曰："明公之举，虽欲大存社稷，然悠悠之言实未达高义。若果能举用周、戴，则群情帖然矣！"敦怒曰："君粗疏邪！二子不相当，吾已收之矣！"鲲愕然自失。参军王峤曰："'济济多士，文王以宁。'奈何戮诸名士！"敦大怒，欲斩峤，众莫敢言。鲲曰："明公举大事，不戮一人。峤以献替忤旨，便以衅鼓，不亦过乎！"敦乃释之，黜为领军长史。峤，浑之族孙也。

王敦因为太子司马绍有勇有谋,被朝野人士所拥戴,想以不孝的罪名诬陷太子,废除他的太子之位,因此大会百官,问温峤说:"皇太子以什么样的德行著称?"问话时声色俱厉。温峤说:"钧深致远,似乎不是我浅显的度量所能知晓的;依照礼义看来,可以说是做到了孝。"众人都认为的确如此,王敦的阴谋遭到挫败。

元帝在广室召见周颛,对他说:"近来发生的大事,两宫未受伤害,大家平安,这是否表明大将军王敦本来就符合众望呢?"周颛说:"两宫的情况,固然与陛下所说的相符,至于我们这些人的遭遇怎样,现在还未可知。"护军长史郝嘏等人劝周颛避让王敦,周颛说:"我既然备充大臣的职位,眼见朝廷衰败,难道还能再蛰伏草野中求活命,出外投奔胡、越吗!"王敦的参军吕猗,曾经做过尚书郎,为人奸猾谄谀,戴渊当时任尚书,憎恶他的为人。吕猗劝说王敦道:"周颛、戴渊都有很高的名望,足以蛊惑士众,近来的言谈又毫无惭愧的意思,您不除去他们,恐怕将来必定会有重新举兵讨伐的忧患。"王敦素来忌妒他们二人的才能,心中颇以为然,不动声色地询问王导说:"周颛、戴渊,分别著称于南方和北方,应当升任三公之位是无疑的了。"王导不置可否。王敦又说:"如果不用为三公,只让他们担任令或仆射的职位如何?"王导又不回答。王敦说:"如果不这样,正该诛戮他们!"王导还是不回答。丙子(二十三日),王敦派遣部将陈郡人邓岳拘捕周颛和戴渊。此前,王敦对谢鲲说:"我将任用周颛为尚书令,任命戴渊为仆射。"这天,王敦又问谢鲲说:"近来民情如何?"谢鲲说:"明公的举动,虽然是想保全国家社稷,但民间的议论却认为不合大义。如果真能举用周颛和戴渊,那么民众的心情就熨帖平静了。"王敦发怒,说:"你这是粗疏不察,这二人名实不相称,已被我收捕了!"谢鲲非常吃惊,若有所失。参军王峤说:"'济济一堂人才多,文王安宁国富强。'怎么能诛戮诸位名士呢!"王敦勃然大怒,要将王峤斩首,众人中没有谁敢出言相救。谢鲲说:"明公图谋大业,不屠戮一个人。现在王峤因陈献可否违背意旨,便要杀戮,不也太过分了吗!"王敦这才放了王峤,贬职为领军长史。王峤是王浑的族孙。

颛被收,路经太庙,大言曰:"贼臣王敦,倾覆社稷,枉杀忠臣;神祇有灵,当速杀之!"收人以戟伤其口,血流至踵,容止自若,观者皆为流涕。并戴渊杀之于石头南门之外。

帝使侍中王彬劳敦。彬素与颛善,先往哭颛,然后见敦。敦怪其容惨,问之。彬曰:"向哭伯仁,情不能已。"敦怒曰:"伯仁自致刑戮,且凡人遇汝,汝何哀而哭之?"彬曰:"伯仁长者,兄之亲友。在朝虽无謇愕,亦非阿党,而赦后加之极刑,所以伤惋也。"因勃然数敦曰:"兄抗旌犯顺,杀戮忠良,图为不轨,祸及门户矣!"辞气慷慨,声泪俱下。敦大怒,厉声曰:"尔狂悖乃至此,以吾为不能杀汝邪!"时王导在坐,为之惧,劝彬起谢。彬曰:"脚痛不能拜;且此复何谢!"敦曰:"脚痛孰若颈痛?"彬殊无惧容,竟不肯拜。

王导后料检中书故事,乃见颛救己之表,执之流涕曰:"吾虽不杀伯仁,伯仁由我而死,幽冥之中,负此良友!"

沈充拔吴国,杀内史张茂。

初,王敦闻甘卓起兵,大惧。卓兄子卬为敦参军,敦使卬归说卓曰:"君此自是臣节,不相责也。吾家计急,不得不尔。想便旋军襄阳,当更结好。"卓虽慕忠义,性多疑少决,军于猪口,欲待诸方同出军,稽留累旬不前。敦既得建康,乃遣台使以骓虞幡驻卓军。卓闻周颛、戴渊死,流涕谓卬曰:"吾之所忧,正为今日。且使圣上元吉,太子无恙,吾临敦上流,亦未敢遽危社稷。

周颢被捕,路经太庙,高声说:"贼臣王敦,颠覆国家社稷,胡乱杀害忠臣,神祇如果显灵,应当快快杀掉他!"捕卒用戟刺伤周颢的嘴,鲜血下流直至脚后跟,但他容颜举止泰然自若,观望的人都因此而落泪。周颢和戴渊都在石头南门外被杀。

元帝派侍中王彬犒劳王敦。王彬素来与周颢交好,先去哭吊周颢,然后去见王敦。王敦见他容颜凄惨,心中奇怪,便加询问。王彬说:"我刚才去哭吊周伯仁,情不自禁。"王敦发怒说:"周伯仁自找刑戮,再说他把你当作一般人看待,你为什么悲哀并去哭吊他?"王彬说:"周伯仁是长者,也是兄长你的亲友。他在朝时虽算不上正直,也并不结党营私,却在大赦天下后遭受极刑,我因此伤痛惋惜。"尔后勃然发怒,数落王敦说:"兄长违抗君命,有违顺德,杀戮忠良,图谋不轨,灾祸将要降临到门户了!"言辞情感激扬慷慨,声泪俱下。王敦大怒,厉声说:"你狂妄悖乱以至于此,以为我不能杀你吗!"当时王导在座,为王彬担心,劝王彬起来谢罪。王彬说:"我脚痛不能跪拜,再说这又有什么可谢罪的!"王敦说:"脚痛与颈痛比起来怎样?"王彬毫无惧色,最终不肯下拜。

王导后来清理中书省的旧有档案,才见到周颢救护自己的上表,拿着流下了眼泪,说:"我虽没杀周伯仁,伯仁是因我而死,我有负于冥间这样的好友!"

沈充攻取了吴国,杀了内史张茂。

当初,王敦听说甘卓起兵,大为恐惧。甘卓兄长之子甘卭是王敦的参军,王敦派甘卭回去游说甘卓说:"你这自然是臣子的节义,我不责怪你。但我们王家没有更好的办法,不得不这样做。希望你这就回军至襄阳,我将与你重新交好。"甘卓虽然仰慕忠义之事,但性格多疑,缺少决断,驻军于猪口,想等待各方共同出兵,稽留数十天,不向前推进。王敦得占建康以后,便派遣朝廷使者传送饰有驺虞这种传说中的仁兽图案的旗帜给甘卓,让他的军队不要前进。甘卓听说周颢、戴渊的死讯,流着眼泪对甘卭说:"我所忧患的,正是今天这样的情况。倘若圣上大吉无凶,太子不受伤害,我虽然占据着王敦的上游地区,也不敢仓促发兵而使社稷遭到危难。

适吾径据武昌,敦势逼,必劫天子以绝四海之望,不如还襄阳,更思后图。"即命旋军。都尉秦康与乐道融说卓曰:"今分兵断彭泽,使敦上下不得相赴,其众自然离散,可一战擒也。将军起义兵而中止,窃为将军不取。且将军之下,士卒各求其利,欲求西还,亦恐不可得也。"卓不从。道融昼夜泣谏,卓不听,道融忧愤而卒。卓性本宽和,忽更强塞,径还襄阳,意气骚扰,举动失常,识者知其将死矣。

王敦以西阳王羕为太宰,加王导尚书令,王廙为荆州刺史;改易百官及诸军镇,转徙黜免者以百数;或朝行暮改,惟意所欲。敦将还武昌,谢鲲言于敦曰:"公至都以来,称疾不朝,是以虽建勋而人心实有未达。今若朝天子,使君臣释然,则物情皆悦服矣。"敦曰:"君能保无变乎?"对曰:"鲲近日入觐,主上侧席,迟得见公,宫省穆然,必无虞也。公若入朝,鲲请侍从。"敦勃然曰:"正复杀君等数百人,亦复何损于时!"竟不朝而去。夏,四月,敦还武昌。

初,宜都内史天门周级闻谯王承起兵,使其兄子该潜诣长沙,申款于承。魏乂等攻湘州急,承遣该及从事邵陵周崎间出求救,皆为逻者所得。乂使崎语城中,称大将军已克建康,甘卓还襄阳,外援理绝。崎伪许之,既至城下,大呼曰:"援兵寻至,努力坚守!"乂杀之。乂考该至死,竟不言其故,周级由是获免。

乂等攻战日逼,敦又送所得台中人书疏,令乂射以示承。城中知朝廷不守,莫不怅惋。相持且百日,刘翼战死,士卒死伤相枕。癸巳,乂拔长沙,承等皆被执。乂将杀虞悝,子弟对之号泣。悝曰:"人生会当有死,今阖门为忠义之鬼,亦复何恨!"

恰好我直接进攻武昌,王敦为情势所逼,必定会劫持天子,用以断绝天下人的期望,不如回到襄阳,再图谋后策。"立即下令回军。都尉秦康和乐道融劝阻甘卓说:"如果现在分出一部分兵力截断彭泽县的通路,使王敦的军队上下不能救援,他的部众自然会离散,那么便可以一战而将他擒获。将军您发动正义的军队却半途而止,我私下认为将军不该如此。再说将军手下的士卒,各自谋求自己的利益,即便想向西退还,恐怕也不一定能够做到。"甘卓不听。乐道融日日夜夜哭泣苦谏,甘卓仍不听从,乐道融忧愤而死。甘卓性格本来宽和,现在忽然变得强硬不可通融,直接退还到襄阳,神情惶惑不宁,举动失常,有见识的人知道他距死不远了。

王敦让西阳王司马羕为太宰,授予王导尚书令,王廙为荆州刺史,改换朝廷官员和各军镇守将,被降职、免官和迁徙的人数以百计;有时朝令夕改,随心所欲。王敦将要返回武昌,谢鲲对他说:"明公自到京都以来,一直以有病为由不朝见皇上,所以虽然建有功勋,民心其实并未平服。现在如果朝见天子,使得君上和臣民都心情舒畅,那么民心都会心悦诚服的。"王敦说:"你能保证不发生变故吗?"谢鲲回答说:"我近些天入宫觐见皇上,皇上侧席而坐,希望能见到主公,宫省之内穆然整肃,必定不会有什么可担忧的。主公如果入朝,我请求充当您的侍从。"王敦发怒变色说:"我正要再杀掉你这样的数百人,对时局也不会有什么损害!"最终也没有朝见天子便离去。夏季,四月,王敦回到武昌。

当初,宜都内史、天门郡人周级听说谯王司马承起兵,让自己兄长的儿子周该潜入长沙,向司马承效忠。魏乂等人急攻湘州,司马承派周该和从事邵陵人周崎悄悄地外出寻求救兵,都被巡逻部队抓获。魏乂让周崎向城中喊话,说大将军王敦已经攻克建康,甘卓已回军襄阳,外援已经断绝。周崎假装同意,等到了城下,大声呼喊说:"援兵不久就到,努力坚守!"魏乂杀了他。魏乂拷问周该,周该至死不说事情的原委,周级因此免遭祸殃。

魏乂等人攻战日紧,王敦又送来他所得到的朝廷中人的上书和奏疏,令魏乂用箭射入城中晓示司马承。城中军民知道朝廷失守,莫不惆怅惋惜。相持将近百日,刘翼战死,士卒死伤众多,纵横枕藉。癸巳(初十),魏乂攻取长沙城,司马承等人都被俘获。魏乂将要杀死虞悝,虞悝的子弟面对他号啕大哭。虞悝说:"人生该当有一死,现在我满门都是忠义之鬼,又有什么遗憾!"

　　乂以槛车载承及易雄送武昌，佐吏皆奔散，惟主簿桓雄、西曹书佐韩阶、从事武延，毁服为僮从承，不离左右。乂见桓雄姿貌举止非凡人，惮而杀之。韩阶、武延执志愈固。荆州刺史王廙承敦旨，杀承于道中，阶、延送承丧至都，葬之而去。易雄至武昌，意气慷慨，曾无惧容。敦遣人以檄示雄而数之，雄曰："此实有之，惜雄位微力弱，不能救国难耳。今日之死，固所愿也。"敦惮其辞正，释之，遣就舍。众人皆贺之，雄笑曰："吾安得生！"既而敦遣人潜杀之。

　　魏乂求邓骞甚急，乡人皆为之惧，骞笑曰："此欲用我耳，彼新得州，多杀忠良，故求我以厌人望也。"乃往诣乂，乂喜曰："君，古之解扬也。"以为别驾。

　　诏以陶侃领湘州刺史，王敦上侃复还广州，加散骑常侍。

　　6　甲午，前赵羊后卒，谥曰献文。
　　7　甘卓家人皆劝卓备王敦，卓不从，悉散兵佃作，闻谏，辄怒。襄阳太守周虑密承敦意，诈言湖中多鱼，劝卓遣左右悉出捕鱼。五月乙亥，虑引兵袭卓于寝室，杀之，传首于敦，并杀其诸子。敦以从事中郎周抚督沔北诸军事，代卓镇沔中。抚，访之子也。

　　敦既得志，暴慢滋甚，四方贡献多入其府，将相岳牧皆出其门。以沈充、钱凤为谋主，唯二人之言是从，所谮无不死者。以诸葛瑶、邓岳、周抚、李恒、谢雍为爪牙。充等并凶险骄恣，大起营府，侵人田宅，剽掠市道，识者咸知其将败焉。

魏乂用槛车载着司马承和易雄押送去武昌,司马承手下的佐吏大多逃奔离散,只有主簿桓雄、西曹书佐韩阶、从事武延三人,毁去官服,充当僮仆追随司马承,不离左右。魏乂见桓雄姿态容貌、言行举止都与众不同,心内忌惮,因而将他杀害。韩阶、武延持守心志更加坚定。荆州刺史王廙接到王敦的旨意,在半道杀掉了司马承,韩阶、武延为司马承送丧至京都,安葬了他以后才离去。易雄到达武昌,意气慷慨,毫无惧色。王敦派人拿着易雄当初起草的讨罪檄书给他看,数落易雄的罪状,易雄说:"确有此事,可惜我职位低微,力量不足,不能挽救国难。今天赴死,本来就是我的心愿。"王敦忌惮他义正辞严,将他释放回家。众人都来称贺,易雄笑着说:"王敦怎能容我活下去!"不久王敦派人将易雄暗杀。

魏乂寻找邓骞十分急迫,乡人们都为邓骞担心,邓骞笑着说:"这是想任用我而已,魏乂刚刚统治本州,杀害了不少忠良之士,所以要找我来安定民心。"于是前往拜见魏乂,魏乂欢喜地说:"您是古代的解扬。"任命他为别驾。

元帝下诏让陶侃兼领湘州刺史职,王敦上书,又让陶侃返回广州,授予散骑常侍。

6 甲午(十一日),前赵的羊后去世,谥号献文。

7 甘卓的家人都劝甘卓防备王敦,甘卓不听,把兵众悉数遣散从事佃作,一听到有人谏诤就发怒。襄阳太守周虑秘密接受王敦的旨意,诈称湖中有许多鱼,劝甘卓派身边的侍从人众都下湖捕鱼。五月乙亥(二十三日),周虑带兵偷袭,把甘卓杀死在寝室,将首级传送给王敦,同时杀掉甘卓的儿子们。王敦让从事中郎周抚督察沔北地区军务,代替甘卓镇守沔中。周抚是周访的儿子。

王敦得志以后,越发暴虐傲慢,四方贡献的物品大多送入他的府第,将相及地方的文武大员,全都出自他的门下。王敦任用沈充、钱凤为谋主,只对他们二人言听计从,凡被他们谮言诋毁之人无不遇害。又任用诸葛瑶、邓岳、周抚、李恒、谢雍等人为武臣。沈充等人都是凶恶阴险骄恣之徒,大肆建造军营府第,侵占他人田宅,公然拦路抢劫,有识之士都知道他们行将败亡。

8 秋,七月,后赵中山公虎拔泰山,执徐龛送襄国。后赵王勒盛之以囊,于百尺楼上扑杀之,命王伏都等妻子刲而食之,坑其降卒三千人。

9 兖州刺史郗鉴在邹山三年,有众数万。战争不息,百姓饥馑,掘野鼠、蛰燕而食之,为后赵所逼,退屯合肥。尚书右仆射纪瞻,以鉴雅望清德,宜从容台阁,上疏请征之;乃征拜尚书。徐、兖间诸坞多降于后赵,后赵置守宰以抚之。

10 王敦自领宁、益二州都督。
冬,十月己丑,荆州刺史武陵康侯王廙卒。
王敦以下邳内史王邃都督青、徐、幽、平四州诸军事,镇淮阴;卫将军王含都督沔南诸军事,领荆州刺史;武昌太守丹杨王谅为交州刺史。使谅收交州刺史脩湛、新昌太守梁硕杀之。谅诱湛,斩之。硕举兵围谅于龙编。

11 祖逖既卒,后赵屡寇河南,拔襄城、城父,围谯。豫州刺史祖约不能御,退屯寿春。后赵遂取陈留,梁、郑之间复骚然矣。

12 十一月,以临颍元公荀组为太尉。辛酉,薨。

13 罢司徒,并丞相府。王敦以司徒官属为留府。

14 帝忧愤成疾,闰月己丑,崩。司空王导受遗诏辅政。帝恭俭有馀而明断不足,故大业未复而祸乱内兴。庚寅,太子即皇帝位,大赦,尊所生母荀氏为建安君。

15 十二月,赵主曜葬其父母于粟邑,大赦。陵下周二里,上高百尺,计用六万夫,作之百日乃成。役者夜作,继以脂烛,民甚苦之。游子远谏,不听。

8　秋季,七月,后赵的中山公石虎攻取泰山,擒获徐龛送往襄国。后赵国主石勒把徐龛塞进袋中,从百尺高楼上扔下摔死,又命令王伏都等人的妻子儿女割下徐龛身体上的肉吃掉,坑杀降卒三千人。

9　兖州刺史郗鉴留住邹山三年,拥有士众数万。因为当时争战不息,百姓饥馑难忍,以至挖掘田鼠和藏伏避寒的燕子作为食物,后赵乘机进逼,郗鉴退守合肥。尚书右仆射纪瞻认为郗鉴名望不错,道德高尚,应当在朝中施展才能,于是上疏请求征用他。元帝便征召郗鉴任尚书。徐州、兖州地区的坞堡大多投降后赵,后赵在当地设置官员加以抚慰。

10　王敦自任宁州、益州都督。

冬季,十月己丑(初九),荆州刺史、武陵康侯王廙死。

王敦让下邳内史王邃都督青、徐、幽、平四州军务,镇守淮阴;让卫将军王含都督沔南军务,兼任荆州刺史;让武昌太守、丹杨人王谅出任交州刺史。又让王谅拘捕原交州刺史脩湛、新昌太守梁硕并处死。王谅诱捕脩湛,将他斩首。梁硕发兵在龙编包围了王谅。

11　祖逖死后,后赵屡屡侵犯黄河以南,拔取襄城、城父,又围攻谯。豫州刺史祖约抵挡不住,退守寿春。后赵于是攻取了陈留,梁州、郑州地区的形势又变得动荡不安。

12　十一月,东晋任命临颍元公荀组为太尉。辛酉(十二日),荀组故去。

13　东晋取消司徒这种官衔,将其执掌的事务并入丞相府管辖。王敦把原司徒官属成员组成留守府。

14　元帝因忧愤染病,闰月己丑(初十),元帝驾崩。司空王导接受元帝遗诏辅佐朝政。元帝恭俭有余而明断不足,所以未能恢复大业却在内部发生祸乱。庚寅(十一日),太子司马绍继承帝位,大赦天下,尊奉生母荀氏为建安君。

15　十二月,前赵国主刘曜将其父母安葬在粟邑,大赦天下。陵墓基长周圆二里,上高百尺,共计动用六万人,建造了一百天才成。从事劳役的人挑灯夜作,不分昼夜,百姓深感劳苦。游子远谏诤,刘曜不听。

16　后赵濮阳景侯张宾卒,后赵王勒哭之恸,曰:"天不欲成吾事邪,何夺吾右侯之早也!"程遐代为右长史。遐,世子弘之舅也,勒每与遐议,有所不合,辄叹曰:"右侯舍我去,乃令我与此辈共事,岂非酷乎!"因流涕弥日。

17　张茂使将军韩璞帅众取陇西、南安之地,置秦州。

18　慕容廆遣其世子皝袭段末杯,入令支,掠其居民千馀家而还。

肃宗明皇帝上
太宁元年(癸未,323)

1　春,正月,成李骧、任回寇台登,将军司马玖战死,越嶲太守李钊、汉嘉太守王载皆以郡降于成。

2　二月庚戌,葬元帝于建平陵。

3　三月戊寅朔,改元。

4　饶安、东光、安陵三县灾,烧七千馀家,死者万五千人。

5　后赵寇彭城、下邳,徐州刺史卞敦与征北将军王邃退保盱眙。敦,壶之从父兄也。

6　王敦谋篡位,讽朝廷征己,帝手诏征之。夏,四月,加敦黄钺、班剑,奏事不名,入朝不趋,剑履上殿。敦移镇姑孰,屯于湖,以司空导为司徒,敦自领扬州牧。敦欲为逆,王彬谏之甚苦。敦变色,目左右,将收之。彬正色曰:"君昔岁杀兄,今又杀弟邪!"敦乃止,以彬为豫章太守。

7　后赵王勒遣使结好于慕容廆,廆执送建康。

16　后赵濮阳景侯张宾故去,后赵王石勒哭吊时十分悲恸,说:"是上天不愿让我成就事业啊!为何这么早便夺去了我的右侯!"程遐代替张宾为右长史。程遐是世子石弘的娘舅,石勒每逢与程遐议事,意见有所不合,总要叹息说:"右侯舍我而去,却让我和这种人共事,难道不是太残酷了吗!"为此终日流泪。

17　张茂让将军韩璞率领部众攻取陇西、南安地区,设置秦州。

18　慕容廆派世子慕容皝袭击段末杯,攻入令支,劫掠一千多家居民后返回。

肃宗明皇帝上
晋明帝太宁元年(癸未,公元 323 年)

1　春季,正月,成汉李骧、任回侵犯台登,将军司马玖战死,越巂太守李钊、汉嘉太守王载都献纳本郡投降成汉。

2　二月庚戌(初二),元帝入葬建平陵。

3　三月戊寅朔(初一),改年号为太宁。

4　饶安、东光、安陵三县发生火灾,烧毁七千多家住房,死者达一万五千人。

5　后赵侵犯彭城、下邳,徐州刺史卞敦和征北将军王邃退守盱眙。卞敦是卞壸的堂兄。

6　王敦阴谋篡夺皇位,暗示朝廷征召自己,明帝亲手书写诏书征召他。夏季,四月,授予王敦黄钺和班剑,允许他奏事不必通名,入朝不必趋行,佩剑着履上殿。王敦迁移驻镇姑孰,屯兵于湖。让司空王导任司徒,王敦自任扬州牧。王敦想叛逆篡位,王彬极力苦谏。王敦发怒变脸,用目光示意左右侍从,将要逮捕王彬。王彬神色庄重地说:"您过去杀害兄长,现在又要杀害兄弟吗!"王敦这才罢手,让王彬出任豫章太守。

7　后赵国王石勒派遣使者与慕容廆通好,慕容廆将来使拘捕,送至建康。

8　成李骧等进攻宁州,刺史褒中壮公王逊使将军姚岳等拒之,战于堂螅,成兵大败。岳追至泸水,成兵争济,溺死者千馀人。岳以道远,不敢济而还。逊以岳不穷追,大怒,鞭之;怒甚,冠裂而卒。逊在州十四年,威行殊俗。州人立其子坚行州府事,诏除坚宁州刺史。

9　广州刺史陶侃遣兵救交州,未至,梁硕拔龙编,夺刺史王谅节,谅不与,硕断其右臂。谅曰:"死且不避,断臂何为!"逾旬而卒。

10　六月壬子,立妃庾氏为皇后;以后兄中领军亮为中书监。

11　梁硕据交州,凶暴失众心。陶侃遣参军高宝攻硕,斩之。诏以侃领交州刺史,进号征南大将军、开府仪同三司。未几,吏部郎阮放求为交州刺史,许之。放行至宁浦,遇高宝,为宝设馔,伏兵杀之。宝兵击放,放走,得免,至州少时,病卒。放,咸之族子也。

12　陈安围赵征西将军刘贡于南安,休屠王石武自桑城引兵趣上邽以救之,与贡合击安,大破之。安收馀骑八千,走保陇城。秋,七月,赵主曜自将围陇城,别遣兵围上邽。安频出战,辄败。右军将军刘幹攻平襄,克之,陇上诸县悉降。安留其将杨伯支、姜冲兒守陇城,自帅精骑突围,出奔陕中。曜遣将军平先等追之。安左挥七尺大刀,右运丈八蛇矛,近则刀矛俱发,辄殪五六人,远则左右驰射而走。先亦勇捷如飞,与安搏战,三交,遂夺其蛇矛。会日暮雨甚,安弃马与左右匿于山中。赵兵索之,不知所在。

8 成汉的李骧等人进攻宁州,宁州刺史、襄中壮公王逊派将军姚岳等人拒敌,双方在螳蜋交战,成汉的军队大败。姚岳追袭到泸水,成汉士兵争相渡河,溺水而死的有一千多人。姚岳因为路远,不敢再渡河追击,于是退军。王逊认为姚岳没有穷追敌军,勃然大怒,鞭打姚岳;王逊因为气恼过度,以至冠帽爆裂而死。王逊治理宁州十四年,威仪举动不同寻常。宁州人推举其子王坚代掌州府事务,明帝下诏授王坚为宁州刺史。

9 广州刺史陶侃派兵救援交州,还未到达目的地,梁硕已攻取了龙编,梁硕抢夺刺史王谅的符节,王谅不给,梁硕砍断他的右臂。王谅说:"我连死都不怕,砍断手臂又有什么用!"过了十来天后去世。

10 六月壬子(初六),明帝立妃子庾氏为皇后;让皇后的兄长中领军庾亮任中书监。

11 梁硕占据交州后,因为凶残暴虐失去民心。陶侃派遣参军高宝领军进攻梁硕,将他斩首。明帝下诏让陶侃兼任交州刺史,进封号为征南大将军、开府仪同三司。不久,吏部郎阮放请求出任交州刺史,获得同意。阮放行至宁浦,路遇高宝,为高宝设宴,暗伏甲士把高宝杀害。高宝手下士兵攻击阮放,阮放逃走,幸免于难,到达任所不久,因病而死。阮放是阮咸的同族子孙。

12 陈安在南安围困前赵的征西将军刘贡,休屠王石武从桑城率领军队通由上邽赶来救援,和刘贡合击陈安,给陈安重创。陈安收拢残馀骑兵八千人,败退退守陇城。秋季,七月,前赵主刘曜亲任主将围攻陇城,另遣军队围困上邽。陈安频频出战,屡遭败绩。前赵右军将刘干攻克了平襄,陇上几个县都投降。陈安留下部将杨伯支、姜冲儿坚守陇城,自己率精锐骑兵突围,逃奔陕中。刘曜派将军平先等人追击。陈安左手挥舞七尺大刀,右手运起丈八蛇矛,一旦敌人接近就刀、矛同时挥动,每次都能杀死五六人,追敌稍远,便左右驰骋一边发箭,一边退走。平先也是勇武敏捷如飞,和陈安搏战,三次交手,才夺下陈安的蛇矛。适逢天色近暮,大雨滂沱,陈安便丢弃马匹,和左右侍从藏匿于山中。前赵士兵四处搜索,不知其所在。

明日,安遣其将石容觇赵兵,赵辅威将军呼延青人获之,拷问安所在,容卒不肯言,青人杀之。雨霁,青人寻其迹。获安于涧曲,斩之。安善抚将士,与同甘苦,及死,陇上人思之,为作《壮士之歌》。杨伯支斩姜冲儿,以陇城降。别将宋亭斩赵募,以上邽降。曜徙秦州大姓杨、姜诸族二千馀户于长安。氐、羌皆送任请降,以赤亭羌酋姚弋仲为平西将军,封平襄公。

13　帝畏王敦之逼,欲以郗鉴为外援,拜鉴兖州刺史,都督扬州江西诸军事,镇合肥。王敦忌之,表鉴为尚书令。八月,诏征鉴还,道经姑孰,敦与之论西朝人士,曰:"乐彦辅,短才耳,考其实,岂胜满武秋邪!"鉴曰:"彦辅道韵平淡,愍怀之废,柔而能正。武秋失节之士,安得拟之!"敦曰:"当是时,危机交急。"鉴曰:"丈夫当死生以之。"敦恶其言,不复相见,久留不遣。敦党皆劝敦杀之,敦不从。鉴还台,遂与帝谋讨敦。

14　后赵中山公虎帅步骑四万击安东将军曹嶷,青州郡县多降之,遂围广固。嶷出降,送襄国杀之,坑其众三万。虎欲尽杀嶷众,青州刺史刘徵曰:"今留徵,使牧民也;无民焉牧,徵将归耳!"虎乃留男女七百口配徵,使镇广固。

15　赵主曜自陇上西击凉州,遣其将刘咸攻韩璞于冀城,呼延晏攻宁羌护军阴鉴于桑壁,曜自将戎卒二十八万军于河上,列营百馀里,金鼓之声动地,河水为沸,张茂临河诸戍,皆望风奔溃。曜扬声欲百道俱济,直抵姑臧,凉州大震。参军马岌劝茂亲出拒战,长史氾祎怒,请斩之。岌曰:"氾公糟粕书生,刺举小才,不思家国大计。明公父子欲为朝廷诛刘曜有年矣,今曜自至,远近之情,共观明公此举,当

第二天,陈安派部将石容窥察赵兵动向,被前赵辅威将军呼延青人抓获,呼延青人拷打石容,询问陈安的藏身之处,石容始终不肯说,被呼延青人杀死。雨停以后,呼延青人发现踪迹。在山涧的弯曲处抓住陈安,当即斩首。陈安善于抚慰军中将士,和他们同甘共苦,他死以后,陇上人想念他,为他作《壮士之歌》。杨伯支斩杀姜冲兒,献纳陇城投降。陈安的别将宋亭杀死赵慕,献纳上邽出降。刘曜把秦州的豪门大姓杨氏、姜氏各部族两千多人迁徙到长安。氐族、羌族也都送来人质请求投降,刘曜任命赤亭羌酋长姚弋仲为平西将军,封为平襄公。

13　明帝畏惧王敦的逼迫,想引郗鉴为外援,拜授郗鉴为兖州刺史,都督扬州及长江以西的军务,镇守合肥。王敦忌惮郗鉴,上表要求让郗鉴任尚书令。八月,明帝下诏征召郗鉴回京,中途经过姑孰,王敦与郗鉴议论西晋人物,王敦说:"乐广才能有限,考较他的实际作为,哪能胜过满奋呢!"郗鉴说:"乐广为人行事的风格是平淡,就连愍帝、怀帝的废弛之政,他都能慢慢纠正。满奋则是节操有损的人,怎能与乐广相比!"王敦说:"在满奋那个时候,潜伏的祸端十分急迫。"郗鉴说:"大丈夫应当将生死置之度外。"王敦厌恶郗鉴的言论,不再与他相见,并把他长期扣留,不让离开。王敦的党羽都劝王敦杀死郗鉴,王敦没有同意。郗鉴回到朝廷后,便和明帝共同商议讨伐王敦的办法。

14　后赵中山公石虎率领步兵、骑兵共四万人攻击安东将军曹嶷,青州的郡县有不少投降了他,石虎于是进围广固城。曹嶷出城投降,被送到襄国处死,石虎坑杀投降的士众三万人。石虎原想把曹嶷的部众尽数杀死,青州刺史刘徵说:"现今让我留下,为的是统治百姓。没有人怎么统治,我准备回去了!"石虎于是留下男女人等七百多口,配属给刘徵,让他镇守广固城。

15　前赵国主刘曜由陇上出发向西进攻凉州,派部将刘咸进攻驻守冀城的韩璞,又派呼延晏进攻驻守桑壁的宁羌护军阴鉴,自己率戎卒二十八万人屯军于黄河边,营寨连绵一百多里,金鼓之声震天动地,连黄河的流水都为之激荡,张茂部下沿黄河戍守的士兵,都望风溃逃。刘曜扬言将多路渡河,直捣姑臧城,凉州军民为此大为惊恐。参军马岌劝张茂亲自出城拒敌,长史氾祎发怒,请求将马岌斩首。马岌说:"氾祎只是个无用的书生,有点梗直不讳的小才,却全然不考虑国家大计。明公父子两代多年来就想为朝廷翦除刘曜,如今刘曜自己送上门,远近之人都存心想观察明公的举动,当此之时,

立信勇之验以副秦、陇之望,力虽不敌,势不可以不出。"茂曰:"善!"乃出屯石头。茂谓参军陈珍曰:"刘曜举三秦之众,乘胜席卷而来,将若之何?"珍曰:"曜兵虽多,精卒至少,大抵皆氐、羌乌合之众,恩信未洽,且有山东之虞,安能舍其腹心之疾,旷日持久,与我争河西之地邪!若二旬不退,珍请得弊卒数千,为明公擒之。"茂喜,使珍将兵救韩璞。赵诸将争欲济河,赵主曜曰:"吾军势虽盛,然畏威而来者三分有二,中军疲困,其实难用。今但按甲勿动,以吾威声震之,若出中旬张茂之表不至者,吾为负卿矣。"茂寻遣使称藩,献马、牛、羊、珍宝不可胜纪。曜拜茂侍中、都督凉南北秦梁益巴汉陇右西域杂夷匈奴诸军事、太师、凉州牧,封凉王,加九锡。

16　杨难敌闻陈安死,大惧,与弟坚头南奔汉中,赵镇西将军刘厚追击之,大获而还。赵主曜以大鸿胪田崧为镇南大将军、益州刺史,镇仇池。难敌送任请降于成,成安北将军李稚受难敌赂,不送难敌于成都。赵兵退,即遣归武都,难敌遂据险不服。稚自悔失计,亟请讨之。雄遣稚兄侍中、中领军琀与稚出白水,征东将军李寿及琀弟玝出阴平,以击难敌。群臣谏,不听。难敌遣兵拒之,寿、玝不得进,而琀、稚长驱至下辨。难敌遣兵断其归路,四面攻之。琀、稚深入无继,皆为难敌所杀,死者数千人。琀,荡之长子,有才望,雄欲以为嗣,闻其死,不食者数日。

应当建立诚信、勇敢的实绩以满足秦州、陇上人民的心愿,力量虽然不足,但在情理上不能不出城迎敌。"张茂说:"好!"于是出城屯军于石头。张茂对参军陈珍说:"刘曜调集三秦的兵众,乘着攻破陈安的胜势席卷而来,我们将怎么对付?"陈珍说:"刘曜士兵虽多,但精兵极少,大多都是来自氐族和羌族的乌合之众,恩德和威信未曾周遍,况且又对崤山之东的石勒心存顾忌,他怎么能不顾心腹之患,与我方旷日持久的争夺河西之地呢!如果刘曜二十天以后还不退兵,我请求分派给我数千战斗力不强的士兵,为您把他给抓来。"张茂心中欢喜,便派陈珍领兵救援韩璞。前赵的众将领都争先恐后地想渡过黄河,国主刘曜说:"我方军队的声势虽然盛大,但其中迫于威势,不得不来的占有三分之二,中军又疲惫困顿,实际上很难用于作战。如今只能按兵不动,用我方的声势威慑对方,如果超出十天张茂的降表还不送到的话,就算我辜负了你们。"不久,张茂果然派遣使者投降称藩臣,献上的马、牛、羊和珍宝不计其数。刘曜授予张茂侍中并都督凉州、南秦州、北秦州、梁州、益州、巴州、汉中、陇右、西域杂夷及匈奴各地的军务,任太师、凉州牧,封为凉王,赐给九锡的礼仪。

16 杨难敌听说陈安被杀,十分恐惧,和兄弟杨坚头向南逃往汉中,前赵的镇西将军刘厚在后追袭,多所缴获,随后退军。前赵国主刘曜任命大鸿胪田崧为镇南大将军、益州刺史,镇守仇池。杨难敌呈送人质向成汉请求投降,成汉的安北将军李稚因为接受了杨难敌的贿赂,于是没有把杨难敌遣送到成都。前赵军队退走后,李稚便让杨难敌回到武都,杨难敌于是凭仗地势险固,不再服从成汉。李稚对自己的失策深为追悔,多次请求出兵征讨杨难敌。李雄便派遣李稚的兄长、侍中、中领军李玝和李稚由白水出兵,征东将军李寿以及李玝的兄弟李玝由阴平出兵,攻击杨难敌。成汉许多大臣进谏,李雄不听。杨难敌发兵拒敌,李寿、李玝所部无法前进,而李玝、李稚率领的军队则长驱直入,进抵下辨。杨难敌派军队截断其退路,然后四面包围进攻。李玝、李稚因过于深入,后援断绝,都被杨难敌所杀,死者数千人。李玝即李荡的长子,颇有才学和名望,李雄本想让他作为自己的继承人,听说他死了,好几天吃不下饭。

17　初，赵主曜长子俭，次子胤。胤年十岁，长七尺五寸，汉主聪奇之，谓曜曰："此儿神气，非义真之比也，当以为嗣。"曜曰："藩国之嗣，能守祭祀足矣，不敢乱长幼之序。"聪曰："卿之勋德，当世受专征之任，非他臣之比也，吾当更以一国封义真。"乃封俭为临海王，立胤为世子。既长，多力善射，骁捷如风。靳准之乱，没于黑匿郁鞠部。陈安既败，胤自言于郁鞠，郁鞠大惊，礼而归之。曜悲喜，谓群臣曰："义光虽已为太子，然冲幼儒谨，恐不堪今之多难。义孙，故世子也，材器过人，且涉历艰难。吾欲法周文王、汉光武，以固社稷而安义光，何如？"太傅呼延晏等皆曰："陛下为国家无穷之计，岂惟臣等赖之，实宗庙四海之庆。"左光禄大夫卜泰、太子太保韩广进曰："陛下以废立为是，不应更问群臣；若以为疑，固乐闻异同之言。臣窃以为废太子，非也。昔文王定嗣于未立之前，则可也；光武以母失恩而废其子，岂足为圣朝之法！向以东海为嗣，未必不如明帝也。胤文武才略，诚高绝于世，然太子孝友仁慈，亦足为承平贤主。况东宫者，民、神所系，岂可轻动！陛下诚欲如是，臣等有死而已，不敢奉诏。"曜默然。胤进曰："父之于子，当爱之如一，今黜熙而立臣，臣何敢自安！陛下苟以臣为颇堪驱策，岂不能辅熙以承圣业乎！必若以臣代熙，臣请效死于此，不敢闻命。"因歔欷流涕。曜亦以熙羊后所生，不忍废也，乃追谥前妃卜氏为元悼皇后。泰，即胤之舅也，曜嘉其公忠，以为上光禄大夫、仪同三司、领太子太傅；封胤为永安王，拜侍中、卫大将军、都督二宫禁卫诸军事、开府仪同三司、录尚书事。命熙于胤尽家人之礼。

17 当初，前赵国主刘曜有长子刘俭，次子刘胤。刘胤年方十岁，身高七尺五寸，原国主刘聪因此惊奇，对刘曜说："你这个儿子的神气，不是刘俭所能比拟的，应当让他当继承人。"刘曜说："藩国臣民的继承人，能保守住祖先的祭祀就够了，我不敢破坏长幼的秩序。"刘聪说："以你的功勋和德行，当会世世代代担任征伐的重任，不是别的臣子所可比拟的，我当会另外封给刘俭一个诸侯国封号。"于是封刘俭为临海王，立刘胤为世子。刘胤长大以后，力气很大，精于箭术，勇猛、迅捷如风。靳准作乱的时候，刘胤隐匿身世，藏身在匈奴族的黑匿郁鞠部。陈安败亡后，刘胤把自己的身世告诉郁鞠，郁鞠大吃一惊，按照相应的礼仪对待，并送他归国。刘曜悲喜交加，对群臣们说："刘熙虽然成为太子，但年龄幼小，拘谨柔顺，恐怕难以承受现今诸多的艰难。刘胤本来是我的世子，才能气度出众，而且涉历过许多艰难。我想效法周文王立武王和汉光武帝立明帝的做法，为巩固国家政权另外安排刘熙的地位，怎么样？"太傅呼延晏等人都说："陛下为国家的长远命运考虑，哪里只是臣下等人所依赖的，实在也是祖先和国民的幸运。"左光禄大夫卜泰、太子太保韩广则进谏说："陛下如果认为自己在太子废立问题上的看法正确，就不应当再向臣下询问；如果觉得没有把握，当然乐于听到不同的意见。我们私下认为废除当今太子是不对的。往昔周文王选定继承人，是在未立太子之前，所以是可以的；汉光武帝因为太子的生母失去恩宠因而废除太子，哪里值得圣贤的朝廷效法呢？以往陛下立东海王刘熙为太子，这未必便不如汉光武帝立明帝为太子。刘胤的文才武略的确当世高绝，但太子的孝友仁慈，也足以成为承袭国家太平的贤惠君主。何况太子与百姓和神灵相关联，怎可轻易变动！陛下如果真的想改立太子，我们宁死也不敢遵奉诏令。"刘曜默默无语。刘胤进言说："父亲对儿子的爱，应当无所偏颇，现在如果废黜刘熙改立我，我怎能心安！陛下只要认为我还可以为国效力，我难道还不能帮助刘熙继承圣业吗！如果一定要让我替代刘熙，我请求立即死在这里，不敢听命。"随之抽泣流泪，哀叹出声。刘曜也因为刘熙是羊皇后所生，不忍心废黜，于是追谥刘胤的生母、前妃卜氏为元悼皇后。卜泰即刘胤的娘舅，刘曜为嘉奖他的公正和忠贞，任命他为上光禄大夫、仪同三司、领太子太傅；又封刘胤为永安王，授职为侍中、卫大将军、都督两宫禁卫诸军事、开府仪同三司、录尚书事。命令刘熙用对自家人的礼仪对待刘胤。

18　张茂大城姑臧,修灵钧台。别驾吴绍谏曰:"明公所以修城筑台者,盖惩既往之患耳。愚以为苟恩未洽于人心,虽处层台,亦无所益,适足以疑群下忠信之志,失士民系托之望,示怯弱之形,启邻敌之谋,将何以佐天子,霸诸侯乎!愿亟罢兹役,以息劳费。"茂曰:"亡兄一旦失身于物,岂无忠臣义士欲尽节者哉!顾祸生不意,虽有智勇无所施耳。王公设险,勇夫重闭,古之道也。今国家未靖,不可以太平之理责人于屯邅之世也。"卒为之。

19　王敦从子允之,方总角,敦爱其聪警,常以自随。敦尝夜饮,允之辞醉先卧。敦与钱凤谋为逆,允之悉闻其言。即于卧处大吐,衣面并污。凤出,敦果照视,见允之卧于吐中,不复疑之。会其父舒拜廷尉,允之求归省父,悉以敦、凤之谋白舒。舒与王导俱启帝,阴为之备。

敦欲强其宗族,陵弱帝室,冬,十一月,徙王含为征东将军、都督扬州江西诸军事,王舒为荆州刺史、监荆州沔南诸军事,王彬为江州刺史。

20　后赵王勒以参军樊坦为章武内史,勒见其衣冠弊坏,问之。坦率然对曰:"顷为羯贼所掠,资财荡尽。"勒笑曰:"羯贼乃尔无道邪!今当相偿。"坦大惧,叩头泣谢。勒赐车马、衣服、装钱三百万而遣之。

21　是岁,越嶲斯叟攻成将任回,成主雄遣征南将军费黑讨之。

18　张茂在姑臧大兴土木,维修城墙,修筑灵钧台。别驾吴绍谏止说:"明公之所以修城墙、筑高台,大概因为有鉴于以往遭到攻击的忧患。我以为只要臣民未曾普遍感受到君上的恩泽,即使身处多层高台上也没有什么好处,只能够使臣下对自己的忠信志向产生疑虑,失去士民们寄托的期望,显示出怯弱的情形,挑动起相邻的敌方来犯的欲念,这怎么能辅佐天子,称霸诸侯呢! 希望能急速废止这项工程,停止人力和钱财的巨大耗费。"张茂说:"亡兄张寔忽然死于非命,难道没有忠臣义士想为他效死尽忠吗! 只不过祸乱在意想不到的情况下突发,虽然智勇兼具也无所施展罢了。王公设置险阻保守国家,勇夫多设关隘保守其地,这是古人之道。现今国家不太平,不能在这举步维艰的时代用太平盛世的道理去要求人。"始终没有停止修建工程。

19　王敦的侄子王允之,正当童年,王敦因他聪明机警,异常宠爱,经常让他跟随自己。王敦有次在夜晚饮酒,王允之以醉酒为由告辞先睡。王敦便和钱凤一起商讨叛乱之事,被王允之原原本本听到。王允之随即在睡卧的地方大吐,衣物、脸面都沾上了污秽。钱凤走后,王敦果然持灯前来察看,见王允之睡卧在呕吐的污物中,便不再有疑心。不久,适逢王允之的父亲王舒升任廷尉,王允之请求归省父亲,便将王敦、钱凤密谋的内容全部告诉了王舒。王舒与王导一块儿禀报皇帝,私下为应付突变做准备。

王敦想增加自己的宗族势力,削弱、欺凌皇室力量,冬季,十一月,调任王含为征东将军、都督扬州、长江西部军务,王舒任荆州刺史、监察荆州、沔水以南军务,王彬任江州刺史。

20　后赵王石勒让参军樊坦任章武内史,石勒见他衣帽破旧,询问原因。樊坦未加思索,回答说:"不久前遭到羯族贼寇的抢劫,财物荡然无存。"石勒笑着说:"羯族贼寇竟然这样蛮横无道啊! 现在我会偿还给你。"樊坦大为恐惧,流着眼泪叩头赔罪。石勒赐给他车马、衣服及办装费三百万,派遣他上任。

21　这年,越巂人斯叟进攻成汉的将领任回,成汉国主李雄派遣征南将军费黑征讨斯叟。

22　会稽内史周札，一门五侯，宗族强盛，吴士莫与为比，王敦忌之。敦有疾，钱凤劝敦早除周氏，敦然之。周嵩以兄颛之死，心常愤愤。敦无子，养王含子应为嗣，嵩尝于众中言应不宜统兵，敦恶之。嵩与札兄子莛皆为敦从事中郎。会道士李脱以妖术惑众，士民颇信事之。

22　会稽内史周札,一族之中有五人封侯,宗族势力强盛,吴地人士中无人可以比拟,王敦为此忌惮。王敦生病,钱凤劝王敦早日除灭周氏,得到王敦赞同。周嵩因为兄长周𫖮被王敦所杀,心中经常愤愤不平。王敦没有儿子,收养王含的儿子王应为子嗣,周嵩曾当众说王应不适合统领军队,王敦为此憎恶周嵩。周嵩和周札兄长的儿子周莚都任王敦的从事中郎。适逢道士李脱利用妖术蛊惑民众,不少士民都相信追随他。

卷第九十三　晋纪十五

起甲申(324)尽丁亥(327)凡四年

肃宗明皇帝下

太宁二年(甲申，324)

1　春，正月，王敦诬周嵩、周莛与李脱谋为不轨，收嵩、莛，于军中杀之。遣参军贺鸾就沈充于吴，尽杀周札诸兄子；进兵袭会稽，札拒战而死。

2　后赵将兵都尉石瞻寇下邳、彭城，取东莞、东海，刘遐退保泗口。

司州刺史石生击赵河南太守尹平于新安，斩之，掠五千馀户而归。自是二赵构隙，日相攻掠，河东、弘农之间，民不聊生矣。

石生寇许、颍，俘获万计。攻郭诵于阳翟，诵与战，大破之，生退守康城。后赵汲郡内史石聪闻生败，驰救之，进攻司州刺史李矩、颍川太守郭默，皆破之。

3　成主雄，后任氏无子，有妾子十馀人，雄立其兄荡之子班为太子，使任后母之。群臣请立诸子，雄曰："吾兄，先帝之嫡统，有奇材大功，事垂克而早世，朕常悼之。且班仁孝好学，必能负荷先烈。"太傅骧、司徒王达谏曰："先王立嗣必子者，所以明定分而防篡夺也。宋宣公、吴馀祭，足以观矣！"雄不听。骧退而流涕曰："乱自此始矣！"班为人谦恭下士，动遵礼法，雄每有大议，辄令豫之。

肃宗明皇帝下
晋明帝太宁二年(甲申,公元324年)

1　春季,正月,王敦诬陷周嵩、周莚与李脱勾结,密谋不轨,因而收捕二人,杀害于军中。又派参军贺鸾到吴地找沈充,把周札所有兄长的儿子尽数杀死,随即进兵攻袭会稽,周札抵抗战死。

2　后赵的将兵都尉石瞻侵犯下邳、彭城,攻取东莞、东海,刘遐退保泗口。

后赵司州刺史石生攻击在新安的前赵河南太守尹平,将他斩首,劫掠民众五千多户返回。自此以后,前赵与后赵结怨成仇,经常互相攻伐劫掠,河东、弘农之间,民不聊生。

石生侵犯许昌、颍川、俘获人众上万。又进攻在阳翟的郭诵,郭诵与石生交战,重创石生所部,石生退走保守康城。后赵汲郡内史石聪听说石生战败,奔驰救援,进攻司州刺史李矩和颍川太守郭默,均获胜。

3　成汉国主李雄的皇后任氏无子,妾妃所生的儿子有十多人,李雄册立自己兄长李荡的儿子李班为太子,让任后做他的养母。群臣请求在妾妃所生的子嗣中选立太子,李雄说:"我的兄长是先帝的嫡亲后裔,具有奇才和大功,当帝业即将成功时英年早逝,朕时常悼念他。况且李班仁孝好学,一定会继承祖先的功业。"太傅李骧、司徒王达劝谏说:"先王们之所以必定从自己的儿子中选立继承人,为的是彰明固定不变的分位,防止篡权夺位。看宋宣公和吴国馀祭的先例,就足以令人知晓!"李雄不听。李骧退下后流着眼泪说:"祸乱由此发端了。"李班为人谦恭下士,行动遵循礼法,李雄只要有重大决策,总是让他参与。

4　夏，五月甲申，张茂疾病，执世子骏手泣曰："吾家世以孝友忠顺著称，今虽天下大乱，汝奉承之，不可失也。"且下令曰："吾官非王命，苟以集事，岂敢荣之！死之日，当以白帢入棺，勿以朝服敛。"是日，薨。愍帝使者史淑在姑臧，左长史氾祎、右长史马谟等使淑拜骏大将军、凉州牧、西平公，赦其境内。前赵主曜遣使赠茂太宰，谥曰成烈王；拜骏上大将军、凉州牧、凉王。

5　王敦疾甚，矫诏拜王应为武卫将军以自副，以王含为骠骑大将军、开府仪同三司。钱凤谓敦曰："脱有不讳，便当以后事付应邪？"敦曰："非常之事，非常人所能为。且应年少，岂堪大事！我死之后，莫若释兵散众，归身朝廷，保全门户，上计也；退还武昌，收兵自守，贡献不废，中计也；及吾尚存，悉众而下，万一侥幸，下计也。"凤谓其党曰："公之下计，乃上策也。"遂与沈充定谋，俟敦死，即作乱。又以宿卫尚多，奏令三番休二。

初，帝亲任中书令温峤，敦恶之，请峤为左司马。峤乃缪为勤敬，综其府事，时进密谋以附其欲。深结钱凤，为之声誉，每曰："钱世仪精神满腹。"峤素有藻鉴之名，凤甚悦，深与峤结好。会丹杨尹缺，峤言于敦曰："京尹咽喉之地，公宜自选其才，恐朝廷用人，或不尽理。"敦然之，问峤："谁可者？"峤曰："愚谓无如钱凤。"凤亦推峤，峤伪辞之。敦不听，六月，表峤为丹杨尹，且使觇伺朝廷。峤恐既去而钱凤于后间止之，因敦饯别，峤起行酒，至凤，凤未及饮，峤伪醉，以手版击凤帻坠，作色曰："钱凤何人，温太真行酒而敢不饮！"

4　夏季,五月甲申(十四日),张茂病重,拉着王世子张骏的手哭泣说:"我家世代以孝友忠顺著称于世,如今虽然天下大乱,但你必须继承家族遗风,不可或失。"并且下令说:"我的官职本非朝廷任命,为顺应事变而苟且自任,怎能以此为荣! 我死的时候,应当戴着白色便帽入棺,不要用朝服殡殓。"这天,张茂故去。愍帝时的使者史淑留居在姑臧,左长史氾祎、右长史马谟等让史淑授予张骏大将军、凉州牧、西平公,赦免境内罪犯。前赵国主刘曜派遣使者赠给张茂太宰的名号,谥号为成烈王;授张骏为上大将军、凉州牧、凉王。

5　王敦病情加剧,矫称诏令任命王应为武卫将军,做自己的副职,任命王含为骠骑大将军、开府仪同三司。钱凤对王敦说:"倘若您有不幸,是否将把身后之事托付王应?"王敦说:"非常之事,不是平常的人所能够胜任的。何况王应年轻,哪能承担大事! 我死以后,不如放下武器、遣散兵众,归顺朝廷,以保全宗族门户,这是上策;退回到武昌,集中军队谨慎自守,给朝廷贡献的物品无所缺废,这是中策;乘我还活着的时候,发遣所有的兵力攻打京城,寄希望于侥幸取胜,这是下策。"钱凤对其党羽说:"王公所谓下策,其实正是上策。"于是与沈充谋议商定,等王敦一死便作乱。又认为宿卫士卒太多,奏令停值三分之二。

当初,明帝亲近信任中书令温峤,王敦不满,请准温峤出任左司马。温峤便假装勤勉恭敬,治理王敦府事,时常私下出些主意来附和王敦的欲望。又与钱凤结为深交,为钱凤扬名,常常说:"钱凤满身活力。"温峤素来有善于知人、褒奖后进的美名,钱凤甚为喜悦,尽力与温峤结好。恰逢丹杨尹的职位空缺,温峤对王敦说:"丹杨尹守备京城,这种咽喉要职您应当自己遴选人才充任,恐怕朝廷任用的人有的不会尽心治理。"王敦颇以为然,问温峤说:"谁能够胜任?"温峤说:"我认为没有谁能比得上钱凤。"钱凤也推举温峤,温峤佯装推辞。王敦不听。六月,王敦上表奏请温峤任丹杨尹,并且让他窥察朝廷动向。温峤唯恐自己走后钱凤再离间挑拨加以制止,便借王敦设宴钱别之机,起身敬酒,来到钱凤面前,钱凤还没来得及饮酒,温峤佯装酒醉,用手版击落钱凤的头巾,脸色一变说:"钱凤你是什么样的人,我温太真敬酒你胆敢不喝!"

敦以为醉,两释之。峤临去,与敦别,涕泗横流,出阁复入者再三。行后,凤谓敦曰:"峤于朝廷甚密,而与庾亮深交,未可信也。"敦曰:"太真昨醉,小加声色,何得便尔相谗!"峤至建康,尽以敦逆谋告帝,请先为之备,又与庾亮共画讨敦之谋。敦闻之,大怒曰:"吾乃为小物所欺!"与司徒导书曰:"太真别来几日,作如此事!当募人生致之,自拔其舌。"

帝将讨敦,以问光禄勋应詹,詹劝成之,帝意遂决。丁卯,加司徒导大都督、领扬州刺史,以温峤都督东安北部诸军事,与右将军卞敦守石头,应詹为护军将军、都督前锋及朱雀桥南诸军事,郗鉴行卫将军、都督从驾诸军事,庾亮领左卫将军,以吏部尚书卞壶行中军将军。郗鉴以为军号无益事实,固辞不受,请召临淮太守苏峻、兖州刺史刘遐同讨敦。诏征峻、遐及徐州刺史王邃、豫州刺史祖约、广陵太守陶瞻等入卫京师。帝屯于中堂。

司徒导闻敦疾笃,帅子弟为敦发哀,众以为敦信死,咸有奋志。于是尚书腾诏下敦府,列敦罪恶曰:"敦辄立兄息以自承代,未有宰相继体而不由王命者也。顽凶相奖,无所顾忌;志骋凶丑,以窥神器。天不长奸,敦以陨毙;凤承凶宄,弥复煽逆。今遣司徒导等虎旅三万,十道并进,平西将军邃等精锐三万,水陆齐势;朕亲统诸军,讨凤之罪。有能杀凤送首,封五千户侯。诸文武为敦所授用者,一无所问,无或猜嫌,以取诛灭。敦之将士,从敦弥年,违离家室,朕甚愍之。其单丁在军,皆遣归家,终身不调;其馀皆与假三年,休讫还台,当与宿卫同例三番。"

王敦以为温峤醉了，把双方劝解开。温峤临行时，向王敦道别，眼泪、鼻涕横流，先后三次出门以后又回来。温峤走后，钱凤对王敦说："温峤与朝廷关系极为密切，并且与庾亮有深交，此人不能信任。"王敦说："温峤昨天酒醉，对你稍有失敬，你怎么能马上就这样诋毁他呢！"温峤到达建康后，把王敦作乱的图谋原原本本告诉了明帝，请求事先有所防备，又和庾亮共同筹划讨伐王敦的谋略。王敦听说后，勃然大怒，说："我竟然被这个小东西欺骗！"便写信给司徒王导说："温峤离开几天，竟然做出这种事！我要找人把他活捉来，亲自拔除他的舌头。"

明帝将要征讨王敦，就此事征询光禄勋应詹的意见，应詹表示赞同，明帝于是坚定了决心。丁卯（二十七日），授予司徒王导大都督、兼领扬州刺史，任命温峤都督东安北部诸军事，和右将军卞敦同守石头，任应詹为护军将军、都督前锋及朱雀桥南诸军事，任郗鉴行卫将军，都督从御驾诸军事，又让庾亮领左卫将军职，让吏部尚书卞壶任行中军将军职。郗鉴认为有军制上的名号于实际情况无益，坚持辞谢不受，请求征召临淮太守苏峻、兖州刺史刘遐共同讨伐王敦。明帝于是下诏征召苏峻、刘遐以及徐州刺史王邃、豫州刺史祖约、广陵太守陶瞻等入京师护卫。明帝屯军于中堂之地。

司徒王导听说王敦重病不治，便带领王氏子弟为王敦发丧，大家以为王敦确实死了，都有奋战的士气。于是尚书传送诏令到王敦的幕府，罗列王敦的罪恶说："王敦专断地扶立兄长的儿子继承自己，从来没有宰相的继承人却不由君王任命的。这真是凶顽之徒相互奖掖，无所顾忌；志向凶残丑恶，窥视国家政权。幸好上天不让奸恶之人长寿，王敦因而毙命；钱凤既已奉承奸凶之人，又再煽动作乱。现在派遣司徒王导等率领猛虎般的军队三万人，诸路并进，平西将军王邃等率精兵三万，水陆齐发；朕亲自统领各路大军，讨伐钱凤的罪恶。有谁能够杀死钱凤将首级送来，封为五千户侯。各文武官员即使是由王敦任用的，朕也一概不加过问，你们不要心存猜忌和隔阂，以至于自取诛灭。王敦的将士们跟随王敦多年，远离家室，朕非常怜悯。凡是独生子从军的，都遣返回家，终身不再征用；其馀的人都给假三年，休假期满回到朝廷后，都将与宿卫的士卒一样，按三分之二的比例轮休。"

　　敦见诏,甚怒,而病转笃,不能自将。将举兵伐京师,使记室郭璞筮之,璞曰:"无成。"敦素疑璞助温峤、庾亮,及闻卦凶,乃问璞曰:"卿更筮吾寿几何?"璞曰:"思向卦,明公起事,必祸不久;若住武昌,寿不可测。"敦大怒曰:"卿寿几何?"曰:"命尽今日日中。"敦乃收璞,斩之。

　　敦使钱凤及冠军将军邓岳、前将军周抚等帅众向京师。王含谓敦曰:"此乃家事,吾当自行。"于是以含为元帅。凤等问曰:"事克之日,天子云何?"敦曰:"尚未南郊,何得称天子!便尽卿兵势,保护东海王及裴妃而已。"乃上疏以诛奸臣温峤等为名。秋,七月壬申朔,王含等水陆五万奄至江宁南岸,人情恟惧。温峤移屯水北,烧朱雀桁以挫其锋,含等不得渡。帝欲亲将兵击之,闻桥已绝,大怒。峤曰:"今宿卫寡弱,征兵未至,若贼豕突,危及社稷,宗庙且恐不保,何爱一桥乎!"

　　司徒导遗含书曰:"近承大将军困笃,或云已有不讳。寻知钱凤大严,欲肆奸逆。谓兄当抑制不逞,还藩武昌,今乃与犬羊俱下。兄之此举,谓可得如大将军昔年之事乎?昔者佞臣乱朝,人怀不宁,如导之徒,心思外济。今则不然。大将军来屯于湖,渐失人心,君子危怖,百姓劳弊。临终之日,委重安期,安期断乳几日? 又于时望,便可袭宰相之迹邪?自开辟以来,颇有宰相以孺子为之者乎? 诸有耳者,皆知将为禅代,非人臣之事也。先帝中兴,遗爱在民;圣主聪明,德洽朝野。兄乃欲妄萌逆节,凡在人臣,谁不愤叹! 导门小大受国厚恩,今日之事,明目张胆,为六军之首,宁为忠臣而死,不为无赖而生矣!"含不答。

王敦见到诏书，十分震怒，但因病情愈加沉重，自己不能统兵将出战。将要发兵攻打京师以前，让记室郭璞占卦，郭璞说："事情不会成功。"王敦历来怀疑郭璞在帮助温峤、庾亮，等到听说卦呈凶兆，便问郭璞说："你再算算我的寿命还有多长？"郭璞说："由刚才的卦象推算，明公如果起兵，灾祸必定不久将至；如果仍旧住在武昌，享年长不可测。"王敦大怒，说："你的命多长？"敦璞回答说："今天正午毙命。"王敦于是拘捕郭璞，将他斩首。

　　王敦让钱凤和冠军将军邓岳、前将军周抚等率领士众向京师进发。王含对王敦说："这本是我们王家的事，我应当亲自去。"王敦便任命王含为全军的主帅。钱凤等人问道："事成之日，把天子怎么办？"王敦说："还没南郊祭天，哪能够称天子！只管出动你们所有的兵力，保护东海王和裴妃而已。"于是以诛杀奸臣温峤等人为由，给明帝上疏。秋季，七月壬申朔(初一)，王含等水军、步卒共五万人涌至江宁秦淮河南岸，京城人心惶惶。温峤移兵驻屯河北岸，烧毁了朱雀桁用以暂挫敌方锋头，王含等人无法渡河。明帝想亲自领兵攻击，听说渡桥已断，勃然大怒。温峤说："现在宿卫的士卒人数少、体力弱，征召的援军没到，如果让敌寇窜入，将会危及朝廷，那时连祖先的宗庙恐怕都难保，何必吝啬一座桥呢！"

　　司徒王导送信给王含说："近来听说大将军王敦病重垂危，有人说已遇不幸。不久知道钱凤大加戒严，想肆行奸逆不道之事。我认为兄长应当抑制他们，不使其得逞，所以应回军藩守武昌，现在却与愚昧无知之人一同前来。兄长这种举动，是以为能做成如同大将军当年所做的事吗？当初佞臣败坏朝政，人心不平，像我这样的人，也心存外念。现在则不同。大将军自从前来屯军于湖，便逐渐失去民心，正直的君子感到危险和恐惧，百姓劳累疲敝。临终之时，将重任委托给王应，王应断奶才有几天？再说凭他当时名望，就能承袭宰相的职位吗？自从天地开辟以来，可有宰相的职位让孺子小儿担任的？凡是听说此事的人，都知道将要进行的这种禅代，不是为人臣子者所当做的。先帝中兴国家，遗留惠爱在民间；当今圣主耳聪目明，恩德遍于朝野。兄长却想轻妄地启衅作乱，凡作为臣子的，谁不为此愤慨！王导一门老小蒙受国家的厚恩大德，今天此事，我明目张胆地出任六军统帅，宁肯身为忠臣战死，也不愿当一个无赖苟活！"王含不答复。

或以为："王含、钱凤众力百倍，苑城小而不固，宜及军势未成，大驾自出拒战。"郗鉴曰："群逆纵逸，势不可当；可以谋屈，难以力竞。且含等号令不一，抄盗相寻，吏民惩往年暴掠，皆人自为守。乘逆顺之势，何忧不克！且贼无经略远图，惟恃豕突一战；旷日持久，必启义士之心，令智力得展。今以此弱力敌彼强寇，决胜负于一朝，定成败于呼吸，万一蹉跌，虽有申胥之徒，义存投袂，何补于既往哉！"帝乃止。

帝帅诸军出屯南皇堂。癸酉夜，募壮士，遣将军段秀、中军司马曹浑等帅甲卒千人渡水，掩其未备。平旦，战于越城，大破之，斩其前锋将何康。秀，匹碑之弟也。

敦闻含败，大怒曰："我兄，老婢耳，门户衰，世事去矣！"顾谓参军吕宝曰："我当力行。"因作势而起，困乏，复卧。乃谓其舅少府羊鉴及王应曰："我死，应便即位，先立朝廷百官，然后营葬事。"敦寻卒，应秘不发丧，裹尸以席，蜡涂其外，埋于厅事中，与诸葛瑶等日夜纵酒淫乐。

帝使吴兴沈桢说沈充，许以为司空。充曰："三司具瞻之重，岂吾所任！币厚言甘，古人所畏也。且丈夫共事，终始当同，岂可中道改易，人谁容我乎！"遂举兵趣建康。宗正卿虞潭以疾归会稽，闻之，起兵馀姚以讨充。帝以潭领会稽内史。前安东将军刘超、宣城内史锺雅皆起兵以讨充。义兴人周蹇杀王敦所署太守刘芳，平西将军祖约逐敦所署淮南太守任台。

有人认为："王含、钱凤的军队人数和战斗力都要强出百倍。苑城既小又不坚固，应当乘敌军强势未成之时，皇帝大驾亲自出城抗敌。"郗鉴说："乱党来势恣纵，势不可当；只能靠计谋取胜，难以力敌。况且王含等人军令不齐，劫掠不断，官吏民众有鉴于往年被凶暴地掠夺资财，人人都自行守备。只要利用顺逆的情势，何愁不能克敌！再说敌寇毫无谋略和长远设想，只靠盲目奔突一战；旷日持久，必定会启导义士的心神，使他们的智慧和力量得以施展。现在如果以这样弱小的力量与强敌抗衡，期望一朝决定胜负，瞬间判别成败，万一有所闪失，即使有申包胥这样的人愿意赴难救援，于既成事实又有什么补益呢！"明帝这才罢休。

明帝统率各军出城屯驻南皇堂。癸酉（初三）夜间，招募勇士，派将军段秀、中军司马曹浑等率领甲士千人渡秦淮河，攻其不备。清晨，在越城与敌交战，大胜，斩杀其前锋将领何康。段秀即段匹碑的兄弟。

王敦听说王含战败，勃然大怒说："我这个兄长只是个老奴婢，门户衰落，大事完了！"回头对参军吕宝说："我要尽力起行。"随即用力起来，因气力困乏，只好又躺下。于是对自己的舅父、少府羊鉴和王应说："我死后王应立即即帝位，先设立朝廷百官，然后再安排葬事。"王敦不久即死，王应隐瞒不公布死讯，用席子包裹尸身，外面涂蜡，埋在议事厅中，和诸葛瑶等人日夜纵酒淫乐。

明帝让吴兴人沈桢劝说沈充倒戈，许诺让他出任司空。沈充说："三司是众人共同敬仰的要职，岂是我所能胜任的！礼重话甜，正是古人所畏惧的。况且大丈夫与人共事，便应始终同心，怎能中途改弦易辙，他人谁还能容我！"随即发兵奔赴建康。宗正卿虞潭因病回家乡会稽，听说此事，从馀姚起兵讨伐沈充。明帝任命虞潭兼领会稽内史。前安东将军刘超、宣城内史钟雅也都起兵征讨沈充。义兴人周褰杀死王敦任命的太守刘芳，平西将军祖约赶走了王敦任命的淮南太守任台。

沈充帅众万馀人与王含军合，司马顾飏说充曰："今举大事，而天子已扼其咽喉，锋摧气沮，相持日久，必致祸败。今若决破栅塘，因湖水以灌京邑，乘水势，纵舟师以攻之，此上策也；藉初至之锐，并东、西军之力，十道俱进，众寡过倍，理必摧陷，中策也；转祸为福，召钱凤计事，因斩之以降，下策也。"充皆不能用，飏逃归于吴。

丁亥，刘遐、苏峻等帅精卒万人至，帝夜见，劳之，赐将士各有差。沈充、钱凤欲因北军初到疲困，击之，乙未夜，充、凤从竹格渚渡淮。护军将军应詹、建威将军赵胤等拒战，不利，充、凤至宣阳门，拔栅，将战，刘遐、苏峻自南塘横击，大破之，赴水死者三千人。遐又破沈充于青溪。寻阳太守周光闻敦举兵，帅千馀人来赴。既至，求见敦。王应辞以疾。光退曰："今我远来而不得见，公其死乎！"遽见其兄抚曰："王公已死，兄何为与钱凤作贼！"众皆愕然。

丙申，王含等烧营夜遁。丁酉，帝还宫，大赦，惟敦党不原。命庾亮督苏峻等追沈充于吴兴，温峤督刘遐等追王含、钱凤于江宁，分命诸将追其党与。刘遐军人颇纵虏掠，峤责之曰："天道助顺，故王含剿绝，岂可因乱为乱也！"遐惶恐拜谢。

王含欲奔荆州，王应曰："不如江州。"含曰："大将军平素与江州云何，而欲归之？"应曰："此乃所以宜归也。江州当人强盛时，能立同异，此非常人所及；今睹困厄，必有愍恻之心。荆州守文，岂能意外行事邪！"含不从，遂奔荆州。王舒遣军迎之，沉含父子

沈充率士卒一万多人与王含的军队会合,司马顾飏向沈充献策说:"现在开始起事,但天子已扼守住咽喉要地,锐气受挫,士气沮落,相持日久,必然招致失败。如果现在破栅栏、开决河塘,借湖水淹灌京城,乘着水势动用水军进攻,这是上策;倘若凭借大军刚刚到达的锐气,集中东、西两路军队的力量,诸路同时并进,我众敌寡,悬殊一倍以上,按情理必会摧毁敌军,这是中策;以召请钱凤议事为名,乘机将他斩首,归降朝廷,可以转祸为福,这是下策。"但沈充均不采用,顾飏便逃回吴郡。

丁亥(十七日),刘遐、苏峻等率领精兵万人到达建康,明帝夜间召见并犒劳他们,将士们各按等秩均有赏赐。沈充、钱凤想乘着北方军队刚到疲困之机进行攻击,乙未(二十五日)夜,沈充、钱凤从竹格渚渡过秦淮河。护军将军应詹、建威将军赵胤等人抵抗失利,沈充和钱凤攻至宣阳门,拔除防御栅栏,正要攻战,刘遐、苏峻从南塘侧面攻击,重创沈充、钱凤军队,渡河溺死的达三千多人。刘遐后来又在青溪战败沈充。寻阳太守周光听说王敦起兵,率一千多人赶来。到达后求见王敦。被王应以病重为名拒绝。周光退下后说:"现在我远道而来却见不到王敦,他大概已经死了吧!"急忙会见其兄长周抚,说:"王公已经死了,你何必和钱凤同做叛贼!"众人都很惊愕。

丙申(二十六日),王含等人烧毁营帐,连夜遁逃。丁酉(二十七日),明帝回到皇宫,大赦天下罪犯,唯有王敦的党羽不在赦宥之列。命令庾亮督察苏峻等人追袭逃到吴兴的沈充,令温峤督察刘遐等人追击逃往江宁的王含、钱凤,又分别令各位将领追捕王敦死党。刘遐部下很多军人大肆虏掠,温峤斥责他说:"天理是赞助顺应天道的人,所以王含被剿灭,怎么能乘乱作乱呢!"刘遐惊惶恐惧,下拜谢罪。

王含想逃奔荆州,王应说:"不如去江州。"王含说:"大将军王敦以往与江州王彬的关系怎样,你想到那儿去?"王应说:"这就是到那里合适的原因。江州的王彬在他人强盛的时候,敢于坚持不同立场,这不是一般人能比得上的;现在看到他人遭受困厄,也必定会有恻隐之心。荆州的王舒循规蹈矩,哪能超出常规行事呢!"王含不听,于是逃奔荆州。王舒派军队相迎,将王含、王应父子溺死

于江。王彬闻应当来,密具舟以待之。不至,深以为恨。钱凤走至阖庐洲,周光斩之,诣阙自赎。沈充走失道,误入故将吴儒家。儒诱充内重壁中,因笑谓充曰:"三千户侯矣!"充曰:"尔以义存我,我家必厚报汝;若以利杀我,我死,汝族灭矣。"儒遂杀之,传首建康。敦党悉平。充子劲当坐诛,乡人钱举匿之,得免。其后,劲竟灭吴氏。

有司发王敦瘗,出尸,焚其衣冠,跽而斩之,与沈充首同悬于南桁。郗鉴言于帝曰:"前朝诛杨骏等,皆先极官刑,后听私殡。臣以为王诛加于上,私义行于下,宜听敦家收葬,于义为弘。"帝许之。司徒导等皆以讨敦功受封赏。

周抚与邓岳俱亡,周光欲资给其兄而取岳。抚怒曰:"我与伯山同亡,何不先斩我!"会岳至,抚出门遥谓之曰:"何不速去!今骨肉尚欲相危,况他人乎!"岳回舟而走,与抚共入西阳蛮中。明年,诏原敦党,抚、岳出首,得免死禁锢。

故吴内史张茂妻陆氏,倾家产,帅茂部曲为先登以讨沈充,报其夫仇。充败,陆氏诣阙上书,为茂谢不克之责,诏赠茂太仆。

有司奏:"王彬等敦之亲族,皆当除名。"诏曰:"司徒导以大义灭亲,犹将百世宥之,况彬等皆公之近亲乎!"悉无所问。

有诏:"王敦纲纪除名,参佐禁锢。"温峤上疏曰:"王敦刚愎不仁,忍行杀戮,朝廷所不能制,骨肉所不能谏。处其朝者,恒惧危亡,故人士结舌,道路以目,诚贤人君子道穷数尽,遵养时晦之辰也,原其私心,岂遑晏处!如陆玩、刘胤、郭璞之徒常与臣言,备知之矣。必其赞导凶悖,自当正以典刑;

于江中。王彬听说王应要来,秘密准备小船等候。王应没来,王彬为此深感遗憾。钱凤逃到阖庐洲,周光将他斩首,自己赴朝廷请求赎罪。沈充逃跑时迷路,错误地来到自己旧部将吴儒家,吴儒诱使沈充进入墙中夹层,于是笑着对沈充说:"我可以被封为三千户侯了!"沈充说:"你如果顾及往日情义保全我,我家必定会从厚报答你;你如果为了私利杀我,我死以后,你的家族也将灭绝。"吴儒于是杀死沈充,把首级传送到建康。王敦的党徒至此全部平定。沈充的儿子沈劲应当连坐受诛,同乡钱举把他藏匿起来,因此幸免。后来,沈劲终于灭绝了吴氏全族。

朝廷官吏挖开王敦瘗埋地,拉出尸体,焚毁身上所穿衣冠,摆成跪姿斩首,和沈充的首级一同悬挂在南桁。郗鉴对明帝说:"以往朝廷诛戮杨骏等人,都是先施加官方的刑罚,然后听任私人殡葬。我认为皇上的诛戮表现公理,私人情义则体现私交,应该听任王敦的家属收葬,在道义上更为弘大。"明帝同意了。司徒王导等人都因征讨王敦有功,各自受到封赏。

周抚和邓岳一同逃亡,周光想资助自己的兄长,只将邓岳抓获。周抚发怒说:"我和邓伯山一同逃亡,你为什么不先杀我!"恰巧邓岳又来,周抚出门远远地对他说:"你还不赶快离开!现在连亲骨肉都将加害,何况他人呢!"邓岳掉转船头而逃,与周抚共同隐匿于西阳蛮中。第二年,明帝下诏赦免王敦的同党,周抚、邓岳出来自首,得以免去一死,但被禁止做官。

原吴内史张茂的妻子陆氏,倾其家财,率领张茂的部曲充当先锋,讨伐沈充,以报夫仇。沈充失败后,陆氏到朝廷上书,为张茂剖辩临敌不胜的罪责,明帝下诏赠给张茂太仆的官衔。

官吏奏报说:"王敦的亲族王彬等人,都应当去职除名。"明帝下诏说:"司徒王导大义灭亲,尚且将世代宽宥他与王敦的兄弟身份,何况王彬等都是王导的近亲呢!"于是全部不加查问。

明帝下诏说:"王敦的重要党羽革职除名,其馀僚属禁锢不用。"温峤上疏说:"王敦刚愎自负,不讲仁义,残暴杀戮,朝廷无法制约,亲朋不能谏止。在他幕府中的人,长期畏惧危亡,所以人人闭口不言,行路侧目,实在是贤人君子道义终结、时运乖背,只能静待其恶贯满盈的时候,推究他们的内心,怎么可能安然处之!诸如陆玩、刘胤、郭璞等人经常和我交谈,所以我所知甚详。确实是助纣为虐或诱导作乱的人,自然应当依据典刑严惩不贷;

如其枉陷奸党,谓宜施之宽贷。臣以玩等之诚,闻于圣听,当受同贼之责;苟默而不言,实负其心。惟陛下仁圣裁之!"郗鉴以为先王立君臣之教,贵于伏节死义。王敦佐吏,虽多逼迫,然进不能止其逆谋,退不能脱身远遁,准之前训,宜加义责。帝卒从峤议。

6　冬,十月,以司徒导为太保、领司徒,加殊礼,西阳王羕领太尉,应詹为江州刺史,刘遐为徐州刺史,代王邃镇淮阴,苏峻为历阳内史,加庾亮护军将军,温峤前将军。导固辞不受。应詹至江州,吏民未安,詹抚而怀之,莫不悦服。

7　十二月,凉州将辛晏据枹罕,不服,张骏将讨之。从事刘庆谏曰:"霸王之师,必须天时、人事相得,然后乃起。辛晏凶狂安忍,其亡可必,奈何以饥年大举,盛寒攻城乎!"骏乃止。

骏遣参军王骘聘于赵,赵主曜谓之曰:"贵州款诚和好,卿能保之乎?"骘曰:"不能。"侍中徐邈曰:"君来结好,而云不能保,何也?"骘曰:"齐桓贯泽之盟,忧心兢兢,诸侯不召自至。葵丘之会,振而矜之,叛者九国。赵国之化,常如今日,可也;若政教陵迟,尚未能察迩者之变,况鄙州乎!"曜曰:"此凉州之君子也,择使可谓得人矣!"厚礼而遣之。

8　是岁,代王贺傉始亲国政,以诸部多未服,乃筑城于东木根山,徙居之。

三年(乙酉,325)

1　春,二月,张骏承元帝凶问,大临三日。会黄龙见嘉泉,氾祎等请改年以章休祥,骏不许。辛晏以枹罕降,骏复收河南之地。

如果是迫不得已沦为奸党的人,我认为应该加以宽宥。我将陆玩等人的真实情况,禀报圣上听闻,或许应当承受与贼党同流合污的罪责;但如果默默不言,实在有负于他们的用心。希望陛下依据仁义之道裁决!"郗鉴认为先王设置有关君臣关系的教义,可贵的是严守节操,为义献身。王敦的佐吏虽然许多是受到逼迫,然而既不能制止王敦叛逆的阴谋,又不能脱身远远离开,依照以往的典则,应该按君臣大义加以责罚。明帝最终听从了温峤的意见。

6　冬季,十月,任司徒王导为太保,兼领司徒职,以特殊礼仪相待,令西阳王司马羕兼领太尉职,任应詹为江州刺史,任刘遐为徐州刺史,代替王邃镇守淮阴,任苏峻为历阳内史,授予庾亮护军将军,温峤前将军。王导坚辞不受封职。应詹到江州后,官吏百姓不安定,应詹抚慰怀柔,众人莫不悦服。

7　十二月,凉州将领辛晏占据枹罕县,不听从张骏号令,张骏准备讨伐他。从事刘庆劝谏说:"霸王的军队,必须占有天时、人事,然后才能出动。辛晏凶狂残忍,必定败亡,何必在饥荒的年份大举兴兵,在严寒的时节攻城呢!"张骏这才作罢。

张骏派参军王骘聘问前赵,前赵国主刘曜对王骘说:"您的州郡竭诚与我和好,你能保证这一点吗?"王骘说:"不能。"侍中徐邈说:"你来与我国结好,却又说不能保证,为什么?"王骘:"齐桓公在贯泽与别国盟会,忧心忡忡,诸侯不等召请自己前来。等到葵丘盟会时,自恃功高,盛气凌人,结果有九国叛盟。赵国的教化,如果长久与今日相似,我可以担保,如果政教衰微,连身边的变化都不能觉察,又何况我们州郡呢!"刘曜说:"这是凉州的贤人君子,凉州择选使者可以说适得其人!"于是厚礼相待,送王骘返回。

8　这年,代王贺傉开始亲政,因为下属各部大多不服号令,便在东木根山修筑城堡,移居那里。

晋明帝太宁三年(乙酉,公元325年)

1　春季,二月,张骏接到元帝死讯,隆重哀吊三天。正逢嘉泉出现黄龙,氾祎等人请求改年号以彰显吉祥,张骏不同意。辛晏献交枹罕归降,张骏又收复了黄河以南的失地。

2 赠故谯王承、甘卓、戴渊、周颉、虞望、郭璞、王澄等官。周札故吏为札讼冤，尚书卞壶议以为："札守石头，开门延寇，不当赠谥。"司徒导以为："往年之事，敦奸逆未彰，自臣等有识以上，皆所未悟，与札无异。既悟其奸，札便以身许国，寻取枭夷。臣谓宜与周、戴同例。"郗鉴以为："周、戴死节，周札延寇，事异赏均，何以劝沮！如司徒议，谓往年有识以上皆与札无异，则谯王、周、戴皆应受责，何赠谥之有！今三臣既褒，则札宜受贬明矣。"导曰："札与谯王、周、戴，虽所见有异同，皆人臣之节也。"鉴曰："敦之逆谋，履霜日久，缘札开门，令王师不振。若敦前者之举，义同桓、文，则先帝可为幽、厉邪！"然卒用导议，赠札卫尉。

3 后赵王勒加宇文乞得归官爵，使之击慕容廆。廆遣世子皝、索头、段国共击之，以辽东相裴嶷为右翼，慕容仁为左翼。乞得归据浇水以拒皝，遣兄子悉拔雄拒仁。仁击悉拔雄，斩之，乘胜与皝攻乞得归，大破之。乞得归弃军走，皝、仁进入其国城，使轻兵追乞得归，过其国三百馀里而还，尽获其国重器，畜产以百万计，民之降附者数万。

4 三月，段末柸卒，弟牙立。

5 戊辰，立皇子衍为太子，大赦。

6 赵主曜立皇后刘氏。

7 北羌王盆句除附于赵，后赵将石佗自雁门出上郡袭之，俘三千馀落，获牛、马、羊百馀万而归。赵主曜遣中山王岳追之。曜屯于富平，为岳声援，岳与石佗战于河滨，斩之，后赵兵死者六千馀人，岳悉收所虏而归。

2　明帝追赠已故的谯王司马承、甘卓、戴渊、周颉、虞望、郭璞、王澄等人官衔。周札的旧僚属为周札申辩冤屈，尚书卞壸评议认为："周札守备石头，开门接纳敌寇，不应当追赠谥号。"司徒王导认为："往年之事，王敦的奸逆行为尚不显明，从我们这些有识之士开始，都未能察觉，与周札没什么不同。觉察王敦的奸逆之后，周札便为国献身，不久导致被杀。我认为应当与周颉、戴渊同样对待。"郗鉴则认为："周颉、戴渊因守节而死，周札延引敌寇，如果行事不同而赏赐均等，怎么能劝善沮恶！按司徒的评论，说往年从有识之士开始都与周札没有区别，那么谯王、周颉、戴渊都应当承受罪责，有什么理由追赠谥号！现在既然褒扬三位，那么周札应当受贬责就很明显了。"王导说："周札和谯王、周颉、戴渊，虽然表现形式不尽相同，但都是尽人臣的节操。"郗鉴说："王敦的叛逆阴谋，历时长久，由于周札的开门延引，致使朝廷军队一蹶不振。如果王敦过去的作为，道义上与齐桓公、晋文公相似，那么先帝不就成了周幽王、周厉王了吗！"虽然如此，明帝最终还是采用了王导的意见，追赠周札卫尉官衔。

3　后赵国主石勒授予宇文乞得归官爵，让他攻击慕容廆。慕容廆派遣世子慕容皝和索头、段国共同抗击，让辽东相裴嶷为右翼，慕容仁为左翼。宇文乞得归占据浇水拒抗慕容皝，派兄长的儿子宇文悉拔雄抵御慕容仁。慕容仁攻击宇文悉拔雄，将他斩杀，乘胜和慕容皝合力攻击宇文乞得归，大败敌军。宇文乞得归丢下军队逃跑，慕容皝、慕容仁进入他的都城，派轻兵追袭宇文乞得归，越过国界三百多里才返回，尽数获得他的国家的重宝，数以百万的畜产，归降的人民有数万。

4　三月，段末柸去世，弟段牙继立。

5　戊辰(初二)，明帝立皇子司马衍为皇太子，大赦天下。

6　前赵国主刘曜册立皇后刘氏。

7　北羌王盆句除归附前赵，后赵将领石佗从雁门经上郡攻击他，俘虏三千多部落，劫获牛、马、羊一百多万头返回。前赵国主刘曜派中山王刘岳追袭，刘曜屯军富平作为声援，刘岳与石佗在黄河沿岸交战，石佗被杀，后赵兵士死亡六千多人，刘岳把被后赵掳掠的人和物全部救出，然后返回。

8 杨难敌袭仇池,克之,执田崧,立之于前,左右令崧拜,崧瞋目叱之曰:"氐狗!安有天子牧伯而向贼拜乎!"难敌字谓之曰:"子岱,吾当与子共定大业,子忠于刘氏,岂不能忠于我乎!"崧厉色大言曰:"贼氐,汝本奴才,何谓大业!我宁为赵鬼,不为汝臣!"顾排一人,夺其剑,前刺难敌,不中。难敌杀之。

9 都尉鲁潜以许昌叛,降于后赵。

10 夏,四月,后赵将石瞻攻兖州刺史檀斌于邹山,杀之。

11 后赵西夷中郎将王腾杀并州刺史崔琨、上党内史王睿,据并州降赵。

12 五月,以陶侃为征西大将军、都督荆湘雍梁四州诸军事、荆州刺史,荆州士女相庆。侃性聪敏恭勤,终日敛膝危坐,军府众事,检摄无遗,未尝少闲。常语人曰:"大禹圣人,乃惜寸阴,至于众人,当惜分阴。岂可但逸游荒醉,生无益于时,死无闻于后,是自弃也!"诸参佐或以谈戏废事者,命取其酒器、蒱博之具,悉投之于江,将吏则加鞭扑,曰:"樗蒱者,牧猪奴戏耳!老、庄浮华,非先王之法言,不益实用。君子当正其威仪,何有蓬头、跣足,自谓宏达邪!"有奉馈者,必问其所由,若力作所致,虽微必喜,慰赐参倍;若非理得之,则切厉诃辱,还其所馈。尝出游,见人持一把未熟稻,侃问:"用此何为?"人云:"行道所见,聊取之耳。"侃大怒曰:"汝既不佃,而戏贼人稻!"执而鞭之。是以百姓勤于农作,家给人足。尝造船,其木屑竹头,侃皆令籍而掌之,人咸不解所以。后正会,积雪始晴,厅事前馀雪犹湿,乃以木屑布地。及桓温伐蜀,又以侃所贮竹头作丁装船。其综理微密,皆此类也。

8　杨难敌攻取仇池,抓获田崧,带到面前,左右侍从命令田崧跪拜,田崧瞪着眼睛斥骂说:"氐狗!哪有身为天子大员却向叛贼跪拜的!"杨难敌叫着他的表字说:"子嵩,我将和你共同建立国家大业,你能忠于刘氏,怎么不能忠于我呢!"田崧厉色高声说:"氐族贼子,你本为奴才,谈什么大业!我宁愿做赵国的死鬼,不做你的臣下!"回身推开一人,夺下他的剑,向前刺击杨难敌,没有刺中,被杨难敌所杀。

9　晋都尉鲁潜占据许昌反叛,投降后赵。

10　夏季,四月,后赵将领石瞻攻袭在邹山的兖州刺史檀斌,檀斌被杀。

11　后赵的西夷中郎将王腾杀死并州刺史崔琨、上党内史王眘,占据并州,投降前赵。

12　五月,朝廷任命陶侃为征西大将军、都督荆、湘、雍、梁四州军事、荆州刺史,荆州的男女百姓交相庆贺。陶侃性情聪明敏锐、恭敬勤奋,整日盘膝正襟危坐,对军府中众多事务检视督察,无所遗漏,没有一刻闲暇。他常常对人说:"大禹这样的圣人,尚且珍惜每寸光阴,至于一般人,应当珍惜每分光阴。怎能只求逸游沉醉,活着对时世毫无贡献,死后默默无闻,这是自暴自弃!"众多参佐幕僚中有的因谈笑博戏荒废正务,陶侃命人收取他们的酒具和赌博用器,全都投弃江中,将吏们则加以鞭责,说:"樗蒲这种游戏不过是放猪的奴仆们玩的!老子、庄子崇尚浮华,并非先王可以作典则的言论,不利于实用。君子应当威仪整肃,怎能蓬头、光脚,却自以为宏达呢!"有人奉献馈赠,陶侃一定要询问来路,如果是靠自己的劳作所得,即使价值微薄也一定喜欢,慰勉还赐的物品超出三倍;如果不是正道所得,则严辞厉色呵斥羞辱,拒绝不受。有一次陶侃出游,看见有人手持一把未成熟的稻子,陶侃问:"你拿来干什么?"那人说:"走路时看到的,随便摘下来而已。"陶侃大怒,说:"你既然不亲自劳作,却随便毁坏他人的稻子拿来玩!"随即抓住此人鞭打。因此百姓辛勤耕作,家资不缺,人人丰足。陶侃曾经造船,剩下的木屑和竹头,都令人登记并且掌管,大家都不明白有何用。后来元旦群臣朝会,正逢积雪后开始放晴,厅堂前面残留的积雪仍然潮湿,于是用木屑铺洒在地上。等到桓温攻伐蜀地时,又用陶侃所贮存的竹头作楔钉装配船只。陶侃治理事务的仔细和缜密,一向如此。

13　后赵将石生屯洛阳，寇掠河南，司州刺史李矩、颍川太守郭默军数败，又乏食，乃遣使附于赵。赵主曜使中山王岳将兵万五千人趣孟津，镇东将军呼延谟帅荆、司之众自崤、渑而东，欲会矩、默共攻石生。岳克孟津、石梁二戍，斩获五千馀级，进围石生于金墉。后赵中山公虎帅步骑四万，入自成皋关，与岳战于洛西。岳兵败，中流矢，退保石梁。虎作堑栅环之，遏绝内外。岳众饥甚，杀马食之。虎又击呼延谟，斩之。曜自将兵救岳，虎帅骑三万逆战。赵前军将军刘黑击虎将石聪于八特阪，大破之。曜屯于金谷，夜，军中无故大惊，士卒奔溃，乃退屯渑池。夜，又惊溃，遂归长安。六月，虎拔石梁，禽岳及其将佐八十馀人，氐、羌三千馀人，皆送襄国，坑其士卒九千人。遂攻王腾于并州，执腾，杀之，坑其士卒七千馀人。曜还长安，素服郊次，哭，七日乃入城，因愤恚成疾。郭默复为石聪所败，弃妻子南奔建康。李矩将士阴谋叛降后赵，矩不能讨，亦帅众南归，众皆道亡，惟郭诵等百馀人随之，卒于鲁阳。矩长史崔宣帅其馀众二千降于后赵。于是司、豫、徐、兖之地，率皆入于后赵，以淮为境矣。

14　赵主曜以永安王胤为大司马、大单于，徙封南阳王，置单于台于渭城，其左、右贤王以下，皆以胡、羯、鲜卑、氐、羌豪桀为之。

15　秋，七月辛未，以尚书令郗鉴为车骑将军、都督徐兖青三州诸军事、兖州刺史，镇广陵。

16　闰月，以尚书左仆射荀崧为光禄大夫、录尚书事，尚书邓攸为左仆射。

13　后赵将领石生屯兵洛阳,侵犯并劫掠黄河以南地区,司州刺史李矩、颍川太守郭默的军队多次战败,又缺乏军粮,于是派使者请求依附前赵。前赵国主刘曜派中山王刘岳率领士兵一万五千人赶赴孟津,派镇东将军呼延谟率领荆州、司州的士众从崤山、渑水向东进发,想会合李矩、郭默共同进攻石生。刘岳攻克孟津戍、石梁戍,斩获首级五千多,又进军把石生围困在金墉。后赵的中山公石虎率领步、骑兵四万人从成皋关入内,与刘岳在洛水以西交战。刘岳战败,被流箭射中,于是后退保守石梁戍。石虎设置沟壑和栅栏把石梁四面围住,使内外隔绝。刘岳的士众饿极,杀掉战马充饥。石虎又进攻呼延谟并杀了他。刘曜亲自领军救援刘岳,石虎率骑兵三万迎击。前赵的前军将军刘黑攻击驻守八特阪的石虎部将石聪,大败石聪的军队。刘曜屯兵于金谷,夜间军中突然无故大惊乱,士卒奔逃溃散,于是退军驻屯渑池。到了夜间军中再次惊乱溃散,刘曜便回归长安。六月,石虎攻取石梁,擒获刘岳及其将佐八十多人及氐族、羌族士众三千多人,都押送到襄国,并坑杀刘岳士兵九千人。石虎随即又进攻驻守并州的王腾,擒获并杀了他,坑杀其士兵七千多人。刘曜回到长安,穿上素服停驻郊外哭吊,七天后才进城,由于愤懑而染病。郭默又被石聪战败,丢下妻子儿女向南逃回建康。李矩的将士私下密谋背叛投降后赵,李矩无力镇压,也率众人南归,手下士众在途中纷纷逃亡,只有郭诵等一百多人跟随他,结果死在鲁阳。李矩的长史崔宣率领其馀士卒两千人投降后赵。这样司州、豫州、徐州、兖州地区全部归入后赵,与东晋以淮水为界。

14　前赵国主刘曜任命永安王刘胤为大司马、大单于,改封南阳王,在渭城设置单于台,左、右贤王以下,都由匈奴、羯族、鲜卑族、氐族和羌族的豪杰之士充任。

15　秋季,七月辛未(初七),朝廷任命尚书令郗鉴为车骑将军,都督徐、兖、青三州军事、兖州刺史,镇守广陵。

16　闰月,任尚书左仆射荀崧为光禄大夫、录尚书事,尚书邓攸为左仆射。

17　右卫将军虞胤,元敬皇后之弟也,与左卫将军南顿王宗俱为帝所亲任,典禁兵,直殿内,多聚勇士以为羽翼。王导、庾亮皆忌之,颇以为言,帝待之愈厚,宫门管钥,皆以委之。帝寝疾,亮夜有所表,从宗求钥,宗不与,叱亮使曰:"此汝家门户邪!"亮益忿之。及帝疾笃,不欲见人,群臣无得进者。亮疑宗、胤及宗兄西阳王羕有异谋,排闼入升御床,见帝流涕,言羕与宗等谋废大臣,自求辅政,请黜之,帝不纳。壬午,帝引太宰羕、司徒导、尚书令卞壶、车骑将军郗鉴、护军将军庾亮、领军将军陆晔、丹杨尹温峤,并受遗诏辅太子,更入殿将兵直宿;复拜壶右将军,亮中书令,晔录尚书事。丁亥,降遗诏;戊子,帝崩。帝明敏有机断,故能以弱制强,诛翦逆臣,克复大业。

己丑,太子即皇帝位,生五年矣。群臣进玺,司徒导以疾不至。卞壶正色于朝曰:"王公岂社稷之臣邪!大行在殡,嗣皇未立,宁是人臣辞疾之时也!"导闻之,舆疾而至。大赦,增文武位二等,尊庾后为皇太后。

群臣以帝幼冲,奏请太后依汉和熹皇后故事;太后辞让数四,乃从之。秋,九月,癸卯,太后临朝称制。以司徒导录尚书事,与中书令庾亮、尚书令卞壶参辅朝政,然事之大要皆决于亮。加郗鉴车骑大将军,陆晔左光禄大夫,皆开府仪同三司。以南顿王宗为骠骑将军,虞胤为大宗正。

尚书召乐广之子谟为郡中正,庾珉族人怡为廷尉评,谟、怡各称父命不就。卞壶奏曰:"人非无父而生,职非无事而立;有父必有命,居职必有悔。有家各私其子,则为王者无民,君臣之道废矣。乐广、庾珉受宠圣世,身非己有,况及后嗣而可专哉! 所居之职,若顺夫群心,则战戍者之父母皆当命子以不处也。"谟、怡不得已,各就职。

17　右卫将军虞胤,是元帝元敬皇后的兄弟,与左卫将军、南顿王司马宗都是明帝宠信的人,执掌禁兵,在宫殿内当值,招纳许多勇士为自己的羽翼。王导、庾亮都忌惮他们,经常为此向明帝进言,明帝对他们却更加厚待,宫门的锁钥,都交给他们掌管。明帝病重卧床,庾亮夜间有表呈送,到司马宗那里要钥匙,司马宗不给,叱骂庾亮派来的人说:"这里是你家的门户吗?"庾亮更加怨怒。等到明帝病重,不想见人,大臣们无人能进见。庾亮怀疑司马宗、虞胤以及司马宗兄长西阳王司马羕另有图谋,推门进宫登上御床,见到明帝时流着眼泪,述说司马羕和司马宗等人谋议废黜大臣,自己请求辅佐朝廷,要求废黜他们,明帝未采纳。壬午(十九日),明帝延请太宰司马羕、司徒王导、尚书令卞壸、车骑将军郗鉴、护军将军庾亮、领军将军陆晔、丹杨尹温峤,共同奉受遗诏辅佐太子,轮番入殿领兵当值宿卫;又授予卞壸为右将军,庾亮为中书令,陆晔录尚书事。丁亥(二十四日),颁布遗诏;戊子(二十五日),明帝驾崩。明帝明智敏捷,遇事有决断,所以能以弱制强,诛灭逆臣,光复国家大业。

己丑(二十六日),皇太子即帝位,时年五岁。群臣进献国玺,司徒王导因病未到。卞壸在朝上表情端庄严肃地说:"王公难道不是关系国家安危的大臣吗!先帝停枢未葬,继位的皇帝未立,这难道是臣子以有病为由辞谢不到的时候吗!"王导听说后,抱病登车赶到。大赦天下,提升文武官员二级职位,尊庾皇后为皇太后。

大臣们因成帝年幼,奏请太后按汉代和熹皇后旧例临朝听政,太后先后多次辞让,随后同意了。秋季,九月,癸卯(十一日),太后临朝听政。任司徒王导录尚书事,和中书令庾亮、尚书令卞壸辅佐朝政,然而重大的政事都由庾亮裁决。又授予郗鉴车骑大将军、陆晔左光禄大夫,都是开府仪同三司。任南顿王司马宗为骠骑将军,虞胤为大宗正。

尚书召乐广之子乐谟为郡中正,召庾珉的同族人庾怡为廷尉评,乐谟和庾怡各以父命为由不接受。卞壸奏上说:"人没有无父而出生的,职位也没有无事而设立的;有父亲就必然会有父亲的指令,任职就必然要忧愁操心。如果每一个家庭都把孩子视作私产,那么作君王的就没有了臣民,君臣之间的道义也就没有了。乐广、庾珉曾经在圣世受到宠信,身体已经不是个人私有的了,何况到了他们的后嗣身上,怎么可以私人专占呢!所任命的职务,如果顺从每个人的私心,那么参与战争、戍守的人的父母都会命令自己的孩子不赴职。"乐谟和庾怡不得已,各自赴职。

18 辛丑,葬明帝于武平陵。

19 冬,十一月癸巳朔,日有食之。

20 慕容廆与段氏方睦,为段牙谋,使之徙都。牙从之,即去令支,国人不乐。段疾陆眷之孙辽欲夺其位,以徙都为牙罪,十二月,帅国人攻牙,杀之,自立。段氏自务勿尘以来,日益强盛,其地西接渔阳,东界辽水,所统胡、晋三万馀户,控弦四五万骑。

21 荆州刺史陶侃以宁州刺史王坚不能御寇,是岁,表零陵太守南阳尹奉为宁州刺史以代之。先是,王逊在宁州,蛮酋梁水太守爨量、益州太守李遏,皆叛附于成,逊讨之不能克。奉至州,重募徼外夷刺爨量,杀之,谕降李遏,州境遂安。

22 代王贺傉卒,弟纥那立。

显宗成皇帝上之上
咸和元年(丙戌,326)

1 春,二月,大赦,改元。

2 赵以汝南王咸为太尉、录尚书事,光禄大夫刘绥为大司徒,卜泰为大司空。刘后疾病,赵主曜问所欲言,刘氏泣曰:“妾幼鞠于叔父昶,愿陛下贵之。叔父皑之女芳有德色,愿以备后宫。”言终而卒。曜以昶为侍中、大司徒、录尚书事,立芳为皇后;寻又以昶为太保。

3 三月,后赵主勒夜微行,检察诸营卫,赍金帛以赂门者,求出。永昌门候王假欲收捕之,从者至,乃止。旦,召假,以为振忠都尉,爵关内侯。勒召记室参军徐光,光醉不至,黜为牙门。光侍直,有愠色,勒怒,并其妻子囚之。

18　辛丑(初九),明帝入葬武平陵。

19　冬季,十一月癸巳朔(初一),出现日食。

20　慕容廆与段氏和睦,为段牙谋划,让他迁都。段牙听从了,便离开令支,国内人都不乐意。段疾陆眷的孙子段辽想篡夺段牙之位,便以迁都作为段牙的罪名,十二月,率领国人攻击段牙,段牙被杀,段辽自立为王。段氏自从务勿尘以来,日益强盛,占地西接渔阳,东面以辽水为界,所统领的胡人、晋人有三万多户,能拉弓射箭的骑兵有四五万人。

21　荆州刺史陶侃因为宁州刺史王坚不能抵御敌寇,这年,上表荐举零陵太守南阳人尹奉为宁州刺史以取代王坚。早先,王逊任职宁州时,蛮夷首领、梁水太守爨量、益州太守李逷都背叛朝廷,归附成汉,王逊进讨,不能取胜。尹奉到宁州后,重金聘募境外夷人刺杀爨量成功,又劝谕李逷归降,于是州内安定。

22　代王拓跋贺傉死,弟拓跋纥那继立。

显宗成皇帝上之上
晋成帝咸和元年(丙戌,公元326年)

1　春季,二月,大赦天下,改年号为咸和。

2　前赵任汝南王刘咸为太尉、录尚书事,任光禄大夫刘绥为大司徒,卜泰为大司空。刘后病重,国主刘曜问她还有什么话想说,刘后哭泣着说:"我自幼由叔父刘昶养大,希望陛下能重用他。叔父刘皑的女儿刘芳品德和容貌都很出色,希望让她充备后宫。"言终即死。刘曜任刘昶为侍中、大司徒、录尚书事,册立刘芳为皇后。不久又任刘昶为太保。

3　三月,后赵国主石勒夜间微服出行,检视察看各营守卫,他拿着金帛去送给守门人,请求出门。永昌门守令王假要拘捕他,因随从人员到来才停手。清晨,石勒召见王假,任命他为振忠都尉,赐给关内侯的爵位。石勒召见记室参军徐光,徐光因酒醉未到,被贬职为牙门。徐光当值侍卫时,面带怨怒的容色,石勒发怒,将他连同妻子儿女一起囚禁起来。

4　夏,四月,后赵将石生寇汝南,执内史祖济。

5　六月癸亥,泉陵公刘遐卒。癸酉,以车骑大将军郗鉴领徐州刺史;征虏将军郭默为北中郎将、监淮北诸军事,领遐部曲。遐子肇尚幼,遐妹夫田防及故将史迭等不乐他属,共以肇袭遐故位而叛。临淮太守刘矫掩袭遐营,斩防等。遐妻,邵续女也,骁果有父风。遐尝为后赵所围,妻单将数骑,拔遐出于万众之中。及田防等欲作乱,遐妻止之,不从,乃密起火,烧甲仗都尽,故防等卒败。诏以肇袭遐爵。

司徒导称疾不朝,而私送郗鉴。卞壸奏:"导亏法从私,无大臣之节,请免官。"虽事寝不行,举朝惮之。壸俭素廉洁,裁断切直,当官干实,性不弘裕,不肯苟同时好,故为诸名士所少。阮孚谓之曰:"卿常无闲泰,如含瓦石,不亦劳乎!"壸曰:"诸君子以道德恢弘,风流相尚,执鄙吝者,非壸而谁!"时贵游子弟多慕王澄、谢鲲为放达,壸厉色于朝曰:"悖礼伤教,罪莫大焉;中朝倾覆,实由于此。"欲奏推之,王导、庾亮不听,乃止。

6　成人讨越巂斯叟,破之。

7　秋,七月癸丑,观阳烈侯应詹卒。

8　初,王导辅政,以宽和得众。及庾亮用事,任法裁物,颇失人心。豫州刺史祖约,自以名辈不后郗、卞,而不豫顾命,又望开府复不得,及诸表请多不见许,遂怀怨望。及遗诏褒进大臣,又不及约与陶侃,二人皆疑庾亮删之。历阳内史苏峻,有功于国,威望渐著,有锐卒万人,器械甚精,朝廷以江外寄之。而峻颇怀骄溢,有轻朝廷之志,招纳亡命,众力日多,皆仰食县官,运漕相属,稍不如意,辄肆忿言。亮既

4　夏季,四月,后赵将领石生侵犯汝南,抓获汝南内史祖济。

5　六月癸亥(初五),泉陵公刘遐死。癸酉(十五日),任命车骑大将军郗鉴兼领徐州刺史;任征虏将军郭默为北中郎将、监察淮北军务,统领刘遐的部曲。刘遐之子刘肇年龄还小,刘遐的妹夫田防及刘遐的旧将史迭等人不愿归属他人,共同让刘肇承袭刘遐的旧位而后反叛。临淮太守刘矫偷袭刘遐的军营,杀死田防等人。刘遐的妻子是邵续的女儿,骁勇果敢,颇有父亲遗风。刘遐曾经被后赵围困,刘遐妻子一人带领数骑,从万众之中把刘遐救出。等到田防等人打算作乱,刘遐的妻子制止他们,他们不听,于是刘遐妻子暗地里点火,把铠甲兵仗全都烧光,所以田防等人很快失败。成帝下诏让刘肇承袭刘遐的爵位。

司徒王导称病不上朝,却私下送别郗鉴。卞壶上奏说:"王导破坏朝法以遂私欲,丧失了大臣的操守,请免除他的官职。"虽然此事中止未实行,但满朝大臣都为此畏惧卞壶。卞壶俭朴廉洁,对事物的裁断准确、直率,任官实干,性格不宽容,不肯随随便便趋同时尚,所以受到各位名士的贬责。阮孚对他说:"您常常没有闲暇舒泰的时候,好像嘴含瓦石,不是也太劳累吗?"卞壶说:"各位君子以道德恢弘博大、风流倜傥互相崇尚,那么表现庸俗、贪鄙的人,不是我还能是谁!"当时游闲贵族子弟大多仰慕王澄、谢鲲的为人,行为放达不经,卞壶在朝中严辞厉色地说:"违背礼义、有伤教化,没有比这更大的罪过了,本朝中途倾覆,实在是由此而起。"他想奏请据情治他们的罪,王导、庾亮不听,于是作罢。

6　成汉人征讨越巂人斯叟,打败了他。

7　秋季,七月癸丑(二十五日),观阳烈侯应詹去世。

8　当初,王导辅佐朝政,因宽和赢得人心。等到庾亮主持政事,依法断事,颇失人心。豫州刺史祖约,自认为名望和年辈都不比郗鉴、卞壶差,却未能成为明帝顾命大臣,又希望能得开府之号,也未能实现,再加上许多上表请求大多不获允准,于是心怀怨恨。等到明帝遗诏褒扬和提拔大臣,又没有祖约和陶侃,二人都怀疑是庾亮删除了自己的名字。历阳内史苏峻,对国家有功,威望日渐显赫,拥有精兵万人,军械很精良,朝廷把长江以外地区交付给他治理。但苏峻颇有骄纵之心,轻视朝廷,招纳亡命徒,人数日渐增多,都靠国家供给生活物资,陆运、水运络绎不绝,稍不如意,就肆无忌惮地斥骂。庾亮既

疑峻、约，又畏侃之得众，八月，以丹杨尹温峤为都督江州诸军事、江州刺史，镇武昌；尚书仆射王舒为会稽内史，以广声援；又修石头以备之。

丹杨尹阮孚以太后临朝，政出舅族，谓所亲曰："今江东创业尚浅，主幼，时艰，庾亮年少，德信未孚，以吾观之，乱将作矣。"遂求出为广州刺史。孚，咸之子也。

9 冬，十月，立帝母弟岳为吴王。

10 南顿王宗自以失职怨望，又素与苏峻善，庾亮欲诛之，宗亦欲废执政。御史中丞锺雅劾宗谋反，亮使右卫将军赵胤收之。宗以兵拒战，为胤所杀，贬其族为马氏，三子绰、超、演皆废为庶人。免太宰西阳王羕，降封弋阳县王，大宗正虞胤左迁桂阳太守。宗，宗室近属；羕，先帝保傅，亮一旦翦黜，由是愈失远近之心。宗党卞阐亡奔苏峻，亮符峻送阐，峻保匿不与。宗之死也，帝不之知，久之，帝问亮曰："常日白头公何在？"亮对以谋反伏诛。帝泣曰："舅言人作贼，便杀之；人言舅作贼，当如何？"亮惧，变色。

11 赵将黄秀等寇鄤，顺阳太守魏该帅众奔襄阳。

12 后赵王勒用程遐之谋，营邺宫，使世子弘镇邺，配禁兵万人，车骑所统五十四营悉配之，以骁骑将军领门臣祭酒王阳专统六夷以辅之。中山公虎自以功多，无去邺之意，及修三台，迁其家室，虎由是怨程遐。

13 十一月，后赵石聪攻寿春，祖约屡表请救，朝廷不为出兵。聪遂寇逡遒、阜陵，杀掠五千馀人。建康大震，诏加司徒导大司马、假黄钺、都督中外诸军事以御之，军于江宁。苏峻遣其将韩晃击石聪，走之，导解大司马。朝议又欲作涂塘以遏胡寇，祖约曰："是弃我也！"益怀愤恚。

怀疑苏峻、祖约的忠诚，又惧怕陶侃的深得人心，八月，任命丹杨尹温峤为都督江州诸军事、江州刺史，镇守武昌；任尚书仆射王舒为会稽内史，用以扩大声援；又修石头防备他们。

丹杨尹阮孚因为太后临朝听政，政事由皇帝的母舅一族把持，对自己亲信的人说："如今江东朝廷创业的时间不长，君主年幼，时世艰难，庾亮年轻，德行和信誉都未能使人信服，在我看来，祸乱将要发生了。"于是自请出任广州刺史。阮孚是阮咸的儿子。

9　冬季，十月，立成帝同母弟弟司马岳为吴王。

10　南顿王司马宗自认为不该丢失官职，心怀怨恨，平素又与苏峻交好，庾亮想杀他，司马宗也想废黜庾亮，自己执政。御史中丞钟雅弹劾司马宗谋反，庾亮派右卫将军赵胤拘捕司马宗。司马宗领兵抵抗，被赵胤所杀，家族被贬黜改姓马氏，三个儿子司马绰、司马超和司马演，都被贬为平民。又免除西阳王司马羕太宰职务，降低封爵为弋阳县王，大宗正虞胤被降职为桂阳太守。司马宗是皇室近亲；司马羕则是先帝的太保、太傅，庾亮轻易地杀戮和废黜他们，由此更加失去众人的拥护。司马宗党羽卞阐逃奔苏峻，庾亮发下朝廷符令让苏峻把卞阐送来，苏峻藏匿保护，不交给朝廷。司马宗之死，成帝不知道，过了许久，成帝问庾亮说："往常的那个满头白发的老人在什么地方？"庾亮回答说因谋反已经伏诛。成帝哭泣着说："舅父说他人是叛贼，就轻易地杀了他。如果别人说舅父是叛贼，该怎么办？"庾亮恐惧变色。

11　前赵将领黄秀等侵犯酇县，顺阳太守魏该率士众逃奔襄阳。

12　后赵王石勒用程遐的计谋，营建邺地宫室，让世子石弘镇守邺，配备禁兵万人，车骑将军所统领的五十四营全部配署他，并让骁骑将军兼门臣祭酒王阳专门统领六夷辅佐石弘。中山公石虎自认为功劳多，没有离开邺地的意思，等到修筑三台，让石虎家迁移，石虎因此怨恨程遐。

13　十一月，后赵石聪进攻寿春，祖约屡次上表请求救援，朝廷不出兵。石聪便侵犯逡道、阜陵，杀死、掠夺五千多人。建康为此大为震惊，朝廷下诏授司徒王导大司马、假黄钺、都督中外诸军事来抵御石聪，驻军在江宁。苏峻派部将韩晃进击石聪，将他赶走，王导解除大司马职务。朝廷议论又想兴修涂塘，用以阻遏胡夷寇掠，祖约说："这是弃我不顾！"更加心怀愤恚。

14 十二月,济岷太守刘阆等杀下邳内史夏侯嘉,以下邳叛,降于后赵。石瞻攻河南太守王瞻于郏,拔之。彭城内史刘续复据兰陵石城,石瞻攻拔之。

15 后赵王勒以牙门将王波为记室参军,典定九流,始立秀、孝试经之制。

16 张骏畏赵人之逼,是岁,徙陇西、南安民二千馀家于姑臧,又遣使修好于成,以书劝成主雄去尊号,称藩于晋。雄复书曰:"吾过为士大夫所推,然本无心于帝王,思为晋室元功之臣,扫除氛埃;而晋室陵迟,德声不振,引领东望,有年月矣。会获来贶,情在暗至,有何已已。"自是聘使相继。

二年(丁亥,327)

1 春,正月,朱提太守杨术与成将罗恒战于台登,兵败,术死。

2 夏,五月甲申朔,日有食之。

3 赵武卫将军刘朗率骑三万袭杨难敌于仇池,弗克,掠三千馀户而归。

4 张骏闻赵兵为后赵所败,乃去赵官爵,复称晋大将军、凉州牧,遣武威太守窦涛、金城太守张阆、武兴太守辛岩、扬烈将军宋辑等帅众数万,会韩璞攻掠赵秦州诸郡。赵南阳王胤将兵击之,屯狄道。枹罕护军辛晏告急,秋,骏使韩璞、辛岩救之。璞进度沃干岭。岩欲速战,璞曰:"夏末以来,日星数有变,不可轻动。且曜与石勒相攻,胤必不能久与我相守也。"与胤夹洮相持七十馀日。冬,十月,璞遣辛岩督运于金城,胤闻之,曰:"韩璞之众,十倍于吾。吾粮不多,难以持久。今虏分兵运粮,天授我也。若败辛岩,璞等自溃。"乃帅骑三千袭岩于沃干岭,败之,遂前逼璞营,璞众大溃。胤乘胜追奔,济河,攻拔令居,斩首二万级,进据振武。河西大骇。张阆、辛晏帅其众数万降赵,骏遂失河南之地。

14 十二月,济岷太守刘闿等人杀死下邳内史夏侯嘉,占据下邳反叛,投降后赵。石瞻进攻在邘地的河南太守王瞻,攻了下来。彭城内史刘续再次占据兰陵的石城,石瞻又攻取了石城。

15 后赵国王石勒任命牙门将王波为记室参军,负责评定九流高下,开始设立秀才、孝廉考试经策的制度。

16 张骏畏惧赵人的逼迫,这年,由陇西、南安迁徙民众二千多家到姑臧,又派使者和成汉修好,写信劝成汉国主李雄除去皇帝尊号,归附东晋做藩臣。李雄复信说:"我过分地被士大夫们推举,但我自己本来无心当帝王,想成为晋国皇帝的首功大臣,扫除世间的妖气和尘埃;但晋王室国运衰微,恩泽和声望不振,我翘首东望晋王室,已经有些年月了。正巧接获您的赐礼,情理与我心中所想暗合,还有什么可疑虑的呢?"从此,使者来往接连不断。

晋成帝咸和二年(丁亥,公元 327 年)

1 春季,正月,朱提太守杨术和成汉将领罗恒在台登交战,杨术兵败身死。

2 夏季,五月甲申朔(初一),出现日食。

3 前赵的武卫将军刘朗率领骑兵三万人攻袭在仇池的杨难敌,不能取胜,劫掠民众三千多户返回。

4 张骏听说前赵军队被后赵击败,于是自废前赵官爵,恢复称用晋大将军、凉州牧的名号,派武威太守窦涛、金城太守张阆、武兴太守辛岩、扬烈将军宋辑等人率兵众数万人,会同韩璞攻掠前赵的秦州诸郡。前赵南阳王刘胤率兵攻击,屯军狄道。枹罕护军辛晏告急,秋季,张骏派韩璞、辛岩救援辛晏。韩璞越过沃干岭。辛岩想速战速决,韩璞说:"夏末以来,太阳、星辰之象多次变化,不能轻举妄动。况且刘曜正在和石勒互相攻击,刘胤必定不能长久地和我们在此相持。"与刘胤隔着洮水相持七十多天。冬季,十月,韩璞派辛岩从金城督运军粮,刘胤听说此事,说:"韩璞的兵众超过我方十倍。我们军粮不多,难以持久。现在敌虏分兵运粮,这是天赐良机。如果击败辛岩,韩璞等人不战自溃。"于是率领骑兵三千突袭到达沃干岭的辛岩,辛岩战败,刘胤随即前逼韩璞军营,韩璞兵众溃不成军。刘胤乘胜追袭败逃的兵众,渡过黄河,攻取了令居,斩首两万级,进而占据振武。河西为之大为惊骇。张阆、辛晏率士众数万人投降前赵,张骏于是失去黄河以南的地域。

5　庾亮以苏峻在历阳，终为祸乱，欲下诏征之，访于司徒导，导曰："峻猜险，必不奉诏，不若且苞容之。"亮言于朝曰："峻狼子野心，终必为乱。今日征之，纵不顺命，为祸犹浅；若复经年，不可复制，犹七国之于汉也。"朝臣无敢难者，独光禄大夫卞壶争之曰："峻拥强兵，逼近京邑，路不终朝，一旦有变，易为蹉跌，宜深思之！"亮不从。壶知必败，与温峤书曰："元规召峻意定，此国之大事。峻已出狂意，而召之，是更速其祸也，必纵毒蠚以向朝廷。朝廷威力虽盛，不知果可擒不，王公亦同此情。吾与之争甚恳切，不能如之何。本出足下以为外援，而今更恨足下在外，不得相与共谏止之，或当相从耳。"峤亦累书止亮。举朝以为不可，亮皆不听。

峻闻之，遣司马何仍诣亮曰："讨贼外任，远近惟命，至于内辅，实非所堪。"亮不许，召北中郎将郭默为后将军、领屯骑校尉，司徒右长史庾冰为吴国内史，皆将兵以备峻。冰，亮之弟也。于是下优诏，征峻为大司农，加散骑常侍，位特进，以弟逸代领部曲。峻上表曰："昔明皇帝亲执臣手，使臣北讨胡寇。今中原未靖，臣何敢即安！乞补青州界一荒郡，以展鹰犬之用。"复不许。峻严装将赴召，犹豫未决。参军任让谓峻曰："将军求处荒郡而不见许，事势如此，恐无生路，不如勒兵自守。"阜陵令匡术亦劝峻反，峻遂不应命。

温峤闻之，即欲帅众下卫建康，三吴亦欲起义兵，亮并不听，而报峤书曰："吾忧西陲，过于历阳，足下无过雷池一步也。"朝廷遣使谕峻，峻曰："台下云我欲反，岂得活邪！我宁山头望廷尉，不能廷尉望山头。往者国家危如累卵，非我不济；狡兔既死，猎犬宜烹。但当死报造谋者耳！"

5　庾亮认为苏峻在历阳,终将造成祸乱,想下诏征召他进京,为此征询王导的意见,王导说:"苏峻猜疑阴险,必定不会奉诏前来,不如暂且容忍他。"庾亮在朝中说:"苏峻狼子野心,最终必会作乱。今天征召他,纵然他不听从上命,造成的祸乱也还不大;如果再过些年,就无法再制服他,这就如同汉时的七国对朝廷一样。"朝臣无人敢诘难,只有光禄大夫卞壸辩说:"苏峻拥有强大的军力,又靠近京城,路途用不了一个早上便可到达,一旦发生变乱,容易出差错,应当深思熟虑!"庾亮不听。卞壸知道庾亮必会失败,写信给温峤说:"庾亮征召苏峻的主意已定,这是国家的大事。苏峻已表现出骄狂的样子,如果征召他,这是加速祸乱的到来,他必定会挺起毒刺面对朝廷。朝廷的威力虽然强盛,但不知道能不能擒获他,王导也持此意见。我与庾亮争辩十分恳切,但不能拿他怎么样。我本来想让足下在外任官作为外援,现在反而恨足下在外,不能共同谏止他,如果你能劝阻他,我会追随你的。"温峤也多次写信劝阻庾亮。满朝大臣都认为此事不可,庾亮全然不听。

苏峻听说此事,派司马何仍见庾亮,说:"征讨贼寇,在外任职,无论远近我都唯命是从,至于在朝内辅政,实在不是我能胜任的。"庾亮不允许,征召北中郎将郭默为后将军、兼领屯骑校尉,任司徒右长史庾冰为吴国内史,都统领军队防备苏峻。庾冰即庾亮的兄弟。于是颁下礼遇优厚的诏书,征召苏峻为大司农、授予散骑常侍,赐位特进,让苏峻的兄弟苏逸代领属下部曲。苏峻上表说:"昔日明皇帝亲自拉着下臣的手,让我北伐胡寇。如今中原尚未平定,我怎敢贪图安逸!乞求给我青州界内的一个荒远州郡,让我得以施展朝廷鹰犬的作用。"又不同意。苏峻整装准备赴召,但又犹豫不决。参军任让对苏峻说:"将军您请求处居荒郡都不获允许,事情已发展到这样,恐怕已无生路,不如领兵自守。"阜陵令匡术也劝苏峻造反,苏峻便不应从诏令。

温峤听说此事,立即想率士众下赴建康防卫,三吴之地也想出动义兵,庾亮都不同意,却写信告诉温峤说:"我对西部边境安危的忧虑,要超过对历阳苏峻的忧虑,足下不要越过雷池一步。"朝廷派使者告谕苏峻,苏峻说:"朝廷大臣说我要造反,我哪有活命呢!我宁肯由山头观望廷尉,不能由廷尉回望山头。以往国家危如累卵,无我不行。现在狡兔已死,猎犬就该烹食了。我就是死也要向出谋者报仇!"

峻知祖约怨朝廷,乃遣参军徐会推崇约,请共讨庾亮。约大喜,其从子智、衍并劝成之。谯国内史桓宣谓智曰:"本以强胡未灭,将戮力讨之。使君若欲为雄霸,何不助国讨峻,则威名自举。今乃与峻俱反,此安得久乎!"智不从。宣诣约请见,约知其欲谏,拒而不内。宣遂绝约,不与之同。十一月,约遣兄子沛内史涣、女婿淮南太守许柳以兵会峻。涣妻,柳之姊也,固谏不从。诏复以卞壶为尚书令、领右卫将军,以邻稽内史王舒行扬州刺史事,吴兴太守虞潭督三吴等诸郡军事。

尚书左丞孔坦、司徒司马丹杨陶回言于王导,请:"及峻未至,急断阜陵,守江西当利诸口,彼少我众,一战决矣。若峻未来,可往逼其城。今不先往,峻必先至,峻至则人心危骇,难与战矣。此时不可失也。"导然之,庾亮不从。十二月辛亥,苏峻使其将韩晃、张健等袭陷姑孰,取盐米,亮方悔之。

壬子,彭城王雄、章武王休叛奔峻。雄,释之子也。

庚申,京师戒严,假庾亮节,都督征讨诸军事;以左卫将军赵胤为历阳太守,使左将军司马流将兵据慈湖以拒峻;以前射声校尉刘超为左卫将军,侍中褚翜典征讨军事。亮使弟翼以白衣领数百人备石头。

6 丙寅,徙琅邪王昱为会稽王,吴王岳为琅邪王。

7 宣城内史桓彝欲起兵以赴朝廷,其长史裨惠以郡兵寡弱,山民易扰,谓宜且按甲以待之。彝厉色曰:"'见无礼于其君者,若鹰鹯之逐鸟雀。'今社稷危逼,义无宴安。"辛未,彝进屯芜湖。韩晃击破之,因进攻宣城,彝退保广德,晃大掠诸县而还,徐州刺史郗鉴欲帅所领赴难,诏以北寇,不许。

苏峻知道祖约怨恨朝廷,于是派参军徐会拥戴祖约,请求共同讨伐庾亮。祖约大为高兴,侄子祖智、祖衍也一同劝说促成。谯国内史桓宣对祖智说:"本来因为强大的胡寇未灭,准备同心合力征讨。使君如果想成就雄霸的功业,为何不帮助国家讨伐苏峻,这样威名自然确立。现在却和苏峻一同谋反,这哪能长久呢!"祖智不听。桓宣到祖约处求见,祖约知道他想劝谏,拒而不见。桓宣于是与祖约断绝关系,不和他同流合污。十一月,祖约派兄长之子、沛内史祖涣,女婿、淮南太守许柳带兵与苏峻会合。祖逖的妻子是许柳的姐姐,一再劝谏,许柳不听。朝廷下诏重新任命卞壶为尚书令、兼领右卫将军,让邻稽内史王舒代行扬州刺史职务,吴兴太守虞潭督察三吴等郡的军事。

尚书左丞孔坦、司徒司马丹杨人陶回向王导进言,请求:"乘苏峻未到之时,急速截断阜陵的通路,把守长江以西当利等路口,敌寡我众,一战即可决胜。如果苏峻还未到,可以进军威逼其城。如果现在不先行前往,苏峻必会先行到达,苏峻一旦到达,那么人心危惧惊骇,就难以与他交战了。这种时机不能失去。"王导认为很对,庾亮却不听从。十二月辛亥(初一),苏峻派部将韩晃、张健等人攻陷姑孰,夺取食盐粮米,庾亮这才后悔。

壬子(初二),彭城王司马雄、章武王司马休背叛朝廷,投奔苏峻。司马雄是司马释的儿子。

庚申(初十),京城戒严,授庾亮符节,都督征讨军事事务;任左卫将军赵胤为历阳太守,让左将军司马流领兵据守慈湖抵御苏峻;又任前射声校尉刘超为左卫将军,侍中褚翜执掌征讨军事。庾亮让兄弟庾翼以平民身份统领数百人守备石头。

6 丙寅(十六日),成帝改封琅邪王司马昱为会稽王,改封吴王司马岳为琅邪王。

7 宣城内史桓彝想起兵救助朝廷,他的长史裨惠认为郡内兵员既少且弱,山地居民容易骚动,应当暂且按兵不动等待时机。桓彝脸色严厉地说:"'见到对君王无礼的人,要像鹰鹯追逐鸟雀一样对待他。'现在国家危急紧迫,按道义不能安处。"辛未(二十一日),桓彝进兵屯驻芜湖。韩晃击败桓彝,乘势进攻宣城。桓彝退走保守广德,韩晃大肆劫掠各县,然后还军,徐州刺史郗鉴想率领所部救援朝廷,朝廷下诏以北边寇贼不宁为由,不同意。

8　是岁,后赵中山公虎击代王纥那,战于句注陉北,纥那兵败,徙都大宁以避之。

9　代王郁律之子翳槐居于其舅贺兰部,纥那遣使求之,贺兰大人蔼头拥护不遣。纥那与宇文部共击蔼头,不克。

8 这年,后赵中山公石虎攻击代王拓跋纥那,双方战于句注山狭窄通道以北,拓跋纥那战败,迁都至大宁以避敌祸。

9 代王拓跋郁律的儿子拓跋翳槐居住在舅父的贺兰部,拓跋纥那派使者去索取,贺兰部落的首领蔼头卫护着不让走。拓跋纥那和宇文部共同攻击蔼头,不能取胜。

卷第九十四　晋纪十六

起戊子(328)尽辛卯(331)凡四年

显宗成皇帝上之下

咸和三年(戊子,328)

1　春,正月,温峤入救建康,军于寻阳。

韩晃袭司马流于慈湖,流素懦怯,将战,食炙不知口处,兵败而死。

丁未,苏峻帅祖涣、许柳等众二万人,济自横江,登牛渚,军于陵口。台兵御之,屡败。二月庚戌,峻至蒋陵覆舟山。陶回谓庾亮曰:"峻知石头有重戍,不敢直下,必向小丹杨南道步来,宜伏兵邀之,可一战擒也。"亮不从。峻果自小丹杨来,迷失道,夜行,无复部分。亮闻,乃悔之。

朝士以京邑危逼,多遣家人入东避难,左卫将军刘超独迁妻孥入居宫内。

诏以卞壶都督大桁东诸军事,与侍中锺雅帅郭默、赵胤等军及峻战于西陵。壶等大败,死伤以千数。丙辰,峻攻青溪栅,卞壶率诸军拒击,不能禁。峻因风纵火,烧台省及诸营寺署,一时荡尽。壶背痈新愈,创犹未合,力疾帅左右苦战而死;二子眕、盱随父后,亦赴敌而死。其母抚尸哭曰:"父为忠臣,子为孝子,夫何恨乎!"

丹杨尹羊曼勒兵守云龙门,与黄门侍郎周导、庐江太守陶瞻皆战死。庾亮帅众将陈于宣阳门内,未及成列,士众皆弃甲走,亮与弟怿、条、翼及郭默、赵胤俱奔寻阳。将行,顾谓锺雅曰:"后事深以相委。"

显宗成皇帝上之下

晋成帝咸和三年(戊子,公元 328 年)

1 春季,正月,温峤来救援建康,屯军寻阳。

韩晃偷袭在慈湖的司马流,司马流素来怯懦,临战时吃烤肉都不知道嘴在哪里,结果兵败身死。

丁未(二十八日),苏峻带领祖涣、许柳等将士两万人,渡过横江,登上牛渚,屯军于陵口。朝廷军队抵抗屡遭失败。二月庚戌(初一),苏峻到达蒋陵的覆舟山。陶回对庚亮说:"苏峻知道石头有重兵戍守,不敢直接前来,必定从小丹杨南道徒步前来,应当埋伏兵众截击,可以一战擒获。"庚亮不听。苏峻果然从小丹杨前来,因迷路,夜间赶行,军队各部混乱。庚亮听说后,才感到后悔。

朝廷士人因京城危急紧迫,大多遣走家人向东避难,只有左卫将军刘超把妻子儿女迁居宫内。

朝廷下诏让卞壸都督大桁以东军事事务,与侍中锺雅率领郭默、赵胤等人的军队与苏峻在西陵交战。卞壸等人大败,死伤数以千计。丙辰(初七),苏峻进攻青溪栅,卞壸率领各路部队拒敌,无法阻止其攻势。苏峻乘风势纵火,焚烧朝廷的台省及各军营寺庙官署,一时间荡然无存。卞壸背部的痈疽刚好,伤口尚未愈合,支撑着身体率领左右侍卫苦战至死,两个儿子卞眕和卞盱跟随在父亲身后,也赴敌战死。他们的母亲抚摸着尸体痛哭说:"父亲是忠臣,儿子是孝子,还有什么遗憾呢!"

丹杨尹羊曼率领士兵戍守云龙门,和黄门侍郎周导、庐江太守陶瞻都战死。庚亮率士众准备在宣阳门内结阵,还没来得及排成队列,士众都弃甲逃跑,庚亮和兄弟庚怿、庚条、庚翼及郭默、赵胤都逃奔寻阳。临走时回头对锺雅说:"以后的事情深深拜托了。"

雅曰："栋折榱崩,谁之咎也!"亮曰："今日之事,不容复言。"亮乘小船,乱兵相剥掠,亮左右射贼,误中柁工,应弦而倒。船上咸失色欲散,亮不动,徐曰："此手何可使著贼!"众乃安。

峻兵入台城,司徒导谓侍中褚翜曰："至尊当御正殿,君可启令速出。"翜即入上阁,躬自抱帝登太极前殿。导及光禄大夫陆晔、荀崧、尚书张闿共登御床,拥卫帝。以刘超为右卫将军,使与锺雅、褚翜侍立左右,太常孔愉朝服守宗庙。时百官奔散,殿省萧然。峻兵既入,叱褚翜令下。翜正立不动,呵之曰："苏冠军来觐至尊,军人岂得侵逼!"由是峻兵不敢上殿,突入后宫,宫人及太后左右侍人皆见掠夺。峻兵驱役百官,光禄勋王彬等皆被捶挞,令负担登蒋山。裸剥士女,皆以坏席苫草自鄣,无草者坐地以土自覆;哀号之声,震动内外。

初,姑孰既陷,尚书左丞孔坦谓人曰："观峻之势,必破台城,自非战士,不须戎服。"及台城陷,戎服者多死,白衣者无他。

时官有布二十万匹,金银五千斤,钱亿万,绢数万匹,他物称是,峻尽费之,太官惟有烧馀米数石以供御膳。

或谓锺雅曰："君性亮直,必不容于寇雠,盍早为之计!"雅曰："国乱不能匡,君危不能济,各遁逃以求免,何以为臣!"

丁巳,峻称诏大赦,惟庾亮兄弟不在原例。以王导有德望,犹使以本官居己之右。祖约为侍中、太尉、尚书令,峻自为骠骑将军、录尚书事,许柳为丹杨尹,马雄为左卫将军,祖涣为骁骑将军。弋阳王羕诣峻,称述峻功,峻复以羕为西阳王、太宰、录尚书事。

锺雅说:"户梁折断,屋椽崩毁,这是谁的过失呢!"庾亮说:"今天的事,不容再说。"庾亮乘坐小船,乱兵竞相掠夺抢劫,庾亮的左右侍从用箭射敌,结果误中船上舵手,应声倒仆。船上人都大惊失色,准备逃散。庾亮安坐不动,缓缓地说:"这样的手法,怎么能射中贼寇呢!"大家这才安定。

苏峻的军队进入台城,司徒王导对侍中褚翜说:"皇上应当在正殿,你可发令让他急速出来。"褚翜立即进入内室,亲自抱着成帝登上太极前殿。王导及光禄大夫陆晔、荀崧、尚书张闿一同登上御床,护卫成帝。任刘超为右卫将军,让他和锺雅、褚翜侍立在左右,太常孔愉则穿着朝服守护宗庙。当时百官逃奔离散,宫殿、朝省悄然无声。苏峻的兵众进来后,叱令褚翜让他退开。褚翜正立不动,呵斥他们说:"苏峻来觐见皇上,军人岂能侵犯逼近!"因此苏峻的士兵不敢上殿,冲进后宫,宫女及太后的左右侍人都被掠夺。苏峻的士兵驱赶百官服劳役,光禄勋王彬等都被棍捶鞭挞,命令他们担着担子登蒋山。又剥光成年男女的衣物,这些人都用破席或苫草自相遮掩,没有草席的人就坐在地上用土把自己身体盖住,哀哭号叫的声音,震荡于京城内外。

当初,姑孰被攻陷之后,尚书左丞孔坦对人说:"看苏峻的势头,必定会攻破台城,我从来不是士兵,不需要军服。"等到台城被攻陷,穿军服的人大多死亡,不着军服者安然无恙。

当时官府拥有布匹二十万匹,金银五千斤,钱亿万,绢数万匹,其他物品价值与此相当,苏峻尽数耗费光,掌管皇帝饮食的太官只有用大火烧剩下的数石粮米,以供成帝御膳。

有人对锺雅说:"你禀性诚信坦直,必定不被寇仇所容,何不早做打算!"锺雅说:"国家的祸乱不能匡正,君王的危殆不能挽救,各自遁逃以求免祸,这还怎么当人臣呢!"

丁巳(初八),苏峻矫称诏令大赦天下,唯有庾亮兄弟不在赦免之列。认为王导素有德行和名望,还让他保持原职,位居自己之上。祖约任侍中、太尉、尚书令,苏峻自任骠骑将军、录尚书事,许柳任丹杨尹,马雄任左卫将军,祖涣任骁骑将军。弋阳王司马羕拜见苏峻,称述苏峻的功德,苏峻又让司马羕当西阳王、太宰、录尚书事。

峻遣兵攻吴国内史庾冰,冰不能御,弃郡奔会稽,至浙江,峻购之甚急。吴铃下卒引冰入船,以蓬蔽覆之,吟啸鼓枻,溯流而去。每逢逻所,辄以杖叩船曰:"何处觅庾冰,庾冰正在此。"人以为醉,不疑之,冰仅免。峻以侍中蔡谟为吴国内史。

温峤闻建康不守,号恸。人有候之者,悲哭相对。庾亮至寻阳宣太后诏,以峤为骠骑将军、开府仪同三司,又加徐州刺史郗鉴司空。峤曰:"今日当以灭贼为急,未有功而先拜官,将何以示天下!"遂不受。峤素重亮,亮虽奔败,峤愈推奉之,分兵给亮。

2 后赵大赦,改元太和。

3 三月丙子,庾太后以忧崩。

4 苏峻南屯于湖。

5 夏,四月,后赵将石堪攻宛,南阳太守王国降之;遂进攻祖约军于淮上。约将陈光起兵攻约,约左右阎秃,貌类约,光谓为约而擒之,约逾垣获免。光奔后赵。

6 壬申,葬明穆皇后于武平陵。

7 庾亮、温峤将起兵讨苏峻,而道路断绝,不知建康声闻。会南阳范汪至寻阳,言:"峻政令不一,贪暴纵横,灭亡已兆,虽强易弱,朝廷有倒悬之急,宜时进讨。"峤深纳之。亮辟汪参护军事。

亮、峤互相推为盟主,峤从弟充曰:"陶征西位重兵强,宜共推之。"峤乃遣督护王愆期诣荆州,邀陶侃与之同赴国难。侃犹以不豫顾命为恨,答曰:"吾疆埸外将,不敢越局。"峤屡说,不能回。乃顺侃意,遣使谓之曰:"仁公且守,仆当先下。"使者去已二日,平南参军荥阳毛宝别使还,闻之,说峤曰:

苏峻派兵进攻吴国内史庾冰,庾冰抵挡不住,放弃郡国逃奔会稽。到浙江时,苏峻重赏搜捕他,十分急迫。吴国的侍从、门卒带领庾冰进船,把他用芦席覆盖起来,吟啸着摇动船桨,逆流而上。每逢遇到巡查哨所,就用杖叩击船身说:"何处寻觅庾冰? 庾冰就在这里。"众人认为他喝醉了,毫不怀疑,庾冰因此幸免。苏峻让侍中蔡谟出任吴国内史。

温峤听说建康失守,号啕痛哭。有人前往探问,也是相对悲泣。庾亮到寻阳后宣谕太后诏令,任温峤为骠骑将军、开府仪同三司,又授予徐州刺史郗鉴为司空。温峤说:"今天应当首先翦灭叛贼,尚未建功却先授官,还怎么示范天下!"于是推辞不接受,温峤素来看重庾亮,庾亮虽然战败奔逃,温峤却更加推重奉承他,分出部分兵力交给庾亮。

2 后赵实行大赦,改年号为太和。

3 三月丙子,庾太后因忧愁驾崩。

4 苏峻向南屯兵于湖。

5 夏季,四月,后赵将领石堪攻宛城,南阳太守王国投降;石堪随即进攻驻于淮水岸边的祖约。祖约部将陈光发兵攻击祖约,祖约的侍从阎秃,相貌与祖约相像,陈光以为是祖约,把他擒获,祖约越墙逃脱。陈光逃奔后赵。

6 壬申(二十四日),明穆皇后入葬武平陵。

7 庾亮、温峤准备起兵讨伐苏峻,但道路阻断,不知道建康的消息。适逢南阳人范汪到寻阳,说:"苏峻政令混乱不一,贪婪强暴,肆无忌惮,已显现出灭亡的征兆,虽然暂时强大,但很容易转化为弱小,朝廷到了千钧一发的危急时刻,应当及时进攻讨伐。"温峤深以为然。庾亮征召范汪为参护军事。

庾亮、温峤相互推举对方为盟主,温峤的堂弟温充说:"陶侃职位重要,兵力强盛,应当共同推举他为盟主。"温峤便派遣督护王愆期到荆州,邀请陶侃和自己同赴国难。陶侃仍然因为未能参与接受遗诏恨在心,回答说:"我是守戍边疆的将领,不敢逾越职分。"温峤多次劝说,不能使他回心转意。温峤于是顺应陶侃的心意,派使者对他说:"仁公暂且按兵不动,我当先行进讨。"使者出发已有两天,平南参军、荥阳人毛宝出使别处归来,听说此事,劝说温峤道:

"凡举大事，当与天下共之。师克在和，不宜异同。假令可疑，犹当外示不觉，况自为携贰邪！宜急追信改书，言必应俱进；若不及前信，当更遣使。"峤意悟，即追使者改书，侃果许之，遣督护龚登帅兵诣峤。峤有众七千，于是列上尚书，陈祖约、苏峻罪状，移告征镇，洒泣登舟。

陶侃复追龚登还。峤遗侃书曰："夫军有进而无退，可增而不可减。近已移檄远近，言于盟府，刻后月半大举，诸郡军并在路次，惟须仁公军至，便齐进耳。仁公今召军还，疑惑远近，成败之由，将在于此。仆才轻任重，实凭仁公笃爱，远禀成规；至于首启戎行，不敢有辞，仆与仁公，如首尾相卫，唇齿相依也。恐或者不达高旨，将谓仁公缓于讨贼，此声难追。仆与仁公并受方岳之任，安危休戚，理既同之。且自顷之顾，绸缪往来，情深义重，一旦有急，亦望仁公悉众见救，况社稷之难乎！今日之忧，岂惟仆一州，文武莫不翘企。假令此州不守，约、峻树置官长于此，荆楚西逼强胡，东接逆贼，因之以饥馑，将来之危，乃当甚于此州之今日也。仁公进当为大晋之忠臣，参桓、文之功；退当以慈父之情，雪爱子之痛。今约、峻凶逆无道，痛感天地，人心齐一，咸皆切齿。今之进讨，若以石投卵耳；苟复召兵还，是为败于几成也。愿深察所陈！"王愆期谓侃曰："苏峻，豺狼也，如得遂志，四海虽广，公宁有容足之地乎！"侃深感悟，即戎服登舟。瞻丧至不临，昼夜兼道而进。

"凡是干大事,应当和天下人共同参与。军队取胜在于和同,不应当有所别异。即使有可疑之处,尚且应当对外表现出无所察觉,何况是自己显露离心呢!应当急速追回信使改写书信,说明一定要共同进兵;如果赶不上先前的信使,应当重新派遣使者。"温峤心中醒悟,当即追回使者改写书信,陶侃果然应许,派督护龚登率军见温峤。温峤有士众七千人,于是列名上呈尚书,陈述祖约、苏峻的罪状,传告各地方长官,洒泪登上战船。

陶侃又召龚登回来。温峤给陶侃写信说:"军队能进不能退,能增多而不能减少。近来已经将檄文传播于远近,呈告您的盟府,约定下个月月半时大举兴兵,各郡军队都已上路,只等您的军队到达,便一同进发了。您现在把军队召回,使远近之人感到疑惑,成败的根由便将决定于此。我才能浅薄却责任重大,实在需要凭仗您的厚爱,遥遵您的成规;至于说到率先启行充当先锋,我不敢有二话,我与您如同首尾相卫、唇齿相依。唯恐有人不理解您高深的意旨,将会认为您不急于讨伐叛贼,这种舆论一旦形成则难以弥补。我和您都担负着地方统帅的职责,安危休戚,按理应当共同承受。况且自从最近交往以来,来往频繁,情深义重,一旦有急难,也希望您率兵相救,何况是国家的危难呢!今天的忧患,岂是我这一州,文武百官谁不是跷起脚扬起头期盼您?假使此州保不住,祖约、苏峻在此设置官长,荆楚西部临近强大的胡寇,东部与叛贼相邻,再加上连年饥馑,将来的危殆,就会远远超过此州的今天。您进,当会成为大晋的忠臣,与齐桓公、晋文公的功绩相匹;退,则应当以慈父的情爱,去雪爱子被杀的痛楚。如今祖约、苏峻凶逆无道,造成的罪孽震动天地,人心一致,都切齿痛恨。现在的进攻讨伐,就像用石头击打鸡蛋;倘若再召回军队,这是在几乎成功之时自己制造失败。期望能深切体察我所说的这一切!"王愆期对陶侃说:"苏峻是豺狼,如果让他得志,天下虽大,您难道能有立足之地吗!"陶侃深深感悟,当即穿上军服登上战舰。儿子陶瞻的丧礼也不参加,日夜兼行赶来。

　　郗鉴在广陵，城孤粮少，逼近胡寇，人无固志。得诏书，即流涕誓众，入赴国难，将士争奋。遣将军夏侯长等间行谓温峤曰："或闻贼欲挟天子东入会稽，当先立营垒，屯据要害，既防其越逸，又断贼粮运，然后清野坚壁以待贼。贼攻城不拔，野无所掠，东道既断，粮运自绝，必自溃矣。"峤深以为然。

　　五月，陶侃率众至寻阳。议者咸谓侃欲诛庾亮以谢天下，亮甚惧，用温峤计，诣侃拜谢。侃惊，止之曰："庾元规乃拜陶士行邪！"亮引咎自责，风止可观，侃不觉释然，曰："君侯修石头以拟老子，今日反见求邪！"即与之谈宴终日，遂与亮、峤同趣建康。戎卒四万，旌旗七百馀里，钲鼓之声，震于远近。

　　苏峻闻西方兵起，用参军贾宁计，自姑孰还据石头，分兵以拒侃等。

　　乙未，峻逼迁帝于石头，司徒导固争，不从。帝哀泣升车，宫中恸哭。时天大雨，道路泥泞，刘超、锺雅步侍左右，峻给马，不肯乘，而悲哀慷慨。峻闻而恶之，然未敢杀也。以其亲信许方等补司马督、殿中监，外托宿卫，内实防御超等。峻以仓屋为帝宫，日来帝前肆丑言。刘超、锺雅与右光禄大夫荀崧、金紫光禄大夫华恒、尚书荀邃、侍中丁潭侍从，不离帝侧。时饥馑米贵，峻问遗，超一无所受。缱绻朝夕，臣节愈恭。虽居幽厄之中，超犹启帝，授《孝经》、《论语》。

　　峻使左光禄大夫陆晔守留台，逼迫居民，尽聚之后苑，使匡术守苑城。

　　尚书左丞孔坦奔陶侃，侃以为长史。

郗鉴在广陵,孤城缺粮,挨近胡寇,人心不稳。他得到诏书后,当即流着眼泪誓师,来赴国难,将士们人人奋勇争先。郗鉴派将军夏侯长等人抄小道前来对温峤说:"有人听说叛贼准备胁迫天子向东到会稽,应当事先设立营帐壁垒,占据要害之地,既可防止他逃逸,又能切断叛贼的粮食运输,然后再坚壁清野,坐待叛贼。叛贼攻城不能取胜,旷野又无所劫掠,东边的道路已然阻断,粮米输运自然断绝,必定不战自溃。"温峤认为很对。

五月,陶侃率领士众到达寻阳。论者都说陶侃准备诛杀庾亮向天下人谢罪,庾亮甚为恐惧,便采用温峤的计谋,去见陶侃叩拜谢罪。陶侃大吃一惊,制止他说:"庾元规竟然来叩拜我陶士行吗!"庾亮援引过错,自我责备,风度举止很不错,陶侃不知不觉放心开怀,说:"您当年缮修石头来对付老夫,今天倒反来见我有所求吗!"随即和他谈笑宴饮一整天,便与庾亮、温峤一同赶赴建康。共有士卒四万人,旌旗绵延七百多里,钲鼓之声震动遐迩。

苏峻听说西方起兵,采纳参军贾宁的计谋,从姑孰返回占据石头,分兵抗拒陶侃等人。

乙未(十八日),苏峻逼迫成帝迁居石头,司徒王导极力争辩,苏峻不听。成帝哀哭着登上车舆,宫中一片恸哭。当时天下大雨,道路泥泞,刘超、钟雅徒步侍从于左右,苏峻给他们马匹也不肯乘坐,悲哀慷慨。苏峻听说后憎恶于心,但没敢杀害。苏峻让亲信许方等人补任司马督、殿中监等职,对外说是宿卫,对内其实是防备刘超等人。苏峻用库房作为成帝宫室,每天在成帝面前大放厥词。刘超、钟雅和右光禄大夫荀崧、金紫光禄大夫华恒、尚书荀邃、侍中丁潭侍卫随从,不离成帝左右。当时因饥馑米价昂贵,苏峻赠送问慰,刘超纤毫不受。朝夕不离成帝身边,行臣子礼节愈加恭谨。虽然处于困厄之中,刘超仍然为成帝启蒙,讲授《孝经》和《论语》。

苏峻让左光禄大夫陆晔守卫禁城,逼迫居民全部聚居在后苑,让匡术据守苑城。

尚书左丞孔坦投奔陶侃,陶侃任他为长史。

初,苏峻遣尚书张闿权督东军,司徒导密令以太后诏谕三吴吏士,使起义兵救天子。会稽内史王舒以庾冰行奋武将军,使将兵一万,西渡浙江,于是吴兴太守虞潭、吴国内史蔡谟、前义兴太守顾众等皆举兵应之。潭母孙氏谓潭曰:“汝当舍生取义,勿以吾老为累!”尽遣其家僮从军,鬻其环佩以为军资。谟以庾冰当还旧任,即去郡以让冰。

苏峻闻东方兵起,遣其将管商、张健、弘徽等拒之。虞潭等与战,互有胜负,未能得前。

陶侃、温峤军于茄子浦。峤以南兵习水,苏峻兵便步,令:“将士有上岸者死!”会峻送米万斛馈祖约,约遣司马桓抚等迎之。毛宝帅千人为峤前锋,告其众曰:“兵法,‘军令有所不从’,岂可视贼可击,不上岸击之邪!”乃擅往袭抚,悉获其米,斩获万计,约由是饥乏。峤表宝为庐江太守。

陶侃表王舒监浙东军事,虞潭监浙西军事,郗鉴都督扬州八郡诸军事;令舒、潭皆受鉴节度。鉴帅众渡江,与侃等会于茄子浦,雍州刺史魏该亦以兵会之。

丙辰,侃等舟师直指石头,至于蔡洲;侃屯查浦,峤屯沙门浦。峻登烽火楼,望见士众之盛,有惧色,谓左右曰:“吾本知温峤能得众也。”

庾亮遣督护王彰击峻党张曜,反为所败。亮送节传以谢侃。侃答曰:“古人三败,君侯始二。当今事急,不宜数尔。”亮司马陈郡殷融诣侃谢曰:“将军为此,非融等所裁。”王彰至曰:“彰自为之,将军不知也。”侃曰:“昔殷融为君子,王彰为小人;今王彰为君子,殷融为小人。”

当初,苏峻派尚书张阎暂时督察东部军事,司徒王导密令他用太后诏书谕示三吴的官吏士民,让他们发动义兵救天子。会稽内史王舒让庾冰兼奋武将军职,领兵一万人,向西渡过浙江,于是吴兴太守虞潭、吴国内史蔡谟、原义兴太守顾众等人都发兵响应。虞潭母亲孙氏对虞潭说:"你应当舍生取义,不要因我年老受拖累!"尽数遣送自己的家僮从军,典卖自己的耳环佩玉等饰物作为军资。蔡谟认为庾冰应当恢复吴国内史的旧职,便离开吴国,把职位让给庾冰。

苏峻听说东方起兵,派部将管商、张健、弘徽等拒敌。虞潭等人和他们交战,互有胜负,不能前进。

陶侃、温峤屯军于茄子浦。温峤因南方士兵熟悉水战,而苏峻的士卒则以步战见长,便下令:"将士有上岸的处死!"适逢苏峻赠送粮米一万斛给祖约,祖约派司马桓抚等人相迎。毛宝率领一千人当温峤的先锋,告谕士兵说:"兵法说:'军令有所不从。'怎能眼见可以攻击叛贼,却不上岸攻去呢!"于是擅自前往偷袭桓抚,尽数劫获粮米,斩首万人左右,祖约军队因此饥饿缺粮。温峤上表推荐毛宝任庐江太守。

陶侃上表举荐王舒监察浙东军事,虞潭监察浙西军事,郗鉴都督扬州八郡诸军事;令王舒、虞潭都听从郗鉴的调度。郗鉴率士兵渡过长江,与陶侃等在茄子浦会合,雍州刺史魏该也领兵相会。

丙辰,陶侃等人的水军直指石头,到达蔡州。陶侃屯军查浦,温峤屯军沙门浦。苏峻登上烽火楼,望见敌方士众之多,面有惧色,对左右侍从说:"我本来就知道温峤能得众心。"

庾亮派督护王彰突袭苏峻的门党张曜,反而被张曜击败。庾亮送去符节向陶侃谢罪,陶侃回答说:"古人曾三次遭败,您才有两次。不过当今形势急迫,不能次次这样。"庾亮的司马、陈郡人殷融去见陶侃谢罪说:"这是庾将军造成的,不是我们出的主意。"王彰来后则说:"这是我自己造成的,庾将军不知道。"陶侃说:"过去殷融是君子,王彰是小人;现在王彰是君子,殷融则是小人了。"

宣城内史桓彝,闻京城不守,慷慨流涕,进屯泾县。时州郡多遣使降苏峻,裨惠复劝彝宜且与通使,以纾交至之祸。彝曰:"吾受国厚恩,义在致死,焉能忍耻与逆臣通问!如其不济,此则命也。"彝遣将军俞纵守兰石,峻遣其将韩晃攻之。纵将败,左右劝纵退军。纵曰:"吾受桓侯厚恩,当以死报。吾之不可负桓侯,犹桓侯之不负国也。"遂力战而死。晃进军攻彝,六月,城陷,执彝,杀之。

诸军初至石头,即欲决战,陶侃曰:"贼众方盛,难与争锋,当以岁月,智计破之。"既而屡战无功,监军部将李根请筑白石垒,侃从之。夜筑垒,至晓而成。闻峻军严声,诸将咸惧其来攻。孔坦曰:"不然。若峻攻垒,必须东北风急,令我水军不得往救。今天清静,贼必不来。所以严者,必遣军出江乘,掠京口以东矣。"已而果然。侃使庾亮以二千人守白石,峻帅步骑万馀四面攻之,不克。

王舒、虞潭等数与峻兵战,不利。孔坦曰:"本不须召郗公,遂使东门无限,今宜遣还,虽晚,犹胜不也。"侃乃令鉴与后将军郭默还据京口,立大业、曲阿、庱亭三垒以分峻之兵势,使郭默守大业。

壬辰,魏该卒。

祖约遣祖涣、桓抚袭湓口;陶侃闻之,将自击之。毛宝曰:"义军恃公,公不可动,宝请讨之。"侃从之,涣、抚过皖,因攻谯国内史桓宣。宝往救之,为涣、抚所败。箭贯宝髀,彻鞍,宝使人蹋鞍拔箭,血流满靴。还击涣、抚,破走之,宣乃得出,归于温峤。宝进攻祖约军于东关,拔合肥戍。会峤召之,复归石头。

宣城内史桓彝听说京城失守,慷慨流泪,进军屯驻泾县。当时州郡大多派使者向苏峻投降,禅惠又劝桓彝,应当暂且与苏峻通使,以舒缓将会接踵而来的灾祸。桓彝说:"我蒙受国家的重恩,按道义应当效死,怎能忍受耻辱和逆臣通使问慰!如果事情不能成功,这就是命了。"桓彝派将军俞纵驻守兰石,苏峻派部将韩晃攻击,俞纵将要战败,左右侍从劝俞纵退军,俞纵说:"我蒙受桓公厚恩,应当以死报答。我不能辜负桓公,犹如桓公不辜负国家。"于是力战而死。韩晃进军攻打桓彝,六月,城被攻破,桓彝被擒获,遇害。

各路军队刚到石头,就想和苏峻决战。陶侃说:"叛贼气势正盛,难以与之争锋。应当待以时日,用智谋战败他。"此后,多次交战无所建树,监军部将李根请求修筑白石垒,获陶侃同意后,连夜筑垒,至天明即成。传来苏峻军队击鼓整队的声音,众将都惧怕他们前来攻击。孔坦说:"不会。如果苏峻进攻白石垒,必须等待东北风大,使我方水军无法来救。今天天晴无风,贼寇必定不来。他们之所以整队,一定是派军队由江乘出击,攻掠京口以东地区。"结果果真如此。陶侃派庾亮率两千人据守白石,苏峻率步兵、骑兵一万多人四面围攻,未能攻克。

王舒、虞潭等多次与苏峻军队接战失利。孔坦说:"本来不必召来郗鉴,结果使东门失去防卫,现在应当派遣他回军,虽然晚点,还是胜过不去。"陶侃便令郗鉴和后将军郭默回军占据京口,建立大业、曲阿、庱亭三座壁垒,使苏峻兵力分散,让郭默据守大业。

壬辰(十五日),魏该去世。

祖约派祖涣、桓抚偷袭湓口,陶侃听说后,准备亲自领军回击。毛宝说:"义军恃仗您领导,您不能出动,我请求去征讨。"陶侃同意了,祖涣、桓抚经过皖,顺势攻击谯国内史桓宣。毛宝前往救援,被祖涣、桓抚打败。敌箭射穿毛宝髀骨,插在马鞍上,毛宝让人用脚踏住马鞍拔箭,血流满靴。毛宝回头攻击祖涣、桓抚,把他们打败逃跑,桓宣这才得以脱困,归依温峤。毛宝攻击在东关的祖约军队,攻取合肥戍。适逢温征召他,又回归石头。

祖约诸将阴与后赵通谋,许为内应。后赵将石聪、石堪引兵济淮,攻寿春。秋,七月,约众溃,奔历阳,聪等虏寿春二万馀户而归。

8　后赵中山公虎帅众四万自轵关西入,击赵河东,应之者五十馀县,遂进攻蒲阪。赵主曜遣河间王述发氐、羌之众屯秦州以备张骏、杨难敌,自将中外精锐水陆诸军以救蒲阪,自卫关北济。虎惧,引退。曜追之,八月,及于高候,与虎战,大破之,斩石瞻,枕尸二百馀里,收其资仗亿计。虎奔朝歌。曜济自大阳,攻石生于金墉,决千金堨以灌之。分遣诸将攻汲郡、河内,后赵荥阳太守尹矩、野王太守张进等皆降之。襄国大震。

9　张骏治兵,欲乘虚袭长安。理曹郎中索询谏曰:"刘曜虽东征,其子胤守长安,未易轻也。借使小有所获,彼若释东方之图,还与我校;祸难之期,未可量也。"骏乃止。

10　苏峻腹心路永、匡术、贾宁闻祖约败,恐事不济,劝峻尽诛司徒导等诸大臣,更树腹心。峻雅敬导,不许。永等更贰于峻,导使参军袁耽潜诱永使归顺,九月戊申,导携二子与永皆奔白石。耽,涣之曾孙也。

陶侃、温峤等与苏峻久相持不决,峻分遣诸将东西攻掠,所向多捷,人情恟惧。朝士之奔西军者皆曰:"峻狡黠有胆决,其徒骁勇,所向无敌。若天讨有罪,则峻终灭亡;止以人事言之,未易除也。"温峤怒曰:"诸君怯懦,乃更誉贼!"及累战不胜,峤亦惮之。

祖约手下诸位将领私下与后赵勾结,许诺充当内应。后赵将领石聪、石堪领兵渡过淮水,进攻寿春。秋季,七月,祖约的士众溃逃,投奔历阳,石聪等掳掠寿春民众两万多户返回。

8　后赵中山公石虎率士众四万人从轵关西进,攻击前赵的河东,有五十多个县响应,石虎于是进攻蒲阪。前赵国主刘曜派河间王刘述调遣氐族、羌族士卒屯驻在秦州,防备张骏和杨难敌,自己率领中外精锐的水、陆各军救援蒲阪,从卫关北渡黄河。石虎畏惧,率军退走。刘曜追击,八月,在高候追上石虎,与石虎交战,石虎大败,石瞻被杀,尸体枕藉达两百多里,刘曜缴获的军资上亿。石虎逃奔朝歌。刘曜从大阳渡过黄河,攻击驻守金墉的石生,决开千金堨的蓄水淹灌他们。又分别派遣诸将进攻汲郡、河内,后赵的荥阳太守尹矩、野王太守张进等都归降刘曜。襄国大为震惊。

9　张骏整备军队,想乘虚偷袭长安。理曹郎中索询劝谏说:"刘曜虽然东征,他儿子刘胤防守长安,不能轻视。即使小有所获,但如果刘曜放弃对东方的图谋,回军与我方较量,祸难临头的时候就难以预测了。"张骏这才罢休。

10　苏峻的心腹路永、匡术、贾宁听说祖约败绩,唯恐事情不能成功,劝苏峻尽数杀死司徒王导等各位大臣,另外安置自己的心腹。但苏峻素来敬重王导,不同意杀害他。路永等人便对苏峻怀有二心,王导让参军袁耽私下引诱路永,让他归顺朝廷,九月戊申(初三),王导携同两个儿子和路永一同逃奔白石垒。袁耽即袁涣的曾孙。

陶侃、温峤等人与苏峻长久相持不下,苏峻分别派遣多员将领向东、向西攻伐劫掠,多次获胜,一时人心恐惧不宁。朝廷士人逃到西军的都说:"苏峻狡黠而有胆识,士卒骁勇,所向无敌。倘若上天能讨伐有罪之人,那么他终将灭亡;如果只从人事方面来说,则不易剪除。"温峤发怒说:"这是你们自己怯懦,却去称颂叛贼!"等到多次交战不胜,温峤也心有忌惮。

　　峤军食尽,贷于陶侃。侃怒曰:"使君前云不忧无良将及兵食,惟欲得老仆为主耳。今数战皆北,良将安在!荆州接胡、蜀二虏,当备不虞;若复无食,仆便欲西归,更思良算,徐来珍贼,不为晚也。"峤曰:"凡师克在和,古之善教也。光武之济昆阳,曹公之拔官渡,以寡敌众,杖义故也。峻,约小竖,凶逆滔天,何忧不灭!峻骤胜而骄,自谓无前,今挑之战,可一鼓而擒也。奈何舍垂立之功,设进退之计乎!且天子幽逼,社稷危殆,乃四海臣子肝脑涂地之日。峤等与公并受国恩,事若克济,则臣主同祚;如其不捷,当灰身以谢先帝耳。今之事势,义无旋踵,譬如骑虎,安可中下哉!公若违众独返,人心必沮,沮众败事,义旗将回指于公矣。"毛宝言于峤曰:"下官能留陶公。"乃往说侃曰:"公本应镇芜湖,为南北势援,前既已下,势不可还。且军政有进无退,非直整齐三军,示众必死而已,亦谓退无所据,终至灭亡。往者杜弢非不强盛,公竟灭之,何至于峻,独不可破邪!贼亦畏死,非皆勇健,公可试与宝兵,使上岸断贼资粮,若宝不立效,然后公去,人心不恨矣。"侃然之。加宝督护而遣之。竟陵太守李阳说侃曰:"今大事若不济,公虽有粟,安得而食诸!"侃乃分米五万石以饷峤军。毛宝烧峻句容、湖孰积聚,峻军乏食,侃遂留不去。

　　张健、韩晃等急攻大业,垒中乏水,人饮粪汁。郭默惧,潜突围出外,留兵守之。郗鉴在京口,军士闻之皆失色。参军曹纳曰:"大业,京口之扞蔽也,一旦不守,则贼兵径至,不可当也。请还广陵,以俟后举。"鉴大会僚佐,责纳曰:"吾受先帝顾托之重,正复捐躯九泉,不足报塞。今强寇在近,众心危逼,君腹心之佐,而生长异端,当何以帅先义众,镇壹三军邪!"将斩之,久乃得释。

温峤的军队粮尽,向陶侃借粮。陶侃发怒说:"你过去说不愁没有良将和军粮,只是想让我出任盟主罢了。如今数战皆败,良将在哪里!荆州与胡夷、蜀汉二敌接壤,应当对突发之事有所防备;如果再无军粮,我就想西归,重新考虑更好的办法,慢慢再来除灭叛贼,也不算晚。"温峤说:"凡是军队取胜,贵在协同,这是古人的成功经验。汉光武帝昆阳大捷,曹操官渡取胜,以寡敌众,是因为凭仗道义的力量。苏峻、祖约这种小子,凶逆的罪行滔天,何愁不灭!苏峻因屡次取胜而骄傲,自认为所向无敌,如今向他挑战,便可一鼓作气将他擒获,怎么能放弃马上便可获得的成功,做退却的打算呢!况且天子遭到幽禁、逼迫,国家危殆,这正是天下的臣子们肝脑涂地以图报效的时候。我们和您都蒙受国家的恩惠,事情如果能成功,便可君臣同享国家的福运;如不能获胜,则应当粉身碎骨以报答先帝。当今的事态,已经义无反顾,犹如骑虎,怎能中途跳下呢!您如果违背众人心愿独自返回,人心必定沮丧,人心沮丧必败,那时义军的大旗将回过头来指向您了。"毛宝对温峤说:"我能让陶公留下。"于是去劝陶侃说:"您本应镇守芜湖,作为南北军队的后援,先前既然已经来此,按情势就不能回头。何况军事规则有进无退,不只是说整肃三军,向士众显示必死的信念,也是说后退无所仰仗,终将至于灭亡。过去杜弢并非不强盛,您最终将他翦灭,怎么到了苏峻头上,偏偏不能战胜他呢!叛贼也是怕死的,并非个个勇健,您可以试着交给我一些士兵,让我上岸去断绝叛贼的军资口粮,如果我不能建立战功,然后您再离开,众人心中便不会遗憾了。"陶侃答应了他,授予毛宝督护,派他前去。竟陵太守李阳劝说陶侃道:"现在如果大事不成功,您虽有粮米,怎能吃得上呢!"陶侃便发出五万石粮米赠送给温峤军队。毛宝烧毁苏峻在句容、湖孰的军备积蓄,苏峻军队缺粮,陶侃便留下未离开。

张健、韩晃等猛攻大业,壁垒中缺水,众人饮用粪水。郭默恐惧,悄悄突围而出,留下士兵据守。郗鉴在京口,军士们听说后都吃惊失色。参军曹纳说:"大业是京口的屏障,一旦失守,那么贼兵便可直接到此,无法阻挡。请求退回广陵,以待后举。"郗鉴大会僚属佐吏,斥责曹纳说:"我禀受先帝顾命托孤的重任,正思即使捐躯于九泉之下,也不足为报。如今强寇在旁,众心危惧紧张,你是我的心腹佐吏,却滋生异端,我还怎么统率引导义士,镇慑号令三军呢!"郗鉴准备将曹纳斩首,许久才释免。

陶侃将救大业,长史殷羡曰:"吾兵不习步战,救大业而不捷,则大事去矣。不如急攻石头,则大业自解。"侃从之。羡,融之兄也。庚午,侃督水军向石头。庾亮、温峤、赵胤帅步兵万人从白石南上,欲挑战。峻将八千人逆战,遣其子硕及其将匡孝分兵先薄赵胤军,败之。峻方劳其将士,乘醉望见胤走,曰:"孝能破贼,我更不如邪!"因舍其众,与数骑北下突陈,不得入,将回趋白木陂,马踬,侃部将彭世、李千等投之以矛,峻坠马;斩首,脔割之,焚其骨,三军皆称万岁。馀众大溃。峻司马任让等共立峻弟逸为主,闭城自守。温峤乃立行台,布告远近,凡故吏二千石以下,皆令赴台。于是至者云集。韩晃闻峻死,引兵趣石头。管商、弘徽攻废亭垒,督护李闳、轻车长史滕含击破之。含,脩之孙也。商走诣庾亮降,馀众皆归张健。

11　冬,十一月,后赵王勒欲自将救洛阳,僚佐程遐等固谏曰:"刘曜悬军千里,势不支久。大王不宜亲动,动无万全。"勒大怒,按剑叱遐等出。乃赦徐光,召而谓之曰:"刘曜乘一战之胜,围守洛阳,庸人之情皆谓其锋不可当。曜带甲十万,攻一城而百日不克,师老卒怠,以我初锐击之,可一战而擒也。若洛阳不守,曜必送死冀州,自河已北,席卷而来,吾事去矣。程遐等不欲吾行,卿以为何如?"对曰:"刘曜乘高候之势,不能进临襄国,更守金墉,此其无能为可知也。以大王威略临之,彼必望旗奔败。平定天下,在今一举,不可失也。"勒笑曰:"光言是也。"乃使内外戒严,有谏者斩。命石堪、石聪及豫州刺史桃豹等各统见众会荥阳;中山公虎进据石门,勒自统步骑四万趣金墉,济自大碣。

陶侃准备救援大业,长史殷羡说:"我方士兵不熟悉陆战,如果救援大业不能取胜,那么大事便完了。不如猛攻石头,那么大业之围自然会解除。"陶侃听从了他的建议。殷羡即殷融的兄长。庚午(二十六日),陶侃督领水军开赴石头。庚亮、温峤、赵胤率领步兵万人从白石垒向南,准备挑战。苏峻统率八千人迎战,派儿子苏硕和部将匡孝分军先行逼近赵胤军队,将其打败。苏峻当时正在犒劳将士,乘着醉意远远望见赵胤败逃,说:"匡孝能败敌,我反倒不如他吗!"于是撇下士众,和数名骑兵向北突击敌阵,但无法突破,准备回身奔向白木陂时,坐骑失足跌倒,陶侃的部将彭世、李千等用矛投射,苏峻坠落马下,被斩首,剐割肢体,骨骸被焚烧,三军将士都高呼万岁。苏峻余部大败。苏峻的司马任让等人共同推立苏峻兄弟苏逸为主公,关闭城门自守。温峤便设立行台,宣告晓谕远近,凡是朝廷原任官吏爵禄在二千石以下的,都传令他们赶赴行台报到。于是到达的人有如云集。韩晃听说苏峻已死,领兵奔赴石头。管商、弘徽攻打废亭壁垒,被督护李闳、轻车长史滕含击败。滕含即滕修的孙子。管商逃奔到庚亮处投降,其余士众都归顺了张健。

11 冬季,十一月,后赵国王石勒想自己率兵救援洛阳,僚佐程遐等极力劝谏说:"刘曜孤军深入千里之外,势必不能持久。大王不应当亲自出动,一旦出动难保万全。"石勒大怒,手按佩剑呵叱程遐等人出去。于是赦免徐光的罪过,把他召来对他说:"刘曜凭借一仗的胜利,围攻并占据洛阳,庸人的想法都说他的锋芒不可抵挡。刘曜带领十万甲士,攻打一座城池却一百天不能取胜,军队疲惫、士卒懈怠,用我方精锐的兵力攻击,一战便可擒获他。如果洛阳失守,刘曜必定会进攻冀州,由黄河北边席卷而来,我们就完了。程遐等人不想让我去,您以为怎么样?"徐光回答说:"刘曜借着在高候战胜石虎的势头,不能进军逼迫襄国,反而据守金墉,由此可知他不会有什么作为。凭着大王您的威风胆略进逼他,他必定是望风败逃。平定天下,就在今天这一战,时机不能错过。"石勒笑着说:"你说的对。"于是让宫室内外戒严,有敢于劝谏的斩首。命令石堪、石聪和豫州刺史桃豹等各自统领现有士众会聚荥阳;又令中山公石虎进军占据石门,石勒自己率步、骑兵四万人赶赴金墉,从大碣渡过黄河。

勒谓徐光曰:"曜盛兵成皋关,上策也;阻洛水,其次也;坐守洛阳,此成擒耳。"十二月乙亥,后赵诸军集于成皋,步卒六万,骑二万七千。勒见赵无守兵,大喜,举手指天复加额曰:"天也!"卷甲衔枚,诡道兼行,出于巩、訾之间。

赵主曜专与嬖臣饮博,不抚士卒。左右或谏,曜怒,以为妖言,斩之。闻勒已济河,始议增荥阳戍,杜黄马关。俄而洛水候者与后赵前锋交战,擒羯送之。曜问:"大胡自来邪?其众几何?"羯曰:"王自来,军势甚盛。"曜色变,使摄金墉之围,陈于洛西,众十余万,南北十余里。勒望见,益喜。谓左右曰:"可以贺我矣!"勒帅步骑四万入洛阳城。

己卯,中山公虎引步卒三万自城北而西,攻赵中军,石堪、石聪等各以精骑八千自城西而北,击赵前锋,大战于西阳门。勒躬贯甲胄,出自阊阖门,夹击之。曜少而嗜酒,末年尤甚,将战,饮酒数斗。常乘赤马无故踢顿,乃乘小马。比出,复饮酒斗余。至西阳门,挥陈就平。石堪因而乘之,赵兵大溃。曜昏醉退走,马陷石渠,坠于冰上,被疮十余,通中者三,为堪所执。勒遂大破赵兵,斩首五万余级。下令曰:"所欲擒者一人耳,今已获之。共敕将士抑锋止锐,纵其归命之路。"

曜见勒曰:"石王,颇忆重门之盟否?"勒使徐光谓之曰:"今日之事,天使其然,复云何邪!"乙酉,勒班师。使征东将军石邃将兵卫送曜。邃,虎之子也。曜疮甚,载以马舆,使医李永与同载。己亥,至襄国,舍曜于永丰小城,给其妓妾,严兵围守。遣刘岳、刘震等从男女盛服以见之,曜曰:"吾谓卿等久为灰土,石王仁厚,乃全宥至今邪!我杀石佗,愧之多矣。今日之祸,自其分耳。"留宴终日而去。勒使曜与其太子熙书,谕令速降。曜但敕熙与诸大臣"匡维社稷,勿以吾易意也"。勒见而恶之,久之,乃杀曜。

石勒对徐光说:"刘曜如果屯军于成皋关,这是上策;其次当在洛水设阻。坐守洛阳,等于束手就擒。"十二月乙亥(初一),后赵各军会集成皋,有步兵六万人,骑兵两万七千人。石勒见前赵无兵把守,大为喜悦,用手指天随后又拍着额头说:"这是天意!"便命令士卒脱下重甲,衔枚噤声,从隐秘的小道日夜兼行,由巩县和訾县之间穿出。

前赵主刘曜只顾与宠爱的嬖臣饮酒博戏,不体恤士兵。身边人有的加以劝谏,刘曜发怒,认为是妖言,将谏者斩首。直到听说石勒已经渡河,这才商议增强荥阳戍守的力量,关闭黄马关。不久在洛水巡逻的士兵与后赵的前锋交战,捉住羯族俘虏送来。刘曜问他:"石勒自己来了吗?有多少士众?"回答说:"大王亲自前来,军势极盛。"刘曜色变,让军队解除对金墉的围守,在洛水西面布阵,有士众十多万,南北绵延十多里。石勒远远望见,更加高兴。对左右侍从说:"可以祝贺我了!"石勒率领步、骑兵四万人进入洛阳城。

己卯(初五),中山公石虎带领步兵三万人从城北向西,进攻前赵中军,石堪、石聪等各带精锐骑兵八千人从城西向北,进攻前赵的前锋,在西阳门展开激烈的战斗。石勒身穿甲胄,从阊阖门出城,夹击敌军。刘曜自少时便爱喝酒,年老后尤为嗜酒,临战前,饮酒数斗。平常乘坐的红马无缘无故地低首蜷足,于是改乘小马。等到出发时,又饮酒一斗多。到了西阳门,指挥军阵向平坦处移动。石堪乘势攻击,前赵士兵大部溃逃。刘曜醉醺醺地往后退逃,战马在石渠失足,把刘曜摔在冰上,受伤十多处,有三处伤及内脏,被石堪执获。石勒于是大败前赵军队,斩首五万多级。下令说:"我想抓获的只有一个人,此人现已被擒。特赦令将士停止攻击,给他们留下归顺投降的道路。"

刘曜见到石勒,说:"石王,还能想起我们在重门的结盟吗?"石勒让徐光对刘曜说:"今天的事情出于天意,还有什么可说的!"乙酉(十一日),石勒班师回京。让征东将军石邃带兵护送刘曜。石邃即石虎的儿子。刘曜伤势严重,就用马车拉着他,让医师李永和他同车。己亥(二十五日),回到襄国,让刘曜居住在永丰小城,供给他妓妾,部署军队围守。又派刘岳、刘震等带着男女随从穿上盛服见刘曜。刘曜说:"我以为你们早就化为灰土了,石王仁厚,竟然一直保全宥护你们到今天!我杀死石佗,实在是太惭愧了。今日的灾祸,是对我的报应。"留他们宴饮终日,才让他们离开。石勒让刘曜给太子刘熙写信,谕令他急速归降。刘曜却只要求刘熙和各位大臣"匡扶维护国家,不要因我改变心意"。石勒见信后憎恶刘曜,过了许久,便杀死刘曜。

12　是岁,成汉献王骧卒,其子征东将军寿以丧还成都。成主雄以李玝为征北将军、梁州刺史,代寿屯晋寿。

四年(己丑,329)

1　春,正月,光禄大夫陆晔及弟尚书左仆射玩说匡术,以苑城附于西军,百官皆赴之,推晔督宫城军事。陶侃命毛宝守南城,邓岳守西城。

右卫将军刘超、侍中锺雅与建康令管旆等谋奉帝出赴西军,事泄,苏逸使其将平原任让将兵入宫收超、雅。帝抱持悲泣曰:"还我侍中、右卫!"让夺而杀之。初,让少无行,太常华恒为本州大中正,黜其品。及让为苏峻将,乘势多所诛杀,见恒辄恭敬,不敢纵暴。及锺、刘之死,苏逸欲并杀恒,让尽心救卫,恒乃得免。

2　冠军将军赵胤遣部将甘苗击祖约于历阳,戊辰,约夜帅左右数百人奔后赵,其将牵腾率众出降。

3　苏逸、苏硕、韩晃并力攻台城,焚太极东堂及秘阁,毛宝登城,射杀数十人。晃谓宝曰:"君名勇果,何不出斗?"宝曰:"君名健将,何不入斗?"晃笑而退。

4　赵太子熙闻赵主曜被擒,大惧,与南阳王胤谋西保秦州。尚书胡勋曰:"今虽丧君,境土尚完,将士不叛,且当并力拒之;力不能拒,走未晚也。"胤怒,以为沮众,斩之,遂帅百官奔上邽,诸征镇亦皆弃所守从之,关中大乱。将军蒋英、辛恕拥众数十万据长安,遣使降于后赵,后赵遣石生帅洛阳之众赴之。

12　这年,成汉的汉献王李骧死,他的儿子、征东将军李寿因父丧返回成都。成汉国主李雄任李玝为征北将军、梁州刺史,代替李寿驻屯晋寿。

晋成帝咸和四年(己丑,公元329年)

1　春季,正月,光禄大夫陆晔和兄弟、尚书左仆射陆玩劝说匡术,献出苑城归附西军,百官都赶来,推举陆晔督察宫城军事。陶侃令毛宝戍守苑城的南城,邓岳戍守西城。

右卫将军刘超、侍中锺雅和建康令管旆等筹划侍奉成帝逃出石头投奔西军,事情泄露后,苏逸让部将平原人任让带兵入宫拘捕刘超、锺雅。成帝抱着他们悲声哭泣说:"还我侍中和右卫将军!"任让把他们夺过来杀害了。当初,任让年少时没有德行,太常华恒任州中的大中正,贬黜他的品流。等到任让任苏峻部将,仗势多所诛杀,但见到华恒就很恭敬,不敢放任暴行。等锺雅、刘超死时,苏逸想连同华恒一同处死,任让尽心救护,华恒才得以幸免。

2　冠军将军赵胤派部将甘苗在历阳攻击祖约,戊辰(二十五日),祖约乘夜率左右侍从几百人投奔后赵,部将牵腾率众出城投降。

3　苏逸、苏硕、韩晃合力进攻台城,焚毁了太极东堂和秘阁,毛宝登上城墙,射死几十人。韩晃对毛宝说:"你以勇猛果敢闻名,为何不出来斗斗?"毛宝说:"你号称是英勇善战的将领,为何不进来斗斗?"韩晃含笑退还。

4　前赵太子刘熙听说国主刘曜被擒,大为恐惧,和南阳王刘胤商议,准备向西保守秦州。尚书胡勋说:"如今虽然丧失君王,但国土仍然完整,将士也未叛离,应当集中力量抵御敌军,力量不能抵抗时再逃也不晚。"刘胤发怒,认为这是扰乱人心,将他斩首,随后率领文武百官逃奔上邽,各地方官员也都放弃自己镇守的地方跟从,关中大乱。将军蒋英、辛恕拥有士众数十万人据守长安,派使者向后赵请降,后赵派石生率领在洛阳的士众前往长安。

5 二月丙戌，诸军攻石头。建威长史滕含击苏逸，大破之。苏硕帅骁勇数百，渡淮而战，温峤击斩之。韩晃等惧，以其众就张健于曲阿，门隘不得出，更相蹈藉，死者万数。西军获苏逸，斩之。滕含部将曹据抱帝奔温峤船，群臣见帝，顿首号泣请罪。杀西阳王羕，并其二子播、充、孙崧及彭城王雄。陶侃与任让有旧，为请其死。帝曰："是杀吾侍中、右卫者，不可赦也。"乃杀之。司徒导入石头，令取故节，陶侃笑曰："苏武节似不如是。"导有惭色。丁亥，大赦。

张健疑弘徽等贰于己，皆杀之，帅舟师自延陵将入吴兴，乙未，扬烈将军王允之与战，大破之，获男女万馀口。健复与韩晃、马雄等西趋故郭，郗鉴遣参军李闳追之，及于平陵山，皆斩之。

是时宫阙灰烬，以建平园为宫。温峤欲迁都豫章，三吴之豪请都会稽，二论纷纭未决。司徒导曰："孙仲谋、刘玄德俱言'建康王者之宅'。古之帝王，不必以丰俭移都。苟务本节用，何忧凋弊！若农事不修，则乐土为墟矣。且北寇游魂，伺我之隙，一旦示弱，窜于蛮越，求之望实，惧非良计。今特宜镇之以静，群情自安。"由是不复徙都。以褚翜为丹杨尹。时兵火之后，民物凋残，翜收集散亡，京邑遂安。

6 壬寅，以湘州并荆州。

7 三月壬子，论平苏峻功，以陶侃为侍中、太尉，封长沙郡公，加都督交、广、宁州诸军事；郗鉴为侍中、司空、南昌县公；温峤为骠骑将军、开府仪同三司，加散骑常侍、始安郡公；陆晔进爵江陵公；自馀赐爵侯、伯、子、男者甚众。卞壶及二子眕、盱、桓彝、刘超、锺雅、羊曼、陶瞻，皆加赠谥。路永、匡术、贾宁，皆苏峻之党也，峻未败，永等去峻归朝廷。王导欲赏以官爵。温峤曰："永等皆峻之腹心，首为乱阶，罪莫大焉。晚虽改悟，未足以赎前罪，得全首领，为幸多矣，岂可复褒宠之哉！"导乃止。

5　二月丙戌（十三日），各路军队进攻石头。建威长史滕含进攻重创苏逸。苏硕率领骁勇士卒数百人渡过秦淮河作战，被温峤击败斩杀。韩晃等人恐惧，带着部众前往曲阿依附张健，门道狭窄不便进出，士卒互相踩踏，死者数以万计。西军擒获苏逸，将他斩首。滕含部将曹据抱着成帝逃到温峤船上，群臣见到皇帝，叩头至地号泣请罪。随即杀死西阳王司马羕、其子司马播、司马充，其孙司马崧以及彭城王司马雄。陶侃和任让有旧交，为他求情免死。成帝说："此人杀害了我的侍中钟雅和右卫将军刘超，罪不可赦。"于是杀死任让。司徒王导进入石头，让人取出他的旧有符节，陶侃笑着说："苏武的符节好像不如你这个。"王导面有愧色。丁亥（十四日），大赦天下。

张健怀疑弘徽等人背叛自己，将他们全部杀死，率领水军从延陵准备进入吴兴，乙未（二十二日），扬烈将军王允之与张健交战，重创张健的军队，俘虏男女一万多人。张健又和韩晃、马雄等人西奔故鄣，郗鉴派参军李闳追击，在平陵山追上他们，张健等人全部被杀。

此时建康的宫阙化为灰烬，用建平园权充宫室。温峤想迁都至豫章，三吴的豪杰们请求迁都会稽，两种意见纷纷纭纭未有决断。司徒王导说："孙权、刘备都说'建康是帝王的宅府'。古代的帝王，不一定因为物品的丰俭迁都。只要务本节用，还愁什么暂时的凋敝！如果不认真从事农作，那么乐土也会变成荒墟。况且北方的寇贼游魂，在窥测我们的可乘之机，一旦表现出虚弱，奔窜至蛮越之地，无论从声名和实际考虑，都不是好办法。现在只该保持宁静，人心自然安宁。"因此不再迁都。朝廷让褚翜出任丹杨尹。当时正是遭兵火之后，人口物品凋残，褚翜收拢召集散失的人口，京城这才安定。

6　壬寅（二十九日），晋将湘州并入荆州。

7　三月壬子（初十），评议平定苏峻的功绩，任陶侃为侍中、太尉，封长沙郡公，加授都督交州、广州、宁州诸军事；郗鉴为侍中、司空、南昌县公；温峤为骠骑将军、开府仪同三司，加授散骑常侍、始安郡公；陆晔封爵为江陵公；其馀赐封爵位为侯、伯、子、男的很多。卞壸及二子卞眕、卞盱、桓彝、刘超、钟雅、羊曼、陶瞻，都追赐谥号。路永、匡术、贾宁，都是苏峻旧党，苏峻没有败亡时，路永等人叛离苏峻归附朝廷。王导想赏给他们官爵，温峤说："路永等人都是苏峻的心腹，首先参与并导致祸乱的，没有比这更大的罪过了。后来虽然觉悟改正，但不足以全赎以往的罪孽，能够保全首级，已经是很大的侥幸了，怎能再褒扬宠爱他们呢！"王导这才停止。

陶侃以江陵偏远,移镇巴陵。

朝议欲留温峤辅政,峤以王导先帝所任,固辞还藩;又以京邑荒残,资用不给,乃留资蓄,具器用,而后旋于武昌。

帝之出石头也,庾亮见帝,稽颡哽咽,诏亮与大臣俱升御座。明日,亮复泥首谢罪,乞骸骨,欲阖门投窜山海。帝遣尚书、侍中手诏慰喻曰:"此社稷之难,非舅之责也。"亮上疏自陈:"祖约、苏峻纵肆凶逆,罪由臣发,寸斩屠戮,不足以谢七庙之灵,塞四海之责。朝廷复何理齿臣于人次,臣亦何颜自次于人理!愿陛下虽垂宽宥,全其首领;犹宜弃之,任其自存自没,则天下粗知劝戒之纲矣。"优诏不许。亮又欲遁逃山海,自暨阳东出,诏有司录夺舟船。亮乃求外镇自效,出为都督豫州扬州之江西宣城诸军事、豫州刺史,领宣城内史,镇芜湖。

陶侃、温峤之讨苏峻也,移檄征、镇,使各引兵入援。湘州刺史益阳侯卞敦拥兵不赴,又不给军粮,遣督护将数百人随大军而已,朝野莫不怪叹。及峻平,陶侃奏敦沮军,顾望不赴国难,请槛车收付廷尉。王导以丧乱之后,宜加宽宥,转敦安南将军、广州刺史。病不赴,征为光禄大夫、领少府。敦忧愧而卒,追赠本官,加散骑常侍,谥曰敬。

臣光曰:庾亮以外戚辅政,首发祸机,国破君危,窜身苟免;卞敦位列方镇,兵粮俱足,朝廷颠覆,坐观胜负;人臣之罪,孰大于此!既不能明正典刑,又以宠录报之,晋室无政,亦可知矣。任是责者,岂非王导乎!

陶侃因为江陵偏远，移居镇守巴陵。

朝廷中商议想留温峤辅佐国政，温峤认为王导是先帝任命的人选，坚决辞绝，归还藩所；他又因京城荒凉残破，缺乏资用，于是留下物资储蓄，供给器物用品，然后回到武昌。

成帝由石头脱困时，庾亮见到成帝，叩首哽咽，成帝下诏让庾亮和大臣们都登上御座。第二天，庾亮再次叩头至地请罪，乞求免去自己职位，想全家投身于山海之中隐居。成帝派尚书、侍中拿手写诏书安慰劝谕他说："这是国家的灾难，不是舅舅的责任。"庾亮上书自己陈述说："祖约、苏峻肆行凶逆之事，罪过由我引发，即便寸寸斩割屠戮，也不足以向七庙的神灵谢罪，不足以平息天下人的责难。朝廷又有什么道理再将我与他人相提并论，我又有什么脸面跻身于人伦呢！希望陛下即便是赐予宽宥，保全我的头颅也就行了，对我还是应当抛弃不顾，让我自生自灭，那么天下人便能粗知劝善罚恶的纲要了。"成帝下诏劝慰，不同意。庾亮又想遁逃于山水之间，从暨阳出发向东，成帝下诏让负责官员扣夺舟船。庾亮便请求外出镇守效力，出任都督豫州、扬州地段长江以西、宣城诸军事、豫州刺史，兼领宣城内史，镇守芜湖。

陶侃、温峤征讨苏峻时，传布檄文给各地方官员，让他们各自领兵前来援助。湘州刺史、益阳侯卞敦拥兵不前，又不供给军粮，只是派督护带领几百人跟随大军而已，朝野人士莫不奇怪、惊叹。等到苏峻被平定，陶侃奏议卞敦阻碍军务，持观望态度不赴国难，请求用槛车拘捕送交廷尉治罪。王导认为在丧乱之后，应该表现宽宥，转任卞敦为安南将军、广州刺史。卞敦因病不能赴任，征召为光禄大夫、兼领少府职。卞敦忧愁愧疚而死，追赠原先官职，授予散骑常侍，谥号为"敬"。

臣司马光说：庾亮以外戚的身份辅佐朝政，首先引发祸端，国家毁坏、君主危殆，自己却逃窜以求苟免；卞敦位列方镇大员，兵员和粮食都很充足，朝廷倾覆之时，却坐观胜负；人臣的罪过，哪有比这更大的！但朝廷对他们既不能运用典刑彰明罪过，还用宠信爵禄回报，晋朝治国无方，由此也可知晓了。应当承担这个责任的人，难道不是王导吗！

8　徙高密王纮为彭城王。纮，雄之弟也。

9　夏，四月乙未，始安忠武公温峤卒，葬于豫章。朝廷欲为之造大墓于元、明二帝陵之北，太尉侃上表曰："峤忠诚著于圣世，勋义感于人神，使亡而有知，岂乐今日劳费之事！愿陛下慈恩，停其移葬。"诏从之。

以平南军司刘胤为江州刺史。陶侃、郗鉴皆言胤非方伯才，司徒导不从。或谓导子悦曰："今大难之后，纪纲弛顿，自江陵至于建康三千馀里，流民万计，布在江州。江州，国之南藩，要害之地，而胤以怵侈之性，卧而对之，不有外变，必有内患矣。"悦曰："此温平南之意也。"

10　秋，八月，赵南阳王胤帅众数万自上邽趣长安，陇东、武都、安定、新平、北地、扶风、始平诸郡戎、夏皆起兵应之。胤军于仲桥，石生婴城自守，后赵中山公虎帅骑二万救之。九月，虎大破赵兵于义渠，胤奔还上邽。虎乘胜追击，枕尸千里。上邽溃，虎执赵太子熙、南阳王胤及其将王公卿校以下三千馀人，皆杀之，徙其台省文武、关东流民、秦雍大族九千馀人于襄国；又坑五郡屠各五千馀人于洛阳。进攻集木且羌于河西，克之，俘获数万，秦、陇悉平。氐王蒲洪、羌酋姚弋仲俱降于虎，虎表洪监六夷军事，弋仲为六夷左都督。徙氐、羌十五万落于司、冀州。

11　初，陇西鲜卑乞伏述延居于苑川，侵并邻部，士马强盛。及赵亡，述延惧，迁于麦田。述延卒，子傉大寒立；傉大寒卒，子司繁立。

8 成帝改封高密王司马纮为彭城王。司马纮即司马雄的兄弟。

9 夏季,四月乙未(二十三日),始安忠武公温峤去世,葬在豫章。朝廷想在元帝、明帝的陵墓北边为他建造大墓,太尉陶侃上表说:"温峤的忠诚著称于圣世,功勋节义让人神感动,假如死者地下有知,难道会为今天这种劳民伤财的事情高兴吗!希望陛下慈爱施恩,停止移葬之事。"成帝下诏听从了他的意见。

朝廷任命平南军司刘胤为江州刺史。陶侃、郗鉴都说刘胤不具有担任一州长官的才能,司徒王导不听。有人对王导的儿子王悦说:"如今是大难之后,国家的纲纪弛懈不振,从江陵到建康的三千多里间,流民数以万计,散布在江州。江州是国家的南部屏障,要害之地,而刘胤以自己喜好奢侈的性格,横卧室内懒散地对待政事,即使没有外部的事变,也必有内患。"王悦说:"这是温峤的意思。"

10 秋季,八月,前赵南阳王刘胤率数万士众由上邽奔赴长安,陇东、武都、安定、新平、北地、扶风、始平各郡的戎狄及华夏族都起兵响应。刘胤屯军于仲桥,石生环城自守,后赵令中山公石虎率骑兵两万人救援。九月,石虎在义渠大败前赵军队,刘胤逃归上邽。石虎乘胜追击,尸体枕藉千里。上邽被攻破,石虎擒获前赵太子刘熙、南阳王刘胤及其将军、郡王、公卿、校尉以下三千多人,全数杀害。把前赵朝廷的文武官员、关东流民、秦州、雍州的大族九千多人迁徙到襄国,又在洛阳坑杀五郡的屠各部人众五千多。石虎进攻河西羌族的集木且部,获胜后俘虏数万人,秦州、陇西全部平定。氐族王蒲洪、羌族首领姚弋仲都归降石虎。石虎上表荐举蒲洪监察六夷军事,姚弋仲任六夷左都督。把氐族和羌族的十五万村落居民迁徙到司州和冀州。

11 当初,陇西的鲜卑族乞伏述延部居住在苑川,侵犯吞并邻近部落,人马强盛。等到前赵灭亡,乞伏述延畏惧,迁至麦田。乞伏述延死后,儿子乞伏傉大寒继立;乞伏傉大寒死后,儿子乞伏司繁继立。

12　江州刺史刘胤矜豪日甚,专务商贩,殖财百万,纵酒耽乐,不恤政事。冬,十二月,诏征后将军郭默为右军将军。默乐为边将,不愿宿卫,以情诉于胤。胤曰:"此非小人之所及也。"默将赴召,求资于胤,胤不与,默由是怨胤。胤长史张满等素轻默,或俾露见之,默常切齿。腊日,胤饷默豚酒,默对信投之水中。会有司奏:"今朝廷空竭,百官无禄,惟资江州运漕,而胤商旅继路,以私废公,请免胤官。"书下,胤不即归罪,方自申理。侨人盖肫掠人女为妻,张满使还其家,肫不从,而谓郭默曰:"刘江州不受免,密有异图,与张满等日夜计议,惟忌郭侯一人,欲先除之。"默以为然,帅其徒候旦门开袭胤。胤将吏欲拒默,默呵之曰:"我被诏有所讨,动者诛三族!"遂入至内寝,牵胤下,斩之。出,取胤僚佐张满等,诬以大逆,悉斩之。传胤首于京师,诈作诏书,宣示内外。掠胤女及诸妾并金宝还船,初云下都,既而停胤故府。招引谯国内史桓宣,宣固守不从。

13　是岁,贺兰部及诸大人共立拓跋翳槐为代王,代王纥那奔宇文部。翳槐遣其弟什翼犍质于赵以请和。

14　河南王吐延,雄勇多猜忌,羌酋姜聪刺之。吐延不抽剑,召其将纥扢泥,使辅其子叶延,保于白兰,抽剑而死。叶延孝而好学,以为礼"公孙之子得以王父字为氏",乃自号其国曰吐谷浑。

12 江州刺史刘胤崇尚豪奢的作风日益严重,专门从事商业贩运,聚敛家财百万,纵情于饮酒作乐,不问政事。冬季,十二月,成帝下诏征召后将军郭默为右军将军。郭默乐于出任戍边将领,不愿意在京宿卫,把自己的心意告诉了刘胤。刘胤说:"这不是我所能干预的。"郭默将要赴召进京,向刘胤请求资助,刘胤不给,郭默由此怨恨刘胤。刘胤的长史张满等人素来轻视郭默,有时赤裸着身体见郭默,郭默经常恨之切齿。腊日(初八),刘胤赠送郭默小猪和酒,郭默当着使者的面把物品扔到水中。适逢主管官员奏称:"如今朝廷府库空竭,百官没有俸禄,只是借助于江州的漕运,而刘胤的商旅不绝于路,因私利废弃公事,请求免除刘胤官职。"奏事下发朝廷评议,刘胤没有惭愧认罪,他自己还在申辩冤屈。有侨居本地的人盖肫强抢民女为妻,张满让盖肫送女回家,盖肫不听,却对郭默说:"刘胤不服从免官的命令,秘密地有所图谋,和张满等人日夜策划,只是忌惮您一人,准备先除掉您。"郭默信以为真,率领自己的门党等到早上门开时袭击刘胤。刘胤手下的将吏准备抵抗,郭默呵叱他们说:"我禀受诏书讨伐有罪之人,敢妄动者诛灭三族!"随即进入到寝室,把刘胤拉下床后斩首。出屋后又抓获刘胤的僚佐张满等人,诬陷他们谋反,全部斩首。郭默将刘胤的首级传送到京师,诈写诏书宣示内外。又掠取刘胤的女儿和各位侍妾,连同金银珠宝一起带回船上,起初说要回返京城,不久停留在刘胤旧府。郭默招引谯国内史桓宣,桓宣坚守驻地,不从命。

13 这年,贺兰部及诸位大人头领共同推立拓跋翳槐为代王,代王拓跋纥那逃奔宇文部。拓跋翳槐派兄弟拓跋什翼犍到后赵做人质,请求和好。

14 河南王吐延,雄壮勇敢但多有猜忌,羌族首领姜聪刺杀他,剑入体内。吐延不把剑抽出来,召部将纥扢泥,让他辅佐自己的儿子叶延,保守白兰,然后抽出剑而死。叶延孝顺好学,认为按照礼义,"公孙的儿子可以用王父的字为姓氏",于是自取国号叫吐谷浑。

五年(庚寅,330)

1　春,正月,刘胤首至建康。司徒导以郭默骁勇难制,己亥,大赦,枭胤首于大航,以默为江州刺史。太尉侃闻之,投袂起曰:"此必诈也。"即将兵讨之。默遣使送妓妾及绢,并写中诏呈侃。参佐多谏曰:"默不被诏,岂敢为此!若欲进军,宜待诏报。"侃厉色曰:"国家年幼,诏令不出胸怀。刘胤为朝廷所礼,虽方任非才,何缘猥加极刑!郭默恃勇,所在贪暴;以大难新除,禁网宽简,欲因际会骋其从横耳!"发使上表言状,且与导书曰:"郭默杀方州即用为方州,害宰相便为宰相乎?"导乃收胤首,答侃书曰:"默据上流之势,加有船舰成资,故苞含隐忍,使有其地,朝廷得以潜严。俟足下军到,风发相赴,岂非遵养时晦以定大事者邪!"侃笑曰:"是乃遵养时贼也!"

豫州刺史庾亮亦请讨默。诏加亮征讨都督,帅步骑二万往与侃会。

西阳太守邓岳、武昌太守刘诩皆疑桓宣与默同。豫州西曹王随曰:"宣尚不附祖约,岂肯同郭默邪!"岳、诩遣随诣宣观之,随说宣曰:"明府心虽不尔,无以自明,惟有以贤子付随耳!"宣乃遣其子戎与随俱迎陶侃。侃辟戎为掾,上宣为武昌太守。

2　二月,后赵群臣请后赵王勒即皇帝位,勒乃称大赵天王,行皇帝事。立妃刘氏为王后,世子弘为太子。以其子宏为骠骑大将军、都督中外诸军事、大单于,封秦王;斌为左卫将军,封太原王;恢为辅国将军,封南阳王。以中山公虎为太尉、尚书令,进爵为王;虎子邃为冀州刺史,封齐王;宣为左将军;挺为侍中,封梁王。又封石生为河东王,石堪为彭城王。以左长史郭敖为尚书左仆射,右长史程遐为右仆射、领吏部尚书,左司马夔安、右司马郭殷、从事中郎李凤、前郎中令裴宪,皆为尚书,参军事徐光为中书令、领秘书监。自馀文武,封拜各有差。

晋成帝咸和五年(庚寅,公元330年)

1 春季,正月,刘胤的首级送到建康。司徒王导因为郭默骁勇,难以控制,己亥(初一),大赦天下,把刘胤首级悬挂在大航示众,任郭默为江州刺史。太尉陶侃听说此事,袖子一甩站起来说:"这必定有诈。"随即要率兵征讨郭默。郭默派使者送妓妾和绢物,并写密诏呈送给陶侃。陶侃的僚佐大多劝谏说:"郭默不禀受诏令,怎敢干这样的事!如果想进军,应该等待诏书。"陶侃神色严厉地说:"国家的君主年幼,诏令并非出于己意。刘胤被朝廷所重用,虽然没有担任方面大员的才能,但为何胡乱遭到极刑处罚!郭默恃仗骁勇,任职行事贪婪横暴,因国家大难刚刚平定,朝廷法令纲纪宽松简略,想乘机肆行无忌罢了!"便派使者上表陈述郭默罪状,并且给王导写信说:"郭默杀死地方长官就任用他为地方长官,如果害死宰相是不是就要任用他为宰相呢?"王导这才收起刘胤的首级,给陶侃复信说:"郭默占据长江上游的有利地势,再加上有舰船为其所用,所以包涵忍耐,让他占据那地方,朝廷因此得以秘密戒备。等足下大军到达,风驰赴敌,这难道不是暂且顺从,等待时机再定大事的策略吗!"陶侃笑着说:"这样做不过是姑息养奸!"

豫州刺史庾亮也请求征讨郭默。成帝下诏授予庾亮征讨都督,率领步、骑兵两万人去与陶侃会合。

西阳太守邓岳、武昌太守刘翙都怀疑桓宣与郭默同谋。豫州西曹王随说:"桓宣连祖约尚且不肯附从,怎肯与郭默同谋呢!"邓岳、刘翙派王随到桓宣处观察他的动向,王随劝说桓宣道:"您心中虽然不是这样想,但却无从证明自己,只有把您的儿子交给我!"桓宣便派儿子桓戎和王随一块儿迎接陶侃。陶侃征任桓戎为自己的僚属,上表举荐桓宣任武昌太守。

2 二月,后赵的群臣请求后赵国王石勒即帝位,石勒便号称大赵天王,行施皇帝的事务。又立妃子刘氏为王后,世子石弘为太子。任儿子石宏为骠骑大将军、都督中外军事、大单于,封为秦王;石斌为左卫将军,封为太原王;石恢为辅国将军,封为南阳王。任中山公石虎为太尉、尚书令,晋升爵位为王;任石虎的儿子石邃为冀州刺史,封为齐王;石宣为左将军;石挺为侍中,封为梁王。又封石生为河东王,封石堪为彭城王。让左长史郭敖任尚书左仆射,右长史程遐任右仆射、兼领吏部尚书。左司马夔安、右司马郭殷、从事中郎李凤、前郎中令裴宪,都任为尚书,参军事徐光为中书令、领秘书监。其馀的文武官员,拜官封爵各有差等。

中山王虎怒，私谓齐王邃曰："主上自都襄国以来，端拱仰成，以吾身当矢石，二十馀年，南擒刘岳，北走索头，东平齐、鲁，西定秦、雍，克十有三州。成大赵之业者，我也，大单于当以授我，今乃以与黄吻婢儿，念之令人气塞，不能寝食！待主上晏驾之后，不足复留种也。"

程遐言于勒曰："天下粗定，当显明逆顺，故汉高祖赦季布，斩丁公。大王自起兵以来，见忠于其君者辄褒之，背叛不臣者辄诛之，此天下所以归盛德也。今祖约犹存，臣窃惑之。"安西将军姚弋仲亦以为言。勒乃收约，并其亲属中外百馀人悉诛之，妻妾、儿女分赐诸胡。

初，祖逖有胡奴曰王安，逖甚爱之。在雍丘，谓安曰："石勒是汝种类，吾亦无在尔一人。"厚资送而遣之。安以勇干，仕赵为左卫将军。及约之诛，安叹曰："岂可使祖士稚无后乎？"乃往就市观刑。逖庶子道重，始十岁，安窃取以归，匿之，变服为沙门。及石氏亡，道重复归江南。

3　郭默欲南据豫章，会太尉侃兵至，默出战不利，入城固守，聚米为垒，以示有馀。侃筑土山临之。三月，庾亮兵至湓口，诸军大集。夏，五月乙卯，默将宋侯缚默父子出降。侃斩默于军门，传首建康，同党死者四十人。诏以侃都督江州，领刺史；以邓岳督交、广诸军事，领广州刺史。侃还巴陵，因移镇武昌。庾亮还芜湖，辞爵赏不受。

4　赵将刘征帅众数千，浮海抄东南诸县，杀南沙都尉许儒。

中山公石虎发怒，私下对齐王石邃说:"主上自从建都襄国以来，端身拱手，坐享其成，靠着我身当箭石，冲锋陷阵，二十多年来，在南方擒获刘岳，在北方赶跑索头，向东平定齐、鲁之地，向西平定秦州、雍州，攻克十三座州郡。成就大赵功业的是我，大单于的称号应当授予我，现在却给了奴婢所生的黄吻小儿，想起来令人气愤，寝食难安! 等到主上驾崩之后，我不会再让他活命。"

程遐对石勒说:"天下大体平定，应当彰明善恶顺逆，所以汉高祖赦免季布，斩杀丁公。大王自从起兵以来，见到忠于自己君主的人就褒扬他，见到背叛主上不尽臣节的人就诛杀他，这正是天下人之所以归从盛德的原因。现在祖约还活着，我私下为此迷惑不解。"安西将军姚弋仲也这样说。石勒便拘捕祖约，连同他的亲属门人等一百多人全部诛杀，妻妾和儿女则分赐给诸胡人。

当初，祖逖有胡族奴仆，叫作王安，祖逖十分宠爱他。在雍丘时对王安说:"石勒与你是同一种族，我也不在乎你一个人。"送给他丰厚的资财遣送他回去。王安因为勇敢能干，在后赵做官，任左卫将军。等到祖约伏诛时，王安叹息说:"我怎能让祖逖绝后呢!"于是前往街市观看行刑。祖逖姬妾所生的儿子祖道重，年方十岁，王安悄悄救出他带回家，把他藏匿起来，为他改换服装装作出家人。到石氏灭亡后，祖道重重新回到江南。

3 郭默想向南占据豫章，适逢太尉陶侃的军队到达，郭默出战不利，进城固守，用米堆成垒堡，显示自己粮食有余。陶侃修筑土山对着他。三月，庾亮的军队到达湓口，各路军队会齐。夏季，五月乙卯(十九日)，郭默部将宋侯捆绑着郭默父子出城投降。陶侃在军门将郭默斩首，把首级传送到建康，同党被处死的有四十人。朝廷下诏让陶侃都督江州，兼领刺史;让邓岳督察交州、广州诸军事，兼领广州刺史。陶侃回到巴陵，接着迁移镇守武昌。庾亮回到芜湖，拒绝接受爵禄赏赐。

4 后赵的将领刘征率领数千士众，渡海抢掠东南各县，杀死南沙都尉许儒。

5　张骏因前赵之亡,复收河南地,至于狄道,置五屯护军,与赵分境。六月,赵遣鸿胪孟毅拜骏征西大将军、凉州牧,加九锡。骏耻为之臣,不受,留毅不遣。

6　初,丁零翟斌,世居康居,后徙中国,至是入朝于赵,赵以斌为句町王。

7　赵群臣固请正尊号,秋,九月,赵王勒即皇帝位。大赦,改元建平。文武封进各有差。立其妻刘氏为皇后,太子弘为皇太子。

弘好属文,亲敬儒素。勒谓徐光曰:"大雅愔愔,殊不似将家子。"光曰:"汉祖以马上取天下,孝文以玄默守之。圣人之后,必有胜残去杀者,天之道也。"勒甚悦。光因说曰:"皇太子仁孝温恭,中山王雄暴多诈,陛下一旦不讳,臣恐社稷非太子所有也。宜渐夺中山王权,使太子早参朝政。"勒心然之,而未能从。

8　赵荆州监军郭敬寇襄阳。南中郎将周抚监沔北军事,屯襄阳。赵主勒以驿书敕敬退屯樊城,使之偃藏旗帜,寂若无人。曰:"彼若使人观察,则告之曰:'汝宜自爱坚守,后七八日,大骑将至,相策,不复得走矣。'"敬使人浴马于津,周而复始,昼夜不绝。侦者还以告周抚,抚以为赵兵大至,惧,奔武昌。敬入襄阳,中州流民悉降于赵。魏该弟遐帅其部众自石城降敬。敬毁襄阳城,迁其民于沔北,城樊城以戍之。赵以敬为荆州刺史。周抚坐免官。

9　休屠王羌叛赵,赵河东王生击破之,羌奔凉州。西平公骏惧,遣孟毅还,使其长史马诜称臣入贡于赵。

10　更造新宫。

5　张骏乘着前赵的灭亡,又收复黄河以南的失地,直至狄道,设置五屯护军,与后赵划分疆界。六月,后赵派鸿胪孟毅授予张骏征西大将军、凉州牧、赐给九锡的礼遇。张骏把做后赵的臣子看作耻辱,不接受封职,扣留孟毅不遣返。

6　当初,丁零人翟斌世代居住在康居,后来迁入中原,至此时前来后赵朝见,后赵让翟斌当句町王。

7　后赵群臣坚持请求石勒确定皇帝尊号,秋季,九月,后赵王石勒即帝位。大赦天下,改年号为建平。文武官员封职擢升,各有等秩。册立妻子刘氏为皇后,太子石弘为皇太子。

石弘喜好写文章,为人亲近礼敬儒雅之士。石勒对徐光说:"石弘和悦安闲,全然不像将军世家的儿子。"徐光说:"汉高祖靠马上的功绩夺取天下,汉文帝凭仗沉静无为巩固天下,圣人的后代,必定有使凶暴之徒化为善、因而可以废除刑戮的人,这是上天的规律。"石勒十分高兴。徐光趁势劝说他:"皇太子仁厚孝顺温和谦恭,而中山王却雄健粗暴多阴谋诡计,陛下一旦辞世,我怕国家就不是太子所能据有的了。应该逐渐减少中山王的权势,让太子早些参与国政。"石勒心中同意,但未能照办。

8　后赵荆州监军郭敬侵犯襄阳。晋的南中郎将周抚监察沔北军事,屯军襄阳。后赵国主石勒以邮驿传书的形式敕告郭敬后退屯军樊城,让他将旗帜收卷藏起,寂静如同无人。石勒说:"他们如果派人观察,便告诉他说:'你应当自我珍爱坚固防守,再过七八天,骑兵大军就将到达,和我们相互策应,你们再也逃不掉了。'"郭敬让人到渡口洗马,周而复始,昼夜不断。密探回去告诉周抚,周抚以为后赵大军到达,心中恐惧,逃奔武昌。郭敬进入襄阳,中州的流民全部归降后赵。魏该的兄弟魏遐率领部众从石城投降郭敬。郭敬毁坏襄阳城,把居民迁到沔水以北,在樊城修筑城堡戍守。后赵让郭敬任荆州刺史。周抚坐罪被免官。

9　休屠王石羌背叛后赵,河东王石生打败他,石羌逃奔凉州。西平公张骏恐惧,遣返孟毅,让自己的长史马诜向后赵称臣进贡。

10　建康重新建造新的皇宫。

11　甲辰,徙乐成王钦为河间王,封彭城王绂子俊为高密王。

12　冬,十月,成大将军寿督征南将军费黑等攻巴东建平,拔之。巴东太守杨谦、监军毌丘奥退保宜都。

六年(辛卯,331)

1　春,正月,赵刘征复寇娄县,掠武进,郗鉴击却之。

2　三月壬戌朔,日有食之。

3　夏,赵主勒如邺,将营新宫。廷尉上党续咸苦谏,勒怒,欲斩之。中书令徐光曰:"咸言不可用,亦当容之,奈何一旦以直言斩列卿乎!"勒叹曰:"为人君,不得自专如是乎! 匹夫家赀满百匹,犹欲市宅,况富有四海乎! 此宫终当营之,且敕停作,以成吾直臣之气。"因赐咸绢百匹,稻百斛。又诏公卿以下岁举贤良方正,仍令举人得更相荐引,以广求贤之路。起明堂、辟雍、灵台于襄国城西。

4　秋,七月,成大将军寿攻阴平、武都,杨难敌降之。

5　九月,赵主勒复营邺宫;以洛阳为南都,置行台。

6　冬,蒸祭太庙,诏归胙于司徒导,且命无下拜,导辞疾不敢当。初,帝即位冲幼,每见导必拜,与导手诏则云"惶恐言",中书作诏则曰"敬问"。有司议:"元会日,帝应敬导不?"博士郭熙、杜援议,以为:"礼无拜臣之文,谓宜除敬。"侍中冯怀议,以为:"天子临辟雍,拜三老,况先帝师傅,谓宜尽敬。"侍中荀奕议,以为:"三朝之首,宜明君臣之体,则不应敬;若他日小会,自可尽礼。"诏从之。奕,组之子也。

11　甲辰(初十),晋改封乐成王司马钦为河间王,封彭城王司马纮的儿子司马俊为高密王。

12　冬季,十月,成汉的大将军李寿督察征南将军费黑等人攻取巴东的建平。巴东太守扬谦、监军毌丘奥退走保守宜都。

晋成帝咸和六年(辛卯,公元331年)

1　春季,正月,后赵刘征又侵犯娄县,劫掠武进县,郗鉴将其击退。

2　三月壬戌朔(初一),出现日食。

3　夏季,赵主石勒到邺,准备营建新的宫室。廷尉、上党人续咸苦苦劝谏,石勒发怒,要将他斩首。中书令徐光说:"即便续咸的话不能听从,也应当宽容他,怎么能因为一时直言便斩杀列卿呢!"石勒叹息说:"作为君主,如此不能自己决断吗! 寻常百姓家资达到一百匹,还想买住宅,何况我富有四海? 这宫殿终究是要营建的,我暂且下令停止建造,用以成全我的耿直大臣的正气。"于是赐给续咸一百匹绢,一百斛稻米。又下诏让公卿以下官吏荐举贤良方正之士,并且命令被荐举的人互相推荐援引,用以开拓求贤的途径。在襄国城西建起明堂、辟雍、灵台。

4　秋季,七月,成汉的大将军李寿进攻阴平、武都,杨难敌投降。

5　九月,赵国主石勒又营建邺城宫室。把洛阳作为南都,设置行台。

6　冬季,祭祀太庙,成帝下诏把祭祀的胙肉送给王导,并且令他不用下拜谢恩,王导以有病为由推辞不敢承受。当初,成帝即位时年纪幼小,每次见到王导必下拜,给王导的手诏则说"惶恐而言",中书写的诏书则说"敬问"。负责官员议论说:"元旦大会群臣时,圣上应当礼敬王导吗?"博士郭熙、杜援评议,认为:"礼书没有君王拜大臣的记载,我们认为应当免除礼敬。"侍中冯怀评议,认为:"天子驾临辟雍,拜见三老,何况是先帝的太师太傅? 我以为应当倍加礼敬。"侍中荀奕评议,认为:"元旦是一年中朝会中的第一次,应当显明君臣各自的身份,因此不应当礼敬;如果是另外日子的小朝会,自然可以备加礼敬。"成帝下诏顺从他的意见。荀奕即荀组的儿子。

7　慕容廆遣使与太尉陶侃笺，劝以兴兵北伐，共清中原。僚属宋该等共议，以"廆立功一隅，位卑任重，等差无别，不足以镇华、夷，宜表请进廆官爵"。参军韩恒驳曰："夫立功者患信义不著，不患名位不高。桓、文有匡复之功，不先求礼命以令诸侯。宜缮甲兵，除群凶，功成之后，九锡自至。比于邀君以求宠，不亦荣乎！"廆不悦，出恒为新昌令。于是东夷校尉封抽等疏上侃府，请封廆为燕王，行大将军事。侃复书曰："夫功成进爵，古之成制也。车骑虽未能为官摧勒，然忠义竭诚，今腾笺上听，可不、迟速，当在天台也。"

7　慕容廆派使者送信给太尉陶侃,劝他起兵北伐,共同廓清中原。慕容廆的僚属宋该等人共同评议,认为"慕容廆在边陲一隅建立功业,职位卑微,责任重大,等秩未加区别,不足以震慑华夏和胡夷,应当上表请求提升慕容廆的官爵"。参军韩恒批驳说:"建立功绩的人忧虑的是诚信、道义不彰明,不忧虑名位不高。齐桓公、晋文公有匡扶天下的功绩,也没有事先要求天子按礼制加以任命来号令诸侯。应当修缮甲胄、兵器,除灭群凶,功成之后,九锡的礼遇自会得到。这比起求君主要宠爱,不也光荣些吗!"慕容廆不高兴,让韩恒出任新昌令。于是东夷校尉封抽等人写疏文上奏陶侃幕府,请求封慕容廆为燕王,摄行大将军事。陶侃回信说:"功业成就加官封爵,这是古人的固有制度。车骑将军慕容廆虽未能为朝廷摧毁石勒,但忠诚仁义,尽心尽力,现在我把疏文禀报给圣上,同不同意、授官早晚,应当由朝廷决定。"

卷第九十五　晋纪十七

起壬辰(332)尽丁酉(337)凡六年

显宗成皇帝中之上
咸和七年(壬辰,332)

1　春,正月辛未,大赦。

2　赵主勒大飨群臣,谓徐光曰:"朕可方自古何等主?"对曰:"陛下神武谋略过于汉高,后世无可比者。"勒笑曰:"人岂不自知！卿言太过。朕若遇汉高祖,当北面事之,与韩、彭比肩;若遇光武,当并驱中原,未知鹿死谁手。大丈夫行事,宜礌礌落落,如日月皎然,终不效曹孟德、司马仲达欺人孤儿、寡妇,狐媚以取天下也。"群臣皆顿首称万岁。

勒虽不学,好使诸生读书而听之,时以其意论古今得失,闻者莫不悦服。尝使人读《汉书》,闻郦食其劝立六国后,惊曰:"此法当失,何以遂得天下?"及闻留侯谏,乃曰:"赖有此耳。"

3　郭敬之退戍樊城也,晋人复取襄阳,夏,四月,敬复攻拔之,留戍而归。

4　赵右仆射程遐言于赵主勒曰:"中山王勇悍权略,群臣莫及,观其志,自陛下之外,视之蔑如。加以残贼安忍,久为将帅,威振内外,其诸子年长,皆典兵权,陛下在,自当无他,恐非少主之臣也。宜早除之,以便大计。"勒曰:"今天下未安,大雅冲幼,宜得强辅。

显宗成皇帝中之上

晋成帝咸和七年(壬辰,公元 332 年)

1 春季,正月辛未(十五日),东晋大赦天下。

2 后赵国主石勒盛大地犒赏群臣,对徐光说:"朕可以和古代哪一等君主相比?"徐光回答说:"陛下的神武谋略超过汉高祖,后代人没有可以相比的。"石勒笑着说:"人哪有不知道自己的! 您的话太过了。朕如果遇到汉高祖,应当向他北面称臣,与韩信、彭越同列比肩;如果遇上汉光武帝,将会与他共同逐鹿中原,不知鹿死谁手。大丈夫行事,应当光明磊落,如同日月之光明亮洁白,终究不该仿效曹操和司马懿,欺凌他人的孤儿寡妇,靠不正当的手段夺取天下。"群臣都叩头,称呼万岁。

石勒虽然未上学,却喜欢让众儒生读书给自己听,经常凭自己的心意议论古今得失,听到的人没有不心悦诚服的。他曾经让人读《汉书》,听到郦食其劝汉高祖册立战国时六国诸侯的后裔,吃惊地说:"这种做法应当是失策,为什么最终能夺得天下呢?"等到听说留侯张良劝谏,这才说:"幸亏有这么回事。"

3 郭敬后退戍守樊城后,晋人又收复了襄阳,夏季,四月,郭敬又攻取襄阳,留下戍守兵员后返回。

4 赵右仆射程遐向国主石勒进言说:"中山王石虎勇悍而有权谋武略,群臣中无人比得上,观察他的志向,除陛下以外,对他人都视而不见。再加上性格凶暴残忍,长期出任将帅,威震内外,他的儿子们年龄都不小了,都握有兵权,陛下在世,自然应当没什么事,但恐怕他不甘心做少主的臣子。应当尽早除去他,以利国家大计。"石勒说:"如今天下没有安定,石弘年少,应当得到强大的辅佐。

中山王骨肉至亲,有佐命之功,方当委以伊、霍之任,何至如卿所言!卿正恐不得擅帝舅之权耳,吾亦当参卿顾命,勿过忧也。"遐泣曰:"臣所虑者公家,陛下乃以私计拒之,忠言何自而入乎!中山王虽为皇太后所养,非陛下天属,虽有微功,陛下酬其父子恩荣亦足矣,而其志愿无极,岂将来有益者乎!若不除之,臣见宗庙不血食矣。"勒不听。

遐退,告徐光,光曰:"中山王常切齿于吾二人,恐非但危国,亦将为家祸也。"他日,光承间言于勒曰:"今国家无事,而陛下神色若有不怡,何也?"勒曰:"吴、蜀未平,吾恐后世不以吾为受命之王也。"光曰:"魏承汉运,刘备虽兴于蜀,汉岂得为不亡乎!孙权在吴,犹今之李氏也。陛下苞括二都,平荡八州,帝王之统不在陛下,当复在谁!且陛下不忧腹心之疾,而更忧四支乎!中山王藉陛下威略,所向辄克,而天下皆言其英武亚于陛下。且其资性不仁,见利忘义,父子并据权位,势倾王室;而耿耿常有不满之心;近于东宫侍宴,有轻皇太子之色。臣恐陛下万年之后,不可复制也。"勒默然,始命太子省可尚书奏事,且以中常侍严震参综可否,惟征伐断斩大事乃呈之。于是严震之权过于主相,中山王虎之门可设雀罗矣。虎愈怏怏不悦。

5 秋,赵郭敬南掠江西,太尉侃遣其子平西参军斌及南中郎将桓宣乘虚攻樊城,悉俘其众。敬旋救樊,宣与战于涅水,破之,皆得其所掠。侃兄子臻及竟陵太守李阳攻新野,拔之。敬惧,遁去,宣遂拔襄阳。

中山王是我的骨肉至亲,有辅佐王命的功绩,正应委付他伊尹、霍光那样的重任,何至于像你说的那样!你只是唯恐不能施展皇帝舅父的权力罢了。我也会让你参与辅政,不必过分忧虑。"程遐哭泣着说:"我所顾虑的是国家,陛下却认为是为自己打算而加以拒绝,忠言从何处能入耳呢!中山王虽然是皇太后收养的,但并非陛下的亲骨肉,虽然有些小功劳,陛下酬答他们父子的恩惠荣耀也足够了,但他的心意、欲望却没有止境,难道会是有益于将来的人吗!如果不除去他,我看宗庙将会绝祀了。"石勒不听。

程遐退下后,将此事告诉徐光,徐光说:"中山王经常切齿痛恨我们俩人,恐怕不仅会危害国家,也将是你我家庭的祸殃。"后来,徐光寻机对石勒说:"如今国家平定无事,陛下神色却好像有所不乐,为什么?"石勒说:"东吴、西蜀没有平定,我恐怕后人不把我当作承受天命的君王看待。"徐光说:"魏国继承汉朝国运,刘备虽然在蜀地兴起,汉朝又怎能不亡国呢!孙权在东吴,犹如现在的李雄。陛下囊括长安、洛阳二都,平荡八州,帝王的正统不在陛下,又会在谁呢!况且陛下不忧虑心腹之患,却反倒忧虑四肢之患吗!中山王凭仗陛下的威略,所向无敌,但天下人都说他的英明威武仅次于陛下。而且他禀性不仁,见利忘义,父子都占据权位,势力可倾覆王室;自己又耿耿于怀,常有不满之心;近来在东宫侍奉宴饮,有轻视皇太子的神色。我恐怕陛下辞世之后,就不能再控制他了。"石勒默默不语,开始命令太子省查、决断尚书的奏事,又让中常侍严震参与判治可否,只有征伐断斩方面的大事才呈报石勒。此时严震的权力超过君主和丞相,中山王石虎的门庭冷清,可以罗雀了。石虎更加怏怏不乐。

5 秋季,后赵郭敬向南攻掠长江以西,太尉陶侃派儿子、平西参军陶斌及南中郎将桓宣乘虚进攻樊城,全数俘虏留守士众。郭敬回军救援樊城,桓宣和他在涅水接战,郭敬战败,桓宣夺回被郭敬劫掠的全部人员、物品。陶侃的兄长之子陶臻和竟陵太守李阳攻克新野。郭敬恐惧遁逃,桓宣随即夺取了襄阳。

侃使宣镇襄阳。宣招怀初附,简刑罚,略威仪,劝课农桑,或载锄耒于轺轩,亲帅民芸获。在襄阳十馀年,赵人再攻之,宣以寡弱拒守,赵人不能胜。时人以为亚于祖逖、周访。

6　成大将军寿寇宁州,以其征东将军费黑为前锋,出广汉,镇南将军任回出越巂,以分宁州之兵。

7　冬,十月,寿、黑至朱提,朱提太守董炳城守,宁州刺史尹奉遣建宁太守霍彪引兵助之。寿欲逆拒彪,黑曰:"城中食少,宜纵彪入城,共消其谷,何为拒之!"寿从之。城久不下,寿欲急攻之。黑曰:"南中险阻难服,当以日月制之,待其智勇俱困,然后取之,阱牢之物,何足汲汲也。"寿不从,攻果不利,乃悉以军事任黑。

8　十一月壬子朔,进太尉侃为大将军,剑履上殿,入朝不趋,赞拜不名。侃固辞不受。

9　十二月庚戌,帝迁于新宫。

10　是岁,凉州僚属劝张骏称凉王,领秦、凉二州牧,置公卿百官如魏武、晋文故事。骏曰:"此非人臣所宜言也。敢言此者,罪不赦!"然境内皆称之为王。骏立次子重华为世子。

八年(癸巳,333)

1　春,正月,成大将军李寿拔朱提,董炳、霍彪皆降,寿威震南中。

2　丙子,赵主勒遣使来修好,诏焚其币。

陶侃让桓宣镇守襄阳。桓宣招抚刚刚归降的民众,刑罚从简,威仪从略,鼓励、督促从事农桑生产,有时用轻便车装载锄耒等农具,亲自率领民众耕耘收获。桓宣在襄阳十多年,后赵人两次进攻,桓宣依靠既少且弱的士众抵抗防守,后赵人不能取胜。当时人认为他仅次于祖逖和周访。

6　成汉的大将军李寿侵犯宁州,让其征东将军费黑为前锋,由广汉出击,又让镇南将军任回由越巂出击,使宁州兵力分散。

7　冬季,十月,李寿、费黑到达朱提,朱提太守董炳据城固守,宁州刺史尹奉派建宁太守霍彪领兵相助。李寿准备迎击霍彪,费黑说:"城中粮食短缺,应该放任霍彪入城,让他们共同消耗谷物,为什么要阻挡他!"李寿听从他的意见。朱提城久攻不下,李寿想大举猛攻。费黑说:"南中地势险阻,难以制服,应当待以时日,等他们智慧和勇气都消磨殆尽后再攻取,他们如同圈栏中的牲畜,何必那么着急呢?"李寿不听,进攻果然失利,于是把军事事务全部委托给费黑。

8　十一月壬子朔(初一),提升太尉陶侃为大将军,允许佩剑着履上殿,朝见天子不必趋行小跑,唱礼通名时不直接称呼名字。陶侃坚持辞谢,不接受。

9　十二月庚戌(二十九日),成帝迁入新建的宫室。

10　这年,凉州的僚属们劝张骏自称凉王,兼领秦州、凉州二州牧,仿效魏武帝、晋文帝的旧例设置公卿百官。张骏说:"这不是为人臣子所该说的话。敢说这事的,罪在不赦!"然而凉州境内都称呼他为王。张骏立次子张重华为世子。

晋成帝咸和八年(癸巳,公元 333 年)

1　春季,正月,成汉的大将军李寿攻下朱提,董炳、霍彪都投降,李寿威震南中。

2　丙子(二十六日),后赵国主石勒派使者来与晋重归修好,成帝下诏令焚烧他带来的礼物。

3　三月，寧州刺史尹奉降于成，成盡有南中之地。大赦，以大將軍壽領寧州。

4　夏，五月甲寅，遼東武宣公慕容廆卒。六月，世子皝以平北將軍行平州刺史，督攝部內，赦繫囚。以長史裴開為軍諮祭酒，郎中令高詡為玄菟太守。皝以帶方太守王誕為左長史，誕以遼東太守陽騖為才而讓之，皝從之，以誕為右長史。

5　趙主勒寢疾，中山王虎入侍禁中，矯詔，群臣親戚皆不得入，疾之增損，外無知者。又矯詔召秦王宏、彭城王堪還襄國。勒疾小瘳，見宏，驚曰："吾使王處藩鎮，正備今日，有召王者邪，將自來邪？有召者，當按誅之！"虎懼曰："秦王思慕，暫還耳，今遣之。"仍留不遣。數日，復問之，虎曰："受詔即遣，今已半道矣。"廣阿有蝗，虎密使其子冀州刺史邃帥騎三千游于蝗所。

秋，七月，勒疾篤，遺命曰："大雅兄弟，宜善相保，司馬氏，汝曹之前車也。中山王宜深思周、霍，勿為將來口實。"戊辰，勒卒。中山王虎劫太子弘使臨軒，收右光祿大夫程遐、中書令徐光，下廷尉，召邃使將兵入宿衛，文武皆奔散。弘大懼，自陳劣弱，讓位于虎。虎曰："君終，太子立，禮之常也。"弘涕泣固讓，虎怒曰："若不堪重任，天下自有大義，何足豫論！"弘乃即位。大赦。殺程遐、徐光。夜，以勒喪潛瘞山谷，莫知其處。己卯，備儀衛，虛葬于高平陵，諡曰明帝，廟號高祖。

趙將石聰及譙郡太守彭彪，各遣使來降。聰本晉人，冒姓石氏。朝廷遣督護喬球將兵救之，未至，聰等為虎所誅。

3　三月,宁州刺史尹奉归降成汉,成汉全部占有南中地区。实行大赦,让大将军李寿兼管宁州。

4　夏季,五月甲寅(初六),辽东武宣公慕容廆死。六月,世子慕容皝以平北将军的身份摄行平州刺史职务,督察、统领境内士众,赦免囚犯。任命长史裴开为军谘祭酒,郎中令高诩为玄菟太守。慕容皝让带方太守王诞任左长史,王诞认为辽东太守阳鹜有才能因而推让给他,慕容皝同意了,任命王诞为右长史。

5　赵国主石勒病重,中山王石虎进入禁中侍卫,矫称诏令,群臣、亲戚都不得入内,石勒病情的好坏,宫外无人得知。又假传诏令征召秦王石宏、彭城王石堪回襄国。石勒病情稍好,见到石宏,吃惊地说:“我让你镇守藩镇,正是为了防备现在这情况。你回来是有人征召你呢,还是自己前来的?如果有召请你的人,应当依法处决!”石虎恐惧,说:“秦王因思慕您,暂时回来罢了,现在遣返他回去。”但仍然留住不遣返。几天后,石勒又问到石宏,石虎说:“接受诏令后当即就已遣返,现在已在半路上了。”广阿发生蝗灾,石虎秘密地派儿子、冀州刺史石邃率领三千骑兵在蝗灾区游弋。

秋季,七月,石勒病危,颁布遗命说:“石弘兄弟,应当好好相互扶持,司马氏就是你们的前车之鉴。中山王石虎应当深深追思周公、霍光,不要为后世留下口实。”戊辰(二十一日),石勒死。中山王石虎劫持太子石弘,让他到殿前,逮捕右光禄大夫程遐、中书令徐光,交付廷尉治罪,又征召石邃,让他带兵入宫宿卫,文武官员纷纷逃散。石弘大为恐惧,说自己低劣懦弱,要让位给石虎。石虎说:“君王去世,太子即位,这是礼仪常规。”石弘流着泪坚决辞让,石虎发怒说:“如果你不能承担重任,天下人自会按大道理行事,哪里能事先就谈论!”石弘于是即位。大赦天下。杀死程遐、徐光。夜间,把石勒尸体秘密瘗埋在山谷,没有人知道地点。己卯,仪仗护卫齐备,假装将石勒葬在高平陵,谥号明帝,庙号高祖。

后赵将领石聪和谯郡太守彭彪,各自派遣使者来晋请求归降。石聪本来是汉族人,因被收养而改姓石。朝廷派遣督护乔球带兵救援他,还未到达,石聪等人已被石虎诛灭。

6　慕容皝遣长史勃海王济等来告丧。

7　八月,赵主弘以中山王虎为丞相、魏王、大单于,加九锡,以魏郡等十三郡为国,总摄百揆。虎赦其境内,立妻郑氏为魏王后;子邃为魏太子,加使持节、侍中、都督中外诸军事、大将军、录尚书事;次子宣为使持节、车骑大将军、冀州刺史,封河间王;韬为前锋将军、司隶校尉,封乐安王;遵封齐王,鉴封代王,苞封乐平王;徙平原王斌为章武王。勒文武旧臣,皆补散任;虎之府寮亲属,悉署台省要职。以镇军将军夔安领左仆射,尚书郭殷为右仆射。更命太子宫曰崇训宫,太后刘氏以下皆徙居之。选勒宫人及车马、服玩之美者,皆入丞相府。

8　宇文乞得归为其东部大人逸豆归所逐,走死于外。慕容皝引兵讨之,军于广安。逸豆归惧而请和,遂筑榆阴、安晋二城而还。

9　成建宁、牂柯二郡来降,李寿复击取之。

10　赵刘太后谓彭城王堪曰:“先帝甫晏驾,丞相遽相陵藉如此。帝祚之亡,殆不复久,王将若之何?”堪曰:“先帝旧臣,皆被疏斥,军旅不复由人,宫省之内,无可为者,臣请奔兖州,挟南阳王恢为盟主,据廪丘,宣太后诏于牧、守、征、镇,使各举兵以诛暴逆,庶几犹有济也。”刘氏曰:“事急矣!当速为之。”九月,堪微服、轻骑袭兖州,不克,南奔谯城。丞相虎遣其将郭太追之,获堪于城父,送襄国,炙而杀之。征南阳王恢还襄国。刘氏谋泄,虎废而杀之,尊弘母程氏为皇太后。堪本田氏子,数有功,赵主勒养以为子。刘氏有胆略,勒每与之参决军事,佐勒建功业,有吕后之风,而不妒忌更过之。

6　慕容皝派遣长史、勃海人王济等来晋报表。

7　八月，后赵国主石弘任命中山王石虎为丞相、魏王、大单于，赐加九锡，划分魏郡等十三郡作为石虎的封国，总领朝廷大小政事。石虎赦免封国境内的囚犯，立妻子郑氏为魏王后；儿子石邃为魏太子，授予使持节、侍中、都督中外诸军事、大将军、录尚书事；次子石宣任使持节、车骑大将军、冀州刺史，封河间王；石韬为前锋将军、司隶校尉，封乐安王；石遵封齐王，石鉴封代王，石苞封乐平王；改封平原王石斌为章武王。石勒原先的文武官员，都委派闲散的官职；而石虎的僚佐亲属，全部充任朝廷要职。石虎任命镇军将军夔安兼领左仆射，任命尚书郭殷为右仆射。把太子的宫室改名为崇训宫，太后刘氏以下的人员，全部移居此处。又挑选石勒原有宫女、车马和使用器物玩赏珍宝中美丽、精良和珍贵的，全部送入丞相府。

8　宇文乞得归被手下的东部大人逸豆归驱逐，逃跑死在外边。慕容皝领兵讨伐逸豆归，屯军广安。逸豆归畏惧，请求和好，慕容皝便修建榆阴、安晋两座城堡，然后回军。

9　成汉的建宁、牂柯二郡向东晋投降，又被李寿攻占。

10　赵刘太后对彭城王石堪说："先帝刚刚驾崩，丞相便如此欺压践踏我们。帝统的绝灭，大概不会多久，您对此将怎么办？"石堪说："先帝原先的大臣，都遭疏远和排斥，军事大权不再由我们掌握，朝廷中也不能有所作为，我请求出奔兖州，挟持南阳王石恢当盟主，占据廪丘，向各地的地方长官颁布太后诏书，让他们各自起兵诛灭暴逆之人，或许还可挽救。"刘氏说："事情很急迫了！你应当迅速行动。"九月，石堪换上平民服装，轻骑奔袭兖州，不能获胜，向南逃奔谯城。丞相石虎派部将郭太追击他，在城父抓获石堪，送回襄国，用火烧灼后杀死了他。又征召南阳王石恢回襄国。刘氏的图谋泄露，石虎将她废黜并杀死，尊奉石弘的母亲程氏为皇太后。石堪本来是田氏子孙，多次建立功绩，赵国主石勒收养他作为自己的儿子。刘氏有胆略，石勒经常和她共同决断军事，辅佐石勒建立功业，有西汉吕后的遗风，在不妒忌这方面要胜过吕后。

赵河东王生镇关中,石朗镇洛阳。冬,十月,生、朗皆举兵以讨丞相虎。生自称秦州刺史,遣使来降。氐帅蒲洪自称雍州刺史,西附张骏。

虎留太子邃守襄国,将步骑七万攻朗于金墉,金墉溃,获朗,刖而斩之。进向长安,以梁王挺为前锋大都督。生遣将军郭权帅鲜卑涉璝众二万为前锋以拒之,生将大军继发,军于蒲阪。权与挺战于潼关,大破之,挺及丞相左长史刘隗皆死,虎还奔渑池,枕尸三百馀里。鲜卑潜与虎通谋,反击生。生不知挺已死,惧,单骑奔长安。权收馀众,退屯渭汭。生遂弃长安,匿于鸡头山。将军蒋英据长安拒守,虎进兵击英,斩之。生麾下斩生以降,权奔陇右。

虎分命诸将屯汧、陇,遣将军麻秋讨蒲洪。洪帅户二万降于虎,虎迎拜洪光烈将军、护氐校尉。洪至长安,说虎徙关中豪杰及氐、羌以实东方,曰:"诸氐皆洪家部曲,洪帅以从,谁敢违者!"虎从之,徙秦、雍民及氐、羌十馀万户于关东。以洪为龙骧将军、流民都督,使居枋头;以羌帅姚弋仲为奋武将军、西羌大都督,使帅其众数万徙居清河之滠头。

虎还襄国,大赦。赵主弘命虎建魏台,一如魏武王辅汉故事。

11 慕容皝初嗣位,用法严峻,国人多不自安,主簿皇甫真切谏,不听。

皝庶兄建威将军翰、母弟征虏将军仁,有勇略,屡立战功,得士心;季弟昭,有才艺,皆有宠于廆。皝忌之,翰叹曰:"吾受事于先公,不敢不尽力,幸赖先公之灵,所向有功,此乃天赞吾国,非人力也。而人谓吾之所办,以为雄才难制,吾岂可坐而待祸邪!"乃与其子出奔段氏。段辽素闻其才,冀收其用,甚爱重之。

赵河东王石生镇守关中,石朗镇守洛阳。冬季,十月,石生、石朗都起兵讨伐丞相石虎。石生自称秦州刺史,派使者向晋请求归降。氐族统帅蒲洪自称雍州刺史,向西依附张骏。

石虎让太子石邃留守襄国,自己带领步、骑兵七万人进攻在金墉的石朗,金墉被攻破,捕获石朗,将他砍掉脚后斩首。随后向长安进发,让梁王石挺为前锋大都督。石生派将军郭权率领鲜卑涉璝部士众两万人为前锋拒敌,石生统帅大军随后出发,屯军于蒲阪。郭权和石挺在潼关接战,石挺大败,石挺和丞相左长史刘隗都阵亡,石虎回军逃往渑池,尸体枕藉达三百多里。鲜卑族私下与石虎勾结,反戈攻击石生。石生不知道石挺已死,心中畏惧,单骑逃奔长安。郭权收聚剩余士众,退却屯军于渭水拐弯处。石生于是放弃长安,藏匿于鸡头山。将军蒋英占据长安抵抗防守,石虎进兵攻击蒋英,蒋英被杀。石生的部下杀死石生投降,郭权逃奔陇右。

石虎分别命令众将屯军于汧水、陇上,派将军麻秋讨伐蒲洪。蒲洪率两万户投降石虎,石虎拜授他为光烈将军、护氐校尉。蒲洪到达长安,劝说石虎迁徙关中的豪强和氏、羌等部落充实东方,他说:"众氐族部落都是我家的部曲,我率领他们归顺,谁敢违抗!"石虎听从他的建议,迁徙秦州、雍州的士民以及氐族、羌族十多万户到关东。任命蒲洪为龙骧将军、流民都督,让他居住在枋头;任命羌族首领姚弋仲为奋武将军、西羌大都督,让他率领部众数万人迁居到清河的滠头。

石虎返回襄国,实行大赦。赵国主石弘令石虎建造魏台,完全仿效魏武帝辅佐汉朝的旧例。

11 慕容皝刚刚继位,使用刑法过于严厉,国内人大多不知所措,主簿皇甫真恳切劝谏,慕容皝不听。

慕容皝的庶母兄长建成将军慕容翰、同母兄弟征虏将军慕容仁,都勇悍而有谋略,多次建立战功,深得人心;小弟弟慕容昭,多才多艺,都受到慕容廆的宠爱。慕容皝妒忌他们,慕容翰叹息说:"我从先父那里接受任职,不敢不尽力,幸好仰仗先父的在天之灵,所向披靡,这是上天祐助我国,并非人力所为。但别人却说这是我的力量,以为我具有杰出的才能,难以制服,我怎能坐着等待灾祸降临呢!"于是和儿子出奔段氏。段辽平素就听说他的才能,希望收为己用,所以非常宠爱、看重他。

　　仁自平郭来奔丧,谓昭曰:"吾等素骄,多无礼于嗣君,嗣君刚严,无罪犹可畏,况有罪乎!"昭曰:"吾辈皆体正嫡,于国有分。兄素得士心,我在内未为所疑,伺其间隙,除之不难。兄趣举兵以来,我为内应,事成之日,与我辽东。男子举事,不克则死,不能效建威偷生异域也。"仁曰:"善!"遂还平郭。闰月,仁举兵而西。

　　或以仁、昭之谋告皝,皝未之信,遣使按验。仁兵已至黄水,知事露,杀使者,还据平郭。皝赐昭死。遣军祭酒封奕慰抚辽东。以高诩为广武将军,将兵五千与庶弟建武将军幼、稚、广威将军军、宁远将军汗、司马辽东佟寿共讨仁。与仁战于汶城北,皝兵大败,幼、稚、军皆为仁所获。寿尝为仁司马,遂降于仁。前大农孙机等举辽东城以应仁。封奕不得入,与汗俱还。东夷校尉封抽、护军平原乙逸、辽东相太原韩矫皆弃城走,于是仁尽有辽东之地。段辽及鲜卑诸部皆与仁遥相应援。皝追思皇甫真之言,以真为平州别驾。

　　12　十二月,郭权据上邽,遣使来降,京兆、新平、扶风、冯翊、北地皆应之。

　　13　初,张骏欲假道于成以通表建康,成主雄不许。骏乃遣治中从事张淳称藩于成以假道。雄伪许之,将使盗覆诸东峡。蜀人桥赞密以告淳。淳谓雄曰:"寡君使小臣行无迹之地,万里通诚于建康者,以陛下嘉尚忠义,能成人之美故也。若欲杀臣者,当斩之都市,宣示众目曰:'凉州不忘旧德,通使琅邪!主圣臣明,发觉杀之。'如此,则义声远播,天下畏威。今使盗杀之江中,威刑不显,何足以示天下乎!"雄大惊曰:"安有此邪!"

慕容仁从平郭前来奔丧,对慕容昭说:"我们平素骄纵,经常对现在继位的君主无礼,他为人刚毅严厉,自身无罪尚且令人畏惧,何况有罪呢!"慕容昭说:"我们都身为嫡子,国家应当有我们一份。兄长您素来得人心,我在宫内也没有什么令人怀疑的地方,寻找机会除灭他并不难。兄长赶紧兴兵前来,我当内应,事成以后,把辽东分给我。男子汉行事,不成功则死,不能仿效慕容翰到其他地方偷生苟活。"慕容仁说:"好!"于是回返平郭。闰月,慕容仁兴兵向西进发。

有人把慕容仁、慕容昭的密谋告诉慕容皝,慕容皝不相信,派使者查验。慕容仁的军队已到黄水,知道事情败露,杀死使者,回军占据平郭。慕容皝赐令慕容昭自尽。派军祭酒封奕慰抚辽东。任命高诩为广武将军,领兵五千与异母弟、建武将军慕容幼、慕容稚、广威将军慕容军、宁远将军慕容汗、司马辽东人佟寿共同讨伐慕容仁。和慕容仁在汶城以北交战,慕容皝的军队大败,慕容幼、慕容稚、慕容军都被俘获。佟寿曾是慕容仁的司马,于是归降慕容仁。前任大农孙机等占据辽东城响应慕容仁。封奕不能入城,和慕容汗一块儿返回。东夷校尉封抽、护军平原人乙逸、辽东相太原人韩矫都弃城逃跑,于是慕容仁尽数占有辽东地区。段辽和鲜卑各部都与慕容仁遥相呼应声援他。慕容皝追忆起皇甫真原先说过的话,任命他为平州别驾。

12 十二月,郭权占据上邦,派使者向晋请求归降,京兆、新平、扶风、冯翊、北地都响应他。

13 当初,张骏想向成汉借路去建康呈送上表,成汉国主李雄不同意。张骏便派遣治中从事张淳向成汉称臣以便借道。李雄伴装同意,却准备派盗贼将他沉于东峡。蜀人桥赞将此事秘密告诉张淳,张淳对李雄说:"我的君主让我来到这未曾通行的地方,不远万里向建康表达诚意,是因为陛下嘉许和崇尚忠义,能够成人之美的缘故。如果想杀我,应当在都市处斩,向众人宣谕晓示说:'凉州不忘国家旧恩,与晋互通使节!因为君主圣贤,臣下明察,发觉此事因而杀了他。'这样,道义的声誉就会远远传播,天下人都懔畏风威。现在如果让盗贼把我杀害在江中,声威和刑罚都不彰显,怎么能示范天下呢!"李雄大吃一惊,说:"哪有这种事呢!"

司隶校尉景骞言于雄曰:"张淳壮士,请留之。"雄曰:"壮士安肯留!且试以卿意观之。"骞谓淳曰:"卿体丰大,天热,可且遣下吏,小住须凉。"淳曰:"寡君以皇舆播越,梓宫未返,生民涂炭,莫之振救,故遣淳通诚上都。所论事重,非下吏所能传;使下吏可了,则淳亦不来矣。虽火山汤海,犹将赴之,岂寒暑之足惮哉!"雄谓淳曰:"贵主英名盖世,土险兵强,何不亦称帝自娱一方?"淳曰:"寡君祖考以来,世笃忠贞,以雠耻未雪,枕戈待旦,何自娱之有!"雄甚惭,曰:"我之祖考本亦晋臣,遭天下大乱,与六郡之民避难此州,为众所推,遂有今日。琅邪若能中兴大晋于中国者,亦当帅众辅之。"厚为淳礼而遣之。淳卒致命于建康。

长安之失守也,敦煌计吏耿访自汉中入江东,屡上书请遣大使慰抚凉州。朝廷以访守侍书御史,拜张骏镇西大将军,选陇西贾陵等十二人配之。访至梁州,道不通,以诏书付贾陵,诈为贾客以达之。是岁,陵始至凉州,骏遣部曲督王丰等报谢。

九年(甲午,334)

1 春,正月,赵改元延熙。

2 诏以郭权为镇西将军、雍州刺史。

3 仇池王杨难敌卒,子毅立,自称龙骧将军、左贤王、下辨公;以叔父坚头之子盘为冠军将军、右贤王、河池公,遣使来称藩。

4 二月丁卯,诏遣耿访、王丰赍印绶授张骏大将军、都督陕西雍秦凉州诸军事。自是每岁使者不绝。

司隶校尉景骞对李雄说:"张淳是勇士,请把他留下。"李雄说:"既然是勇士,怎么肯留下来呢! 你暂且试着用自己的意愿试探他。"景骞对张淳说:"你身强体胖,现在天气炎热,何不暂时派遣手下小吏,您在此小住,等待天气转凉?"张淳说:"我的君主因为皇室远徙江南,先帝的梓宫未能送返,生民涂炭,无人拯救,所以派我向皇都表达诚意。所商议的事情重大,不是小吏可以传达的;如果小吏可以胜任,那么我也就不来了。即使有火山汤海,我也将前往,天气的寒暑又怎能让人畏惧呢!"李雄对张淳说:"贵君主英名盖世,境内地势险峻,军力强大,为什么不自己称帝,占据一方享乐呢!"张淳说:"我的君主从祖父、父亲开始,世代坚守忠贞,因国耻未能昭雪,枕戈待旦,哪能自己享乐呢!"李雄十分惭愧,说:"我的祖先本来也是晋国大臣,因遇到天下大乱,和六个州郡的民众到此州避难,被民众推拥,才有今天。琅邪王如果真能在中原中兴大晋的基业,我也会率领士众相助。"于是为张淳准备厚礼,送他上路。张淳终于到达建康完成了使命。

长安失守时,敦煌郡掌管计簿的官吏耿访从汉中进入江东,多次上书请求派遣职高位重的使节慰抚凉州臣民。朝廷让耿访暂任侍书御史,拜授张骏为镇西大将军,挑选陇西人贾陵等十二人给他做副手。耿访到达梁州后,道路不通,便把诏书交给贾陵,假扮为商贩通过。这年,贾陵刚到凉州,张骏派部曲督王丰等人前来答谢。

晋成帝咸和九年(甲午,公元334年)

1 春季,正月,赵改年号为延熙。

2 晋朝廷下诏任命郭权为镇西将军、雍州刺史。

3 仇池王杨难敌去世,儿子杨毅继立,自称龙骧将军、左贤王、下辨公;任命叔父杨坚头之子杨盘为冠军将军、右贤王、河池公,派使者来晋称臣。

4 二月丁卯(二十三日),朝廷下诏派耿访、王丰携带印绶拜授张骏为大将军,都督陕西、雍州、秦州、凉州诸军事。从此以后每年来往使者不断。

5　慕容仁以司馬翟楷領東夷校尉,前平州別駕龐鑒領遼東相。

6　段遼遣兵襲徒河,不克,復遣其弟蘭與慕容翰共攻柳城,柳城都尉石琮、城大慕輿埿并力拒守,蘭等不克而退。遼怒,切責蘭等,必令拔之。休息二旬,復益兵來攻。士皆重袍蒙楯,作飛梯,四面俱進,晝夜不息。琮、埿拒守彌固,殺傷千餘人,卒不能拔。慕容皝遣慕容汗及司馬封奕等共救之。皝戒汗曰:“賊氣銳,勿與爭鋒。”汗性驍果,以千餘騎為前鋒,直進。封奕止之,汗不從。與蘭遇于牛尾谷,汗兵大敗,死者太半。奕整陳力戰,故得不沒。

蘭欲乘勝窮追,慕容翰恐遂滅其國,止之曰:“夫為將當務慎重,審己量敵,非萬全不可動。今雖挫其偏師,未能屈其大勢。皝多權詐,好為潛伏,若悉國中之眾自將以拒我,我縣軍深入,眾寡不敵,此危道也。且受命之日,正求此捷;若違命貪進,萬一取敗,功名俱喪,何以返面!”蘭曰:“此已成擒,無有餘理,卿正慮遂滅卿國耳!今千年在東,若進而得志,吾將迎之以為國嗣,終不負卿,使宗廟不祀也。”千年者,慕容仁小字也。翰曰:“吾投身相依,無復還理。國之存亡,于我何有!但欲為大國之計,且相為惜功名耳。”乃命所部欲獨還,蘭不得已而從之。

7　三月,成主雄分寧州置交州,以霍彪為寧州刺史,爨深為交州刺史。

5 慕容仁让司马翟楷兼领东夷校尉,让原先任平州别驾的庞鉴兼领辽东相。

6 段辽派军队袭击徒河,不能获胜,又派兄弟段兰和慕容翰共同进攻柳城,柳城都尉石琮、城主慕舆埿合力拒守,段兰等不能取胜,只好退军。段辽发怒,痛切地斥责段兰等人,严令他们必须攻取柳城。段兰等人休息二十天后,又增添兵力来进攻。士卒都穿上重重战袍,用盾牌保护,架上云梯,四面同时进攻,昼夜不停。石琮、慕舆埿的防守也更加坚固,杀段兰的士卒一千多人,段兰等人始终无法取胜。慕容皝派慕容汗和司马封奕等人共同援救。慕容皝告诫慕容汗说:"敌人士气正盛,不要和他们争斗以决胜负。"慕容汗性格骁勇果敢,让一千多骑兵为前锋,直赴柳城。封奕劝阻他,慕容汗不听。结果和段兰在牛尾谷遭遇,慕容汗的军队大败,死亡过半。封奕整顿阵列尽力苦战,所以才免遭全军覆没。

段兰想乘胜穷追,慕容翰害怕就此灭亡自己的国家,劝阻他说:"作为将领,应当慎重,知己知彼,不到万全的时候不能妄动。现在敌方的偏师虽被挫败,但主力还未败。慕容皝狡诈多谋,喜欢设置伏兵,如果他亲自统率举国士众抵御我们,而我们孤军深入,寡不敌众,这是危险的做法。况且接受君命的时候,正是想得到今天的胜利,如果违背君命冒进,万一失败,功劳和名望全部丧失,有什么脸面回去面对君主!"段兰说:"这些人被擒已成定局,没有别的道理,你只是忧虑趁势灭亡你的国家罢了!现在慕容千年在东边,如果进军真能实现愿望,我将迎接他充当国家的继承人,终究不会有负于你,让宗庙绝祀的。"所谓千年,即慕容仁的小名。慕容翰说:"我既然投身依附,就没有再返回的道理。故国的存亡,和我有什么相干!只是想为贵国出谋划策,并且珍惜你我的功名罢了。"于是命令自己所部,准备独自返回,段兰不得已,随从他共同返回。

7 三月,成汉国主李雄由宁州分置出交州,让霍彪任宁州刺史,爨深任交州刺史。

8　赵丞相虎遣其将郭敖及章武王斌帅步骑四万西击郭权,军于华阴。夏,四月,上邽豪族杀权以降。虎徙秦州三万馀户于青、并二州。长安人陈良夫奔黑羌,与北羌王薄句大等侵扰北地、冯翊。章武王斌、乐安王韬合击,破之,句大奔马兰山。郭敖乘胜逐北,为羌所败,死者什七八。斌等收军还三城。虎遣使诛郭敖。秦王宏有怨言,虎幽之。

9　慕容仁自称平州刺史、辽东公。

10　长沙桓公陶侃,晚年深以满盈自惧,不预朝权,屡欲告老归国,佐吏等苦留之。六月,侃疾笃,上表逊位。遣左长史殷羡奉送所假节、麾、幢、曲盖、侍中貂蝉、大尉章、荆江雍梁交广益宁八州刺史印传、棨戟;军资、器仗、牛马、舟船,皆有定簿,封印仓库,侃自加管钥。以后事付右司马王愆期,加督护统领文武。甲寅,舆车出,临津就船,将归长沙,顾谓愆期曰:"老子婆娑,正坐诸君!"乙卯,薨于樊溪。侃在军四十一年,明毅善断,识察纤密,人不能欺。自南陵迄于白帝,数千里中,路不拾遗。及薨,尚书梅陶与亲人曹识书曰:"陶公机神明鉴似魏武,忠顺勤劳似孔明,陆抗诸人不能及也。"谢安每言:"陶公虽用法而恒得法外意。"安,鲲之从子也。

11　成主雄生疡于头。身素多金创,及病,旧痕皆脓溃,诸子皆恶而远之;独太子班昼夜侍侧,不脱衣冠,亲为吮脓。雄召大将军建宁王寿受遗诏辅政。丁卯,雄卒,太子班即位。以建宁王寿录尚书事,政事皆委于寿及司徒何点、尚书王瓌,班居中行丧礼,一无所预。

8　后赵丞相石虎派部将郭敖和章武王石斌率步、骑兵四万人向西进攻郭权,屯军华阴。夏季,四月,上邽豪族杀死郭权投降。石虎将秦州三万多户民众迁徙到青州和并州。长安人陈良夫逃奔黑羌,和北羌王薄句大等人侵扰北地、冯翊。章武王石斌、乐安王石韬合力攻击,打败他们,薄句大逃奔马兰山。郭敖乘胜追击败兵,反被羌人战败,死亡人数占十之七八。石斌等人收兵回到三城。石虎派使者处死郭敖。秦王石宏有怨言,石虎将他幽禁。

9　慕容仁自称平州刺史、辽东公。

10　长沙桓公陶侃,到晚年深深因为物极必反害怕自己遭遇祸害,因此不参与朝政,多次想告老还乡,佐吏们苦苦相留。六月,陶侃病危,上表请求退位。派左长史殷羡归还持有的朝廷符节、麾、幢、曲盖、侍中貂蝉、太尉印章,以及荆、江、雍、梁、交、广、益、宁八州的刺史印传和棨戟;至于军资、器仗、牛马、舟船等,都有簿录统计,封存在仓库里,由陶侃亲自上锁。陶侃将后事托付给右司马王愆期,授予他督护官职,统领文武官吏。甲寅(十二日),陶侃乘车离开武昌,到渡口乘船,准备回长沙,回头对王愆期说:"老夫现在蹒跚难行,正因你们阻拦!"乙卯(十三日),在樊溪去世。陶侃领军四十一年,明智、坚毅,善于决断,见识纤密,别人难以欺蒙。自南陵到白帝,几千里的辖境内路不拾遗。陶侃去世后,尚书梅陶给亲友曹识写信说:"陶公的机敏聪明明察秋毫如同魏武帝,忠诚顺从勤谨辛劳好比孔明,陆抗等人比不上他。"谢安经常说:"陶公虽然运用刑法,但常常能领会刑法之外的含意。"谢安即谢鲲的侄子。

11　成汉国主李雄头部生疮。他身体原有很多创伤,等到病发时,旧伤痕全部化脓溃烂,儿子们都因厌恶而远远躲开,只有太子李班昼夜在身边侍候,不脱衣帽,亲自为他吮吸脓肿。李雄征召大将军建宁王李寿接受遗诏辅佐朝政。丁卯(二十五日),李雄故去,太子李班即位。任命建宁王李寿录尚书事,政事都委决于李寿和司徒何点、尚书王瓌。李班居住在宫中服丧,毫不干预。

12 辛未，加平西将军庾亮征西将军、假节、都督江荆豫益梁雍六州诸军事、领江豫荆三州刺史，镇武昌。亮辟殷浩为记室参军。浩，羡之子也，与豫章太守褚裒、丹阳丞杜乂，皆以识度清远，善谈《老》《易》，擅名江东，而浩尤为风流所宗。裒，䂮之孙；乂，锡之子也。桓彝尝谓裒曰："季野有皮里《春秋》。"言其外无臧否，而内有褒贬也。谢安曰："裒虽不言，而四时之气亦备矣。"

13 秋，八月，王济还辽东，诏遣侍御史王齐祭辽东公廆，又遣谒者徐孟策拜慕容皝镇军大将军、平州刺史、大单于、辽东公，持节、承制封拜，一如廆故事。船下马石津，皆为慕容仁所留。

14 九月戊寅，卫将军江陵穆公陆晔卒。

15 成主雄之子车骑将军越屯江阳，奔丧至成都。以太子班非雄所生，意不服，与其弟安东将军期谋作乱。班弟玝劝班遣越还江阳，以期为梁州刺史，镇葭萌。班以未葬，不忍遣，推心待之，无所疑间，遣玝出屯于涪。冬，十月癸亥朔，越因班夜哭，弑之于殡宫，并杀班兄领军将军都；矫太后任氏令，罪状班而废之。

初，期母冉氏贱，任氏母养之。期多才艺，有令名；及班死，众欲立越，越奉期而立之。甲子，期即皇帝位。谥班曰戾太子。以越为相国，封建宁王；加大将军寿大都督，徙封汉王，皆录尚书事。以兄霸为中领军、镇南大将军；弟保为镇西大将军、汶山太守；从兄始为征东大将军，代越镇江阳。丙寅，葬雄于安都陵，谥曰武皇帝，庙号太宗。

12　辛未(二十九日),朝廷授予平西将军庾亮征西将军、假节、都督江、荆、豫、益、梁、雍六州诸军事,兼领江、豫、荆三州刺史,镇守武昌。庾亮征用殷浩为记室参军。殷浩即殷羡的儿子,和豫章太守褚裒、丹阳丞杜乂都因见识清晰、气度恢远、善于谈论《老子》《周易》,在江东负有盛名,而殷浩尤其被风流雅士所推重。褚裒即褚䂮的孙子;杜乂即杜锡的儿子。桓彝曾经评论褚裒说:"褚季野有皮里《春秋》。"是说他表面不作评论,但内心却有所褒贬。谢安说:"褚裒虽然不说话,但一年四季的精神,他都具备。"

13　秋季,八月,王济返回辽东,成帝下诏派侍御史王齐祭奠辽东公慕容廆,又派谒者徐孟册封慕容皝为镇军大将军、平州刺史、大单于、辽东公,持朝廷符节、秉承皇帝旨意封官拜爵,与慕容廆旧例完全相同。舟船行至马石津,都被慕容仁扣留。

14　九月戊寅(初八),卫将军、江陵穆公陆晔去世。

15　成汉国主李雄的儿子、车骑将军李越驻屯江阳,回到成都奔父丧。他认为太子李班不是李雄亲生,心中不服,和兄弟安东将军李期阴谋作乱。李班的兄弟李玝劝李班遣送李越回江阳,让李期出任梁州刺史,镇守葭萌。但李班因为父亲未安葬,不忍心遣返,推心置腹地对待他们,没有任何猜忌和疏远,让李玝离开成都,驻屯于涪城。冬季,十月癸亥朔,李越乘李班夜间哭吊,将他杀死在殡宫,同时杀死李班的兄长领军将军李都;矫称太后任氏的诏令,罗列李班的罪状,因而废黜其位。

当初,李期的生母冉氏身份低贱,认任氏为养母,由任氏抚养。李期多才多艺,有好名声。李班死后,众人打算立李越为国主,李越推奉李期,立他为国主。甲子(二十四日),李期即帝位。为李班赐谥号为戾太子。李期任命李越为相国,封建宁王;授予大将军李寿大都督,改封汉王,都录尚书事。又任兄长李霸为中领军、镇南大将军;兄弟李保任镇西大将军、汶山太守;堂兄李始任征东大将军,代替李越镇守江阳。丙寅(二十六日),将李雄安葬在安都陵,谥号武皇帝,庙号太宗。

始欲与寿共攻期,寿不敢发。始怒,反譖寿于期,请杀之。期欲藉寿以讨李奕,故不许,遣寿将兵向涪。寿先遣使告奕以去就利害,开其去路,奕遂来奔。诏以奕为巴郡太守。期以寿为梁州刺史,屯涪。

16　赵主弘自赍玺绶诣魏宫,请禅位于丞相虎。虎曰:"帝王大业,天下自当有议,何为自论此邪!"弘流涕还宫,谓太后程氏曰:"先帝种真无复遗矣!"于是尚书奏:"魏台请依唐、虞禅让故事。"虎曰:"弘愚暗,居丧无礼,便当废之,何禅让也!"十一月,虎遣郭殷入宫,废弘为海阳王。弘安步就车,容色自若,谓群臣曰:"庸昧不堪篡承大统,夫复何言!"群臣莫不流涕,宫人恸哭。群臣诣魏台劝进,虎曰:"皇帝者盛德之号,非所敢当,且可称居摄赵天王。"幽弘及太后程氏、秦王宏、南阳王恢于崇训宫,寻皆杀之。

西羌大都督姚弋仲称疾不贺,虎累召之,乃至。正色谓虎曰:"弋仲常谓大王命世英雄,奈何把臂受托而返夺之邪!"虎曰:"吾岂乐此哉! 顾海阳年少,恐不能了家事,故代之耳。"心虽不平,然察其诚实,亦不之罪。

虎以夔安为侍中、太尉、守尚书令,郭殷为司空,韩晞为尚书左仆射,魏郡申钟为侍中,郎闿为光禄大夫,王波为中书令。文武封拜各有差。虎行如信都,复还襄国。

17　慕容皝讨辽东,甲申,至襄平。辽东人王岌密信请降。师进,入城,翟楷、庞鉴单骑走,居就、新昌等县皆降。皝欲悉坑辽东民,高诩谏曰:"辽东之叛,实非本图,直畏仁凶威,不得不从。今元恶犹存,始克此城,遽加夷灭,则未下之城,无归善之路矣。"皝乃止。分徙辽东大姓于棘城。以杜群为辽东相,安辑遗民。

李始想和李寿共同攻击李期,李寿不敢发难,李始发怒,反而向李期诋毁李寿,请求杀掉他。李期想依靠李寿征讨李玝,所以不同意,派李寿率军向涪州进发。李寿事先派遣使者向李玝剖析逃亡与归降之间的利害关系,并让开他离去的道路,李玝便投奔东晋。朝廷下诏任命他为巴郡太守。李期任李寿为梁州刺史,屯驻在涪州。

16 赵国主石弘自己携带印玺到魏宫,请求将君位禅让给丞相石虎。石虎说:"帝王的大业,天下人自会有公议,为什么自己选择这样做呢!"石弘流着眼泪回宫,对太后程氏说:"先帝的骨肉真的不会再遗存了!"此时尚书奏议说:"魏王请您依照唐尧、虞舜的禅让旧例行事。"石虎说:"石弘愚昧昏暗,服丧无礼,应当将他废黜,谈什么禅让!"十一月,石虎派郭殷进宫,废黜石弘为海阳王。石弘缓步就车,神色从容,对群臣们说:"我庸碌愚昧不堪继承皇帝大统,还有什么可说的!"群臣人人流泪,宫女恸哭。群臣到魏宫进劝石虎即位,石虎说:"皇帝是盛德的称号,不是我敢承受的,暂且可以称作居摄赵天王。"石虎将石弘和太后程氏、秦王石宏、南阳王石恢幽禁在崇训宫,不久全数杀害。

西羌大都督姚弋仲称病不来朝贺,石虎屡次相召,这才前来。姚弋仲表情端庄严肃地对石虎说:"我经常说大王是闻名于世的英雄,怎么握着手臂受托辅佐遗孤,反而夺人君位呢?"石虎说:"我哪里喜欢这样做! 不过海阳王年少,恐怕不能治理家事,所以代替他罢了。"石虎心中虽然怨怒不平,但看姚弋仲为人诚恳实在,也不加罪于他。

石虎任夔安为侍中、太尉、执掌尚书令,任郭殷为司空,韩晞为尚书左仆射,魏郡人申钟任侍中,郎闿为光禄大夫,王波为中书令。其馀文武官员封爵拜官各有差等。石虎出行到信都,又返回襄国。

17 慕容皝讨伐辽东,甲申(十五日),到达襄平。辽东人王岌秘密派使者请降。军队进发,进入辽东城,翟楷、庞鉴单骑逃跑,居就、新昌等县全都归降。慕容皝想尽数坑杀辽东居民,高诩劝谏说:"辽东的背叛,其实不是他们的本意,只不过畏惧慕容仁的凶戾横威,不得不听从。如今首恶还活着,刚刚攻克此城,便急于诛灭民众,那么未被攻克的城池,就没有归顺向善的道路了。"慕容皝这才罢休。于是分批迁徙辽东的豪门大姓到棘城。任命杜群为辽东相,安抚剩下的民众。

18　十二月,赵徐州从事兰陵朱纵斩刺史郭祥,以彭城来降,赵将王朗攻之,纵奔淮南。

19　慕容仁遣兵袭新昌,督护新兴王寓击走之,遂徙新昌入襄平。

咸康元年(乙未,335)

1　春,正月庚午朔,帝加元服。大赦,改元。

2　成、赵皆大赦,成改元玉恒,赵改元建武。

3　成主期立皇后阎氏,以卫将军尹奉为右丞相,骠骑将军、尚书令王瓌为司徒。

4　赵王虎命太子邃省可尚书奏事,惟祀郊庙、选牧守、征伐、刑杀乃亲之。虎好治宫室,鹳雀台崩,杀典匠少府任汪,复使修之,倍于其旧。邃保母刘芝封宜城君,关预朝权,受纳贿赂,求仕进者多出其门。

5　慕容皝置左、右司马,以司马韩矫、军祭酒封奕为之。

6　司徒导以羸疾,不堪朝会,三月乙酉,帝幸其府,与群臣宴于内室,拜导并拜其妻曹氏。侍中孔坦密表切谏,以为帝初加元服,动宜顾礼,帝从之。坦又以帝委政于导,从容言曰:"陛下春秋已长,圣敬日跻,宜博纳朝臣,谘诹善道。"导闻而恶之,出坦为廷尉。坦不得意,以疾去职。

丹阳尹桓景,为人谄巧,导亲爱之。会荧惑守南斗经旬,导谓领军将军陶回曰:"斗,扬州之分,吾当逊位以厌天谴。"回曰:"公以明德作辅,而与桓景造膝,使荧惑何以退舍!"导深愧之。

18 十二月,后赵徐州从事兰陵人朱纵杀刺史郭祥,献彭城降晋。后赵将领王朗进攻朱纵,朱纵逃奔淮南。

19 慕容仁派兵攻击新昌,督护、新兴人王寓将他击退,于是将新昌的士民迁徙到襄平。

晋成帝咸康元年(乙未,公元 335 年)

1 春季,正月庚午朔(初一),成帝加冠。大赦天下,改年号为咸康。

2 成汉、后赵都在境内实行大赦,成汉改年号为玉恒,赵改年号为建武。

3 成汉国主李期册立皇后阎氏,任卫将军尹奉为右丞相,任命骠骑将军、尚书令王瓌为司徒。

4 赵王石虎令太子石邃省视、决断尚书奏事,只有祭祀郊庙、选任地方官员、征伐、刑杀方面的奏事才亲自审议。石虎爱营建宫室,鹳雀台崩塌,便杀死典匠少府任汪,又让人重修,规模比原先扩大一倍。封石邃的保姆刘芝为宜城君,干预朝政,接受贿赂,谋求任官晋升的人大多出入其门。

5 慕容皝设置左、右司马,分别让司马韩矫、军祭酒封奕出任。

6 司徒王导因为患病久治不愈,不能参与朝会,三月乙酉(十七日),成帝驾临他的宅府,和群臣在内府宴饮,向王导及妻子曹氏行拜礼。侍中孔坦私下写表文恳切劝谏,认为成帝刚刚加冠,举动应当遵从礼仪,成帝应从。孔坦又因为成帝将朝政委付王导,缓缓进言说:"陛下年龄渐大,聪明、端肃每日俱进,应当广泛听取群臣的意见,征询正确美好的办法。"王导听说后憎恶孔坦,调出孔坦任廷尉。孔坦不得志,称病辞职。

丹阳尹桓景,为人谄谀巧佞,王导亲近宠爱他。适逢火星在南斗六星位滞留十多天,王导对领军将军陶回说:"南斗是扬州的分野,我将退位来安定上天的谴责。"陶回说:"您凭仗显明的道德出任辅佐,却与桓景促膝亲近,怎么能使火星退归正位!"王导对此深感惭愧。

导辟太原王濛为掾,王述为中兵属。述,昶之曾孙也。濛不修小廉,而以清约见称。与沛国刘惔齐名,友善。惔常称濛性至通而自然有节。濛曰:"刘君知我,胜我自知。"当时称风流者,以惔、濛为首。述性沈静,每坐客辩论蜂起,而述处之恬如也。年三十,尚未知名,人谓之痴。导以门地辟之。既见,唯问在东米价,述张目不答。导曰:"王掾不痴,人何言痴也!"尝见导每发言,一坐莫不赞美,述正色曰:"人非尧、舜,何得每事尽善!"导改容谢之。

7　赵王虎南游,临江而还。有游骑十馀至历阳,历阳太守袁耽表上之,不言骑多少。朝廷震惧,司徒导请出讨之。夏四月,加导大司马、假黄钺、都督征讨诸军事。癸丑,帝观兵广莫门,分命诸将救历阳及戍慈湖、牛渚、芜湖。司空郗鉴使广陵相陈光将兵入卫京师。俄闻赵骑至少,又已去,戊午,解严,王导解大司马。袁耽坐轻妄免官。

8　赵征虏将军石遇攻桓宣于襄阳,不克。

9　大旱,会稽馀姚米斗五百。

10　秋,七月,慕容皝立子儁为世子。

11　九月,赵王虎迁都于邺,大赦。

12　初,赵主勒以天竺僧佛图澄豫言成败,数有验,敬事之。及虎即位,奉之尤谨,衣以绫锦,乘以雕辇。朝会之日,太子、诸公扶翼上殿,主者唱"大和尚",众坐皆起。使司空李农旦夕问起居,太子、诸公五日一朝。国人化之,率多事佛,澄之所在,无敢向其方面涕唾者。争造寺庙,削发出家。虎以其真伪杂糅,或避赋役为奸宄,乃下诏问中书曰:"佛,国家所奉,里闾小人无爵秩者,应事佛不?"著作郎王度等议曰:"王者祭祀,典礼具存。

王导征召太原人王濛为僚属,王述为中兵属。王述是王昶的曾孙。王濛不修小节,而以清静简约著称。与沛国刘惔齐名,关系友善。刘惔经常说王濛性情至为通达,自然而有节操。王濛说:"刘君对我的了解,胜过我对自己的认识。"当时被称为风流雅士的,以刘惔、王濛为首。王述性格沉稳安静,每当坐客们争相辩驳论理,王述却安然处之。王述三十岁,尚未出名,大家说他痴呆。王导因为他的门第而征召他。见面以后,王导只问他在东方时的米价,王述睁大眼睛不回答。王导说:"王述并不痴呆,人们为何说他痴呆!"王述曾经见到只要王导一说话,满座人无不赞美,于是表情严肃地说:"人不是尧、舜,哪能每件事都是对的!"王导改以严肃的脸色向他道谢。

7 赵王石虎去南方巡游,到达长江才返回。手下的游动骑兵十多人到达历阳,历阳太守袁耽上表奏报,没说骑兵的数量。朝廷震动恐惧,司徒王导请求出兵讨伐。夏季,四月,授予王导大司马、假黄钺、都督征讨诸军事。癸丑(十六日),成帝到广莫门检阅军队,分别命令众将领救援历阳,以及戍守慈湖、牛渚、芜湖。司空郗鉴让广陵相陈光领兵进入京城护卫。不久听说赵国骑兵数量极少,又已经离去,戊午(二十一日),解除军队的戒备状态,王导解除大司马职。袁耽坐罪轻妄不察被免官。

8 赵国征虏将军石遇进攻驻守襄阳的桓宣,不能取胜。

9 晋发生严重旱灾,会稽郡的馀姚每斗米价格五百钱。

10 秋季,七月,慕容皝立儿子慕容儁为世子。

11 九月,赵王石虎迁都于邺,实行大赦。

12 当初,赵国主石勒因为天竺僧人佛图澄预先陈言事情的成败,多次得到验证,恭敬地侍奉他。石虎即位后,侍奉他更为恭谨,让他穿绫锦,乘雕辇。到朝会的日子,太子、各位公卿扶持上殿,掌管朝仪的人唱名说"大和尚",满座都起身。石虎让司空李农早晚问候佛图澄的起居,太子、公卿每五天朝见他一次。国内人受此影响,大多崇尚佛教,佛图澄所在之处,无人敢朝着那个方向吐口水。大家争着建造寺庙,削发出家。石虎因为拜佛出家的人真伪杂混,有的借此躲避赋税和徭役,干不法的勾当,于是下诏书问中书说:"佛教是国家所尊奉的,里间平民百姓没有官爵的人,是否应当事佛?"著作郎王度等人评议说:"君王的祭祀,有典制礼仪可供遵循。

佛,外国之神,非天子诸华所应祠奉。汉氏初传其道,唯听西域人立寺都邑以奉之,汉人皆不得出家,魏世亦然。今宜禁公卿以下毋得诣寺烧香、礼拜;其赵人为沙门者,皆返初服。"虎诏曰:"朕生自边鄙,忝君诸夏,至于飨祀,应从本俗。其夷、赵百姓乐事佛者,特听之。"

13 赵章武王斌帅精骑二万并秦、雍二州兵以讨薄句大,平之。

14 成太子班之舅罗演,与汉王相天水上官澹,谋杀成主期,立班子。事觉,期杀演、澹及班母罗氏。

期自以得志,轻诸旧臣,信任尚令景骞、尚书姚华、田褒、中常侍许涪等,刑赏大政,皆决于数人,希复关公卿。褒无他才,尝劝成主雄立期为太子,故有宠。由是纪纲隳紊,雄业始衰。

15 冬,十月乙未朔,日有食之。

16 慕容仁遣王齐等南还。齐等自海道趣棘城,齐遇风不至。十二月,徐孟等至棘城,慕容皝始受朝命。

段氏、宇文氏各遣使诣慕容仁,馆于平郭城外。皝帐下督张英将百馀骑间道潜行掩击之,斩宇文氏使十馀人,生擒段氏使以归。

17 是岁,明帝母建安君荀氏卒。荀氏在禁中,尊重同于太后,诏赠豫章郡君。

18 代王翳槐以贺兰蔼头不恭,将召而戮之,诸部皆叛。代王纥那自宇文部入,诸部复奉之。翳槐奔邺,赵人厚遇之。

佛是外国的神灵,不是天子和各华夏民族所应祠奉的。汉朝佛教开始传入,当时只是允许西域人在都邑建立寺庙来祠奉,汉人都不让出家,魏朝也是这样。现在应当禁止公卿以下的人等,不让他们到寺庙烧香、拜佛;凡赵国人当和尚的,都恢复原先的服饰。"石虎下诏说:"朕出生在边鄙之地,愧为华夏民族的君上,至于祭祀,应当遵从本来的习俗。凡夷族、赵国百姓乐意尊崇佛教的,特别听任其便。"

13　赵章武王石斌率精锐骑兵两万人,连同秦州、雍州的士兵讨伐薄句大,平定了他们。

14　成汉太子李班的舅父罗演和汉王相天水人上官澹图谋杀死成汉国主李期,立李班的儿子为王。事情败露,李期杀死罗演、上官澹及李班生母罗氏。

李期自以为志得意满,轻视各位旧臣,听信重用尚书令景骞、尚书姚华、田褒、中常侍许涪等人,刑罚赏赐之类的重大政事,都由这几个人决断,很少再向公卿咨询。田褒没有别的才能,曾经劝说成汉主李雄册立李期为太子,所以得宠。由此朝廷的法度毁坏紊乱,李雄创下的基业开始衰败。

15　冬季,十月乙未朔(初一),出现日食。

16　慕容仁遣送王齐等人归返南方。王齐等人从海路开赴棘城,王齐乘坐的船遇上海风,未能到达。十二月,徐孟等人到达棘城,慕容皝开始接受朝廷的任命。

段氏、宇文氏各自派遣使者拜见慕容仁,下榻于平郭城外。慕容皝的帐下督张英领着一百多骑兵由小道偷偷前往突然袭击他们,斩杀宇文氏的使节十多人,活捉段氏使者返回。

17　这年,明帝母亲、建安君荀氏死。荀氏在宫禁中,受到的尊重如同太后,成帝下诏赐赠名号为豫章郡君。

18　代王拓跋翳槐因为贺兰蔼头对自己不恭,准备召他前来加以杀害,各部落全都反叛。代王拓跋纥那由宇文部入境,各部落又重新尊奉他为王。拓跋翳槐逃奔到邺,后赵人厚礼相待。

19 初,张轨及二子寔、茂,虽保据河右,而军旅之事无岁无之。及张骏嗣位,境内渐平。骏勤修庶政,总御文武,咸得其用,民富兵强,远近称之以为贤君。骏遣将杨宣伐龟兹、鄯善,于是西域诸国焉耆、于寰之属,皆诣姑臧朝贡。骏于姑臧南作五殿,官属皆称臣。

骏有兼秦、雍之志,遣参军麹护上疏,以为:"勒、雄既死,虎、期继逆,兆庶离主,渐冉经世;先老消落,后生不识,慕恋之心,日远日忘。乞敕司空鉴、征西亮等泛舟江、沔,首尾齐举。"

二年(丙申,336)

1 春,正月辛巳,彗星见于奎、娄。

2 慕容皝将讨慕容仁,司马高诩曰:"仁叛弃君亲,民神共怒,前此海未尝冻,自仁反以来,连年冻者三矣。且仁专备陆道,天其或者欲使吾乘海冰以袭之也。"皝从之。群僚皆言涉冰危事,不若从陆道。皝曰:"吾计已决,敢沮者斩!"

壬午,皝帅其弟军师将军评等自昌黎东,践冰而进,凡三百馀里。至历林口,舍辎重,轻兵趣平郭。去城七里,候骑以告仁,仁狼狈出战。张英之俘二使也,仁恨不穷追;及皝至,仁以为皝复遣偏师轻出寇抄,不知皝自来,谓左右曰:"今兹当不使其匹马得返矣!"乙未,仁悉众陈于城之西北。慕容军帅所部降于皝,仁众沮动;皝从而纵击,大破之。仁走,其帐下皆叛,遂擒之。皝先为斩其帐下之叛者,然后赐仁死。丁衡、游毅、孙机等,皆仁所信用也,皝执而斩之;王冰自杀。慕容幼、慕容稚、佟寿、郭充、翟楷、庞鉴皆东走,幼中道而还。皝兵追及楷、鉴,斩之;寿、充奔高丽。自馀吏民为仁所诖误者,皝皆赦之。封高诩为汝阳侯。

19　当初,张轨及两个儿子张寔、张茂虽然据守河右,但每年都有战事。至张骏继位,境内渐渐平定。张骏辛勤治理各种政事,总领文武官员,让他们各得其用,民富兵强,远近之人都称他为贤君。张骏派部将杨宣攻伐龟兹、鄯善,于是西域各国如焉耆、于寘之类,都赴姑臧朝贡。张骏在姑臧城南建造五座宫殿,官属都自称为臣。

张骏有兼并秦州、雍州的志向,派参军麹护向东晋上疏,认为:"石勒、李雄死后,石虎、李期继承叛逆,万民离开了君主,逐渐经过了一代人;先生老辈衰老死亡,后生小辈不知旧事,仰慕思恋之心,一天天疏远、一天天淡忘。乞请敕令司空郗鉴、征西将军庾亮等出水军于长江、沔水,与我互相呼应,同时发动。"

晋成帝咸康二年(丙申,公元336年)

1　春季,正月辛巳(十八日),奎宿、娄宿一带出现彗星。

2　慕容皝准备讨伐慕容仁,司马高诩说:"慕容仁背叛和抛弃君主亲人,神灵和士民共同愤怒,此前海水从未结冰,自从慕容仁反叛以来,连续结冰已经三年了。况且慕容仁专门防备陆路,上天大概是想让我们乘海结冰时去袭击他吧。"慕容皝听从了他的意见。众僚佐都说由冰上过海是危险的事,不如改走陆路。慕容皝说:"我主意已定,敢阻拦的人斩首!"

壬午(十九日),慕容皝率领其弟军师将军慕容评等从昌黎东行踏冰前进,共三百多里。到历林口,舍弃辎重,轻兵赶赴平郭。离城七里,侦察骑兵告知慕容仁,慕容仁勉强迎战。张英掳获段氏、宇文氏使者的时候,慕容仁怨恨自己没有穷追不舍;等到慕容皝前来时,慕容仁以为慕容皝又派遣一小部分军队轻装出发侵扰劫掠,不知道慕容皝亲自前来,对左右侍从说:"这回应当让他们连一匹马都回不去!"乙未,慕容仁倾其士众在城西北结阵,慕容军率其所部归降慕容皝,慕容仁的兵众气馁骚动,慕容皝乘机纵兵攻袭,重创敌军。慕容仁逃跑,其军中吏众全部反叛,于是被擒获,慕容皝先为他斩杀了军中反叛的人,然后赐慕容仁死。丁衡、游毅、孙机等人,都是慕容仁所信任重用的,被慕容皝擒获斩首;王冰自杀。慕容幼、慕容稚、佟寿、郭充、翟楷、庞鉴等人都向东逃亡,慕容幼中途返回。慕容皝的军队追上翟楷、庞鉴,将其斩首。佟寿、郭充逃奔高丽。其馀被慕容仁诖误连累的吏民,慕容皝都予以赦免。封高诩为汝阳侯。

3　二月,尚书仆射王彬卒。

4　辛亥,帝临轩,遣使备六礼逆故当阳侯杜乂女陵阳为皇后,大赦;群臣毕贺。

5　夏,六月,段辽遣中军将军李咏袭慕容皝。咏趣武兴,都尉张萌击擒之。辽别遣段兰将步骑数万屯柳城西回水,宇文逸豆归攻安晋以为兰声援。皝帅步骑五万向柳城,兰不战而遁。皝引兵北趣安晋,逸豆归弃辎重走;皝遣司马封奕帅轻骑追击,大破之。皝谓诸将曰:"二虏耻无功,必将复至,宜于柳城左右设伏以待之。"乃遣封奕帅骑数千伏于马兜山。三月,段辽果将数千骑来寇抄。奕纵击,大破之,斩其将荣伯保。

6　前廷尉孔坦卒。坦疾笃,庾冰省之,流涕。坦慨然曰:"大丈夫将终,不问以济国安民之术,乃为儿女子相泣邪!"冰深谢之。

7　九月,慕容皝遣长史刘斌、兼郎中令辽东阳景送徐孟等还建康。

8　冬,十月,广州刺史邓岳遣督护王随等击夜郎、兴古,皆克之。加岳督宁州。

9　成主期以从子尚书仆射武陵公载有隽才,忌之,诬以谋反,杀之。

10　十一月,诏建威将军司马勋将兵安集汉中,成汉王寿击败之。寿遂置汉中守宰,戍南郑而还。

11　索头郁鞠帅众三万降于赵,赵拜郁鞠等十三人为亲赵王,散其部众于冀、青等六州。

12　赵王虎作太武殿于襄国,作东、西宫于邺,十二月,皆成。太武殿基高二丈八尺,纵六十五步,广七十五步,甃以文石。下穿伏室,置卫士五百人。以漆灌瓦,金珰,银楹,珠帘,玉壁,穷极工巧。殿上施白玉床、流苏帐,为金莲华以冠帐顶。

3 二月,尚书仆射王彬去世。

4 辛亥(十九日),成帝驾临前殿,派使者按六礼的仪式迎接原当阳侯杜乂之女杜陵阳为皇后,大赦天下,群臣都来致贺。

5 夏季,六月,段辽派中军将军李咏攻袭慕容皝。李咏赶赴武兴,被都尉张萌击败擒获。段辽另外派遣段兰率步、骑兵数万人驻屯在柳城以西的回水,宇文逸豆归进攻安晋,以此与段兰互为援助。慕容皝率步、骑兵五万人向柳城进发,段兰不战而逃。慕容皝领兵向北赶赴安晋,宇文逸豆归丢弃辎重逃跑;慕容皝派马封奕率轻骑追袭,重创宇文逸豆归所部。慕容皝对众将领说:"这两个敌虏耻于战而无功,必定还会再来,应当在柳城附近设下埋伏等待他们。"于是派封奕率骑兵数千人埋伏在马兜山。三月,段辽果然带领几千骑兵前来侵扰劫掠。封奕出动骑兵攻击,大败敌军,段辽部将荣伯保被杀。

6 原廷尉孔坦死。孔坦病危时,庾冰前往探视,为之流泪。孔坦慷慨地说:"大丈夫将死,不向他询问治国安民的办法,却像小儿女一样哭泣吗!"庾冰向他深深致歉。

7 九月,慕容皝派长史刘斌、兼郎中令辽东人阳景护送徐孟等人返回建康。

8 冬季,十月,广州刺史邓岳派督护王随等人进攻夜郎、兴古,都获胜。授予邓岳督察宁州。

9 成汉国主李期因侄子尚书仆射武陵公李载才能俊逸出众,心中妒忌,便诬陷他谋反,将他杀害。

10 十一月,朝廷诏令建威将军司马勋领兵安抚汉中,被成汉的汉王李寿击败。李寿随即设置汉中的守吏,在南郡安排好戍守力量,然后返回。

11 索头部郁鞠率士众三万人归降后赵,后赵拜授郁鞠等十三人为亲赵王,遣散其部众到冀州、青州等六州之中。

12 赵王石虎在襄国建造太武殿,又在邺营建东、西二宫,十二月,全部竣工。太武殿台基高二丈八尺,长六十五步,宽七十五步,用有纹理的砖砌成。殿基下挖掘地下宫室,安置卫士五百人。用漆涂饰屋瓦,用金子装饰瓦当,用银装饰楹柱,珠帘玉壁,巧夺天工。宫殿内安放白玉床,挂着流苏帐,造金莲花覆盖在帐顶。

又作九殿于显阳殿后，选士民之女以实之，服珠玉、被绮縠者万馀人。教宫人占星气、马步射。置女太史，杂伎工巧，皆与外同。以女骑千人为卤簿，皆著紫纶巾，熟锦袴，金银镂带，五文织成靴，执羽仪，鸣鼓吹，游宴以自随。于是赵大旱，金一斤直粟二斗，百姓嗷然，而虎用兵不息，百役并兴。使牙门张弥徙洛阳钟虡、九龙、翁仲、铜驼、飞廉于邺，载以四轮缠辋车，辙广四尺，深二尺。一钟没于河，募浮没三百人入河，系以竹絙，用牛百头，鹿栌引之，乃出，造万斛之舟以济之。既至邺，虎大悦，为之赦二岁刑，赉百官谷帛，赐民爵一级。又用尚方令解飞之言，于邺南投石于河，以作飞桥，功费数千万亿，桥竟不成，役夫饥甚，乃止。使令长帅民入山泽采橡及鱼以佐食，复为权豪所夺，民无所得。

13　初，日南夷帅范稚，有奴曰范文，常随商贾往来中国。后至林邑，教林邑王范逸作城郭、宫室、器械，逸爱信之，使为将。文遂谮逸诸子，或徙或逃。是岁，逸卒，文诈迎逸子于他国，置毒于椰酒而杀之，文自立为王。于是出兵攻大岐界、小岐界、式仆、徐狼、屈都、乾鲁、扶单等国，皆灭之，有众四五万，遣使奉表入贡。

14　赵左校令成公段作庭燎于杠末，高十馀丈，上盘置燎，下盘置人，赵王虎试而悦之。

三年(丁酉，337)

1　春，正月庚辰，赵太保夔安等文武五百馀人入上尊号，庭燎油灌下盘，死者二十馀人。赵王虎恶之，腰斩成公段。

又在显阳殿后面建造九座宫殿,挑选士民的女儿安置在殿内,佩戴珠玉、身穿绫罗绸缎的有一万多人,教她们占星气,马上及马下的射术。又设置女太史,各种杂术、技巧,都与外边男子相同。石虎又让女骑兵一千人充当车驾的侍从,都戴着紫纶头巾,穿熟锦制作的裤子,用金银镂带,用五彩织成靴子,手执羽仪,鸣奏军乐,跟随自己游巡宴饮。此时赵国发生严重旱灾,金子一斤只能买粟二斗,百姓嗷嗷待哺,但石虎却用兵不止,各种徭役繁重。石虎让牙门张弥把洛阳的钟虡、九龙、翁仲、铜驼、飞廉搬运到邺,用四轮缠辋车运载,车辙间距四尺,深二尺。运载中有一口钟沉于黄河,为此招募三百名谙熟水性的人潜入黄河,用竹质的大绳捆扎,然后用一百头牛牵引起重滑车,这才把钟拉出水面,又建造可以载重万斛的大船运送。东西运到邺,石虎大为喜悦,为此赦免两年的刑罚,赐给百官谷物丝帛,民众赐爵位一级。石虎又采用尚方令解飞的意见,在邺城的南面将石块抛入黄河,用以建造凌空架设的高桥,工程耗费几千万亿,桥最终没有建成,从事劳役的人饥饿难忍,这才停工。又让官吏带领民众上山入水,采橡实、捕鱼作为辅助食物,但又被豪强们抢夺,民众毫无所得。

13 当初,日南夷首领范稚,有个奴仆叫范文,经常跟随商贾来往中原。后来到了林邑,教林邑王范逸建造城郭、宫室、器械,范逸宠爱并信任他,任用他为将领。范文于是谮毁范逸的几个儿子,逼得他们有的迁徙,有的逃亡。这年,范逸死,范文诈称从别的国家迎接范逸的儿子们回来,在椰酒中下毒,把他们全都害死,范文自立为王。于是出兵进攻大岐界、小岐界、式仆、徐狼、屈都、乾鲁、扶单等国,将他们全数剪灭,拥有士众四五万,派遣使者持奉上表到建康朝贡。

14 赵国左校令成公段在杠竿末梢安装庭燎照明,高十多丈,上盘放置烛燎,下盘安置人,赵王石虎试用后很喜欢。

晋成帝咸康三年(丁酉,公元 337 年)

1 春季,正月庚辰,赵国太保夔安等文武官员五百多人进上皇帝尊号,上盘庭燎的油浇到下盘,死亡二十多人。赵王石虎为此厌恶,腰斩成公段。

辛巳，虎依殷、周之制，称大赵天王。即位于南郊，大赦。立其后郑氏为天王皇后，太子邃为天王皇太子，诸子为王者皆降为郡公，宗室为王者降为县侯。百官封署各有差。

2　国子祭酒袁瓌、太常冯怀，以江左寖安，请兴学校，帝从之。辛卯，立太学，征集生徒。而士大夫习尚老、庄，儒术终不振。瓌，涣之曾孙也。

3　三月，慕容皝于乙连城东筑好城以逼乙连，留折冲将军兰勃守之。夏，四月，段辽以车数千两输乙连粟，兰勃击而取之。六月，辽又遣其从弟扬威将军屈云将精骑夜袭皝子遵于兴国城，遵击破之。

初，北平阳裕事段疾陆眷及辽五世，皆见尊礼。辽数与皝相攻，裕谏曰："‘亲仁善邻，国之宝也。’况慕容氏与我世婚，迭为甥舅，皝有才德，而我与之构怨，战无虚月，百姓雕弊，利不补害，臣恐社稷之忧将由此始。愿两追前失，通好如初，以安国息民。"辽不从，出裕为北平相。

4　赵太子邃素骁勇，赵王虎爱之。常谓群臣曰："司马氏父子兄弟自相残灭，故使朕得至此。如朕有杀阿铁理否？"既而邃骄淫残忍，好妆饰美姬，斩其首，洗血置盘上，与宾客传观之，又烹其肉共食之。河间公宣、乐安公韬皆有宠于虎，邃疾之如雠。虎荒耽酒色，喜怒无常。使邃省可尚书事，每有所关白，虎恚曰："此小事，何足白也！"时或不闻，又恚曰："何以不白！"诮责箠棰，月至再三。邃私谓中庶子李颜等曰："官家难称，吾欲行冒顿之事，卿从我乎？"颜等伏不敢对。秋，七月，邃称疾不视事，潜帅宫臣文武五百馀骑饮于李颜别舍，因谓颜等曰：

辛巳,石虎依照商、周的制度,称大赵天王。在南郊即位,实行大赦。册立王后郑氏为天王皇后,立太子石邃为天王皇太子,儿子中本来称王的都降为郡公,宗室子弟中称王的降为县侯。百官封爵各有差等。

2　国子祭酒袁瑰、太常冯怀因为江东逐渐安宁,请求兴建学校,成帝听从。辛卯(初四),建立太学,征招学生门徒。但士大夫习惯于崇尚老子、庄子,儒学始终不景气。袁瑰是袁涣的曾孙。

3　三月,慕容皝在乙连城以东修筑好城,威逼乙连城,留下折冲将军兰勃驻守。夏季,四月,段辽使用数千辆车向乙连城运粮,遭兰勃袭击,粮食被夺。六月,段辽又派遣堂弟、扬威将军段屈云率领精锐骑兵乘夜间偷袭在兴国城的慕容皝之子慕容遵,被慕容遵击败。

当初,北平人阳裕侍奉由段疾陆眷至段辽共五代君主,都受到尊重和礼遇。段辽多次与慕容皝互相攻击,阳裕规谏说:"'亲近仁厚,与邻友善,是国家之宝。'何况慕容氏与我们世代通婚,交相具有甥舅关系,慕容皝有才又有德,我们却与他结怨,战事每个月都有,百姓凋敝,所得的利益弥补不了遭到的伤害,我怕国家的忧虑将由此开始了。希望双方能追悔以往的过失,和好如初,以便使国家安定,百姓休养生息。"段辽不听,贬黜阳裕出任北平相。

4　后赵太子石邃素来骁勇,后赵王石虎宠爱他。石虎经常对大臣们说:"司马氏父子兄弟自相残杀,所以朕得以有今天。而朕岂有杀石邃的道理呢!"后来,石邃骄淫残忍,喜欢将美丽的姬妾装饰打扮起来,然后斩下首级,洗去血污,盛放在盘子里,与宾客们互相传览,再烹煮姬妾身体上的肉共同品尝。河间公石宣、乐安公石韬都得到石虎的宠爱,石邃恨之如仇敌。石虎沉溺于酒色,喜怒无常。他让石邃省视决断尚书奏事,常常当石邃有事禀报时,石虎便不满地说:"这种小事,怎么值得禀报!"有时听不到石邃的禀报,又不满地说:"为什么不禀报!"于是对石邃谴责斥骂、鞭打杖击,一月之中多次发生。石邃私下对中庶子李颜等人说:"天子的心志难以满足,我想干冒顿那样的事情,你们跟我干吗?"李颜等人伏地不敢回答。秋季,七月,石邃称病不理政事,秘密带领宫内大臣、文武官员五百多人骑马到李颜的别宅饮酒,乘机对李颜等人说:

"我欲至冀州,杀河间公,有不从者斩!"行数里,骑皆逃散。颜叩头固谏,邃亦昏醉而归。其母郑氏闻之,私遣中人诮让邃;邃怒,杀之。佛图澄谓虎曰:"陛下不宜数往东宫。"虎将视邃疾,思澄言而还;既而瞋目大言曰:"我为天下主,父子不相信乎!"乃命所亲信女尚书往察之。邃呼前与语,因抽剑击之。虎怒,收李颜等诘问,颜具言其状,杀颜等三十余人。幽邃于东宫,既而赦之,引见太武东堂。邃朝而不谢,俄顷即出。虎使谓之曰:"太子应朝中宫,岂可遽去!"邃径出,不顾。虎大怒,废邃为庶人。其夜,杀邃及其妃张氏,并男女二十六人同埋于一棺;诛其宫臣支党二百余人;废郑后为东海太妃。立其子宣为天王皇太子,宣母杜昭仪为天王皇后。

5　安定侯子光,自称佛太子,云从大秦国来,当王小秦国,聚众数千人于杜南山,自称大黄帝,改元龙兴。石广讨斩之。

6　九月,镇军左长史封奕等劝慕容皝称燕王,皝从之。于是备置群司,以封奕为国相,韩寿为司马,裴开为奉常,阳骛为司隶,王寓为太仆,李洪为大理,杜群为纳言令,宋该、刘睦、石琮为常伯,皇甫真、阳协为冗骑常侍,宋晃、平熙、张泓为将军,封裕为记室监。洪,臻之孙;晃,奭之子也。冬,十月丁卯,皝即燕王位,大赦。十一月甲寅,追尊武宣公为武宣王,夫人段氏曰武宣后;立夫人段氏为王后,世子儁为王太子,如魏武、晋文辅政故事。

7　段辽数侵赵边,燕王皝遣扬烈将军宋回称藩于赵,乞师以讨辽,自请尽帅国中之众以会之,并以其弟宁远将军汗为质。赵王虎大悦,厚加慰答,辞其质,遣还,密期以明年。

"我想到冀州杀死河间公石宣,有胆敢不跟从的斩首!"出行数里后,众人都逃散。李颜跪地叩头,极力谏止,石邃也就昏昏欲醉地返回。石邃的母亲郑氏听说此事,私下派遣身边的人责问石邃。石邃发怒,杀死来人。佛图澄对石虎说:"陛下不宜经常去东宫。"石虎本来准备探视石邃的病情,想到佛图澄的话,便返回宫中。接着瞪大眼睛高声说:"我是天下人的君主,父子都不能互相信任吗!"于是让自己所亲近信任的女尚书前往察看。石邃喊她近前谈话,乘势拔剑刺击。石虎发怒,拘捕李颜等人诘问,李颜原原本本述说了原委,石虎便杀死李颜等三十多人。石虎把石邃幽禁在东宫,不久又赦免其罪,在太武东堂召见他。石邃朝见时不谢罪,顷刻便离去。石虎让人对他说:"太子应该见皇后,怎么可以急遽离开!"石邃头也不回,径直出宫。石虎勃然大怒,废黜石邃为庶人。当夜,杀死石邃和妃子张氏,连同男女共二十六人合葬在一口棺材内,并诛杀石邃宫臣门党两百多人;废黜郑皇后为东海太妃。石虎立儿子石宣为天王皇太子,石宣的母亲杜昭仪被封为天王皇后。

5 安定人侯子光自称佛太子,说是从大秦国来,应当在小秦国称王,在杜南山中聚集了数千名士众,自称大黄帝,改年号龙兴。石广征讨并斩杀了他。

6 九月,镇军左长史封奕等劝慕容皝称燕王,慕容皝听从了。于是设置各个官署,让封奕出任国相,韩寿任司马,裴开任奉常,阳骛任司隶,王寓任太仆,李洪任大理,杜群任纳言令,宋该、刘睦、石琮任常伯,皇甫真、阳协任冗骑常侍,宋晃、平熙、张泓为将军,封裕任记室监。李洪是李臻的孙子;宋晃是宋奭的儿子。冬季,十月丁卯(十四日),慕容皝即燕王位,实行大赦。十一月甲寅,追尊武宣公慕容廆为武宣王,夫人段氏称为武宣后;又立自己的夫人段氏为王后,册立世子慕容儁为王太子,效仿魏武帝、晋文帝辅佐朝政之例。

7 段辽多次侵扰赵国边境,燕王慕容皝派扬烈将军宋回向赵国称臣,乞请军队来讨伐段辽,自言将率领国内所有士众会同讨伐,并让自己的兄弟、宁远将军慕容汗到赵国当人质。赵王石虎大为喜悦,盛情抚慰、酬答,谢绝慕容汗为人质,遣送他返回,与燕王秘密约定明年会合。

8 是岁,赵将李穆纳拓跋翳槐于大宁,其故部落多归之。代王纥那奔燕,国人复奉翳槐,城盛乐而居之。

9 仇池氏王杨毅族兄初,袭杀毅,并有其众,自立为仇池公,称臣于赵。

8　这年,后赵将领李穆安置拓跋翳槐回到大宁,拓跋翳槐原先领有的部落大多归从了他。代王拓跋纥那逃奔燕国,国内人又尊奉拓跋翳槐为代王,在盛乐筑城居住。

9　仇池氏王杨毅的同族兄杨初,击杀杨毅,兼并杨毅部众,自立为仇池公,向后赵国称臣。

卷第九十六　晋纪十八

起戊戌(338)尽辛丑(341)凡四年

显宗成皇帝中之下
咸康四年(戊戌,338)

1　春,正月,燕王皝遣都尉赵槃如赵,听师期。赵王虎将击段辽,募骁勇者三万人,悉拜龙腾中郎。会辽遣段屈云袭赵幽州,幽州刺史李孟退保易京。虎乃以桃豹为横海将军,王华为渡辽将军,帅舟师十万出漂渝津;支雄为龙骧大将军,姚弋仲为冠军将军,帅步骑七万为前锋以伐辽。

三月,赵槃还至棘城。燕王皝引兵攻掠令支以北诸城。段辽将追之,慕容翰曰:"今赵兵在南,当并力御之,而更与燕斗。燕王自将而来,其士卒精锐,若万一失利,将何以御南敌乎!"段兰怒曰:"吾前为卿所误,以成今日之患,吾不复堕卿计中矣!"乃悉将见众追之。皝设伏以待之,大破兰兵,斩首数千级,掠五千户及畜产万计以归。

赵王虎进屯金台。支雄长驱入蓟,段辽所署渔阳、上谷、代郡守相皆降,取四十馀城。北平相阳裕帅其民数千家登燕山以自固。诸将恐其为后患,欲攻之。虎曰:"裕儒生,矜惜名节,耻于迎降耳,无能为也。"遂过之,至徐无。段辽以其弟兰既败,不敢复战,帅妻子、宗族、豪大千馀家,弃令支,奔密云山。将行,执慕容翰手泣曰:"不用卿言,自取败亡。我固甘心,令卿失所,深以为愧。"翰北奔宇文氏。

显宗成皇帝中之下

晋成帝咸康四年(戊戌,公元 338 年)

1 春季,正月,燕王慕容皝派都尉赵槃前往赵国,打听军队出征的日期。赵王石虎准备攻击段辽,招募骁勇善战的士兵三万人,全部拜授为龙腾中郎。适逢段辽派段屈云进攻赵的幽州,幽州刺史李孟后退据守易京。石虎便任命桃豹为横海将军,王华为渡辽将军,率领十万水军由漂渝津出发;又任支雄为龙骧大将军,姚弋仲为冠军将军,率领步兵、骑兵七万人为前锋,前往讨伐段辽。

三月,赵槃回到棘城。燕王慕容皝领兵攻掠令支以北的许多城镇。段辽准备追袭他,慕容翰说:"如今赵的军队在南边,应当集中力量抵御,却又要和燕王相斗。燕王亲自为帅前来,士卒精锐,假如万一失利,又怎么能抵御南边的强敌呢!"段兰发怒说:"我前次被你所误,以至于酿成今日的祸患,我不再上你的当了!"于是率领手下现有的全部士众追击。慕容皝设下埋伏等候他,大败段兰的军队,斩首数千级,掳掠民众五千户、畜产数以万计返回。

后赵王石虎进军驻屯于金台。支雄长驱直入,到达蓟,段辽所任命的渔阳、上谷、代郡地方长官全都归降,攻取四十多个城镇。北平相阳裕率领民众数千家登上燕山自相拒守,众将领唯恐他成为后患,想要攻击他。石虎说:"阳裕是儒生,珍惜自己的名声气节,这样做不过是耻于投降,不会有什么作为。"于是经过燕山,到达徐无。段辽因为兄弟段兰已经战败,不敢再迎战,带领妻儿、宗族和当地豪强一千多家,放弃令支,逃奔密云山。临行时拉着慕容翰的手哭泣着说:"没采纳您的建议,自取败亡。我固然是咎由自取,让您丧失安身之处,我为此深感惭愧。"慕容翰向北投奔宇文氏。

辽左右长史刘群、卢谌、崔悦等封府库请降。虎遣将军郭太、麻秋帅轻骑二万追辽，至密云山，获其母妻，斩首三千级。辽单骑走险，遣其子乞特真奉表及献名马于赵，虎受之。

虎入令支宫，论功封赏各有差。徙段国民二万馀户于司、雍、兖、豫四州；士大夫之有才行，皆擢叙之。阳裕诣军门降，虎让之曰："卿昔为奴虏走，今为士人来，岂识知天命，将逃匿无地邪？"对曰："臣昔事王公，不能匡济；逃于段氏，复不能全。今陛下天网高张，笼络四海，幽、冀豪杰莫不风从，如臣比肩，无所独愧。生死之命，惟陛下制之！"虎悦，即拜北平太守。

2　夏，四月癸丑。以慕容皝为征北大将军、幽州牧，领平州刺史。

3　成主期骄虐日甚，多所诛杀，而籍没其资财、妇女，由是大臣多不自安。汉王寿素贵重，有威名，期及建宁王越等皆忌之。寿惧不免，每当入朝，常诈为边书，辞以警急。

初，巴西处士龚壮，父、叔皆为李特所杀，壮欲报仇，积年不除丧。寿数以礼辟之，壮不应。而往见寿，寿密问壮以自安之策。壮曰："巴、蜀之民本皆晋臣，节下若能发兵西取成都，称藩于晋，谁不争为节下奋臂前驱者！如此则福流子孙，名垂不朽，岂徒脱今日之祸而已！"寿然之。阴与长史略阳罗恒、巴西解思明谋攻成都。

期颇闻之，数遣许涪至寿所，伺其动静；又鸩杀寿养弟安北将军攸。寿乃诈为妹夫任调书，云期当取寿。其众信之，遂帅步骑万馀人自涪袭成都，许赏以城中财物；以其将李奕为前锋。期不意其至，

段辽的左右长史刘群、卢谌、崔悦等人封存府库向石虎请降。石虎派将军郭太、麻秋率领二万轻骑兵追袭段辽,在密云山抓获段辽的母亲、妻子,斩首三千级。段辽单骑逃往险要之地,派儿子段乞特真向赵国奉呈上表,并献上名马,石虎接受了。

石虎进入令支宫室,对将士们论功封赏各有差等。把段国的两万多户民众迁徙到司州、雍州、兖州、豫州;士大夫中有才能、德行的,都予以提拔。阳裕到军门前请求归降,石虎责问他说:"你过去身为奴虏逃走,今天身为士人前来,难道是知晓了天命,想逃匿而无地藏身吗?"阳裕回答说:"我当初侍奉王浚,不能有所匡助;投奔段氏,又不能保全。如今陛下天网高张,控制四海,幽州、冀州的豪杰无不望风归从,像我这样的人比肩接踵,没有独自值得惭愧的。我的生死,唯听陛下裁决!"石虎喜悦,当即拜授阳裕为北平太守。

2　夏季,四月癸丑(初三)。晋朝廷任命慕容皝为征北大将军、幽州牧,兼领平州刺史。

3　成汉国主李期日益骄纵暴虐,多所诛杀,收被杀者的资财和妻女入官,因此大臣们大多惶恐不安。汉王李寿素来职高位重,享有盛名,李期和建宁王李越等都忌惮他。李寿害怕自己不能免祸,每逢入宫朝见,常伪作边境告急文书,以警讯紧急为由推辞不来。

当初,巴西处士龚壮的父亲、叔父都被李特所杀,龚壮意欲报仇,多年不除丧服。李寿多次按照礼仪征召他为官,龚壮不应召。此时龚壮前往拜见李寿,李寿悄悄地向龚壮询问自我保全的方法。龚壮说:"巴蜀的民众本来都是晋王室的臣民,您如果能够发兵西取成都,向晋朝称臣,谁不争着做您奋臂而起的前驱呢!这样福泽便可延续到子孙,名垂不朽,哪里只是摆脱今日的祸患而已!"李寿颇以为然。与长史、略阳人罗恒、巴西人解思明秘密商议进攻成都。

李期对此颇有耳闻,多次派遣许涪到李寿的住地观察动静;又毒死李寿的养弟、安北将军李攸。李寿于是伪造他妹夫任调的来信,说李期将要攻取李寿。李寿的部众信以为真,李寿于是率领步、骑兵一万多人由涪地出发,偷袭成都,并许愿用城中财物作为对部众的奖赏;让部将李奕充任前锋。李期没料想李寿突然到达,

初不设备。寿世子势为翊军校尉,开门纳之,遂克成都,屯兵宫门。期遣侍中劳寿。寿奏建宁王越、景骞、田褒、姚华、许涪及征西将军李遐、将军李西等怀奸乱政,皆收杀之。纵兵大掠,数日乃定。寿矫以太后任氏令废期为邛都县公,幽之别宫。追谥戾太子曰哀皇帝。

罗恒、解思明、李奕等劝寿称镇西将军、益州牧、成都王,称藩于晋,送邛都公于建康;任调及司马蔡兴、侍中李艳等劝寿自称帝。寿命筮之,占者曰:“可数年天子。”调喜曰:“一日尚足,况数年乎!”思明曰:“数年天子,孰与百世诸侯?”寿曰:“朝闻道,夕死可矣。”遂即皇帝位。改国号曰汉,大赦,改元汉兴。以安车束帛征龚壮为太师,壮誓不仕,寿所赠遗,一无所受。

寿改立宗庙,追尊父骧曰献皇帝,母昝氏曰皇太后,立妃阎氏为皇后,世子势为皇太子。更以旧庙为大成庙,凡诸制度,多所更易。以董皎为相国,罗恒为尚书令,解思明为广汉太守,任调为镇北将军、梁州刺史,李奕为西夷校尉,从子权为宁州刺史。公、卿、州、郡,悉用其僚佐代之;成氏旧臣、近亲及六郡士人,皆见疏斥。

邛都公期叹曰:“天下主乃为小县公,不如死!”五月,缢而卒。寿谥曰幽公,葬以王礼。

4 赵王虎以燕王皝不会赵兵攻段辽而自专其利,欲伐之。太史令赵揽谏曰:“岁星守燕分,师必无功。”虎怒,鞭之。

皝闻之,严兵设备;罢六卿、纳言、常伯、冗骑常侍官。赵戎卒数十万,燕人震恐。皝谓内史高诩曰:“将若之何?”对曰:“赵兵虽强,然不足忧,但坚守以拒之,无能为也。”

完全没有防备。李寿的世子李势任翊军校尉，打开城门迎接李寿，于是攻克成都，屯兵于宫室门前。李期派侍中犒劳李寿。李寿奏称建宁王李越、景骞、田褒、姚华、许涪以及征西将军李遐、将军李西等人心怀不轨，扰乱朝政，将他们全部拘捕处决。然后放纵士兵大肆劫掠，数日后才平定。李寿又矫称奉太后任氏令，废黜李期为邛都县公，幽禁在别宫中。追谥庚太子为哀皇帝。

罗恒、解思明、李奕等劝李寿自称镇西将军、益州牧、成都王，向晋王室称藩，把邛都公李期送到建康，而任调和司马蔡兴、侍中李艳等劝李寿自己称帝。李寿令人为此占筮，占者说："可以当几年天子。"任调高兴地说："能当一天便可满足，何况几年呢！"解思明说："几年天子，怎么比得上百世诸侯？"李寿说："早上听到道义，晚上死了也行。"于是即帝位。改国号为汉，实行大赦，改年号为汉兴。李寿用安车、束帛征召龚壮任太师，龚壮誓死不肯出仕，对李寿所馈赠的礼物，一概不接受。

李寿改立宗庙，追尊父亲李骧为献皇帝，母亲昝氏为皇太后，立妃子阎氏为皇后，世子李势为皇太子。又改旧宗庙为大成庙，各种制度，多有更改。任命董皎为相国，罗恒为尚书令，解思明为广汉太守，任调为镇北将军、梁州刺史，李奕为西夷校尉，侄子李权为宁州刺史。凡是公卿大臣、州郡长官，都由自己的僚佐接替；成汉的旧臣、近亲以及六郡士人，都遭疏远和贬黜。

邛都公李期叹息说："天下的人主却成为小小的县公，不如死去！"五月，自缢而死。李寿追赠他谥号为幽公，按诸侯王的礼节入葬。

4　赵王石虎因为燕王慕容皝没有会合赵的军队攻击段辽，却独自占有掳获的民众和畜产，因而打算讨伐他。太史令赵揽劝谏说："岁星正当燕国的分野，出师必然无功。"石虎发怒，鞭击他。

慕容皝听说此事，调集军队严加设防。废除了六卿、纳言、常伯、冗骑常侍官职。赵的军队有数十万人，燕国民众大为恐慌。慕容皝对内史高诩说："我们将怎么办？"高诩回答说："赵军虽然强大，但不值得忧虑，只要坚固防守来抵御，他们便无所作为。"

　　虎遣使四出,招诱民夷,燕成周内史崔焘、居就令游泓、武原令常霸、东夷校尉封抽、护军宋晃等皆应之,凡得三十六城。泓,邃之兄子也。冀阳流寓之士共杀太守宋烛以降于赵。烛,晃之从兄也。营丘内史鲜于屈亦遣使降赵,武宁令广平孙兴晓谕吏民共收屈,数其罪而杀之,闭城拒守。朝鲜令昌黎孙泳帅众拒赵。大姓王清等密谋应赵,泳收斩之。同谋数百人惶怖请罪,泳皆释之,与同拒守。乐浪太守鞠彭以境内皆叛,选乡里壮士二百馀人共还棘城。

　　戊子,赵兵进逼棘城。燕王皝欲出亡,帐下将慕舆根谏曰:“赵强我弱,大王一举足则赵之气势遂成,使赵人收略国民,兵强谷足,不可复敌。窃意赵人正欲大王如此耳,奈何入其计中乎! 今固守坚城,其势百倍,纵其急攻,犹足枝持,观形察变,间出求利。如事之不济,不失于走,奈何望风委去,为必亡之理乎!”皝乃止,然犹惧形于色。玄菟太守河间刘佩曰:“今强寇在外,众心恟惧,事之安危,系于一人。大王此际无所推委,当自强以厉将士,不宜示弱。事急矣,臣请出击之,纵无大捷,足以安众。”乃将敢死数百骑出冲赵兵,所向披靡,斩获而还,于是士气自倍。皝问计于封奕,对曰:“石虎凶虐已甚,民神共疾,祸败之至,其何日之有! 今空国远来,攻守势异,戎马虽强,无能为患。顿兵积日,衅隙自生,但坚守以俟之耳。”皝意乃安。或说皝降,皝曰:“孤方取天下,何谓降也!”

石虎派遣使者四处出动,招纳、诱降各族民众,燕国的成周内史崔焘,居就县令游弘、武原县令常霸、东夷校尉封抽、护军宋晃等都应从他,共获得三十六城。游弘即游邃兄长之子。冀阳的侨居士人共同杀死太守宋烛,投降赵。宋烛即宋晃的堂兄。营丘内史鲜于屈也派使者投降赵,武宁县令、广平人孙兴晓谕官吏和民众,共同执获鲜于屈,历数他的罪状后处死,然后关上城门防守御敌。朝鲜令、昌黎人孙泳率士众抵抗赵军,豪强王清等人密谋应从赵,被孙泳拘捕斩首。同谋的几百人惊惶恐惧,向孙泳请罪,孙泳都不予追究,和他们一块儿防守御敌。乐浪太守鞠彭因境内士民大多背叛投降,选择同乡勇士两百多人共同返回棘城。

戊子(初九),赵军进逼棘城。燕王慕容皝打算离城逃亡,军中将领慕舆根劝谏说:"现在正当敌强我弱,大王一抬脚那么赵军的气势便养成了,如果让赵人拥有并安定了国民,兵强粮足,就无法再与之抗衡了。我私下认为赵人正希望大王这么做,为何中他们的计呢!如今牢牢守住坚固的城堡,气势便增强百倍,纵然赵军猛烈进攻,也还足以支持,再观察形势的变化,伺机出击求取利益。如果事情难以成功,也还可以逃走,为何要望风而逃,自己造就必定亡国的局势呢!"慕容皝这才中止逃亡的计划,但犹豫、恐惧仍然形之于颜色。玄菟太守、河间人刘佩说:"现在强寇在外,人心恐惧难安,事情的安危,都系于您一人之身。大王在此时无可推委,应当自我勉励以鼓舞将士,不应当显示出怯弱。现在事情很危急了,我请求出击敌军,即使不能大胜,也足以安定人心。"于是带领几百名不怕死的骑兵出城冲击赵军,所向披靡,各有斩获,然后返回,燕军士气因此大盛。慕容皝向封奕询问对策,封奕回答说:"石虎的凶残暴虐早已过头,人神共愤,灾祸、败亡的降临,指日可待!现在倾国远来,但进攻和防守的情势并不一样,攻难守易,敌军兵马虽强,但并不能成为祸患。他们在此滞留多日后,矛盾和隔阂就自然产生,我们只需坚守等待而已。"慕容皝这才心安。有人劝说慕容皝投降,慕容皝说:"孤正要夺取天下,说什么投降!"

赵兵四面蚁附缘城，慕舆根等昼夜力战，凡十馀日，赵兵不能克，壬辰，引退。皝遣其子恪帅二千骑追击之，赵兵大败，斩获三万馀级。赵诸军皆弃甲逃溃，惟游击将军石闵一军独全。闵父瞻，内黄人，本姓冉，赵主勒破陈午，获之，命虎养以为子。闵骁勇善战，多策略，虎爱之，比于诸孙。

虎还邺，以刘群为中书令，卢谌为中书侍郎。蒲洪以功拜使持节、都督六夷诸军事、冠军大将军，封西平郡公。石闵言于虎曰："蒲洪雄俊，得将士死力，诸子皆有非常之才，且握强兵五万，屯据近畿，宜密除之，以安社稷。"虎曰："吾方倚其父子以取吴、蜀，奈何杀之！"待之愈厚。

燕王皝分兵讨诸叛城，皆下之，拓境至凡城。崔焘、常霸奔邺，封抽、宋晃、游泓奔高句丽。皝赏鞠彭、慕舆根等而治诸叛者，诛灭其众；功曹刘翔为之申理，多所全活。

赵之攻棘城也，燕右司马李洪之弟普以为棘城必败，劝洪出避祸。洪曰："天道幽远，人事难知，且当委任，勿轻动取悔！"普固请不已。洪曰："卿意见明审者，当自行之。吾受慕容氏大恩，义无去就，当效死于此耳。"与普流涕而诀。普遂降赵，从赵军南归，死于丧乱。洪由是以忠笃著名。

赵王虎遣渡辽将军曹伏将青州之众戍海岛，运谷三百万斛以给之，又以船三百艘运谷三十万斛诣高句丽，使典农中郎将王典帅众万馀屯田海滨，又令青州造船千艘，以谋击燕。

5　赵太子宣帅步骑二万击朔方鲜卑斛摩头，破之，斩首四万馀级。

赵军从四面如同蚂蚁一样攀登城墙,慕舆根等昼夜力战十几天,赵军不能取胜,壬辰(十三日),赵军退却。慕容皝派儿子慕容恪率领二千骑兵追袭,赵军大败,斩获首级三万多。赵各路军队都弃甲溃逃,只有游击将军石闵带领的一支军队未遭创伤。石闵的父亲名瞻,是内黄人,本来姓冉,当年后赵国主石勒攻破陈午,掳获石闵,令石虎把他当作自己的儿子收养。石闵骁勇善战,多计谋,石虎宠爱他,如同对自己的孙子们一样。

石虎回到邺,任命刘群为中书令、卢谌为中书侍郎。蒲洪因功拜授使持节、都督六夷诸军事、冠军大将军,封为西平郡公。石闵对石虎说:"蒲洪雄武隽迈,得到将士的拼死效力,儿子们又都有非凡的才能,而且拥有强兵五万人,驻屯在都城近处,应当秘密地除掉他们,以安定国家。"石虎说:"我正倚仗他们父子攻取东吴和巴蜀,为何要杀死他们!"给他的待遇愈加优厚。

燕王慕容皝分别派军征讨各个背叛的城镇,都获得了胜利,把疆域拓展至凡城。崔焘、常霸逃奔邺,封抽、宋晃、游泓逃奔高句丽。慕容皝奖赏鞠彭、慕舆根等人,对背叛者则依法治罪,诛灭了许多人。由于功曹刘翔从中为他们申辩请求,许多人得以保全性命。

赵进攻棘城时,燕国右司马李洪的兄弟李普认为棘城必定失败,劝李洪出逃避祸。李洪说:"天道幽冥遥远,人事难以预知,况且身负委派的责任,不要轻举妄动,自找悔恨!"但李普却坚持请求,不肯罢休。李洪说:"你认为自己的看法正确、精明,就应当自己去做。我蒙受慕容氏的大恩,按道义无从取舍,应当在这里以死效忠。"便与李普洒泪诀别。李普随即投降赵,随从赵军队南归,后死于丧乱之中。李洪因此以忠诚笃信著名于世。

赵王石虎派渡辽将军曹伏带领青州的士众戍守海岛,运送谷物三百万斛供给食用,又用三百艘船运送三十万斛谷物到高句丽,让典农中郎将王典率领一万多部众在海滨垦荒屯田,又下令让青州建造战船一千艘,以备进攻燕国。

5 赵太子石宣率领步、骑兵两万人攻击朔方的鲜卑部斛摩头,打败了他,斩首四万多级。

6　冀州八郡大蝗，赵司隶请坐守宰。赵王虎曰："此朕失政所致，而欲委咎守宰，岂罪己之意邪！司隶不进谠言，佐朕不逮，而欲妄陷无辜，可白衣领职！"

虎使襄城公涉归、上庸公日归帅众戍长安。二归告镇西将军石广私树恩泽，潜谋不轨；虎追广至邺，杀之。

7　乙未，以司徒导为太傅，都督中外诸军事，郗鉴为太尉，庾亮为司空。六月，以导为丞相，罢司徒官以并丞相府。

导性宽厚，委任诸将赵胤、贾宁等，多不奉法，大臣患之。庾亮与郗鉴笺曰："主上自八九岁以及成人，入则在宫人之手，出则唯武官、小人，读书无从受音句，顾问未尝遇君子。秦政欲愚其黔首，天下犹知不可，况欲愚其主哉！人主春秋既盛，宜复子明辟。不稽首归政，甫居师傅之尊，多养无赖之士，公与下官并荷托付之重，大奸不扫，何以见先帝于地下乎！"欲共起兵废导，鉴不听。南蛮校尉陶称，侃之子也，以亮谋语导。或劝导密为之备，导曰："吾与元规休戚是同，悠悠之谈，宜绝智者之口。则如君言，元规若来，吾便角巾还第，复何惧哉！"又与称书，以为："庾公帝之元舅，宜善事之！"征西参军孙盛密谏亮曰："王公常有世外之怀，岂肯为凡人事邪！此必佞邪之徒欲间内外耳。"亮乃止。盛，楚之孙也。是时亮虽居外镇，而遥执朝廷之权，既据上流，拥强兵，趣势者多归之。导内不能平，常遇西风尘起，举扇自蔽，徐曰："元规尘污人！"

6 冀州八郡发生严重蝗灾,赵司隶请求将州郡长官治罪。赵王石虎说:"这是朕朝政有过失所致,却想归罪地方长官,这哪里符合自己知罪的心意呢! 司隶不进陈正直的言论,以便辅助我纠正过失,却想随意陷害无奉之人,应当革除爵位品秩,让他以庶民的身份执行司隶的职务!"

石虎让襄城公石涉归、上庸公石日归率领士众戍守长安。二人告发镇西将军石广私自树立恩泽,秘密图谋不轨,石虎追石广到邺城,杀死石广。

7 乙未(十六日),东晋朝廷任命司徒王导为太傅,都督中外诸军事,任用郗鉴为太尉,庾亮为司空。六月,任命王导为丞相,取消司徒的官职,并入丞相府。

王导性情宽容仁厚,所委任的许多将领,如赵胤、贾宁等,大多不守法令,大臣们为此忧虑。庾亮给郗鉴写信说:"皇上从八九岁以至长大成人,入内则由宫女守护,外出则只有武官、小人们侍从,读书无从学音句,顾视询问则未曾遇见君子。秦始皇想使百姓愚昧,天下人尚且知道不对,更何况有人想使君主愚昧呢! 君主既然正当盛年,应当还政于贤明的主上。王导不恭敬地归还政权,却开始自居太师太傅的尊位,豢养许多没有才能的士人,您和我都身负先帝托付佐政的重任,这样的大奸之人不清除,又有什么脸面到地下去见先帝呢!"因而想一起发兵废黜王导,但郗鉴不同意。南蛮校尉陶称是陶侃的儿子,把庾亮的谋议告知王导,有人劝王导秘密地加以防备,王导说:"我和庾亮休戚与共,像这种庸俗的传说,不应当由智慧之人的口中传播。即使如同你所说,庾亮假使到这儿来,我就头戴方巾,归隐还乡,又有什么可惧怕的!"王导又给陶称写信,认为:"庾公是皇上的大舅,你应当好好侍奉他!"征西参军孙盛悄悄地劝谏庾亮说:"王公经常有辞绝政事、优游于尘世之外的愿望,怎么会干俗人所干的事情呢! 这一定是奸佞邪恶之徒想离间内廷与百官的关系而已。"庾亮这才作罢。孙盛是孙楚的孙子。此时庾亮虽然驻守于外镇,却遥遥控制朝廷大权,权势显赫,又拥有强大的军队,趋炎附势的人大多归附于门下。王导心中不平,每当遇到西风扬起尘埃,便举起扇子遮蔽自己,缓缓地说:"庾亮的尘土玷污人!"

导以江夏李充为丞相掾。充以时俗崇尚浮虚,乃著《学箴》。以为老子云"绝仁弃义,民复孝慈",岂仁义之道绝,然后孝慈乃生哉?盖患乎情仁义者寡而利仁义者众,将寄责于圣人而遣累乎陈迹也。凡人见形者众,及道者鲜,逐迹逾笃,离本逾远。故作《学箴》以袪其蔽曰:"名之攸彰,道之攸废;及损所隆,乃崇所替。非仁无以长物,非义无以齐耻,仁义固不可远,去其害仁义者而已。"

8　汉李奕从兄广汉太守乾告大臣谋废立。秋,七月,汉主寿使其子广与大臣盟于前殿,徙乾为汉嘉太守;以李闳为荆州刺史,镇巴郡。闳,恭之子也。

八月,蜀中久雨,百姓饥疫。寿命群臣极言得失。龚壮上封事称:"陛下起兵之初,上指星辰,昭告天地,歃血盟众,举国称藩,天应人悦,大功克集。而论者未谕,权宜称制。今淫雨百日,饥疫并臻,天其或者将以监示陛下故也。愚谓宜遵前盟,推奉建康,彼必不爱高爵重位以报大功。虽降阶一等,而子孙无穷,永保福祚,不亦休哉!论者或言二州附晋则荣,六郡人事之不便。昔公孙述在蜀,羁客用事,刘备在蜀,楚士多贵。及吴、邓西伐,举国屠灭,宁分客主!论者不达安固之基,苟惜名位,以为刘氏守令方仕州郡,曾不知彼乃国亡主易,岂同今日义举,主荣臣显哉!论者又谓臣当为法正。臣蒙陛下大恩,恣臣所安,至于荣禄,无问汉、晋,臣皆不处,复何为效法正乎!"寿省书内惭,秘而不宣。

王导让江夏人李充任丞相佐史。李充因为当时风俗崇尚浮华空虚，于是撰著《学箴》。他认为老子所说的"弃绝仁义，百姓返归孝敬慈爱"，哪里是指崇尚仁义的道路被断绝，然后才能产生孝敬慈爱呢？大概是忧虑真心崇尚仁义的少，假借仁义谋私利的多，因而想将责任归罪于圣人的提倡，把问题归咎以往的事情。平庸之人只看到外表的多，真正达到大道的少，追求圣人的业迹越是虔诚，离开圣人的本质也就越远。所以他作《学箴》，用以祛除流弊，文中说："声名所彰显的，正是道德之所以废毁的；只有减损显赫的虚名，才能提高被弃废的道德。没有仁无法使万物生长，没有义无法统一羞耻观念，仁义原本不可以丢弃，只是要除去危害仁义的东西而已。"

　　8　汉国李奕的堂兄、广汉太守李乾告发大臣图谋废黜旧君，更立新主。秋季，七月，汉国主李寿让儿子李广和大臣们在前殿盟誓，改任李乾为汉嘉太守；让李闳出任荆州刺史，镇守巴郡。李闳即李恭的儿子。

　　八月，蜀地阴雨连绵，百姓饥荒，疫病流行。李寿下令让群臣尽情陈述朝政的得失。龚壮呈上的密封章奏说："陛下当初起兵时，上指星辰，明白地求告天地，歃血与士众盟誓，将举国向晋室称臣，上天感应，人民喜悦，这才大功告成。但议论者不明其理，以至陛下随从事势即位称制。现在淫雨连绵百日，饥荒和疫病同时降临，这大概是上天想以此向陛下示诫的缘故。我认为应当遵守原先的盟誓，推重和尊奉在建康的晋王室，他们必定不会吝惜高厚的爵位、重要的职务来报答您的大功。虽然地位降低一等，但子子孙孙可以永久地保住福祚，不也很好吗！论议者中有人说梁州、益州归附晋室可以得到荣宠，其馀六郡在人事安排上多有不便。当初公孙述在蜀地，以羁留客居的身份任职，刘备在蜀地，楚国的士人大多显贵。等到吴汉、邓艾向西征伐，蜀汉全国被屠灭，又怎能分别出客与主！论议者不明白安定稳固的根本，吝惜已有的名位，认为刘备的守令均任职于州郡，竟然不知道他们是国家灭亡，君主改易，哪里比得上今天的义举，能使君主荣耀，臣下显赫呢！论议者又认为我应当效法法正。我蒙受陛下的大恩，听任、放纵我安居世外，至于荣耀俸禄，无论是在汉还是在晋，我都不想得到，又为什么要效法法正呢！"李寿看完奏章后内心惭愧，秘密扣下不予宣示。

9　九月，汉仆射任颜谋反，诛。颜，任太后之弟也。汉主寿因尽诛成主雄诸子。

10　冬，十月，光禄勋颜含以老逊位。论者以“王导帝之师傅，名位隆重，百僚宜为降礼”。太常冯怀以问含。含曰：“王公虽贵重，理无偏敬。降礼之言，或是诸君事宜；鄙人老矣，不识时务。”既而告人曰：“吾闻伐国不问仁人，向冯祖思问佞于我，我岂有邪德乎！”郭璞尝遇含，欲为之筮。含曰：“年在天，位在人。修己而天不与者，命也；守道而人不知者，性也。自有性命，无劳蓍龟。”致仕二十馀年，年九十三而卒。

11　代王翳槐之弟什翼犍质于赵，翳槐疾病，命诸大人立之。翳槐卒，诸大人梁盖等以新有大故，什翼犍在远，来未可必，比其至，恐有变乱，谋更立君。而翳槐次弟屈，刚猛多诈，不如屈弟孤仁厚，乃相与杀屈而立孤。孤不可，自诣邺迎什翼犍，请身留为质。赵王虎义而俱遣之。十一月，什翼犍即代王位于繁畤北，改元曰建国；分国之半以与孤。

初，代王猗卢既卒，国多内难，部落离散，拓跋氏寖衰。及什翼犍立，雄勇有智略，能修祖业，国人附之。始置百官，分掌众务。以代人燕凤为长史，许谦为郎中令。始制反逆、杀人、奸盗之法，号令明白，政事清简，无系讯连逮之烦，百姓安之。于是东自涉貊，西及破落那，南距阴山，北尽沙漠，率皆归服，有众数十万人。

12　十二月，段辽自密云山遣使求迎于赵；既而中悔，复遣使求迎于燕。

赵王虎遣征东将军麻秋帅众三万迎之，敕秋曰：“受降如受敌，不可轻也！”以尚书左丞阳裕，辽之故臣，使为秋司马。

9　九月，汉国仆射任颜谋反，被杀。任颜是任太后的兄弟。汉国主李寿因此全数诛杀成汉旧主李雄的所有子嗣。

10　冬季，十月，光禄勋颜含因年老退位。朝廷论议者认为，"王导是皇帝的师傅，名位高重，百官应当对他行拜礼"。太常冯怀就此询问颜含。颜含说："王公的名位虽然贵重，但按理不应当特别示敬。行拜礼的说法，或许是你们的事；鄙人已经老了，不识时务。"不久，颜含告诉别人说："我听说攻伐他国不要询问仁人，方才冯怀拿谄佞之事来问我，我怎能有奸邪的德行呢！"郭璞曾经遇见颜含，想为他占筮。颜含说："寿命在天，职位在人。自我修炼而上天不祐助，这是命；谨守道德而他人不知，这是性。人自有性命，不需有劳占筮卜龟。"颜含辞职二十多年，九十三岁时去世。

11　代王拓跋翳槐的兄弟拓跋什翼犍到赵做人质，拓跋翳槐病重，命令诸大人立拓跋什翼犍为王。拓跋翳槐死后，诸大人梁盖等人认为国家新有重大丧事，拓跋什翼犍离得远，来不来不可确定，等到他归来，恐怕会有变乱，因此谋议重新立君。而拓跋翳槐的二弟拓跋屈，刚猛多诈，不如拓跋屈的弟弟拓跋孤仁厚，于是谋划共同杀死拓跋屈，立拓跋孤为君。拓跋孤不同意，自己到邺去迎接拓跋什翼犍，请求自己留在赵为人质。赵王石虎认为他有道义，把他和拓跋什翼犍一同遣返。十一月，拓跋什翼犍在繁畤以北即代王位，改年号为建国；又分出国土的一半给拓跋孤。

当初，代王拓跋猗卢死后，国家内乱频仍，部落离散，拓跋氏逐渐衰微。等到拓跋什翼犍即位，雄健勇悍而有智谋，能够发展祖先遗业，国人都归附他。此时开始设置百官，分别掌管政务。任命代人燕凤为长史，许谦为郎中令。开始制定惩治反逆、杀人、奸盗的法律，法令明了，政事清简，没有囚禁株连的烦扰，百姓安居乐业。于是东边起自濊貊，西边远及破落那，南方到达阴山，北方直至沙漠，众人全都归服，拥有士众数十万人。

12　十二月，段辽从密云山派使者向赵请求允许自己归降；不久又后悔，重新派使者到燕请求允许自己投降。

赵王石虎派征东将军麻秋率领三万士众迎接段辽投降，敕令麻秋说："受降如同迎敌，不能轻视！"因为尚书左丞阳裕是段辽的旧臣，便让他担任麻秋的司马。

燕王皝自帅诸将迎辽,辽密与燕谋覆赵军。皝遣慕容恪伏精骑七千于密云山,大败麻秋于三藏口,死者什六七。秋步走得免,阳裕为燕所执。

赵将军范阳鲜于亮失马,步缘山不能进,因止,端坐。燕兵环之,叱令起。亮曰:"身是贵人,义不为小人所屈。汝曹能杀亟杀,不能则去!"亮仪观丰伟,声气雄厉,燕兵惮之,不敢杀,以白皝。皝以马迎之,与语,大悦,用为左常侍,以崔悫之女妻之。

皝尽得段辽之众。待辽以上宾之礼,以阳裕为郎中令。

赵王虎闻麻秋败,怒,削其官爵。

五年(己亥,339)

1 春,正月辛丑,大赦。

2 三月乙丑,广州刺史邓岳将兵击汉宁州,汉建宁太守孟彦执其刺史霍彪以降。

3 征西将军庾亮欲开复中原,表桓宣为都督沔北前锋诸军事、司州刺史,镇襄阳;又表其弟临川太守怿为监梁、雍二州诸军事、梁州刺史,镇魏兴;西阳太守翼为南蛮校尉,领南郡太守,镇江陵,皆假节。又请解豫州,以授征虏将军毛宝。诏以宝监扬州之江西诸军事、豫州刺史,与西阳太守樊峻帅精兵万人戍邾城。以建威将军陶称为南中郎将、江夏相,入沔中。称将二百人下见亮,亮素恶称轻狡,数称前后罪恶,收而斩之。后以魏兴险远,命庾怿徙屯半洲;更以武昌太守陈嚣为梁州刺史,趣汉中。遣参军李松攻汉巴郡、江阳。夏,四月,执汉荆州刺史李闳、巴郡太守黄植送建康。汉主寿以李奕为镇东将军,代闳守巴郡。

燕王慕容皝亲自率领各将领迎接段辽,段辽秘密和燕国谋议颠覆赵军。慕容皝派慕容恪在密云山埋伏七千精锐骑兵,在三藏口大败麻秋的军队,死亡人数达十分之六七。麻秋徒步逃脱,阳裕被燕人擒获。

赵将军范阳人鲜于亮的坐骑丢失,步行登山,难以攀援,随即止步,端正而坐。燕兵四面包围,叱令他起身。鲜于亮说:"我是贵人之身,按道义决不被小人所服。你们能杀就赶紧杀我,不能杀我就离开这里!"鲜于亮仪表堂堂、身材高大魁伟,声气雄壮凌厉,燕兵畏惧,不敢近前搏杀,便禀报慕容皝。慕容皝带上马匹相迎,与鲜于亮交谈之后,大为喜悦,任用他为左常侍,并把崔悆的女儿许配给他为妻。

慕容皝尽数获得段辽的士众。用上宾的礼节对待段辽,任用阳裕为郎中令。

赵王石虎听说麻秋战败,发怒,革除了麻秋的官职和爵位。

晋成帝咸康五年(己亥,公元 339 年)

1 春季,正月辛丑(二十五日),大赦天下。

2 三月乙丑,广州刺史邓岳率军进攻汉国宁州,汉国建宁太守孟彦执获同州刺史霍彪投降。

3 征西将军庾亮想收复中原失地,上表奏请任命桓宣为都督沔北前锋诸军事、司州刺史,镇守襄阳;又上表奏请任命其弟、临川太守庾怿为监察梁州、雍州诸军事,梁州刺史,镇守魏兴;任命西阳太守庾翼为南蛮校尉,兼领南郡太守,镇守江陵,都假节。又请求分出豫州,用来授予征房将军毛宝。朝廷下诏任命毛宝为监察扬州地段长江以西诸军事、豫州刺史,与西阳太守樊峻率领精兵万人戍守邾城。又任用建威将军陶称为南中郎将、江夏相,进入沔中。陶称率两百人沿江而下,拜见庾亮,庾亮素来厌恶陶称轻浮狡猾,数落陶称前前后后的罪恶,将他拘捕斩首。后来因为魏兴地处边远,地势险恶,命令庾怿移屯于半洲;改任武昌太守陈嚣为梁州刺史,赶赴汉中。派参军李松攻打汉国的巴郡、江阳。夏季,四月,执获汉国的荆州刺史李闳、巴郡太守黄植,押送至建康。汉国主李寿让李奕任镇东将军,代替李闳镇守巴郡。

庾亮上疏,言:"蜀甚弱而胡尚强,欲帅大众十万移镇石城,遣诸军罗布江、沔为伐赵之规。"帝下其议。丞相导请许之,太尉鉴议,以为"资用未备,不可大举"。

太常蔡谟议,以为:"时有否泰,道有屈伸,苟不计强弱而轻动,则亡不终日,何功之有!为今之计,莫若养威以俟时。时之可否系胡之强弱,胡之强弱系石虎之能否。自石勒举事,虎常为爪牙,百战百胜,遂定中原,所据之地,同于魏世。勒死之后,虎挟嗣君,诛将相。内难既平,翦削外寇,一举而拔金墉,再战而禽石生,诛石聪如拾遗,取郭权如振槁,四境之内,不失尺土。以是观之,虎为能乎,将不能乎?论者以胡前攻襄阳不能拔,谓之无能为。夫百战百胜之强而以不拔一城为劣,譬如射者百发百中而一失,可以谓之拙乎?

"且石遇,偏师也,桓平北,边将也,所争者疆场之士,利则进,否则退,非所急也。今征西以重镇名贤,自将大军欲席卷河南,虎必自帅一国之众来决胜负,岂得以襄阳为比哉!今征西欲与之战,何如石生?若欲城守,何如金墉?欲阻沔水,何如大江?欲拒石虎,何如苏峻?凡此数者,宜详校之。

"石生猛将,关中精兵,征西之战殆不能胜也!又当是时,洛阳、关中皆举兵击虎,今此三镇反为其用。方之于前,倍半之势也。石生不能敌其半,而征西欲当其倍,愚所疑也。苏峻之强不及石虎,沔水之险不及大江,大江不能御苏峻而欲以沔水御石虎,又所疑也。昔祖士稚在谯,佃于城北界,胡来攻,豫置军屯以御其外。谷将熟,胡果至,丁夫战于外,老弱获于内,多持炬火,急则烧谷而走。如此数年,竟不得其利。当是时,胡唯据河北,方之于今,四分之一耳。士稚不能捍其一而征西欲以御其四,又所疑也。

庾亮上疏说："蜀地的汉国很弱,而北方胡虏仍然强大,我想率十万大军移徙镇守石城,派遣各军罗列分布在长江、沔水一带,作为讨伐赵国的准备。"成帝把疏章下交朝廷评论。丞相王导请求允准,太尉郗鉴评议,认为"物资财用不足,不能大举行动"。

太常蔡谟议论,认为:"时机有利与不利,道有伸有屈,如果不考虑强弱的形势轻举妄动,那么会迅速败亡,有什么功业!当今之计,不如自蓄威势,等待时机。时机的可否在于胡虏的强弱,而胡虏的强弱又在于石虎的能力。自从石勒起兵,石虎便经常充当武将,百战百胜,于是平定中原,所占据的地域,与当年的魏国相当。石勒死后,石虎挟持继位的君主,诛戮将相。平定内乱之后,又翦灭和削弱外寇,一举攻取金墉,再战便擒获石生,诛杀石聪如同路拾遗物,战胜郭权如同震毁槁木,四周国境之内,不失尺土。由此看来,石虎是有才能呢,还是没有才能呢?论议者因为过去胡虏进攻襄阳不能取胜,便认为他无能为力。然而百战百胜的强敌却因没有攻取一城就以为低劣,好比射箭的人百发百中,只有一次失误,能够说他拙劣吗?

"况且,石遇的军队只是赵的偏师,桓宣是位戍边的将领,他们争夺的是疆土的伸缩,有利就进,不利则退,不是紧迫的问题。现在征西将军庾亮,以重镇名贤的地位和身份亲自率领大军试图席卷黄河以南,石虎必定亲自率领全国之众前来一决胜负,哪能与襄阳之战相比呢!现在征西将军想与石虎交战,比起石生如何?如果想据城固守,比起金墉城如何?如果想依仗沔水的天险,比起大江又如何?如果想抗拒石虎,比起抗拒苏峻又如何?凡此种种,应当仔细考校。

"石生是猛将,拥有关中的精锐士兵,庾亮若要攻击恐怕难以取胜!再说那时洛阳、关中都起兵攻击石虎,现在这三镇反而被石虎所用。比起从前,石虎现在实力有超出一倍的势头。石生不能抵挡相当于现在一半的实力,而征西将军却想抵挡超出当年一倍的力量,这是我所疑惑的。苏峻的强大比不上石虎,沔水的天险比不上大江,大江都不能阻挡苏峻,却想依靠沔水抵挡石虎,这又是令人怀疑的。当初祖逖驻守谯,在城北边垦荒种田,担心胡虏来攻,预先设置军屯在外围阻挡。谷物快要成熟时,胡虏果真前来,壮丁在外围争战,老弱在内收获,许多人手持火炬,战况紧急时来不及收获,就焚毁庄稼逃走。如此多年,最终也没有得到屯田的利益。在那个时候,胡虏只占据了河北,比起现在,只是四分之一而已。祖逖不能抵御当初的一,而征西将军却想抵御现在的四,又是令人疑惑的。

"然此但论征西既至之后耳,尚未论道路之虑也。自沔以西,水急岸高,鱼贯溯流,首尾百里。若胡无宋襄之义,及我未阵而击之,将若之何?今王土与胡,水陆异势,便习不同。胡若送死,则敌之有馀,若弃江远进,以我所短击彼所长,惧非庙胜之算。"

朝议多与谟同。乃诏亮不听移镇。

4 燕前军师慕容评、广威将军慕容军、折冲将军慕舆根、荡寇将军慕舆埿袭赵辽西,俘获千馀家而去。赵镇远将军石成、积弩将军呼延晃、建威将军张支等追之,评等与战,斩晃、支首。

5 段辽谋反于燕,燕人杀辽及其党与数十人,送辽首于赵。

6 五月,代王什翼犍会诸大人于参合陂,议都灅源川。其母王氏曰:"吾自先世以来,以迁徙为业;今国家多难,若城郭而居,一旦寇来,无所避之。"乃止。

代人谓他国之民来附者皆为乌桓,什翼犍分之为二部,各置大人以监之。弟孤监其北,子寔君监其南。

什翼犍求昏于燕,燕王皝以其妹妻之。

7 秋,七月,赵王虎以太子宣为大单于,建天子旌旗。

8 庚申,始兴文献公王导薨,丧葬之礼视汉博陆侯及安平献王故事,参用天子之礼。

导简素寡欲,善因事就功,虽无日用之益而岁计有馀。辅相三世,仓无储谷,衣不重帛。

"然而,这还只是讨论征西将军到达中原以后的情况,还没讨论路途方面的忧虑。沔水以西,水急岸高,舟船只能溯流鱼贯而上,往往首尾相衔百里。如果胡虏没有宋襄公不攻击半渡之人的仁义之举,乘我方军队尚未列阵时攻击,后果将会怎样?现在我们与胡虏,水陆地势不同,熟悉的技能也不同,胡虏如果前来送死,那么我们战胜他们有馀力;如果要放弃长江向远方进发,用我们的短处攻击敌人的长处,恐怕这不是胜于庙堂之中的成算。"

朝廷的评论大多与蔡谟相同,于是成帝下诏不让庾亮转移镇守地。

4 燕国前军师慕容评、广威将军慕容军、折冲将军慕舆根、荡寇将军慕舆埿攻袭赵的辽西,俘获民众一千多家后离去。赵镇远将军石成、积弩将军呼延晃、建威将军张支等人追击,慕容评等同他们交战,斩杀呼延晃和张支,将其斩首。

5 段辽图谋反叛燕国,燕人杀死段辽及其门党几十人,把段辽首级送给赵。

6 五月,代王拓跋什翼犍在参合陂会见诸部大人,商议定都于灅源川。母亲王氏说:"我们从祖先开始,就以迁徙为业,现今国家多难,如果修筑城郭定居,一旦敌寇进犯,就没有躲避之处了。"定都之事便告中止。

代国人把别国民众前来归附的都称为乌桓,拓跋什翼犍把他们分成两个部落,各自设置大人监察。兄弟拓跋孤监察北部,儿子拓跋寔君监察南部。

拓跋什翼犍向燕求婚,燕王慕容皝把自己的妹妹嫁给他。

7 秋季,七月,赵王石虎任太子石宣为大单于,树立天子旌旗。

8 庚申(十八日),始兴文献公王导去世,丧葬的礼仪比照汉代博陆侯霍光和安平献王司马孚的旧例,参用天子的礼节。

王导清简寡欲,善于顺因事势获取成功,治理国家虽然每日用度没什么宽裕,但每年的费用却有节馀。他辅佐元帝、明帝、成帝三代君王,担任相职,但自己却仓库无储粮,穿衣不加帛。

初，导与庾亮共荐丹杨尹何充于帝，请以为己副，且曰："臣死之日，愿引充内侍，则社稷无虞矣。"由是加吏部尚书。及导薨，征庾亮为丞相、扬州刺史、录尚书事。亮固辞。辛酉，以充为护军将军；亮弟会稽内史冰为中书监、扬州刺史，参录尚书事。

冰既当重任，经纶时务，不舍昼夜，宾礼朝贤，升擢后进，由是朝野翕然称之，以为贤相。初，王导辅政，每从宽恕；冰颇任威刑，丹杨尹殷融谏之。冰曰："前相之贤，犹不堪其弘，况如吾者哉！"范汪谓冰曰："顷天文错度，足下宜尽消御之道。"冰曰："玄象岂吾所测，正当勤尽人事耳。"又隐实户口，料出无名万馀人，以充军实。冰好为纠察，近于繁细，后益矫违，复存宽纵，疏密自由，律令无用矣。

9　八月壬午，复改丞相为司徒。

10　南昌文成公郗鉴疾笃，以府事付长史刘遐，上疏乞骸骨，且曰："臣所统错杂，率多北人，或逼迁徙，或是新附，百姓怀土，皆有归本之心。臣宣国恩，示以好恶，处与田宅，渐得少安。闻臣疾笃，众情骇动，若当北渡，必启寇心。太常臣谟，平简贞正，素望所归，谓可以为都督、徐州刺史。"诏以蔡谟为太尉军司，加侍中。辛酉，鉴薨，即以谟为征北将军、都督徐、兖、青三州诸军事、徐州刺史，假节。

当初,王导和庾亮共同向成帝举荐丹杨尹何充,请求作为自己的副职,并且说:"我死的时候,希望提拔何充到内廷供职,那么国家就无可忧虑了。"因此授予何充吏部尚书。王导去世后,成帝征召庾亮担任丞相、扬州刺史、录尚书事。庾亮固辞不受。辛酉(十九日),任用何充为护军将军;庾亮的兄弟、会稽内史庾冰任中书监、扬州刺史,参录尚书事。

庾冰担当重任后,治理政务不分昼夜,对朝廷贤臣彬彬有礼,提拔后进,因此朝野人士都同声称赞,认为他是贤相。当初,王导辅佐朝政,每每采取宽恕态度;庾冰则时常依靠威严刑令,丹杨尹殷融劝谏他。庾冰说:"凭以前丞相那样的贤良,尚且不能胜任宽宏,何况像我这样的人呢!"范汪对庾冰说:"不久前天象错乱失度,足下应当采取消除、防御的对策。"庾冰说:"玄奥的天象岂是我所能测知的,这正应当勤奋地克尽人事。"庾冰又审度核实户口,清理出没有姓名的人一万多名,用以充实军队。庾冰喜好举发检察,近于繁细,后来矫枉过正,又宽松纵容,更加远离正道。宽松或是严密,均随心所欲,因此律令便没有用了。

9　八月壬午(初十),晋又改丞相官职为司徒。

10　南昌文成公郗鉴病重,将幕府事务交给长史刘遐,自己上疏乞求卸职,而且说:"我所统领的人员错综杂乱,一般来说北方人居多,有的是受威逼迫来的,有的是新近归附的,百姓心恋故土,都有归本的心愿。我宣扬国家的恩德,晓谕好恶之别,分给他们田地住宅,这才逐渐换得稍稍的平安。听说我病重,众人心情惊骇骚动,如果真的向北渡江,必然引动敌人侵犯的心思。太常蔡谟平简贞正,为时望所归,我认为可以出任都督及徐州刺史。"成帝下诏任蔡谟为太尉军司,授予侍中。辛酉,郗鉴去世,当即任命蔡谟为征北将军、都督徐州、兖州、青州诸军事、徐州刺史,赐予符节。

时左卫将军陈光请伐赵，诏遣光攻寿阳，谟上疏曰："寿阳城小而固。自寿阳至琅邪，城壁相望，一城见攻，众城必救。又，王师在路五十馀日，前驱未至，声息久闻，贼之邮驿，一日千里，河北之骑，足以来赴。夫以白起、韩信、项籍之勇，犹发梁焚舟，背水而阵。今欲停船水渚，引兵造城，前对坚敌，顾临归路，此兵法之所诫。若进攻未拔，胡骑卒至，惧桓子不知所为而舟中之指可掬也。今光所将皆殿中精兵，宜令所向有征无战。而顿之坚城之下，以国之爪士击寇之下邑，得之则利薄而不足损敌，失之则害重而足以益寇，惧非策之长者也。"乃止。

11　初，陶侃在武昌，议者以江北有邾城，宜分兵戍之。侃每不答，而言者不已。侃乃渡水猎，引将佐语之曰："我所以设险而御寇者，正以长江耳。邾城隔在江北，内无所倚，外接群夷，夷中利深。晋人贪利，夷不堪命，必引虏入寇，此乃致祸之由，非以御寇也。且吴时戍此城用三万兵，今纵有兵守，亦无益于江南；若羯虏有可乘之会，此又非所资也。"

及庾亮镇武昌，卒使毛宝、樊峻戍邾城。赵王虎恶之，以夔安为大都督，帅石鉴、石闵、李农、张貉、李菟等五将军、兵五万人寇荆、扬北鄙，二万骑攻邾城。毛宝求救于庾亮，亮以城固，不时遣兵。

九月，石闵败晋兵于沔阴，杀将军蔡怀；夔安、李农陷沔南；朱保败晋兵于白石，杀郑豹等五将军；张貉陷邾城，死者六千人，毛宝、樊峻突围出走，赴江溺死。夔安进据胡亭，寇江夏；义阳将军黄冲、义阳太守郑进皆降于赵。安进围石城，竟陵太守李阳拒战，破之，斩首五千馀级，安乃退，遂掠汉东，拥七千馀户迁于幽、冀。

当时左卫将军陈光请求伐赵，成帝下诏派陈光进攻寿阳，蔡谟上疏说：“寿阳城小但坚固。从寿阳至琅邪，城墙互相可以望见，一城受攻，各城必然来救援。再者，君王的军队在路途上需要五十多天，先驱者还没到达，消息已经传播很久了，敌贼的邮驿，以一日千里的速度传递消息，那么黄河以北的骑兵，就完全可以赶来救援。以白起、韩信、项籍那样的勇将，还要挖断桥梁，焚毁舟船，背水而战。现在想把舟船停泊在水渚中备用，领兵前往敌城，前方面对强敌，回头顾望归路，这正是兵法所诫的大忌。如果进攻不能取胜，胡虏的骑兵突然到达，恐怕中行桓子不知所措、士兵争船渡河，以致被砍断的手指双手可捧的局面又将重演。现在陈光统帅的都是宫中精兵，应该让他们所到之处，都是只有出征但不交战。现在却屯兵于坚城之下，用国家的宫中精锐攻击敌人的下等城邑，取胜则得利微小不足以给敌人造成多大伤害，失败则损失惨重足以有利于敌寇，这恐怕不是周全的计策。”伐赵之事这才中止。

11　当初，陶侃镇守武昌，有人论议，认为长江北岸有邾城，应当分兵戍守。陶侃常常不作答复，但总有人提及此事。陶侃于是渡江围猎，召来将佐们告诉他们说：“我之所以设置险阻防御敌寇，正因为有长江而已。邾城隔在长江北岸，自身没有可以依仗的天险，外部与各夷族接壤，对夷人来说利害关系更大。如果我们贪图小利，夷人不能忍受，必定领兵前来侵犯，这正是导致祸乱的根由，不是用以抵御敌寇的好方法。况且吴国当初戍守此城，动用了三万兵众，现在纵然派兵戍守，对江南来说也没什么太大的好处；如果羯族敌虏有可乘之机，占据邾城又没有什么太大的帮助。”

等到庾亮镇守武昌，最终还是派毛宝、樊峻戍守邾城。赵王石虎憎恶，任用夔安为大都督，率同石鉴、石闵、李农、张貉、李菟五位将军、兵众五万人侵犯荆州和扬州的北部边境，另派两万骑兵进攻邾城。毛宝向庾亮求救，庾亮认为邾城城池坚固，没有及时派兵。

九月，石闵在沔南战败晋兵，杀死将军蔡怀；夔安、李农攻陷沔南；朱保战败白石的晋兵，杀死郑豹等五位将军；张貉攻下邾城，邾城战死者有六千人，毛宝、樊峻突围出逃，渡江时溺水而死。夔安进据胡亭，侵犯江夏；义阳将军黄冲、义阳太守郑进都投降赵军。夔安前进包围石城，竟陵太守李阳发兵抵抗，战败夔安，斩首五千多级，夔安这才退走，乘势劫掠汉水以东，挟持民众七千多户迁徙到幽州、冀州。

是时庾亮犹上疏欲迁镇石城,闻邾城陷,乃止。上表陈谢,自贬三等,行安西将军。有诏复位,以辅国将军庾怿为豫州刺史,监宣城、庐江、历阳、安丰四郡诸军事、假节,镇芜湖。

12　赵王虎患贵戚豪恣,乃擢殿中御史李巨为御史中丞,特加亲任,中外肃然。虎曰:"朕闻良臣如猛虎,高步旷野而豺狼避路,信哉!"

虎以抚军将军李农为使持节、监辽西北平诸军事、征东将军、营州牧,镇令支。农帅众三万与征北大将军张举攻燕凡城。燕王皝以樀卢城大悦绾为御难将军,授兵一千,使守凡城。及赵兵至,将吏皆恐,欲弃城走。绾曰:"受命御寇,死生以之。且凭城坚守,一可敌百,敢有妄言惑众者斩!"众然后定。绾身先士卒,亲冒矢石。举等攻之经旬,不能克,乃退。虎以辽西迫近燕境,数遭攻袭,乃悉徙其民于冀州之南。

13　汉主寿疾病,罗恒、解思明复议奉晋,寿不从。李演复上书言之,寿怒,杀演。

寿常慕汉武、魏明之为人,耻闻父兄时事,上书者不得言先世政教,自以为胜之也。舍人杜袭作诗十篇,托言应璩以讽谏。寿报曰:"省诗知意。若今人所作,乃贤哲之话言;若古人所作,则死鬼之常辞耳。"

14　燕王皝自以称王未受晋命,冬,遣长史刘翔、参军鞠运来献捷论功,且言权假之意,并请刻期大举,共平中原。

皝击高句丽,兵及新城,高句丽王钊乞盟,乃还。又使其子恪、霸击宇文别部。霸年十三,勇冠三军。

此时庾亮还在上疏想将镇守地移至石城,听说邾城失陷,这才作罢。给成帝上表谢罪,自行乞求贬职三等,行安西将军职位。成帝下诏让他恢复原位,任命辅国将军庾怿为豫州刺史,监察宣城、庐江、历阳、安丰四郡诸军事,假节,镇守芜湖。

12 赵王石虎忧虑贵戚们狂放恣肆,于是提升殿中御史李巨为御史中丞,特别加以宠爱和信任,朝廷内外为此肃然。石虎说:"我听说良臣如同猛虎,信步行走于旷野,豺狼因此避开行路,的确如此!"

石虎任命抚军将军李农为使持节、监察辽西和北平诸军事、征东将军、营州牧,镇守令支。李农率领士众三万人,会同征北大将军张举进攻燕国的凡城。燕王慕容皝任用楷卢城主悦绾为御难将军,调拨士兵一千人,让他守卫凡城。等到赵军队到达凡城,将吏们都十分恐慌,想弃城而逃。悦绾说:"我们受命抵御敌寇,应将生死置之度外。况且据城坚守,一人可以抵挡百人,胆敢妄言惑众的人斩首!"大家这才安定。悦绾身先士卒,亲身承受流矢飞石。张举等人进攻十多天,不能取胜,于是退军。石虎因为辽西迫近燕国边境,多次遭到攻袭,于是把民众全部迁徙到冀州以南。

13 汉国主李寿病重,罗恒、解思明又论议推奉李晋为储君,李寿不同意。李演又上书谈及这件事,李寿发怒,杀死李演。

李寿时常仰慕汉武帝、魏明帝的为人,以听到父兄当时的事迹为耻辱,规定上书的人都不得提及先世的政教业绩,自认为胜过他们。舍人杜袭写诗十篇,假托是应璩所作,用婉言隐语来劝谏李寿。李寿回复说:"我审读诗篇,已知其意。如果是今人所作,确实是贤哲的善言;如果是古人所作,那么不过是死鬼常说的话。"

14 燕王慕容皝自认为称王没有受晋王室的任命,冬季,派长史刘翔、参军鞠运前来进献俘虏和战利品、报告功绩,并且说明假摄称王的意愿,又请求约定日期,大举起兵,共同平定中原。

慕容皝攻击高句丽,军队到达新城,高句丽王钊乞求结盟和好,于是燕军退还。慕容皝又派儿子慕容恪、慕容霸攻击宇文氏的别部。慕容霸年方十三,勇冠三军。

15　张骏立辟雍、明堂以行礼。十一月，以世子重华行凉州事。

16　十二月丁丑，赵太保桃豹卒。

17　丙戌，以骠骑将军琅邪王岳为侍中、司徒。

18　汉李奕寇巴东，守将劳杨败死。

六年(庚子，340)

1　春，正月庚子朔，都亭文康侯庾亮薨。以护军将军、录尚书何充为中书令。庚戌，以南郡太守庾翼为都督江荆司雍梁益六州诸军事、安西将军、荆州刺史、假节，代亮镇武昌。时人疑翼年少，不能继其兄。翼悉心为治，戎政严明，数年之间，公私充实，人皆称其才。

2　辛亥，以左光禄大夫陆玩为侍中、司空。

3　宇文逸豆归忌慕容翰才名，翰乃阳狂酗饮，或卧自便利，或被发歌呼，拜跪乞食。宇文举国贱之，不复省录，以故得行来自遂，山川形便，皆默记之。燕王皝以翰初非叛乱，以猜嫌出奔，虽在他国，常潜为燕计，乃遣商人王车通市于宇文部以窥翰。翰见车，无言，抚膺颔之而已。皝曰："翰欲来也。"复使车迎之。翰弯弓三石馀，矢尤长大，皝为之造可手弓矢，使车埋于道旁而密告之。二月，翰窃逸豆归名马，携其二子过取弓矢，逃归。逸豆归使骁骑百馀追之。翰曰："吾久客思归，既得上马，无复还理。吾向日阳愚以诳汝，吾之故艺犹在，无为相逼，自取死也！"追骑轻之，直突而前。翰曰：

15　张骏设立辟雍、明堂以进行宣教礼仪活动。十一月,让世子张重华兼管凉州事务。

16　十二月丁丑(初七),赵太保桃豹故去。

17　丙戌(十六日),晋朝廷任命骠骑将军、琅邪王司马岳为侍中、司徒。

18　汉国李奕侵犯巴东,守将劳杨战败身死。

晋成帝咸康六年(庚子,公元 340 年)

1　春季,正月庚子朔(初一),都亭文康侯庾亮去世。成帝任用护军将军、录尚书何充为中书令。庚戌(十一日),任命南郡太守庾翼为都督江州、荆州、司州、雍州、梁州、益州诸军事及安西将军、荆州刺史、假节,代替庾亮镇守武昌。当时人怀疑庾翼年轻,不能继承他兄长庾亮的业绩。庾翼尽心治理,军务和政务都很严明,数年之间,官府和私人资用充实,众人都称赞他的才能。

2　辛亥(十二日),东晋朝廷任用左光禄大夫陆玩为侍中、司空。

3　宇文逸豆归妒忌慕容翰的才能、名望,慕容翰便佯装癫狂,终日酗饮,有时躺着就大、小便,有时又披散头发,大声歌呼,跪拜乞食。宇文部全国都看不起他,对他不再检视省察,慕容翰因此可以来往自由,把宇文部的山川形势,都默记在心。燕王慕容皝因为慕容翰当初并非叛乱,是因为心有猜忌才出逃,虽然居住别国,但经常悄悄地为燕国打算,于是派商人王车到宇文部经商,借此观测慕容翰的心意。慕容翰见到王车,不说话,只是捶击胸部颔首而已。慕容皝说:"慕容翰想回来了。"又让王车去迎接他归来。慕容翰拉弓的力量达三石多,箭身尤为长大,慕容皝为他制造了可手的弓箭,让王车埋在道路旁边,悄悄告诉慕容翰。二月,慕容翰偷出宇文逸豆归的名马,携同两个儿子到路边取出弓箭,上马逃归。宇文逸豆归派骁勇骑兵一百多人追赶,慕容翰说:"我长久客居他国,现在想回乡,既然已经上马,就再没有回去的道理。我过去每天佯装痴呆欺蒙你们,其实我以往的技艺并未丢失,你们不要逼迫我,那是自寻死路!"追来的骑兵小看慕容翰,径直奔驰而来。慕容翰说:

"吾居汝国久恨恨,不欲杀汝。汝去我百步立汝刀,吾射之,一发中者汝可还,不中者可来前。"追骑解刀立之,一发,正中其环,追骑散走。軦闻翰至,大喜,恩遇甚厚。

4　庚辰,有星孛于太微。

5　三月丁卯,大赦。

6　汉人攻拔丹川,守将孟彦、刘齐、李秋皆死。

7　代王什翼犍始都云中之盛乐宫。

8　赵王虎遗汉主寿书,欲与之连兵入寇,约中分江南。寿大喜,遣散骑常侍王嘏、中常侍王广使于赵。龚壮谏,不听。寿大修舟舰,缮兵聚粮。秋,九月,以尚书令马当为六军都督,征集士卒七万馀人为舟师,大阅于成都,鼓噪盈江。寿登城观之,有吞噬江南之志。解思明谏曰:"我国小兵弱,吴、会险远,图之未易。"寿乃命群臣大议利害。龚壮曰:"陛下与胡通,孰若与晋通?胡,豺狼也,既灭晋,不得不北面事之。若与之争天下,则强弱不敌,危亡之势也,虞、虢之事,已然之戒,顾陛下熟虑之!"群臣皆以壮言为然,寿乃止。士卒咸称万岁。

龚壮以为人之行莫大于忠孝,既报父、叔之仇,又欲使寿事晋,寿不从。乃诈称耳聋,手不制物,辞归,以文籍自娱,终身不复至成都。

9　赵尚书令夔安卒。

10　赵王虎命司、冀、青、徐、幽、并、雍七州之民五丁取三,四丁取二,合邺城旧兵,满五十万,具船万艘,自河通海,运谷千一百万斛于乐安城。徙辽西、北平、渔阳万馀户于兖、豫、雍、洛四州之地。自幽州以东至白狼,大兴屯田。悉括取民马,有敢私匿者腰斩,凡得四万馀匹。大阅于宛阳,欲以击燕。

"我长久居住在你们国家,心存依恋之情,不想杀死你们。你们离开我一百步把刀树立起来,让我用箭射击,如果一发便射中,你们便可以返回;如果射不中,你们便可以前来抓我。"追来的骑兵解下佩刀插在地上,慕容翰射出一枝箭,正中刀环,追来的骑兵四散逃走。慕容皝听说慕容翰到来,大为喜悦,对他的礼遇很优厚。

4　庚辰(十一日),有异星出现在太微星旁。

5　三月丁卯(二十九日),东晋大赦天下。

6　汉人攻占丹川,丹川守将孟彦、刘齐、李秋全都战死。

7　代王拓跋什翼犍开始建都于云中的盛乐宫。

8　赵王石虎写信给汉国主李寿,想和他联军南犯,约定平分江南之地。李寿大为高兴,派散骑常侍王嘏、中常侍王广出使赵。龚壮规谏,李寿不听。李寿多造舰船,整修兵器,积蓄军粮。秋季,九月,任命尚书令马当为六军都督,征集士卒七万多人为水军,在成都举行盛大的阅兵式,鼓噪之声充溢江面。李寿登上城楼检阅,大有吞噬江南的志向。解思明劝谏说:"我们国家小,军力弱,东吴、会稽相距遥远,地势险恶,想图谋并不容易。"李寿于是命令群臣广泛论评其中的利害。龚壮说:"陛下与胡虏结盟,又怎么比得上与晋王室结盟? 胡虏是豺狼之辈,灭晋之后,我们不得不面向北方称臣侍奉他。如果和他们争夺天下,那么强弱不相称,处于危亡的境地,春秋时虞国、虢国的往事,就是以往的教训,希望陛下仔细考虑这件事!"群臣们都认为龚壮的话有理,李寿于是停止攻伐江南的举动。士卒们都山呼万岁。

龚壮认为人的品行最重要的是忠孝,已经为父亲、叔父报仇之后,又想让李寿侍奉晋室,李寿不听。龚壮便诈称耳聋,手不能拿东西,辞职归乡,以读书写作自娱,终身不再去成都。

9　赵尚书令夔安去世。

10　赵王石虎下令让司、冀、青、徐、幽、并、雍七州的民众五个男丁中选取三个,四个中选取两个,连同邺城旧有军队,足足五十万人,准备舟船一万艘,由黄河通往大海,运送谷物一千一百万斛到乐安城。把辽西、北平、渔阳的一万多户民众迁徙到兖州、豫州、雍州、洛州。从幽州以东到白狼,大举屯田。把百姓的马匹全部收缴上来,敢于私自藏匿马匹不交出的人处以腰斩之刑,共得马匹四万多匹。在宛阳举行盛大的阅兵式,准备用来进攻燕国。

資治通鑑

燕王皝谓诸将曰:"石虎自以乐安城防守重复,蓟城南北必不设备,今若诡路出其不意,可尽破也。"冬,十月,皝帅诸军入自蠮螉塞袭赵,戍将当道者皆禽之,直抵蓟城。赵幽州刺史石光拥兵数万,闭城不敢出。燕兵进破武遂津,入高阳,所至焚烧积聚,略三万馀家而去。石光坐懦弱征还。

11 赵王虎以秦公韬为太尉,与太子宣迭日省可尚书奏事,专决赏刑,不复启白。司徒申钟谏曰:"赏刑者,人君之大柄,不可以假人,所以防微杜渐,消逆乱于未然也。太子职在视膳,不当豫政;庶人邃以豫政致败,覆车未远也。且二政分权,鲜不阶祸。爱之不以道,适所以害之也。"虎不听。

中谒者令申扁以慧悟辩给有宠于虎,宣亦昵之,使典机密。虎既不省事,而宣、韬皆好酣饮、畋猎,由是除拜、生杀皆决于扁,自九卿已下率皆望尘而拜。

太子詹事孙珍病目,求方于侍中崔约,约戏之曰:"溺中则愈。"珍曰:"目何可溺?"约曰:"卿目眳眳,正耐溺中。"珍恨之,以白宣。宣于兄弟中最胡状目深,闻之怒,诛约父子。于是公卿以下畏珍侧目。

燕公斌督边州,亦好畋猎,常悬管而入。征北将军张贺度每裁谏之,斌怒,辱贺度。虎闻之,使主书礼仪持节监之。斌杀仪,又欲杀贺度,贺度严卫驰白之。虎遣尚书张离帅骑追斌,鞭之三百,免官归第,诛其亲信十馀人。

燕王慕容儁对众将领说："石虎自以为乐安城的防守力量强大，在蓟城南北必然不加防备，如果现在抄小路出其不意，就可以彻底击败他们。"冬季，十月，慕容儁率领各路军队从蠮螉塞攻入，袭击赵军，赵军戍守的将领有敢于当道阻挡的全部被擒获，燕军一直进抵蓟城之下。赵幽州刺史石光虽然拥有数万兵众，却关闭城门不敢出战，燕军进而攻破武遂津，进入高阳，所到之处把赵军积蓄的军资焚毁一空，劫掠民众三万多家离去。石光因临敌懦弱被征召返回。

11　赵王石虎任用秦公石韬为太尉，石韬和太子石宣两人按日轮换省视、裁决尚书的奏事，可以独自决定赏赐或刑罚，不再向石虎禀报。司徒申钟劝谏石虎说："赏赐或刑罚，是人君掌握的大权，不能交给别人，这是用以防微杜渐，将逆乱消灭于未然的办法。太子的职责在于侍养父母，不应当参与朝政；庶人石邃因为参与朝政而招致失败，前车之鉴距今不远。而且由二人掌握朝政，权力分散，很少有不发生祸患的。爱他们却不知怎么爱，这正是害了他们的根由。"石虎不听。

中谒者令申扁因为聪明慧悟、能言善辩而被石虎宠爱，石宣也与他关系亲昵，让他典掌机密。石虎既然不过问政事，而石宣、石韬又都喜好酣饮和打猎，因此官员的升免、人员的生杀都由申扁决断，从九卿以下对他都望风而拜。

太子詹事孙珍患眼病，向侍中崔约讨求治病的药方。崔约开玩笑说："向眼中溺尿便可痊愈。"孙珍说："眼中怎能溺尿？"崔约说："你眼窝深陷，正适合溺尿。"孙珍为此怀恨崔约，将此事告知石宣。石宣的面貌在兄弟中最具有胡人的特征，眼窝深陷，听说此事勃然大怒，诛杀崔约父子。于是公卿以下畏惧孙珍，人人侧目。

燕公石斌督察北边州郡，也喜欢打猎，经常佩挂城门的钥匙出入。征北将军张贺度经常规谏他，石斌发怒，羞辱张贺度。石虎听说后，让主书礼仪持符节监察石斌。石斌杀死礼仪，又想杀张贺度，张贺度调集护卫人员驰马禀报石虎。石虎派尚书张离率骑兵追赶石斌，打了他三百鞭，解除官职归家，并诛杀他的亲信十多人。

12 张骏遣别驾马诜入贡于赵，表辞蹇傲。虎怒，欲斩诜。侍中石璞谏曰："今国家所当先除者，遗晋也；河西僻陋，不足为意。今斩马诜，必征张骏，则兵力分而为二，建康复延数年之命矣。"乃止。璞，苞之曾孙也。

13 初，汉将李闳为晋所获，逃奔于赵，汉主寿致书于赵王虎以请之，署曰"赵王石君"。虎不悦，付外议之。中书监王波曰："令李闳以死自誓曰：'苟得归骨于蜀，当纠帅宗族，混同王化。'若其信也，则不烦一旅，坐定梁、益。若有前却，不过失一亡命之人，于赵何损！李寿既僭大号，今以制诏与之，彼必酬返，不若复为书与之。"会挹娄国献楛矢石弩于赵，波因请以遗汉，曰："使其知我能服远方也。"虎从之，遣李闳归，厚为之礼。闳至成都，寿下诏曰："羯使来庭，贡其楛矢。"虎闻之，怒，黜王波，以白衣领职。

七年（辛丑，341）

1 春，正月燕王皝使唐国内史阳裕等筑城于柳城之北，龙山之西，立宗庙、宫阙，命曰龙城。

2 二月甲子朔，日有食之。

3 刘翔至建康，帝引见，问慕容镇军平安。对曰："臣受遣之日，朝服拜章。"

翔为燕王皝求大将军、燕王章玺。朝议以为："故事：大将军不处边；自汉、魏以来，不封异姓为王；所求不可许。"翔曰："自刘、石构乱，长江以北，翦为戎薮，未闻中华公卿之胄有一人能攘臂挥戈，摧破凶逆者也。独慕容镇军父子竭力，心存本朝，以寡击众，屡挫强敌，使石虎畏惧，悉徙边陲之民散居三魏，蹙国千里，以蓟城为北境。功烈如此，而惜海北之地不以为封邑，何哉？

12 张骏派别驾马诜到赵呈献贡物,上表中言辞冷漠孤傲。石虎发怒,要把马诜斩首。侍中石璞劝谏说:"如今国家应当最先除灭的,是晋。河西地处僻陋,不值得放在心上。现在斩杀马诜,就必定要征伐张骏,那么兵力一分为二,建康就又能延长若干年的寿命了。"石虎于是不杀马诜。石璞是石苞的曾孙。

13 当初,汉国将领李闳被晋军擒获,又出逃到赵国,汉国主李寿写信给赵王石虎,请求放他归来,信中题署称"赵王石君"。石虎不高兴,交付外廷评议。中书监王波说:"让李闳用性命发誓说:'如果能返回蜀地,将统帅宗族,接受大王的教化。'将来如果他果真这样做,那么我们不用烦劳一支军队,便可安坐平定梁州和益州。如果他心存犹豫,不实践诺言,我们也不过失去一个亡命之人而已,对赵国有什么损伤!李寿既然僭称皇帝之号,如果我们现在用皇帝诏书的形式给他回复,他必定以同样的形式回报我们,不如再以信件的方式答复他。"适逢挹娄国向赵国进献楛矢石弩,王波乘势请求转送汉国,说:"让他们知道我们能够使远方的国家降服。"石虎听从他的建议,遣送李闳归国,并且用隆重的礼仪对待他。李闳到达成都,李寿颁布诏书说:"羯虏的使者来朝拜,进贡楛矢。"石虎听说后,发怒,废黜王波的爵位,让他以平民身份任职。

晋成帝咸康七年(辛丑,公元341年)

1 春季,正月,燕王慕容皝让唐国内史阳裕等人在柳城以北、龙山的西面修建城郭,设立宗庙和宫阙,命名为龙城。

2 二月甲子朔(初一),出现日食。

3 刘翔到达建康,成帝召见,询问慕容皝平安与否。刘翔回答说:"我接受派遣时,他身穿朝服,向南方拜授章表。"

刘翔为燕王慕容皝请求大将军及燕王的章玺。朝廷论议认为:"按旧例:大将军不委派到边关;从汉、魏以来,不封异姓为王;所请求的事情不能许可。"刘翔说:"自从刘氏、石氏作乱,长江以北之地,完全成为战乱渊薮,从未听说华夏公卿的后裔中有一人能够将袖伸臂,挥动兵戈,摧毁凶逆之徒。只有慕容氏父子竭尽心力,心怀本朝,以少击多,多次歼灭强敌,使石虎畏惧,把边陲的民众全部迁徙,让他们散居在魏郡、阳平、广平一带,国土因而缩小千里,以至蓟城成为他们北方的边境。慕容皝功绩如此显赫,朝廷却吝惜勃海以北的土地,不把它作为封邑,这是为什么?

昔汉高祖不爱王爵于韩、彭，故能成其帝业；项羽刓印不忍授，卒用危亡。吾之至心，非苟欲尊其所事，窃惜圣朝疏忠义之国，使四海无所劝慕耳。"

尚书诸葛恢，翔之姊夫也，独主异议，以为："夷狄相攻，中国之利，惟器与名，不可轻许。"乃谓翔曰："借使慕容镇军能除石虎，乃是复得一石虎也，朝廷何赖焉！"翔曰："嫠妇犹知恤宗周之陨。今晋室阽危，君位侔元、凯，曾无忧国之心邪？向使靡、鬲之功不立，则少康何以祀夏！桓、文之战不捷，则周人皆为左衽矣。慕容镇军枕戈待旦，志殄凶逆，而君更唱邪惑之言，忌间忠臣。四海所以未一，良由君辈耳！"翔留建康岁馀，众议终不决。

翔乃说中常侍彧弘曰："石虎苞八州之地，带甲百万，志吞江、汉，自索头、宇文暨诸小国，无不臣服。惟慕容镇军翼戴天子，精贯白日，而更不获殊礼之命，窃恐天下移心解体，无复南向者矣。公孙渊无尺寸之益于吴，吴主封为燕王，加以九锡。今慕容镇军屡摧贼锋，威震秦、陇，虎比遣重使，甘言厚币，欲授以曜威大将军、辽西王。慕容镇军恶其非正，却而不受。今朝廷乃矜惜虚名，沮抑忠顺，岂社稷之长计乎！后虽悔之，恐无及已。"弘为之入言于帝，帝意亦欲许之。会觊上表，称"庾氏兄弟擅权召乱，宜加斥退，以安社稷"，又与庾冰书，责其当国秉权，不能为国雪耻。冰甚惧，以其绝远，非所能制，乃与何充奏从其请。乙卯，以慕容觊为使持节、大将军、都督河北诸军事、幽州牧、大单于、燕王，备物、典策，皆从殊礼。又以其世子儁为假节、安北将军、东夷校尉、左贤王；赐军资器械以千万计。又封诸功臣百馀人，以刘翔为代郡太守，封临泉乡侯，加员外散骑常侍。翔固辞不受。

当初汉高祖不吝啬王位,授予韩信、彭越,所以能够成就帝业;项羽把官印藏到棱角都磨损了也不舍得授人,终于导致危亡。我的内心,不只是希望能尊奉所侍奉的人,私下还为朝廷疏远忠义的边国、使得四海之人无从劝勉和仰慕深感惋惜。"

尚书诸葛恢,即刘翔的姐夫,独自持有不同看法,认为:"夷族、狄族互相攻击,这对中原之国有利,只有礼器和名号,不能轻易相许。"于是对刘翔说:"假使慕容皝能够翦除石虎,这是又出现一个石虎,朝廷又能够仰仗谁呢!"刘翔说:"寡妇尚且知道怜悯宗周的陨灭。现在晋室危殆,你职位和高辛氏的八个才子与高阳氏的八个才子相当,难道就没有忧虑国事之心吗?往昔如果靡和有鬲氏的功业不能建立,那么少康怎能中兴夏朝!齐桓公、晋文公指挥的战争不能取胜的话,那么周朝人都将披发左衽,沦为异族了。慕容皝枕戈待旦,立志翦除凶逆,你却又宣扬偏颇和令人迷惑的言论,妒忌、离间忠臣。天下之所以未能统一,实在是因为有你这样的人!"刘翔在建康逗留一年多,众人论议始终没有结果。

刘翔便游说中常侍彧弘说:"石虎包揽八州的地域,有甲兵百万人,立志吞噬长江、汉水,从索头、宇文氏以至各个小国,无不臣服。只有慕容氏辅翼和拥戴晋室天子,精诚上通日月,却不能获得异于常礼的任命,我私下恐怕天下人因而改变心意、分崩离析,不再向南方称臣了。公孙渊对东吴没有一点点功绩,吴主封他为燕王,加以九锡的礼遇。现在慕容皝多次挫败敌军精锐,威震秦州、陇上,石虎连续派遣职高位重的使者,言辞动听,币帛厚重,想拜授慕容皝为曜威大将军、辽西王。慕容皝厌恶他不是皇室正统,拒绝不受。现在朝廷却吝惜虚名,排斥和压抑忠顺的臣民,这哪里是国家的长远之计呢!将来即使后悔,恐怕也来不及了。"彧弘为他入宫向成帝陈述,成帝心中已准备同意。适逢慕容皝上表,内称"庾氏兄弟专权,导致祸乱,应当斥退,用以安定国家",又写信给庾冰,斥责他占据国家要职,专断权柄,不能够为国家雪耻。庾冰十分恐惧,因为慕容皝在边远之地,无力钳制,于是和何充上奏同意刘翔的请求。乙卯,朝廷任命慕容皝为使持节、大将军、都督黄河以北诸军事、幽州牧、大单于、燕王,所用的备物、典策,都以特殊礼节对待。又任命慕容皝的世子慕容儁为假节、安北将军、东夷校尉、左贤王;赐给军资器械数千万。又给各位有功之臣一百多人加封爵位,任刘翔为代郡太守,封为临泉乡侯,授予员外散骑常侍。刘翔坚持推辞不受。

翔疾江南士大夫以骄奢酣纵相尚,尝因朝贵宴集,谓何充等曰:"四海板荡,奄逾三纪,宗社为墟,黎民涂炭,斯乃庙堂焦虑之时,忠臣毕命之秋也。而诸君宴安江沱,肆情纵欲,以奢靡为荣,以傲诞为贤,謇谔之言不闻,征伐之功不立,将何以尊主济民乎!"充等甚惭。

诏遣兼大鸿胪郭悕持节诣棘城册命燕王,与翔等偕北。公卿饯于江上,翔谓诸公曰:"昔少康资一旅以灭有穷,句践凭会稽以报强吴,蔓草犹宜早除,况寇雠乎!今石虎、李寿,志相吞噬,王师纵未能澄清北方,且当从事巴、蜀。一旦石虎先人举事,并寿而有之,据形便之地以临东南,虽有智者,不能善其后矣。"中护军谢广曰:"是吾心也!"

4　三月戊戌,皇后杜氏崩。夏,四月丁卯,葬恭皇后于兴平陵。

5　诏实王公以下至庶人皆正土断、白籍。

6　秋,七月,郭悕、刘翔等至燕,燕王皝以翔为东夷护军、领大将军长史,以唐国内史阳裕为左司马,典书令李洪为右司马,中尉郑林为军谘祭酒。

7　八月辛酉,东海哀王冲薨。

8　九月,代王什翼犍筑盛乐城于故城南八里。

9　代王妃慕容氏卒。

10　冬,十月,匈奴刘虎寇代西部,代王什翼犍遣军逆击,大破之。虎卒,子务桓立,遣使求和于代,什翼犍以女妻之。务桓又朝贡于赵,赵以务桓为平北将军、左贤王。

11　赵横海将军王华帅舟师自海道袭燕安平,破之。

刘翔痛恨江南士大夫以骄奢、酗饮、放纵互相推崇，曾经趁着朝廷显贵们宴饮集会之机，对何充等人说："天下反叛、动荡，已超过三十六年，宗庙社稷化为废墟，万民生灵涂炭，这正是朝廷焦虑的时候，忠臣效命的年代。各位君子却在江沱安乐游玩，尽情纵欲，以奢侈靡乱为荣，以桀傲怪诞为贤，忠正耿直的言论不闻于耳，征伐的功绩无从建立，准备靠什么来尊奉主上、救助百姓呢！"何充等人十分惭愧。

成帝下诏派兼大鸿胪郭悕持符节到棘城去册封燕王，和刘翔等人偕同北上。公卿大夫们在江边为他们饯别，刘翔对他们说："往昔少康凭借一支军队除灭有穷氏，句践靠会稽向强大的吴国报仇。滋蔓的野草尚且应当尽早除去，何况对仇敌呢！现在石虎、李寿，都想互相吞并，王室的军队纵然不能平定北方，暂且应当经营巴、蜀。一旦石虎抢先起事，兼并李寿并占据其地，依仗地形的便利兵临东南，即使有智慧的人出现，也不能妥善处理了。"中护军谢广说："这正是我心中的想法！"

4　三月戊戌(初五)，皇后杜氏驾崩。夏季，四月丁卯(初五)，恭皇后入葬兴平陵。

5　成帝下诏，王公以下至于平民，都确定现居的籍贯，著录于户口版籍。

6　秋季，七月，郭悕、刘翔等人到达燕国，燕王慕容皝任命刘翔为东夷护军、兼领大将军长史，任唐国内史阳裕为左司马，典书令李洪为右司马，中尉郑林为军谘祭酒。

7　八月辛酉(初一)，东海哀王司马冲去世。

8　九月，代王拓跋什翼犍在旧城南面八里外修筑盛乐城。

9　代王妃慕容氏去世。

10　冬季，十月，匈奴族刘虎侵犯代国西部，代王拓跋什翼犍发军迎击，大破敌军。刘虎去世，儿子刘务桓继立，派使者向代王求和，拓跋什翼犍把女儿许配给他为妻。刘务桓又向赵国朝贡，赵国任命他为平北将军、左贤王。

11　赵国横海将军王华率水军由海路进攻燕国安平，获胜。

12 燕王皝以慕容恪为渡辽将军,镇平郭。自慕容翰、慕容仁之后,诸将无能继者。及恪至平郭,抚旧怀新,屡破高句丽兵,高句丽畏之,不敢入境。

13 十二月,兴平康伯陆玩薨。

14 汉主寿以其太子势领大将军、录尚书事。初,成主雄以俭约宽惠得蜀人心,及李闳、王嘏还自邺,盛称邺中繁庶,宫殿壮丽,且言赵王虎以刑杀御下,故能控制境内。寿慕之,徙旁郡民三丁以上者以实成都,大修宫室,治器玩。人有小过,辄杀以立威。左仆射蔡兴、右仆射李嶷皆坐直谏死。民疲于赋役,吁嗟满道,思乱者众矣。

12　燕王慕容皝任用慕容恪为渡辽将军,镇守平郭。自从慕容翰、慕容仁之后,众将领中没有人能够接替他们。等慕容恪到达平郭,抚慰旧属,怀柔新附民,多次击败高句丽的军队,高句丽畏惧慕容恪,不敢再来犯境。

13　十二月,兴平康伯陆玩去世。

14　汉国主李寿让太子李势兼领大将军职、录尚书事。当初,成汉国主李雄因俭约宽厚仁惠得蜀民之心,等到李闳、王嘏从邺城归来,盛赞邺中富庶,宫殿壮观华丽,并且说赵王石虎靠刑罚杀戮驾驭臣下,所以能控制境内。李寿为此倾慕,便将邻近州郡的百姓中,凡每家超出三个以上的壮年男丁,都迁徙来充实成都,大修宫室,制造器玩。人有小过失,就处决以建立威仪。左仆射蔡兴、右仆射李嶷都因直言规谏被杀。百姓因赋税和劳役疲惫不堪,吁嗟叹息声充溢于道路,许多人图谋作乱。

卷第九十七　晋纪十九

起壬寅(342)尽丁未(347)凡六年

显宗成皇帝下
咸康八年(壬寅,342)

1　春,正月己未朔,日有食之。

2　乙丑,大赦。

3　豫州刺史庾怿以酒饷江州刺史王允之。允之觉其毒,饮犬,犬毙,密奏之。帝曰:"大舅已乱天下,小舅复欲尔邪!"二月,怿饮鸩而卒。

4　三月,初以武悼后配食武帝庙。

5　庾翼在武昌,数有妖怪,欲移镇乐乡。征虏长史王述与庾冰笺曰:"乐乡去武昌千有馀里,数万之众,一旦移徙,兴立城壁,公私劳扰。又江州当溯流数千里供给军府,力役增倍。且武昌实江东镇戍之中,非但扞御上流而已,缓急赴告,骏奔不难。若移乐乡,远在西陲,一朝江渚有虞,不相接救。方岳重将,固当居要害之地,为内外形势,使窥窬之心不知所向。昔秦忌亡胡之谶,卒为刘、项之资;周恶檿弧之谣,而成褒姒之乱。是以达人君子,直道而行,禳避之道,皆所不取,正当择人事之胜理,思社稷之长计耳。"朝议亦以为然。翼乃止。

显宗成皇帝下
晋成帝咸康八年(壬寅,公元342年)

1 春季,正月己未朔(初一),出现日食。

2 乙丑(初七),晋大赦天下。

3 豫州刺史庾怿送酒犒饷江州刺史王允之。王允之觉得有毒,用酒喂狗,狗饮酒后死亡,王允之将此事秘密奏报成帝。成帝说:"我大舅庾亮曾经导致国内大乱,小舅庾怿又想这样吗!"二月,庾怿饮毒药自杀。

4 三月,开始把武悼后的牌位供奉在武帝庙。

5 庾翼在武昌,常有妖异的事情发生,便想将镇守地点转移到乐乡。征虏长史王述给庾冰写信说:"乐乡距离武昌有千里之遥,数万士众,一旦真的移徙,又要修筑城郭,对公家、对私人都是烦劳困扰。再说江州需要溯水而上,行进几千里供给军府资用,所费的劳力徭役加倍。此外,武昌处在江东镇戍地至西陲的中点,作用不仅是防御抵抗由上流而下的敌寇,而且一旦发生紧急情况或者有需要快速禀报的事,快马奔驰都不难及时赶到。如果移镇乐乡,远处西陲边远之地,一旦长江沿岸有忧患发生,就来不及相救。驻守地方的重要将领,本来就应当居住在要害的地方,成为对内对外的屏障要冲,使寇贼虽有窥伺之心却无机可乘。以往秦王嬴政忌惮胡人将灭亡秦国的谶言,最终被刘邦、项羽所利用;周宣王厌恶檿弧的童谣,却造成周幽王时的褒姒之乱。所以通达之人、有道君子,直道而行,都不采取禳避妖异的做法,此时正应当抉择人事的大道理,考虑国家的长远之计。"朝廷论议都认为很对。庾翼这才打消迁徙的念头。

6　夏,五月乙卯,帝不豫。六月庚寅,疾笃。或诈为尚书符,敕宫门无得内宰相,众皆失色。庾冰曰:"此必诈也。"推问,果然。帝二子丕、奕,皆在襁褓。庾冰自以兄弟秉权日久,恐易世之后,亲属愈疏,为他人所间,每说帝以国有强敌,宜立长君,请以母弟琅邪王岳为嗣,帝许之。中书令何充曰:"父子相传,先王旧典,易之者鲜不致乱。故武王不授圣弟,非不爱也。今琅邪践阼,将如孺子何!"冰不听。下诏,以岳为嗣,并以奕继琅邪哀王。壬辰,冰、充及武陵王晞、会稽王昱、尚书令诸葛恢并受顾命。癸巳,帝崩。帝幼冲嗣位,不亲庶政,及长,颇有勤俭之德。

7　甲午,琅邪王即皇帝位,大赦。

8　己亥,封成帝子丕为琅邪王,奕为东海王。

9　康帝谅阴不言,委政于庾冰、何充。秋,七月丙辰,葬成帝于兴平陵。帝徒行送丧,至阊阖门,乃升素舆至陵所。既葬,帝临轩,庾冰、何充侍坐。帝曰:"朕嗣鸿业,二君之力也。"充曰:"陛下龙飞,臣冰之力也。若如臣议,不睹升平之世。"帝有惭色。己未,以充为骠骑将军、都督徐州、扬州之晋陵诸军事、领徐州刺史,镇京口,避诸庾也。

10　冬,十月,燕王皝迁都龙城,赦其境内。

6　夏季，五月乙卯，成帝身体不适。六月庚寅（初五），病情加重。有人伪造尚书符令，敕令皇宫门人不准放宰相入内，众人都大惊失色。庚冰说："这里面一定有诈。"推究查问，果然如此。成帝的两个儿子司马丕和司马奕年幼，都在襁褓之中。庚冰自认为他兄弟几人执掌朝政已久，怕皇帝换代之后，自己与皇帝亲属之间的关系愈加疏远，因而被他人所乘，常常劝说成帝国家外有强敌，应当册立年纪大的君王，并请求让成帝的同母兄弟、琅邪王司马岳为皇位继承人，成帝同意了。中书令何充说："皇位父子相传，这是先王确立的旧制，改变旧制很少有不导致祸乱的。所以周武王不把天子之位传授圣贤的兄弟周公，并不是因为不爱他。现在如果琅邪王即位，将把两个孺子怎么安排呢！"庚冰不听。成帝下诏，让司马岳为皇位继承人，并让自己的儿子司马奕承袭琅邪哀王司马安的封号。壬辰（初七），庚冰、何充以及武陵王司马晞、会稽王司马昱、尚书令诸葛恢同时受任顾命国政。癸巳（初八），成帝驾崩。成帝年幼时继位，不亲自处理政务，等到年岁渐大，颇有勤俭的德行。

7　甲午（初九），琅邪王司马岳即帝位，大赦天下。

8　己亥（十四日），封成帝儿子司马丕为琅邪王，司马奕为东海王。

9　康帝居丧不言，把朝政委交给庚冰和何充。秋季，七月丙辰（初一），成帝入葬兴平陵。康帝徒步行走送葬，直至阊阖门，然后登上素白的车舆到达陵墓所在地。葬事结束后，康帝驾临殿前，庚冰、何充侍坐于旁。康帝说："朕继承国家大业，靠的是你们二人之力。"何充说："陛下龙飞登宝座，是庚冰出的力。如果像我所说的那样，那么陛下就不能目睹这升平之世了。"康帝面有惭色。己未（初四），任命何充为骠骑将军、都督徐州、扬州的晋陵诸军事、兼领徐州刺史，镇守京口，以避让庚氏家族。

10　冬季，十月，燕王慕容皝迁都至龙城，赦免境内罪囚。

建威将军翰言于皝曰："宇文强盛日久，屡为国患。今逸豆归篡窃得国，群情不附，加之性识庸暗，将帅非才，国无防卫，军无部伍。臣久在其国，悉其地形，虽远附强羯，声势不接，无益救援，今若击之，百举百克。然高句丽去国密迩，常有窥窬之志，彼知宇文既亡，祸将及己，必乘虚深入，掩吾不备。若少留兵则不足以守，多留兵则不足以行，此心腹之患也，宜先除之。观其势力，一举可克。宇文自守之虏，必不能远来争利。既取高句丽，还取宇文，如返手耳。二国既平，利尽东海，国富兵强，无返顾之忧，然后中原可图也。"皝曰："善！"

将击高句丽。高句丽有二道，其北道平阔，南道险狭，众欲从北道。翰曰："虏以常情料之，必谓大军从北道，当重北而轻南。王宜帅锐兵从南道击之，出其不意，丸都不足取也。别遣偏师从北道，纵有蹉跌，其腹心已溃，四支无能为也。"皝从之。

十一月，皝自将劲兵四万出南道，以慕容翰、慕容霸为前锋；别遣长史王寓等将兵万五千出北道以伐高句丽。高句丽王钊果遣弟武帅精兵五万拒北道，自帅羸兵以备南道。慕容翰等先至，与钊合战，皝以大众继之。左常侍鲜于亮曰："臣以俘虏蒙王国士之恩，不可以不报。今日，臣死日也。"独与数骑先犯高句丽陈，所向摧陷。高句丽陈动，大众因而乘之，高句丽兵大败。左长史韩寿斩高句丽将阿佛和度加，诸军乘胜追之，遂入丸都。钊单骑走，轻车将军慕舆埿追获其母周氏及妻而还。会王寓等战于北道，皆败没，由是皝不复穷追。遣使招钊，钊不出。

建威将军慕容翰对慕容皝说:"宇文部强盛日久,屡次成为国家的忧患。现在宇文逸豆归篡权夺国,群情不肯依附,加上他性情见识都平庸昏昧,所用将帅没有才能,国家没有防卫措施,军队没有严密组织。我长久地居住在他们国家,熟知地形,他们虽然依附远方强大的羯人,但声威、力量都远不可及,对救援没什么帮助,现在如果攻击宇文部,定是百战百胜。不过高句丽与我国近在咫尺,对我们常有窥视的心志,他们知道宇文氏灭亡后,祸患将降临到自己的头上,必定会乘虚而入,袭我不备。如果留下少量兵力,不足以守御;多留军队则又不能攻克宇文部,这是我们的心腹之患,应当先行除去。我观察高句丽的力量,我们可以一战而胜。宇文氏是自己保守自己的人,一定不会到远方来与我国争夺利益。攻取高句丽后,回过头来攻取宇文部,就易如反掌了。这两个国家被平定后,我们便可以尽得东海之利,国富兵强,没有后顾之忧,然后就有可能图谋中原了。"慕容皝说:"好!"

燕军准备进攻高句丽。通往高句丽的道路有两条,一条是北道,地形平阔,一条是南道,地势险要狭窄,大家都想走北道。慕容翰说:"敌虏据常情忖度,必定认为大军会走北道,肯定是重北而轻南。大王应当率领精兵由南道攻击,出其不意,其都城丸都唾手可得。另遣偏师由北道进发,即使遭受挫折,但他们的腹心已经溃败,四肢便无能为力了。"慕容皝听从了他的计策。

十一月,慕容皝亲自带领精锐士兵四万人循南道进发,让慕容翰、慕容霸为先锋;另派长史王寓等率兵众一万五千人由北道进发,征伐高句丽。高句丽王高钊,果然派遣兄弟高武率领精兵五万人在北道迎敌,自己带领羸弱的士兵防备南道。慕容翰等人最先到达,与高钊交战,慕容皝率领大军陆续赶来。左常侍鲜于亮说:"我以俘虏的身份蒙受燕王以国士之礼相待的恩泽,不能不报答。今天就是我以死报效的日子。"独自同数名骑兵先行冲击高句丽的战阵,所到之处敌军均遭挫败。高句丽的军阵骚动,燕国大军乘势攻击,高句丽军队大败。左长史韩寿斩杀高句丽将领阿佛和度加,各路军队乘胜追袭,于是进入丸都。高句丽王高钊独自骑马逃跑,轻车将军慕舆埿追击,抓获高句丽王的母亲周氏和他的妻子后返回。适逢王寓等人在北道与高句丽的军队作战,均遭败绩,因此慕容皝不再穷追高句丽王。派使者招安他,他躲藏不肯出来。

　　皝将还,韩寿曰:"高句丽之地,不可戍守。今其主亡民散,潜伏山谷,大军既去,必复鸠聚,收其馀烬,犹足为患。请载其父尸、囚其生母而归,俟其束身自归,然后返之,抚以恩信,策之上也。"皝从之。发钊父乙弗利墓,载其尸,收其府库累世之宝,虏男女五万馀口,烧其宫室,毁丸都城而还。

　　11　十二月壬子,立妃褚氏为皇后。征豫章太守褚裒为侍中、尚书。裒自以后父,不愿居中任事,苦求外出,乃除建威将军、江州刺史,镇半洲。

　　12　赵王虎作台观四十馀所于邺,又营洛阳、长安二宫,作者四十馀万人。又欲自邺起阁道至襄国,敕河南四州治南伐之备,并、朔、秦、雍严西讨之资,青、冀、幽州为东征之计,皆三五发卒。诸州军造甲者五十馀万人,船夫十七万人,为水所没、虎狼所食者三分居一。加之公侯、牧宰竞营私利,百姓失业愁困。贝丘人李弘因众心之怨,自言姓名应谶,连结党与,署置百寮,事发,诛之,连坐者数千家。

　　虎畋猎无度,晨出夜归,又多微行,躬察作役。侍中京兆韦谀谏曰:"陛下忽天下之重,轻行斤斧之间,猝有狂夫之变,虽有智勇,将安所施! 又兴役无时,废民耘获,吁嗟盈路,殆非仁圣之所忍为也。"虎赐谀谷帛,而兴缮滋繁,游察自若。

　　秦公韬有宠于虎,太子宣恶之。右仆射张离领五兵尚书,欲求媚于宣,说之曰:"今诸侯吏兵过限,宜渐裁省,以壮本根。"宣使离为奏:"秦、燕、义阳、乐平四公,听置吏一百九十七人,帐下兵二百人。自是以下,三分置一,馀兵五万,悉配东宫。"于是诸公咸怨,嫌衅益深矣。

慕容皝准备返回,韩寿说:"高句丽这地方,不能留兵戍守。现在他们君主逃亡,民众流散,潜伏在山谷之中,我方大军离开后,他们必定又会聚集在一起,收拾残馀,仍然可以造成祸患。我请求用车载上高钊的父亲的尸体、用囚车载上高钊的母亲带回国去,等高钊自缚来归降,然后再交还给他,以恩信抚慰他,这是上策。"慕容皝听从。发掘高句丽国王父亲乙弗利的陵墓,用车运载尸体,收缴府库中历代积累的财宝,掳获男女民众五万多人,焚毁高句丽王的宫室,又毁坏丸都城郭,然后返回。

11 十二月壬子(二十九日),康帝立妃子褚氏为皇后。征召豫章太守褚裒为侍中、尚书。褚裒因为自己是褚皇后的父亲,不愿意在内廷任职,苦苦乞求外出,于是被任为建威将军、江州刺史,镇守半洲。

12 赵王石虎在邺城营建四十多所台观,又营建洛阳、长安两处宫室,参与劳作的达四十多万人。石虎又想从邺城修建阁道到襄国,敕令黄河以南的四个州郡整治南伐的军备,并州、朔州、秦州、雍州准备西讨的军资,青州、冀州、幽州为东征做准备,都是三个男丁中调遣二人,五人中征发三人。各州郡的军队共有甲士五十多万人,船夫十七万人,溺水而死、被虎狼吞噬的占三分之一。再加上公侯,牧宰竞相谋取私利,百姓们失去所从事的家业,愁困不堪。贝丘人李弘顺应民心的怨恚,自称姓名与谶言相符,聚集党羽,设置百官,事发后被杀,连坐获罪的有几千家。

石虎打猎没有节制,清晨外出,夜间返回,又经常微服出行,亲自检视工地的劳役情况。侍中京兆人韦谀劝谏说:"陛下轻视天下的重位,轻易地来往于危险之地,倘若突然发生狂人的变乱,即使有智有勇,又将何处施展!况且征发徭役不分时节,荒废民众的农业生产,吁嗟叹息之声充溢于行路,恐怕不是仁圣之人所能忍心干的事。"石虎赏赐韦谀谷物钱帛,但修建工程更加繁多,自己游巡察看泰然自若。

秦公石韬得到石虎的宠爱,太子石宣憎恶他。右仆射张离兼领五兵尚书职位,想讨好石宣,劝说石宣道:"现在诸侯的属吏、兵众都超出了限度,应当逐渐裁省,以增强朝廷的势力。"石宣让张离写上奏章说:"秦公、燕公、义阳公、乐平公四人,允许设置吏属一百九十七人,帐下士兵两百人。由此而下,依照等位高低按三分之一的比例设置官吏,配备士卒,所馀下的五万士卒,全部配备给东宫。"于是各位王公莫不怨恨,矛盾、隔阂越来越深了。

青州上言:"济南平陵城北石虎一夕移于城东南,有狼狐千馀迹随之,迹皆成蹊。"虎喜曰:"石虎者,朕也;自西北徙而东南者,天意欲使朕平荡江南也。其敕诸州兵明年悉集,朕当亲董六师,以奉天命。"群臣皆贺,上《皇德颂》者一百七人。制:"征士五人出车一乘,牛二头,米十五斛,绢十匹,调不办者斩。"民至鬻子以供军须,犹不能给,自经于道树者相望。

康皇帝
建元元年(癸卯,343)

1 春,二月,高句丽王钊遣其弟称臣入朝于燕,贡珍异以千数。燕王皝乃还其父尸,犹留其母为质。

2 宇文逸豆归遣其相莫浅浑将兵击燕。诸将争欲击之,燕王皝不许。莫浅浑以为皝畏之,酣饮纵猎,不复设备,皝使慕容翰出击之,莫浅浑大败,仅以身免,尽俘其众。

3 庾翼为人慷慨,喜功名。琅邪内史桓温,彝之子也,尚南康公主,豪爽有风概,翼与之友善,相期以宁济海内。翼尝荐温于成帝曰:"桓温有英雄之才,愿陛下勿以常人遇之,常婿畜之,宜委以方、邵之任,必有弘济艰难之勋。"时杜乂、殷浩并才名冠世,翼独弗之重也,曰:"此辈宜束之高阁,俟天下太平,然后徐议其任耳。"浩累辞征辟,屏居墓所,几将十年,时人拟之管、葛。江夏相谢尚、长山令王濛常伺其出处,以卜江左兴亡。尝相与省之,知浩有确然之志,既返,相谓曰:"深源不起,当如苍生何!"尚,鲲之子也。翼请浩为司马,诏除侍中、安西军司,浩不应。翼遗浩书曰:"王夷甫立名非真,虽云谈道,实长华竞。明德君子,遇会处际,宁可然乎!"浩犹不起。

青州上报说："济南平陵城北的石雕老虎,一夜间被移到城东南,沿途有一千多只狼狐的足迹,已经踩出了小路。"石虎高兴地说:"所谓石虎,就是朕。自西北迁徙到东南,表明天意想让朕荡平江南。现在敕令各州军队明年全部会齐,朕将亲自统领六师,以遵循天命。"群臣都称贺,一百零七人呈上《皇德颂》。石虎颁发诏令:"被征调的士卒每五人出车一辆,牛二头,米十五斛,绢十匹,不备者斩首。"民众以至于典卖子女供给军需,仍然不能凑齐,在路边树上上吊自尽的远近相望。

康皇帝
晋康帝建元元年(癸卯,公元 343 年)

1 春季,二月,高句丽王高钊派兄弟去燕国入朝称臣,进贡珍宝异物数以千计。燕王慕容皝这才交还其父尸体,但仍然扣留他们的母亲做人质。

2 宇文逸豆归派丞相莫浅浑率兵进攻燕。燕国众将争着迎击,燕王慕容皝不允许。莫浅浑以为慕容皝畏惧自己,酣饮纵猎,不再设防,慕容皝让慕容翰出击,莫浅浑大败,仅仅独自幸免,士众全部被俘获。

3 庾翼为人慷慨,喜好功名。琅邪内史桓温是桓彝的儿子,娶南康公主为妻,为人豪爽而有风范和气概,庾翼和他关系友善,二人相约共同平定、拯救天下。庾翼曾经向成帝举荐桓温,说:"桓温具备英雄的才能,希望陛下不要用常人的礼节对待他,按寻常的女婿豢养,应当委派给他周宣王时方叔、邵虎那样的重任,他必能建立匡救世事艰难的功勋。"当时杜乂、殷浩才气、声名都冠绝当代,唯独庾翼轻视他们,说:"这种人应当束之高阁,等天下太平后,再慢慢商议他们的职务。"殷浩多次拒绝官府的征辟,摒绝世事,隐居于墓地,如此将近十年,当时人把他和管仲、诸葛亮相比。江夏相谢尚、长山县令王濛经常观察他的出仕与隐居,来推测江南的兴亡。他们曾经共同前往探视,知道殷浩有坚定的志向,回来后相顾而言说:"殷浩不出来为官,百姓们该怎么办!"谢尚是谢鲲的儿子。庾翼请殷浩出任司马,康帝下诏任他为侍中、安西军司,殷浩不从命。庾翼送信给殷浩说:"王导树立的声名并不真切,虽说是在谈论玄道,其实助长了浮华豪奢之风。具有完美德行的君子,遇到机会时难道能这样吗!"殷浩仍然不出仕。

殷羡为长沙相，在郡贪残，庾冰与翼书属之。翼报曰："殷君骄豪，亦似由有佳儿，弟故小令物情容之。大较江东之政，以妪煦豪强，常为民蠹。时有行法，辄施之寒劣。如往年偷石头仓米一百万斛，皆是豪将辈，而直杀仓督监以塞责。山遐为馀姚长，为官出豪强所藏二千户，而众共驱之，令遐不得安席。虽皆前宰之惛谬，江东事去，实此之由。兄弟不幸，横陷此中，自不能拔足于风尘之外，当共明目而治之。荆州所统二十馀郡，唯长沙最恶，恶而不黜，与杀督监复何异邪！"遐，简之子也。

翼以灭胡取蜀为己任，遣使东约燕王皝，西约张骏，刻期大举。朝议多以为难，唯庾冰意与之同，而桓温、谯王无忌皆赞成之。无忌，承之子也。

秋，七月，赵汝南太守戴开帅数千人诣翼降。丁巳，下诏议经略中原。翼欲悉所部之众北伐，表桓宣为都督司雍梁三州荆州之四郡诸军事、梁州刺史，前趣丹水；桓温为前锋小督、假节，帅众入临淮；并发所统六州奴及车牛驴马，百姓嗟怨。

4　代王什翼犍复求婚于燕，燕王皝使纳马千匹为礼。什翼犍不与，又倨慢无子婿礼。八月，皝遣世子儁帅前军师评等击代。什翼犍帅众避去，燕人无所见而还。

5　汉主寿卒，谥曰昭文，庙号中宗。太子势即位，大赦。

6　赵太子宣击鲜卑斛谷提，大破之，斩首三万级。

殷羡任长沙相,在郡中贪婪残暴,庾冰写信给庾翼,托他庇护。庾翼答复说:"殷羡骄纵豪强,恐怕就是因为有好儿子,所以我也从物理人情出发对他稍加宽容。总体考察一下江东的朝政,因为纵容豪强,经常成为危害百姓的蠹虫。当时实行的法令,就在寒门百姓身上施行。比如往年有人偷石头城仓库藏米一百万斛,都是豪强之辈,却只杀死仓库的督监搪塞责任。山遐任馀姚的长官,为官府清理出豪强藏匿不报的百姓二千户,于是众豪强共同驱逐他,使他不得安宁。这虽然都是前任宰相王导为官昏昧荒谬所致,但江东的大业日渐衰微,实在由此而生。你我兄弟身遭不幸,枉自陷身政务之中,自己无法拔足于风尘之外,就应当共同睁亮眼睛加以治理。荆州所统辖的二十多个郡,唯有长沙恶迹最为昭著,恶而不遭贬黜,这与只杀督监有什么不同呢!"山遐是山简的儿子。

庾翼以攻灭胡虏、收取蜀地为己任,派使者向东与燕王慕容皝相约,向西与张骏相约,商定日期大举行动。朝廷论议大多认为困难,唯有庾冰的意见与庾翼相同,而桓温、谯王司马无忌都赞成。司马无忌是司马承的儿子。

秋季,七月,赵汝南太守戴开率领数千人向庾翼投降。丁巳(初八),康帝下诏让朝廷论议经略中原的事宜。庾翼想全数出动所统领的士众北伐,表荐桓宣为都督司州、雍州、梁州三个州和荆州四个郡诸军事、梁州刺史,前赴丹水;任桓温为前锋小督、假节,率士众进入临淮;同时出动自己统领的六州奴仆及车牛驴马,百姓叹息怨恨。

4 代王拓跋什翼犍又向燕王求婚,燕王慕容皝让他献出一千匹马作为聘礼。拓跋什翼犍不肯给,又骄傲自大,毫无女婿应有的礼节。八月,慕容皝派世子慕容儁率前军师慕容评等人进攻代国。拓跋什翼犍率领士众避开,燕军没有遇见敌人,于是返回。

5 汉国主李寿死,谥号为昭文,庙号为中宗。太子李势即位,大赦境内罪囚。

6 赵太子石宣进攻鲜卑部斛谷提,重创其军,斩首三万级。

7　宇文逸豆归执段辽弟兰,送于赵,并献骏马万匹。赵王虎命兰帅所从鲜卑五千人屯令支。

8　庾翼欲移镇襄阳,恐朝廷不许,乃奏云移镇安陆。帝及朝士皆遣使譬止翼,翼遂违诏北行,至夏口,复上表请镇襄阳。翼时有众四万,诏加翼都督征讨诸军事。先是车骑将军、扬州刺史庾冰屡求出外,辛巳,以冰都督荆江宁益梁交广七州豫州之四郡诸军事、领江州刺史、假节,镇武昌,以为翼继援。征徐州刺史何充为都督扬豫徐州之琅邪诸军事,领扬州刺史,录尚书事。辅政。以琅邪内史桓温为都督青徐兖三州诸军事、徐州刺史,褚裒为卫将军,领中书令。

9　冬,十一月己巳,大赦。

二年(甲辰,344)

1　春,正月,赵王虎享群臣于太武殿,有白雁百馀集马道之南,虎命射之,皆不获。时诸州兵集者百馀万,太史令赵揽密言于虎曰:“白雁集庭,宫室将空之象,不宜南行。”虎信之,乃临宣武观大阅而罢。

2　汉主势改元太和,尊母阎氏为皇太后,立妻李氏为皇后。

3　燕王皝与左司马高诩谋伐宇文逸豆归,诩曰:“宇文强盛,今不取,必为国患,伐之必克,然不利于将。”出而告人曰:“吾往必不返,然忠臣不避也。”于是皝自将伐逸豆归。以慕容翰为前锋将军,刘佩副之;分命慕容军、慕容恪、慕容霸及折冲将军慕舆根将兵,三道并进。高诩将发,不见其妻,使人语以家事而行。

7　宇文逸豆归执获段辽的兄弟段兰，送到赵国，并且献上骏马一万匹。赵王石虎命令段兰率领追从他的鲜卑部五千人屯军令支。

8　庾翼想转移镇守地到襄阳，怕朝廷不同意，于是上奏说移镇安陆。康帝和朝廷大臣都派使者晓谕制止，庾翼便违背诏令向北行进，到达夏口后，又上表请求镇守襄阳。庾翼当时拥有兵众四万人，康帝下诏加授他都督征讨诸军事。此前，车骑将军、扬州刺史庾冰多次请求外出任职，辛巳（初二），任命庾冰都督荆州、江州、宁州、益州、梁州、交州、广州七州及豫州四郡诸军事、兼领江州刺史、假节，镇守武昌作为庾翼的后援。征召徐州刺史何充为都督扬州、豫州、徐州的琅邪诸军事，兼领扬州刺史，录尚书事。辅佐朝政。任命琅邪内史桓温为都督青州、徐州、兖州诸军事、徐州刺史，褚裒任卫将军，兼领中书令。

9　冬季，十一月己巳（二十二日），晋大赦天下。

晋康帝建元二年（甲辰，公元 344 年）

1　春季，正月，赵国主石虎在太武殿宴享群臣，有一百多只白雁停栖在马道的南面，石虎让人射雁，都没射中。当时各州军队会集起来已有一百多万人，太史令赵揽秘密地对石虎说："白雁停栖庭院，是宫室将要空寂无人的征兆，不宜向南进发。"石虎相信他，于是驾临宣武观，举行盛大的阅兵式，然后作罢。

2　汉国主李势改年号为太和，尊奉母亲阎氏为皇太后，册立妻子李氏为皇后。

3　燕王慕容皝和左司马高诩谋议，准备讨伐宇文逸豆归，高诩说："宇文氏强盛，现在不攻灭，必然成为国家的祸患，如果攻伐必能取胜，只是对将帅有所不利。"高诩出来后告诉别人说："我这一去必定回不来了，但是忠臣不避祸。"于是慕容皝自为统帅，攻伐宇文逸豆归。任命慕容翰为前锋将军，刘佩做他的副手；分别命令慕容军、慕容恪、慕容霸及折冲将军慕舆根率领军队，分三路同时进发。高诩临行前，不见他的妻子，让人转告家中事务，然后出发。

逸豆归遣南罗大涉夜干将精兵逆战，皝遣人驰谓慕容翰曰："涉夜干勇冠三军，宜小避之。"翰曰："逸豆归扫其国内精兵以属涉夜干，涉夜干素有勇名，一国所赖也，今我克之，其国不攻自溃矣。且吾孰知涉夜干之为人，虽有虚名，实易与耳，不宜避之以挫吾兵气。"遂进战。翰自出冲陈，涉夜干出应之，慕容霸从傍邀击，遂斩涉夜干。宇文士卒见涉夜干死，不战而溃。燕军乘胜逐之，遂克其都城。逸豆归走死漠北，宇文氏由是散亡。皝悉收其畜产、资货，徙其部众五千馀落于昌黎，辟地千馀里。更命涉夜干所居城曰威德城，使弟彪成之而还。高诩、刘佩皆中流矢卒。

诩善天文，皝尝谓曰："卿有佳书而不见与，何以为忠尽！"诩曰："臣闻人君执要，人臣执职。执要者逸，执职者劳。是以后稷播种，尧不预焉。占候、天文，晨夜甚苦，非至尊之所宜亲，殿下将焉用之！"皝默然。

初，逸豆归事赵甚谨，贡献属路。及燕人伐逸豆归，赵王虎使右将军白胜、并州刺史王霸自甘松出救之，比至，宇文氏已亡，因攻威德城，不克而还。慕容彪追击，破之。

慕容翰之与宇文氏战也，为流矢所中，卧病积时不出。后渐差，于其家试骋马。或告翰称病而私习骑乘，疑欲为变。燕王皝虽藉翰勇略，然中心终忌之，乃赐翰死。翰曰："吾负罪出奔，既而复还，今日死已晚矣。然羯贼跨据中原，吾不自量，欲为国家荡一区夏，此志不遂，没有遗恨，命矣夫！"饮药而卒。

4　代王什翼犍遣其大人长孙秩迎妇于燕。

宇文逸豆归派南罗城主涉夜干统率精兵迎战,慕容皝派人急速告诉慕容翰:"涉夜干勇冠三军,应当稍稍避让。"慕容翰说:"宇文逸豆归尽数出动国内精兵交付给涉夜干,涉夜干素来有勇悍的名声,被他们全国所仰仗,现在我战败他,他们的国家便会不战自溃。况且我熟知涉夜干的为人,虽有虚名,其实容易对付,不应当避让他,这会挫伤我军的士气。"于是前进接战。慕容翰亲自出马冲击敌阵,涉夜干出阵应战,慕容霸从侧面截击,于是斩杀了涉夜干。宇文部的士卒见涉夜干死亡,不战自溃。燕军乘胜追击,于是攻克宇文氏的都城。宇文逸豆归逃跑,死于大漠以北,宇文部由此离散灭亡。慕容皝尽数收缴他们的畜产、物资、钱财,把宇文氏五千多个村落迁徙到昌黎,开辟国土一千多里。把涉夜干原先居住的城镇改名为威德城,让兄弟慕容彪戍守,然后班师回国。高诩、刘佩都被流矢射中身亡。

高诩擅长天文,慕容皝曾对他说:"你有好书却不见你给我看,怎么能说尽忠!"高诩说:"我听说人君执掌大要,人臣执掌具体事务。执掌大要的人安逸,执掌具体事务的人辛苦。所以后稷播种庄稼,唐尧不参与其事。占候、天文,清晨、夜晚十分辛苦,不是至尊之人应当亲自参与的,殿下准备学来干什么!"慕容皝默然不语。

当初,宇文逸豆归侍奉赵国甚为恭敬,贡献物品的人不绝于路。等到燕人攻伐宇文逸豆归,赵王石虎派右将军白胜、并州刺史王霸从甘松出发救援,等到达时,宇文氏已经灭亡,顺势进攻威德城,不胜而退。慕容彪追袭,击败赵军。

慕容翰与宇文氏交战时,被流箭射中,长期卧床养伤,不出门。后来逐渐痊愈,在家中试着骑马。有人告发慕容翰假称有病却私下练习骑乘,怀疑他想作乱。燕王慕容皝虽然仰仗慕容翰的勇悍和谋略,但心中终究有所忌惮,于是赐令慕容翰自杀。慕容翰说:"我当初负罪出逃,后来又返回,今天死亡已算晚了。不过羯族寇贼占据中原,我不自量力,原想为国家荡平、统一天下。这一志向不能实现,我死了也会遗憾,这就是命运吧!"随即饮毒药身死。

4　代王拓跋什翼犍派其大人长孙秩到燕国迎娶妻子。

5　夏,四月,凉州将张瓘败赵将王擢于三交城。

6　初,赵领军王朗言于赵王虎曰:"盛冬雪寒,而皇太子使人伐宫材,引于漳水,役者数万,吁嗟满道,陛下宜因出游罢之。"虎从之。太子宣怒。会荧惑守房,宣使太史令赵揽言于虎曰:"房为天王,今荧惑守之,其殃不细。宜以贵臣王姓者当之。"虎曰:"谁可者?"揽曰:"无贵于王领军。"虎意惜朗,使揽更言其次。揽无以对,因曰:"其次唯中书监王波耳。"虎乃下诏,追罪波前议楛矢事,腰斩之,及其四子,投尸漳水。既而愍其无罪,追赠司空,封其孙为侯。

7　赵平北将军尹农攻燕凡城,不克而还。

8　汉太史令韩皓上言:"荧惑守心,乃宗庙不修之谴。"汉主势命群臣议之。相国董皎、侍中王嘏以为:"景、武创业,献、文承基,至亲不远,无宜疏绝。"乃更命祀成始祖、太宗,皆谓之汉。

9　征西将军庾翼使梁州刺史桓宣击赵将李罴于丹水,为罴所败,翼贬宣为建威将军。宣惭愤成疾,秋,八月庚辰,卒。翼以长子方之为义城太守,代领宣众;又以司马应诞为襄阳太守,参军司马勋为梁州刺史,戍西城。

10　中书令褚裒固辞枢要。闰月丁巳,以裒为左将军、都督兖州徐州之琅邪诸军事、兖州刺史,镇金城。

11　帝疾笃,庾冰、庾翼欲立会稽王昱为嗣。中书监何充建议立皇子聃,帝从之。九月丙申,立聃为皇太子。戊戌,帝崩于式乾殿。己亥,何充以遗旨奉太子即位,大赦。由是冰、翼深恨充。尊皇后褚氏为皇太后。时穆帝方二岁,太后临朝称制。何充加中书监,录尚书事。充自陈既录尚书,不宜复监中书。许之,复加侍中。

5　夏季,四月,凉州将领张瓘在三交城击败赵国将领王擢。

6　当初,赵领军王朗对赵王石虎陈言说:"隆冬雪寒的季节,太子却让人砍伐修建宫室的木材,沿漳水运送而来,参与劳役的人有数万,吁嗟叹息之声充溢道路,陛下应当乘出游时加以制止。"石虎听从。太子石宣发怒。适逢火星在房宿,石宣让太史令赵揽对石虎:"房宿是天王,现在火星停留于此,祸殃不小。应当用显贵大臣中姓王的人承当罚责。"石虎说:"谁能承当?"赵揽说:"没有比领军王朗更显贵的了。"石虎心中怜惜王朗,让赵览再说其次的人选。赵揽无法回答,于是说:"其次只有中书监王波了。"石虎于是下诏,追究王波从前评议送楛矢给汉国、自取其辱一事的罪责,处以腰斩之刑,连同四个儿子,将尸体丢入漳水。不久又怜悯王波没有罪过而遭极刑,追赠为司空,封王波孙子为侯。

7　赵平北将军尹农进攻燕国凡城,不胜而退。

8　汉国太史令韩皓上书说:"火星在心宿,是对不修缮宗庙的谴责。"汉国主李势令群臣论议此事。相国董皎、侍中王嘏认为:"景皇帝李特、武皇帝李雄创定国家大业,献皇帝李骧、文皇帝李寿禀承国家政权,至亲的关系并不疏远,不应当疏远绝祀。"于是重新下令祭祀成汉的始祖李特和太宗李雄,都用汉的称谓。

9　征西将军庾翼让梁州刺史桓宣进攻在丹水赵军将领李黑,被李黑战败,庾翼贬黜桓宣为建威将军。桓宣为此惭愧、气愤,因而染病,秋季,八月庚辰(初七),桓宣故去。庾翼让长子庾方之出任义城太守,代为统领桓宣的部众;又让司马应诞出任襄阳太守,参军司马勋任梁州刺史,戍守西城。

10　晋中书令褚裒坚持辞绝枢要的重任。闰月丁巳(十四日),任褚裒为左将军,都督兖州、徐州的琅邪诸军事、兖州刺史,镇守金城。

11　康帝病重,庾冰、庾翼想扶立会稽王司马昱为嗣君,中书监何充建议册立皇子司马聃,康帝听从何充的建议。九月丙申(二十四日),立司马聃为皇太子。戊戌(二十六日),康帝在式乾殿驾崩。己亥(二十七日),何充按康帝遗诏推奉太子即皇帝位,大赦天下。由此庾冰、庾翼深深痛恨何充。穆帝尊奉康帝皇后褚氏为皇太后。当时穆帝刚两岁,太后临朝亲政。何充被加授中书监,录尚书事。何充自己陈述,既任录尚书事,不应再领导中书。获得允许,又加授他为侍中。

充以左将军褚裒,太后之父,宜综朝政,上疏荐裒参录尚书。乃以裒为侍中、卫将军、录尚书事,持节、督、刺史如故。裒以近戚,惧获讥嫌,上疏固请居藩。改授都督徐兖青三州扬州之二郡诸军事、卫将军、徐兖二州刺史,镇京口。尚书奏:"裒见太后,在公庭则如臣礼,私觌则严父。"从之。

12 冬,十月乙丑,葬康帝于崇平陵。

13 江州刺史庾冰有疾。太后征冰辅政,冰辞,十一月庚辰,卒。庾翼以家国情事,留子方之为建武将军,戍襄阳。方之年少,以参军毛穆之为建武司马以辅之。穆之,宝之子也。翼还镇夏口。诏翼复督江州,又领豫州刺史。翼辞豫州,复欲移镇乐乡,诏不许。翼仍缮修军器,大佃积谷,以图后举。

14 赵王虎作河桥于灵昌津,采石为中济,石下,辄随流,用功五百馀万而桥不成,虎怒,斩匠而罢。

孝宗穆皇帝上之上
永和元年(乙巳,345)

1 春,正月甲戌朔,皇太后设白纱帷于太极殿,抱帝临轩。

2 赵义阳公鉴镇关中,役烦赋重。文武有长发者,辄拔为冠缨,馀以给宫人。长史取发白赵王虎,虎征鉴还邺,以乐平公苞代镇长安。发雍、洛、秦、并州十六万人治长安未央宫。

何充认为左将军褚裒是褚太后的父亲,应当总揽朝政,便上疏举荐褚裒参录尚书。于是朝廷任命褚裒为侍中、卫将军、录尚书事,持节和原先的都督、刺史职位不变。褚裒因为是亲近的外戚身份,惧怕由此遭人讥讽猜忌,便上疏坚持请求出任藩镇长官。于是改授他都督徐州、兖州、青州三州和扬州的二郡诸军事、卫将军、徐州和兖州刺史,镇守京口。尚书奏议说:"褚裒与太后相见,在朝廷则褚裒执臣子礼节,私下见面则太后尊礼父亲。"太后听从。

12 冬季,十月乙丑(二十三日),康帝入葬崇平陵。

13 江州刺史庾冰有病。太后征召庾冰入朝辅佐国政,庾冰辞谢不受,十一月庚辰(初九),庾冰去世。庾翼因为家事国事难以兼顾,留下儿子庾方之任建武将军,戍守襄阳。因庾方之年轻,让参军毛穆之任建武将军司马,辅佐庾方之。毛穆之即毛宝的儿子。庾翼返回,镇守夏口。朝廷下诏让庾翼再督察江州,又兼领豫州刺史。庾翼辞谢豫州刺史职务,仍然想移镇乐乡,朝廷下诏不同意。庾翼仍然修缮兵器,大举屯田,积蓄谷物,以图后举。

14 赵王石虎在灵昌津建造黄河渡桥,开采石料作为桥墩,但石块投下后,便被水冲走,耗用劳力五百多万,渡桥却未建成。石虎发怒,斩杀工匠,停止建造。

孝宗穆皇帝上之上
晋穆帝永和元年(乙巳,公元 345 年)

1 春季,正月甲戌朔,皇太后在太极殿设置白纱帷帐,抱着穆帝驾临殿前。

2 赵义阳公石鉴镇守关中,徭役繁多,赋税沉重。文武官员头发长的,就拔下来当冠帽的缨绳,剩下的送给宫女。长史拿着头发禀报赵王石虎,石虎征召石鉴回邺城,让乐平公石苞代为镇守长安。又征发雍州、洛州、秦州、并州的十六万人营建长安未央宫。

　　虎好猎,晚岁,体重不能跨马,乃造猎车千乘,刻期校猎。自灵昌津南至荥阳东极阳都为猎场,使御史监察其中禽兽,有犯者罪至大辟。民有美女、佳牛马,御史求之不得,皆诬以犯兽,论死者百馀人。发诸州二十六万人修洛阳宫。发百姓牛二万头配朔州牧官。增置女官二十四等,东宫十二等,公侯七十馀国皆九等,大发民女三万馀人,料为三等以配之。太子、诸公私令采发者又将万人。郡县务求美色,多强夺人妻,杀其夫及夫自杀者三千馀人。至邺,虎临轩简第,以使者为能,封侯者十二人。荆楚、扬、徐之民流叛略尽。守令坐不能绥怀,下狱诛者五十馀人。金紫光禄大夫逯明因侍切谏,虎大怒,使龙腾拉杀之。

　　3　燕王皝以牛假贫民,使佃苑中,税其什之八,自有牛者税其七。记室参军封裕上书谏,以为:"古者什一而税,天下之中正也。降及魏、晋,仁政衰薄,假官田官牛者不过税其什六,自有牛者中分之,犹不取其七八也。自永嘉以来,海内荡析,武宣王绥之以德,华夷之民,万里辐凑,襁负而归之者,若赤子之归父母,是以户口十倍于旧,无田者什有三四。及殿下继统,南摧强赵,东兼高句丽,北取宇文,拓地三千里,增民十万户,是宜悉罢苑囿以赋新民,无牛者官赐之牛,不当更收重税也。且以殿下之民用殿下之牛,牛非殿下之有,将何在哉! 如此,则戎旗南指之日,民谁不箪食壶浆以迎王师,石虎谁与处矣! 川渎沟渠有废塞者,皆应通利,旱则灌溉,潦则疏泄。

石虎喜欢打猎,晚年身体沉重不能骑马,就建造打猎用的车子一千辆,定期比赛打猎。从灵昌津向南到荥阳东境的阳都,都划为猎场,让御史监护,其中的禽兽有人敢伤害,便获罪,被处以大辟的极刑。百姓有美丽女子或上好的牛马,御史如果弄不到手,就诬陷他们伤害禽兽,论罪处死的有一百多人。又征发各州二十六万人修建洛阳宫。征发百姓牛畜两万头调配给朔州的牧官。又增设宫中女官,分置二十四等,东宫十二等,七十多个公侯封国都分九等,大举征选民女三万多人,分成三等配置各处。太子、各王公私下发令征选的美女又将近万人。各个郡县极力选取美女,经常强行夺占百姓的妻子,杀害她们的丈夫,加上丈夫自杀的,人数达三千多。美女送到邺后,石虎在殿前挑选分等,因为使者能干,被封侯的有十二人。荆楚、扬州、徐州的民众流失、背叛几乎无存。当地的守令坐罪因不能安绥关切他们,被下狱诛杀的有五十多人。金紫光禄大夫逯明乘侍奉石虎时直言力谏,石虎大怒,让骁勇的龙腾中郎将他摧折而死。

3　燕王慕容皝把牛借给贫民,让他们在苑囿中佃耕,赋税收取十分之八,自己有牛的收税十分之七。记室参军封裕上书规谏,认为:"古时按十分之一的比例收税,这是天下最公正的税法。延及魏、晋,仁政衰微,借官田、官牛的也不过纳税十分之六,自己有牛的只纳税一半,尚且不采用十分之七八的税制。从永嘉年间以来,国内动荡离析,武宣王用仁德安绥民众,汉族和夷族的民众,不远万里前来汇集,背负襁褓来归附的情景,如同幼儿归附父母,所以人口户数比起以往增长十倍,没有田地的人达十分之三四。等到殿下继位,在南方挫败强大的赵国,在东方兼并了高句丽,在北方攻取宇文部,拓展国土三千里,增加民众十万户,此时应当全部放弃苑囿分给新附民众耕种,没牛的官府赐给牛,不应再收取重税。况且以殿下之民的身份使用殿下的牛,牛不为殿下私有,又为何人所有!这样,则战旗南指的那一天,百姓们谁不送饭送水,踊跃犒劳,迎接大王的军队,石虎又能与谁共处呢!川渎沟渠有毁废堵塞的,都应开通、疏浚,天旱可以灌溉,天涝可以泄洪。

一夫不耕,或受之饥,况游食数万,何以得家给人足乎!今官司猥多,虚费廪禄,苟才不周用,皆宜澄汰。工商末利,宜立常员。学生三年无成,徒塞英俊之路,皆当归之于农。殿下圣德宽明,博察刍荛,参军王宪、大夫刘明并以言事忤旨,主者处以大辟,殿下虽恕其死,犹免官禁锢。夫求谏诤而罪直言,是犹适越而北行,必不获其所志矣。右长史宋该等阿媚苟容,轻劾谏士,己无骨鲠,嫉人有之,掩蔽耳目,不忠之甚者也。”皝乃下令,称:“览封记室之谏,孤实惧焉。国以民为本,民以谷为命,可悉罢苑囿以给民之无田者。实贫者,官与之牛;力有馀愿得官牛者,并依魏、晋旧法。沟渎各有益者,令以时修治。今戎事方兴,勋伐既多,官未可减,俟中原平一,徐更议之。工商、学生皆当裁择。夫人臣关言于人主,至难也,虽有狂妄,当择其善者而从之。王宪、刘明,虽罪应废黜,亦由孤之无大量也,可悉复本官,仍居谏司。封生謇謇,深得王臣之体,其赐钱五万。宣示内外,有欲陈孤过者,不拘贵贱,勿有所讳!”皝雅好文学,常亲临庠序讲授,考校学徒至千馀人,颇有妄滥者,故封裕及之。

4　诏征卫将军褚裒,欲以为扬州刺史、录尚书事。吏部尚书刘遐、长史王胡之说裒曰:“会稽王令德雅望,国之周公也,足下宜以大政授之。”裒乃固辞,归藩。壬戌,以会稽王昱为抚军大将军,录尚书六条事。

昱清虚寡欲,尤善玄言,常以刘惔、王濛及颍川韩伯为谈客,又辟郗超为抚军掾,谢万为从事中郎。超,鉴之孙也,少卓荦不羁。父愔,简默冲退而啬于财,积钱至数千万,尝开库任超所取,超散施亲故,一日都尽。万,安之弟也,清旷秀迈,亦有时名。

一人不耕种，就会有人挨饿，更何况流动民众有数万人，怎能做到家有裕财，人人丰足呢！现在各种官吏众多，白白耗费俸禄，只要才能不堪任用，都应淘汰。从事工商业获利，应当设置固定的人数。学员三年无所成就，白白堵塞俊才的晋升之路，都应当遣返他们重新务农。殿下圣德宽明，广泛地考察征求樵人、渔夫的意见，参军王宪、大夫刘明都因论事违背圣旨，主持的官员判处大辟酷刑，殿下虽然饶恕他们死罪，但仍然免去官职，禁锢不用。寻求谏诤却惩罚直言的人，这如同要去越国却向北行走，必定不能实现志向。右长史宋该等人阿媚奉承，苟且安身，轻率地弹劾直谏之士，自己没有脊骨，嫉妒别人具有，遮掩殿下耳目，这是最严重的不忠。"慕容儁于是下令，内称："省览记室封裕的劝谏，孤实在为此恐惧。国以民为根本，民以粮食为生命，可以全部废除苑囿，交给百姓中没有田地的人耕种。实在贫穷的，官府借给耕牛；财力有余却想得到官府耕牛的，都依照魏、晋旧法收税。沟渎对生产有益的，命令按时修治。现在战事刚刚兴起，建立功勋的机会很多，百官不便裁减，等平定、统一中原后，再慢慢议论此事。工商之人、学员人数，都应当裁减选择。人臣向人主陈言，这是很难的事，虽然有狂妄之处，应当择善而从。王宪、刘明，虽然按罪应废黜，也是因为孤没有雅量，可以恢复原来的官职，仍然当谏议官。封裕忠正耿直，深知王臣的礼节，特赐钱五万。现在向内外宣示晓谕，如有想指出孤的过失的，不论贵贱，不必有所忌讳！"慕容儁雅好文学，经常亲临学校讲授，考查录用学生达一千多人，其中颇有姑妄滥收之人，所以封裕谈到此事。

4　朝廷下诏征召卫将军褚裒，想让他任扬州刺史、录尚书事。吏部尚书刘遐、长史王胡之劝说褚裒道："会稽王司马昱德行昭著，素负雅望，是国家的周公，足下应把国家大政交给他。"褚裒于是坚决辞谢不受封职，回归藩镇。壬戌，朝廷任命会稽王司马昱为抚军大将军，录尚书六条事。

司马昱清虚寡欲，特别擅长谈论玄言，经常让刘惔、王濛及颍川人韩伯做谈客，又征用郗超为抚军掾吏，谢万为从事中郎。郗超即郗鉴的孙子，少年时便卓绝出众，不受羁绊。父亲郗愔，简微寡言，性情淡泊却吝惜钱财，积蓄钱财无数，曾经打开库房任由郗超取用，郗超发放、施舍给亲朋故旧，一日之内都散发殆尽。谢万是谢安的兄弟，清静旷远，卓尔不群，当时也很有名望。

5　燕有黑龙、白龙见于龙山,交首游戏,解角而去。燕王皝亲祀以太牢,赦其境内,命所居新宫曰和龙。

6　都亭肃侯庾翼疽发于背,表子爰之行辅国将军、荆州刺史,委以后任;司马义阳朱焘为南蛮校尉,以千人守巴陵。秋,七月庚午,卒。

翼部将干瓒等作乱,杀冠军将军曹据。朱焘与安西长史江虨、建武司马毛穆之、将军袁真共诛之。虨,统之子也。

7　八月,豫州刺史路永叛奔赵,赵王虎使永屯寿春。

8　庾翼既卒,朝议皆以诸庾世在西藩,人情所安,宜依翼所请,以庾爰之代其任。何充曰:"荆楚,国之西门,户口百万,北带强胡,西邻劲蜀,地势险阻,周旋万里,得人则中原可定,失人则社稷可忧,陆抗所谓'存则吴存,亡则吴亡'者也,岂可以白面少年当之哉!桓温英略过人,有文武器干,西夏之任,无出温者。"议者又曰:"庾爰之肯避温乎?如令阻兵,耻惧不浅。"充曰:"温足以制之,诸君勿忧。"

丹杨尹刘惔每奇温才,然知其有不臣之志,谓会稽王昱曰:"温不可使居形胜之地,其位号常宜抑之。"劝昱自镇上流,以己为军司,昱不听。又请自行,亦不听。

庚辰,以徐州刺史桓温为安西将军、持节、都督荆司雍益梁宁六州诸军事、领护南蛮校尉、荆州刺史,爰之果不敢争。又以刘惔监沔中诸军事,领义成太守,代庾方之。徙方之、爰之于豫章。

5　燕国在龙山出现黑龙和白龙,交首戏游,丢下龙角离开。燕王慕容皝亲自用太牢的礼节祭祀,赦免境内罪犯,把自己居住的新宫殿命名为和龙。

6　都亭肃侯庾翼的背疽发作,上表乞请儿子庾爰之行辅国将军职、荆州刺史,把后事委托给他;又任司马义阳人朱焘为南蛮校尉,率一千人驻守巴陵。秋季,七月庚午(初三),庾翼去世。

庾翼的部将干瓒等人作乱,杀害冠军将军曹据。朱焘和安西长史江虨、建武司马毛穆之、将军袁真共同讨杀他。江虨是江统的儿子。

7　八月,豫州刺史路永背叛晋投奔赵,赵王石虎让他屯军寿春。

8　庾翼死后,朝廷论议都认为庾氏家族世世代代驻守西部藩镇,为人心所向,应当同意庾翼的请求,让庾爰之接替职位。何充说:“荆楚是国家的西方门户,有民众百万,北边连结强大的胡虏,西边邻近强大的汉国,地势险阻,周边有万里之遥,得到合适的人选那么中原可以平定,所用非人那么国家命运可堪忧虑,这就是陆抗所说的‘存则吴存,亡则吴亡’,怎能让白脸少年担当这样的职位呢! 桓温英气、谋略过人,有文武两方面的才干,西边这个职位,没有比桓温更合适的人了。”论议者又说:“庾爰之肯让给桓温吗? 如果他率军抗命,国家所受的耻辱和惊惧都不会小。”何充说:“桓温足以制服他,你们不必担忧。”

丹杨尹刘惔经常为桓温的才干惊奇,但知道他有不甘为臣的志向,刘惔对会稽王司马昱说:“不可以让桓温占据地形便利的地方,对他的地位、封号也应当经常贬抑。”劝司马昱自己镇守长江上游,让自己任军司,司马昱不听。刘惔又请求自己前往,也不获准许。

庚辰,任命徐州刺史桓温为安西将军、持节、都督荆州、司州、雍州、益州、梁州、宁州诸军事,领护南蛮校尉、荆州刺史,庾爰之果然不敢与他争位。又任命刘惔监察沔中诸军事,兼领义成太守,替代庾方之。把庾方之、庾爰之迁到豫章。

桓温尝乘雪欲猎,先过刘惔,惔见其装束甚严,谓之曰:"老贼欲持此何为?"温笑曰:"我不为此,卿安得坐谈乎!"

9 汉主势之弟大将军广,以势无子,求为太弟,势不许。马当、解思明谏曰:"陛下兄弟不多,若复有所废,将益孤危。"固请许之。势疑其与广有谋,收当、思明斩之,夷其三族。遣太保李奕袭广于涪城,贬广为临邛侯,广自杀。思明被收,叹曰:"国之不亡,以我数人在也,今其殆矣!"言笑自若而死。思明有智略,敢谏诤;马当素得人心,及其死,士民无不哀之。

10 冬,十月,燕王皝使慕容恪攻高句丽,拔南苏,置戍而还。

11 十二月,张骏伐焉耆,降之。是岁,骏分武威等十一郡为凉州,以世子重华为刺史;分兴晋等八郡为河州,以宁戎校尉张瓘为刺史;分敦煌等三郡及西域都护三营为沙州,以西胡校尉杨宣为刺史。骏自称大都督、大将军、假凉王,督摄三州。始置祭酒、郎中、大夫、舍人、谒者等官,官号皆仿天朝而微变其名;车服旌旗拟于王者。

12 赵王虎以冠军将军姚弋仲为持节、十郡六夷大都督、冠军大将军。弋仲清俭鲠直,不治威仪,言无畏避,虎甚重之。朝之大议,每与参决,公卿皆惮而下之。武城左尉,虎宠姬之弟也,尝入弋仲营,侵扰其部众。弋仲执而数之曰:"尔为禁尉,迫胁小民;我为大臣,目所亲见,不可纵也。"命左右斩之。尉叩头流血,左右固谏,乃止。

13 燕王皝以为古者诸侯即位,各称元年,于是始不用晋年号,自称十二年。

桓温曾经想趁着下雪外出打猎,先过访刘惔,刘惔见他装束十分齐整,对他说:"老贼想这样去干什么?"桓温笑着回答:"我不去打猎,你怎么能在家中坐谈呢!"

9 汉国主李势的兄弟、大将军李广,因为李势没有儿子,请求让自己当皇太弟,李势不同意。马当、解思明劝谏说:"陛下兄弟不多,如果再有所废免,将会更加孤弱危险。"坚决请求答应李广的请求。李势怀疑他们和李广有预谋,拘捕马当、解思明斩首,夷灭三族。又派太保李奕进攻在涪城的李广,贬黜李广为临邛侯,李广自杀。解思明被捕时,叹息说:"国家之所以不灭亡,是因为有我们这几个人在,现在危险了!"谈笑自若赴死。解思明有智慧、谋略,敢于直言谏诤;马当素来得人心,他们死后,士民们无不哀悼。

10 冬季,十月,燕王慕容皝派慕容恪进攻高句丽,攻克南苏,设置戍守后返回。

11 十二月,张骏攻伐焉耆,使之投降。这年,张骏分出武威等十一郡,设置凉州,让世子张重华任刺史;分出兴晋等八郡为河州,让宁戎校尉张瓘任刺史;又分出敦煌等三个郡及西域都护的三营为沙州,让西胡校尉杨宣任刺史。张骏自称大都督、大将军、假凉王,督摄三州。开始设置祭酒、郎中、大夫、舍人、谒者等官员,官号都仿效东晋朝廷,只是稍稍改变名称;车服旌旗都仿效帝王。

12 赵王石虎任命冠军将军姚弋仲为持节、十郡六夷大都督、冠军大将军。姚弋仲清静俭朴耿直,不修威仪,说话无所畏惧,石虎非常器重他。朝廷的重大决议,姚弋仲时常参与决断,公卿大臣都对他心存忌惮,执礼恭敬。武城左尉是石虎宠姬的兄弟,曾闯入姚弋仲的营地,侵扰部众。姚弋仲将他擒获,数落他说:"你身为制止邪妄行为的校尉,却胁迫小小百姓,我身为大臣,亲眼所见,就不能宽纵你。"令左右侍从推出斩首。左尉谢罪求饶,叩头直至流血,左右侍从极力劝阻,姚弋仲这才饶他性命。

13 燕王慕容皝认为古代诸侯即位,都各自称为元年,便开始不用晋年号,自称十二年。

14　赵王虎使征东将军邓恒将兵数万屯乐安,治攻具,为取燕之计。燕王皝以慕容霸为平狄将军,戍徒河。恒畏之,不敢犯。

二年(丙午,346)

1　春,正月丙寅,大赦。

2　己卯,都乡文穆公何充卒。充有器局,临朝正色,以社稷为己任,所选用皆以功效,不私亲旧。

3　初,夫馀居于鹿山,为百济所侵,部落衰散,西徙近燕,而不设备。燕王皝遣世子儁帅慕容军、慕容恪、慕舆根三将军、万七千骑袭夫馀。儁居中指授,军事皆以任恪,遂拔夫馀,虏其王玄及部落五万馀口而还。皝以玄为镇军将军,妻以女。

4　二月癸丑,以左光禄大夫蔡谟领司徒,与会稽王昱同辅政。

5　褚裒荐前光禄大夫顾和、前司徒左长史殷浩。三月丙子,以和为尚书令,浩为建武将军、扬州刺史。和有母丧,固辞不起,谓所亲曰:"古人有释衰经从王事者,以其才足干时故也。如和者,正足以亏孝道,伤风俗耳。"识者美之。浩亦固辞。会稽王昱与浩书曰:"属当厄运,危弊理极,足下沉识淹长,足以经济。若复深存挹退,苟遂本怀,吾恐天下之事于此去矣。足下去就,即时之废兴,则家国不异,足下宜深思之!"浩乃就职。

6　夏,四月己酉朔,日有食之。

14 赵王石虎让征东将军邓恒率数万军队屯兵乐安,修制进攻器械,为攻打燕国作准备。燕王慕容皝任命慕容霸为平狄将军,戍守徒河。邓恒畏惧,不敢侵犯。

晋穆帝永和二年(丙午,公元 346 年)

1 春季,正月丙寅(初一),晋大赦天下。

2 己卯(十四日),都乡文穆公何充死。何充兼具才识和度量,上朝时面容端肃,以治国为己任,所选用的人都有所成就,不为亲朋故友徇私情。

3 当初,夫馀部居住在鹿山,遭百济的侵扰,部落衰败离散,便向西迁徙靠近燕国,但不设防备。燕王慕容皝派世子慕容儁率慕容军、慕容恪、慕舆根三位将军、骑兵共一万七千人进攻夫馀部。慕容儁居中指挥,具体军务都委派给慕容恪,于是攻克夫馀,掳获夫馀王玄和部落民众五万多人返回。慕容皝任玄为镇军将军,把女儿许配给他为妻。

4 二月癸丑(十九日),晋任左光禄大夫蔡谟兼领司徒职务,与会稽王司马昱共同辅佐朝政。

5 褚裒向朝廷荐举前光禄大夫顾和、前司徒左长史殷浩。三月丙子(十二日),朝廷任命顾和为尚书令,殷浩为建武将军、扬州刺史。顾和为亡母服丧,坚持辞谢不肯出仕,对自己亲近的人说:"古人中有脱下丧服从事君王事务的,是因为他们的才能足以济世治事。像我这样的人如果这么做,就只会使孝道有损,伤风败俗而已。"有见地的人都称赞他。殷浩也坚持辞谢不受职。会稽王司马昱给殷浩写信说:"国家正当困厄的命运,危殆的弊病理当终尽,足下的见识深远、广博、出众,足以经世救国。如果再深存谦抑之心,随随便便满足个人的心愿,我怕天下之事就此无可挽回了。足下的去就,就是时世的废兴,家庭与国家命运紧密相连不可分割,足下还是好好想想!"殷浩这才就职。

6 夏季,四月己酉朔,出现日食。

7　五月丙戌，西平忠成公张骏薨。官属上世子重华为使持节、大都督、太尉、护羌校尉、凉州牧、西平公、假凉王；赦其境内；尊嫡母严氏为大王太后，母马氏为王太后。

8　赵中黄门严生恶尚书朱轨，会久雨，生谮轨不修道路，又谤讪朝政，赵王虎囚之。蒲洪谏曰："陛下既有襄国、邺宫，又修长安、洛阳宫殿，将以何用！作猎车千乘，环数千里以养禽兽，夺人妻女十馀万口以实后宫，圣帝明王之所为，固若是乎！今又以道路不修，欲杀尚书。陛下德政不修，天降淫雨，七旬乃霁。霁方二日，虽有鬼兵百万，亦未能去道路之涂潦，而况人乎！政刑如此，其如四海何，其如后代何！愿止作徒，罢苑囿，出宫女，赦朱轨，以副众望。"虎虽不悦，亦不之罪，为之罢长安、洛阳作役，而竟诛朱轨。又立私论朝政之法，听吏告其君，奴告其主。公卿以下，朝觐以目相顾，不敢复相过从谈语。

9　赵将军王擢击张重华，袭武街，执护军曹权、胡宣，徙七千馀户于雍州。凉州刺史麻秋、将军孙伏都攻金城，太守张冲请降，凉州震恐。

重华悉发境内兵，使征南将军裴恒将之以御赵。恒壁于广武，久而不战。凉州司马张耽言于重华曰："国之存亡在兵，兵之胜败在将。今议者举将，多推宿旧。夫韩信之举，非旧德也。盖明主之举，举无常人，才之所堪，则授以大事。今强寇在境，诸将不进，人情危惧。主簿谢艾，兼资文武，可用以御赵。"重华召艾，问以方略。艾愿请兵七千人，必破赵以报。重华拜艾中坚将军，给步骑五千，使击秋。艾引兵出振武，夜有二枭鸣于牙中，艾曰："六博得枭者胜，今枭鸣牙中，克敌之兆也。"进与赵战，大破之，斩首五千级。重华封艾为福禄伯。

7　五月丙戌(二十三日)，西平忠成公张骏去世。前凉的官员属吏表请世子张重华为使持节、大都督、太尉、护羌校尉、凉州牧、西平公、假凉王；赦其境内罪囚；张重华尊奉父亲的正妻严氏为大王太后，生母马氏为王太后。

8　赵国中黄门严生与尚书朱轨交恶，适逢淫雨连绵，严生谮毁朱轨不修整道路，又诽谤、讥讽朝政，赵王石虎将朱轨囚禁。蒲洪劝谏说："陛下已经拥有襄国、邺宫，又营建长安、洛阳的宫殿，准备用来干什么！又制造猎车一千辆，围地几千里用来蓄养禽兽，强夺百姓妻子、女儿十多万人充实后宫，贤圣的帝王、明智的君主的所作所为，难道原本就是如此吗！现在又因道路没有修整，就想杀害尚书。陛下的德政不修，上天才降淫雨，历经七十天刚放晴。天晴才两天，即使有鬼神之兵一百万人，也不能去除道路上的泥泞和积水，何况人呢！政治和刑法变成这样，对天下人如何交代，对后人如何交代！希望能停止劳作的徒役，废除范围，释放宫女，赦免朱轨，用以满足众人的期望。"石虎虽然不高兴，但也没有降罪蒲洪，为此停止了长安、洛阳两地的劳作徒役，但终究诛杀了朱轨。又制定惩治私下议论朝政的刑法，允许属吏告发君长，奴仆告发主人。自此公卿大臣以下，朝会觐见时以目光互相示意，不再敢互相来往交谈。

9　赵将军王擢攻打张重华，袭击武街，抓获了护军曹权、胡宣，将七千多户百姓迁徙到雍州。凉州刺史麻秋、将军孙伏都攻打金城，太守张冲请求投降，凉州人十分震惊恐惧。

张重华出动了境内的全部部队，让征南将军裴恒统率着他们去抵御赵。裴恒在广武坚壁固守，久不交战。凉州司马张耽向张重华进言说："国家的存亡取决于军队，军队的胜败取决于将领。如今评议者荐举将领，大多推举故旧。韩信被荐举，并非由于他是过去的功臣。所以贤明君主的荐举，并没有固定不变的人选，只要才能胜任，就授以重任。如今强敌就在境内，众将领都不前进，人心恐惧。主簿谢艾，才兼文武，可以起用他来抵御赵。"张重华召见谢艾，问他用什么办法抵御赵。谢艾请求给他七千兵众，一定攻破赵以作报答。张重华授予谢艾中坚将军，配给他步兵、骑兵五千人，让他去攻打麻秋。谢艾带领军队出了振武，夜里有两只猫头鹰在军营中鸣叫，谢艾说："玩六博棋时，得到饰有猫头鹰图案棋子的人获胜，如今猫头鹰在军营中鸣叫，这是战胜敌人的征兆。"于是就进军与赵交战，大败赵军队，斩首五千多人。张重华封谢艾为福禄伯。

麻秋之克金城也,县令敦煌车济不降,伏剑而死。秋又攻大夏,护军梁式执太守宋晏,以城应秋,秋遣晏以书诱致宛成都尉敦煌宋矩,矩曰:"为人臣,功既不成,唯有死节耳。"先杀妻子而后自刎。秋曰:"皆义士也。"收而葬之。

10　冬,汉太保李奕自晋寿举兵反,蜀人多从之,众至数万。汉主势登城拒战,奕单骑突门,门者射而杀之,其众皆溃。势大赦境内,改元嘉宁。

势骄淫,不恤国事,多居禁中,罕接公卿,疏忌旧臣,信任左右,谗谄并进,刑罚苛滥,由是中外离心。蜀土先无獠,至是始从山出,自巴西至犍为、梓潼,布满山谷十馀万落,不可禁制,大为民患,加以饥馑,四境之内,遂至萧条。

11　安西将军桓温将伐汉,将佐皆以为不可。江夏相袁乔劝之曰:"夫经略大事,固非常情所及,智者了于胸中,不必待众言皆合也。今为天下之患者,胡、蜀二寇而已,蜀虽险固,比胡为弱,将欲除之,宜先其易者。李势无道,臣民不附,且恃其险远,不修战备。宜以精卒万人轻赍疾趋,比其觉之,我已出其险要,可一战擒也。蜀地富饶,户口繁庶,诸葛武侯用之抗衡中夏,若得而有之,国家之大利也。论者恐大军既西,胡必窥觎,此似是而非。胡闻我万里远征,以为内有重备,必不敢动;纵有侵轶,缘江诸军足以拒守,必无忧也。"温从之。乔,瓌之子也。

麻秋攻克金城的时候,县令敦煌人车济不投降,用剑自杀而死。麻秋又攻打大夏,护军梁式拘捕了太守宋晏,举城投降以响应麻秋。麻秋派遣宋晏带着书信去劝诱宛戍都尉敦煌人宋矩前来投降,宋矩说:"作为人主的臣下,既然不能成就功业,只有为气节而死了。"于是他就先把妻儿杀掉,然后自刎而死。麻秋说:"这些人全都是义士。"为他们收尸安葬。

10 冬季,汉太保李奕在晋寿起兵反叛,蜀人大多都跟从他,兵众多达数万。汉主李势登上城墙抵御,李奕单身匹马冲击城门,守卫城门的人向他射击,射死了他,其兵众全都溃逃。李势在境内实行大赦,改年号为嘉宁。

李势骄奢淫逸,不操心国家大事,常常身居宫中,很少与公卿大臣接触,疏远忌惮昔日的臣下,信任跟随在身边的人,谗言媚语并进,刑罚苛刻泛滥,因此宫廷内外的人们全都与他离心。蜀地以前没有獠族人,到这时他们开始从山中出来,从巴西到犍为、梓潼,十多万个部落布满了山谷,无法禁止控制,给百姓带来了深重的祸患,再加上临逢荒年,国境之内,最终变得一片肃杀。

11 安西将军桓温准备讨伐汉,将领辅佐全都认为不可行。江夏相袁乔劝谏桓温说:"攻取天下这样的大事,本来就不是按常理所能预测的,智慧高超的人自己在心中决定就可以了,不必非要等众人的意见全都统一。如今作为天下祸患的,只有胡、蜀二敌而已,蜀国虽然地势险固,但力量比胡人薄弱,如果准备除掉他们,应该先攻打容易攻取的一方。李势毫无道义,臣僚百姓与他离心,而且他凭借着自己的天险与偏远,没有做交战的准备。应该派一万精锐士兵轻装迅速开进,等到他们察觉,我们已经越过了险要之地,一次交战就可以擒获他。蜀地物产富饶,人口众多,诸葛亮用它与中原抗衡,如果我们得到并占有了此地,这对国家大有好处。谈论此事的人唯恐大军西进以后,胡人一定会乘虚图谋,这是似是而非的说法。胡人听说我们万里远征,会认为国内设有严密的防备,一定不敢轻举妄动;纵然有所侵扰,沿长江布防的各路军队也足以抵御防守,肯定没有什么忧患。"桓温听从袁乔的意见。袁乔是袁瓌的儿子。

十一月辛未,温帅益州刺史周抚、南郡太守谯王无忌伐汉,拜表即行。委安西长史范汪以留事,加抚都督梁州之四郡诸军事,使袁乔帅二千人为前锋。

朝廷以蜀道险远,温众少而深入,皆以为忧,惟刘惔以为必克。或问其故,惔曰:"以博知之。温,善博者也,不必得则不为。但恐克蜀之后,温终专制朝廷耳。"

三年(丁未,347)

1 春,二月,桓温军至青衣。汉主势大发兵,遣叔父右卫将军福、从兄镇南将军权、前将军昝坚等将之,自山阳趣合水。诸将欲设伏于江南以待晋兵,昝坚不从,引兵自江北鸳鸯碕渡向犍为。

三月,温至彭模。议者欲分为两军,异道俱进,以分汉兵之势。袁乔曰:"今悬军深入万里之外,胜则大功可立,不胜则噍类无遗,当合势齐力,以取一战之捷。若分两军,则众心不一,万一偏败,大事去矣。不如全军而进,弃去釜甑,赍三日粮,以示无还心,胜可必也。"温从之。留参军孙盛、周楚将羸兵守辎重,温自将步卒直指成都。楚,抚之子也。

李福进攻彭模,孙盛等奋击,走之。温进,遇李权,三战三捷,汉兵散走归成都,镇军将军李位都迎诣温降。昝坚至犍为,乃知与温异道,还,自沙头津济,比至,温已军于成都之十里陌,坚众自溃。

十一月辛未(初五),桓温率领益州刺史周抚、南郡太守谯王司马无忌讨伐汉,进上表章后立即行动。将留守事务委托给安西长史范汪,让周抚担任都督梁州的四郡诸军事,让袁乔率领两千人做前锋。

朝廷因为蜀国的道路艰险遥远,桓温的兵力不足而又深入敌后,都为此担忧,只有刘惔认为一定能取胜。有人问他为什么,刘惔说:"通过博戏知道的。桓温是善于博戏的人,没有必胜的把握他就不干。只是恐怕攻克蜀国之后,桓温最终要在朝廷专权罢了。"

晋穆帝永和三年(丁未,公元347年)

1　春季,二月,桓温的军队抵达青衣。汉主李势大举出兵,派叔父右卫将军李福、堂兄镇南将军李权、前将军昝坚等人率领兵众,从山阳开赴合水。众将领想要在长江以南设下埋伏以等待东晋的军队,昝坚没有听从,带领军队从长江以北的鸳鸯碕渡过长江,奔赴犍为。

三月,桓温抵达彭模。有人提议应该兵分两路,分头并进,用以削弱汉军的威势。袁乔说:"如今孤军深入万里之外,胜利可以建立大功,败则尽死无遗,应当聚合威势,齐心协力,以争取一战成功。如果兵分两路,则众心不一,万一一方失败,讨伐蜀汉的大事就完了。不如以完整的军队前进,扔掉釜甑一类的炊具,只带三天的军粮,以显示义无返顾的决心,肯定可以取胜。"桓温听从了他的意见。留下参军孙盛、周楚带领瘦弱的士兵守卫轻重装备,桓温亲自统率步兵直接开赴成都。周楚是周抚的儿子。

李福进军攻打彭模,孙盛等人奋力反击,赶跑了他。桓温进军,遇上了李权,三次交战,三次获胜,蜀汉的军队溃散逃回了成都,镇军将军李位都迎到桓温那里投降。昝坚到了犍为以后,才知道和桓温走的不是一条路,掉头返回,从沙头津渡过长江,等到抵达成都,桓温已经驻扎在成都的十里陌,昝坚的兵众自己就溃散了。

　　势悉众出战于成都之笮桥，温前锋不利，参军龚护战死，矢及温马首。众惧，欲退，而鼓吏误鸣进鼓，袁乔拔剑督士卒力战，遂大破之。温乘胜长驱至成都，纵火烧其城门。汉人惶惧，无复斗志。势夜开东门走，至葭萌，使散骑常侍王幼送降文于温，自称"略阳李势叩头死罪"，寻舆榇面缚诣军门。温解缚焚榇，送势及宗室十馀人于建康。引汉司空谯献之等以为参佐，举贤旌善，蜀人悦之。

　　2　日南太守夏侯览贪纵，侵刻胡商，又科调船材，云欲有所讨，由是诸国恚愤。林邑王文攻陷日南，将士死者五六千，杀览，以尸祭天。檄交州刺史朱蕃，请以郡北横山为界。文既去，蕃使督护刘雄戍日南。

　　3　汉故尚书仆射王誓、镇东将军邓定、平南将军王润、将军隗文等皆举兵反，众各万馀。桓温自击定，使袁乔击文，皆破之。温命益州刺史周抚镇彭模，斩王誓、王润。温留成都三十日，振旅还江陵。李势至建康，封归义侯。夏，四月丁巳，邓定、隗文等入据成都，征房将军杨谦弃涪城，退保德阳。

　　4　赵凉州刺史麻秋攻枹罕。晋昌太守郎坦以城大难守，欲弃外城。武成太守张悛曰："弃外城则动众心，大事去矣。"宁戎校尉张璩从悛言，固守大城。秋帅众八万围堑数重，云梯地突，百道皆进。城中御之，秋众死伤数万。赵王虎复遣其将刘浑等帅步骑二万会之。郎坦恨言不用，教军士李嘉潜引赵兵千馀人登城。璩督诸将力战，杀二百馀人，赵兵乃退。璩烧其攻具，秋退保大夏。

李势把全部兵众都调往成都的笮桥迎战,桓温的前锋部队出师不利,参军龚护战死,流箭射中了桓温的马头。兵众见状十分害怕,想要撤退,而负责击鼓的官吏却误击了前进的鼓声,袁乔拔出战剑督促士兵奋力攻战,终于大败李势的军队。桓温乘胜长驱直入抵达成都,放火焚烧了城门。蜀汉人惊慌恐惧,再也没有继续抵抗的斗志。李势趁夜打开东门逃跑,到了葭萌,让散骑常侍王幼给桓温送去了请求投降的文书,自称“略阳人李势叩头请求死罪”,不久便拉着棺材,双手反绑于身后来到了桓温的军营门前投降。桓温为他松开了双手,焚烧了棺材,把李势及宗室亲属十多人送到了建康。任用汉司空谯献之等为参佐,举拔贤能奖掖善事,蜀人十分高兴。

　　2　日南太守夏侯览贪婪放纵,侵吞掠夺胡族商人,又下令征调造船用的木材,说准备讨伐征战使用,因此各国对他十分愤恨。林邑王范文攻陷了日南,日南的将士有五六千人死亡,杀掉了夏侯览,用他的尸体祭祀上天。给交州刺史朱蕃送去檄文,请求以郡北的横山作为与晋的分界。范文离开以后,朱蕃让督护刘雄戍守日南。

　　3　蜀汉过去的尚书仆射王誓、镇东将军邓定、平南将军王润、将军隗文等人全都起兵反叛,各自拥有兵众数万。桓温亲自攻打邓定,让袁乔攻打隗文,全都大败了他们。桓温命令益州刺史周抚镇守彭模,斩杀了王誓、王润。桓温在成都逗留了三十天,整顿部队后返回了江陵。李势抵达建康,被封为归义侯。夏季,四月丁巳(二十九日),邓定、隗文等人进占成都,征虏将军杨谦放弃了涪城,退守德阳。

　　4　赵凉州刺史麻秋攻打枹罕。晋昌太守郎坦因为枹罕城大难以防守,想放弃外城。武成太守张悛说:“放弃了外城就会动摇众心,大事也就完了。”宁戎校尉张璩听从了张悛的话,固守城池。麻秋率领八万兵众将护城河团团包围,云梯地道,各路俱进。城中的士兵顽强抵抗,麻秋的兵众死伤数万。赵王石虎又派他的将领刘浑等人率领步、骑兵两万人与麻秋会合。郎坦痛恨张悛不采纳自己的意见,叫军士李嘉悄悄地带领一千多赵士兵登上城墙。张璩督促众将领奋力战斗,杀死了两百多人,赵军队这才后退。张璩焚烧了赵军队进攻的器械,麻秋退守大夏。

虎以中书监石宁为征西将军,帅并、司州兵二万馀人为秋等后继。张重华将宋秦等帅户二万降于赵。重华以谢艾为使持节、军师将军,帅步骑三万进军临河。艾乘轺车,戴白帢,鸣鼓而行。秋望见,怒曰:"艾年少书生,冠服如此,轻我也。"命黑矟龙骧三千人驰击之。艾左右大扰。或劝艾宜乘马,艾不从,下车,踞胡床,指麾处分,赵人以为有伏兵,惧不敢进。别将张瑁自间道引兵截赵军后,赵军退,艾乘势进击,大破之,斩其将杜勋、汲鱼,获首虏万三千级,秋单马奔大夏。

五月,秋与石宁复帅众十二万进屯河南,刘宁、王擢略地晋兴、广武、武街,至于曲柳。张重华使将军牛旋拒之,退守枹罕,姑臧大震。重华欲亲出拒之,谢艾固谏。索遐曰:"君者,一国之镇,不可轻动。"乃以艾为使持节、都督征讨诸军事、行卫将军,遐为军正将军,帅步骑二万拒之。别将杨康败刘宁于沙阜,宁退屯金城。

5　六月辛酉,大赦。

6　秋,七月,林邑复陷日南,杀督护刘雄。

7　隗文、邓定等立故国师范长生之子贲为帝而奉之,以妖异惑众,蜀人多归之。

8　赵王虎复遣征西将军孙伏都、将军刘浑帅步骑二万会麻秋军,长驱济河,击张重华,遂城长最。谢艾建牙誓众,有风吹旌旗东南指,索遐曰:"风为号令,今旌旗指敌,天所赞也。"艾军于神鸟,王擢与艾前锋战,败,走还河南。八月戊午,艾进击秋,大破之,秋遁归金城。虎闻之,叹曰:"吾以偏师定九州,今以九州之力困于枹罕,彼有人焉,未可图也!"艾还,讨叛虏斯骨真等万馀落,皆破平之。

石虎任命中书监石宁为征西将军,率领并州、司州的军队两万多人作为麻秋的后继部队。张重华的部将宋秦等人率领两万多户人家向赵投降。张重华任命谢艾为使持节、军师将军,率领步、骑兵三万人进军临河。谢艾乘着轻车,戴着白色便帽,击鼓前进。麻秋远远望见,愤怒地说:"谢艾是年轻书生,如此穿着,这是轻视我。"于是就命令装备黑槊的三千龙骧兵驰马攻打他。跟随在谢艾周围的人大为惊扰。有人劝谢艾应该骑马,谢艾不听,下车以后,坐在交椅上,指挥部署,赵人以为有伏兵,因害怕不敢再前进。别将张瑁率兵从小路截断了赵军队的后路,赵军队后退,谢艾乘势进攻,大破赵军,斩杀了赵将领杜勋、汲鱼,斩杀其兵众一万三千多人,麻秋单人匹马逃奔大夏。

五月,麻秋和石宁又率领十二万兵众进军驻扎在黄河以南,刘宁、王擢攻略晋兴、广武、武街,直至曲柳。张重华让将军牛旋抵抗他们,后退固守枹罕,姑臧城内大为震恐。张重华想亲自出征抵抗,谢艾恳切劝谏。索遐说:"君王镇摄一国,不可轻率行动。"张重华于是任命谢艾为使持节、都督征讨诸军事、行卫将军职,任命索遐为军正将军,率领二万步、骑兵抵抗赵军。别将杨康在沙阜打败刘宁,刘宁后退驻扎在金城。

5　六月辛酉(初五),晋实行大赦。

6　秋季,七月,林邑的军队又攻陷日南,杀掉了督护刘雄。

7　隗文、邓定等人立前国师范长生的儿子范贲为帝,并尊奉他,他们靠妖异之辞迷惑民众,蜀人大多归附。

8　赵王石虎又派征西将军孙伏都、将军刘浑率领步、骑兵两万人与麻秋的军队会合,长驱直入,渡过黄河,攻打张重华,屯军长最。谢艾在军前竖起大旗与兵众誓师,恰好风吹旌旗指向东南,索遐说:"风向就是号令,现在旌旗指向敌人,这是上天的助祐。"谢艾屯军于神鸟,王擢与谢艾的前锋部队交战,被打败,逃回黄河以南。八月戊午(初三),谢艾进军攻打麻秋,大败麻秋,麻秋逃回金城。石虎听说以后,叹息道:"我靠部分军队平定了九州,如今拥有九州的兵力却受困于枹罕,他们有人才在这里,不可图谋!"谢艾班师返回,讨伐反叛敌虏的斯骨真等一万多个部落,全都打败平定了他们。

9　赵王虎据十州之地，聚敛金帛，及外国所献珍异，府库财物，不可胜纪，犹自以为不足，悉发前代陵墓，取其金宝。

沙门吴进言于虎曰："胡运将衰，晋当复兴，宜苦役晋人以厌其气。"虎使尚书张群发近郡男女十六万人，车十万乘，运土筑华林苑及长墙于邺北，广袤数十里。申钟、石璞、赵揽等上疏陈天文错乱，百姓雕弊。虎大怒曰："使苑墙朝成，吾夕没，无恨矣。"促张群使然烛夜作。暴风大雨，死者数万人。郡国前后送苍麟十六，白鹿七，虎命司虞张曷柱调之以驾芝盖，大朝会列于殿庭。

九月，命太子宣出祈福于山川，因行游猎。宣乘大辂，羽葆华盖，建天子旌旗，十有六军戎卒十八万出自金明门，虎从其后宫升陵霄观望之，笑曰："我家父子如此，自非天崩地陷，当复何愁！但抱子弄孙，日为乐耳。"

宣所舍，辄列人为长围，四面各百里，驱禽兽，至暮皆集其所，使文武皆跪立，重行围守，炬火如昼，命劲骑百馀驰射其中，宣与姬妾乘辇临观，兽尽而止。或兽有迸逸，当围守者，有爵则夺马，步驱一日，无爵则鞭之一百。士卒饥冻死者万有馀人，所过三州十五郡，资储皆无孑遗。

虎复命韬继出，自并州至于秦、雍亦如之。宣怒其与己钧敌，愈嫉之。宦者赵生得幸于宣，无宠于韬，微劝宣除之，于是始有杀韬之谋矣。

9 赵王石虎占据了十州的地域,聚集收敛金帛,以及外国所进献的珍异宝物,府库里的财物,不可胜数,但自己还是觉得不够,把前代的陵墓全都挖掘开,夺走了其中的金银财宝。

僧人吴进向石虎进言说:"胡族的命运将要衰落,晋王朝当要复兴,应当让晋人服艰苦的劳役,以抑制他们的气势。"石虎让尚书张群征发附近各郡的男女十六万人,车十万辆,运土到邺城以北,修筑华林苑及漫长的围墙,占地方圆数十里。申钟、石璞、赵揽等人上疏,陈述目前天文星象错乱,百姓凋敝。石虎勃然大怒,说:"即使宫苑和围墙早晨建成,而我晚上就死去,也死无遗憾。"石虎督促张群让人们点燃烛火,夜不停工。天降暴风大雨,死亡的人达数万。各郡国先后送上苍麟十六只,白鹿七头,石虎命令司虞张曷柱调驯它们,用来驾芝盖车,举行盛大朝会时陈列在殿堂庭院。

九月,石虎命令太子石宣到各地的山川祈求福祉,顺便周游打猎。石宣乘坐大车,车子饰以鸟羽华盖,树立天子旌旗,十六路军队的十八万士卒从金明门出发,石虎从后宫登上陵霄观眺望,笑着说:"我家父子如此,除非天崩地陷,还有什么可愁的呢!我只管去抱儿子逗孙子,终日享受天伦之乐吧。"

石宣每到一地停留,就让人们结成漫长的围圈,四边各有一百多里,然后驱赶禽兽,到傍晚让禽兽全都汇集在他的住所附近,让文武官员全都跪立,再把禽兽围拢起来,火炬把四周照得如同白昼,石宣命令强劲骑兵一百多人驰马向围圈中射击,石宣和姬妾们乘车观看,直到禽兽全被射死才停止。有时个别禽兽逃出围圈,负责围守该地段的人,有爵位的就剥夺他的马让他步行一天,没爵位的就责罚一百鞭。士卒饥寒交迫,死亡的人有一万多,所经过的三州十五郡,物资储备全都挥霍无遗。

石虎又命令石韬继石宣之后出行,从并州到秦州、雍州,情况和石宣一样。石宣对石韬和自己势均力敌很恼怒,对他越发嫉恨。宦官赵生得宠于石宣,在石韬面前不受宠爱,于是就暗地里劝说石宣除掉石韬,从此开始有了杀石韬的图谋。

10　赵麻秋又袭张重华将张琄,败之,斩首三千馀级。枹罕护军李逯帅众七千降于赵,自河以南,氐、羌皆附于赵。

11　冬,十月乙丑,遣侍御史俞归至凉州,授张重华侍中、大都督、督陇右关中诸军事、大将军、凉州刺史、西平公。归至姑臧,重华欲称凉王,未肯受诏,使所亲沈猛私谓归曰:"主公奕世为晋忠臣,今曾不如鲜卑,何也? 朝廷封慕容儁为燕王,而主公才为大将军,何以褒劝忠贤乎! 明台宜移河右,共劝州主为凉王。人臣出使,苟利社稷,专之可也。"归曰:"吾子失言! 昔三代之王也,爵之贵者莫若上公。及周之衰,吴、楚始僭号称王,而诸侯不之非,盖以蛮夷畜之也。借使齐、鲁称王,诸侯岂不四面攻之乎! 汉高祖封韩、彭为王,寻皆诛灭,盖权时之宜,非厚之也。圣上以贵公忠贤,故爵以上公,任以方伯,宠荣极矣,岂鲜卑夷狄所可比哉! 且吾闻之,功有大小,赏有重轻。今贵公始继世而为王,若帅河右之众,东平胡、羯,修复陵庙,迎天子返洛阳,将何以加之乎?"重华乃止。

12　武都氐王杨初遣使来称藩,诏以初为使持节、征南将军、雍州刺史、仇池公。

13　十二月,振威护军萧敬文杀征虏将军杨谦,攻涪城,陷之,自称益州牧,遂取巴西,通于汉中。

10　赵国麻秋又攻袭张重华的部将张瑁,打败了他,斩首三千多级。枹罕护军李逮率领七千兵众投降了赵,自黄河以南,氐族、羌族全都归附了赵。

11　冬季,十月乙丑(十一日),晋派侍御史俞归到凉州,授予张重华侍中、大都督、督陇右、关中诸军事、大将军、凉州刺史、西平公。俞归抵达姑臧,张重华想称凉王,不肯接受诏命,让亲信沈猛私下里对俞归说:"主公世代都是晋王室的忠臣,如今却竟然不如鲜卑,为什么?朝廷封慕容皝为燕王,而主公仅仅才是大将军,靠什么褒奖勉励忠臣贤良呢!您应该向黄河以西的民众发布文告,共同劝州主做凉王。臣下出使于外,如果是对国家有利的事情,擅自决定也是可以的。"俞归说:"阁下说错了!过去三代称王的时候,尊贵的爵位没有什么能比得上上公。等到周室衰微,吴国、楚国开始僭越封号称为王,而其他诸侯国不加非难,是因为把他们当作蛮夷来对待。假使齐国、鲁国称王,其他诸侯国岂不四面攻击他们吗!汉高祖封韩信、彭越为王,不久把他们全都诛灭,这是一时的权宜之计,不是厚待他们。圣主因为主公忠诚贤明,所以赐爵上公,授以一方重任,恩宠荣耀登峰造极,难道是鲜卑夷狄所能比拟的吗!况且我听说,功有大小,赏有重轻。如今主公刚刚继位就称王,如果率领黄河以西的民众,东进平定胡人、羯人,修复陵庙,迎接天子返回洛阳,将会被加授什么职位呢?"张重华于是放弃了称凉王的打算。

12　武都氐王杨初派使者前来向晋称藩,朝廷下诏,任命杨初为使持节、征南将军、雍州刺史、仇池公。

13　十二月,振威护军萧敬文杀掉了征虏将军杨谦,攻打涪城,攻了下来,自称益州牧,占据了巴西,与汉中相通。

卷第九十八　晋纪二十

起戊申(348)尽庚戌(350)凡三年

孝宗穆皇帝上之下

永和四年(戊申,348)

1　夏,四月,林邑寇九真,杀士民什八九。

2　赵秦公韬有宠于赵王虎,欲立之,以太子宣长,犹豫未决。宣尝忤旨,虎怒曰:"悔不立韬也!"韬由是益骄,造堂于太尉府,号曰宣光殿,梁长九丈。宣见之,大怒,斩匠,截梁而去。韬怒,增之至十丈。宣闻之,谓所幸杨杯、牟成、赵生曰:"凶竖傲愎乃敢尔!汝能杀之,吾入西宫,当尽以韬之国邑分封汝等。韬死,主上必临丧,吾因行大事,蔑不济矣。"杯等许诺。

秋,八月,韬夜与僚属宴于东明观,因宿于佛精舍。宣使杨杯等缘猕猴梯而入,杀韬,置其刀箭而去。旦日,宣奏之,虎哀惊气绝,久之方苏。将出临其丧,司空李农谏曰:"害秦公者未知何人,贼在京师,銮舆不宜轻出。"虎乃止,严兵发哀于太武殿。宣往临韬丧,不哭,直言"呵呵",使举衾观尸,大笑而去。收大将军记室参军郑靖、尹武等,将委之以罪。

孝宗穆皇帝上之下

晋穆帝永和四年(戊申,公元348年)

1　夏季,四月,林邑国的军队进犯九真郡,当地的士兵百姓十之八九被杀。

2　赵国的秦公石韬受到赵王石虎宠爱,石虎想立他为太子,可是因为已立太子石宣为长,犹豫不决。石宣曾违背赵王的指令,石虎气愤地说:"真后悔当初没立石韬为太子!"石韬因此更加傲慢无忌,他在太尉府建造了一座殿堂,命名为宣光殿,横梁长达九丈。石宣看到后认为冒犯了他的姓名,勃然大怒,便杀掉了工匠,截断了横梁,拂袖而去。石韬对此怒不可遏,又把横梁加长到十丈。石宣听说后,对他的亲信杨杯、牟成、赵生说:"这小子竟敢如此傲慢刚愎!你们如果能把他杀掉,我即位入主西宫后,一定把他现在占据的封国郡邑全都分封给你们。石韬死后,主上一定会亲临哀悼,到时我趁机把他也杀掉,没有不能成功的。"杨杯等人同意了。

秋季,八月,石韬因为和他手下的同僚在东明观夜宴,就宿于佛精舍。石宣乘机派杨杯等人爬着梯子溜进佛精舍,杀死了石韬,扔下杀人刀箭潜逃而去。第二天,石宣禀报了石韬被杀的消息,石虎闻讯后悲惊交加,顿时昏厥过去,许久才苏醒过来。当他正要前往参加丧事活动时,司空李农劝他说:"杀害秦公石韬的人现在还不知道是谁,凶手尚在京师,国王的车乘不宜轻率出动。"石虎于是取消了亲临丧事的计划,命令士兵严加戒备,只在太武殿进行哀悼。石宣前往参加石韬的丧事活动,不仅不哭,还"呵呵"窃笑,又让人揭开覆盖尸体的被子观看尸体,然后大笑离去。他又把大将军记室参军郑靖、尹武等人抓了起来,准备委罪于他们。

虎疑宣杀韬,欲召之,恐其不入,乃诈言其母杜后哀过危惙。宣不谓见疑,入朝中宫,因留之。建兴人史科知其谋,告之。虎使收杨杯、牟成,皆亡去。获赵生,诘之,具服。虎悲怒弥甚,囚宣于席库,以铁环穿其颔而锁之,取杀韬刀箭舐其血,哀号震动宫殿。佛图澄曰:"宣、韬皆陛下之子,今为韬杀宣,是重祸也。陛下若加慈恕,福祚犹长;若必诛之,宣当为彗星下扫邺宫。"虎不从。积柴于邺北,树标其上,标末置鹿卢,穿之以绳,倚梯柴积,送宣其下,使韬所幸宦者郝稚、刘霸拔其发,抽其舌,牵之登梯。郝稚以绳贯其颔,鹿卢绞上。刘霸断其手足,斫眼溃肠,如韬之伤。四面纵火,烟炎际天。虎从昭仪已下数千人登中台以观之。火灭,取灰分置诸门交道中。杀其妻子九人。宣少子才数岁,虎素爱之,抱之而泣,欲赦之,其大臣不听,就抱中取而杀之。儿挽虎衣大叫,至于绝带,虎因此发病。又废其后杜氏为庶人。诛其四率已下三百人,宦者五十人,皆车裂节解,弃之漳水。洿其东宫以养猪牛。东宫卫士十馀万人皆谪戍凉州。先是赵揽言于虎曰:"宫中将有变,宜备之。"及宣杀韬,虎疑其知而不告,亦诛之。

3 朝廷论平蜀之功,欲以豫章郡封桓温。尚书左丞荀蕤曰:"温若复平河、洛,将何以赏之?"乃加温征西大将军、开府仪同三司,封临贺郡公,加谯王无忌前将军,袁乔龙骧将军,封湘西伯。蕤,崧之子也。

石虎怀疑石宣杀害了石韬，想召见他，又怕他不来，于是便谎称他母亲杜后因悲哀过度而病危。石宣不知道已被怀疑，入朝来到中宫，便被扣留了起来。建兴人史科知道石宣策划杀害石韬的计谋，告发了他们。石虎便派人去抓杨杯、牟成，但他们都逃跑了。只抓到了赵生，经过追问，他全部招供。石虎听完后更加悲痛愤怒，于是便把石宣囚禁在贮藏坐具的仓库中，用铁环穿透他的下颌并上了锁，拿来杀害石韬的刀箭让他舔上面的血，石宣的哀鸣号叫声震动宫殿。佛图澄对石虎说："石宣、石韬都是陛下的儿子，今天如果为了石韬被杀而再杀了石宣，这便是祸上加祸了。陛下如果能对他施以仁慈宽恕，福祚的气运尚可延长；如果一定要杀了他，石宣将会化为彗星，横扫邺宫。"石虎没有听从劝说。他命令在邺城之北堆上柴草，上面架设横杆，横杆的末端安置辘轳，绕上绳子，把梯子倚靠在柴堆上，将石宣押解到下边，又让石韬所宠爱的宦官郝稚、刘霸揪着石宣的头发，拽着石宣的舌头，拉他登上梯子。郝稚把绳索套在他的脖子上，用辘轳绞上去。刘霸砍断他的手脚，挖出他的眼睛，刺穿他的肠子，使他被伤害的程度和石韬一样。然后又在柴堆四周点火，浓烟烈焰冲天而起。石虎则跟随昭仪官以下数千人登上中台观看。火灭以后，又取来灰烬分别放在通向各个城门的十字大路当中。还杀掉了石宣的妻儿九人。石宣的小儿子刚刚几岁，石虎平素非常喜爱他，因此临杀前抱着他哭泣，意欲赦免，但手下的大臣们却不同意，从怀抱中要过来就给杀掉了。当时小孩拽着石虎的衣服大叫大闹，以至于连腰带都拽断了，石虎也因此得了大病。石虎还黜废了石宣的母后杜氏，贬其为庶人。又杀掉了石宣周围的三百人，宦官五十人，全都是车裂肢解以后，抛尸于漳水河中。石宣居住的太子东宫被改作饲养猪牛的地方。东宫卫士十多万人全都被贬谪戍卫凉州。谋杀石韬事发之前，赵揽曾对石虎说："宫中将有变故，宜加防备。"等到石宣谋杀石韬以后，石虎怀疑他早知此事而不禀告，把他也杀了。

3　晋朝廷讨论平定蜀汉的功劳，想把豫章郡赐封给桓温。尚书左丞荀蕤说："桓温如果再平定了黄河、洛水一带，那将用什么赏赐他呢？"于是朝廷让桓温担任征西大将军、开府仪同三司，封为临贺郡公，让谯王司马无忌担任前将军，让袁乔出任龙骧将军，并封为湘西伯。荀蕤是荀崧的儿子。

温既灭蜀,威名大振,朝廷惮之。会稽王昱以扬州刺史殷浩有盛名,朝野推服,引为心膂,与参综朝权,欲以抗温,由是与温寖相疑贰。

浩以征北长史荀羡、前江州刺史王羲之夙有令名,擢羡为吴国内史,羲之为护军将军,以为羽翼。羡,蕤之弟;羲之,导之从子也。羲之以为内外协和,然后国家可安,劝浩不宜与温构隙,浩不从。

4　燕王皝有疾,召世子儁属之曰:“今中原未平,方资贤杰以经世务。恪智勇兼济,才堪任重,汝其委之,以成吾志!”又曰:“阳士秋士行高洁,忠干贞固,可托大事,汝善待之!”九月丙申,薨。

5　赵王虎议立太子。太尉张举曰:“燕公斌有武略,彭城公遵有文德,惟陛下所择。”虎曰:“卿言正起吾意。”戎昭将军张豺曰:“燕公母贱,又尝有过;彭城公母前以太子事废,今立之,臣恐不能无微恨,陛下宜审思之!”初,虎之拔上邽也,张豺获前赵主曜幼女安定公主,有殊色,纳于虎,虎嬖之,生齐公世。豺以虎老病,欲立世为嗣,冀刘氏为太后,己得辅政,乃说虎曰:“陛下再立太子,其母皆出于倡贱,故祸乱相寻。今宜择母贵子孝者立之。”虎曰:“卿勿言,吾知太子处矣。”虎再与群臣议于东堂,虎曰:“吾欲以纯灰三斛自涤其肠,何为专生恶子,年逾二十辄欲杀父!

桓温平定了蜀汉以后,权威日盛,名声大振,连朝廷对他也惧怕三分。会稽王司马昱认为扬州刺史殷浩素有盛名,朝野对他都很推崇佩服,便提拔他作为心腹骨干,让他参与总揽朝廷权力,想以此来和桓温抗衡。从此殷浩和桓温便逐渐开始互相猜忌,进而彼此产生了异心。

殷浩认为征北长史荀羡和前任江州刺史王羲之历来名声不错,便提升荀羡为吴国内史,提升王羲之为护军将军,作为自己的辅佐。荀羡是荀菘的弟弟;王羲之是王导的侄子。王羲之认为只有朝廷内外融洽团结、和谐相处,然后国家才能安定,于是就劝说殷浩不要和桓温制造隔阂,殷浩不听从。

4　燕王慕容皝身患疾病,他招来太子慕容儁嘱咐说:"如今中原尚未平定,正是需要依靠贤良杰出人士掌管朝政的时候。慕容恪智勇双全,才能出众,你应当委他以重任,以实现我入主中原的远大志向!"又说:"阳鹜具有高尚的士大夫品行,忠诚不二,坚贞不屈,可以委托他掌管大事,一定要很好地对待他!"九月丙申(十七日),前燕王慕容皝去世。

5　赵王石虎与群臣商议立太子。太尉张举说:"燕公石斌长于军事统治,彭城公石遵长于礼乐教化,只看陛下选择。"石虎说:"你的意见正合我意。"戎昭将军张豺则说:"燕公石斌,其母亲出身低贱,本人又曾经有过过错;彭城公石遵,其母亲以前因为太子石邃的事情被黜废,如今再立石遵为太子,我担心他对您不可能没有丝毫的忌恨,愿陛下慎重考虑!"当初,石虎攻克上邽的时候,张豺虏获了前赵国主刘曜的小女儿安定公主,因姿色出众,被石虎纳为妾,并深得宠爱,生下了齐公石世。眼下张豺考虑到石虎年老有病,想立石世为继承人,希望刘氏为太后,这样自己便能得以辅佐朝政。基于这种考虑,张豺劝石虎说:"陛下以前两次立太子,他们的母亲全都出身低贱,所以才导致了朝廷祸乱不断。如今应该选择母贵子孝者立为太子了。"石虎回答:"你不必说了,我知道太子该是谁了。"此后,石虎又一次和群臣在东堂商议。石虎说:"我要用三斛纯净的灰洗涮我内脏的秽恶,否则为什么我专生凶恶无赖的儿子,年龄一过二十就要杀害他的父亲!

今世方十岁,比其二十,吾已老矣。"乃与张举、李农定议,令公卿上书请立世为太子。大司农曹莫不肯署名,虎使张豺问其故,莫顿首曰:"天下重器,不宜立少,故不敢署。"虎曰:"莫,忠臣也,然未达朕意;张举、李农知朕意矣,可令谕之。"遂立世为太子,以刘昭仪为后。

6　冬,十一月甲辰,葬燕文明王。世子儁即位,赦境内,遣使诣建康告丧。以弟交为左贤王,左长史阳骛为郎中令。

7　十二月,以左光禄大夫、领司徒、录尚书事蔡谟为侍中、司徒。谟上疏固让,谓所亲曰:"我若为司徒,将为后代所晒,义不敢拜也。"

五年(己酉,349)
1　春,正月辛未朔,大赦。
2　赵王虎即皇帝位,大赦,改元太宁,诸子皆进爵为王。

故东宫高力等万馀人谪戍凉州,行达雍城,既不在赦例,又敕雍州刺史张茂送之,茂皆夺其马,使之步推鹿车,至粮戍所。高力督定阳梁犊因众心之怨,谋作乱东归,众闻之,皆踊抃大呼。犊乃自称晋征东大将军,帅众攻拔下辨。安西将军刘宁自安定击之,为犊所败。高力皆多力善射,一当十馀人,虽无兵甲,掠民斧,施一丈柯,攻战若神,所向崩溃。戍卒皆随之,攻陷郡县,杀长吏、二千石,长驱而东,比至长安,众已十万。乐平王苞尽锐拒之,一战而败。犊遂东出潼关,进趣洛阳。赵主虎以李农为大都督、行大将军事,统卫军将军张贺度等步骑十万讨之,战于新安,农等大败。战于洛阳,又败,退壁成皋。

如今石世年方十岁,等到他二十岁时,我已经老了!"于是便与张举、李农做出决定,命令公卿大臣们上书,请求立石世为太子。大司农曹莫不肯在上书上签名,石虎派张豺去询问原因,曹莫叩头拜首回答道:"治理天下这样的重任,不应该选择年少者,所以我不敢签名。"石虎说:"曹莫确实是忠臣,然而却没有领会朕的用意;张举、李农深知朕意,可以让他们去说明一下。"于是便确立石世为太子,以刘昭仪为后。

6 冬季,十一月甲辰(二十六日),安葬燕王慕容皝。太子慕容儁即位,境内实行大赦,慕容儁派遣使臣到建康向东晋朝廷报告了丧事。他还任命弟弟慕容交为左贤王,任命左长史阳骛为郎中令。

7 十二月,东晋朝廷任命左光禄大夫、领司徒、录尚书事蔡谟为侍中、司徒。蔡谟上疏,执意推辞,他对周围比较亲近的人说:"如果我当了司徒,必将为后人所耻笑,所以按照道义我不敢接受任命。"

晋穆帝永和五年(己酉,公元 349 年)

1 春季,正月辛未朔,晋穆帝实行大赦。

2 赵王石虎即皇帝位,实行大赦,改年号为太宁,并将儿子们的爵位全都晋升为王。

原来守卫石宣东宫号称"高力"的一万多人被贬戍凉州,此时已行至雍城,因为他们不在赦免的范围内,石虎又命令雍州刺史张茂继续遣送他们,张茂却乘机扣留了他们所有的马匹,让他们推着运粮的小车徒步前往凉州。高力督定阳人梁犊利用众人内心的怨恨,策划造反作乱,返回家园,众人听说后,全都跳跃欢呼。于是梁犊便自称晋朝征东大将军,率领众卫士攻克了下辨。安西将军刘宁率兵从安定出发攻打梁犊,却被梁犊打败。这些号称"高力"的卫士们全都身强力壮,善于射箭,一人足以抵挡十多人,他们虽然没有武器盔甲,但抢来老百姓的斧头,再安上一丈来长的斧柄,交战时用起来出神入化,所向披靡。卫士们跟随着梁犊,攻克郡县,杀掉郡守、县令等官吏,长驱直入,向东而来,等到抵达长安时,参加的人已达十万。乐平王石苞率领全部精锐士兵阻挡他们,但一交战就被打败。梁犊于是东出潼关,向洛阳进发。赵国主石虎任命李农为大都督、行大将军事,统领卫军将军张贺度等人的步兵、骑兵十万人前来讨伐,在新安交战,李农等大败。在洛阳交战,又被打败,只好退至成皋,坚壁防守。

　　犊遂东掠荥阳、陈留诸郡，虎大惧，以燕王斌为大都督，督中外诸军事，统冠军大将军姚弋仲、车骑将军蒲洪等讨之。弋仲将其众八千馀人至邺，求见虎。虎病，未之见，引入领军省，赐以己所御食。弋仲怒，不食，曰："主上召我来击贼，当面见授方略，我岂为食来邪！且主上不见我，我何以知其存亡邪？"虎力疾见之，弋仲让虎曰："儿死，愁邪，何为而病？儿幼时不择善人教之，使至于为逆。既为逆而诛之，又何愁焉！且汝久病，所立儿幼，汝若不愈，天下必乱，当先忧此，勿忧贼也！犊等穷困思归，相聚为盗，所过残暴，何所能至！老羌为汝一举了之！"弋仲性狷直，人无贵贱皆汝之，虎亦不之责，于坐授使持节、征西大将军，赐以铠马。弋仲曰："汝看老羌堪破贼否？"乃被铠跨马于庭中，因策马南驰，不辞而出。遂与斌等击犊于荥阳，大破之，斩犊首而还，讨其馀党，尽灭之。虎命弋仲剑履上殿，入朝不趋，进封西平郡公；蒲洪为车骑大将军、开府仪同三司、都督雍、秦州诸军事、雍州刺史，进封略阳郡公。

　　3　始平人马勒聚兵，自称将军，赵乐平王苞讨灭之，诛三千馀家。

　　4　夏，四月，益州刺史周抚、龙骧将军朱焘击范贲，斩之，益州平。

　　5　诏遣谒者陈沈如燕，拜慕容儁为使持节、侍中、大都督、督河北诸军事、幽平二州牧、大将军、大单于、燕王。

梁犊于是继续东进,攻取荥阳、陈留等郡,石虎十分害怕,任命燕王石斌为大都督,掌管内外各种军事事务,统领冠军大将军姚弋仲、车骑将军蒲洪等人的部队前来讨伐。姚弋仲率领他的士兵八千多人来到了邺城,求见石虎。石虎正在患病,没有见他,而是派人把他带到领军省,用专供自己吃的御食赏赐他。姚弋仲勃然大怒,不仅不吃,还说:"主上召唤我前来讨伐乱贼,理当向我面授计谋,难道我是为了吃一顿饭才来的吗!再说如果主上不见我,我怎么知道他现在是死是活呢?"石虎勉强支撑着病体会见了他,姚弋仲责怪石虎说:"儿子死了,很忧愁吧,要不然为什么病了呢?儿子小的时候你不选择好人教育他,这才使他长大后干出了叛逆之事。既然是因为干了叛逆之事才杀了他,又有什么可忧愁的呢?再说你已经病了很久,立为太子的儿子年龄幼小,如果你病情不见好转,天下必将大乱,这才是首先应该忧虑的,不必忧虑那些乱贼!梁犊等人因为穷困无路,思家心切才相聚成为强盗,他们在所经过的地方烧杀抢掠,能成什么事!老夫为你一举消灭他们!"姚弋仲性情耿直暴躁,对人不论贵贱高下都直呼为"你",因此石虎也不责怪他,当即坐在座位上任命他为使持节、征西大将军,并赏赐给他铠甲、战马。姚弋仲说:"你看老夫能打败乱贼吗?"说着在庭院里就披挂盔甲,跨上战马,然后扬鞭策马,连告辞的话也没说便南驰而去。于是,姚弋仲和石斌等率部在荥阳攻打梁犊,大获全胜,斩掉梁犊的头颅返回,接着又讨伐其残馀士卒,全部剿灭了。石虎因此给予姚弋仲可以佩剑穿鞋上殿、允许他大步入朝晋见国君的特殊礼遇,并晋封他为西平郡公;任命蒲洪为车骑大将军、开府仪同三司、都督雍、秦州诸军事、雍州刺史,并晋封为略阳郡公。

3　始平人马勖纠集兵卒,自称将军,赵乐平王石苞率兵讨伐消灭了他们,杀掉三千多家。

4　夏季,四月,益州刺史周抚、龙骧将军朱焘率兵攻打范贲,将其斩杀,益州得以平定。

5　东晋穆帝下诏书派遣使者陈沈前往燕,授予慕容儁使持节、侍中、大都督、督河北诸军事,幽、平二州牧、大将军、大单于、燕王等官职。

6　桓温遣督护滕畯帅交、广之兵击林邑王文于卢容,为文所败,退屯九真。

7　乙卯,赵王虎病甚,以彭城王遵为大将军,镇关右;燕王斌为丞相,录尚书事;张豺为镇卫大将军、领军将军、吏部尚书,并受遗诏辅政。

刘后恶斌辅政,恐不利于太子,与张豺谋去之。斌时在襄国,遣使诈谓斌曰:“主上疾已渐愈,王须猎者,可少停也。”斌素好猎、嗜酒,遂留猎,且纵酒。刘氏与豺因矫诏称斌无忠孝之心,免官归第,使豺弟雄帅龙腾五百人守之。

乙丑,遵自幽州至邺,敕朝堂受拜,配禁兵三万遣之,遵涕泣而去。是日,虎疾小瘳,问:“遵至未?”左右对曰:“去已久矣。”虎曰:“恨不见之!”

虎临西阁,龙腾中郎二百馀人列拜于前,虎问:“何求?”皆曰:“圣体不安,宜令燕王入宿卫,典兵马。”或言:“乞以为皇太子。”虎曰:“燕王不在内邪? 召以来!”左右言:“王酒病,不能入。”虎曰:“促持辇迎之,当付玺绶。”亦竟无行者。寻惛眩而入。张豺使张雄矫诏杀斌。

戊辰,刘氏复矫诏以豺为太保、都督中外诸军、录尚书事,如霍光故事。侍中徐统叹曰:“乱将作矣,吾无为预之。”仰药而死。

己巳,虎卒,太子世即位,尊刘氏为皇太后。刘氏临朝称制,以张豺为丞相。豺辞不受,请以彭城王遵、义阳王鉴为左右丞相,以慰其心,刘氏从之。

6　桓温派督护滕畦率领交、广二州的士兵在卢容攻击林邑王范文,反被范文打败,只好撤退驻扎在九真郡。

7　乙卯(初九),赵王石虎病情恶化,任命彭城王石遵为大将军,镇守关右;任命燕王石斌为丞相,总领尚书职事;任命张豺为镇卫大将军、领军将军、吏部尚书,他们还接受遗诏,辅佐朝政。

刘皇后讨厌石斌辅佐朝政,怕这样对太子不利,因此和张豺一起谋划想除掉他。当时石斌在襄国,她派遣使者前往欺骗石斌说:"主上的病情已逐渐好转,您可以稍迟些再来。"石斌历来喜好打猎喝酒,听到这消息后,便又开始打猎纵酒。刘氏和张豺于是就假传诏令,称石斌毫无忠孝之心,将他免官归家,派张豺的弟弟张雄统率宫中的龙腾卫士五百人看守他。

乙丑(十九日),石遵从幽州来到邺城,传诏让他在朝堂接受任命,给他配备了三万宫中的亲兵,便让他回去,石遵流着眼泪走了。这天,石虎的病情稍有好转,问道:"石遵来了没有?"左右的人回答说:"已经离开很久了。"石虎说:"真痛心没有见到他!"

石虎来到太武殿的西阁,担任宫中护卫任务的龙腾中郎两百多人上前列队拜见,石虎问:"你们有什么请求?"众卫士回答说:"主上圣体欠安,应该让燕王石斌入宫主管警卫,典掌兵马。"有的人还说:"请求以他为皇太子。"石虎说:"燕王不在宫内吗?把他召来!"左右的人回答:"燕王因纵酒而病,不能入宫了。"石虎说:"赶快用我乘坐的车子把他接来,应当把玺印交给他。"但左右竟然始终无人行动。不一会儿,石虎因头昏目眩,只好回去了。张豺派张雄假传诏令杀掉了石斌。

戊辰(二十二日),刘氏再次假传诏令,任命张豺为太保、都督中外诸军,总管尚书职事,就像西汉霍光辅政专权一样。侍中徐统叹息道:"祸乱将要来临了,我不必参与它。"随即服毒自杀身亡。

己巳(二十三日),石虎去世,太子石世即位,尊奉刘氏为皇太后。刘氏当朝行使皇帝的权力,任命张豺为丞相。张豺辞让不肯接受,请求任命彭城王石遵、义阳王石鉴为左右丞相,以此来安抚他们,刘氏听从了。

豹与太尉张举谋诛司空李农,举素与农善,密告之。农奔广宗,帅乞活数万家保上白,刘氏使张举统宿卫诸军围之。豹以张离为镇军大将军,监中外诸军事,以为己副。

彭城王遵至河内,闻丧。姚弋仲、蒲洪、刘宁及征虏将军石闵、武卫将军王鸾等讨梁犊还,遇遵于李城,共说遵曰:"殿下长且贤,先帝亦有意以殿下为嗣,正以末年惛惑,为张豹所误。今女主临朝,奸臣用事,上白相持未下,京师宿卫空虚,殿下若声张豹之罪,鼓行而讨之,其谁不开门倒戈而迎殿下者!"遵从之。

遵自李城举兵,还趣邺,洛州刺史刘国帅洛阳之众往会之。檄至邺,张豹大惧,驰召上白之军。丙戌,遵军于荡阴,戎卒九万,石闵为前锋。耆旧、羯士皆曰:"彭城王来奔丧,吾当出迎之,不能为张豹守城也!"逾城而出,豹斩之,不能止。张离亦帅龙腾二千,斩关迎遵。刘氏惧,召张豹入,对之悲哭曰:"先帝梓宫未殡,而祸难至此!今嗣子冲幼,托之将军,将军将若之何?欲加遵重位,能弭之乎?"豹惶怖不知所出,但云"唯唯"。乃下诏,以遵为丞相,领大司马、大都督、督中外诸军,录尚书事,加黄钺、九锡。己丑,遵至安阳亭,张豹惧而出迎,遵命执之。庚寅,遵擐甲曜兵,入自凤阳门,升太武前殿,擗踊尽哀,退如东阁。斩张豹于平乐市,夷其三族。假刘氏令曰:"嗣子幼冲,先帝私恩所授,皇业至重,非所克堪,其以遵嗣位。"于是遵即位,大赦,罢上白之围。辛卯,封世为谯王,废刘氏为太妃,寻皆杀之。

张豺找太尉张举谋划诛杀司空李农,然而张举和李农历来关系密切,就把此事悄悄地告诉了李农。李农闻讯后逃到广宗,率领乞活等残馀部众数万家固守上白,刘氏派张举统领多路朝廷禁卫军队包围了他们。张豺任命张离为镇军大将军,监督朝廷内外的各项军务,以作为自己的副手。

　　彭城王石遵行至河内时,听到了父亲病故的丧讯。姚弋仲、蒲洪、刘宁以及征虏将军石闵、武卫将军王鸾等人在讨伐梁犊后的归途中,和石遵在李城相遇,他们一起劝石遵说:"殿下年长而且德才兼备,先帝也曾有意让殿下当继承人,正是因为他晚年昏庸迷惑,才被张豺所欺误。如今女主当朝,奸臣独揽朝政,上白的战事相持不下,京师的守卫力量空虚,殿下如果声讨张豺的罪行,击鼓进军对他进行讨伐,有谁不打开城门、掉转武器而迎接殿下呢!"石遵听从了劝说。

　　石遵自李城发兵,掉头直奔邺城,洛州刺史刘国率领洛阳的部众前来与他会合。讨伐檄文到邺城后,张豺十分害怕,急忙命令包围上白的军队返回。丙戌(十一日),石遵的部队驻扎在荡阴,士兵达九万人,石闵为前锋。张豺打算出去拦截,但邺城德高望重的老人和羯族士兵都说:"彭城王前来奔丧,我们应当出城迎接他,再也不能为张豺守城了!"于是纷纷翻越城墙跑了出来,张豺虽然以杀头来制止,但也不能阻止他们。就连张离也率领龙腾卫士两千人,冲破关卡,准备迎接石遵。刘氏十分恐惧,召张豺来到宫中,悲痛地对他边哭边说:"先帝的棺材还没有入土,而祸乱就到了这种地步!如今太子年幼,只能依靠将军您了。将军您打算怎么办呢?我想给石遵加封显赫的官位,这样能安抚住他吗?"张豺这时也十分惊慌害怕,不知道该怎样回答,只是说"是的是的"。于是刘氏便发下诏令,任命石遵为丞相,兼领大司马、大都督、督中外诸军,总管尚书职事,并给予他以持黄钺、加九锡等特殊权力和礼遇。己丑(十四日),石遵抵达安阳亭,张豺十分害怕,出来迎接,石遵命令拘捕了他。庚寅(十五日),石遵身穿铠甲,炫耀武力,从凤阳门进入邺城,登上太武前殿,捶胸顿足,宣泄悲哀,然后退至东阁。在平乐市杀了张豺,还灭了他的三族。石遵借刘氏之令说:"太子年幼,之所以立他为太子,那是先帝个人的情义所致。然而国家大业至关重要,不是他所能承担的。应当以石遵为继位人。"于是石遵便即皇帝位,实行大赦,并解除了对上白的包围。辛卯(十六日),封石世为谯王,废黜刘氏为太妃,过了不久,便把他们全都杀了。

李农来归罪,使复其位。尊母郑氏为皇太后,立妃张氏为皇后,故燕王斌子衍为皇太子。以义阳王鉴为侍中、太傅,沛王冲为太保,乐平公苞为大司马,汝阴王琨为大将军,武兴公闵为都督中外诸军事、辅国大将军。

甲午,邺中暴风拔树,震电,雨雹大如盂升。太武、晖华殿灾,及诸门观阁荡然无馀,乘舆服御,烧者太半,金石皆尽,火月馀乃灭。

时沛王冲镇蓟,闻遵杀世自立,谓其僚佐曰:"世受先帝之命,遵辄废而杀之,罪莫大焉! 其敕内外戒严,孤将亲讨之。"于是留宁北将军沐坚戍幽州,帅众五万自蓟南下,传檄燕、赵,所在云集。比至常山,众十馀万。军于苑乡,遇遵赦书,冲曰:"皆吾弟也,死者不可复追,何为复相残乎! 吾将归矣。"其将陈暹曰:"彭城篡弑自尊,为罪大矣! 王虽北旆,臣将南辕,俟平京师,擒彭城,然后奉迎大驾。"冲乃复进。遵驰遣王擢以书喻冲,冲弗听。遵使武兴公闵及李农帅精卒十万讨之,战于平棘,冲兵大败。获冲于元氏,赐死,坑其士卒三万馀人。

武兴公闵言于遵曰:"蒲洪,人杰也,今以洪镇关中,臣恐秦、雍之地非国家之有。此虽先帝临终之命,然陛下践阼,自宜改图。"遵从之,罢洪都督,馀如前制。洪怒,归枋头,遣使来降。

李农前来归附谢罪,石遵让他官复原位。尊奉石遵的母亲郑氏为皇太后,立妃张氏为皇后,原来燕王石斌的儿子石衍被立为皇太子。任命义阳王石鉴为侍中、太傅,沛王石冲为太保,乐平王石苞为大司马,汝阴王石琨为大将军,任武兴公石闵为都督中外诸军事、辅国大将军。

甲午(十九日),邺城内狂风拔树,雷电交加,下的冰雹像盂钵和粮升一样大。太武殿、晖华殿发生火灾,波及到许多门观亭阁,烧得荡然无存,皇宫的车乘服饰,也被烧了大半,金银玉石之类,全都损失殆尽,大火一直烧了一个多月才灭。

当时沛王石冲正在镇守蓟城,当听说石遵杀掉了石世自立以后,就对辅佐他的同僚们说:"石世是秉承先帝的旨意继位的,石遵专横地把他废黜并杀掉,再也没有比这更大的罪过了!命令内外严加戒备,我要亲自出征去讨伐他!"于是石冲留下宁北将军沐坚守卫幽州,自己率领五万士兵自蓟城南下,并将讨伐檄文传递到燕、赵。他每到一地,人们都云集而来。等到抵达常山,兵众已有十多万。驻扎在苑乡时,石冲见到了石遵实行大赦的诏书,他说:"石世、石遵都是我的弟弟,死去的已无法复生,为什么还要再互相残杀呢!我要返回去了。"石冲手下的将领陈暹却说:"彭城王石遵杀君夺位,自立为帝,罪大恶极!虽然君主您要挥旗北返,但我还将继续南进,等到平定了京师,擒获了彭城王,然后再来恭迎您的大驾。"听到这话,石冲又改变了主意,于是继续前进。石遵急速派王擢送信劝说石冲,但石冲没有听从。石遵便派武兴公石闵及李农率领精锐士卒十万人讨伐石冲,双方在平棘交战,石冲的军队大败。他本人在元氏县被擒,石遵赐他自杀,并活埋了石冲手下的士卒三万多人。

武兴公石闵对石遵进言说:"蒲洪是杰出的人才,如今让他镇守关中,我恐怕秦州、雍州之地就不再会归赵国所有了。让蒲洪镇守关中虽然是先帝临终前的指令,然而如今陛下登位,自然应当改变谋略。"石遵听从了进言,罢免了蒲洪的都督官职,其他的官职待遇则一如从前。蒲洪对此感到愤怒,回到枋头后,便派使者前来向晋投降。

　　燕平狄将军慕容霸上书于燕王儁曰:"石虎究凶极暴,天之所弃,馀烬仅存,自相鱼肉。今中国倒悬,企望仁恤,若大军一振,势必投戈。"北平太守孙兴亦表言:"石氏大乱,宜以时进取中原。"儁以新遭大丧,弗许。霸驰诣龙城,言于儁曰:"难得而易失者,时也。万一石氏衰而复兴,或有英雄据其成资,岂惟失此大利,亦恐更为后患。"儁曰:"邺中虽乱,邓恒据安乐,兵强粮足,今若伐赵,东道不可由也,当由卢龙,卢龙山径险狭,虏乘高断要,首尾为患,将若之何?"霸曰:"恒虽欲为石氏拒守,其将士顾家,人怀归志,若大军临之,自然瓦解。臣请为殿下前驱,东出徒河,潜趣令支,出其不意,彼闻之,势必震骇,上不过闭门自守,下不免弃城逃溃,何暇御我哉!然则殿下可以安步而前,无复留难矣。"儁犹豫未决,以问五材将军封奕,对曰:"用兵之道,敌强则用智,敌弱则用势。是故以大吞小,犹狼之食豚也;以治易乱,犹日之消雪也。大王自上世以来,积德累仁,兵强士练。石虎极其残暴,死未瞑目,子孙争国,上下乖乱。中国之民,坠于涂炭,延颈企踵以待振拔。大王若扬兵南迈,先取蓟城,次指邺都,宣耀威德,怀抚遗民,彼孰不扶老提幼以迎大王?凶党将望旗冰碎,安能为害乎!"从事中郎黄泓曰:"今太白经天,岁集毕北,阴国受命,此必然之验也,宜速出师,以承天意。"折冲将军慕舆根曰:"中国之民困于石氏之乱,咸思易主以救汤火之急,此千载一时,不可失也。

前燕平狄将军慕容霸给燕王慕容儁上书说:"石虎穷凶极恶,残暴无比,已被上天所抛弃,其仅存的一点残馀,还自相鱼肉残食。如今中原之国危难至极,人们急切盼望以仁爱安恤,如果您统率大军奋起,石氏的士兵势必会放下武器。"北平太守孙兴也上表说:"眼下石氏内部大乱,应当不失时机地进取中原。"慕容儁考虑到先帝大丧刚刚过去,没有答应。慕容霸急忙来到龙城,对慕容儁进言说:"难以得到而容易失去的东西,是时机。万一石氏由衰败转而复兴,抑或出现英雄之辈占据了他们已有的积聚,这岂止是痛失大利,恐怕更是给我们留下了后患。"慕容儁说:"邺城中虽已大乱,但邓桓占据着安乐,兵力强大粮草充足,如今若要讨伐赵国,东面的道路无法通过,只能经由卢龙,然而卢龙的山路险峻狭隘,敌人如果居高山之势把我们的部队拦腰截断,则首尾受敌,那将怎么办呢?"慕容霸说:"邓桓虽然想为石氏抵抗坚守,但其将士想家,人怀归心,如果我们的大军一到,他们自然就会土崩瓦解。我请求率部作为殿下的前锋,东出徒河,暗赴令支,出其不意,等到他们闻讯后,势必感到震惊,这时,其上策不过是闭门固守而已,下策就不免要弃城溃逃了,哪有工夫抵抗我呢!然而殿下却可以慢慢前进,这样就不会出现被截留围困的灾难了。"慕容儁仍然犹豫不决,以此去询问五材将军封奕,封奕对他说:"用兵之道,在于碰到强大的敌人就用智取,碰到软弱的敌人就用势夺。所以以大吞小,就像狼吃小猪一样;拨乱反正,就像太阳融化积雪一样。大王自先帝在世以来,积累道德仁义,士兵强悍武器精良。石虎则因残暴至极,死未瞑目,其子孙便争夺天下,上下一片混乱。中原地区的百姓,落入水深火热的深渊,翘首盼望起兵拯救。大王如果率兵南进,先攻取蓟城,再直指邺城,炫耀威力,弘扬道德,关怀安抚亡国之民,有谁能不扶老携幼迎接大王呢?石氏那些凶残的党羽必将是一望见大王的旗帜就像冰块破碎一样顷刻崩溃,怎么还能继续为害呢?"从事中郎黄泓说:"如今太白星中天可见,木星停留在毕宿之北,这正是北方之国必然接受天命的应验,大王应尽快出师,以禀承天意。"折冲将军慕舆根说:"中原地区的百姓久困于石氏的祸乱,全都想改换君主以摆脱水深火热的危急苦难,这是一个千载难逢的时机,不能丧失。

自武宣王以来,招贤养民,务农训兵,正俟今日。今时至不取,更复顾虑,岂天意未欲使海内平定邪,将大王不欲取天下也?"儁笑而从之。以慕容恪为辅国将军,慕容评为辅弼将军,左长史阳骛为辅义将军,谓之"三辅"。慕容霸为前锋都督、建锋将军,选精兵二十馀万,讲武戒严,为进取之计。

8　六月,葬赵王虎于显原陵,庙号太祖。

9　桓温闻赵乱,出屯安陆,遣诸将经营北方。赵扬州刺史王浃举寿春降。西中郎将陈逵进据寿春。征北大将军褚裒上表请伐赵,即日戒严,直指泗口。朝议以裒事任贵重,宜先遣偏师。裒奏言:"前已遣督护王颐之等径造彭城,后遣督护麋嶷进据下邳,今宜速发,以成声势。"秋,七月,加裒征讨大都督,督徐、兖、青、扬、豫五州诸军事。裒帅众三万,径赴彭城,北方士民降附者日以千计。

朝野皆以为中原指期可复,光禄大夫蔡谟独谓所亲曰:"胡灭诚为大庆,然恐更贻朝廷之忧。"其人曰:"何谓也?"谟曰:"夫能顺天乘时济群生于艰难者,非上圣与英雄不能为也,自馀则莫若度德量力。观今日之事,殆非时贤所及,必将经营分表,疲民以逞,既而才略疏短,不能副心,财殚力竭,智勇俱困,安得不忧及朝廷乎!"

自武宣王慕容廆以来,广招贤士,养育百姓,致力农耕,训练士兵,等待的正是今天。如今时机已到,如果弃而不用,顾虑再三,难道是天意不想使海内安定,还是大王不想夺取天下呢?"慕容儁笑着听从了他们的劝告。任命慕容恪为辅国将军,慕容评为辅弼将军,左长史阳骛为辅义将军,称之为"三辅"。任命慕容霸为前锋都督、建锋将军,选择精兵二十多万,讲习武艺,进入临战状态,为进攻石氏做准备。

8 六月,赵王石虎被安葬在显原陵,上庙号为太祖。

9 桓温听说赵国大乱,便出兵驻扎安陆,派遣手下几员大将去开创北方。赵国的扬州刺史王浃拱手让出寿春投降。桓温手下的西中郎将陈逵占据了寿春。征北大将军褚裒向晋朝廷上表,请求讨伐赵,并从当天开始进入临战的戒备状态,目标直指泗口。朝廷商议考虑到褚裒肩负着镇守京口的重大责任,不应过于深入,而应当先派遣其他部分的军队出征。褚裒上书奏言:"前已派前锋督护王颐之等人直接前往彭城,后又派督护麋嶷进据下邳,如今应该迅速发兵,以造成强大的声势。"秋季,七月,朝廷授予褚裒征讨大都督,监督徐、兖、青、扬、豫五州的各种军务。褚裒率领三万兵众,直接开赴彭城,北方地区投降归附的士人百姓日以千计。

东晋朝野上下都认为光复中原指日可待,只有光禄大夫蔡谟对和他亲近的人说:"胡人被消灭确实是非常值得庆贺的事情,然而恐怕这更给朝廷带来了忧患。"听的人问:"您说的是什么意思呢?"蔡谟答道:"能够顺应天意、掌握时机把百姓从艰难困苦中拯救出来的事业,如果不是最杰出的圣人和英雄是不能承担的,不如老老实实地衡量一下自己的德行与力量。反观如今讨伐赵国之事,恐怕不是当今的贤达之辈就能办成的,结果只能步步为营,分兵攻守,这是以劳民伤财为代价,来炫耀个人的志向,最后会因为才能和见识粗陋平庸,难以遂心,财力耗尽,智慧和勇气全都变得窘困,怎么能不给朝廷带来忧患呢!"

鲁郡民五百馀家相与起兵附晋,求援于褚裒,裒遣部将王龛、李迈将锐卒三千迎之。赵南讨大都督李农帅骑二万与龛等战于代陂,龛等大败,皆没于赵。八月,裒退屯广陵。陈逵闻之,焚寿春积聚,毁城遁还。裒上疏乞自贬,诏不许,命裒还镇京口,解征讨都督。时河北大乱,遗民二十馀万口渡河欲来归附,会裒已还,威势不接,皆不能自拔,死亡略尽。

10 赵乐平王苞谋帅关右之众攻邺,左长史石光、司马曹曜等固谏,苞怒,杀光等百馀人。苞性贪而无谋,雍州豪杰知其无成,并遣使告晋,梁州刺史司马勋帅众赴之。

11 杨初袭赵西城,破之。

12 九月,凉州官属共上张重华为丞相、凉王、雍秦凉三州牧。重华屡以钱帛赐左右宠臣,又喜博弈,颇废政事。征事索振谏曰:"先王夙夜勤俭以实府库,正以雠耻未雪,志平海内故也。殿下嗣位之初,强寇侵逼,赖重饵之故,得战士死力,仅保社稷。今蓄积已虚而寇雠尚在,岂可轻有耗散,以与无功之人乎!昔汉光武躬亲万机,章奏诣阙,报不终日,故能隆中兴之业。今章奏停滞,动经时月,下情不得上通,沈冤困于囹圄,殆非明主之事也。"重华谢之。

13 司马勋出骆谷,破赵长城戍,壁于悬钩,去长安二百里,使治中刘焕攻长安,斩京兆太守刘秀离,又拔贺城。三辅豪杰多杀守令以应勋,凡三十馀壁,众五万人。赵乐平王苞乃辍攻邺之谋,使其将麻秋、姚国等将兵拒勋。赵主遵遣车骑将军王朗帅精骑二万以讨勋为名,因劫苞送邺。

鲁郡的五百多家百姓相聚起兵,归附东晋,他们向褚裒求援,褚裒派部将王龛、李迈率领精锐士兵三千人去迎接他们。赵的南讨大都督李农率领两万骑兵和王龛等在代陂交战,王龛等大败,都被后赵俘获。八月,褚裒后退驻扎在广陵。陈逵听说后,把寿春城里贮存的粮草武器付之一炬,破坏了城池,然后逃了回去。褚裒主动上疏请求贬职处分,皇帝下诏不予同意,命令褚裒回去继续镇守京口,解除了他征讨都督的职务。这时黄河以北大乱,二十多万晋朝遗民渡过黄河,要来归附东晋,但褚裒正好在这时已回到了京口,声威气势已去,不能接应,结果遗民们陷于孤立无援的境地而不能自救,几乎全部死亡。

10 赵乐平王石苞谋划率领关右的兵众攻打邺城,左长史石光、司马曹曜等人竭力劝谏,石苞大怒,杀掉了石光等一百多人。石苞生性贪婪但无谋略,雍州的豪杰之士都知道他一事无成,于是就一起派人把他想攻打邺城的事情报告了东晋朝廷,梁州刺史司马勋便率领兵众开赴雍州。

11 杨初袭击并攻破了赵国的西城。

12 九月,凉州的官吏们共同拥戴张重华为丞相、凉王及雍、秦、凉三州的州牧。张重华经常用钱帛赏赐周围所宠信的大臣们,又喜欢玩六博和围棋,很耽误政事。征事索振劝他说:"先王昼夜勤于政务,生活俭朴,以使国家府库充实,正是由于仇恨未报,耻辱未雪,立志要平定海内的缘故。殿下刚刚即位的时候,强敌前来进犯,依赖重赏,才得到战士们的拼死效力,勉强保住江山。如今积蓄已经空虚,而敌人与仇恨依然存在,怎么能轻易地耗费,把它送给无功之辈呢?过去汉光武帝日理万机,奏章文书送到朝廷后,复诏不出当天就发下,所以他才能使中兴大业兴隆昌盛。如今奏章文书滞留积压,往返传递动辄数月,下情不能上达,沉冤困在牢狱,这大概不是英明的君主所干的事情。"张重华对索振表示谢罪。

13 司马勋率兵出骆谷,攻克了赵的长城戍,在悬钩设置营垒,离长安两百里,他派治中刘焕攻打长安,杀掉了京兆太守刘秀离,又攻克了贺城。三辅地区的豪杰之士大多都杀掉郡守县令等官吏,以响应司马勋,此时,司马勋共有三十多座营垒,五万兵众。赵乐平王石苞于是也就放弃了攻打邺城的图谋,派他的部将麻秋、姚国等统帅士兵抵抗司马勋。赵主石遵派车骑将军王朗率领两万精锐骑兵,以讨伐司马勋为名,顺势劫持了石苞送到邺城。

勋兵少，畏朗不敢进。冬，十月，释悬钩，拔宛城，杀赵南阳太
守袁景，复还梁州。

14　初，赵主遵之发李城也，谓武兴公闵曰："努力！事
成，以尔为太子。"既而立太子衍。闵恃功，欲专朝政，遵不
听。闵素骁勇，屡立战功，夷、夏宿将皆惮之。既为都督，总
内外兵权，乃抚循殿中将士，皆奏为殿中员外将军，爵关外
侯。遵弗之疑，而更题名善恶以挫抑之，众咸怨怒。中书令
孟准、左卫将军王鸾劝遵稍夺闵兵权，闵益恨望，准等咸劝
诛之。

十一月，遵召义阳王鉴、乐平王苞、汝阴王琨、淮南王昭
等入议于郑太后前，曰："闵不臣之迹渐著，今欲诛之，如何？"
鉴等皆曰："宜然！"郑氏曰："李城还兵，无棘奴，岂有今日；小
骄纵之，何可遽杀！"鉴出，遣宦者杨环驰以告闵。闵遂劫李
农及右卫将军王基密谋废遵，使将军苏彦、周成帅甲士三千
人执遵于南台。遵方与妇人弹棋，问成曰："反者谁也？"成
曰："义阳王鉴当立。"遵曰："我尚如是，鉴能几时！"遂杀之于
琨华殿，并杀郑太后、张后、太子衍、孟准、王鸾及上光禄
张斐。

鉴即位，大赦，以武兴公闵为大将军，封武德王；司空李
农为大司马，并录尚书事。郎闿为司空，秦州刺史刘群为尚
书左仆射，侍中卢谌为中书监。

司马勋这时手下兵力不足,由于害怕王朗的精锐骑兵,不敢继续前进。冬季,十月,司马勋放弃了悬钩,攻克宛城,杀掉了赵国的南阳太守袁景,又回到了梁州。

14 当初,赵国主石遵在李城起兵时,曾经对武兴公石闵说:"努力干吧!事成以后,让你当太子。"但后来却立石衍为太子。石闵自恃有功,想要专擅朝政,但石遵不听他的。石闵历来英勇善战,屡立战功,四夷和中原久经沙场的老将都害怕他。眼下他既然做了都督,总揽内外兵权,便安抚手下的将士,奏请让他们全都出任殿中员外将军,封爵关外侯。石遵对于石闵的所作所为不加怀疑,反而对这些人题记姓名,品评善恶,加以贬抑,于是众将士都怨恨愤怒。中书令孟准、左卫将军王鸾劝石遵应该逐渐剥夺石闵的兵权,石闵越发心怀不满,孟准等人全都劝说石遵把石闵杀掉。

十一月,石遵召义阳王石鉴、乐平王石苞、汝阴王石琨、淮南王石昭等人入宫,来到郑太后面前进行商议,石遵说:"石闵不忠于君主的迹象已逐渐明显,如今我想把他杀掉,怎么样?"石鉴等人都说:"应当如此!"郑氏说:"当初在李城起兵时,如果没有石闵,岂能有今天?石闵有点居功自傲,应当对他有所宽纵,怎么能急急忙忙把他杀掉呢?"这时石鉴借故外出,派宦官杨环迅速去把这一消息告诉石闵。石闵闻讯后就胁迫了李农及右卫将军王基密谋废黜石遵,派将军苏彦、周成率领披甲士兵三千人在南台把石遵捉拿起来。士兵们来到石遵的住处时,他正和妇人玩弹棋,他问周成说:"造反的是谁?"周成说:"义阳王石鉴应当立为继承人。"石遵说:"我尚且如此,石鉴又能支撑多长时间!"于是,在琨华殿把石遵杀掉了,同时杀了郑太后、张后、太子石衍、孟准、王鸾以及上光禄张斐。

石鉴即位,实行大赦,任命武兴公石闵为大将军,封为武德王;任命司空李农为大司马,同时统管尚书职事。任命郎闿为司空,秦州刺史刘群为尚书左仆射,侍中卢谌为中书监。

15 秦、雍流民相帥西歸，路由枋頭，共推蒲洪為主，眾至十餘萬。洪子健在鄴，斬關出奔枋頭。鑒懼洪之逼，欲以計遣之，乃以洪為都督關中諸軍事、征西大將軍、雍州牧、領秦州刺史。洪會官屬，議應受與不。主簿程朴請且與趙連和，如列國分境而治。洪怒曰：“吾不堪為天子邪，而云列國乎！”引朴斬之。

16 都鄉元侯褚裒還至京口，聞哭聲甚多，以問左右，對曰：“皆代陂死者之家也。”裒慚憤發疾，十二月己酉，卒。以吳國內史荀羨為使持節、監徐兗二州揚州之晉陵諸軍事、徐州刺史，時年二十八，中興方伯未有如羨之少者。

17 趙主鑒使樂平王苞、中書令李松、殿中將軍張才夜攻石閔、李農于琨華殿，不克，禁中擾亂。鑒懼，偽若不知者，夜斬松、才于西中華門，并殺苞。

新興王祇，虎之子也，時鎮襄國，與姚弋仲、蒲洪等連兵，移檄中外，欲共誅閔、農。閔、農以汝陰王琨為大都督，與張舉及侍中呼延盛帥步騎七萬分討祇等。

中領軍石成、侍中石啟、前河東太守石暉謀誅閔、農，閔、農皆殺之。龍驤將軍孫伏都、劉銖等帥羯士三千伏于胡天，亦欲誅閔、農。鑒在中台，伏都帥三十餘人將升台挾鑒以攻之。鑒見伏都毀閣道，臨問其故。伏都曰：“李農等反，已在東掖門，臣欲帥衛士討之，謹先啟知。”鑒曰：“卿是功臣，好為官陳力，朕從台上觀，卿勿慮無報也。”于是伏都、銖帥眾攻閔、農，不克，屯于鳳陽門。閔、農帥眾數千毀金明門而入。

15 秦州、雍州的流民结伴西归,路经枋头时,共同推举蒲洪为首领,部众多达十多万。蒲洪的儿子蒲健在邺城,这时也冲破关卡投奔枋头。石鉴害怕蒲洪过于靠近自己,想用计谋把他调开,于是就任命蒲洪为都督关中诸军事、征西大将军、雍州牧、兼秦州刺史。蒲洪召集手下的官吏,商量是否接受任命。主簿程朴请求暂且和赵讲和,就像诸侯列国一样分地而治。蒲洪大怒,说道:"我不配做天子吗?要不为什么说列国分地而治的话呢!"因此把程朴拉出去杀了。

16 都乡元侯褚裒回到京口,听见到处是哭声,他问周围的人,人们对他说:"全是代陂之战中阵亡者的家属。"褚裒既惭愧又愤恨,因此就病倒了,十二月己酉(初七),去世。东晋朝廷任命吴国内使荀羡为使持节、监徐、兖二州、扬州之晋陵诸军事、徐州刺史,荀羡这一年才二十八岁,晋朝中兴以来的地方长官中,没有一个像他这样年轻的。

17 赵国主石鉴派乐平王石苞、中书令李松、殿中将军张才夜里去琨华殿攻打石闵、李农,没有成功,引起了宫中的混乱。石鉴很害怕,装作不知其事的样子,当夜就在西中华门杀掉了李松、张才,并杀了石苞。

新兴王石祇,是石虎的儿子,这时镇守襄国,他与姚弋仲、蒲洪等人联合兵力,四处传递檄文,想一起杀掉石闵、李农。石闵、李农闻讯后,任命汝阴王石琨为大都督,和张举以及侍中呼延盛率领七万步兵骑兵,分路出发讨伐石祇等人。

中领军石成、侍中石启、以前的河东太守石晖谋划诛杀石闵、李农,石闵、李农把他们都杀掉了。龙骧将军孙伏都、刘铢等率领羯族士兵三千人埋伏在宫中叫作胡天的地方,也想诛杀石闵、李农。当时石鉴正在中台,孙伏都率领三十多人想进入中台挟持石鉴一起攻打石闵、李农。石鉴看见孙伏都捣毁了楼阁通道,便上前询问原因。孙伏都说:"李农等人造反。眼下已在东掖门,我想率领卫士讨伐他,特地先来禀告您。"石鉴说:"你是朝廷的功臣,好好为朕出力讨伐。朕在中台上观看,你不必顾虑事成之后没有丰厚的赏赐。"于是孙伏都、刘铢率领兵众攻打石闵、李农,但没有成功,只好屯兵于凤阳门。石闵、李农率领数千兵众捣毁金明门,进入中台。

鉴惧闵之杀己,驰招闵、农,开门内之,谓曰:"孙伏都反,卿宜速讨之。"闵、农攻斩伏都等,自凤阳至琨华,横尸相枕,流血成渠。宣令内外六夷,敢称兵仗者斩。胡人或斩关、或逾城而出者,不可胜数。

闵使尚书王简,少府王郁帅众数千守鉴于御龙观,悬食以给之。下令城中曰:"近日孙、刘构逆,支党伏诛,良善一无预也。今日已后,与官同心者留,不同者各任所之。敕城门不复相禁。"于是赵人百里内悉入城,胡、羯去者填门。闵知胡之不为己用,班令内外:"赵人斩一胡首送凤阳门者,文官进位三等,武官悉拜牙门。"一日之中,斩首数万。闵亲帅赵人以诛胡、羯,无贵贱、男女、少长皆斩之,死者二十馀万,尸诸城外,悉为野犬豺狼所食。其屯戍四方者,闵皆以书命赵人为将帅者诛之,或高鼻多须滥死者半。

18　燕王儁遣使至凉州,约张重华共击赵。

19　高句丽王钊送前东夷护军宋晃于燕,燕王儁赦之,更名曰活,拜为中尉。

六年(庚戌,350)

1　春,正月,赵大将军闵欲灭去石氏之迹,托以谶文有"继赵李",更国号曰卫,易姓李氏,大赦,改元青龙。太宰赵庶、太尉张举,中军将军张春、光禄大夫石岳、抚军石宁、武卫将军张季及公侯、卿、校、龙腾等万馀人,出奔襄国,汝阴王琨奔冀州。抚军将军张沈据滏口,张贺度据石渎,建义将军段勤据黎阳,宁南将军杨群据桑壁,刘国据阳城,段龛据陈留,姚弋仲据滠头,蒲洪据枋头,众各数万,皆不附于闵。勤,末杯之子;龛,兰之子也。

石鉴害怕石闵杀掉自己,急忙招来石闵、李农,开门接纳,对他们说:"孙伏都造反,你们应该迅速去讨伐他。"于是石闵、李农前去攻打,斩杀了孙伏都等一大批人,以至于从凤阳门至琨华殿,横尸遍地,血流成渠。石闵还向内外宣布命令:六夷如果有胆敢拿起武器的,一律斩首!胡人中有的冲破关卡,有的翻越城墙,逃出来的不计其数。

石闵派尚书王简、少府王郁率领数千兵众把石鉴看押在御龙观,用绳子把食品悬吊进去让石鉴吃。石闵还在邺城中颁布命令说:"近日孙伏都、刘铢反叛,他们的亲信党羽已经全都被杀掉,好人没有一个参与其事。从今天以后,凡是和我同心一致的人留下,不同心的人想去哪里悉尊其便。我命令城门不再关闭。"于是方圆百里之内的汉族人全都蜂拥进城,而胡人、羯人则争相离去,以致挤满了城门。石闵知道胡人不会为自己所用,便又在宫廷内外颁布命令:"凡是斩掉一个胡人的脑袋并送到凤阳门的汉人,文官晋升官位三等,武官全都升为牙门将。"命令发布后,一天之中,被斩首的胡人多达数万。石闵亲自率领汉人诛杀胡人、羯人,不论贵贱、男女、老幼,全都斩首,被杀掉的人有二十多万,尸体堆在城外,全让野狗豺狼吃掉了。对于屯戍边疆的胡人、羯人,石闵以书信下达命令,让军队中汉人当将帅的把属下胡人、羯人统统杀掉,以至于长得鼻子高一点、胡须多一点的汉人,大半都被滥杀而死。

18　燕王慕容儁派遣使者到凉州,与张重华相约共同攻打赵。

19　高句丽王钊遣送以前的东夷护军宋晃到达燕国,燕王慕容儁赦免了他,将其名改为宋活,授官中尉。

晋穆帝永和六年(庚戌,公元350年)

1　春季,正月,赵大将军石闵想消除石氏的痕迹,以谶文中有"继赵李"的字样为托辞,便更改国号叫卫,改姓李氏,实行大赦,改年号为青龙。太宰赵庶、太尉张举、中军将军张春、光禄大夫石岳、抚军石宁、武卫将军张季,以及公侯、卿、校、龙腾卫士等一万多人,全都投奔襄国,汝阴王石琨投奔冀州。抚军将军张沈占据着滏口,张贺度占据着石渎,建义将军段勤占据着黎阳,宁南将军杨群占据着桑壁,刘国占据着阳城,段龛占据着陈留,姚弋仲占据着滠头,蒲洪占据着枋头,各有兵众数万,全都不归附石闵。段勤是段末柸的儿子;段龛是段兰的儿子。

王朗、麻秋自长安赴洛阳。秋承闵书，诛朗部胡千馀人。朗奔襄国。秋帅众归邺，蒲洪使其子龙骧将军雄迎击，获之，以为军师将军。

汝阴王琨及张举、王朗帅众七万伐邺，大将军闵帅骑千馀与战于城北。闵操两刃矛，驰骑击之，所向摧陷，斩首三千级，琨等大败而去。闵与李农帅骑三万讨张贺度于石渎。

闰月，卫主鉴密遣宦者赍书召张沈等，使乘虚袭邺。宦者以告闵、农，闵、农驰还，废鉴，杀之，并杀赵主虎二十八孙，尽灭石氏。姚弋仲子曜武将军益、武卫将军若帅禁兵数千斩关奔滠头。弋仲帅众讨闵军于混桥。

司徒申钟等上尊号于闵，闵以让李农，农固辞。闵曰："吾属故晋人也，今晋室犹存，请与诸君分割州郡，各称牧、守、公、侯，奉表迎晋天子还都洛阳。"尚书胡睦进曰："陛下圣德应天，宜登大位，晋氏衰微，远窜江表，岂能总驭英雄，混一四海乎！"闵曰："胡尚书之言，可谓识机知命矣。"乃即皇帝位，大赦，改元永兴，国号大魏。

2　朝廷闻中原大乱，复谋进取。己丑，以扬州刺史殷浩为中军将军、假节、都督扬、豫、徐、兖、青五州诸军事；以蒲洪为氐王、使持节、征北大将军、都督河北诸军事、冀州刺史、广川郡公；蒲健为假节、右将军、监河北征讨前锋诸军事、襄国公。

3　姚弋仲、蒲洪各有据关右之志。弋仲遣其子襄帅众五万击洪，洪迎击，破之，斩获三万馀级。洪自称大都督、大将军、大单于、三秦王，改姓苻氏。以南安雷弱儿为辅国将军；安定梁楞为前将军，领左长史；冯翊鱼遵为右将军，领右长史；京兆段陵为左将军，领左司马；天水赵俱、陇西牛夷、北地辛牢皆为从事中郎，氐酋毛贵为单于辅相。

王朗、麻秋从长安奔赴洛阳。麻秋按照石闵书信中的命令,杀掉了王朗部队中的数千名胡人。王朗投奔襄国。麻秋率领兵众要返回邺城,蒲洪派他的儿子龙骧将军蒲雄迎头攻击,俘获了麻秋,任命他为军师将军。

汝阴王石琨以及张举、王朗率领七万兵众攻打邺城,大将军石闵率领千馀骑兵和他们在城北交战。石闵手持双刃矛,策马攻击,所向披靡,斩首三千人,石琨等大败而逃。石闵与李农率领三万骑兵在石渎讨伐张贺度。

闰二月,卫国主石鉴秘密派遣宦官给张沈等人送去书信,让他们乘石闵率兵外出后方空虚前来袭击邺城。送信的宦官却把消息告诉了石闵、李农,石闵、李农急忙返回,废黜石鉴,并把他杀掉,一起被杀的还有赵国主石虎的二十八个孙子,石氏家族的人全被消灭。姚弋仲的儿子曜武将军姚益、武卫将军姚若率领宫廷卫兵数千人冲破关卡,投奔滠头。姚弋仲率领兵众讨伐石闵,驻扎在混桥。

司徒申钟等人向石闵进献尊号,石闵要谦让给李农,李农执意推辞,不肯接受。石闵说:"我们原是晋朝的人士,如今晋皇室尚在,我希望和诸君一起分割州郡而治,各自称为牧、守、公、侯,然后上表迎接晋朝天子返回故都洛阳。"尚书胡睦进言说:"陛下的圣德顺应天意,理应登上天子之位。如今晋氏衰败,远逃江南,怎么能驾驭各路英雄,统一四海江山呢!"石闵说:"胡尚书之言,真可谓识时务知天命啊。"于是石闵便即皇帝位,实行大赦,改年号为永兴,立国号为大魏。

2 东晋朝廷听到中原大乱的消息,再次谋划进取收复。己丑(十八日),任命扬州刺史殷浩为中军将军、假节、都督扬、豫、徐、兖、青五州诸军事;任命蒲洪为氐王、使持节、征北大将军、都督黄河以北诸军事、冀州刺史、广川郡公;任命蒲健为假节、右将军、监黄河以北征讨前锋诸军事、襄国公。

3 姚弋仲、蒲洪都怀有占据关右的志向。姚弋仲派他的儿子姚襄率领五万兵众攻击蒲洪,蒲洪迎头反击,打败了姚襄,斩杀三万多人。蒲洪自称为大都督、大将军、大单于、三秦王,改姓为苻。任命南安人雷弱儿为辅国将军,安定人梁楞为前将军,并兼任左长史;任命冯翊人鱼遵为后将军,并兼任右长史;任命京兆人段陵为左将军,并兼任左司马;天水人赵俱、陇西人牛夷、北地人辛牢全都被任命为从事中郎,氐族酋长毛贵则被任命为单于辅相。

4 二月,燕王儁使慕容霸将兵二万自东道出徒河,慕舆于自西道出蠮螉塞,儁自中道出卢龙塞以伐赵。以慕容恪、鲜于亮为前驱,命慕舆埿槎山通道。留世子晔守龙城,以内史刘斌为大司农,与典书令皇甫真留统后事。

霸军至三陉,赵征东将军邓恒惶怖,焚仓库,弃安乐遁去,与幽州刺史王午共保蓟。徒河南部都尉孙泳急入安乐,扑灭馀火,籍其谷帛。霸收安乐、北平兵粮,与儁会临渠。

三月,燕兵至无终,王午留其将王佗以数千人守蓟,与邓恒走保鲁口。乙巳,儁拔蓟,执王佗,斩之。儁欲悉坑其士卒千馀人,慕容霸谏曰:"赵为暴虐,王兴师伐之,将以拯民于涂炭而抚有中州也。今始得蓟而坑其士卒,恐不可以为王师之先声也。"儁入都于蓟,中州士女降者相继。

燕兵至范阳,范阳太守李产欲为石氏拒燕,众莫为用,乃帅八城令长出降。儁复以产为太守。

产子绩为幽州别驾,弃其家从王午在鲁口。邓恒谓午曰:"绩乡里在北,父已降燕,今虽在此,恐终难相保,徒为人累,不如去之。"午曰:"此何言也!夫以当今丧乱,而绩乃能立义捐家,情节之重,虽古烈士无以过,乃欲以猜嫌害之,燕、赵之士闻之,谓我直相聚为贼,了无意识。众情一散,不可复集,此为坐自屠溃也。"恒乃止。午犹虑诸将

4　二月,燕王慕容儁派慕容霸统率兵卒两万人由东路出徒河,慕舆于由西路出蠮螉塞,慕容儁自己则由中路出卢龙塞,前去讨伐赵。他以慕容恪、鲜于亮为前锋,命令慕舆埿开通山路。留下世子慕容晔镇守龙城,任命内史刘斌为大司农,和典书令皇甫真一起留下统管后方事务。

慕容霸的军队抵达三陉,赵国征东将军邓恒惊慌恐怖,焚烧了储备粮饷武器的仓库后,弃安乐城逃走,去和幽州刺史王午一起保卫蓟城。徒河南部都尉孙泳迅速开进安乐城,扑灭余火,没收了粮食、布匹。慕容霸收取了安乐、北平的武器粮饷后,与慕容儁会师于临渠。

三月,燕国的军队抵达无终,王午留下部将王佗带领数千人守卫蓟城,自己与邓恒一起前去保卫鲁口。乙巳(初五),慕容儁攻下了蓟城,抓到王佗把他杀掉。慕容儁还想把王佗手下的一千多士兵全部活埋,慕容霸劝道:"赵国施行暴虐,大王您才兴师讨伐,目的是想把百姓从水深火热之中拯救出来,进而安抚占据整个中原地区。如今刚刚攻下蓟城,就要坑杀赵国的士兵,恐怕不能以此作为国王军队的先声。"慕容儁于是释放了这些兵士,把都城定在蓟城,中原地区的士人百姓相继来归降。

燕国的军队抵达范阳,范阳太守李产想替石氏抵抗燕军,但手下的兵众却拒不听命上阵,李产只好率领所辖八县的县令出来投降。慕容儁又任命李产为太守。

李产的儿子李绩任幽州别驾,他远离家乡跟随王午守卫鲁口。邓恒对王午说:"李绩的家乡在鲁口之北,他的父亲已经投降了燕国,眼下他虽然身在此地,但恐怕最终也难与我们相互保全,徒然成为我们的忧患,不如趁早把他灭掉。"王午说:"这叫什么话呢? 面对当今这样的丧乱局势,李绩仍然能够坚持大义,置家园于不顾,这种高尚的情操,即使是古代的刚烈之士也难以超越,而你却想以毫无根据的猜忌谋害他,如果让燕、赵的将士们知道后,只能说我们不过是一帮乌合之众,毫无见识。大家的心情一离散,就再也难以凝聚了,这是坐以自毙。"邓恒放弃了杀害李绩的念头。王午仍然担心手下的将领们

不与己同心，或致非意，乃遣绩归。绩始辞午往见燕王儁，儁让之曰："卿不识天命，弃父邀名，今日乃始来邪！"对曰："臣眷恋旧主，志存微节，官身所在，何事非君？殿下方以义取天下，臣未谓得见之晚也。"儁悦，善待之。

儁以弟宜为代郡城郎，孙泳为广宁太守，悉置幽州郡县守宰。

甲子，儁使中部俟厘慕舆句督蓟中留事，自将击邓恒于鲁口。军至清梁，恒将鹿勃早将数千人夜袭燕营，半已得入，先犯前锋都督慕容霸，突入幕下，霸起奋击，手杀十馀人，早不能进，由是燕军得严。儁谓慕舆根曰："贼锋甚锐，宜且避之。"根正色曰："我众彼寡，力不相敌，故乘夜来战，冀万一获利。今求贼得贼，正当击之，复何所疑！王但安卧，臣等自为王破之！"儁不能自安，内史李洪从儁出营外，屯高冢上。根帅左右精勇数百人从中牙直前击早，李洪徐整骑队还助之，早乃退走。众军追击四十馀里，早仅以身免，所从士卒死亡略尽。儁引兵还蓟。

5　魏主闵复姓冉氏，尊母王氏为皇太后，立妻董氏为皇后，子智为皇太子，胤、明、裕皆为王。以李农为太宰、领太尉、录尚书事，封齐王，其子皆封县公。遣使者持节赦诸军屯，皆不从。

持有异见，或许会违背自己的意愿而擅自杀害李绩，于是就打发李绩返回家乡。李绩辞别了王午就去拜见前燕王慕容儁，慕容儁责备他说："你不识天命，背弃了父亲而去沽名钓誉，直到今天才迷途知返呀！"李绩回答说："我一直眷恋旧主，心存小小的气节，但我的身子是官家的，什么事不由君主做主呢？如今正是殿下以道义夺取天下的时候，我不认为投奔您为时已晚。"慕容儁听后很高兴，便好好地对待他。

慕容儁任命弟弟慕容宜为代郡城郎，孙泳为广宁太守，并且全部安置了幽州郡县的地方官。

甲子（二十四日），慕容儁派中部俟厘慕舆句监督蓟城中的留守事务，自己将率兵前往鲁口攻打邓恒。部队行进到清梁时，邓恒的将领鹿勃早统率数千人乘夜偷袭燕军的营地，当半数士兵潜入营地后，先去捉拿前锋都督慕容霸，士兵们突然冲进慕容霸的军帐中，慕容霸起而反击，亲手杀死了十多人。鹿勃早无法继续进击，燕军因此得以严加戒备。慕容儁对慕舆根说："敌人的先锋部队很精锐，应该暂且躲避一下。"慕舆根严肃地说："我众敌寡，力量悬殊，所以他们才乘夜偷袭，寄希望于万一取胜。如今正想消灭他们，他们却送上门来，理当给以打击，还有什么可迟疑的！大王您只管安睡，臣下等人去为您消灭他们！"慕容儁当然无法自己安睡，内史李洪跟随他走出营外，在一个高土堆上停了下来。慕舆根率领左右精悍勇敢的士兵数百人从中牙军帐出发，一往直前，攻打鹿勃早，稍后，李洪也返回去整理好骑兵队伍前往助战，鹿勃早败退逃走。众士兵穷追猛打四十多里，鹿勃早仅仅得以逃生，其他随从士卒死亡殆尽。慕容儁带领士兵返回蓟城。

　　5　魏国主石闵恢复冉姓，尊奉母亲王氏为皇太后，立妻子董氏为皇后，立儿子冉智为皇太子，冉胤、冉明、冉裕三个儿子全都被封为王。任命李农为太宰、兼太尉、录尚书事，并封为齐王，李农的儿子们全都被封为县公。冉闵派遣使者带着作为凭证的符节向驻扎在各地的将领通报任命，他们都不服从。

6　麻秋说苻洪曰:"冉闵、石祇方相持,中原之乱未可平也。不如先取关中,基业已固,然后东争天下,谁敢敌之。"洪深然之。既而秋因宴鸩洪,欲并其众。世子健收秋斩之。洪谓健曰:"吾所以未入关者,以为中州可定,今不幸为竖子所困。中州非汝兄弟所能办,我死,汝急入关!"言终而卒。健代统其众,乃去大都督、大将军、三秦王之号,称晋官爵,遣其叔父安来告丧,且请朝命。

7　赵新兴王祇即皇帝位于襄国,改元永宁。以汝阴王琨为相国,六夷据州郡者皆应之。祇以姚弋仲为右丞相、亲赵王,待以殊礼。弋仲子襄,雄勇多才略,士民多爱之,请弋仲以为嗣,弋仲以襄非长子,不许。请者日以千数,弋仲乃使之将兵。祇以襄为骠骑将军、豫州刺史、新昌公。又以苻健为都督河南诸军事、镇南大将军、开府仪同三司、兖州牧、略阳郡公。

8　夏,四月,赵主祇遣汝阴王琨将兵十万伐魏。

9　魏主闵杀李农及其三子,并尚书令王谟、侍中王衍、中常侍严震、赵昇。闵遣使临江告晋曰:"逆胡乱中原,今已诛之,能共讨者,可遣军来也。"朝廷不应。

10　五月,庐江太守袁真攻魏合肥,克之,虏其居民而还。

11　六月,赵汝阴王琨进据邯郸,镇南将军刘国自繁阳会之。魏卫将军王泰击琨,大破之,死者万馀人。刘国还繁阳。

6　麻秋劝符洪说:"冉闵、石祇正在相持对峙,中原之乱难以平定。您不如先攻取关中,等到大业的根基稳固以后。再东进争夺天下,到那时谁敢与您为敌。"符洪深以为然。此后不久,麻秋利用宴请的机会让符洪喝下了有毒药的酒,想要吞并符洪的兵众。太子符健捉拿了麻秋,并把他杀掉。符洪对符健说:"我以前之所以没有入关的原因,是以为中州可以安定,如今我不幸被麻秋这小子困在这里。平定中州不是你们兄弟所能办到的事情,我死了,你要迅速入关!"说完这话,符洪便死了。符健代替父亲统率兵众,因此也就除去了大都督、大将军、三秦王的称号,改称晋朝的官职爵位,派他的叔父符安前往东晋朝廷报告丧讯,并且请求朝廷的旨意。

7　赵国新兴王石祇在襄国即皇帝位,改年号为永宁。任命汝阴王石琨为相国,占据州郡的六夷将领们全都响应他。石祇任命姚弋仲为右丞相、亲赵王,以特殊的礼遇对待他。姚弋仲的儿子姚襄,英勇过人,多才多谋,士人百姓大都喜爱他,就请求姚弋仲以他作为继承人。姚弋仲以姚襄不是长子为由,没有同意,但继续前来请求的人日以千计,姚弋仲于是就让他统率军队。石祇任命姚襄为骠骑将军、豫州刺史、新昌公。又任命符健为都督河南诸军事、镇南大将军、开府仪同三司、兖州牧、略阳郡公。

8　夏季,四月,赵主石祇派汝阴王石琨统帅十万士兵讨伐魏国。

9　魏国主冉闵杀掉了李农及他的三个儿子,一起被杀的还有尚书令王谟、侍中王衍、中常侍严震、赵升。冉闵派遣使者前往长江畔向东晋朝廷报告说:"叛逆胡人使中原大乱,如今已经诛杀了他们,如果能共同讨伐乱军的话,可以派遣部队来。"东晋朝廷不作回应。

10　五月,庐江太守袁真攻克魏国的合肥,掳劫那里的民众返回。

11　六月,赵国汝阴王石琨进攻占据邯郸,镇南将军刘国从繁阳来与他会师。魏国卫将军王泰攻击石琨,把石琨打得大败,死亡的将士达一万多人。刘国只好回到繁阳。

12　初，段兰卒于令支，段龛代领其众，因石氏之乱，拥部落南徙。秋，七月，龛引兵东据广固，自称齐王。

13　八月，代郡人赵榼帅三百馀家叛燕归赵并州刺史张平。燕王儁徙广宁、上谷二郡民于徐无，代郡民于凡城。

14　王朗之去长安也，朗司马杜洪据长安，自称晋征北将军、雍州刺史，以冯翊张琚为司马，关西夷、夏皆应之。苻健欲取之，恐洪知之，乃受赵官爵。以赵俱为河内太守，戍温；牛夷为安集将军，戍怀；治宫室于枋头，课民种麦，示无西意，有知而不种者，健杀之以徇。既而自称晋征西大将军、都督关中诸军事、雍州刺史。以武威贾玄硕为左长史，洛阳梁安为右长史，段纯为左司马，辛牢为右司马，京兆王鱼、安定程肱、胡文等为军谘祭酒，悉众而西。以鱼遵为前锋，行至盟津，为浮梁以济。遣弟辅国将军雄帅众五千自潼关入，兄子扬武将军菁帅众七千自轵关入。临别，执菁手曰："若事不捷，汝死河北，我死河南，不复相见。"既济，焚桥，自帅大众随雄而进。

杜洪闻之，与健书，侮嫚之。以张琚弟先为征虏将军，帅众万三千逆战于潼关之北。先兵大败，走还长安。洪悉如关中之众以拒健。洪弟郁劝洪迎健，洪不从，郁帅所部降于健。

健遣苻雄徇渭北。氐酋毛受屯高陵，徐磋屯好畤，羌酋白犊屯黄白，众各数万，皆斩洪使，遣子降于健。苻菁、鱼遵所过城邑，无不降附。洪惧，固守长安。

12　当初，段兰死于令支，段龛代替他率领兵众，乘着石氏大乱的机会，率领着部落南迁。秋季，七月，段龛带领士兵东进，占据了广固，自称齐王。

13　八月，代郡人赵榼率领三百多家的兵众背叛燕国而归附赵国的并州刺史张平。前燕王慕容儁将广宁、上谷二郡的百姓迁徙到徐无，将代郡的百姓迁徙到凡城。

14　王朗离开长安的时候，他的司马杜洪占据了这里，自称为晋朝的征北将军、雍州刺史，任命冯翊人张琚为司马，关西的夷人、汉人全都响应他。苻健想要夺取长安，又怕杜洪知道，就接受了赵国授予的官职爵位。他任命赵俱为河内太守，戍卫温县；任命牛夷为安集将军，戍卫怀县；在枋头修建了宫室，督促百姓种上麦子，以表示没有西进的意图，如果有知道底细而不愿种麦的人，苻健便将其斩杀示众。此后苻健自称晋朝的征西大将军、都督关中诸军事、雍州刺史，任命武威人贾玄硕为左长史，洛阳人梁安为右长史，段纯为左司马，辛牢为右司马，京兆人王鱼、安定人程肱、胡文等为军谘祭酒，命令他们向西进发。他以鱼遵为前锋，当行进到盟津时，架设浮桥渡过了黄河。派遣弟弟辅国将军苻雄率领五千兵众从潼关进入，派遣哥哥的儿子杨武将军苻菁率领七千兵众从轵关进入。临别的时候，苻健拉着苻菁的手说："如果事情不能成功，你死在黄河之北，我死在黄河以南，就不再见面了。"渡过黄河以后，烧毁了浮桥，苻健亲自率领大批兵众跟随着苻雄前进。

杜洪听到消息以后，给苻健写了一封信，对他表示轻蔑。杜洪任命张琚的弟弟张先为征虏将军，率领兵众一万三千人在潼关以北迎战苻健。结果张先的兵众大败，逃回到长安。杜洪征召了关中的全部兵众以抵抗苻健。他的弟弟杜郁劝说他去迎接苻健，他没有听从，杜郁便率领他的部队投降苻健。

苻健派苻雄带兵巡行渭水以北地区。当时，氐人首领毛受驻扎在高陵，徐磋驻扎在好畤，羌人首领白犊驻扎在黄白，各有兵众数万，他们全都杀死杜洪的使者，派儿子为代表去向苻健投降。苻菁、鱼遵所经过的城乡，也无不投降归附。杜洪十分害怕，固守长安。

15 张贺度、段勤、刘国、靳豚会于昌城,将攻邺。魏主闵自将击之,战于苍亭,贺度等大败,死者二万八千人,追斩靳豚于阴安,尽俘其众而归。闵戎卒三十馀万,旌旗、钲鼓绵亘百馀里,虽石氏之盛,无以过也。

故晋散骑常侍陇西辛谧,有高名,历刘、石之世,征辟皆不就。闵备礼征为太常。谧遗闵书,以为"物极则反,致至则危。君王功已成矣,宜因兹大捷,归身晋朝,必有由、夷之廉,享松、乔之寿矣"。因不食而卒。

16 九月,燕王儁南徇冀州,取章武、河间。初,勃海贾坚,少尚气节,仕赵为殿中督。赵亡,坚弃魏主闵还乡里,拥部曲数千家。燕慕容评徇勃海,遣使招之,坚终不降。评与战,擒之。儁以评为章武太守,封裕为河间太守。儁与慕容恪皆爱贾坚之材,坚时年六十馀,恪闻其善射,置牛百步上以试之。坚曰:"少之时能令不中,今老矣,往往中之。"乃射再发,一矢拂脊,一矢磨腹,皆附肤落毛,上下如一,观者咸服其妙。儁以坚为乐陵太守,治高城。

17 苻菁与张先战于渭北,擒之,三辅郡县堡壁皆降。冬,十月,苻健长驱至长安,杜洪、张琚奔司竹。

18 燕王儁还蓟,留诸将守之。儁还至龙城,谒陵庙。

19 十一月,魏主闵帅步骑十万攻襄国。署其子太原王胤为大单于、骠骑大将军,以降胡一千配之为麾下。光禄大夫韦谀谏曰:"胡、羯皆我之仇敌,今来归附,苟存性命耳,万一为变,悔之何及。请诛屏降胡,去单于之号,以防微杜渐。"闵方欲抚纳群胡,大怒,诛谀及其子伯阳。

15 张贺度、段勤、刘国、靳豚会师于昌城,准备进攻邺城。魏国主冉闵亲自统帅军队反击,在苍亭交战,张贺度等大败,死亡两万八千人,冉闵追到阴安,杀了靳豚,将其兵众全部俘虏后返回。冉闵的士兵达三十多万,旌旗、战鼓绵延一百多里,就是石氏最兴盛的时候,也无法与之相比。

过去晋朝的散骑常侍、陇西人辛谧,名声高尚,虽然经历了刘氏、石氏时代,征召授官全都不接受。冉闵以完备的礼遇征召他出任太常。辛谧致信冉闵,认为"物极必反,到了极点就危险了。如今君王大功已成,应该就此辉煌战果,归身于晋朝,必定会有许由、伯夷那样的正直名声,享受赤松子、王子乔那样的天年高寿"。接着他便绝食而死。

16 九月,前燕王慕容儁带兵南巡冀州,攻取了章武、河间。当初,勃海人贾坚从小崇尚气节,效力于赵国,任殿中督。赵灭亡后,贾坚抛弃了魏国主冉闵回到家乡,拥有家兵数千家。前燕国慕容评带兵巡行勃海,派遣使者去招纳他,但他始终不投降。慕容评与他交战,擒获了他。慕容儁任命慕容评为章武太守,任命封裕为河间太守。慕容儁和慕容恪全都欣赏贾坚的才能,贾坚时年六十多岁,慕容恪听说他擅长射箭,便把一头牛放在百步以远的地方以试验他的箭法。贾坚说:"年轻时能让箭不射中牛,如今老了,往往要射中牛了。"于是就射了两箭,一箭擦着牛的脊梁而过,一箭擦着牛的肚皮而过,上下两箭都是紧擦牛皮,射落牛毛,上、下全一样,围观的人无不佩服他箭法的神妙。慕容儁任命贾坚为乐陵太守,治所为高城。

17 符菁与张先在渭水以北交战,擒获了张先,周围的三个郡、县以及营垒、营寨全都投降。冬季,十月,符健长驱直入到达长安,杜洪、张琚逃奔到司竹。

18 前燕王慕容儁回到蓟城,留下了一些将领镇守该地。他自己又回到龙城,拜谒陵庙。

19 十一月,魏国主冉闵率领步兵骑兵十万人攻打襄国。委任他的儿子太原王冉胤为大单于、骠骑大将军,并给他手下配备了一千名投降的胡族士兵。光禄大夫韦謏劝谏冉闵说:"胡族、羯族都是我们的仇敌,如今他们归附投降,只是为了苟全性命罢了,万一他们哗变,后悔怎么来得及?请您斩尽杀绝那些投降的胡兵!去掉单于的称号,以防微杜渐。"冉闵正想要安抚招纳群胡,听了此话,勃然大怒,杀掉了韦謏以及他的儿子韦伯阳。

20　甲午，苻健入长安，以民心思晋，乃遣参军杜山伯诣建康献捷，并修好于桓温。于是秦、雍夷夏皆附之，赵凉州刺史石宁独据上邽不下，十二月，苻雄击斩之。

21　蔡谟除司徒，三年不就职。诏书屡下，太后遣使谕意，谟终不受。于是帝临轩，遣侍中纪据、黄门郎丁纂征谟。谟陈疾笃，使主簿谢攸陈让。自旦至申，使者十馀返，而谟不至。时帝方八岁，甚倦，问左右曰："所召人何以至今不来？临轩何时当竟？"太后以君臣俱疲，乃诏："必不来者，宜罢朝。"中军将军殷浩奏免吏部尚书江虨官。会稽王昱令曹曰："蔡公傲违上命，无人臣之礼。若人主卑屈于上，大义不行于下，亦不知所以为政矣。"公卿乃奏："谟悖慢傲上，罪同不臣，请送廷尉以正刑书。"谟惧，帅子弟诣阙稽颡，自到廷尉待罪。殷浩欲加谟大辟，会徐州刺史荀羡入朝，浩以问羡，羡曰："蔡公今日事危，明日必有桓、文之举。"浩乃止。下诏免谟为庶人。

20 甲午,苻健进入长安,考虑到民心都思念晋朝,就派参军杜山伯到建康去进献俘虏和战利品,并要与桓温重归于好。因此秦州、雍州的夷人、汉人全都归附了他,赵国凉州刺史石宁独自占据着上邽,暂时没有被攻下,十二月,苻雄率兵攻击,斩杀了石宁。

21 蔡谟被东晋朝廷任命为司徒后,三年没去就职。诏令多次下达,太后也派人去说明意图,蔡谟最终还是不接受任命。于是皇帝亲自临朝,派侍中纪据、黄门郎丁纂去征召蔡谟。蔡谟向他们陈说自己身患重病,并派主簿谢攸陈述自己辞让的意见。从早到晚,朝廷派来征召蔡谟的使者往返十多次,然而蔡谟就是不去任职。当时皇帝年仅八岁,临朝一天,非常疲倦,他问周围的人说:"所征召的人为什么到现在还不来?临朝什么时候才能结束?"太后考虑到皇帝和臣下们都很疲劳,就下诏说:"一定不来的话,就结束临朝吧。"中军将军殷浩奏请免除吏部尚书江彪的官职。会稽王司马昱给尚书曹下令说:"蔡谟傲慢地违抗皇上的命令,这是没有臣下之礼的行为。如果皇上在上卑躬屈膝,臣子在下又不履行君臣大义,那么也就不知道靠什么来处理朝政了。"于是公卿们便进上奏书说:"蔡谟狂妄傲慢地对待皇上的命令,罪同叛逆,请求将他送交廷尉依法论处。"蔡谟十分害怕,率领他的子弟们到朝廷去叩头谢罪,自己到廷尉处等待治罪。殷浩想处以蔡谟死刑,恰巧这时徐州刺史荀羡来到朝廷,殷浩就此询问荀羡,荀羡回答说:"如果蔡公今天被处死,明天就一定会出现齐桓公、晋文公那样举兵问罪的行动。"于是殷浩放弃了处死蔡谟的打算。下达诏书将其免官并贬为庶人。

卷第九十九　晋纪二十一

起辛亥(351)尽甲寅(354)凡四年

孝宗穆皇帝中之上
永和七年(辛亥,351)

1　春,正月丁酉,日有食之。

2　苻健左长史贾玄硕等请依刘备称汉中王故事,表健为都督关中诸军事、大将军、大单于、秦王。健怒曰:"吾岂堪为秦王邪!且晋使未返,我之官爵,非汝曹所知也。"既而密使梁安讽玄硕等上尊号,健辞让再三,然后许之。丙辰,健即天王、大单于位,国号大秦,大赦,改元皇始。追尊父洪为武惠皇帝,庙号太祖;立妻强氏为天王后,子苌为太子,靓为平原公,生为淮南公,觌为长乐公,方为高阳公,硕为北平公,腾为淮阳公,柳为晋公,桐为汝南公,廋为魏公,武为燕公,幼为赵公。以苻雄为都督中外诸军事、丞相、领车骑大将军、雍州牧、东海公;苻菁为卫大将军、平昌公,宿卫二宫;雷弱儿为太尉,毛贵为司空,略阳姜伯周为尚书令,梁楞为左仆射,王堕为右仆射,鱼遵为太子太师,强平为太傅,段纯为太保,吕婆楼为散骑常侍。伯周,健之舅;平,王后之弟;婆楼,本略阳氏酋也。

3　段龛请以青州内附。二月戊寅,以龛为镇北将军。封齐公。

孝宗穆皇帝中之上

晋穆帝永和七年(辛亥,公元 351 年)

1　春季,正月丁酉(初一),出现日食。

2　苻健的左长史贾玄硕等人想要向东晋朝廷上表,请求依据刘备号称汉中王的做法,任命苻健为都督关中诸军事、大将军、大单于、秦王。苻健愤怒地说:"我怎么能胜任秦王呢! 况且晋朝的使臣尚未返回,我的官职爵位,不是你们所知道的。"然而紧接着他却悄悄地让梁安暗示贾玄硕等人向他进献尊号,经过表面上的再三推辞,然后就接受了。丙辰(二十日),苻健即天王、大单于位,立国号为大秦,实行大赦,改年号为皇始。追尊父亲苻洪为武惠皇帝,庙号为太祖;立妻子强氏为天王后,儿子苻苌为太子,封儿子苻靓为平原公,苻生为淮南公,苻觌为长乐公,苻方为高阳公,苻硕为北平公,苻腾为淮阳公,苻柳为晋公,苻桐为汝南公,苻廋为魏公,苻武为燕公,苻幼为赵公。任命苻雄为都督中外诸军事、丞相、兼任车骑大将军、雍州牧、东海公;任命苻菁为卫大将军、平昌公,负责警卫苻健及苻苌所居住的两座宫殿;任命雷弱兒为太尉,毛贵为司空,略阳人姜伯周为尚书令,梁楞为左仆射,王堕为右仆射,鱼遵为太子太师,强平为太傅,段纯为太保,吕婆楼为散骑常侍。姜伯周是苻健的舅舅;强平是王后的弟弟;吕婆楼本来是略阳氏族的首长。

3　段龛请求以所据的青州归附东晋。二月戊寅(十三日),东晋朝廷任命段龛为镇北将军,封为齐公。

4　魏主闵攻围襄国百馀日。赵主祗危急，乃去皇帝之号，称赵王，遣太尉张举乞师于燕，许送传国玺；中军将军张春乞师于姚弋仲。弋仲遣其子襄帅骑二万八千救赵，诫之曰："冉闵弃仁背义，屠灭石氏。我受人厚遇，当为复雠，老病不能自行，汝才十倍于闵，若不枭擒以来，不必复见我也！"弋仲亦遣使告于燕，燕主儁遣御难将军悦绾将兵三万往会之。

冉闵闻儁欲救赵，遣大司马从事中郎广宁常炜使于燕。儁使封裕诘之曰："冉闵，石氏养息，负恩作逆，何敢辄称大号？"炜曰："汤放桀，武王伐纣，以兴商、周之业；曹孟德养于宦官，莫知所出，卒立魏氏之基，苟非天命，安能成功！推此而言，何必致问！"裕曰："人言冉闵初立，铸金为己像以卜成败，而像不成，信乎？"炜曰："不闻。"裕曰："南来者皆云如是，何故隐之？"炜曰："奸伪之人欲矫天命以惑人者，乃假符瑞、托蓍龟以自重。魏主握符玺，据中州，受命何疑？而更反真为伪，取决于金像乎！"裕曰："传国玺果安在？"炜曰："在邺。"裕曰："张举言在襄国。"炜曰："杀胡之日，在邺者殆无孑遗；时有迸漏者，皆潜伏沟渎中耳，彼安知玺之所在乎！彼求救者，为妄诞之辞，无所不可，况一玺乎！"

儁犹以张举之言为信，乃积柴其旁，使裕以其私诱之，曰："君更熟思，无为徒取灰灭！"炜正色曰："石氏贪暴，亲帅大兵攻燕国都，虽不克而返，然志在必取。故运资粮、聚器械于东北者，非以相资，乃欲相灭也。

4 魏国主冉闵攻打包围襄国一百多天。后赵主石祇境况危急,便去掉了皇帝的称号,改称为赵王,派遣太尉张举到前燕国请求援军,并承诺送去传国印玺;派遣中军将军张春向姚弋仲请求援军。姚弋仲派他的儿子姚襄率领骑兵两万八千人援救后赵,告诫姚襄说:"冉闵抛弃仁爱,背离道义,屠杀消灭了石氏。我受到过石虎宽厚的待遇,应当为他复仇,但因为既老且病,不能亲自出征,你的才能高出冉闵十倍,如果不能把他的头颅带回来,就不必再来见我了!"姚弋仲也派使者到前燕报告,前燕国主慕容儁派御难将军悦绾统帅三万士兵前去与姚襄会师。

冉闵听说慕容儁想要救援后赵,便派大司马从事中郎广宁人常炜出使前燕。慕容儁派封裕责问常炜说:"冉闵是石氏的养子,他背弃养育之恩而为叛逆之举,怎么胆敢狂妄地自称国王大号呢?"常炜说:"商汤放逐夏桀,周武王讨伐商纣,以此而振兴了商、周的大业;曹操被宦官养育,没有谁知道他的出身,最终奠定了魏氏的基础,如果不是顺应了上天之命,他们怎么能够成功! 由此推理,何必还要来责问我呢!"封裕说:"听人说冉闵初立的时候,曾经用金子铸造自己的形象来占卜成败,然而像却没有铸成,这是真事吗?"常炜说:"没有听说过。"封裕说:"从南方来的人都说确实是这样,你为什么要隐瞒呢?"常炜说:"奸伪之人凡是想假传天命以迷惑人心的,就要假借祥瑞的征兆,伪托占卜的结果,用来显示自己所说的分量。魏国主握有传国印玺,占据中州,受之于天命,这还有什么疑问? 难道还要改变事实,变真为伪,取决于金像吗!"封裕说:"传国印玺在哪里呢?"常炜说:"在邺城。"封裕说:"张举说在襄国。"常炜说:"诛杀胡人的时候,在邺城的人几乎一网打尽,当时有逃脱漏网的,也全都是潜伏在水渠水沟中的,他们怎么知道传国印玺在什么地方! 他们那些求救人,说起荒诞谎言来,没有什么不可以编织进去的,何况一个传国印玺呢!"

慕容儁依然认为张举所说的是真话,于是就在常炜身边堆上木柴,派封裕用关系他个人生命的话劝诱道:"请您再仔细考虑一下,没必要白白地化为灰烬!"常炜厉言正色地说:"石氏贪婪残暴,曾经亲自率领大军进攻燕国的国都,虽然没有攻克而返回,但其志在必取。所以他们此后往东北地区运送钱财粮饷,聚集武器装备的目的,并不是要拿这些东西帮助你们,而是想消灭你们。

魏主诛翦石氏,虽不为燕,臣子之心,闻仇雠之灭,义当如何?而更为彼责我,不亦异乎!吾闻死者骨肉下于土,精魂升于天。蒙君之惠,速益薪纵火,使仆得上诉于帝足矣!"左右请杀之。儁曰:"彼不惮杀身以徇其主,忠臣也。且冉闵有罪,使臣何预焉!"使出就馆。夜,使其乡人赵瞻往劳之,且曰:"君何不以实言?王怒,欲处君于辽、碣之表,奈何?"炜曰:"吾结发以来,尚不欺布衣,况人主乎!曲意苟合,性所不能;直情尽言,虽沈东海,不敢避也!"遂卧向壁,不复与瞻言。瞻具以白儁,儁乃囚炜于龙城。

5　赵并州刺史张平遣使降秦,秦王以平为大将军、冀州牧。

6　燕王儁还蓟。

7　三月,姚襄及赵汝阴王琨各引兵救襄国。冉闵遣车骑将军胡睦拒襄于长芦,将军孙威拒琨于黄丘,皆败还,士卒略尽。

闵欲自出击之,卫将军王泰谏曰:"今襄国未下,外救云集,若我出战,必覆背受敌,此危道也。不若固垒以挫其锐,徐观其衅而击之。且陛下亲临行陈,如失万全,则大事去矣。"闵将止,道士法饶进曰:"陛下围襄国经年,无尺寸之功,今贼至,又避不击,将何以使将士乎!且太白入昴,当杀胡王,百战百克,不可失也!"闵攘袂大言曰:"吾战决矣,敢沮众者斩!"乃悉众出,与襄、琨战。悦绾适以燕兵至,去魏兵数里,疏布骑卒,曳柴扬尘,魏人望之恟惧。

魏国主讨伐镇压石氏，虽然不是为了燕国，但作为臣子之心，听到仇敌被消灭的消息，从道义上说又该如何呢？如今你反而替石氏来责问我，岂不是怪事！我听说死去的人虽然骨肉埋在土下，而灵魂却升到天上。蒙您惠赐，请赶快加柴点火，使我能到上帝那里去诉说冤屈就满足了！"周围的人都请求焚杀常炜。慕容儁说："他不怕牺牲生命来为他的君主殉葬，确实是忠臣。况且冉闵有罪，与他的使臣有什么关系呢！"于是就让常炜离开此地，住进了馆舍。入夜，慕容儁派常炜的同乡赵瞻去慰劳常炜，并且对他说："您为什么不以真话相告呢！如果大王发怒，要把您流放到辽海、碣石山以外，您有什么办法呢？"常炜说："我自从结发成年以来，连布衣百姓都不曾欺骗，何况是君主呢！违心地苟且迎合，这是我本性所不能做的事；尽情直言，就是被沉于东海，也不敢逃避！"说完就面朝墙一躺，不再和赵瞻搭话了。赵瞻把这些情况全都告诉了慕容儁，慕容儁便把常炜囚禁在龙城。

5　后赵国并州刺史张平派使者去向前秦投降，前秦王任命张平为大将军、冀州牧。

6　前燕王慕容儁回到蓟城。

7　三月，姚襄及后赵汝阴王石琨分别率兵救援襄国。冉闵派车骑将军胡睦在长芦阻击姚襄，派将军孙威在黄丘阻击石琨，但全都失败而返，士兵死亡殆尽。

冉闵想要亲自出马攻打姚襄及石琨，卫将军王泰劝谏说："如今襄国城尚未攻下，外边救援的部队云集而至，如果我们再外出征战，一定会腹背受敌，这是极其危险的做法。不如坚固堡垒以挫伤他们的锐气，慢慢地看着他们之间出现裂痕后再去攻击。况且陛下亲自上阵，如果一旦出危险，宏图大业就全完了。"冉闵听了劝谏后正想不再出征，而道士法饶却进言说："陛下包围襄国已有一年之久，然而没有取得丝毫的胜利，如今敌人来了，却避而不攻，今后将怎样调动将士呢！况且启明星进入昴宿，正是诛杀胡王的征兆，一定会百战百胜，绝不可错失良机！"听了这话，冉闵挽起袖子大声说："我决定要出发征战了，胆敢出言使兵众士气沮丧的杀头！"于是就率领全部兵众出发，与姚襄、石琨决战。这时悦绾恰好率领燕兵来到，离魏兵约有几里地的距离，他将骑兵稀疏地布开，拖着树枝扬起漫天尘土，魏国兵众一看见这阵势便骚动不安、惊恐万状。

襄、琨、绾三面击之，赵王祗自后冲之，魏兵大败，闵与十馀骑
直还邺。降胡栗特康等执大单于胤及左仆射刘琦以降赵，赵
王祗杀之。胡睦及司空石璞、尚书令徐机、中书监卢谌等并
将士死者凡十馀万人。闵潜还，人无知者。邺中震恐，讹言
闵已没。射声校尉张艾请闵亲郊以安众心，闵从之，讹言乃
息。闵支解法饶父子，赠韦谀大司徒。姚襄还滠头，姚弋仲
怒其不擒闵，杖之一百。

初，闵之为赵相也，悉散仓库以树私恩，与羌、胡相攻，无
月不战。赵所徙青、雍、幽、荆四州之民及氐、羌、胡、蛮数百
万口，以赵法禁不行，各还本土，道路交错，互相杀掠，其能达
者什有二、三。中原大乱，因以饥疫，人相食，无复耕者。

赵王祗使其将刘显帅众七万攻邺，军于明光宫，去邺二
十三里。魏主闵恐，召王泰，欲与之谋。泰恚前言之不从，辞
以疮甚。闵亲临问之，泰固称疾笃。闵怒，还宫，谓左右曰：
"巴奴，乃公岂假汝为命邪！要将先灭群胡，却斩王泰。"乃悉
众出战，大破显军，追奔至阳平，斩首三万馀级。显惧，密使
请降，求杀祗以自效，闵乃引归。有告王泰欲叛入秦者，闵杀
之，夷其三族。

8　秦王健分遣使者问民疾苦，搜罗隽异，宽重敛之税，
弛离宫之禁，罢无用之器，去侈靡之服，凡赵之苛政不便于民
者，皆除之。

姚襄、石琨、悦绾三面夹击,赵王石祗则从后面发起冲锋,魏兵大败,冉闵和十多个骑兵逃回邺城。以前投降冉闵的胡人栗特康等人挟持着大单于冉胤及左仆射刘琦投降了后赵,赵王石祗把冉胤、刘琦杀掉了。冉闵的众将士再加上胡睦及司空石璞、尚书令徐机、中书监卢谌等,死亡的人总共达十多万。冉闵偷偷地回到邺城,无人知晓。邺城的人都感到震惊害怕,讹传冉闵已死。射声校尉张艾请求冉闵露面去参加一次郊祀祭天活动,以安定民心,冉闵听从了,讹传才平息下来。冉闵肢解了法饶父子,追封韦谏为大司徒。姚襄回到滠头,姚弋仲对他没能擒获冉闵十分气愤,打了他一百杖。

当初,冉闵任后赵国丞相的时候,把国家仓库里的粮食财物全都散发给人们,以此树立个人的恩誉,和羌族、胡族没有一个月不进行战争。后赵国所迁徙来的青、雍、幽、荆四州的百姓,以及氐、羌、胡、蛮的数百万人,都因为该国无法无天,分别返归本土,但这些人归途交错,又互相掠夺残杀,最终能回到目的地的仅十之二、三。中原地区大乱,因此导致了饥荒遍野,瘟疫流行,人们互相攻杀,吃对方的肉,再也没有人耕田种地了。

后赵王石祗派他的将领刘显率领七万兵众攻打邺城,驻扎在明光宫,距离邺城二十三里远。魏国主冉闵十分恐惧,征召王泰来和他商量对策。王泰对冉闵以前不听从他的劝告十分气愤,便以伤势严重为由加以拒绝。冉闵亲自前往询问,王泰仍然坚持说伤势严重。冉闵十分愤怒,返回王宫,对周围的人说:"巴蛮奴才,我难道还要靠你活命吗!我要先消灭掉群胡,然后杀王泰。"于是就率领全部兵众出战,重创刘显的军队,一直追击到阳平,斩杀三万多人。刘显十分害怕,秘密地派人去向冉闵请求投降,并请求杀掉石祗以表示自己的效忠,冉闵这才带领兵众撤回。有人报告说王泰想背叛归附前秦,冉闵便杀掉王泰,还灭掉了他的三族。

8 前秦王苻健分别派遣使者访问百姓的疾苦,搜罗杰出人才,放宽了横征暴敛的赋税,开放了为修建离宫划定的禁区,撤掉了没有用处的事务和器具,更换了华丽奢侈的服装,凡是后赵国制定的不利于百姓的繁琐苛刻的政令,全都予以废除。

9　杜洪、张琚遣使召梁州刺史司马勋。夏,四月,勋帅步骑三万赴之,秦王健御之于五丈原。勋屡战皆败,退归南郑。健以中书令贾玄硕始者不上尊号,衔之,使人告玄硕与司马勋通,并其诸子皆杀之。

10　渤海人逄约因赵乱,拥众数千家,附于魏,魏以约为渤海太守。故太守刘准,隗之兄子也;土豪封放,奕之从弟也,别聚众自守。闵以准为幽州刺史,与约中分渤海。燕王儁使封奕讨约,使昌黎太守高开讨准、放。开,瞻之子也。

奕引兵直抵约垒,遣人谓约曰:"相与乡里,隔绝日久,会遇甚难。时事利害,人皆有心,非所论也。愿单出一相见,以写伫结之情。"约素信重奕,即出,见奕于门外,各屏骑卒,单马交语。奕与论叙平生毕,因说之曰:"与君累世同乡,情相爱重,诚欲君享祚无穷。今既获展奉,不可不尽所怀。冉闵乘石氏之敝,奄有成资,是宜天下服其强矣,而祸乱方始,固知天命不可力争也。燕王奕世载德,奉义讨乱,所征无敌。今已都蓟,南临赵、魏,远近之民,襁负归之。民厌荼毒,咸思有道。冉闵之亡,匪朝伊夕,成败之形,昭然易见。且燕王肇开王业,虚心贤隽,君能翻然改图,则功参绛、灌,庆流苗裔,孰与为亡国将,守孤城以待必至之祸哉!"约闻之,怅然不言。奕给使张安,有勇力,奕豫戒之,俟约气下,安突前持其马鞚,因挟之而驰。至营,奕与坐,谓曰:"君计不能自决,故相为决之,非欲取君以邀功,乃欲全君以安民也。"

9　杜洪、张琚派遣使者征召梁州刺史司马勋。夏季,四月,司马勋率领步兵、骑兵三万人前往,在五丈原遇上了前秦王苻健的阻击。司马勋多次战斗都失败了,只好退回南郑。苻健因为中书令贾玄硕在当初没有主动进上尊号,对他耿耿于怀,便指使人诬告他与司马勋相勾结,借此把他和他的几个儿子一起杀掉了。

10　渤海人逄约乘后赵国大乱之机,带领数千家民众,归附魏国,魏国任命逄约为渤海太守。原来的太守刘准,是刘隗哥哥的儿子;地方豪强封放,是封奕的族弟,他们则另外聚集部众自守。冉闵任命刘准为幽州刺史,把渤海一分为二,让逄约和刘准分地而治。前燕王慕容儁派封奕讨伐逄约,派昌黎太守高开讨伐刘准、封放。高开是高瞻的儿子。

封奕率兵直接抵达逄约的营垒,派人告诉逄约说:"你我本是乡里乡亲,离别日久,很难见面。眼下事情的利害得失,人人心里都有数,不必多说。希望你自己单独出来见见面,以倾诉聚集于心头的思念之情。"逄约历来信任敬重封奕,随即出来,在营垒门外与封奕见面,他们各自都没带骑兵卫士,只是单独骑着马交谈。封奕和他叙说完各自经历后,接着劝他说:"我和你几代同乡,情义深重,确实希望你永远享受魏国的国土。如今既然得以见面承教,我就不能不尽吐肺腑之言了。冉闵乘石氏大乱之机,囊括了其已有的成果,是应该让天下人佩服其强大的力量,然而战祸动乱也从此开始,这就知道天命本来不是靠力量强大争夺来的。燕王几代人都具有德行,崇奉道义,讨伐祸乱,所向无敌。如今已经定都蓟城,南视赵、魏,远近的百姓,纷纷拖儿带女,前来归附。百姓厌恶荼毒之苦,都思念有道德的人。冉闵的灭亡,非早即晚,成败的形势,显而易见。况且燕王刚刚开创帝王大业,虚心对待俊贤之士,如果您能幡然悔悟,改变图谋,则功劳可与周勃、灌婴相比,福祉可流传子孙后代,何必做亡国之将,困守孤城,等待必然要到来的灾祸呢!"逄约听了这番话,心情悲怅,默不作声。封奕左右的使者张安,勇气与力量俱佳,封奕事先对他做了布置,等到逄约气势低落时,张安突然冲上前去,抓住他的马缰,顺势挟持着他急驰而返。回到营地,封奕与他坐在一起,对他说:"您不能自己决定大计,所以我帮您一起决定,不是想要拿您去邀功请赏,而是想保全您以安抚百姓。"

　　高开至渤海，准、放迎降。儁以放为渤海太守，准为左司马，约参军事。以约诱于人而遇获，更其名曰钧。

　　11　刘显弑赵王祗及其丞相乐安王炳、太宰赵庶等十馀人，传首于邺。骠骑将军石宁奔柏人。魏主闵焚祗首于通衢，拜显上大将军、大单于、冀州牧。

　　12　五月，赵兖州刺史刘启自鄄城来奔。
　　13　秋，七月，刘显复引兵攻邺，魏主闵击败之。显还，称帝于襄国。
　　14　八月，魏徐州刺史周成、兖州刺史魏统、荆州刺史乐弘、豫州牧张遇以廪丘、许昌等诸城来降；平南将军高崇、征虏将军吕护执洛州刺史郑系，以其地来降。

　　15　燕王儁遣慕容恪攻中山，慕容评攻王午于鲁口，魏中山太守上谷侯龛闭城拒守。恪南徇常山，军于九门，魏赵郡太守辽西李邽举郡降，恪厚抚之，将邽还围中山，侯龛乃降。恪入中山，迁其将帅、土豪数十家诣蓟，馀皆安堵，军令严明，秋豪不犯。慕容评至南安，王午遣其将郑生拒战，评击斩之。

　　悦绾还自襄国，儁乃知张举之妄而杀之。常炜有四男二女在中山，儁释炜之囚，使诸子就见之，炜上疏谢恩，儁手令答曰："卿本不为生计，孤以州里相存耳。今大乱之中，诸子尽至，岂非天所念邪！天且念卿，况于孤乎！"赐妾一人，谷三百斛，使居凡城。以北平太守孙兴为中山太守。兴善于绥抚，中山遂安。

高开抵达渤海,刘准、封放出来迎接并投降。慕容儁任命封放为渤海太守,刘准为左司马,逄约为参军事。因为逄约是受人劝诱才归附投降的,所以慕容儁把他的名字改为逄钓。

11 刘显杀掉了赵国王石祗及其丞相乐安王石炳、太宰赵庶等十多人,并将首级传送到邺城。骠骑将军石宁逃奔到柏人县。魏国主冉闵在邺城的通衢大道上焚烧了石祗的首级,授予刘显上大将军、大单于、冀州牧的官职。

12 五月,赵国兖州刺史刘启从邺城来投奔东晋。

13 秋季,七月,刘显再次率兵攻打邺城,被魏国主冉闵击败。刘显返回,在襄国称帝。

14 八月,魏国徐州刺史周成、兖州刺史魏统、荆州刺史乐弘、豫州刺史张遇前来向东晋投降,献出了他们所占据的廪丘、许昌等城邑;平南将军高崇、征虏将军吕护挟持着洛州刺史郑系也前来向东晋投降,献出了他们所占据的地方。

15 前燕王慕容儁派慕容恪攻打中山,派慕容评在鲁口攻打王午,魏国中山太守上谷人侯龛紧闭城门,抵抗固守。慕容恪率兵南巡常山,驻扎在九门,魏国赵郡太守辽西人李邽带领全郡投降,慕容恪给他以丰厚的抚慰,统帅着李邽的军队返回去包围中山,于是侯龛投降。慕容恪进入中山,将侯龛手下的数十家将帅、地方豪强迁徙到蓟城,其馀的则让他们全都就地安居。部队纪律严明,秋毫无犯。慕容评抵达南安,王午派他的部将郑生抵抗,慕容评发起攻击,斩杀了郑生。

悦绾从襄国返回,慕容儁才知道张举所说的送传国印玺是荒诞之辞,于是就杀了他。常炜有四男二女在中山,慕容儁解除了对他的囚禁,让他的儿女们前来见他,常炜上疏谢恩,慕容儁亲手复信回答说:"你的行动本来不是为了活命谋生考虑,但我与你是同乡,所以加以保全。在当今大乱的形势下,你的儿女们全都来到了这里,这难道不是上天对你的关怀吗?上天都关怀你,何况我呢!"慕容儁赐给常炜妾一人,粮食三百斛,让他居住在凡城。任命北平太守孙兴为中山太守。孙兴长于安抚之道,于是中山就安定下来了。

16 厍傉官伟帅部众自上党降燕。

17 姚弋仲遣使来请降。冬,十月,以弋仲为使持节、六夷大都督、督江北诸军事、车骑大将军、开府仪同三司、大单于、高陵郡公;又以其子襄为持节、平北将军、都督并州诸军事、并州刺史、平乡县公。

18 逄钓亡归勃海,招集旧众以叛燕。乐陵太守贾坚使人告谕乡人,示以成败,钓部众稍散,遂来奔。

19 吐谷浑叶延卒,子碎奚立。

20 初,桓温闻石氏乱,上疏请出师经略中原,事久不报。温知朝廷杖殷浩以抗己,甚忿之,然素知浩之为人,亦不之惮也。以国无他衅,遂得相持弥年,羁縻而已,八州士众资调殆不为国家用。屡求北伐,诏书不听。十二月辛未,温拜表辄行,帅众四五万顺流而下,军于武昌。朝廷大惧。

殷浩欲去位以避温,又欲以驺虞幡驻温军。吏部尚书王彪之言于会稽王昱曰:“此属皆自为计,非能保社稷,为殿下计也。若殷浩去职,人情离骇,天子独坐,当此之际,必有任其责者,非殿下而谁乎!”又谓浩曰:“彼若抗表问罪,卿为之首。事任如此,猜衅已成,欲作匹夫,岂有全地邪!且当静以待之。令相王与手书,示以款诚,为陈成败,彼必旋师。若不从,则遣中诏。又不从,乃当以正义相裁。奈何无故匆匆,先自狙狯乎!”浩曰:“决大事正自难,顷日来欲使人闷。闻卿此谋,意始得了。”彪之,彬之子也。

16 犀俌官伟率领他的部众从上党来投降前燕。

17 姚弋仲派遣使者前来向东晋请求投降。冬季,十一月,东晋朝廷任命姚弋仲为使持节、六夷大都督、督淮北诸军事、车骑大将军、开府仪同三司、大单于、高陵郡公;又任命他的儿子姚襄为持节、平北将军、都督并州诸军事、并州刺史、平乡县公。

18 逢钧逃亡回勃海,召集过去的旧部兵众背叛了前燕。乐陵太守贾坚派人劝谕百姓,给他们分析成败大势,逢钧的旧部逐渐离散,于是逢钧来投奔东晋。

19 吐谷浑的首领叶延去世,儿子碎奚继位。

20 当初,桓温听说石氏大乱,便向朝廷上疏,请求出兵整治中原地区,但过了许久也没有回音。桓温知道朝廷倚仗殷浩来对抗自己,对此十分愤怒,然而他也一向知道殷浩的为人,所以对此也不惧怕。因为国家没有什么其他灾祸变故,也就得以相持共处了一年多,但不过是维持关系而已,桓温管辖的八州之内民众的资财赋税,几乎不给朝廷使用。桓温多次请求北伐,朝廷下达诏书不予同意。十二月辛未(十一日),桓温上奏章后就立即行动,率领四五万人顺江而下,驻扎在武昌。朝廷十分恐惧。

殷浩想用辞职来躲避桓温,又想用出示标有驺虞的旗帜的办法,使桓温的部队不再继续前进。吏部尚书王彪之对会稽王司马昱进说:"这些举动全都是为自己考虑,并不能保全江山,不是替殿下考虑。如果殷浩辞职,必将导致人心分离混乱,天子独坐天下,在这种时候,一定要有人出来承担责任,这人不是殿下还能是谁呢!"王彪之又对殷浩说:"如果桓温上表直言,兴师问罪,首当其冲的是您。您在朝廷任此职务,猜忌隔阂已经形成,这时想成为一般百姓,难道还能保全自己吗!应该暂且静观不动地等待桓温。可以先让宰相给他写一封亲笔信,向他表示恳切的诚意,为他分析成败趋势,他就一定会率兵返回了。如果不听,那就由皇帝亲自下达手诏。再不听,就应当用正义之师去制裁他。为什么您要平白无故地匆匆行事,先自我倾覆呢!"殷浩说:"面临大事我正难以决策,近日一直使我心中烦闷。听到你这个计谋,主意才得以决定了。"王彪之是王彬的儿子。

　　抚军司马高崧言于昱曰:"王宜致书,谕以祸福,自当返斾。如其不尔,便六军整驾,逆顺于兹判矣!"乃于坐为昱草书曰:"寇难宜平,时会宜接。此实为国远图,经略大算,能弘斯会,非足下而谁! 但以比兴师动众,要当以资实为本,运转之艰,古人所难,不可易之于始而不熟虑。顷所以深用为疑,惟在此耳。然异常之举,众之所骇,游声噂嗒,想足下亦少闻之。苟患失之,无所不至,或能望风振扰,一时崩散。如此则望实并丧,社稷之事去矣。皆由吾暗弱,德信不著,不能镇静群庶,保固维城,所以内愧于心,外惭良友。吾与足下,虽职有内外,安社稷,保国家,其致一也。天下安危,系之明德,当先思宁国而后图其外,使王基克隆,大义弘著,所望于足下。区区诚怀,岂可复顾嫌而不尽哉!"温即上疏惶恐致谢,回军还镇。

　　21　朝廷将行郊祀。会稽王昱问于王彪之曰:"郊祀应有赦否?"彪之曰:"自中兴以来,郊祀往往有赦,愚意常谓非宜。凶愚之人,以为郊必有赦,将生心于侥幸矣!"昱从之。

　　22　燕王儁如龙城。

　　23　丁零翟鼠帅所部降燕,封为归义王。

抚军司马高崧对司马昱说:"您应该致信桓温,向他说明利害得失,他自己就应当率兵返回了。如果他不这样做,就整理六军人马出征,正义叛逆从此判明!"于是他就坐下来替司马昱起草书信说:"寇贼发难,应该平定,时运到来,应该应接。这确实是为国家着想的长谋远虑、夺取天下的宏图大略,能够弘扬光大这种时运的人,除了足下还能有谁! 但兴师动众,重要的是应该以雄厚的财力物力为基础,辗转运输的艰难,正是古人最头疼的事,不能从一开始就认为它容易而不加以认真地考虑。近来我之所以对你的举动深感怀疑,原因就在这里。对于出乎寻常的举动,人们都感到惊骇,所以近来各种议论说法,纷至沓来,料想足下也稍有耳闻。假若生怕得到的东西再失去,就会无所不用其极,也许有些人就会震恐惊扰,甚至会顷刻崩溃逃散。如此则宏大的愿望和已有的成果全都会丧失,国家的大业也就完了。全都是由于我昏庸懦弱,没有表现出崇高的道德和信誉,才没能使众百姓沉着安定,凭借险势连城固守,以保卫国家,这就是我于内问心有愧,于外对不起好友的原因。我与足下,虽然任职有内外之分,但安定国家,保卫皇帝,这个目标是一致的。天下的安危,与完美的德行相联系,应当先考虑使国家安宁,然后再图谋向外扩展,以使帝王的基业兴隆昌盛,道义弘扬彰著,这就是我对阁下的期望。区区一点心意,难道还能再顾虑疑忌而不坦诚尽言吗!"桓温见信后立即上书,诚惶诚恐地表示谢罪,率军返回了原来镇守的地方。

　　21　东晋朝廷将要在郊外举行祭祀天地的仪式。会稽王司马昱问王彪之说:"举行郊祀是否应该有大赦?"王彪之回答:"自从朝廷中兴以来,举行郊祀时往往实行大赦,我的意见是,如果经常这样做,是不合适的。凶残愚顽的人,以为一举行郊祀必定会实行大赦,那他们必将产生侥幸心理!"司马昱听从了他的意见。

　　22　前燕王慕容儁到了龙城。

　　23　丁零人翟鼠率领兵众投降了前燕,被封为归义王。

八年(壬子,352)

1　春,正月辛卯,日有食之。

2　秦丞相雄等请秦王健正尊号,依汉、晋之旧,不必效石氏之初。健从之,即皇帝位,大赦。诸公皆进爵为王。且言单于所以统一百蛮,非天子所宜领,以授太子苌。

3　司马勋既还汉中,杜洪、张琚屯宜秋。洪自以右族轻琚,琚遂杀洪,自立为秦王,改元建昌。

4　刘显攻常山,魏主闵留大将军蒋幹使辅太子智守邺,自将八千骑救之。显大司马清河王宁以枣强降魏。闵击显,败之,追奔至襄国。显大将军曹伏驹开门纳闵,闵杀显及其公卿已下百馀人,焚襄国宫室,迁其民于邺。赵汝阴王琨以其妻妾来奔,斩于建康市,石氏遂绝。

5　尚书左丞孔严言于殷浩曰:"比来众情,良可寒心,不知使君当何以镇之。愚谓宜明受任之方,韩、彭专征伐,萧、曹守管籥,内外之任,各有攸司。深思廉、蔺屈身之义,平、勃交欢之谋,令穆然无间,然后可以保大定功也。观近日降附之徒,皆人面兽心,贪而无亲,恐难以义感也。"浩不从。严,愉之从子也。

浩上疏请北出许、洛,诏许之,以安西将军谢尚、北中郎将荀羡为督统,进屯寿春。谢尚不能抚尉张遇,遇怒,据许昌叛,使其将上官恩据洛阳,乐弘攻督护戴施于仓垣,浩军不能进。三月,命荀羡镇淮阴,寻加监青州诸军事,又领兖州刺史,镇下邳。

晋穆帝永和八年(壬子,公元352年)

1　春季,正月辛卯(初一),出现日食。

2　前秦丞相苻雄等人请求秦王苻健正式称皇帝的尊号,依从汉朝、晋朝的旧制,而不必效法石氏最初先称天王的做法。苻健听从了这一请求,即皇帝位,实行大赦。诸公全都晋升爵位为王。苻雄等人还说,单于用来统治百蛮的种种措施、办法,不宜由天子亲自掌管,所以苻健把这方面的权力授予太子苻苌。

3　司马勋已经回到汉中,杜洪、张琚驻扎在宜秋。杜洪自以为出身名门望族而轻视张琚,张琚于是就杀掉了杜洪,自立为秦王,改年号为建昌。

4　刘显进攻常山,魏国主冉闵留下大将军蒋幹辅佐太子冉智守卫邺城,自己统率八千骑兵前去救援。刘显的大司马清河王石宁投降了魏国,将枣强县拱手交出。冉闵攻击刘显,打败了他,追击到襄国。刘显的大将军曹伏驹打开城门让冉闵进入,冉闵杀掉了刘显及其公卿以下的官吏一百多人,焚烧了襄国的宫室,将襄国的百姓迁徙到邺城。后赵汝阴王石琨带着他的妻妾前来东晋投降,被斩杀在建康街头,于是石氏被彻底根绝了。

5　尚书左丞孔严向殷浩进言说:"近来人们的情绪,真令人心寒,不知您将用什么办法使其安定。我认为应该明确官吏的职责,韩信、彭越专事征伐,萧何、曹参留守理财,对内对外的职责,各有所司。还应该深思廉颇、蔺相如为国家利益而捐弃前嫌的道理,陈平、周勃为制止吕氏专权而结为至交的谋略,让人们和睦无间,然后就可以保有天下,成就功业了。看看近来投降归附的那些人,全都是人面兽心,贪婪至极而且六亲不认,恐怕难以用道义感化他们。"殷浩没有听从孔严的意见。孔严是孔愉的侄子。

殷浩上疏请求北上许昌、洛阳,皇帝复诏同意,于是任命安西将军谢尚、北中郎将荀羡为督统,进军驻扎于寿春。谢尚没能抚慰张遇,张遇非常愤怒,便占据许昌反叛,并派他的将领上官恩占据洛阳,乐弘在仓垣攻打督护戴施,殷浩的军队无法前进。三月,命令荀羡镇守淮阴,不久加任监青州诸军事,又兼任兖州刺史,镇守下邳。

6　乙巳,燕王儁还蓟,稍徙军中文武兵民家属于蓟。

7　姚弋仲有子四十二人,及病,谓诸子曰:"石氏待吾厚,吾本欲为之尽力。今石氏已灭,中原无主,我死,汝亟自归于晋,当固执臣节,无为不义也!"弋仲卒,子襄秘不发丧,帅户六万南攻阳平、元城、发干,破之,屯于碻磝津,以太原王亮为长史,天水尹赤为司马,太原薛瓒、略阳权翼为参军。

襄与秦兵战,败,亡三万馀户,南至荥阳,始发丧。又与秦将高昌、李历战于麻田,马中流矢而毙。弟苌以马授襄,襄曰:"汝何以自免?"苌曰:"但令兄济,竖子必不敢害苌!"会救至,俱免。尹赤奔秦,秦以赤为并州刺史,镇蒲阪。

襄遂帅众归晋,送其五弟为质。诏襄屯谯城。襄单骑渡淮,见谢尚于寿春。尚闻其名,命去仗卫,幅巾待之,欢若平生。襄博学,善谈论,江东人士皆重之。

8　魏主闵既克襄国,因游食常山、中山诸郡。赵立义将军段勤聚胡、羯万馀人保据绎幕,自称赵帝。夏,四月甲子,燕王儁遣慕容恪等击魏,慕容霸等击勤。

魏主闵将与燕战,大将军董闰、车骑将军张温谏曰:"鲜卑乘胜锋锐,且彼众我寡,宜且避之,俟其骄惰,然后益兵以击之。"闵怒曰:"吾欲以此众平幽州,斩慕容儁。今遇恪而避之,人谓我何!"司徒刘茂、特进郎闿相谓曰:"吾君此行,必不还矣,吾等何为坐待戮辱!"皆自杀。

6　乙巳(十六日),前燕王慕容儁回到蓟城,并将少量的军队文武官员、士兵的家属迁徙到蓟城。

7　姚弋仲有儿子四十二人,等到他病重时,对儿子们说:"石氏对待我很优厚,我本想为他们尽力。如今石氏已被消灭,中原混战无主,我死了以后,你们赶快自己归附晋朝,应当固守作为臣下的气节,不要干不义的事情!"姚弋仲去世,其子姚襄隐瞒消息,不发丧,率领六万家的兵众南进,攻打阳平、元城、发干,全部攻克,兵众驻扎在碻磝津,任命太原人王亮为长史,天水人尹赤为司马,太原人薛瓒、略阳人权翼为参军。

姚襄与前秦的军队交战,被打败,死亡、溃散了三万多家的兵众,南进抵达荥阳,才公开了父亲死亡的消息。又与前秦将领高昌、李历在麻田交战,他的战马因中了流箭而死。姚襄的弟弟姚苌给了他一匹马,姚襄说:"你自己如何脱身?"姚苌说:"只要哥哥平安,那帮小子就不敢伤害我!"恰好这时援兵到达,他们全都幸免于难。尹赤投奔前秦,前秦任命尹赤为并州刺史,镇守蒲阪。

姚襄于是率领兵众归附东晋,并把他的五个弟弟送去做人质。东晋朝廷诏令姚襄屯戍谯城。姚襄单人匹马渡过淮河,在寿春见到了谢尚。谢尚久闻其名,命令撤掉仪仗侍卫,自己摘掉帽子,只以绢丝束发,热情地招待他,就像见到故友一样。姚襄很博学,善于言谈,江东人士都很推重他。

8　魏国主冉闵既已攻克襄国,因此就在常山、中山等地周游吃喝。后赵国立义将军段勤聚集了胡族、羯族一万多人保卫据守绎幕,自称为赵帝。夏季,四月甲子(初五),前燕王慕容儁派慕容恪等人率兵攻击魏国,派慕容霸等人率兵攻击段勤。

魏国主冉闵准备与前燕交战,大将军董闰、车骑将军张温劝谏他说:"鲜卑人乘胜利之势,锋芒锐利,而且敌众我寡,应该暂且躲避,等他们骄傲懈怠以后,再增加兵力,加以攻击。"冉闵愤怒地说:"我要用这些兵众平定幽州,斩杀慕容儁。如今遇上了慕容恪而躲避他,人们该怎么议论我呢!"司徒刘茂、特进郎闾互相说:"我们的国君此次出征,一定是有去无回,我们为什么要坐等被杀戮的耻辱!"于是他们俩都自杀了。

　　闵军于安喜,慕容恪引兵从之。闵趣常山,恪追之,及于魏昌之廉台。闵与燕兵十战,燕兵皆不胜。闵素有勇名,所将兵精锐,燕人惮之。慕容恪巡陈,谓将士曰:"冉闵勇而无谋,一夫敌耳!其士卒饥疲,甲兵虽精,其实难用,不足破也!"闵以所将多步卒,而燕皆骑兵,引兵将趣林中。恪参军高开曰:"吾骑兵利平地,若闵得入林,不可复制。宜亟遣轻骑邀之,既合而阳走,诱致平地,然后可击也。"恪从之。魏兵还就平地,恪分军为三部,谓诸将曰:"闵性轻锐,又自以众少,必致死于我。我厚集中军之陈以待之,俟其合战,卿等从旁击之,无不克矣。"乃择鲜卑善射者五千人,以铁锁连其马,为方陈而前。闵所乘骏马曰朱龙,日行千里。闵左操两刃矛,右执钩戟,以击燕兵,斩首三百馀级。望见大幢,知其为中军,直冲之。燕两军从旁夹击,大破之。围闵数重,闵溃围东走二十馀里,朱龙忽毙,为燕兵所执。燕人杀魏仆射刘群,执董闰、张温及闵,皆送于蓟。闵子操奔鲁口。高开被创而卒。慕容恪进屯常山,儁命恪镇中山。

　　己卯,冉闵至蓟。儁大赦。立闵而责之曰:"汝奴仆下才,何得妄称帝?"闵曰:"天下大乱,尔曹夷狄禽兽之类犹称帝,况我中土英雄,何得不称帝邪!"儁怒,鞭之三百,送于龙城。

冉闵驻军于安喜,慕容恪率兵跟随。冉闵向常山开进,慕容恪紧追不舍,一直追到魏昌县的廉台。冉闵与燕兵交战十次,燕兵全都没有获胜。冉闵历来有勇猛的名声,所统率的士兵精良,前燕人很惧怕他。慕容恪巡视兵阵,对他的将士们说:"冉闵有勇无谋,只能以一当一而已!他的士兵饥饿疲惫,武器装备虽然精良,但实际上难以为用,不难打败他们!"冉闵认为自己所统率的多是步兵,而前燕全是骑兵,于是就率领兵众向丛林开进。慕容恪的参军高开说:"我们骑兵在平坦地域作战有利,如果冉闵得以进入丛林,就无法再控制他了。应该火速派轻装的骑兵去拦截他,等到交战以后再假装逃跑,诱使他来到平坦地域,然后便能进行攻击了。"慕容恪听从了这一意见。魏兵回师追到平坦的地域,慕容恪把军队分为三部分,对将领们说:"冉闵生性轻敌,锐气十足,又自认为兵众较少,一定会拼死与我们作战。我要在中军的阵地上集中优势兵力等着他,等到交战以后,你们从两翼发起攻击,攻无不克。"于是他就选择五千名善于射箭的鲜卑人,用铁链把他们的马匹联结起来,形成方阵,布置在前面。冉闵所骑的骏马名叫朱龙,日行千里。冉闵左手持着两刃矛,右手拿着钩戟,用来攻击燕兵,杀掉了三百多人。当他望见宽大的仪仗旗帜后,知道这便是中军,就径直发起冲击。这时,燕军的其他两部分从两翼夹击,彻底攻破了冉闵的部队。他们把冉闵团团围住,冉闵突破重围向东逃窜了二十多里,不巧骏马朱龙突然死亡,冉闵被燕兵俘获。燕兵杀掉了魏国仆射刘群,抓到了董闰、张温及冉闵,把他们全都送往蓟城。冉闵的儿子冉操逃到鲁口。高开负伤而死。慕容恪进军驻扎于常山,慕容儁命令他镇守中山。

　　己卯(二十日),冉闵被押送到蓟城。慕容儁实行大赦。慕容儁让冉闵站在那里斥责他说:"你不过是才能低下的奴仆,怎么能妄自称帝?"冉闵说:"天下大乱,你们夷狄禽兽之类尚可称帝,何况我中原英雄,为什么不能称帝呢!"慕容儁大怒,打了他三百鞭,把他送到龙城。

慕容霸军至绎幕,段勤与弟思聪举城降。

甲申,儁遣慕容评及中尉侯龛帅精骑万人攻邺。癸巳,至邺,魏蒋幹及太子智闭城拒守,城外皆降于燕,刘宁及弟崇帅胡骑三千奔晋阳。

9　秦以张遇为征东大将军、豫州牧。

10　五月,秦主健攻张琚于宜秋,斩之。

11　邺中大饥,人相食,故赵时宫人被食略尽。蒋幹使侍中缪嵩、詹事刘猗奉表请降,且求救于谢尚。庚寅,燕王儁遣广威将军慕容军、殿中将军慕舆根、右司马皇甫真等帅步骑二万助慕容评攻邺。

12　辛卯,燕人斩冉闵于龙城。会大旱、蝗,燕王儁谓闵为祟,遣使祀之,谥曰悼武天王。

13　初,谢尚使戴施据枋头,施闻蒋幹求救,乃自仓垣徙屯棘津,止幹使者求传国玺。刘猗使缪嵩还邺白幹,幹疑尚不能救,沈吟未决。六月,施帅壮士百馀人入邺,助守三台,绐之曰:"今燕寇在外,道路不通,玺未敢送也。卿且出以付我,我当驰白天子。天子闻玺在吾所,信卿至诚,必多发兵粮以相救饷。"幹以为然,出玺付之。施宣言使督护何融迎粮,阴令怀玺送于枋头。甲子,蒋幹帅锐卒五千及晋兵出战,慕容评大破之,斩首四千级,幹脱走入城。

14　甲申,秦主健还长安。

慕容霸的军队抵达绛幕,段勤和他的弟弟段思聪献出城池投降。

甲申(二十五日),慕容儁派慕容评及中尉侯龛率领精锐骑兵一万人进攻邺城。癸巳,抵达邺城,魏国的蒋幹及太子冉智紧闭城门抵抗固守,城外的兵众全都投降了燕军,刘宁及他的弟弟刘崇率领三千胡人骑兵逃奔晋阳。

9　前秦任命张遇为征东大将军、豫州牧。

10　五月,前秦主苻健在宜秋攻打张琚,将其斩杀。

11　邺中地区发生严重饥荒,人们互相残食,过去后赵的宫人被残食殆尽。蒋幹派侍中缪嵩、詹事刘猗向东晋朝廷进奉降表,请求投降,并且向谢尚求救。庚寅(初二),前燕王慕容儁派广威将军慕容军、殿中将军慕舆根、右司马皇甫真等人率领步、骑兵两万人协助慕容评攻打邺城。

12　辛卯(初三),前燕人在龙城斩杀了冉闵。恰好这时发生了严重的旱灾、蝗灾,燕王慕容儁说这是冉闵在作祟,便派使臣去祭祀他,给他追封谥号为悼武天王。

13　当初,谢尚派戴施据守枋头,戴施听说蒋幹派人前来求救,就从仓垣移师到棘津驻扎,阻拦了蒋幹派出的使者,索要传国印玺。刘猗让缪嵩返回邺城禀报蒋幹。蒋幹怀疑谢尚不能前来援救,犹豫不决。六月,戴施率领一百多名勇士进入邺城,帮助守卫三台,并哄骗蒋幹说:“如今燕寇陈兵城外,道路不通,传国印玺还不敢送走。你姑且把它拿出来交给我,我将策马迅速禀报天子。天子听到传国印玺在我们这里,会真诚地相信你,一定会多多地下发兵粮以救助你的困难。”蒋幹认为他说得有道理,就拿出传国印玺交给了他。戴施公开宣称派督护何融去迎接兵粮,暗地里却怀揣传国印玺送到了枋头。甲子(初六),蒋幹率领精锐部卒五千人及晋朝的士兵出城战斗,被慕容评彻底打败,四千多人被斩首,蒋幹逃回邺城。

14　甲申(二十六日),前秦国主苻健返回长安。

15　谢尚、姚襄共攻张遇于许昌。秦主健遣丞相东海王雄、卫大将军平昌王菁略地关东,帅步骑二万救之。丁亥,战于颍水之诫桥,尚等大败,死者万五千人。尚奔还淮南,襄弃辎重,送尚于苟陂,尚悉以后事付襄。殷浩闻尚败,退屯寿春。秋,七月,秦丞相雄徙张遇及陈、颍、许、洛之民五万馀户于关中,以右卫将军杨群为豫州刺史,镇许昌。谢尚降号建威将军。

16　赵故西中郎将王擢遣使请降,拜擢秦州刺史。

17　丁酉,以武陵王晞为太宰。

18　丙辰,燕王儁如中山。

19　王午闻魏败,时邓恒已死,午自称安国王。八月戊辰,燕王儁遣慕容恪、封奕、阳骛攻之,午闭城自守,送冉操诣燕军,燕人掠其禾稼而还。

20　庚午,魏长水校尉马愿等开邺城纳燕兵,戴施、蒋幹悬縆而下,奔于仓垣。慕容评送魏后董氏、太子智、太尉申钟、司空条枚等及乘舆服御于蓟。尚书令王简、左仆射张乾、右仆射郎肃皆自杀。燕王儁诈云董氏得传国玺献之,赐号奉玺君,赐冉智爵海宾侯。以申钟为大将军右长史;命慕容评镇邺。

21　桓温使司马勋助周抚讨萧敬文于涪城,斩之。

22　谢尚自枋头迎传国玺至建康,百僚毕贺。

23　秦以雷弱儿为大司马,毛贵为太尉,张遇为司空。

24　殷浩之北伐也,中军将军王羲之以书止之,不听。既而无功,复谋再举。羲之遗浩书曰:“今以区区江左,天下寒心,固已久矣,力争武功,非所当作。自顷处内外之任者,未有深谋远虑,而疲竭根本,各从所志,竟无一功可论,遂令天下将有土崩之势,任其事者,岂得辞四海之责哉!

15　谢尚、姚襄一起在许昌攻打张遇。前秦主苻健派丞相东海王苻雄、卫大将军平昌王苻菁攻占关东地区,率领两万步、骑兵去援救张遇。丁亥(二十九日),双方在颍水的诚桥交战,谢尚等大败,死亡一万五千人。谢尚逃回淮南,姚襄扔掉了军用物资,护送谢尚到了芍陂,谢尚把自己的后事全托付给了姚襄。殷浩听到谢尚失败的消息,退到寿春驻扎。秋季,七月,前秦丞相苻雄把张遇及陈郡、颍川、许昌、洛阳的百姓五万多户迁徙到关中,任命右卫将军杨群为豫州刺史,镇守许昌。谢尚贬降名号为建威将军。

16　后赵国过去的西中郎将王擢派遣使者向东晋请求投降,朝廷授予王擢秦州刺史的职务。

17　丁酉(初十),东晋朝廷任命武陵王司马晞为太宰。

18　丙辰(二十九日),前燕王慕容儁到中山。

19　王午听说了魏国失败的消息,当时邓恒已经死去,王午自称安国王。八月戊辰(十一日),前燕王慕容儁派慕容恪、封奕、阳骛攻打他,王午紧闭城门自守,把冉操送给燕军,燕人把他们的庄稼砍掠一空后返回去了。

20　庚午(十三日),魏国长水校尉马愿等人打开邺城城门,让前燕军队进入,戴施、蒋幹系着绳子从城墙上滑下来,逃奔到仓垣。慕容评把魏后董氏、太子冉智、太尉申钟、司空条枚以及王宫车乘服饰送至蓟城。尚书令王简、左仆射张乾、右仆射郎肃全都自杀。前燕王慕容儁谎称董氏得到了传国印玺,并献给了他,因此赐董后号为奉玺君,赐封冉智以海宾侯爵位。任命申钟为大将军右长史;命令慕容评镇守邺城。

21　桓温派司马勋帮助周抚在涪城讨伐萧敬文,杀掉了他。

22　谢尚从枋头迎接传国印玺抵达建康,朝廷百官,一同庆贺。

23　前秦任命雷弱兒为大司马,毛贵为太尉,张遇为司空。

24　殷浩北伐的时候,中军将军王羲之写信劝他不要去,他没有听从。此后无功而返,他便图谋再一次出征。王羲之给殷浩写信说:"如今我们占据着区区江左之地,天下人为之心寒,本来已经很久了,力争战功,不是现在该干的事情。近来在朝廷内外任职的官员们,没有深谋远虑,却任意挥霍摧残国家的根基,每个人都追求实现自己的志向,最终却没有一桩战功可言,于是使天下大有土崩瓦解的趋势,干这种事情的人,岂能让他避免天下人的责怪!

今军破于外,资竭于内,保淮之志,非所复及,莫若还保长江,督将各复旧镇,自长江以外,羁縻而已。引咎责躬,更为善治,省其赋役,与民更始,庶可以救倒悬之急也!使君起于布衣,任天下之重,当董统之任,而败丧至此,恐阖朝群贤未有与人分其谤者。若犹以前事为未工,故复求之分外,宇宙虽广,自容何所!此愚智所不解也。”

又与会稽王昱笺曰:“为人臣谁不愿尊其主,比隆前世,况遇难得之运哉!顾力有所不及,岂可不权轻重而处之也!今虽有可喜之会,内求诸己,而所忧乃重于所喜。功未可期,遗黎歼尽,劳役无时,征求日重,以区区吴、越经纬天下十分之九,不亡何待!而不度德量力,不弊不已,此封内所痛心叹悼而莫敢吐诚者也。‘往者不可谏,来者犹可追。’愿殿下更垂三思,先为不可胜之基,须根立势举,谋之未晚。若不行,恐麋鹿之游,将不止林薮而已!愿殿下蹙废虚远之怀,以救倒悬之急,可谓以亡为存,转祸为福也。”不从。

九月,浩屯泗口,遣河南太守戴施据石门,荥阳太守刘遯据仓垣。浩以军兴,罢遣太学生徒,学校由此遂废。

冬,十月,谢尚遣冠军将军王侠攻许昌,克之。秦豫州刺史杨群退屯弘农。征尚为给事中,戍石头。

25　丁卯,燕王儁还蓟。

如今在外边军队被攻破,在国内资财被耗尽,保全淮南的志向,已经不再是力所能及的了,不如回来确保长江,督将们再各自镇守旧地,长江以远的地区,保持着联系就可以了。官员们引咎自责,重新实施好的治理方法,减免赋税徭役,与百姓一起从头开始奋斗,或许还可以解救千钧一发的危急局势!您出身于布衣百姓,承担天下的重任,掌管着督察统管之责,然而却失败落魄到如此地步,恐怕满朝廷的那些贤士没有一个会愿意为别人分担责任。如果您还觉得以前的事情考虑得不周到、细致,所以应该再去追求分外之功,那么虽说宇宙广大,恐怕也容不下您!这就是我愚钝的头脑所不能理解的。”

王羲之又给会稽王司马昱去信说:“作为臣下,谁不愿意尊奉自己的君主,希望他的事业和前代一样兴隆昌盛呢?况且是在遇到了难得的时运的时候!只不过在力量有所不及的情况下,难道能不权衡轻重而随意行事吗!如今虽然有令人可喜的机会,但看看自身的情况,令人担忧的事情仍然多于令人可喜的事情。成功未可预期,遗民损失殆尽,劳役毫无时限,征敛日益繁重,以区区吴、越之地去征服统治天下十分之九的广阔地区,不灭亡又会怎样呢!不权衡自己的德行与力量,不彻底失败就不善罢干休,这就是国内人士所痛心疾首而又不敢直说的话。‘过去的已经无法挽回,但未来的还可以补救。’希望殿下再度三思,先奠定不可战胜的根基,等到根基牢固、势力强大时再作图谋,那也为时不晚。如果不这样做,恐怕危险就会降临到我们江南!希望殿下能暂时放弃虚华高远的想法,以挽救眼前千钧一发的危急局势,这才可以说是以亡图存,转祸为福。”司马昱没有听从王羲之的劝告。

九月,殷浩驻扎在泗口,派河南太守戴施占据石门,荥阳太守刘遯占据仓垣。殷浩以征集财物供军用为由,停止了太学学生的学习,并将他们遣散回去,学校从此也就关闭了。

冬季,十月,谢尚派冠军将军王侠攻克了许昌。前秦的豫州刺史杨群撤退驻扎在弘农。东晋朝廷征召谢尚为给事中,戍卫石头。

25 丁卯(十一日),前燕王慕容儁回到蓟城。

26　故赵将拥兵据州郡者，各遣使降燕。燕王儁以王擢为益州刺史，夔逸为秦州刺史，张平为并州刺史，李历为兖州刺史，高昌为安西将军，刘宁为车骑将军。

27　慕容恪屯安平，积粮，治攻具，将讨王午。丙戌，中山苏林起兵于无极，自称天子。恪自鲁口还讨林。闰月戊子，燕王儁遣广威将军慕舆根助恪攻林，斩之。王午为其将秦兴所杀。吕护杀兴，复自称安国王。

燕群僚共上尊号于燕王儁，儁许之。十一月丁卯，始置百官，以国相封奕为太尉，左长史阳骜为尚书令，右司马皇甫真为尚书左仆射，典书令张悕为右仆射，其馀文武，拜授有差。戊辰，儁即皇帝位，大赦，自谓获传国玺，改元元玺。追尊武宣王为高祖武宣皇帝，文明王为太祖文明皇帝。时晋使适至燕，儁谓曰："汝还白汝天子，我承人乏，为中国所推，已为帝矣！"改司州为中州，建留台于龙都。以玄菟太守乙逸为尚书，专委留务。

28　秦丞相雄攻王擢于陇西，擢奔凉州，雄还屯陇东。张重华以擢为征虏将军、秦州刺史，特宠待之。

九年(癸丑,353)

1　春，正月乙卯朔，大赦。
2　二月庚子，燕主儁立其妃可足浑氏为皇后，世子晔为皇太子，皆自龙城迁于蓟宫。

26　过去后赵国的将领中带领士兵占据州郡的人,各自都派使者向前燕投降。前燕王慕容儁任命王擢为益州刺史,夔逸为秦州刺史,张平为并州刺史,李历为兖州刺史,高昌为安西将军,刘宁为车骑将军。

27　慕容恪驻扎在安平,储备粮食,准备进攻的武器装备,将要讨伐王午。丙戌,中山人苏林在无极起兵,自称天子。慕容恪从鲁口返回讨伐苏林。闰十月戊子(初三),前燕王慕容儁派广威将军慕舆根帮助慕容恪攻打苏林,把他杀掉了。王午被他的将领秦兴杀掉。吕护杀了秦兴,又自称安国王。

前燕国的官员们共同给燕王慕容儁进上皇帝尊号,慕容儁同意了。十一月丁卯(十二日),开始设置百官,任命国相封奕为太尉,左长史阳骛为尚书令,右司马皇甫真为尚书左仆射,典书令张悕为右仆射,其馀的文武官员,授予的官职各有等差。戊辰(十三日),慕容儁即皇帝位,实行大赦,自称获得了传国印玺,改年号为元玺。追尊武宣王慕容廆为高祖武宣皇帝,文明王慕容皝为太祖文明皇帝。这时东晋的使者恰好抵达前燕,慕容儁对他说:"你回去禀报你的天子,我趁着天下缺乏人才的时机,被中原地区推举,已经成为皇帝了!"慕容儁将司州改为中州,在当初的首都龙城建立了留台。任命玄菟太守乙逸为尚书,专门委任他掌管留台事务。

28　前秦丞相苻雄在陇西攻打王擢,王擢逃奔到凉州,苻雄返回,驻扎在陇东。张重华任命王擢为征虏将军、秦州刺史,特别宠待他。

晋穆帝永和九年(癸丑,公元353年)

1　春季,正月乙卯朔(初一),东晋实行大赦。

2　二月庚子(十七日),前燕国主慕容儁立他的后妃可足浑氏为皇后,立长子慕容晔为皇太子,他们全都从龙城迁至蓟城王宫。

3　张重华遣将军张弘、宋修会王擢帅步骑万五千伐秦。秦丞相雄、卫将军菁拒之,大败凉兵于龙黎,斩首万二千级,虏张弘、宋修;王擢弃秦州,奔姑臧。秦主健以领军将军苻愿为秦州刺史,镇上邽。

4　三月,交州刺史阮敷讨林邑,破五十馀垒。

5　赵故卫尉常山李犊聚众数千人叛燕。

6　西域胡刘康诈称刘曜子,聚众于平阳,自称晋王。夏,四月,秦左卫将军苻飞讨擒之。

7　以安西将军谢尚为尚书仆射。

8　五月,张重华复使王擢帅众二万伐上邽,秦州郡县多应之。苻愿战败,奔长安。重华因上疏请伐秦,诏进重华凉州牧。

9　燕主儁遣卫将军恪讨李犊,犊降,遂东击吕护于鲁口。

10　六月,秦苻飞攻氐王杨初于仇池,为初所败。丞相雄、平昌王菁帅步骑四万屯于陇东。

秦主健纳张遇继母韩氏为昭仪,数于众中谓遇曰:“卿,吾假子也。”遇耻之,因雄等精兵在外,阴结关中豪杰,欲灭苻氏,以其地来降。秋,七月,遇与黄门刘晃谋夜袭健,晃约开门以待之。会健使晃出外,晃固辞,不得已而行。遇不知,引兵至门,门不开;事觉,伏诛。于是孔持起池阳,刘珍、夏侯显起鄠,乔秉起雍,胡阳赤起司竹,呼延毒起灞城,众数万人,各遣使来请兵。

11　秦以左仆射鱼遵为司空。

3　张重华派将军张弘、宋修会合王擢率领步、骑兵一万五千人讨伐前秦，前秦丞相苻雄、卫将军苻菁率兵抵抗，凉兵在龙黎被彻底打败，一万两千人被斩首，张弘、宋修被俘；王擢放弃了秦州，逃到姑臧。前秦主苻健任命领军将军苻愿为秦州刺史，镇守上邽。

4　三月，东晋交州刺史阮敷讨伐林邑国，攻破了五十多座营垒。

5　后赵国原来的卫尉常山人李犊聚集兵众数千人背叛了前燕。

6　西域胡人刘康谎称自己是刘曜的儿子，在平阳聚集兵众，自称晋王。夏季，四月，前秦左卫将军苻飞讨伐并擒获了他。

7　东晋朝廷任命安西将军谢尚为尚书仆射。

8　五月，张重华再次派王擢率领兵众两万人讨伐上邽，秦州的郡县大多都响应他们。苻愿被打败，逃至长安。张重华于是就向东晋朝廷上疏，请求讨伐前秦，朝廷下诏，晋升张重华为凉州牧。

9　前燕国主慕容儁派卫将军慕容恪讨伐李犊，李犊投降，于是慕容恪东进，到鲁口攻打吕护。

10　六月，前秦苻飞在仇池攻打氐王杨初，但被杨初打败。丞相苻雄、平昌王苻菁率领四万步、骑兵驻扎在陇东。

前秦国主苻健纳娶张遇的继母韩氏为昭仪，他多次在人们当中对张遇说："你是我的养子！"张遇对此感到耻辱，便趁着苻雄等精兵在外征战的机会，暗中联络关中的豪杰，想灭掉苻氏，把他所占据的地方降附东晋。秋季，七月，张遇和黄门刘晃密谋夜袭苻健，刘晃约定到时开门等待。恰巧苻健派刘晃外出，他再三推辞，不得已只好去了。而张遇不知道此事，当他带领士兵来到门前时，门没有打开；事情败露，张遇被杀。这时，孔持在池阳起事，刘珍、夏侯显在鄠县起事，乔秉在雍县起事，胡阳赤在司竹起事，呼延毒在灞城起事，参加者达数万人，他们各自都派遣使者来向东晋请求援兵。

11　前秦任命左仆射鱼遵为司空。

12 九月，秦丞相雄帅众二万还长安，遣平昌王菁略定上洛，置荆州于丰阳川，以步兵校尉金城郭敬为刺史。雄与清河王法、苻飞分讨孔持等。

13 姚襄屯历阳，以燕、秦方强，未有北伐之志，乃夹淮广兴屯田，训厉将士。殷浩在寿春，恶其强盛，囚襄诸弟，屡遣刺客刺之，刺客皆以情告襄。安北将军魏统卒，弟憬代领部曲。浩潜遣憬帅众五千袭之，襄斩憬，并其众。浩愈恶之，使龙骧将军刘启守谯，迁襄于梁国蠡台，表授梁国内史。

魏憬子弟数往来寿春，襄益疑惧，遣参军权翼使于浩，浩曰：“身与姚平北共为王臣，休戚同之。平北每举动自专，甚失辅车之理，岂所望也！”翼曰：“平北英姿绝世，拥兵数万远归晋室者，以朝廷有道，宰辅明哲故也。今将军轻信谗慝之言，与平北有隙，愚谓猜嫌之端，在此不在彼也。”浩曰：“平北姿性豪迈，生杀自由，又纵小人掠夺吾马，王臣之体，固若是乎？”翼曰：“平北归命圣朝，岂肯妄杀无辜！奸宄之人，亦王法所不容也，杀之何害！”浩曰：“然则掠马何也？”翼曰：“将军谓平北雄武难制，终将讨之，故取马欲以自卫耳。”浩笑曰：“何至是也！”

初，浩阴遣人诱梁安、雷弱儿，使杀秦主健，许以关右之任。弱儿伪许之，且请兵应接。浩闻张遇作乱，健兄子辅国将军黄眉自洛阳西奔，以为安等事已成。冬，十月，浩自寿春帅众七万北伐，欲进据洛阳，修复园陵。吏部尚书王彪之上会稽王昱笺，以为：“弱儿等容有诈伪，浩未应轻进。”不从。

12　九月，前秦丞相苻雄率领兵众两万人回到长安，派平昌王苻菁平定治理上洛，在丰阳川设置荆州，任命步兵校尉金城人郭敬为刺史。苻雄与清河王苻法、苻飞分别讨伐孔持等人。

13　姚襄驻扎在历阳，考虑到前燕、前秦势力正强，所以没有北伐的念头，就沿淮河两岸广泛开垦屯田，训练勉励将士。殷浩在寿春，讨厌姚襄的日益强盛，于是就囚禁了他的弟弟们，并多次派遣刺客刺杀他，然而刺客们却全都把实情告诉了姚襄。安北将军魏统去世，弟弟魏憬代替他统领部曲家兵。殷浩偷偷地派魏憬率领五千兵众袭击姚襄，但姚襄杀掉了魏憬，其兵众也被兼并。殷浩因此越发讨厌姚襄，派龙骧将军刘启守卫谯郡，把姚襄调到梁国的蠡台，上表请求授予姚襄梁国内史职务。

魏憬的子弟们多次往来寿春，姚襄越发怀疑、担心，就派参军权翼出使殷浩处，殷浩对他说："我本人与姚襄同是君主的臣下，休戚与共。然而姚襄经常独断专行，有失辅车相依的道理，这难道是我所希望的事情吗！"权翼说："姚襄英俊的风姿堪称绝世，他之所以带领数万兵将不辞遥远归附晋朝王室，是因为朝廷有道义，大臣们贤明智慧的缘故。如今将军轻信谗言匿语，与姚襄有了隔阂，我认为产生猜忌的根源，在您这里而不在姚襄那里。"殷浩说："姚襄生性豪放不羁，随意生杀，又纵容小人抢夺我的马匹，君王臣下的行为，原本是这样的吗？"权翼说："姚襄归附听命于圣哲王朝，怎么肯滥杀无辜！邪恶作乱之徒，就是帝王的法律也不能容忍，杀了他们有什么害处！"殷浩说："那么，为什么抢夺我的马匹呢？"权翼说："将军您认为姚襄雄勇刚健，难以控制，最终也要讨伐他，所以他才夺取您的马匹想用来自卫呵。"殷浩笑着说："哪里到这种地步呢！"

当初，殷浩暗地里派人劝诱梁安、雷弱儿，让他们去刺杀前秦主苻健，许诺把关右地区的官职封给他们。雷弱儿表面上答应了，而且请求派兵接应。殷浩听说张遇夜袭苻健，苻健哥哥的儿子辅国将军苻黄眉从洛阳向西逃奔，以为梁安等人的事情已经大功告成。冬季，十月，殷浩从寿春出发，率领兵众七万人北伐，想进攻占据洛阳，以修复帝王的陵墓。吏部尚书王彪之给会稽王司马昱上书，认为："雷弱儿等人会有诈伪，殷浩不应该轻举妄动。"司马昱对此未加理会。

浩以姚襄为前驱。襄引兵北行,度浩将至,诈令部众夜遁,阴伏甲以邀之。浩闻而追襄至山桑,襄纵兵击之,浩大败,弃辎重,走保谯城。襄俘斩万馀,悉收其资仗,使兄益守山桑,襄复如淮南。会稽王昱谓王彪之曰:"君言无不中,张、陈无以过也!"

14　西平敬烈公张重华有疾,子曜灵才十岁,立为世子,赦其境内。重华庶兄长宁侯祚,有勇力、吏干,而倾巧善事内外,与重华嬖臣赵长、尉缉等结异姓兄弟。都尉常据请出之,重华曰:"吾方以祚为周公,使辅幼子,君是何言也!"

谢艾以枹罕之功有宠于重华,左右疾之,谮艾,出为酒泉太守。艾上疏言:"权幸用事,公室将危,乞听臣入侍。"且言:"长宁侯祚及赵长等将为乱,宜尽逐之。"十一月己未,重华疾甚,手令征艾为卫将军,监中外诸军事,辅政。祚、长等匿而不宣。

丁卯,重华卒,世子曜灵立,称大司马、凉州刺史、西平公。赵长等矫重华遗令,以长宁侯祚为都督中外诸军事、抚军大将军,辅政。

15　殷浩使部将刘启、王彬之攻姚益于山桑,姚襄自淮南击之,启、彬之皆败死。襄进据芍陂。

16　赵末,乐陵朱秃、平原杜能、清河丁娆、阳平孙元各拥兵分据城邑,至是皆请降于燕。燕主儁以秃为青州刺史,能为平原太守,娆为立节将军,元为兖州刺史,各留抚其营。

殷浩以姚襄为北伐的前驱。姚襄率兵北进，当预计殷浩将要抵达时，假装让士兵趁夜逃散，实际上却悄悄地埋伏起来等候阻击殷浩。殷浩听说姚襄的士兵逃散，追赶姚襄来到山桑，这时，姚襄突然发兵攻击，殷浩大败，丢弃了辎重装备，逃回去固守谯城。姚襄俘虏斩杀了一万多人，全部收缴了他们的资财武器，派他的哥哥姚益镇守山桑，姚襄又回到了淮南。会稽王司马昱对王彪之说："你言无不中，张良、陈平也无法超过你啊！"

14　西平敬烈公张重华患病，儿子张曜灵才十岁，被立为太子，在境内实行大赦。张重华的庶兄长宁侯张祚，力气很大，具有果敢勇猛的禀性和当官的才干，然而为人狡诈，善于看风行事，左右逢源，和张重华的宠臣赵长、尉缉等人结拜为异姓兄弟。都尉常据请求把他调离，张重华说："我正要把张祚当作周公，让他辅佐幼子，你这是说的什么话呢！"

谢艾因为枪竿之战的功劳，在张重华面前很受宠，周围的人对此很妒忌，就说坏话诬陷他，张重华因此把他调离出去，任酒泉太守。谢艾上疏说："有权势而得宠的人当政，君王的政权将有危险，请求您接受我入宫侍奉。"而且还说："长宁侯张祚及赵长等人将要作乱，应该把他们全都赶走。"十一月己未（初十），张重华病重，亲手写下命令征召谢艾任卫将军，监察中外诸军事，辅佐朝政。张祚、赵长等人将手令隐藏起来而不加以公布。

丁卯（十八日），张重华去世，太子张曜灵即位，称为大司马、凉州刺史、西平公。赵长等人假传张重华的遗令，让长宁侯张祚出任都督中外诸军事、抚军大将军，辅佐朝政。

15　殷浩派部将刘启、王彬之在山桑攻打姚益，姚襄从淮南出兵反击，刘启、王彬之全都战败死亡。姚襄继续前进，占据了芍陂。

16　后赵末年，乐陵人朱秃、平原人杜能、清河人丁娆、阳平人孙元各自拥兵，分别占据了所在的城邑，到这时，他们全都向前燕国请求投降。前燕王慕容儁任命朱秃为青州刺史，杜能为平原太守，丁娆为立节将军，孙元为兖州刺史，各自都留下来镇抚他们的营地。

17 秦丞相雄克池阳,斩孔持。十二月,清河王法、苻飞克郿,斩刘珍、夏侯显。

18 姚襄济淮,屯盱眙,招掠流民,众至七万,分置守宰,劝课农桑。遣使诣建康罪状殷浩,并自陈谢。诏以谢尚都督江西淮南诸军事、豫州刺史,镇历阳。

19 凉右长史赵长等建议,以为:"时难未夷,宜立长君,曜灵冲幼,请立长宁侯祚。"张祚先得幸于重华之母马氏,马氏许之,乃废张曜灵为凉宁侯,立祚为大都督、大将军、凉州牧、凉公。祚既得志,恣为淫虐,杀重华妃裴氏及谢艾。

20 燕卫将军恪、抚军将军军、左将军彪等屡荐给事黄门侍郎霸有命世之才,宜总大任。是岁,燕主儁以霸为使持节、安东将军、北冀州刺史,镇常山。

十年(甲寅,354)

1 春,正月,张祚自称凉王,改建兴四十二年为和平元年;立妻辛氏为王后,子太和为太子;封弟天锡为长宁侯,子庭坚为建康侯,曜灵弟玄靓为凉武侯;置百官,效祀天地,用天子礼乐。尚书马岌切谏,坐免官。郎中丁琪复谏曰:"我自武公以来,世守臣节,抱忠履谦五十馀年,故能以一州之众,抗举世之虏,师徒岁起,民不告疲。殿下勋德未高于先公,而亟谋革命,臣未见其可也。彼士民所以用命,四远所以归向者,以吾能奉晋室故也。今而自尊,则中外离心,安能以一隅之地拒天下之强敌乎!"祚大怒,斩之于阙下。

17　前秦苻雄攻克池阳,斩杀了孔持。十二月,清河王苻法、苻飞攻克鄠县,斩杀了刘珍、夏侯显。

18　姚襄渡过淮河,驻所在盱眙,招募掳掠流民,人数多达七万,分别设置地方长官,勉励督促他们从事农耕蚕桑。姚襄还派遣使者到建康报告殷浩的罪行,并且陈述自己的谢意。东晋朝廷下诏,任命谢尚为都督江西、淮南诸军事、豫州刺史,镇守历阳。

19　前凉右长史赵长等人提出建议,认为:“目前的灾难尚未平定,应该立年长者为君王,张曜灵年龄幼小,请求立长宁侯张祚。”张祚原先很得张重华的母亲马氏的宠幸,马氏同意了,于是就将张曜灵废黜为凉宁侯,立张祚为大都督、大将军、凉州牧、凉公。张祚达到目的以后,肆无忌惮地施展淫威暴虐,杀掉了张重华的妃裴氏及谢艾。

20　前燕卫将军慕容恪、抚军将军慕容军、左将军慕容彪等人曾经屡次荐举给事黄门侍郎慕容霸,说他有显赫于世的才能,应该总揽重任。这一年,前燕主慕容儁任命慕容霸为使持节、安东将军、北冀州刺史,镇守常山。

晋穆帝永和十年(甲寅,公元354年)

1　春季,正月,张祚自称凉王,改建兴四十二年为和平元年;立妻子辛氏为王后,儿子张太和为太子;封弟弟张天锡为长宁侯,儿子张庭坚为建康侯,张曜灵的弟弟张玄靓为凉武侯;设置了百官,在郊外祭祀天地,使用天子的礼节器乐。尚书马岌恳切地加以劝谏,被加罪免官。郎中丁琪又劝谏他说:“我们自从武公张轨以来,历代谨守臣下的节义,胸怀忠诚,行事谦恭五十多年,所以才能用区区一州的兵众抵抗整个天下的敌人,虽然士兵连年征战,但百姓并不诉说困倦。殿下的功勋与德行并没有高出先公,然而却迫不及待地谋求改变命运,臣下没见过这样做能行得通的。那些士兵百姓之所以能够听命,远方的部族之所以能归附向往,就是因为我们能尊奉晋皇室的缘故。如今您自尊为帝,则会内外离心,还怎么能够靠一隅之地抗拒天下的强敌呢!”张祚勃然大怒,在宫殿前把丁琪杀掉了。

2　故魏降将周成反,自宛袭洛阳。辛酉,河南太守戴施奔鲔渚。

3　秦丞相雄克司竹,胡阳赤奔霸城,依呼延毒。

4　中军将军、扬州刺史殷浩连年北伐,师徒屡败,粮械都尽。征西将军桓温因朝野之怨,上疏数浩之罪,请废之。朝廷不得已,免浩为庶人,徙东阳之信安。自此内外大权一归于温矣。

浩少与温齐名,而心竞不相下,温常轻之。浩既废黜,虽愁怨不形辞色,常书空作"咄咄怪事"字。久之,温谓掾郗超曰:"浩有德有言,向为令仆,足以仪刑百揆,朝廷用违其才耳。"将以浩为尚书令,以书告之。浩欣然许焉,将答书,虑有谬误,开闭者十数,竟达空函。温大怒,由是遂绝,卒于徙所。以前会稽内史王述为扬州刺史。

5　二月乙丑,桓温统步骑四万发江陵,水军自襄阳入均口,至南乡,步兵自淅川趣武关。命司马勋出子午道以伐秦。

6　燕卫将军恪围鲁口,三月,拔之。吕护奔野王,遣弟奉表谢罪于燕,燕以护为河内太守。

7　姚襄遣使降燕。

8　燕王儁以慕容评为镇南将军,都督秦、雍、益、梁、江、扬、荆、徐、兖、豫十州诸军事,权镇洛水;以慕容强为前锋都督,督荆、徐二州、缘淮诸军事,进据河南。

2　过去魏国投降过来的将领周成造反,从宛县出发袭击洛阳。辛酉(十三日),河南太守戴施逃奔到鲔渚。

3　前秦丞相苻雄攻克司竹,胡阳赤逃奔到霸城,依附了呼延毒。

4　中军将军、扬州刺史殷浩连年北伐,士兵屡屡被打败,粮饷武器全都消耗殆尽。征西将军桓温借朝野上下对殷浩的怨愤,上书列举殷浩的罪行,请求将他黜免。朝廷不得已,将殷浩免官,贬为庶人,流放到东阳郡的信安县。从此,朝廷内外的大权统统集中在桓温手里了。

殷浩年轻时就和桓温齐名,双方暗自争胜,不相上下,但桓温经常轻视他。殷浩被废黜以后,虽然忧愁怨愤之情不形于色,但常常用手在空中书写"咄咄怪事"四个字。过了很久,桓温对手下的属官郗超说:"殷浩有德行,善言辞,假如以前让他出任尚书令或仆射,足以成为百官的楷模,朝廷对他的任用,配不上他本身的才能。"桓温准备任命殷浩为尚书令,写信告诉了他。殷浩对此欣然应允,在准备送出复信时,担心信中还有不妥之处,便拆开封检查了十多次,最后忙中出错,送达桓温手里的竟然只是一个空信封。桓温勃然大怒,从此断绝了启用殷浩的想法,殷浩死于流放之地。任命以前的会稽内史王述为扬州刺史。

5　二月乙丑,桓温统领步兵骑兵四万人从江陵出发,水军从襄阳进入均口,抵达南乡,步兵从淅川直奔武关。命令司马勋出子午道去讨伐前秦。

6　前燕国卫将军慕容恪包围了鲁口,三月,攻下了该地。吕护逃奔到野王,派弟弟上表向前燕谢罪,前燕任命吕护为河内太守。

7　姚襄派遣使者向前燕投降。

8　前燕王慕容儁任命慕容评为镇南将军,都督秦、雍、益、梁、江、扬、荆、徐、兖、豫十州诸军事,权且镇守洛水;任命慕容强为前锋都督,督察荆、徐二州、缘淮诸军事,他率兵前进,占据了黄河以南。

9　桓温别将攻上洛,获秦荆州刺史郭敬;进击青泥,破之。司马勋掠秦西鄙,凉秦州刺史王擢攻陈仓以应温。秦主健遣太子苌、丞相雄、淮南王生、平昌王菁、北平王硕帅众五万军于峣柳以拒温。夏,四月己亥,温与秦兵战于蓝田。秦淮南王生单骑突陈,出入以十数,杀伤晋将士甚众。温督众力战,秦兵大败。将军桓冲又败秦丞相雄于白鹿原。冲,温之弟也。温转战而前,壬寅,进至灞上。秦太子苌等退屯城南,秦主健与老弱六千固守长安小城,悉发精兵三万,遣大司马雷弱儿等与苌合兵以拒温。三辅郡县皆来降。温抚谕居民,使安堵复业。民争持牛酒迎劳,男女夹路观之,耆老有垂泣者,曰:"不图今日复睹官军!"

秦丞相雄帅骑七千袭司马勋于子午谷,破之,勋退屯女娲堡。

10　戊申,燕主儁封抚军将军军为襄阳王,左将军彭为武昌王;以卫将军恪为大司马、侍中、大都督、录尚书事,封太原王;镇南将军评为司徒、骠骑将军,封上庸王;封安东将军霸为吴王;左贤王友为范阳王,散骑常侍厉为下邳王,散骑常侍宜为庐江王,宁北将军度为乐浪王;又封弟桓为宜都王,逮为临贺王,徽为河间王,龙为历阳王,纳为北海王,秀为兰陵王,岳为安丰王,德为梁公,默为始安公,偻为南康公;子咸为乐安王,亮为勃海王,温为带方王,涉为渔阳王,晔为中山王;以尚书令阳骛为司空,仍守尚书令。

9　桓温的另一位将领攻打上洛，俘获了前秦荆州刺史郭敬；继续前进，又攻破了青泥。司马勋夺取了前秦的西部边陲地带，前凉秦州刺史王擢攻打陈仓以接应桓温。前秦主苻健派太子苻苌、丞相苻雄、淮南王苻生、平昌王苻菁、北平王苻硕率领五万兵众驻扎在峣柳，以阻击桓温。夏季，四月己亥（二十二日），桓温与前秦军队在蓝田交战。前秦淮南王苻生单枪匹马冲入敌阵，往返十多次，杀死杀伤了众多东晋将士。桓温督促兵众奋力拼搏，前秦军队终于大败。将军桓冲又在白鹿原打败了前秦丞相苻雄。桓冲是桓温的弟弟。桓温转战前进，壬寅（二十五日），到达灞上。前秦太子苻苌等退守驻扎在城南，前秦主苻健与六千老弱民众固守长安小城，把三万精锐兵士全部派出，让大司马雷弱兒等人与苻苌会合兵力，以抵抗桓温。三辅地区的郡县全都前来投降。桓温安抚告谕当地的居民，让他们安居复业。当地的百姓争先恐后地带着酒肉迎接慰劳桓温的部队，男男女女夹道围观，有些老年人还激动地流下了眼泪，说："没想到今天又见到了朝廷的军队！"

前秦丞相苻雄率领骑兵七千人在子午谷袭击司马勋，司马勋的部队被攻破，退守女娲堡。

10　戊申，前燕国主慕容儁封抚军将军慕容军为襄阳王，左将军慕容彭为武昌王；任命卫将军慕容恪为大司马、侍中、大都督、录尚书事，并封为太原王；任命镇南将军慕容评为司徒、骠骑将军，并封为上庸王；封安东将军慕容霸为吴王；左贤王慕容友为范阳王，散骑常侍慕容厉为下邳王，散骑常侍慕容宜为庐江王，宁北将军慕容度为乐浪王；还对他的弟弟们进行了赐封：慕容桓为宜都王，慕容逮为临贺王，慕容徽为河间王，慕容龙为历阳王，慕容纳为北海王，慕容秀为兰陵王，慕容岳为安丰王，慕容德为梁公，慕容默为始安公，慕容偻为南康公；封儿子慕容咸为乐安王，慕容亮为勃海王，慕容温为带方王，慕容涉为渔阳王，慕容暐为中山王；任命尚书令阳骛为司空，仍旧职守尚书令。

　　命冀州刺史吴王霸徙治信都。初,燕王皝奇霸之才,故名之曰霸,将以为世子,群臣谏而止,然宠遇犹逾于世子。由是儁恶之,以其尝坠马折齿,更名曰缺。寻以其应谶文,更名曰垂,迁侍中,录留台事,徙镇龙城。垂大得东北之和,儁愈恶之,复召还。

　　11　五月,江西流民郭敞等执陈留内史刘仕,降于姚襄。建康震骇,以吏部尚书周闵为中军将军,屯中堂,豫州刺史谢尚自历阳还卫京师,固江备守。

　　12　王擢拔陈仓,杀秦扶风内史毛难。

　　13　北海王猛,少好学,倜傥有大志,不屑细务,人皆轻之。猛悠然自得,隐居华阴。闻桓温入关,披褐诣之,扪虱而谈当世之务,旁若无人。温异之,问曰:"吾奉天子之命,将锐兵十万为百姓除残贼,而三秦豪杰未有至者,何也?"猛曰:"公不远数千里,深入敌境,今长安咫尺而不渡灞水,百姓未知公心,所以不至。"温嘿然无以应,徐曰:"江东无卿比也!"乃署猛军谋祭酒。

　　温与秦丞相雄等战于白鹿原,温兵不利,死者万馀人。初,温指秦麦以为粮,既而秦人悉芟麦,清野以待之,温军乏食。六月丁丑,徙关中三千馀户而归。以王猛为高官督护,欲与俱还,猛辞不就。

慕容儁命令冀州刺史、吴王慕容霸把治所迁到信都。当初,前燕王慕容皝认为慕容霸才能卓越,所以给他起名叫"霸",准备把他立为太子,因为群臣的劝谏,最终没这样做,然而对他的宠爱程度仍然超过了太子。因此慕容儁很嫉妒,便以慕容霸曾经从马背上摔下来摔坏了牙齿为由,把他的名字改为"缺"。不久又以他应验了谶文中的谶语为由,改其名为"垂",慕容垂升迁为侍中,总领留台事务,被调去镇守龙城。慕容垂深得东北民众的拥戴,慕容儁对他越发忌妒,又召他返回。

　　11　五月,江西的流民郭敞等一千多人挟持着陈留内史刘仕投降了姚襄。东晋朝廷十分震惊,任命吏部尚书周闵为中军将军,驻扎宫中,豫州刺史谢尚从历阳返回,戍卫京师,加固长江防线,严密守备。

　　12　王擢攻克陈仓,杀掉了前秦的扶风内史毛难。

　　13　北海人王猛,从小好学,才能卓越,胸怀大志,不屑于琐碎事务,人们都轻视他。王猛却悠然自得,隐居于华阴。当他听说桓温入关后,便披着粗布衣服去拜访他,边摸着虱子边谈论当时的大事,旁若无人。桓温觉得他与众不同,便问道:"我奉天子之命,统帅十万精兵为百姓消灭残存的寇贼,然而三秦的豪杰之士至今没有人前来归附,这是为什么呢?"王猛说:"您不远数千里,深入敌土,如今长安近在咫尺而您却不横渡灞水,百姓们不知道您的意图,所以不来。"桓温沉默不语,无以应答,过了一会儿说:"长江以南没有人能和你相比!"于是就安排王猛暂任军谋祭酒。

　　桓温与前秦丞相苻雄等在白鹿原交战,桓温的军队失利,死亡一万多人。当初,桓温指望以前秦地区的麦子用作军粮,后来前秦人把麦子全都收割了,等待桓温的只有经过清理的空旷农田,所以桓温的军队军粮匮乏。六月丁丑(初一),桓温裹挟关中的三千多户人家开始撤返。任命王猛为高官督护,想让他和自己一同返回,王猛坚决推辞,不予接受。

呼延毒帅众一万从温还。秦太子苌等随温击之,比至潼关,温军屡败,失亡以万数。

温之屯灞上也,顺阳太守薛珍劝温径进逼长安,温弗从。珍以偏师独济,颇有所获。及温退,乃还,显言于众,自矜其勇而咎温之持重,温杀之。

14　秦丞相雄击司马勋、王擢于陈仓,勋奔汉中,擢奔略阳。

15　秦以光禄大夫赵俱为洛阳刺史,镇宜阳。

16　秦东海敬武王雄攻乔秉于雍,丙申,卒。秦主健哭之呕血,曰:"天不欲吾平四海邪!何夺吾元才之速也?"赠魏王,葬礼依晋安平献王故事。雄以佐命元勋,权侔人主,而谦恭泛爱,遵奉法度,故健重之,常曰:"元才,吾之周公也。"

子坚袭爵。坚性至孝,幼有志度,博学多能,交结英豪,吕婆楼、强汪及略阳梁平老皆与之善。

17　燕乐陵太守慕容钩,翰之子也,与青州刺史朱秃共治厌次。钩自恃宗室,每陵侮秃,秃不胜忿,秋,七月,袭钩,杀之,南奔段龛。

18　秦太子苌攻乔秉于雍,八月,斩之,关中悉平。秦主健赏拒桓温之功,以雷弱兒为丞相,毛贵为太傅,鱼遵为太尉,淮南王生为中军大将军,平昌王菁为司空。健勤于政事,数延公卿咨讲治道,承赵人苛虐奢侈之后,易以宽简、节俭,崇礼儒士,由是秦人悦之。

呼延毒率领兵众一万人跟随桓温撤返。前秦太子符苌等人则紧紧追击桓温,一路上桓温的军队屡战屡败,等到抵达潼关时,兵士损失死亡已数以万计。

桓温驻扎在灞上的时候,顺阳太守薛珍劝说桓温直接进逼长安,桓温没有听从。薛珍就带领一部分军队独自渡过灞水,很有收获。等到桓温撤退时,他返了回来,向兵众大肆炫耀,自夸他的勇敢果断而责怪桓温的谨小慎微,桓温把他杀掉了。

14　前秦丞相符雄在陈仓攻击司马勋、王擢,司马勋逃奔汉中,王擢逃奔略阳。

15　前秦任命光禄大夫赵俱为洛州刺史,镇守宜阳。

16　前秦东海敬武王符雄在雍县攻打乔秉,丙申(二十日),符雄去世。前秦王符健哭他哭得吐了血,说:"上天不想让我平定四海呀!要不为什么这么快就夺去了我的符雄呢?"追赠符雄为魏王,葬礼依据过去晋朝安平献王的遗规。符雄虽然具有辅国元勋的身份,权力近于君主,然而却态度谦恭,泛爱民众,遵奉法度,所以符健非常看重他,经常说:"符雄是我的周公。"

符雄的儿子符坚继承了爵位。符坚生性极其孝顺,从小就有远大的志向和不凡的气度,博学多能,结交英豪,吕婆楼、强汪及略阳人梁平老全都和他关系很好。

17　前燕乐陵太守慕容钧,是慕容翰的儿子,和青州刺史朱秃共同治理厌次。慕容钧自恃是宗室嫡传,经常欺负侮辱朱秃,朱秃按捺不住愤怒,秋季,七月,袭击慕容钧,并杀掉了他,然后南逃,投奔段龛。

18　前秦太子符苌在雍县攻打乔秉,八月,将他斩杀,关中全部平定。前秦主符健封赏抵御桓温的功臣,任命雷弱兒为丞相,毛贵为太傅,鱼遵为太尉,淮南王符生为中军大将军,平昌王符菁为司空。符健勤于政事,经常邀请手下大臣,询问讨论治国之道,继后赵人的苛刻残暴、奢侈浪费之后,他改行宽容简略、节约勤俭、尊重儒士的政策,因此前秦人非常喜欢他。

19　燕大调兵众,因发诏之日,号曰"丙戌举"。

20　九月,桓温还自伐秦,帝遣侍中、黄门劳温于襄阳。

21　或告燕黄门侍郎宋斌等谋奉冉智为主而反,皆伏诛。斌,烛之子也。

22　秦太子苌之拒桓温也,为流矢所中,冬,十月,卒,谥曰献哀。

23　燕王儁如龙城。

24　桓温之入关也,王擢遣使告凉王祚,言温善用兵,其志难测。祚惧,且畏擢之叛己,遣人刺之。事泄,祚益惧,大发兵,声言东伐,实欲西保敦煌,会温还而止。既而遣秦州刺史牛霸等帅兵三千击擢,破之。十一月,擢帅众降秦,秦以擢为尚书,以上将军啖铁为秦州刺史。

25　秦王健叔父武都王安自晋还,为姚襄所虏,以为洛州刺史。十二月,安亡归秦,健以安为大司马、骠骑大将军、并州刺史,镇蒲阪。

26　是岁,秦大饥,米一升直布一匹。

19 前燕大规模地征调兵众,根据发布诏令的日期,这次征调称为"丙戌举"。

20 九月,桓温从伐秦前线返回,东晋穆帝派侍中、黄门侍郎在襄阳慰劳桓温。

21 有人向东晋朝廷报告,说前燕的黄门侍郎宋斌等人谋划尊奉冉智为主造反,他们全都被杀。宋斌是宋烛的儿子。

22 前秦太子符苌抵御桓温进攻的时候,被流箭射中,冬季,十月,去世,追封谥号为"献哀"。

23 前燕王慕容儁到达龙城。

24 桓温入关的时候,王擢派遣使者向前凉王张祚报告,说桓温善于用兵,他的志向难以猜测。张祚十分害怕,而且担心王擢背叛自己,于是就派人去刺杀王擢。事情败露,张祚更加害怕,于是大举出兵,声称要去东伐,实则想西退保全敦煌,恰好这时桓温撤兵返回,他才停止了行动。接着又派秦州刺史牛霸等人率领三千士兵攻打王擢,王擢被打败。十一月,王擢率领兵众投降了前秦,前秦任命他为尚书,任命上将军啖铁为秦州刺史。

25 前秦王符健的叔父武都王符安从东晋返回时,被姚襄俘虏,任命他为洛州刺史。十二月,符安逃回到了前秦,符健任命他为大司马、骠骑大将军、并州刺史,镇守蒲阪。

26 这一年,前秦发生严重饥荒,一升米价值一匹布。

卷第一百　晋纪二十二

起乙卯(355)尽己未(359)凡五年

孝宗穆皇帝中之下

永和十一年(乙卯,355)

1　春,正月,故仇池公杨毅弟宋奴使其姑子梁式王刺杀杨初,初子国诛式王及宋奴,自立为仇池公。桓温表国为镇北将军、秦州刺史。

2　二月,秦大蝗,百草无遗,牛马相啖毛。

3　夏,四月,燕主儁自和龙还蓟。先是,幽、冀之人以儁为东迁,互相惊扰,所在屯结。群臣请讨之,儁曰:"群小以朕东巡,故相惑为乱耳。今朕既至,寻当自定,不足讨也。"

4　兰陵太守孙黑、济北太守高柱、建兴太守高瓮及秦河内太守王会、黎阳太守韩高皆以郡降燕。

5　秦淮南王生幼无一目,性粗暴。其祖父洪尝戏之曰:"吾闻瞎儿一泪,信乎?"生怒,引佩刀自刺出血,曰:"此亦一泪也。"洪大惊,鞭之。生曰:"性耐刀矟,不堪鞭棰!"洪谓其父健曰:"此儿狂悖,宜早除之,不然,必破人家。"健将杀之,健弟雄止之曰:"儿长自应改,何可遽尔!"及长,力举千钧,手格猛兽,走及奔马,击刺骑射,冠绝一时。献哀太子卒,强后欲立少子晋王柳,秦主健以谶文有"三羊五眼",乃立生为太子。以司空、平昌王菁为太尉,尚书令王堕为司空,司隶校尉梁楞为尚书令。

孝宗穆皇帝中之下

晋穆帝永和十一年(乙卯,公元355年)

1　春季,正月,从前仇池公杨毅的弟弟杨宋奴派他姑姑的儿子梁式王刺杀杨初,杨初的儿子杨国杀掉了梁式王及杨宋奴,自立为仇池公。桓温上表请求任命杨国为镇北将军、秦州刺史。

2　二月,前秦发生严重蝗灾,百草无遗,牛马互相啃食身上的毛。

3　夏季,四月,前燕主慕容儁从和龙返回蓟城。在此之前,幽州、冀州的百姓以为慕容儁已经东迁和龙,因此互相侵扰,据地结集。慕容儁返回后,群臣请求讨伐他们,慕容儁说:"这帮小人因为朕去东部地区巡视,所以才互相猜忌作乱。如今朕已返回,用不了多久他们自己就会安定,不值得去讨伐。"

4　兰陵太守孙黑、济北太守高柱、建兴太守高瓮,以及前秦河内太守王会、黎阳太守韩高全都投降了前燕,将所据之郡拱手相让。

5　前秦淮南王苻生小时候丧失了一只眼睛,性情暴烈。他的祖父苻洪曾经和他开玩笑说:"我听说瞎儿只有一只眼流泪,真的吗?"苻生听后发怒了,拔出佩刀就刺向自己的瞎眼,鲜血直流,说:"这也是一只眼的眼泪!"苻洪见状十分震惊,用鞭子打他。苻生说:"我生性能够忍耐刀矛,但不堪忍受鞭打!"苻洪对苻生父亲苻健说:"这个儿子狂暴悖逆,应该尽早除掉他,不然,一定会导致家破人亡。"苻健正准备杀掉苻生,苻健的弟弟苻雄劝阻说:"儿子长大以后自然就会改变,怎么能这样急不可耐呢!"等到苻生长大以后,能够力举千钧,徒手与猛兽搏斗,跑起来赶得上奔驰的骏马,击刺骑射各种武艺,全都冠绝一时。太子苻苌死后,强太后想立小儿子晋王苻柳,前秦主苻健认为谶文中有"三羊五眼"的字样,于是就立苻生为太子。任命司空、平昌王苻菁为太尉,尚书令王堕为司空,司隶校尉梁楞为尚书令。

6　姚襄所部多劝襄北还，襄从之。五月，襄攻冠军将军高季于外黄，会季卒，襄进据许昌。

7　六月丙子，秦主健寝疾。庚辰，平昌公菁勒兵入东宫，将杀太子生而自立。时生侍疾西宫，菁以为健已卒，攻东掖门。健闻变，登端门，陈兵自卫。众见健惶惧，皆舍仗逃散。健执菁，数而杀之，馀无所问。

壬午，以大司马、武都王安都督中外诸军事。甲申，健引太师鱼遵、丞相雷弱儿、太傅毛贵、司空王堕、尚书令梁楞、左仆射梁安、右仆射段纯、吏部尚书辛牢等受遗诏辅政。健谓太子生曰："六夷酋帅及大臣执权者，若不从汝命，宜渐除之。"

　　臣光曰：顾命大臣，所以辅导嗣子，为之羽翼也。为之羽翼而教使翦之，能无毙乎！知其不忠，则勿任而已矣；任以大柄，又从而猜之，鲜有不召乱者也。

8　乙酉，健卒，谥曰景明皇帝，庙号高祖。丙戌，太子生即位，大赦，改元寿光。群臣奏曰："未逾年而改元，非礼也。"生怒，穷推议主，得右仆射段纯，杀之。

9　秋，七月，以吏部尚书周闵为左仆射。

10　或告会稽王昱曰："武陵王第中大修器仗，将谋非常。"昱以告太常王彪之，彪之曰："武陵王之志，尽于驰骋畋猎而已耳，深愿静之，以安异同之论，勿复以为言！"昱善之。

6　姚襄的部下大多都劝他北返,姚襄听从了。五月,姚襄在外黄攻打晋朝冠军将军高季,恰好这时高季去世了,姚襄便进军占据了许昌。

7　六月丙子(初六),前秦国主苻健患病,卧床不起。庚辰(初十),平昌公苻菁率兵进入东宫,准备杀掉太子苻生而自立。这时苻生正在西宫服侍患病的苻健,苻菁以为苻健已经死了,便攻打东掖门。苻健听到变故的消息后,登上端门,部署兵力自卫。苻菁的兵众看见苻健后十分惶恐害怕,全都丢下武器四处逃散。苻健抓到了苻菁,数说了他的罪行后把他杀死,其余的人不加以追究。

壬午(十二日),前秦任命大司马、武都王苻安为都督中外诸军事。甲申(十四日),苻健召唤太师鱼遵、丞相雷弱儿、太傅毛贵、司空王堕、尚书令梁楞、左仆射梁安、右仆射段纯、吏部尚书辛牢等人前来接受遗诏辅佐朝政。苻健对太子苻生说:"六夷酋长将帅以及大臣中握有权力的人,如果不听从你的命令,就应该逐渐把他除掉。"

臣司马光说:天子临终前之所以要嘱托大臣辅政,是要靠他们来辅佐教导太子,以作为太子的羽翼。既然是羽翼却又告诉太子翦杀他们,能不自取灭亡吗!如果知道他不忠诚,不加以任用就可以了;既然委之以重任,而又横加猜忌,没有不招来祸乱的。

8　乙酉(十五日),苻健去世,谥号为景明皇帝,庙号为高祖。丙戌(十六日),太子苻生即位,实行大赦,改年号为寿光。群臣上奏说:"即位不满一年就改年号,不合乎古礼。"苻生很愤怒,于是就深入追查提议的主谋,查到了右仆射段纯,杀掉了他。

9　秋季,七月,东晋朝廷任命吏部尚书周闵为左仆射。

10　有人向会稽王司马昱报告说:"武陵王司马晞的宫中大量准备武器,看来将要图谋政变。"司马昱把这一消息告诉了太常王彪之,王彪之说:"武陵王的志向,全都在驰骋狩猎方面而已,愿您安静下来,以平息各种议论,不要再提这事了!"司马昱觉得此话有理。

11　秦主生尊母强氏曰皇太后，立妃梁氏为皇后。梁氏，安之女也。以其嬖臣太子门大夫南安赵韶为右仆射，太子舍人赵诲为中护军，著作郎董荣为尚书。

12　凉王祚淫虐无道，上下怨愤。祚恶河州刺史张瓘之强，遣张掖太守索孚代瓘守枹罕，使瓘讨叛胡，又遣其将易揣、张玲帅步骑万三千以袭瓘。张掖人王鸾知术数，言于祚曰："此军出，必不还，凉国将危。"并陈祚三不道。祚大怒，以鸾为訞言，斩以徇。鸾临刑曰："我死，军败于外，王死于内，必矣！"祚族灭之。瓘闻之，斩孚，起兵击祚，传檄州郡，废祚，以侯还第，复立凉宁侯曜灵。易揣、张玲军始济河，瓘击破之。揣等单骑奔还，瓘军蹑之，姑臧振恐。骁骑将军敦煌宋混兄修，与祚有隙，惧祸。八月，混与弟澄西走，合众万馀人以应瓘，还向姑臧。祚遣杨秋胡将曜灵于东苑，拉其腰而杀之，埋于沙坑，谥曰哀公。

13　秦主生封卫大将军黄眉为广平王，前将军飞为新兴王，皆素所善也。征大司马武都王安领太尉。以晋王柳为征东大将军、并州牧，镇蒲阪；魏王廋为镇东大将军、豫州牧，镇陕城。

中书监胡文、中书令王鱼言于生曰："比有星孛于大角，荧惑入东井。大角，帝坐；东井，秦分。于占不出三年，国有大丧，大臣戮死，愿陛下修德以禳之！"生曰："皇后与朕对临天下，可以应大丧矣。毛太傅、梁车骑、梁仆射受遗辅政，可以应大臣矣。"九月，生杀梁后及毛贵、梁楞、梁安。贵，后之舅也。

11　前秦国主苻生尊奉母亲强氏为皇太后,立妃子梁氏为皇后。梁氏是梁安的女儿。任命他的宠臣太子门大夫南安人赵韶为右仆射,太子舍人赵诲为中护军,著作郎董荣为尚书。

12　前凉王张祚淫虐无道,上上下下对他都非常怨恨愤怒。张祚憎恨河州刺史张瓘的强大,便派张掖太守索孚代替张瓘镇守枹罕,派张瓘去讨伐反叛的胡人,又派手下的将领易揣、张玲率领步兵骑兵一万三千去袭击张瓘。张掖人王鸾懂得阴阳占卜之术,对张祚说:"这支部队一定是有出无还,凉国将要危险了。"同时还历数了张祚三方面的不义之举。张祚听后勃然大怒,便以王鸾宣扬妖言为罪名,将他斩首示众。王鸾临刑前说:"我死了以后,军队败于外,国王死于内,必定如此!"张祚把他整个家族的人全都杀死。张瓘听说这一消息后,杀掉了索孚,起兵攻打张祚。他将讨伐檄文传递到各州郡,宣称废除张祚,让他以侯爵的身份回家,重新立凉宁侯张曜灵为王。易揣、张玲的军队刚刚渡过黄河,张瓘就击败了他们。易揣等人单身匹马往回逃奔,张瓘的军队紧追不舍,姑臧城里的人都感到震惊害怕。骁骑将军、敦煌人宋混的哥哥宋脩和张祚有矛盾,宋混害怕张祚加祸于己。八月,宋混和他的弟弟宋澄向西逃走,聚集了万馀人以后又掉头向开姑臧,以策应张瓘。张祚派杨秋胡把张曜灵带到东苑,拉断他的腰肢后把他斩杀了,尸体埋在沙坑当中,定谥号为哀公。

13　前秦国主苻生封卫大将军苻黄眉为广平王,封前将军苻飞为新兴王,这两人都是他平常所喜欢的。征召大司马武都王苻安兼太尉。任命晋王苻柳为征东大将军、并州牧,镇守蒲阪;任命魏王苻廋为镇东大将军、豫州牧,镇守陕城。

中书监胡文、中书令王鱼对苻生进言说:"近来彗星划过大角星座,火星进入井宿。大角,是帝王的星座;井宿,则是前秦国分野。经过占卜,不出三年国家就会出现帝王、皇后死亡,大臣被杀的事情,愿陛下修行德性以避免丧乱的出现!"苻生说:"皇后和朕一起统治天下,可以应验大丧的出现。太傅毛贵、车骑将军梁楞、左仆射梁安接受遗诏辅佐朝政,可以应验大臣的结局。"九月,苻生便杀掉了皇后梁氏以及毛贵、梁楞、梁安。毛贵是皇后的舅舅。

右仆射赵韶、中护军赵海,皆洛州刺史俱之从弟也,有宠于生,乃以俱为尚书令。俱固辞以疾,谓韶、海曰:"汝等不复顾祖宗,欲为灭门之事! 毛、梁何罪,而诛之? 吾何功,而代之? 汝等可自为,吾其死矣!"遂以忧卒。

14 凉宋混军于武始大泽,为曜灵发哀。闰月,混军至姑臧,凉王祚收张瓘弟琚及子嵩,将杀之。琚、嵩闻之,募市人数百,扬言:"张祚无道,我兄大军已至城东,敢举手者诛三族!"遂开西门纳混兵。领军将军赵长等惧罪,入阁呼张重华母马氏出殿,立凉武侯玄靓为主。易揣等引兵入殿,收长等,杀之。祚按剑殿上,大呼,叱左右力战。祚素失众心,莫肯为之斗者,遂为兵人所杀。混等枭其首,宣示中外,暴尸道左,城内咸称万岁。以庶人礼葬之,并杀其二子。混、琚上玄靓为大将军、凉州牧、西平公,赦境内,复称建兴四十三年。时玄靓始七岁。

张瓘至姑臧,推玄靓为凉王,自为使持节、都督中外诸军事、尚书令、凉州牧、张掖郡公,以宋混为尚书仆射。陇西人李俨据郡,不受瓘命,用江东年号,众多归之。瓘遣其将牛霸讨之。未至,西平人卫缉亦据郡叛,霸兵溃,奔还。瓘遣弟琚击缉,败之。酒泉太守马基起兵以应缉,瓘遣司马张姚、王国击斩之。

15 冬,十月,以豫州刺史谢尚督并、冀、幽三州,镇寿春。

16 镇北将军段龛与燕主俦书,抗中表之仪,非其称帝。俦怒,十一月,以太原王恪为大都督、抚军将军,阳骛副之,以击龛。

右仆射赵韶、中护军赵诲,都是洛州刺史赵俱的堂弟,得宠于符生,于是符生便任命赵俱为尚书令。赵俱以患病为由坚决推辞,并对赵韶、赵诲说:"你们不顾及祖宗了,想要干灭门之事啊!毛、梁等人何罪之有,而杀了他们? 我何功之有,而取代他们? 你们可以自以为是,我大概快要死了!"于是赵俱忧郁而死。

14　前凉宋混的部队驻扎在武始的大湖边,哀悼张曜灵。闰六月,宋混的部队抵达姑臧,前凉王张祚拘捕了张瓘的弟弟张琚及儿子张嵩,准备要杀掉他们。张琚、张嵩听说后,招募了城里的数百人,公开宣称:"张祚无道,我哥哥的大军已抵达城东,敢动手杀我们的人诛灭三族!"于是打开西城门让宋混的军队进城。领军将军赵长等人因有请立张祚的罪行,十分害怕,他们入宫请张重华的母亲马氏登堂升殿,立凉武侯张玄靓为国主。易揣等人率兵进入殿堂,拘捕了赵长等人,杀掉了他们。张祚在殿堂上扶剑大喊,命令左右的人奋力战斗。张祚平时失掉了民心,这时没有人肯为他去战斗,于是被士兵杀掉。宋混等人砍下了他的首级示众,公告宫廷内外,张祚暴尸于路旁,城里的人们都高呼万岁。宋混等人把张祚以普通百姓的规格埋葬,并且杀了他的两个儿子。宋混、张琚上书东晋朝廷请立张玄靓为大将军、凉州牧、西平公,在境内实行大赦,纪年恢复为建兴四十三年。这时张玄靓刚七岁。

张瓘抵达姑臧,推戴张玄靓为凉王,自己则为使持节、都督中外诸军事、尚书令、凉州牧、张掖郡公,任命宋混为尚书仆射。陇西人李俨据守自己所在的郡,不接受张瓘的命令,仍然用东晋的年号,归附他的民众很多。张瓘派他的将领牛霸讨伐李俨。还没有到达,西平人卫缉也占据自己的郡反叛,牛霸的兵众溃散,掉头逃奔。张瓘派弟弟张琚攻击卫缉,打败了他。酒泉太守马基起兵响应卫缉,张瓘派司马张姚、王国前去攻打,杀掉了马基。

15　冬季,十月,东晋朝廷任命豫州刺史谢尚总督并、冀、幽三州,镇守寿春。

16　镇北将军段龛给前燕国主慕容儁写信,使用中表亲戚的仪礼,对他称帝加以非难。慕容儁见信后大怒,十一月,任命太原王慕容恪为大都督、抚军将军,以阳鹜作为他的副手,去攻打段龛。

17　秦以辛牢守尚书令,赵韶为左仆射,尚书董荣为右仆射,中护军赵诲为司隶校尉。

18　十二月,高句丽王钊遣使诣燕纳质修贡,以请其母。燕主儁许之,遣殿中将军刁龛送钊母周氏归其国;以钊为征东大将军、营州刺史,封乐浪公,王如故。

19　上党人冯鸯逐燕太守段刚,据安民城,自称太守,遣使来降。

20　秦丞相雷弱兒性刚直,以赵韶、董荣乱政,每公言于朝,见之常切齿。韶、荣谮之于秦主生,生杀弱兒及其九子、二十七孙。于是诸羌皆有离心。

生虽谅阴,游饮自若,弯弓露刃,以见朝臣,锤钳锯凿,可以害人之具,备置左右。即位未几,后妃、公卿已下至于仆隶,凡杀五百馀人,截胫、拉胁、锯项、剖胎者,比比有之。

21　燕主儁以段龛方强,谓太原王恪曰:"若龛遣军拒河,不得渡者,可直取吕护而还。"恪分遣轻军先至河上,具舟楫以观龛志趣。龛弟罴,骁勇有智谋,言于龛曰:"慕容恪善用兵,加之众盛,若听其济河,进至城下,恐虽乞降,不可得也。请兄固守,罴帅精锐拒之于河,幸而战捷,兄帅大众继之,必有大功。若其不捷,不若早降,犹不失为千户侯也。"龛不从。罴固请不已,龛怒,杀之。

17　前秦任命辛牢代理尚书令,任命赵韶为左仆射,尚书董荣为右仆射,中护军赵诲为司隶校尉。

18　十二月,高句丽国王高钊派遣使者来到前燕进献贡奉,以此请求准许他的母亲返回。前燕国主慕容儁同意了,派殿中将军刁龛送高钊的母亲周氏回国;任命高钊为征东大将军、营州刺史,并封为乐浪公,高句丽王的称号则仍旧保留。

19　上党人冯鸯赶走了前燕太守段刚,占据了安民城,自称太守,派遣使者来向东晋投降。

20　前秦丞相雷弱儿性格刚烈耿直,因为赵韶、董荣败坏朝政,他经常在朝廷公开议论,看见这两人就咬牙切齿。赵韶、董荣便向前秦国主苻生进谗言诬陷雷弱儿。苻生于是杀掉了雷弱儿及其九个儿子、二十七个孙子。各羌族部落因此对前秦产生了离心。

苻生虽然在为苻健居丧,但游玩酣饮如常,在朝接见大臣们时,总是佩刀带箭,锤、钳、锯、凿等可以残害人的刑具,全都放在周围。即位没多久,后妃、公卿以下至于奴仆,被杀掉的总共有五百多人,被截下小腿、折断胸肋、锯断脖子、剖开孕腹的人,比比皆是。

21　前燕国主慕容儁考虑到段龛势力正强,对太原王慕容恪说:"如果段龛派军队在黄河抵御,你们无法渡河的话,可以直接去捉拿吕护后返回。"慕容恪分别派遣轻装部队先到达黄河岸边,准备渡河舟船,用以观察段龛的动向。段龛的弟弟段黑,勇猛善战而且多智多谋,他对段龛进言说:"慕容恪善于用兵,再加上他兵力众多,如果听任他渡过黄河,进军城下,恐怕我们想请求投降,也不能被允许了。请哥哥你固守城池,让段黑我率领精锐部队在黄河抵御,如果战斗有幸获胜,哥哥再率领大部队跟进,一定会大举成功。如果战斗没有获胜,不如及早投降,大约还可以保住千户侯的地位。"段龛没有听从。段黑依然坚持请求,激怒了段龛,把段黑杀掉了。

十二年(丙辰,356)

1　春,正月,燕太原王恪引兵济河,未至广固百馀里,段龛帅众三万逆战。丙申,恪大破龛于淄水,执其弟钦,斩右长史袁范等。齐王友辟闾蔚被创,恪闻其贤,遣人求之,蔚已死,士卒降者数千人。龛脱走,还城固守,恪进军围之。

2　秦司空王堕性刚峻,右仆射董荣、侍中强国皆以佞幸进,堕疾之如雠,每朝,见荣未尝与之言。或谓堕曰:"董君贵幸无比,公宜小降意接之。"堕曰:"董龙是何鸡狗,而令国士与之言乎!"会有天变,荣与强国言于秦主生曰:"今天谴甚重,宜以贵臣应之。"生曰:"贵臣惟有大司马及司空耳。"荣曰:"大司马国之懿亲,不可杀也。"乃杀王堕。将刑,荣谓之曰:"今日复敢比董龙于鸡狗乎?"堕瞋目叱之。洛州刺史杜郁,堕之甥也,左仆射赵韶恶之,谮于生,以为贰于晋而杀之。

壬戌,生宴群臣于太极殿,以尚书令辛牢为酒监,酒酣,生怒曰:"何不强人酒而犹有坐者!"引弓射牢,杀之。群臣惧,莫敢不醉,偃仆失冠,生乃悦。

3　匈奴大人刘务桓卒,弟阏头立,将贰于代。二月,代王什翼犍引兵西巡临河,阏头惧,请降。

4　燕太原王恪招抚段龛诸城。己丑,龛所署徐州刺史阳都公王腾举众降,恪命腾以故职还屯阳都。

晋穆帝永和十二年(丙辰,公元 356 年)

1 春季,正月,前燕太原王慕容恪率兵渡过了黄河,离广固只有一百多里,段龛率领兵众三万人迎战。丙申(三十日),慕容恪在淄水大破段龛的部队,抓获段龛的弟弟段钦,杀死右长史袁范等人。齐国的王友辟闾蔚负伤,慕容恪听说过他的贤明,便派人去寻找他,但辟闾蔚已经死了,段龛士卒中投降的有数千人。段龛逃脱,返回广固城中固守,慕容恪进军将他包围。

2 前秦司空王堕性格刚峻,右仆射董荣、侍中强国都是靠着谄媚得宠而得到提升重用,王堕恨之如仇,每次上朝,见到董荣都不和他搭话。有人对王堕说:"董君显贵宠幸,无与伦比,您应该稍微抑制一点心意,和他接触。"王堕说:"董荣是什么样的鸡狗之徒,而让国中的贤杰人士和他搭话呢!"恰巧这时天象有变故,董荣与强国便向前秦国主苻生进言说:"如今上天的谴责非常严重,应该以显贵的大臣去应接谴责。"苻生说:"显贵的大臣只有大司马和司空而已。"董荣说:"大司马苻安是王室的至亲,不能杀。"于是就杀了王堕。在将要行刑的时候,董荣对王堕说:"今天还敢把董荣我比作鸡狗吗?"王堕怒目痛斥董荣。洛州刺史杜郁,是王堕的外甥,左仆射赵韶厌恶他,就向苻生进谗言,说他和东晋来往,有二心,把他杀死。

壬戌,苻生在太极殿宴请群臣,让尚书令辛牢做掌酒官,正喝到尽兴时,苻生愤怒地说:"为什么不让人们尽力去喝而还有坐着的!"说着就拉开弓箭射死了辛牢。群臣十分害怕,再也没有人敢不喝醉,全都横躺竖卧,衣冠不整,苻生这才高兴了。

3 匈奴首领刘务桓去世,他的弟弟刘阏头即位,准备要背叛代国。二月,代王拓跋什翼犍率兵西巡到达黄河岸边,刘阏头害怕,便请求投降。

4 前燕太原王慕容恪招纳安抚段龛辖境内的各座城邑。己丑,段龛所设置的徐州刺史、阳都公王腾率领民众投降,慕容恪让王腾以旧有官职的身份回去屯守阳都。

5　秦征东大将军晋王柳遣参军阎负、梁殊使于凉,以书说凉王玄靓。负、殊至姑臧,张瓘见之曰:"我,晋臣也,臣无境外之交,二君何以来辱?"负、殊曰:"晋王与君邻藩,虽山河阻绝,风通道会,故来修好,君何怪焉!"瓘曰:"吾尽忠事晋,于今六世矣。若与苻征东通使,是上违先君之志,下隳士民之节,其可乎!"负、殊曰:"晋室衰微,坠失天命,固已久矣,是以凉之二王北面二赵,唯知机也。今大秦威德方盛,凉王若欲自帝河右,则非秦之敌;欲以小事大,则曷若舍晋事秦,长保福禄乎!"瓘曰:"中州好食言,向者石氏使车适返,而戎骑已至,吾不敢信也。"负、殊曰:"自古帝王居中州者,政化各殊,赵为奸诈,秦敦信义,岂得一概待之乎!张先、杨初皆阻兵不服,先帝讨而擒之,赦其罪戾,宠以爵秩,固非石氏之比也。"瓘曰:"必如君言,秦之威德无敌,何不先取江南,则天下尽为秦有,征东何辱命焉!"负、殊曰:"江南文身之俗,道污先叛,化隆后服。主上以为江南必须兵服,河右可以义怀,故遣行人先申大好。若君不达天命,则江南得延数年之命,而河右恐非君之土也。"瓘曰:"我跨据三州,带甲十万,西苞葱岭,东距大河,伐人有馀,况于自守,何畏于秦!"负、殊曰:"贵州山河之固,孰若崤、函?民物之饶,孰若秦、雍?杜洪、张琚,因赵氏成资,兵强财富,有囊括关中、席卷四海之志,先帝戎旗西指,冰消云散,旬月之间,不觉易主。

5　前秦征东大将军、晋王苻柳派参军阎负、梁殊出使前凉，带去书信游说凉王张玄靓。阎负、梁殊抵达姑臧，张瓘见到他们说："我是晋王朝的臣下，臣下不能有国外的交情，二位何以前来辱见？"阎负、梁殊说："晋王苻柳和您是邻国，虽然山河阻隔，但风俗相通，道路交接，所以前来和您修好，对此您有什么可奇怪的呢！"张瓘说："我竭尽忠诚侍奉晋王朝，至今已有六代人了。如果与苻柳互通使节，这就是上违先辈的志向，下毁士人百姓的气节，怎么可以呢！"阎负、梁殊说："晋王室衰微，丧失天命，已经很久了，所以凉国的两位先王向赵国称臣，这是识时务的。如今大秦正值威力德性强盛之时，凉王如果想在黄河以西自称为帝，那不是秦国的对手；如果想以小事大，那何不抛弃晋王室而侍奉秦国，以求福禄长存呢！"张瓘说："中原人爱自食其言，过去赵国石氏使臣的车辆刚刚返回，而进攻的骑兵已经到达，我不敢相信你们。"阎负、梁殊说："自古以来身居中原的帝王，政事与教化各不相同，赵国施行奸诈，秦国则奉行信义，怎么能一概而论呢！张先、杨初全都是因为顽抗抵御，拒不降服，所以秦国的先帝才讨伐并擒获了他们，然而又赦免了他们的罪行，用官爵俸禄宠待他们，这本来就不是石氏可比的。"张瓘说："如果一定像你们所说的那样，秦国的威力德行所向无敌，为什么不先去夺取长江以南，那样天下就全归秦国所有了，征东将军为什么要辱赐恩命于我们呢！"阎负、梁殊说："长江以南现在还是断发文身之俗盛行，朝廷道义衰落，就首先叛乱，教化隆盛，也最后才归服。主上认为长江以南必须靠武力征服，而黄河以西可以靠道义安抚，所以派我们先来申明大义。如果您不洞察天命，那么长江以南尚有残喘数年的命运，而黄河以西恐怕就不是您的领土了。"张瓘说："我有跨越三州的领土，全副武装的十万军队，西有葱岭作依托，东有黄河作屏障，攻击别人尚且有馀，何况是自我守卫，为什么要惧怕秦国呢！"阎负、梁殊说："阁下领土内山河的险固程度，哪一个能比得上崤山和函谷关？百姓赖以生存的物产的富饶程度，哪一样能比得上秦州和雍州？杜洪、张琚虽然占据了赵国的基业，兵强财丰，大有囊括关中、席卷四海的志向，然而先帝战旗西指，顷刻间便冰消云散，一月之内，不知不觉就改换了君主。

主上若以贵州不服,赫然奋怒,控弦百万,鼓行而西,未知贵州将何以待之?"瓘笑曰:"兹事当决之于王,非身所了。"负、殊曰:"凉王虽英睿夙成,然年在幼冲,君居伊、霍之任,国家安危,系君一举耳。"瓘惧,乃以玄靓之命遣使称藩于秦,秦因玄靓所称官爵而授之。

6　将军刘度攻秦青州刺史王朗于卢氏;燕将军慕舆长卿入轵关,攻秦幽州刺史强哲于裴氏堡。秦主生遣前将军新兴王飞拒度,建节将军邓羌拒长卿。飞未至而度退。羌与长卿战,大破之,获长卿及甲首二千馀级。

7　桓温请移都洛阳,修复园陵,章十馀上,不许。拜温征讨大都督,督司、冀二州诸军事,以讨姚襄。

8　三月,秦主生发三辅民治渭桥,金紫光禄大夫程肱谏,以为妨农,生杀之。

9　夏,四月,长安大风,发屋拔木。秦宫中惊扰,或称贼至,宫门昼闭,五日乃止。秦主生推告贼者,剖出其心。左光禄大夫强平谏曰:"天降灾异,陛下当爱民事神,缓刑崇德以应之,乃可弭也。"生怒,凿其顶而杀之。卫将军广平王黄眉、前将军新兴王飞、建节将军邓羌,以平,太后之弟,叩头固谏。生弗听,出黄眉为左冯翊、飞为右扶风、羌行咸阳太守,犹惜其骁勇,故皆弗杀。五月,太后强氏以忧恨卒,谥曰明德。

10　姚襄自许昌攻周成于洛阳。

11　六月,秦主生下诏曰:"朕受皇天之命,君临万邦,嗣统以来,有何不善,而谤讟之音,扇满天下! 杀不过千,而谓之残虐! 行者比肩,未足为希。方当峻刑极罚,复如朕何!"

主上如果认为您不顺服,赫然发怒,出兵百万,击鼓西行,不知道您将怎样对付?"张瓘笑着说:"此事应当由凉王决定,不是我所能做主的。"阎负、梁殊说:"凉王虽然从小就有英明智慧的风采,然而年龄幼小,阁下身负伊尹、霍光那样的重任,国家的安危,全都维系在您的决断上了。"张瓘害怕了,于是就以张玄靓的名义派遣使者,去向前秦称臣,前秦也就将张玄靓自称的官爵正式授予了他。

6 东晋将军刘度在卢氏攻打前秦青州刺史王朗;前燕将军慕舆长卿进入轵关,在裴氏堡攻打前秦幽州刺史强哲。前秦国主苻生派前将军新兴王苻飞抵抗刘度,派建节将军邓羌抵抗慕舆长卿。苻飞还未到达,刘度就已撤退。邓羌与慕舆长卿交战,打败了他,擒获慕舆长卿,并将两千多披甲士兵斩首。

7 桓温请求东晋朝廷将国都迁移到洛阳,修复帝王的陵墓,奏章递上去十多次,都未获许可。只授予桓温征讨大都督的官职,督察司、冀二州各种军务,用以讨伐姚襄。

8 三月,前秦国主苻生调集三辅的百姓去修建渭水桥,金紫光禄大夫程肱对此加以劝谏,认为这样做妨碍农耕,苻生把他杀死。

9 夏季,四月,长安刮起一场大风,掀掉屋瓦,拔起树木。前秦王宫中一片惊恐混乱,有人说寇贼来了,因此宫门在大白天也紧紧关闭,一直持续了五天。前秦国主苻生追查谎称寇贼来了的人,要挖出他的心。左光禄大夫强平劝谏说:"天降灾祸,陛下应该关怀民众,奉事神灵,缓施刑罚,崇尚德性,以此来应接天意,才能消除灾祸。"苻生听后大怒,凿开他的头顶后把他杀死。卫将军广平王苻黄眉、前将军新兴王苻飞、建节将军邓羌都因为强平是强太后的弟弟,叩头恳切地劝谏。但苻生没有听从,并且将苻黄眉贬任到左冯翊,将苻飞贬任到右扶风,贬邓羌代理咸阳太守,只是念及他们作战勇猛,所以没有把他们全杀掉。五月,太后强氏终因忧愤而死,谥号为明德。

10 姚襄自许昌进发到洛阳,攻打周成。

11 六月,前秦国主苻生下达诏书说:"朕禀承上天之命,统治万邦,继承先统以来,有什么不好的地方,诽谤之言竟横行天下!杀人还没过千,就说这是残酷暴虐!现在行人还比肩摩踵,不能说稀少。正应当严明重刑,施以极罚,谁又能把朕如何!"

自去春以来,潼关之西,至于长安,虎狼为暴,昼则继道,夜则发屋,不食六畜,专务食人,凡杀七百馀人。民废耕桑,相聚邑居,而为害不息。秋,七月,秦群臣奏请禳灾,生曰:"野兽饥则食人,饱当自止,何禳之有!且天岂不爱民哉,正以犯罪者多,故助朕杀之耳!"

12　丙子,燕献怀太子晔卒。

13　姚襄攻洛阳,逾月不克。长史王亮谏曰:"明公英名盖世,兵强民附。今顿兵坚城之下,力屈威挫,或为他寇所乘,此危亡之道也!"襄不从。

桓温自江陵北伐,遣督护高武据鲁阳,辅国将军戴施屯河上,自帅大兵继进。与寮属登平乘楼望中原,叹曰:"遂使神州陆沈,百年丘墟,王夷甫诸人不得不任其责!"记室陈郡袁宏曰:"运有兴废,岂必诸人之过!"温作色曰:"昔刘景升有千斤大牛,啖刍豆十倍于常牛,负重致远,曾不若一羸牸,魏武入荆州,杀以享军。"

八月己亥,温至伊水,姚襄撤围拒之,匿精锐于水北林中,遣使谓温曰:"承亲帅王师以来,襄今奉身归命,愿敕三军小却,当拜伏道左。"温曰:"我自开复中原,展敬山陵,无豫君事。欲来者便前,相见在近,无烦使人。"襄拒水而战,温结陈而前,亲被甲督战,襄众大败,死者数千人。襄帅麾下数千骑奔于洛阳北山,其夜,民弃妻子随襄者五千馀人。襄勇而爱人,虽战屡败,民知襄所在,辄扶老携幼,奔驰而赴之。温军中传言襄病创已死,许、洛士女为温所得者,无不北望而泣。襄西走,温追之不及。弘农杨亮自襄所来奔,温问襄之为人,亮曰:"襄神明器宇,孙策之俦,而雄武过之。"

自从春天过去以后,从潼关以西一直到长安一带,虎狼肆行无忌。大白天相继出现在道路上,到了夜晚则毁屋入室,不食六畜,专门吃人,被吃掉的人共达七百多。百姓们荒废了农耕桑蚕,只能聚集到一块居住,但虎狼仍然不停地为害。秋季,七月,前秦群臣上奏请求设祭禳除虎狼之害,苻生说:"野兽饿了就要吃人,吃饱了自己就会停止,有什么值得设祭禳除的呢!况且上天难道能不爱护民众吗?正是因为犯罪的人太多,所以上天才帮助朕消灭他们!"

　　12　丙子(十二日),前燕国献怀太子慕容晔去世。

　　13　姚襄攻打洛阳,一个多月也没有攻克。长史王亮劝谏姚襄说:"您英名盖世,兵力强盛,民众都来归附。如今屯兵于坚固的城池之下,力量受阻,威势受挫,其他敌人或许会利用这个机会,这是走向危险灭亡的道路!"姚襄没有听从。

　　东晋桓温自江陵出发北伐,派督护高武占据鲁阳,派辅国将军戴施驻扎在大河岸边,自己则率领大军随后进发。他与同僚们登上大船的高楼,遥望中原,深有感慨地说:"使神州大地沉沦,百年基业变为废墟,王衍等人不能不承担责任!"记室、陈郡人袁宏说:"时运有兴有废,难道一定是这几个人的过错!"桓温脸色一变说:"过去刘表有一头千斤重的大牛,吃进去的草料豆饼比一般的牛多十倍,然而拉车赶路时,竟不如一头瘦弱有病的母牛,魏武帝曹操进入荆州后,就把它杀掉让士兵吃了。"

　　八月己亥(初六),桓温抵达伊水,姚襄把包围洛阳的部队撤下来抵抗桓温,他将精锐部队隐藏在伊水以北的树林中,派使者去对桓温说:"承蒙您亲自率领帝王的军队前来,姚襄如今以身归附天命,愿您敕令三军稍微退后,我们当夹道拜迎。"桓温说:"我来开辟光复中原,察看拜谒皇陵,和你们无关。想来见面的随便前来,近在咫尺,无须麻烦使者。"姚襄凭借伊水和桓温交战,桓温将部队列阵前进,亲自披甲督战,姚襄的兵众被打败,死亡数千人。姚襄率领手下数千骑兵逃奔到洛阳北山。当晚,百姓抛弃妻子儿女追随姚襄的有五千多人。姚襄勇猛而又爱护百姓,虽然他屡战屡败,但百姓一得知姚襄在哪里,就扶老携幼,急忙追赶投奔他。桓温的军队中传说姚襄因受伤已死,被桓温抓获的许昌、洛阳的男女民众,无不面向北方哭泣。姚襄向西逃走,桓温没有追上。弘农人杨亮从姚襄那里来投奔桓温,桓温问他姚襄的为人,杨亮说:"姚襄英明如神,胸怀宽广,如同孙策一样,而雄才武略却超过了孙策。"

周成帅众出降,温屯故太极殿前,既而徙屯金墉城。己丑,谒诸陵,有毁坏者修复之,各置陵令。表镇西将军谢尚都督司州诸军事,镇洛阳。以尚未至,留颍川太守毛穆之、督护陈午、河南太守戴施以二千人戍洛阳,卫山陵,徙降民三千馀家于江、汉之间,执周成以归。

姚襄奔平阳,秦并州刺史尹赤复以众降襄,襄遂据襄陵。秦大将军张平击之,襄为平所败,乃与平约为兄弟,各罢兵。

14 段龛遣其属段蕴来求救,诏徐州刺史荀羡将兵随蕴救之。羡至琅邪,惮燕兵之强不敢进。王腾寇鄄城,羡进攻阳都,会霖雨,城坏,获腾,斩之。

15 冬,十月癸巳朔,日有食之。

16 秦主生夜食枣多,旦而有疾,召太医令程延,使诊之,延曰:“陛下无他疾,食枣多耳。”生怒曰:“汝非圣人,安知吾食枣!”遂斩之。

17 燕大司马恪围段龛于广固,诸将请急攻之,恪曰:“用兵之势,有宜缓者,有宜急者,不可不察。若彼我势敌,外有强援,恐有腹背之患,则攻之不可不急。若我强彼弱,无援于外,力足制之者,当羁縻守之,以待其毙。兵法十围五攻,正谓此也。龛兵尚众,未有离心,济南之战,非不锐也,但龛用之无术,以取败耳。今凭阻坚城,上下戮力,我尽锐攻之,计数日可拔,然杀吾士卒必多矣。自有事中原,兵不暂息,吾每念之,夜而忘寐,奈何轻用其死乎!要在取之,不必求功之速也!”诸将皆曰:“非所及也。”军中闻之,人人感悦。于是为高墙深堑以守之。齐人争运粮以馈燕军。

周成率领兵众出来投降,桓温把部队屯驻在过去的太极殿前,紧接着又转移到金墉城。己丑,桓温拜谒各个陵墓,有被毁坏的就加以修复,并分别设置了看守陵园的陵令。上表请求任命镇西将军谢尚为都督司州诸军事,镇守洛阳。因为谢尚还未到达,就留下颍川太守毛穆之、督护陈午、河南太守戴施以两千人的兵力戍守洛阳,保卫皇陵,桓温把三千多家投降的百姓迁徙到长江、汉水之间,押解着周成返回。

　　姚襄逃奔到平阳,前秦并州刺史尹赤又率众投降了姚襄,姚襄于是占据襄陵。前秦大将军张平攻击姚襄。姚襄被张平打败,于是与他结为兄弟,各自罢兵休战。

　　14　段龛派他的属下段蕴来东晋求救,朝廷诏令徐州刺史荀羡统率军队跟随段蕴前去救援。荀羡到达琅邪后,由于害怕前燕兵力的强大而不敢继续前进。王腾进犯鄄城,荀羡便进攻阳都,这时恰巧碰上连绵大雨,城墙被淋坏,荀羡擒获了王腾,把他杀掉了。

　　15　冬季,十月癸巳朔(初一),出现日食。

　　16　前秦国主苻生晚上吃枣过多,第二天早晨不舒服,就召来太医令程延,让他号脉诊断。程延说:"陛下没有别的病,就是枣吃多了。"苻生大怒,说:"你不是圣人,怎么知道我吃枣了!"随后就把程延杀了。

　　17　前燕大司马慕容恪在广固包围了段龛,众将领请求马上攻打,慕容恪说:"用兵的方法,有应该缓慢的时候,也有应该急速的时候,不能不仔细审度。如果敌我力量相当,而敌人又在外边有强大的援军,这时恐怕有腹背受敌的危险,则攻打不能不急。如果我强敌弱,敌人在外边又无援军,我们的力量足以制服他的时候,就应该包围并守住他,等待着敌人坐以自毙。兵法中的十围五攻,说的正是这个道理。眼下段龛的兵力尚多,还没有出现离心倾向。济南之战时,段龛的军队不是不精锐,只是因为他用兵无术,所以才自取失败。如今他凭借险阻坚守城池,上上下下,齐心合力,我动用全部精锐部队去攻打他,大约有几天也可以攻下来,然而我们士兵的伤亡也一定很多。自从中原发生战争以来,士卒们连短暂的休整也没有,每念及此,我便夜不能寐,怎么能轻易地使用让士卒们献身的战术呢!重要的在于把城池攻下来,不必要求迅速成功!"众将领都说:"这些不是我们所能想到的。"军中士兵听说后,人人感动喜悦。于是他们就筑高墙,挖深壕,用来坚守包围圈。齐地的人争先恐后地运来粮食送给前燕的军队。

龕嬰城自守，樵采路绝，城中人相食。龕悉众出战，恪破之于围里，先分骑屯诸门，龕身自冲荡，仅而得入，馀兵皆没。于是城中气沮，莫有固志。十一月丙子，龕面缚出降，并执朱秃送蓟。恪抚安新民，悉定齐地，徙鲜卑、胡、羯三千馀户于蓟。燕王儁具朱秃五刑，以段龕为伏顺将军。恪留慕容尘镇广固，以尚书左丞鞠殷为东莱太守，章武太守鲜于亮为齐郡太守，乃还。

殷，彭之子也。彭时为燕大长秋，以书戒殷曰："王弥、曹嶷，必有子孙，汝善招抚，勿寻旧怨，以长乱源！"殷推求，得弥从子立、嶷孙岩于山中，请与相见，深结意分，彭复遣使遗以车马衣服，郡民由是大和。

荀羡闻龕已败，退还下邳，留将军诸葛攸、高平太守刘庄将三千人守琅邪，参军谯国戴邃等将二千人守泰山。燕将慕容兰屯汴城，羡击斩之。

18　诏遣兼司空、散骑常侍车灌等持节如洛阳，修五陵。十二月庚戌，帝及群臣皆服缌，临于太极殿三日。

19　司州都督谢尚以疾不行，以丹阳尹王胡之代之。胡之，廙之子也。

20　是岁，仇池公杨国从父俊杀国自立，以俊为仇池公。国子安奔秦。

升平元年(丁巳,357)

1　春，正月壬戌朔，帝加元服。太后诏归政，大赦，改元，太后徙居崇德宫。

段龛环城自守,连砍柴的小路也被切断,城里人互相残食。段龛调动全部兵力出城战斗,被慕容恪在包围圈里打败,慕容恪事先就分派骑兵控制了各个城门,段龛经过只身拼搏,仅得以逃回城内,其馀的士兵全部覆没。从此城里的兵众情绪沮丧,没人再有固守的斗志了。十一月丙子(十四日),段龛将两手反绑于身后出城投降,他和朱秃一起被押解送往蓟城。慕容恪抚慰安定新近归附的民众,全部平定齐地,将三千多户鲜卑族、胡族、羯族人迁徙到蓟城。前燕王慕容儁用墨、劓、剕、宫、大辟五刑处死朱秃,任命段龛为伏顺将军。慕容恪留下慕容尘镇守广固,任命尚书左丞鞠殷为东莱太守,任命章武太守鲜于亮为齐郡太守,然后返回。

鞠殷是鞠彭的儿子。鞠彭当时任前燕的大长秋官职,他写信告诫鞠殷说:"王弥、曹嶷,肯定有子孙后代,你一定要很好地招纳抚慰他们,不要计较过去的怨恨,以防扩大祸乱的根源!"鞠殷经过推问访察,在山中找到了王弥的侄子王立、曹嶷的孙子曹岩,便邀请他们前来相见,结下了深厚的情谊,鞠彭又派使给他们送去车马衣服,东莱郡的百姓从此太平了。

荀羡听说段龛已经失败,便退回到下邳,留下将军诸葛攸、高平太守刘庄统率三千兵众守卫琅邪,参军谯国人戴遂等统率两千兵众守卫泰山。前燕将领慕容兰驻扎在汴城,荀羡攻打并杀掉他。

18 东晋穆帝下诏,派兼司空、散骑常侍车灌等人带着符节前往洛阳,修整先帝的五座陵墓。十二月庚戌(十九日),穆帝和群臣全都身穿细麻布衣服,到太极殿哭泣谒拜三天。

19 司州都督谢尚因为有病无法料理政事,东晋朝廷以丹阳尹王胡之代替他。王胡之是王廙的儿子。

20 这一年,仇池公杨国的叔父杨俊杀掉杨国而自立,东晋朝廷任命杨俊为仇池公。杨国的儿子杨安投奔前秦。

晋穆帝升平元年(丁巳,公元 357 年)

1 春季,正月壬戌朔(初一),东晋穆帝行加冠礼。太后下诏,让他开始主持朝政,实行大赦,改年号,太后迁居崇德宫。

2 燕主儁征幽州刺史乙逸为左光禄大夫。逸夫妇共载鹿车,子璋从数十骑,服饰甚丽,奉迎于道。逸大怒,闭车不与言,到城,深责之。璋犹不悛。逸常忧其败,而璋更被擢任,历中书令、御史中丞。逸乃叹曰:"吾少自修立,克己守道,仅能免罪。璋不治节检,专为奢纵,而更居清显,此岂惟璋之忝幸,实时世之陵夷也。"

3 二月癸丑,燕主儁立其子中山王晔为太子,大赦,改元光寿。

4 太白入东井。秦有司奏:"太白罚星,东井秦分,必有暴兵起京师。"秦主生曰:"太白入井,自为渴耳,何所怪乎!"

5 姚襄将图关中,夏,四月,自北屈进屯杏城,遣辅国将军姚兰略地敷城,曜武将军姚益生、左将军王钦卢各将兵招纳诸羌、胡。兰,襄之从兄;益生,襄之兄也。羌、胡及秦民归之者五万馀户。秦将苻飞龙击兰,擒之。襄引兵进据黄落,秦主生遣卫大将军广平王黄眉、平北将军苻道、龙骧将军东海王坚、建节将军邓羌将步骑万五千以御之。襄坚壁不战。羌谓黄眉曰:"襄为桓温、张平所败,锐气丧矣。然其为人强狠,若鼓噪扬旗,直压其垒,彼必忿恚而出,可一战擒也。"五月,羌帅骑三千压其垒门而陈,襄怒,悉众出战。羌阳不胜而走,襄追之至于三原,羌回骑击之,黄眉等以大众继至,襄兵大败。襄所乘骏马曰黧眉骃,马倒,秦兵擒而斩之,弟苌帅其众降。襄载其父弋仲之枢在军中,秦主生以王礼葬弋仲于孤磐,亦以公礼葬襄。黄眉等还长安,生不之赏,数众辱黄眉。黄眉怒,谋弑生,发觉,伏诛。事连王公亲戚,死者甚众。

2　前燕国主慕容儁征召幽州刺史乙逸为左光禄大夫。乙逸夫妇共坐一辆小车前往就任,而他的儿子乙璋却带着随从数十骑,衣着华丽,在路上迎候。乙逸十分愤怒,紧闭车门,不和他说话,到了蓟城后,乙逸深深地责备他。乙璋还不认错。乙逸常常忧虑他要衰败下去,而乙璋却屡被提升,历任中书令、御史中丞。乙逸于是便叹息道:"我从小修身养性,克己守礼,到头来也只能是得以免罪。乙璋不检点品行,专干放纵奢侈的事情,反而屡任政事清简地位显赫的官职,这难道仅仅是乙璋有愧于宠幸吗?实在是世道的衰落。"

3　二月癸丑(二十三日),前燕国主慕容儁立他的儿子中山王慕容暐为太子,实行大赦,改年号为光寿。

4　金星进入井宿。前秦的有关官署上奏章说:"金星是主惩罚之星,井宿则是原秦国分野,京师一定要出现暴动了。"前秦国主符生说:"金星入井宿,是它自己渴了,有什么大惊小怪的呢!"

5　姚襄准备图谋关中,夏季,四月,从北屈出发进据杏城,派辅国将军姚兰攻占敷城,曜武将军姚益生、左将军王钦卢分别统率士兵去招纳羌、胡各部族。姚兰是姚襄的堂兄;姚益生是姚襄的哥哥。羌、胡部族及汉族的民众归附他们的有五万多户。前秦将领符飞龙攻击姚兰,擒获了他。姚襄率兵进据黄落,前秦国主符生派卫大将军、广平王符黄眉,北平将军符道、龙骧将军东海王符坚、建节将军邓羌统率步、骑兵一万五千人前去抵御。姚襄坚壁固守不交战。邓羌对符黄眉说:"姚襄被桓温、张平打败,锐气已丧。然而他为人争强好胜,如果我们敲响战鼓,挥舞战旗,大兵直接压向他的营垒,他一定会愤而出战,这样就可以一战擒获他。"五月,邓羌率领三千骑兵压到姚襄的营垒门前,摆开了战阵,姚襄大怒,调动全部兵力出来迎战。邓羌表面上装作不能取胜而逃跑,姚襄追到了三原,这时邓羌掉转骑兵攻击姚襄,符黄眉等人则率领大部队随后赶到,姚襄的部队被彻底打败。姚襄所骑的骏马叫䳒眉骝,失蹄摔倒,前秦的士兵擒获了姚襄,然后把他杀死,姚襄的弟弟姚苌率领部众投降。姚襄把他父亲姚弋仲的棺材停放在军营中,前秦国主符生以诸侯王的礼仪把姚弋仲埋葬在孤磐,也以公爵的礼仪埋葬了姚襄。符黄眉等人返回长安,符生没有奖赏他们,反而还多次当众侮辱符黄眉。符黄眉非常愤怒,谋划要杀掉符生,但被符生发现,符黄眉反而被杀。事情牵连到王公亲戚,被杀死的人很多。

6　戊寅,燕主儁遣抚军将军垂、中军将军虔、护军将军平熙帅步骑八万攻敕勒于塞北,大破之,俘斩十馀万,获马十三万匹,牛羊亿万头。

7　匈奴单于贺赖头帅部落三万五千口降燕,燕人处之代郡平舒城。

8　秦主生梦大鱼食蒲,又长安谣曰:"东海大鱼化为龙,男皆为王女为公。"生乃诛太师、录尚书事、广宁公鱼遵并其七子、十孙。金紫光禄大夫牛夷惧祸,求为荆州。生不许,以为中军将军,引见,调之曰:"牛性迟重,善持辕轭,虽无骥足,动负百石。"夷曰:"虽服大车,未经峻壁;愿试重载,乃知勋绩。"生笑曰:"何其快也! 公嫌所载轻乎? 朕将以鱼公爵位处公。"夷惧,归而自杀。

生饮酒无昼夜,或连月不出。奏事不省,往往寝落,或醉中决事。左右因以为奸,赏罚无准。或至申酉乃出视朝,乘醉多所杀戮。自以眇目,讳言"残、缺、偏、只、少、无、不具"之类,误犯而死者,不可胜数。好生剥牛、羊、驴、马,剥鸡、豚、鹅、鸭,纵之殿前,数十为群。或剥人面皮,使之歌舞,临观以为乐。尝问左右曰:"自吾临天下,汝外间何所闻?"或对曰:"圣明宰世,赏罚明当,天下唯歌太平。"怒曰:"汝媚我也!"引而斩之。他日又问,或对曰:"陛下刑罚微过。"又怒曰:"汝谤我也!"亦斩之。勋旧亲戚,诛之殆尽,群臣得保一日,如度十年。

6 戊寅(十九日),前燕国主慕容儁派抚军将军慕容垂、中军将军慕容虔、护军将军慕容平熙率领八万步、骑兵在边境以北攻打敕勒部族,彻底攻破了他们,俘获斩首十多万人,缴获马十三万匹,牛羊亿万头。

7 匈奴单于贺赖头率领本部落的三万五千人投降了前燕,前燕人把他们安置在代郡的平舒城。

8 前秦国主符生梦见大鱼吃蒲草,另外长安城里也有谣谚说:"东海大鱼化为龙,男皆为王女为公。"符生于是就杀掉了太师、录尚书事、广宁公鱼遵以及他的七个儿子、十个孙子。金紫光禄大夫牛夷害怕祸及自己,请求到荆州任职。符生不答应,任命他为中军将军,召见时戏弄说:"老牛生性迟缓稳重,善驾车辕,虽然没长骏马的蹄子,但走起路来能负重百石。"牛夷说:"虽然驾着大车,但没有走过险峻的道路;愿意试拉重车,便可知道我的功用了。"符生笑着说:"多么痛快啊!你嫌所负载的轻吗?朕将用鱼遵的爵位安置你。"牛夷十分害怕,回去后就自杀了。

符生喝酒不分昼夜,有时一连数月不临朝处理政事。进上的奏章不审阅,常常搁置不理,有时在醉酒后处理政事。周围的人因此便常干奸诈之事,赏罚失去标准。有时到中时酉时才出来临朝视政,乘着醉意杀了许多人。他自己由于少了一只眼睛,就忌讳说"残、缺、偏、只、少、无、不全"一类词,因误说了这些字眼而被杀死的人,不计其数。他喜欢活着剥掉牛、羊、驴、马的皮,用热水退活鸡、活猪、活鹅、活鸭的毛,把它们放到大殿前面,几十个为一群。有时则剥掉人的脸皮,让他们唱歌跳舞,他来观看,以此作乐。他曾经问周围的人说:"自从我统治天下以来,你们在外边听到些什么?"有人对他说:"圣明君主主宰天下,赏赐得当,刑罚严明,天下人只有歌颂太平盛世了。"符生愤怒地说:"你向我献媚!"于是就把他拉出去杀了。改天他又问这个问题,有人对他说:"陛下的刑罚稍微过分了一点。"符生又愤怒地说:"你诽谤我!"这人也被杀了。有功的旧臣和亲戚,被诛杀殆尽,群臣们能保全一天,如同度过十年。

東海王坚,素有时誉,与故姚襄参军薛赞、权翼善。赞、翼密说坚曰:"主上猜忍暴虐,中外离心,方今宜主秦祀者,非殿下而谁! 愿早为计,勿使他姓得之!"坚以问尚书吕婆楼,婆楼曰:"仆,刀环上人耳,不足以办大事。仆里舍有王猛,其人谋略不世出,殿下宜请而咨之。"坚因婆楼以招猛,一见如旧友。语及时事,坚大悦,自谓如刘玄德之遇诸葛孔明也。

六月,太史令康权言于秦主生曰:"昨夜三月并出,孛星入太微,连东井,自去月上旬,沈阴不雨,以至于今,将有下人谋上之祸。"生怒,以为妖言,扑杀之。

特进、领御史中丞梁平老等谓坚曰:"主上失德,上下嗷嗷,人怀异志,燕、晋二方,伺隙而动,恐祸发之日,家国俱亡。此殿下之事也,宜早图之!"坚心然之,畏生趫勇,未敢发。

生夜对侍婢言曰:"阿法兄弟亦不可信,明当除之。"婢以告坚及坚兄清河王法。法与梁平老及特进光禄大夫强汪帅壮士数百潜入云龙门,坚与吕婆楼帅麾下三百人鼓噪继进,宿卫将士皆舍仗归坚。生犹醉寐,坚兵至,生惊问左右曰:"此辈何人?"左右曰:"贼也!"生曰:"何不拜之!"坚兵皆笑。生又大言:"何不速拜,不拜者斩之!"坚兵引生置别室,废为越王,寻杀之,谥曰厉王。

坚以位让法,法曰:"汝嫡嗣,且贤,宜立。"坚曰:"兄年长,宜立。"坚母苟氏泣谓群臣曰:"社稷事重,小儿自知不能,他日有悔,失在诸君。"群臣皆顿首请立坚。坚乃去皇帝之号,称大秦天王,即位于太极殿。诛生幸臣中书监董荣、左仆射赵韶等二十馀人。大赦,改元永兴。追尊父

东海王苻坚,一直被时人称誉,和过去姚襄的参军薛赞、权翼关系很好。薛赞、权翼秘密地劝苻坚说:"主上猜忌残忍,行为暴虐,宫廷内外对他已经离心,如今适宜于主持秦国祭祀的人,不是殿下是谁!愿您及早谋划,不要让大权落入他姓人手中!"苻坚去问尚书吕婆楼,吕婆楼说:"我,已经是屠刀下的人了,不足以办成大事。我的私宅里有一位叫王猛的人,他的谋略世间少见,殿下应该请他出来,并向他请教。"苻坚根据吕婆楼的意见召来王猛,二人一见如故。谈论到国家当前的大事,苻坚十分高兴,自认为如同刘备遇到了诸葛亮。

六月,太史令康权对前秦国主苻生进言说:"昨天晚上同时出现了三个月亮,彗星进入太微星座,又连着井宿,自从五月上旬以来,天气沉阴密布,又不下雨,一直到今天,将要出现臣下图谋主上的灾祸了。"苻生十分愤怒,认为这是妖言,把他捽死。

特进、兼御史中丞梁平老等人对苻坚说:"主上丧失道德,上下怨声载道,人心各异,燕、晋二朝,伺机而动,恐怕灾祸出现之日,宗族、国家都要灭亡。这是殿下的大事,应该及早图谋!"苻坚内心同意,但又畏惧苻生的勇捷凶猛,没敢作声。

苻生夜里对服侍他的婢女说:"苻坚、苻法兄弟也不可信赖,明天就应当把他们除掉。"婢女把这一消息告诉了苻坚以及他的哥哥清河王苻法。苻法和梁平老以及特进光禄大夫强汪率领勇士数百人潜入云龙门,苻坚和吕婆楼率领手下三百人击鼓跟进,守卫王宫的将士们全都丢掉武器归顺了苻坚。苻生这时还醉倒大睡,苻坚的士兵来到后,苻生惊慌地问周围人说:"这是些什么人?"周围的人回答:"强盗!"苻生说:"为什么不叩拜!"苻坚的士兵全都笑了。苻生又大声说:"为什么不赶快叩拜,不拜者杀头!"苻坚的士兵把苻生带到别的房间,黜废他为越王,不久就把他杀了,定谥号为厉王。

苻坚把王位让给苻法,苻法说:"你是嫡传嗣子,而且贤明,应该立为王。"苻坚说:"哥哥年长,应该立为王。"苻坚的母亲苟氏哭泣着对群臣说:"朝政事关重大,我儿子自知不能胜任。以后大家如有悔恨,过失在诸君身上。"群臣全都叩头请求立苻坚为王。苻坚于是就去掉了皇帝的称号,称为大秦天王,在太极殿即位。杀掉了苻生的宠臣中书监董荣、左仆射赵韶等二十多人。实行大赦,改年号为永兴。追尊父亲

雄为文桓皇帝,母苟氏为皇太后,妃苟氏为皇后,世子宏为皇太子,以清河王法为都督中外诸军事、丞相、录尚书事、东海公,诸王皆降爵为公。以从祖右光禄大夫、永安公侯为太尉,晋公柳为车骑大将军、尚书令。封弟融为阳平公,双为河南公,子丕为长乐公,晖为平原公,熙为广平公,睿为钜鹿公。以汉阳李威为左仆射,梁平老为右仆射,强汪为领军将军,吕婆楼为司隶校尉,王猛为中书侍郎。

融好文学,明辨过人,耳闻则诵,过目不忘,力敌百夫,善骑射击刺,少有令誉,坚爱重之,常与共议国事。融经综内外,刑政修明,荐才扬滞,补益弘多。丕亦有文武才干,治民断狱,皆亚于融。

威,苟太后之姑子也,素与魏王雄友善,生屡欲杀坚,赖威营救得免。威得幸于苟太后,坚事之如父。威知王猛之贤,常劝坚以国事任之。坚谓猛曰:"李公知君,犹鲍叔牙之知管仲也。"猛以兄事之。

9 燕主儁杀段龛,坑其徒三千馀人。

10 秋,七月,秦大将军冀州牧张平遣使请降,拜并州刺史。

11 八月丁未,立皇后何氏。后,故散骑侍郎庐江何准之女也。礼如咸康而不贺。

12 秦王坚以权翼为给事黄门侍郎,薛赞为中书侍郎,与王猛并掌机密。九月,追复太师鱼遵等官,以礼改葬,子孙存者皆随才擢叙。

13 张平据新兴、雁门、西河、太原、上党、上郡之地,壁垒三百馀,夷、夏十馀万户,拜置征镇,欲与燕、秦为敌国。冬,十月,平寇略秦境,秦王坚以晋公柳都督并、冀州诸军事,加并州牧,镇蒲阪以御之。

符雄为文桓皇帝,尊母亲苟氏为皇太后,立妃苟氏为皇后,立长子符宏为太子,任命清河王符法为都督中外诸军事、丞相、录尚书事、东海公,诸王全都降为公。任命从祖右光禄大夫、永安公符侯为太尉,晋公符柳为车骑大将军、尚书令。封弟弟符融为阳平公,符双为河南公,儿子符丕为长乐公,符晖为平原公,符熙为广平公,符睿为钜鹿公。任命汉阳人李威为左仆射,梁平老为右仆射,强汪为领军将军,吕婆楼为司隶校尉,王猛为中书侍郎。

符融爱好文献经典,分辨能力过人,耳闻成诵,过目不忘,力量之大,能敌百人,善于骑马射箭刺击,从小就有美好的声誉,符坚非常喜欢并看重他,经常和他共商国家大事。符融谋划治理天下,刑罚政令,规范清明,荐举贤才,拔擢沉沦之士,对符坚有很大帮助。符丕也有文才武略,但治理民众,决断刑狱,全都逊于符融。

李威是苟太后姑姑的儿子,和魏王符雄一直关系很好,符生多次想杀掉符坚,全靠李威设法救助才得以幸免。李威很得苟太后的宠爱,符坚对待他像父亲一样。李威深知王猛的贤明,经常劝符坚把国家重任交给他。符坚对王猛说:"李公了解你,就像鲍叔牙了解管仲一样。"王猛像对待哥哥一样对待李威。

9 前燕国主慕容儁杀掉了段龛,把他的兵众三千多人活埋。

10 秋季,七月,前秦大将军冀州牧张平派遣使者到东晋请求投降,朝廷授予他并州刺史官职。

11 八月丁未(十九日),东晋穆帝立何氏为皇后。何皇后,是过去散骑常侍郎庐江人何准的女儿。立后礼仪像咸康二年那次一样,不加以庆贺。

12 前秦王符坚任命权翼为给事黄门侍郎,薛赞为中书侍郎,和王猛一起掌管机要事务。九月,追认恢复了太师鱼遵等人的官位,按照礼仪对他们重新加以安葬,对他们在世的子孙,全都根据才能加以提拔任用。

13 张平占据了新兴、雁门、西河、太原、上党、上郡等地,修筑了三百多座坚壁营垒,有夷、汉的十万多户人家,设置了征镇官吏,要与前燕、前秦相对抗。冬季,十月,张平进犯秦地,前秦王符坚让晋公符柳总领并、冀二州各种军务,授予并州牧,镇守蒲阪,以抵御张平。

14 十一月癸酉,燕主儁自蓟徙都邺。

15 秦太后苟氏游宣明台,见东海公法之第门车马辐凑,恐终不利于秦王坚,乃与李威谋,赐法死。坚与法诀于东堂,恸哭欧血,谥曰献哀公,封其子阳为东海公,敷为清河公。

16 十二月乙巳,燕主儁入邺宫,大赦。复作铜雀台。

17 以太常王彪之为左仆射。

18 秦王坚行至尚书,以文案不治,免左丞程卓官,以王猛代之。坚举异材,修废职,课农桑,恤困穷,礼百神,立学校,旌节义,继绝世,秦民大悦。

二年(戊午,358)

1 春,正月,司徒昱稽首归政,帝不许。

2 初,冯鸯既以上党来降,又附于张平,又自归于燕,既而复叛燕。二月,燕司徒上庸王评讨之,不克。

3 秦王坚自将讨张平,以邓羌为前锋督护,帅骑五千,军于汾上。平使养子蚝御之。蚝多力趫捷,能曳牛却走,城无高下,皆可超越。与羌相持旬馀,莫能相胜。三月,坚至铜壁,平尽众出战,蚝单马大呼,出入秦陈者四五。坚募人生致之,鹰扬将军吕光刺蚝,中之,邓羌擒蚝以献,平众大溃。平惧,请降。坚拜平右将军,以蚝为虎贲中郎将。蚝,本姓弓,上党人也。坚宠待甚厚,常置左右。秦人称邓羌、张蚝皆万人敌。光,婆楼之子也。坚徙张平部民三千馀户于长安。

14 十一月癸酉(十七日),前燕国主慕容儁将都城由蓟城迁往邺城。

15 前秦太后苟氏游览宣明台,看见东海公苻法的宅门前车水马龙,她恐怕这最终会对秦王苻坚不利,于是就与李威商量,赐苻法死。苻坚和苻法在东堂诀别,二人失声痛哭,以致口吐鲜血,苻法死后,谥号定为献哀公,其儿子苻阳被封为东海公,苻敷被封为清河公。

16 十二月乙巳(十九日),前燕国主慕容儁进入邺城宫殿,实行大赦。修复了铜雀台。

17 东晋任命太常王彪之为左仆射。

18 前秦王苻坚巡视到了尚书省,看见文牍案卷凌乱,便罢免了尚书左丞程卓的官职,任命王猛取代他。苻坚任用贤才,整治废弛的政事,劝勉农桑,抚恤贫困,礼敬百神,设立学校,表彰节义,恢复已经断绝的世祀,前秦的百姓十分高兴。

晋穆帝升平二年(戊午,公元 358 年)

1 春季,正月,司徒司马昱叩头请求归还朝政,晋穆帝不同意。

2 当初,冯鸯已将上党献给东晋,但又归附张平,不久又归附前燕,紧接着又背叛了前燕。二月,前燕司徒上庸王慕容评前往讨伐冯鸯,但没有攻克。

3 前秦王苻坚准备亲自出征,讨伐张平,他任命邓羌为前锋督护,率领五千骑兵,驻扎于汾水岸边。张平派养子张蚝抵御。张蚝身强力壮又很矫捷,能够拽着牛倒退行走,城墙不论高低,都可以翻越而过。他和邓羌相持了十多天,互不能胜。三月,苻坚抵达铜壁,张平用全部兵力出来迎战,张蚝只身匹马,大声呼喊,出入冲杀前秦的兵阵有四五次。苻坚悬赏兵将活捉张蚝,鹰扬将军吕光刺击张蚝,击中了他,邓羌将他擒获,献给了苻坚,张平的兵众彻底溃散。张平十分害怕,便请求投降。苻坚授他为右将军,任命张蚝为虎贲中郎将。张蚝本姓弓,上党人。苻坚对待他非常宠厚,经常让他跟随在左右。前秦人称邓羌、张蚝都可力敌万人。吕光是吕婆楼的儿子。苻坚将张平的部众三千多户迁徙到了长安。

4 甲戌,燕主儁遣领军将军慕舆根将兵助司徒评攻冯
鸯。根欲急攻之,评曰:"鸯壁坚,不如缓之。"根曰:"不然。
公至城下经月,未尝交锋。贼谓国家力止于此,遂相固结,冀
幸万一。今根兵初至,形势方振,贼众恐惧,皆有离心,计虑
未定,从而攻之,无不克者。"遂急攻之。鸯与其党果相猜忌,
鸯奔野王依吕护,其众尽降。

5 夏,四月,秦王坚如雍,祠五畤。六月,如河东,祠
后土。

6 秋,八月,豫州刺史谢奕卒。奕,安之兄也。司徒昱
以建武将军桓云代之。云,温之弟也。访于仆射王彪之,彪
之曰:"云非不才,然温居上流,已割天下之半,其弟复处西
藩,兵权萃于一门,非深根固蒂之宜。人才非可豫量,但当令
不与殿下作异者耳。"昱颔之曰:"君言是也。"壬申,以吴兴太
守谢万为西中郎将,监司豫冀并四州诸军事、豫州刺史。

王羲之与桓温笺曰:"谢万才流经通,使之处廊庙,固是
后来之秀,今以之俯顺荒馀,近是违才易务矣。"又遗万书曰:
"以君迈往不屑之韵,而俯同群碎,诚难为意也。然所谓通
识,正当随事行藏耳。愿君每与士卒之下者同甘苦,则尽善
矣。"万不能用。

徐、兖二州刺史荀羡有疾,以御史中丞郗昙为军司。昙,
鉴之子也。

4　甲戌(二十日),前燕国主慕容儁派领军将军慕舆根带领军队协助司徒慕容评攻打冯鸯。慕舆根想展开急攻,慕容评说:"冯鸯营垒坚固,不如缓攻。"慕舆根说:"不对。您抵达城下已经一个多月了,还未曾交锋。寇贼认为燕国的力量不过如此而已,于是就互相聚集固守,寄希望于万一侥幸取胜。眼下我慕舆根的军队刚刚抵达,形势正好,众寇贼惶恐害怕,都产生了离心,应对之策还未确定,如果乘势而攻,没有不成功的道理。"于是就对冯鸯展开了急攻。冯鸯和他的同党们果然互相猜忌,冯鸯逃奔到野王依附了吕护,他的部众则全部投降。

5　夏季,四月,前秦王苻坚到了雍州,祭祀五畤。六月,到河东,祭祀了土地神。

6　秋季,八月,东晋豫州刺史谢奕去世。谢奕是谢安的哥哥。司徒司马昱任命建武将军桓云替代他的职位。桓云是桓温的弟弟。司马昱就此去向王彪之询问意见,王彪之说:"桓云不是无能的人,然而桓温已经居守长江上游,管辖着天下的一半,他的弟弟再要掌握朝廷西部藩屏的重要军职,兵权集于一家之手,这不宜于使国家根基牢固。人才不是可以预料的,只应当让他不与殿下怀有二心而已。"司马昱点头说道:"你说得对。"壬申(二十一日),任命吴兴太守谢万为西中郎将,监司、豫、冀、并四州诸军事及豫州刺史。

王羲之给桓温写信说:"谢万的才能足以经世治国,在时人中堪称通达,如果让他身居朝廷,肯定是后起之秀,如今让他屈身去治理兵荒马乱之后的边境,这就有些违背他的才能而任用了。"又给谢万写信说:"以阁下超越前贤、不屑于琐碎事务的风韵,而去屈身治理群民,主持军中琐细杂务,确实是难以称心。然而所谓通达的见识,正是应当适应环境的变化而决定如何行动。希望您经常与下层士兵同甘共苦,这就是完美的品行了。"但谢万却没能照此去办。

徐、兖二州刺史荀羡患病,任命御史中丞郗昙为军司。郗昙是郗鉴的儿子。

7　九月庚辰,秦王坚还长安,以太尉侯守尚书令。于是秦大旱,坚减膳彻乐,命后妃以下悉去罗纨,开山泽之利,公私共之,息兵养民,旱不为灾。

王猛日亲幸用事,宗亲勋旧多疾之,特进、姑臧侯樊世,本氐豪,佐秦主健定关中,谓猛曰:"吾辈耕之,君食之邪?"猛曰:"非徒使君耕之,又将使君炊之!"世大怒曰:"要当悬汝头于长安城门,不然,吾不处世!"猛以白坚,坚曰:"必杀此老氐,然后百寮可肃。"会世入言事,与猛争论于坚前,世欲起击猛,坚怒,斩之。于是群臣见猛皆屏息。

8　赵之亡也,其将张平、李历、高昌皆遣使降燕,已而降晋,又降秦,各受爵位,欲中立以自固。燕主儁使司徒评讨张平于并州,司空阳骛讨高昌于东燕,乐安王臧讨李历于濮。阳骛攻昌别将于黎阳,不拔。历奔荥阳,其众皆降。并州壁垒百馀降于燕,儁以右仆射悦绾为并州刺史以抚之。平所署征西将军诸葛骧等帅壁垒百三十八降于燕,儁皆复其官爵。平帅众三千奔平阳,复请降于燕。

9　冬,十月,泰山太守诸葛攸攻燕东郡,入武阳,燕主儁遣大司马恪统阳骛及乐安王臧之兵以击之。攸败走,还泰山,恪遂渡河,略地河南,分置守宰。

10　燕主儁欲经营秦、晋,十二月,令州郡校实见丁,户留一丁,馀悉发为兵,欲使步卒满一百五十万,期来春大集洛阳。武邑刘贵上书,极陈"百姓凋弊,发兵非法,必致土崩之变"。儁善之,乃更令三五发兵,宽其期日,以来冬集邺。

7 九月庚辰,前秦王符坚返回长安,任命太尉符侯暂任尚书令。这时前秦发生大旱,符坚减少了膳食,取消了歌乐,命令后妃以下的人全都换掉绢丝服装,开发山林湖泽,国家与百姓共同享用,停止战争,休养生息,所以虽遇大旱,但并没有引起灾荒。

王猛日益受到任用,王室亲属以及有功的旧臣对他都十分厌恶,特进、姑臧侯樊世,本是氐族的豪强,辅佐前秦国主符健平定关中,他对王猛说:"我们耕种,你坐享其成吗?"王猛说:"不仅让你耕种,还要让你做成熟食!"樊世勃然大怒,说:"一定要把你的脑袋悬挂在长安城门上,不这样,我就不活在人世!"王猛把这些告诉了符坚,符坚说:"一定得杀掉这个氐族老夫,然后群臣百官才能恭敬从命。"恰好这时樊世进宫商讨事情,和王猛在符坚面前争论起来,樊世想起身打王猛,符坚大怒,把樊世杀了。从此,群臣百官见到王猛都连大气也不敢出。

8 后赵灭亡的时候,其将领张平、李历、高昌都派遣使者投降了前燕,后来又投降了东晋,不久又投降了前秦,从各国分别接受了爵位,想以中立的方式自我保全。前燕国主慕容儁派司徒慕容评在并州讨伐张平,派司空阳骛在东燕讨伐高昌,派乐安王慕容臧在濮城讨伐李历。阳骛在黎阳攻打高昌另一部将的军队,没有攻破。李历逃奔荥阳,其兵众全部投降。并州一百多座营垒都投降了前燕,慕容儁任命右仆射悦绾为并州刺史安抚他们。张平统辖的征西将军诸葛骧等人率领一百三十八座营垒投降了前燕,慕容儁都恢复了他们的官职爵位。张平率领三千兵众逃奔到平阳,又一次向前燕请求投降。

9 冬季,十月,泰山太守诸葛攸攻打前燕的东郡,进入武阳后,前燕国主慕容儁派大司马慕容恪统领阳骛及乐安王慕容臧的部队迎击。诸葛攸被打败逃跑,回到了泰山,慕容恪渡过黄河,占据河南,分别设置了地方官吏。

10 前燕国主慕容儁想要图谋前秦、东晋,十二月,他命令各州郡核实现有的成年男子,每户留下一名,其余的全部征召充军,想使兵员达到一百五十万,以期明年春天汇集洛阳。武邑人刘贵上书,有力陈述"民力衰败,征兵的办法违反古法,必定会导致军队土崩瓦解"。慕容儁认为此话有理,便更改了命令,改为三丁抽二,五丁抽三的办法,而且放宽征调的期限,把汇集邺城的时间改为明年冬天。

时燕调发繁数,官司各遣使者,道路旁午,郡县苦之。太尉、领中书监封奕请:"自今非军期严急,不得遣使,自馀赋发皆责成州郡,其群司所遣弹督在外者,一切摄还。"儁从之。

11 燕泰山太守贾坚屯山茌,荀羡引兵击之。坚所将才七百馀人,羡兵十倍于坚。坚将出战,诸将皆曰:"众少,不如固守。"坚曰:"固守亦不能免,不如战也。"遂出战,身先士卒,杀羡兵千馀人,复还入城。羡进攻之,坚叹曰:"吾自结发,志立功名,而每值穷厄,岂非命乎!与其屈辱而生,不若守节而死。"乃谓将士曰:"今危困,计无所设,卿等可去,吾将止死。"将士皆泣曰:"府君不出,众亦俱死耳。"乃扶坚上马,坚曰:"我如欲逃,必不相遣。今当为卿曹决斗,若势不能支,卿等可趣去,勿复顾我也!"乃开门直出。羡兵四集,坚立马桥上,左右射之,皆应弦而倒。羡兵众多,从堑下斫桥,坚人马俱陷,生擒之,遂拔山茌。羡谓坚曰:"君父、祖世为晋臣,奈何背本不降?"坚曰:"晋自弃中华,非吾叛也。民既无主,强则托命。既已事人,安可改节!吾束脩自立,涉赵历燕,未尝易志,君何匆匆相谓降乎!"羡复责之,坚怒曰:"竖子,儿女御乃公!"羡怒,执置雨中,数日,坚愤惋而卒。

燕青州刺史慕容尘遣司马悦明救泰山,羡兵大败,燕复取山茌。燕主儁以贾坚子活为任城太守。

当时前燕征赋调兵频繁,各官府派遣使者,穿梭往返,郡县苦不堪言。太尉、兼中书监封奕请求:"从今开始,如果不是军令期限紧迫,不得再派使者,其馀征赋调兵事宜全都由州郡督促完成,州郡以下的部门派出在外催促监督的人,一律返回。"慕容儁听从了这一请求。

11 前燕泰山太守贾坚驻扎在山茌,东晋荀羡带领兵众攻击他。贾坚统领的兵士才七百多人,荀羡的兵力十倍于贾坚。贾坚准备出城迎战,众将领都说:"士兵数量少,不如固守。"贾坚说:"固守也不能幸免,不如迎战。"于是出城迎战,贾坚身先士卒,率兵斩杀了荀羡的士兵一千多人,又返回了城中。荀羡向他发起进攻,贾坚叹息说道:"我自结发成年以来,立志要建立功名,然而每每陷于穷途险境,这岂不是命中注定吗!与其遭受屈辱而苟且偷生,不如保持气节而慨然赴死。"于是对将士们说:"如今处于危险的困境,无计可施,你们可以离去,我将只有一死。"将士们都哭泣着说:"府君您不出城,大家也一起死。"于是他们就扶持贾坚上马,贾坚说:"我如果想要逃走,一定不会丢开你们。现在应当为你们去决死一战,如果力量不支,你们可以赶快离去,不要再顾及我了!"说完便打开城门,径直出去。荀羡的兵众四面云集,贾坚把马停在护城河的桥上,左右开弓,荀羡的士兵应声倒下。然而荀羡的兵力众多,一部分士兵从河下砍断桥梁,贾坚连人带马陷落下去,被活捉,山茌于是被攻克。荀羡对贾坚说:"你的父亲、祖父世代都是晋朝的臣子,你为什么要背叛先祖而不肯投降?"贾坚说:"是晋王朝自己抛弃了中华大地,不是我背叛了它。百姓既然已经没有了君主,只有把命运托付给力量强大的人。我既然已经侍奉了别人,怎么可以改变气节!我从师就学自立于世以来,历经赵、燕,未曾改变志向,你怎么能一下子就劝我投降呢!"荀羡又一次责备贾坚,贾坚愤怒地说:"小子!做儿女的竟想管教父亲!"荀羡大怒,把他押到院子里淋雨。过了几天,贾坚满怀悲愤遗憾而死。

前燕青州刺史慕容尘派司马悦明去救援泰山,荀羡的军队被打败,前燕又夺取了山茌。前燕国主慕容儁任命贾坚的儿子贾活为任城太守。

苟羡疾笃，征还，以郗昙为北中郎将、都督徐兖青冀幽五州诸军事、徐兖二州刺史，镇下邳。

12　燕吴王垂娶段末杯女，生子令、宝。段氏才高性烈，自以贵姓，不尊事可足浑后，可足浑氏衔之。燕主儁素不快于垂，中常侍涅皓因希旨告段氏及吴国典书令辽东高弼为巫蛊，欲以连污垂，儁收段氏及弼下大长秋、廷尉考验，段氏及弼志气确然，终无挠辞。掠治日急，垂愍之，私使人谓段氏曰："人生会当一死，何堪楚毒如此！不若引服。"段氏叹曰："吾岂爱死者耶！若自诬以恶逆，上辱祖宗，下累于王，固不为也！"辩答益明，故垂得免祸，而段氏竟死于狱中。出垂为平州刺史，镇辽东。垂以段氏女弟为继室。可足浑氏黜之，以其妹长安君妻垂。垂不悦，由是益恶之。

13　匈奴刘阏头部落多叛，惧而东走，乘冰渡河，半渡而冰解，后众悉归刘悉勿祈，阏头奔代。悉勿祈，务桓之子也。

三年(己未，359)

1　春，二月，燕主儁立子泓为济北王，冲为中山王。

2　燕人杀段勤，勤弟思来奔。

3　燕主儁宴群臣于蒲池，语及周太子晋，潸然流涕曰："才子难得。自景先之亡，吾鬓发中白。卿等谓景先何如？"司徒左长史李绩对曰："献怀太子之在东宫，臣为中庶子，太子志业，敢不知之！太子大德有八：至孝，一也；聪敏，二也；沈毅，三也；疾谀喜直，四也；好学，五也；多艺，六也；谦恭，七也；好施，八也。"儁曰："卿誉之虽过，然此儿在，吾死无忧矣。景茂何如？"

荀羡病重,被东晋朝廷召回,任命郗昙为北中郎将,都督徐、兖、青、冀、幽五州诸军事,徐、兖二州刺史,镇守下邳。

12　前燕吴王慕容垂娶了段末柸的女儿,生下儿子慕容令、慕容宝。段氏才能颇高但性格刚烈,自以为出身于名门贵姓,不恭敬侍奉可足浑王后,可足浑氏对她怀恨在心。前燕国主慕容儁历来不喜欢慕容垂,中常侍涅浩便迎合他的心意,诬告段氏及吴国典书令辽东人高弼使用巫蛊邪术嫁祸于人,想以此株连慕容垂,慕容儁拘捕了段氏和高弼,分别送交大长秋、廷尉审问。段氏及高弼意志坚定,始终没有屈招。严刑拷打日甚一日,慕容垂怜悯他们,就私下派人告诉段氏说:"人生固有一死,何必忍受如此荼毒! 不如屈招服罪。"段氏叹息道:"我难道是喜欢死的人吗! 如果诬蔑自己而去迎合邪恶,上辱没祖宗,下连累大王,坚决不能干!"此后她辩驳答对越发明确,慕容垂因此得以免遭祸害,而段氏最终死于狱中。慕容儁将慕容垂调出,任平州刺史,镇守辽东。慕容垂娶段氏的妹妹作为继室。然而可足浑氏却废黜了她,把自己的妹妹长安君嫁给慕容垂。慕容垂很不高兴,从此慕容儁更加讨厌他。

13　匈奴人刘阏头的部落大多都反叛,他由于害怕而东逃。到达黄河后,他踩着冰过河,走到一半,冰面破裂,落在后面的兵众全都归附了刘悉勿祈,刘阏头逃奔到代国。刘悉勿祈是刘务桓的儿子。

晋穆帝升平三年(己未,公元 359 年)

1　春季,二月,前燕国主慕容儁立儿子慕容泓为济北王,慕容冲为中山王。

2　前燕人杀了段勤,段勤的弟弟段思来投奔东晋。

3　前燕国主慕容儁在蒲池宴请群臣,谈到周朝太子姬晋的时候,他潸然泪下,说:"有才华的儿子难得。自从慕容晔死去以后,我鬓发已经半白。你们说慕容晔怎样?"司徒左长史李绩回答说:"献怀太子慕容晔在东宫的时候,我为中庶子,太子的志向业绩,我怎敢说不清楚呢! 太子的大德表现在八个方面:其一,至孝;其二,聪明敏锐;其三,沉着坚毅;其四,痛恨阿谀喜欢刚直;其五,好学;其六,多才多艺;其七,谦恭;其八,喜欢施惠于人。"慕容儁说:"你的赞誉虽说有点过分,但如果此儿健在,我便死而无忧了。慕容晔怎么样?"

时太子晔侍侧,绩曰:"皇太子天资岐嶷,虽八德已闻,而二阙未补,好游畋而乐丝竹,此其所以损也。"儁顾谓晔曰:"伯阳之言,药石之惠也,汝宜诫之!"晔甚不平。

儁梦赵王虎啮其臂,乃发虎墓,求尸不获,购以百金。邺女子李菟知而告之,得尸于东明观下,僵而不腐。儁蹋而骂之曰:"死胡,何敢怖生天子!"数其残暴之罪而鞭之,投于漳水,尸倚桥柱不流。及秦灭燕,王猛为之诔李菟,收而葬之。

4　秦平羌护军高离据略阳叛,永安威公侯讨之,未克而卒。夏,四月,骁骑将军邓羌、秦州刺史啖铁讨平之。

5　匈奴刘悉勿祈卒,弟卫辰杀其子而代之。

6　五月,秦王坚如河东;六月,大赦,改元甘露。

7　凉州牧张瓘,猜忌苛虐,专以爱憎为赏罚。郎中殷郇谏之,瓘曰:"虎生三日,自能食肉,不须人教也。"由是人情不附。辅国将军宋混,性忠鲠,瓘惮之,欲杀混及弟澄,因废凉王玄靓而代之。征兵数万,集姑臧。混知之,与澄帅壮士杨和等四十馀骑奄入南城,宣告诸营曰:"张瓘谋逆,被太后令诛之。"俄而众至二千,瓘帅众出战,混击破之。瓘麾下玄胪刺混,不能穿甲,混擒之,瓘众悉降。瓘与弟琚皆自杀,混夷其宗族。玄靓以混为使持节、都督中外诸军事、骠骑大将军、酒泉郡侯,代瓘辅政。混乃请玄靓去凉王之号,复称凉州牧。混谓玄胪曰:"卿刺我,幸而不伤,今我辅政,卿其惧乎?"胪曰:"胪受瓘恩,唯恨刺节下不深耳,窃无所惧!"混义之,任为心膂。

当时慕容晔正侍立在旁边，李绩说："皇太子天资聪慧，虽然已有具备八德的声誉，但尚有两方面的缺憾未能弥补，喜欢游玩打猎和丝竹器乐，这就是导致他有所不如的原因。"慕容儁看着慕容晔说："李绩的话，是苦口良药，你应该引以为戒！"慕容晔却怏怏不平。

慕容儁梦见赵王石虎咬他的臂膀，便掘开石虎的坟墓，寻找他的尸体，但没有找到，于是悬赏百金搜求。邺城的女子李菟知道下落，告诉了慕容儁，在东明观下找到尸体，尸体僵而不腐。慕容儁踩着尸体骂道："死胡人，竟敢吓唬活天子！"接着历数石虎的残暴罪行，又用鞭子抽打尸体，最后投进漳水之中，但尸体却倚靠在桥柱边而不漂走。等到前秦灭掉了前燕，王猛为此杀掉李菟，将石虎的遗骸收拾起来安葬了。

4　前秦平羌护军高离据守略阳反叛，永安威公苻侯前往讨伐，没有攻克苻侯就死了。夏季，四月，骠骑将军邓羌、秦州刺史啖铁讨伐并平定了反叛。

5　匈奴刘悉勿祈去世，弟弟刘卫辰杀掉了他的儿子，取而代之。

6　五月，前秦王苻坚到河东；六月，实行大赦，改年号为甘露。

7　凉州牧张瓘，猜忌成性，苛刻暴虐，专断地以自己的爱憎进行赏罚。郎中殷郇劝他，张瓘说："老虎生下来三天，自己就会吃肉，不需要别人教导。"因此人心都和他疏远。辅国将军宋混，生性忠诚耿直，张瓘害怕他，想杀掉宋混以及他的弟弟宋澄，乘势将凉王张玄靓废黜，取而代之。张瓘征兵数万人，集结于姑臧。宋混知道后，和宋澄一起率领杨和等四十多名勇士骑着马潜入城南，向各个军营宣布："张瓘阴谋叛逆，奉太后令来杀他。"不一会儿，聚集起来的兵众就达两千，张瓘率领兵众出来迎战，被宋混击败。张瓘手下的玄胪刺击宋混，未能刺透盔甲，宋混擒获了他，张瓘的兵众全部投降。张瓘和他的弟弟张琚自杀，宋混将其宗族灭绝。张玄靓任命宋混为使持节、都督中外诸军事、骠骑大将军、酒泉郡侯，取代张瓘辅佐政事。宋混于是就请求张玄靓去掉凉王的称号，恢复凉州牧的称呼。宋混对玄胪说："你刺我，我幸运而未伤，如今我辅佐朝政，你大概害怕吧？"玄胪说："我承受了张瓘的恩惠，只恨刺你刺得不够深，内心无所畏惧！"宋混认为他具有大义，把他当作心腹。

8　高昌不能拒燕，秋，七月，自白马奔荥阳。

9　秦王坚自河东还，以骁骑将军邓羌为御史中丞。八月，以咸阳内史王猛为侍中、中书令、领京兆尹。特进、光禄大夫强德，太后之弟也，酗酒，豪横，掠人财货、子女，为百姓患。猛下车收德，奏未及报，已陈尸于市。坚驰使赦之，不及。与邓羌同志，疾恶纠案，无所顾忌，数旬之间，权豪、贵戚杀戮、刑免者二十馀人，朝廷震栗，奸猾屏气，路不拾遗。坚叹曰："吾始今知天下之有法也！"

10　泰山太守诸葛攸将水陆二万击燕，入自石门，屯于河渚。燕上庸王评、长乐太守傅颜帅步骑五万与攸战于东阿，攸兵大败。

冬，十月，诏谢万军下蔡、郗昙军高平以击燕。万矜豪傲物，但以啸咏自高，未尝抚众。兄安深忧之，谓万曰："汝为元帅，宜数接对诸将以悦其心，岂有傲诞如此而能济事也！"万乃召集诸将，一无所言，直以如意指四坐云："诸将皆劲卒。"诸将益恨之。安虑万不免，乃自队帅以下，无不亲造，厚相亲托。既而万帅众入涡、颍以援洛阳。郗昙以病退屯彭城。万以为燕兵大盛，故昙退，即引兵还，众遂惊溃。万狼狈单归，军士欲因其败而图之，以安故而止。既至，诏废万为庶人，降昙号建武将军。于是许昌、颍川、谯、沛诸城相次皆没于燕。

11　秦王坚以王猛为吏部尚书，寻迁太子詹事，十一月，为左仆射，馀官如故。

8　高昌抵抗不住前燕的攻击，秋季，七月，从白马逃奔到荥阳。

9　前秦王苻坚从河东返回，任命骁骑将军邓羌为御史中丞。八月，任命咸阳内史王猛为侍中、中书令，兼领京兆尹。特进、光禄大夫强德是强太后的弟弟，他借酒逞凶，骄纵蛮横，抢夺别人的财物、子女，是百姓的祸害。王猛一上任就拘捕了他，进上奏章请求处理，没等回复，强德就已经陈尸街市。苻坚见到奏章后迅速派使者要将强德赦免，但为时已晚。王猛与邓羌志同道合，斩除邪恶，纠正冤案，无所顾忌，几十天时间，被处死和依法黜免的权贵、豪强、王公贵戚有二十多人，震动了朝廷上下，奸猾之辈屏声敛气，境内路不拾遗。苻坚感叹地说："我到如今才知道天下有法律了！"

10　东晋泰山太守诸葛攸统率两万水兵、步兵攻击前燕，从石门进入，驻扎在黄河的小岛上。前燕上庸王慕容评、长乐太守傅颜率领五万步兵、骑兵和诸葛攸在东阿交战，诸葛攸的军队大败。

冬季，十月，东晋诏令谢万率军驻扎下蔡，郗昙率军驻扎高平，以攻打前燕。谢万豪放自负，对人傲慢，整天只是以啸吟自命清高，不曾抚慰兵众。他的哥哥谢安对此深感忧虑，对谢万说："你作为统兵主将，应该经常接触众将领以使他们内心高兴愉快，岂有如此傲慢而能成大事的！"于是谢万就召集众将领，二话没说，直接用如意指着坐在四周的将领们说："众将领都是精壮的兵卒。"将领们听后越发痛恨他。谢安担心谢万难免遭受不测，就亲自深入到各队主将以下的人中，一一亲访，用深厚的情谊拜托他们。此后谢万率兵进入涡水、颍水之间去支援洛阳。郗昙因病后退，驻扎在彭城。谢万以为郗昙后退是因为前燕的兵势强盛，随即也率兵撤还，于是兵众惊慌溃散。谢万自己狼狈地逃回，军中将士想乘着他的失败谋算他，考虑到谢安的缘故，才没这样干。逃回建康以后，穆帝下诏黜废谢万为庶人，把郗昙的封号降为建武将军。从此许昌、颍川、谯、沛等城邑都相继覆没于前燕。

11　前秦王苻坚任命王猛为吏部尚书，不久又升迁为太子詹事，十一月，任左仆射，其他官职依旧如前。

12　十二月，封武陵王晞子瑾为梁王。

13　大旱。

14　辛酉，燕主儁寝疾，谓大司马太原王恪曰："吾病必不济。今二方未平，景茂冲幼，国家多难，吾欲效宋宣公，以社稷属汝，何如？"恪曰："太子虽幼，胜残致治之主也。臣实何人，敢干正统！"儁怒曰："兄弟之间，岂虚饰邪！"恪曰："陛下若以臣能荷天下之任者，岂不能辅少主乎！"儁喜曰："汝能为周公，吾复何忧！李绩清方忠亮，汝善遇之。"召吴王垂还邺。

15　秦王坚以王猛为辅国将军、司隶校尉，居中宿卫，仆射、詹事、侍中、中书令、领选如故。猛上疏辞让，因荐散骑常侍阳平公融、光禄散骑西河任群、处士京兆朱彤自代。坚不许，而以融为侍中、中书监、左仆射，任群为光禄大夫、领太子家令，朱彤为尚书侍郎，领太子庶子。猛时年三十六，岁中五迁，权倾内外。人有毁之者，坚辄罪之，于是群臣莫敢复言。以左仆射李威领护军；右仆射梁平老为使持节、都督北垂诸军事、镇北大将军，戍朔方之西；丞相司马贾雍为云中护军，戍云中之南。

16　燕所征郡国兵悉集邺城。

12 十二月,东晋穆帝封武陵王司马晞的儿子司马逢为梁王。

13 发生严重旱灾。

14 辛酉(十七日),前燕国主慕容儁患病,卧床不起,他对大司马、太原王慕容恪说:"我的病肯定难以好转了。如今晋、秦二国尚未平定,慕容暐年幼,国家多有磨难,我想效仿宋宣公,把天下嘱托给你,如何?"慕容恪说:"太子虽然年幼,但却是能遏制顽凶实现大治的君主。我是什么人,怎么敢当正统的君主呢!"慕容儁愤怒地说:"兄弟之间,岂能虚伪掩饰!"慕容恪说:"陛下如果认为我是能够承担天下重任的人,我怎么就不能辅佐少主呢!"慕容儁高兴地说:"你能做周公,我还有什么可忧虑的!李绩行为清廉,忠诚闻名,你要好好地对待他。"慕容儁召吴王慕容垂返回邺城。

15 前秦国王符坚任命王猛为辅国将军、司隶校尉,在宫中值宿警卫,仆射、詹事、侍中、中书令以及兼任的其他职务一如从前。王猛上疏请求辞让,并荐举散骑常侍阳平公符融,光禄、散骑西河人任群,处士京兆人朱彤来分别替代自己的这些兼职。符坚没有同意,而是任命符融为侍中、中书监、左仆射,任命任群为光禄大夫,兼领太子家令,任命朱彤为尚书侍郎,兼领太子庶子。王猛时年三十六岁,一年中五次升迁,权势显赫压倒朝廷内外。有诋毁他的人,符坚就以罪处置,于是群臣没有谁再敢说三道四。符坚任命左仆射李威兼任护军;右仆射梁平老为使持节、都督北垂诸军事、镇北大将军,戍守朔方以西地区;丞相司马贾雍为云中护军,戍守云中以南地区。

16 前燕从各郡国征调的士兵全部汇集于邺城。

卷第一百一　晋纪二十三

起庚申(360)尽戊辰(368)凡九年

孝宗穆皇帝下
升平四年(庚申,360)

1　春,正月癸巳,燕主儁大阅于邺,欲使大司马恪、司空阳骛将之入寇,会疾笃,乃召恪、骛及司徒评、领军将军慕舆根等受遗诏辅政。甲午,卒。戊子,太子暐即皇帝位,年十一。大赦,改元建熙。

2　秦王坚分司、隶置雍州,以河南公双为都督雍河凉三州诸军事、征西大将军、雍州刺史,改封赵公,镇安定。封弟忠为河南公。

3　仇池公杨俊卒,子世立。

4　二月,燕人尊可足浑后为皇太后。以太原王恪为太宰,专录朝政;上庸王评为太傅,阳骛为太保,慕舆根为太师,参辅朝政。

根性木强,自恃先朝勋旧,心不服恪,举动倨傲。时太后可足浑氏颇预外事,根欲为乱,乃言于恪曰:"今主上幼冲,母后干政,殿下宜防意外之变,思有以自全。且定天下者,殿下之功也。兄亡弟及,古今成法,俟毕山陵,宜废主上为王,殿下自践尊位,以为大燕无穷之福。"恪曰:"公醉邪? 何言之悖也! 吾与公受先帝遗诏,云何而遽有此议?"根愧谢而退。恪以告吴王垂,垂劝恪

孝宗穆皇帝下
晋穆帝升平四年(庚申,公元360年)

1　春季,正月癸巳(二十日),前燕国主慕容儁在邺城对军队进行大检阅,想让大司马慕容恪、司空阳骛统率军队进犯东晋,恰好这时病情加重,于是就召来慕容恪、阳骛以及司徒慕容评、领军将军慕舆根等人,接受遗诏辅佐朝政。甲午(二十一日),慕容儁去世。戊子,太子慕容暐即皇帝位,时年十一岁。实行大赦,改年号为建熙。

2　前秦王苻坚分司隶之地设置雍州,任命河南公苻双为都督雍、河、凉三州诸军事,征西大将军、雍州刺史,并将他改封为赵公,镇守安定。封弟弟苻忠为河南公。

3　仇池公杨俊去世,儿子杨世继位。

4　二月,前燕人尊可足浑后为皇太后。任命太原王慕容恪为太宰,总揽朝政;任命上庸王慕容评为太傅,阳骛为太保,慕舆根为太师,参与辅佐朝政。

慕舆根性格质朴倔强,自恃是先朝的有功旧臣,心里不服慕容恪,因此行为举止傲慢。当时太后可足浑氏经常干预朝政,慕舆根想要作乱,就对慕容恪进言说:"如今主上年幼,母后干预政事,殿下应该防范意外的变故,考虑用来自我保全的方法。况且平定天下,是殿下的功劳。兄亡弟及,这是古今的既成之规,等到先帝的陵墓竣工后,就应该将主上黜废为王,殿下自己登上尊位,从而为大燕带来无穷之福。"慕容恪说:"你喝醉了吗?怎么能说这样的悖逆之言!我和你接受先帝的遗诏,你为什么突然提出这样的建议?"慕舆根面有愧色地谢罪退下去了。慕容恪把此事告诉了吴王慕容垂,慕容垂劝说慕容恪

诛之。恪曰:"今新遭大丧,二邻观衅,而宰辅自相诛夷,恐乖远近之望,且可忍之。"秘书监皇甫真言于恪曰:"根本庸竖,过蒙先帝厚恩,引参顾命。而小人无识,自国哀已来,骄很日甚,将成祸乱。明公今日居周公之地,当为社稷深谋,早为之所。"恪不听。

根又言于可足浑氏及燕主暐曰:"太宰、太傅将谋不轨,臣请帅禁兵以诛之。"可足浑氏将从之,暐曰:"二公,国之亲贤,先帝选之,托以孤嫠,必不肯尔。安知非太师欲为乱也!"乃止。根又思恋东土,言于可足浑氏及暐曰:"今天下萧条,外寇非一,国大忧深,不如还东。"恪闻之,乃与太傅评谋,密奏根罪状,使右卫将军傅颜就内省诛根,并其妻子、党与。大赦。是时新遭大丧,诛夷狼籍,内外恟惧,太宰恪举止如常,人不见其有忧色,每出入,一人步从。或说以宜自严备,恪曰:"人情方惧,当安重以镇之,奈何复自惊扰,众将何仰!"由是人心稍定。

恪虽综大任,而朝廷之礼,兢兢严谨,每事必与司徒评议之,未尝专决。虚心待士,谘询善道,量才授任,人不逾位。官属、朝臣或有过失,不显其状,随宜他叙,不令失伦,唯以此为贬,时人以为大愧,莫敢犯者。或有小过,自相责曰:"尔复欲望宰公迁官邪!"朝廷初闻燕主儁卒,皆以为中原可图。桓温曰:"慕容恪尚在,忧方大耳。"

杀掉他。慕容恪说："如今刚刚遭受先帝大丧，晋、秦两个邻国都在坐观灾祸，而我们辅政大臣如果自相残杀，恐怕有悖于远近民众的期望，暂且可以容忍他。"秘书监皇甫真向慕容恪进言说："慕舆根本来就是庸人竖子，过去蒙受先帝厚重的恩宠，被引用参与辅佐朝政。然而小人没有见识，自从先帝驾崩以来，骄横日益严重，最终将要制造祸乱。您今天处于周公的地位，应当为国家深谋远虑，及早将他处置。"慕容恪没有听从。

慕舆根又向可足浑氏及前燕国主慕容暐进言说："太宰慕容恪、太傅慕容评将要图谋不轨，我请求率领宫中卫兵去消灭他们。"可足浑氏正要同意他的请求，慕容暐说："太宰、太傅二公，是国家亲近而又贤明的人，先帝选择了他们，将孤儿寡母相托，他们一定不会干那样的事情。怎么知道不是太师你想作乱呢！"于是就没有同意慕舆根的请求。慕舆根又思念东土龙城，向可足浑氏及慕容暐进言说："如今天下衰败凋零，外敌不止一家，国家越大，忧患越深，不如东返龙城。"慕容恪听说后，便与太傅慕容评商量，秘密地奏上慕舆根的罪行。让右卫将军傅颜在宫内杀掉慕舆根，连他的妻子、儿子、同党也一并杀掉。实行大赦。这时前燕刚刚遭受了大丧，又诛杀了一大批人，宫廷内外都感到震动恐惧。太宰慕容恪则举止如常，人们看不到他有忧虑的神色，每当出入宫廷时，只有一个人随从。有人劝他应该自己严加防备，慕容恪说："人心正值恐惧，应当泰然自若以使他们镇定，为什么还要自我惊扰，那样民众将仰仗什么！"从此人心逐渐稳定了下来。

慕容恪虽然总揽大权，然而对于朝廷的礼法，小心谨慎，严加遵守，每件事情都要和司徒慕容评商议，从来不独断专行。虚心对待读书人，向他们征求治国良策，根据才能授以官职，使人们各居其位。官属、朝臣如果出现过失，也不公开宣布，只是根据情况加以调动，并且不让他们失去原来的等级次第，仅以此表示贬责。当时的人都以受到这样的处置为大愧，没有人敢轻易触犯。有人出现小过失，也都自己互相责备说："你又想让宰公慕容恪调动你的官职啦！"东晋朝廷开始听说前燕国主慕容儁去世，都认为中原可以收复。桓温说："慕容恪尚在，忧患正大着呢！"

三月己卯，葬燕主儁于龙陵，谥曰景昭皇帝，庙号烈祖。所征郡国兵，以燕朝多难，互相惊动，往往擅自散归，自邺以南，道路断塞。太宰恪以吴王垂为使持节、征南将军、都督河南诸军事、兖州牧、荆州刺史，镇梁国之蠡台，孙希为并州刺史，傅颜为护军将军，帅骑二万，观兵河南，临淮而还，境内乃安。希，泳之弟也。

5　匈奴刘卫辰遣使降秦，请田内地，春来秋返，秦王坚许之。夏，四月，云中护军贾雍遣司马徐赟帅骑袭之，大获而还。坚怒曰："朕方以恩信怀戎狄，而汝贪小利以败之，何也！"黜雍以白衣领职，遣使还其所获，慰抚之。卫辰于是入居塞内，贡献相寻。

夏，六月，代王什翼犍妃慕容氏卒。秋，七月，刘卫辰如代会葬，因求婚，什翼犍以女妻之。

6　八月辛丑朔，日有食之，既。

7　谢安少有重名，前后征辟，皆不就，寓居会稽，以山水、文籍自娱。虽为布衣，时人皆以公辅期之，士大夫至相谓曰："安石不出，当如苍生何！"安每游东山，常以妓女自随。司徒昱闻之，曰："安石既与人同乐，必不得不与人同忧，召之必至。"安妻，刘惔之妹也，见家门贵盛而安独静退，谓曰："丈夫不如此也！"安掩鼻曰："恐不免耳。"及弟万废黜，安始有仕进之志，时已年四十馀。征西大将军桓温请为司马，安乃赴召，温大喜，深礼重之。

三月己卯(初六),把前燕国主慕容儁安葬在龙陵,谥号为景昭皇帝,庙号为烈祖。从各郡国征调的士兵,因为燕朝多灾多难,互相惊扰骚动,往往擅自逃散归乡,以至于从邺城向南,道路堵塞。太宰慕容恪任命吴王慕容垂为使持节、征南将军、都督河南诸军事、兖州牧、荆州刺史,镇守梁国的蠡台,任命孙希为并州刺史,傅颜为护军将军,率领两万骑兵,在河南炫耀了一番,到了淮水才返回,于是境内安定了下来。孙希是孙泳的弟弟。

5　匈奴刘卫辰派使者向前秦投降,请求在内地划给他们农田耕种,春天来秋天走,前秦王苻坚同意了。夏季,四月,云中护军贾雍派司马徐赟率领骑兵袭击刘卫辰,满载而返。苻坚愤怒地说:"朕正在以恩信安抚戎狄,而你却贪图小利而败坏了事情,为什么呢!"于是废黜贾雍,让他以布衣百姓的身份兼领职务,派使者将他所掠获的财物送还了刘卫辰,并对他加以抚慰。刘卫辰从此进入关内定居,经常向前秦进献贡奉。

夏季,六月,代王拓跋什翼犍的妃子慕容氏去世。秋季,七月,刘卫辰来到代国参加葬礼,顺便求婚,拓跋什翼犍把女儿嫁给了他。

6　八月辛丑朔(初一),出现日全食。

7　谢安从小就名重一时,朝廷前后多次征召,他都不就任,闲居在会稽,以山水、文献典籍自以为乐。虽然身为布衣百姓,但时人都对他寄予三公和相辅的期望,士大夫们在一起议论说:"谢安不出山,叫百姓该怎么办!"谢安每次游览东山,总是让歌舞女伎跟随。司徒司马昱听说后说:"谢安既然能够与人同乐,就一定不会不与人同忧,征召他一定会就任。"谢安的妻子,是刘惔的妹妹。她看到谢家门庭显盛,而谢安却自甘寂寞不思进取,就对谢安说:"大丈夫不应该如此!"谢安手掩鼻子回答说:"我怕难以逃脱兄弟们的命运。"等到弟弟谢万被废黜以后,谢安才有了进身仕途的志向,当时已经四十多岁了。征西大将军桓温向朝廷请求让他做司马,谢安就应招就任,桓温十分高兴,以礼相待,十分看重他。

8　冬，十月，乌桓独孤部、鲜卑没奕干各帅众数万降秦，秦王坚处之塞南。阳平公融谏曰："戎狄人面兽心，不知仁义。其稽颡内附，实贪地利，非怀德也；不敢犯边，实惮兵威，非感恩也。今处之塞内，与民杂居，彼窥郡县虚实，必为边患，不如徙之塞外以防未然。"坚从之。

9　十一月，封桓温为南郡公，温弟冲为丰城县公，子济为临贺县公。

10　燕太宰恪欲以李绩为右仆射，燕主暐不许。恪屡以为请，暐曰："万机之事，皆委之叔父；伯阳一人，暐请独裁。"出为章武太守，以忧卒。

五年（辛酉，361）

1　春，正月戊戌，大赦。

2　刘卫辰掠秦边民五十馀口为奴婢以献于秦。秦王坚责之，使归所掠。卫辰由是叛秦，专附于代。

3　东安简伯郗昙卒。二月，以东阳太守范汪都督徐、兖、冀、青、幽五州诸军事，兼徐、兖二州刺史。

4　平阳人举郡降燕，燕以建威将军段刚为太守，遣督护韩苞将兵共守平阳。

5　方士丁进有宠于燕主暐，欲求媚于太宰恪，说恪令杀太傅评。恪大怒，奏收斩之。

6　高昌卒，燕河内太守吕护并其众，遣使来降，拜护冀州刺史。护欲引晋兵以袭邺。三月，燕太宰恪将兵五万，冠军将军皇甫真将兵万人，共讨之。燕兵至野王，护婴城自守。护军将军傅颜请急攻之，以省大费。恪曰："老贼

8 冬季，十月，乌桓的独孤部、鲜卑的没奕干各自率领数万部众投降了前秦，前秦王符坚把他们安置在塞南地区。阳平公符融劝符坚说："戎狄人面兽心，不懂仁义。他们叩首归附，实际上是贪图地利，并不是向往仁德；他们不敢侵犯边境，实际上是害怕军队的威势，并不是感激恩情。如今把他们安排在塞内地区与我们的百姓混住杂居，等窥探清郡县的虚实后，一定会成为边境之地的祸患，不如把他们迁徙到塞外，以防患于未然。"符坚听从了这一劝告。

9 十一月，东晋封桓温为南郡公，封桓温的弟弟桓冲为丰城县公，桓温的儿子桓济为临贺县公。

10 前燕太宰慕容恪想任命李绩为右仆射，前燕国主慕容暐不同意。慕容恪多次请求，慕容暐说："国家各种事务，全都交给叔父处理，只有李绩一人的事情，我请求独自裁断。"于是把李绩调出朝廷，任章武太守，李绩忧郁而死。

晋穆帝升平五年(辛酉,公元361年)

1 春季，正月戊戌(初一)，东晋实行大赦。

2 刘卫辰掳掠了前秦的边境居民五十多人作为奴婢，进献给了前秦。前秦王符坚责备他，让他把掳掠的百姓放回去。刘卫辰因此而背叛了前秦，一心依附于代国。

3 东安简伯郗昙去世。二月，东晋任命东阳太守范汪都督徐、兖、冀、青、幽五州诸军事，兼任徐、兖二州刺史。

4 平阳全郡的人都投降了前燕。前燕任命建威将军段刚为太守，派督护韩苞统率军队共同守卫平阳。

5 方术之士丁进在前燕国主慕容暐面前很得宠，他想向太宰慕容恪献媚，劝说慕容恪杀掉太傅慕容评。慕容恪勃然大怒，奏请拘捕并斩杀他。

6 高昌去世，前燕河内太守吕护吞并了他的兵众，派使者前来东晋投降，吕护被授予冀州刺史。吕护想带领东晋的军队去袭击邺城。三月，前燕太宰慕容恪统率五万士兵，冠军将军皇甫真统率一万士兵，共同讨伐吕护。前燕的军队抵达野王，吕护环城自守。护军将军傅颜请求展开急攻，以减少过多的耗费。慕容恪说："这个老贼

经变多矣,观其守备,未易猝攻,而多杀士卒。顷攻黎阳,多杀精锐,卒不能拔,自取困辱。护内无蓄积,外无救援,我深沟高垒,坐而守之,休兵养士,离间其党,于我不劳而贼势日蹙,不过十旬,取之必矣,何为多杀士卒以求旦夕之功乎!"乃筑长围守之。

7 夏,四月,桓温以其弟黄门郎豁都督沔中七郡诸军事,兼新野、义城二郡太守,将兵取许昌,破燕将慕容尘。

8 凉骠骑大将军宋混疾甚,张玄靓及其祖母马氏往省之,曰:"将军万一不幸,寡妇孤儿将何所托!欲以林宗继将军,可乎?"混曰:"臣子林宗幼弱,不堪大任。殿下傥未弃臣门,臣弟澄政事愈于臣,但恐其懦缓,机事不称耳。殿下策励而使之,可也。"混戒澄及诸子曰:"吾家受国大恩,当以死报,无恃势位以骄人。"又见朝臣,皆戒之以忠贞。及卒,行路为之挥涕。玄靓以澄为领军将军,辅政。

9 五月丁巳,帝崩,无嗣。皇太后令曰:"琅邪王丕,中兴正统,义望情地,莫与为比,其以王奉大统!"于是百官备法驾迎于琅邪第。庚申,即皇帝位,大赦。壬戌,改封东海王奕为琅邪王。秋,七月戊午,葬穆帝于永平陵,庙号孝宗。

10 燕人围野王数月,吕护遣其将张兴出战,傅颜击斩之,城中日蹙。皇甫真戒部将曰:"护势穷奔突,必择虚隙而投之。吾所部士卒多羸,器甲不精,宜深为之备。"乃多课橹楯,亲察行夜者。

经历的变故很多,看他防守戒备的样子,不容易展开急攻,以免士兵伤亡过重。前不久攻打黎阳时,精锐士兵伤亡严重,但最终也没能攻克,那是自取危困受辱。吕护城内无积蓄,城外无救援,我们只要把战壕挖深,把营垒筑高,坐而坚守,休养士兵,同时离间他的同党,对我们来说毫不费力,而敌人的形势却日益危急,用不了一百天,一定能够攻取他,何必要以大量士卒的伤亡去换取旦夕之功呢!"于是他就修筑了长围来坚守。

7 夏季,四月,桓温任命他的弟弟黄门郎桓豁为都督沔中七郡诸军事,兼任新野、义城二郡太守,统率军队攻取了许昌,打败了前燕将领慕容尘。

8 前凉骠骑大将军宋混病重,张玄靓及其祖母马氏前去看望,说:"将军万一有不幸,我们孤儿寡妇将依靠谁呢?想以宋林宗继承将军,可以吗?"宋混说:"臣下的儿子宋林宗年幼无力,难以承担重任。殿下倘若还未抛弃臣下一家,我的弟弟宋澄施政办事的能力胜于我,只是恐怕他迂缓迟钝,难以适应随机应变的事务。殿下如果能对他鞭策鼓励而加以使用,就可以。"宋混告诫宋澄以及儿子们说:"我们家承受了国家的大恩大泽,应当以死相报,不要倚仗权势地位而对人傲慢。"他又会见了朝廷的大臣,全都告诫他们要忠贞不二。等到宋混死后,路人都为他流泪。张玄靓任命宋澄为领军将军,辅佐朝政。

9 五月丁巳(二十二日),东晋穆帝驾崩,没有继承人。皇太后下令说:"琅邪王司马丕,是朝廷中兴以来的正统嫡传,不论是道德名声,还是族亲地位,没有人能和他相比,让琅邪王奉接帝位!"于是朝廷百官备好皇帝的车驾去琅邪王的宅第迎接他。庚申(二十五日),司马丕即皇帝位,实行大赦。壬戌(二十七日),改封东海王司马奕为琅邪王。秋季,七月戊午(二十三日),东晋穆帝被安葬在永平陵,定庙号为孝宗。

10 前燕人包围了野王几个月,吕护派他的将领张兴出城迎战,傅颜攻击并斩杀了张兴,城中日益危急。皇甫真告诫手下的部将们说:"吕护大势丧失外逃时,一定会选择空虚间隙之处突围,我们军中的士兵大多瘦弱,武器也不够精良,应该多加防备。"于是他就多次督促试验战车盾牌,亲自检查夜间巡逻的人。

护食尽,果夜悉精锐趋真所部,突围,不得出。太宰恪引兵击之,护众死伤殆尽,弃妻子奔荥阳。恪存抚降民,给其廪食,徙士人、将帅于邺,自馀各随所乐。以护参军广平梁琛为中书著作郎。

11　九月戊申,立妃王氏为皇后。后,濛之女也。穆帝何皇后称穆皇后,居永安宫。

12　凉右司马张邕恶宋澄专政,起兵攻澄,杀之,并灭其族。张玄靓以邕为中护军,叔父天锡为中领军,同辅政。

13　张平袭燕平阳,杀段刚、韩苞。又攻雁门,杀太守单男。既而为秦所攻,平复谢罪于燕以求救。燕人以平反覆,弗救也,平遂为秦所灭。

14　乙亥,秦大赦。

15　徐、兖二州刺史范汪,素为桓温所恶,温将北伐,命汪帅众出梁国。冬,十月,坐失期,免为庶人,遂废,卒于家。

子宁,好儒学,性质直,常谓王弼、何晏之罪深于桀、纣。或以为贬之太过,宁曰:"王、何蔑弃典文,幽沉仁义,游辞浮说,波荡后生,使缙绅之徒翻然改辙,以至礼坏乐崩,中原倾覆,遗风馀俗,至今为患。桀、纣纵暴一时,适足以丧身覆国,为后世戒,岂能回百姓之视听哉!故吾以为一世之祸轻,历代之患重;自丧之恶小,迷众之罪大也!"

16　吕护复叛,奔燕,燕人赦之,以为广州刺史。

吕护粮食断绝,果然趁夜带领他的全部精锐士兵向皇甫真部队坚守的地方进发,实施突围,但没能突破。太宰慕容恪率兵攻打他,吕护的兵众死伤殆尽,吕护丢下妻儿逃奔到荥阳。慕容恪安抚投降的百姓,把积蓄的粮食供应给他们,将官吏和将帅迁徙到邺城,其馀的人则随他们到自己愿意去的地方去。任命吕护的参军广平人梁琛为中书著作郎。

11 九月戊申(十四日),东晋立妃王氏为皇后。王皇后是王濛的女儿。穆帝何皇后称为穆皇后,居住在永安宫。

12 前凉右司马张邕憎恨宋澄独专朝政,起兵攻打宋澄,把他杀了,他的家族也一并灭掉。张玄靓任命张邕为中护军,任命叔父张天锡为中领军,一同辅佐朝政。

13 张平袭击前燕的平阳,杀掉了段刚、韩苞。又攻打雁门,杀掉了太守单男。接着张平又遭到前秦的攻打,他无奈又向前燕谢罪以求救助。前燕人因为张平反复无常,没有救他,于是张平被前秦消灭。

14 乙亥,前秦实行大赦。

15 徐、兖二州刺史范汪,历来被桓温所憎恶,桓温准备北伐,命令范汪率领兵众向梁国出发。冬季,十月,范汪犯了延误期限的罪过,被免为庶人,于是就被废黜,死在家中。

范汪的儿子范宁,喜好儒学,性格质朴直爽,他常说王弼、何晏的罪恶比夏桀、商纣还重。有的人认为这是过分贬低,范宁说:"王、何蔑视抛弃经典文献,使仁义沉沦,荒诞空虚的言辞论说,贻害后代,导致士大夫幡然改变正确的道路,以至于礼崩乐坏,中原覆没,其遗风馀绪,直到今天还在为害世人。夏桀、商纣一时的肆意暴虐,也足以使他们身败名裂,使国家倾覆灭亡,成为后世的戒鉴,岂能躲过百姓的视听呢!所以我认为为害一个时代的灾祸轻,为害历代的灾祸重;自己身败名裂的罪恶小,迷惑世人的罪恶大!"

16 吕护又背叛了东晋,逃奔到前燕,前燕人宽赦了他,任命他为广州刺史。

17　凉张邕骄矜淫纵,树党专权,多所刑杀,国人患之。张天锡所亲敦煌刘肃谓天锡曰:"国家事欲未静!"天锡曰:"何谓也?"肃曰:"今护军出入,有似长宁。"天锡惊曰:"我固疑之,未敢出口。计将安出?"肃曰:"正当速除之耳!"天锡曰:"安得其人?"肃曰:"肃即其人也!"肃时年未二十。天锡曰:"汝年少,更求其助。"肃曰:"赵白驹与肃二人足矣。"十一月,天锡与邕俱入朝,肃与白驹从天锡,肃斫之不中,白驹继之,又不克,二人与天锡俱入宫中,邕得逸走,帅甲士三百馀人攻宫门。天锡登屋大呼曰:"张邕凶逆无道,既灭宋氏,又欲倾覆我家。汝将士世为凉臣,何忍以兵相向邪! 今所取者,止张邕耳,他无所问!"于是邕兵悉散走,邕自刎死,尽灭其族党。玄靓以天锡为使持节、冠军大将军、都督中外诸军事,辅政。十二月,始改建兴四十九年,奉升平年号。诏以玄靓为大都督、督陇右诸军事、凉州刺史、护羌校尉、西平公。

18　燕大赦。

19　秦王坚命牧伯守宰各举孝悌、廉直、文学、政事,察其所举得人者赏之,非其人者罪之。由是人莫敢妄举,而请托不行,士皆自励,虽宗室外戚,无才能者皆弃不用。当是之时,内外之官,率皆称职;田畴修辟,仓库充实,盗贼屏息。

20　是岁,归义侯李势卒。

17　前凉张邕傲慢自负，纵行淫虐，网罗朋党，专擅朝政，滥施刑罚、杀戮，国人都很怨恨他。张天锡的亲信敦煌人刘肃对张天锡说："国家的事情尚未平静！"张天锡说："这话是什么意思？"刘肃说："如今护军张邕出入朝廷，就像当年的长宁侯张祚。"张天锡吃惊地说："我本来就怀疑他，只是没敢说出口。办法将出自哪里呢？"刘肃说："应当迅速除掉他！"张天锡说："怎么能得到除掉他的人呢？"刘肃说："刘肃我就是这个人！"刘肃当时年龄不满二十。张天锡说："你还年轻，另外再找一个助手。"刘肃说："有赵白驹和我两人就足够了。"十一月，张天锡和张邕一起入朝，刘肃和赵白驹跟随着张天锡，刘肃砍击张邕，没有砍中，赵白驹接着再砍，又没砍中，他们两人和张天锡一起进到宫中，张邕得以逃跑，率领披甲士兵三百多人攻打宫门。张天锡登上屋顶大声喊道："张邕凶恶叛逆，毫无道义，已经杀掉了宋澄，又想颠覆我们一家。你们众将士世代都是凉朝的臣属，怎么忍心把武器对准我呢！如今我要擒获的，只有张邕而已，其他人一概不追究！"于是张邕的士兵全都奔散逃走，张邕自刎而死，张天锡把张邕的家族、同党全部消灭。张玄靓任命张天锡为使持节、冠军大将军、都督中外诸军事，辅佐朝政。十二月，开始改变了建兴四十九年的纪年，尊奉使用东晋的年号升平。东晋朝廷下诏，任命张玄靓为大都督、督陇右诸军事、凉州刺史、护羌校尉、西平公。

18　前燕实行大赦。

19　前秦王苻坚命令州郡地方官吏分别荐举孝悌、廉直、文学、政事等科目的人才，并且对他们荐举上来的人加以考察，荐举得当者给以奖赏，荐举失当者给以责罚。因此人们都不敢妄加推荐，也没有请求拜托的现象，读书人全都自我勉励，即使是宗室外戚，没有才能的也都弃而不用。这时，朝廷内外的官吏，人人称职；农田得以修整，荒地得以开垦，仓库丰盈充实，盗贼息声敛行。

20　这一年，归义侯李势去世。

哀皇帝

隆和元年(壬戌,362)

1 春,正月壬子,大赦,改元。

2 甲寅,减田租,亩收二升。

3 燕豫州刺史孙兴请攻洛阳,曰:"晋将陈祐弊卒千馀,介守孤城,不足取也!"燕人从其言,遣宁南将军吕护屯河阴。

4 二月辛未,以吴国内史庾希为北中郎将、徐兖二州刺史,镇下邳,龙骧将军袁真为西中郎将、监护豫司并冀四州诸军事、豫州刺史,镇汝南,并假节。希,冰之子也。

5 丙子,拜帝母周贵人为皇太妃,仪服拟于太后。

6 燕吕护攻洛阳。三月乙酉,河南太守戴施奔宛,陈祐告急。五月丁巳,桓温遣庾希及竟陵太守邓遐帅舟师三千人助祐守洛阳。遐,岳之子也。

温上疏请迁都洛阳,自永嘉之乱播流江表者,一切北徙,以实河南。朝廷畏温,不敢为异,而北土萧条,人情疑惧,虽并知不可,莫敢先谏。散骑常侍领著作郎孙绰上疏曰:"昔中宗龙飞,非惟信顺协于天人,实赖万里长江画而守之耳。今自丧乱已来,六十馀年,河、洛丘墟,函夏萧条。士民播流江表,已经数世,存者老子长孙,亡者丘陇成行,虽北风之思感其素心,目前之哀实为交切。若迁都旋轸之日,中兴五陵,即复缅成遐域。泰山之安,既难以理保,烝烝之思,岂不缠于圣心哉!

哀皇帝
晋哀帝隆和元年(壬戌,公元 362 年)

1 春季,正月壬子(二十日),东晋实行大赦,改年号为隆和。

2 甲寅(二十二日),东晋减免田租,每亩收租二升。

3 前燕豫州刺史孙兴请求攻打洛阳,他说:"东晋将领陈祐只有一千多疲惫体弱的兵卒,独守孤城,不堪一击!"前燕人听了他的话,派宁南将军吕护驻军河阴。

4 二月辛未(初十),东晋任命吴国内史庾希为北中郎将、徐、兖二州刺史,镇守下邳,任命龙骧将军袁真为西中郎将、监豫、司、并、冀四州诸军事、豫州刺史,镇守汝南,全都持有符节。庾希是庾冰的儿子。

5 丙子(十五日),东晋授予皇帝的母亲周贵人为皇太妃,礼仪服饰仿照太后的规格。

6 前燕吕护攻打洛阳。三月乙酉,东晋河南太守戴施逃奔到宛城,陈祐告急。五月丁巳(二十七日),桓温派庾希及竟陵太守邓遐率领水军三千人帮助陈祐守卫洛阳。邓遐是邓岳的儿子。

桓温上疏请求迁都洛阳,把自从永嘉之乱以来迁徙流落到长江以南的人,全部北迁,以充实河南地区的力量。朝廷害怕桓温,不敢持异议,然而北方地区萧条冷落,人们内心里都感到怀疑恐惧,虽然全都知道桓温的请求不可行,但没有人敢于率先进谏。散骑常侍兼著作郎孙绰上疏说:"过去晋元帝即位,不仅仅是顺应天意,符合人愿,实际上是依靠万里长江而得以划地防守。自从丧乱以来到如今,已经六十多年,黄河、洛水一带已变为废墟,中原地区一片萧条。士人百姓迁徙流落到长江以南,已经有好几代了,活着的人已经有了大儿大孙,死去的人更是坟墓成行,虽然对北方故土的思念一直牵动着他们的心情,但眼前的哀痛实际上更为深切。如果哪天迁都北返,中兴以来五位皇帝的陵墓,也就又处在遥远的地域了。泰山的安定,既然从道理上说难以保全,对安葬在江南的几位先帝深厚的思念之情,能不萦绕于圣主心间!

温今此举，诚欲大览始终，为国远图，而百姓震骇，同怀危惧，岂不以反旧之乐赊，趋死之忧促哉！何者？植根江外，数十年矣，一朝顿欲拔之，驱蹙于穷荒之地，提挈万里，逾险浮深，离坟墓，弃生业，田宅不可复售，舟车无从而得，舍安乐之国，适习乱之乡，将顿仆道涂，飘溺江川，仅有达者。此仁者所宜哀矜，国家所宜深虑也！臣之愚计，以为且宜遣将帅有威名、资实者，先镇洛阳，扫平梁、许，清一河南。运漕之路既通，开垦之积已丰，豺狼远窜，中夏小康，然后可徐议迁徙耳。奈何舍百胜之长理，举天下而一掷哉！"绰，楚之孙也。少慕高尚，尝著《遂初赋》以见志。温见绰表，不悦，曰："致意兴公，何不寻君《遂初赋》，而知人家国事邪！"

时朝廷忧惧，将遣侍中止温，扬州刺史王述曰："温欲以虚声威朝廷耳，非事实也；但从之，自无所至。"乃诏温曰："在昔丧乱，忽涉五纪，戎狄肆暴，继袭凶迹，眷言西顾，慨叹盈怀。知欲躬帅三军，荡涤氛秽，廓清中畿，光复旧京，非夫外身徇国，孰能若此！诸所处分，委之高算。但河、洛丘墟，所营者广，经始之勤，致劳怀也。"事果不行。

温又议移洛阳钟虡，述曰："永嘉不竞，暂都江左，方当荡平区宇，旋轸旧京。若其不尔，宜改迁园陵，不应先事钟虡！"温乃止。

朝廷以交、广辽远，改授温都督并、司、冀三州，温表辞不受。

如今桓温的这一举动，确实是想纵览天下，为国家的长远打算，然而百姓却感到震动恐骇，全都心怀畏惧，这难道不是因为返回故土的欢乐遥远，而走向死亡的忧虑紧迫吗！为什么呢？植根于长江以南，已经有数十年了，一时马上就要迁徙他们，紧迫地把他们驱赶到荒远之地，使他们拖家带口，远行万里，跋山涉水，远离祖坟，抛弃谋生之业，农田宅院无法变卖，舟船车乘无处获得，舍弃安乐的家园，到凌乱的乡邦，必将是死于路途，葬身江河，很少会有能到达的。这是施行仁义的人所应该悲哀怜悯，国家所应该深深忧虑的！依臣下的办法，以为暂且应该派遣有威望名声、资历和实际才能的将帅，先到洛阳镇守，扫平梁国、许昌，统一黄河以南。运送粮食的水路开通后，垦荒种植的收获已经丰盈，豺狼野兽逃窜，中原实现小康，然后才可以慢慢地讨论迁徙的问题。为什么要舍弃稳操胜券的长远之理，拿整个天下孤注一掷呢！"孙绰是孙楚的孙子。他小的时候就倾慕高尚，曾经著《遂初赋》用来表达志向。桓温看到孙绰进上的表章，很不高兴，说："告诉孙绰，何不去实践你的《遂初赋》，而偏要了解别人的家国大事呢！"

当时朝廷忧虑害怕，准备派侍中去劝阻桓温，扬州刺史王述说："桓温是想虚张声势来威胁朝廷罢了，并非真想迁都；只要依从他，他自己就不会去了。"于是朝廷诏令桓温说："昔日发生的丧乱，转眼已经过了五十多年，戎狄肆行暴虐，后继者承袭着他们凶狠的恶迹，回首西望，感慨叹息充满心怀。得知你想亲率三军，荡涤污秽，廓清中原，光复旧都，如果不是有以身殉国的志向，谁能如此！各种措施安排，都依靠托付于你的多谋深算。只是黄河、洛水的废墟，需要经营治理的很多，开始营治时的辛苦，一定会导致你心力劳累。"迁都的事情果然没有实行。

桓温又提议迁移洛阳的钟和钟架，王述说："永嘉之乱失利，暂时建都江东，正应当荡平海内，回师旧京。如果不能如此，应该改迁先帝的陵墓，不应该先迁移钟！"于是桓温没有这样干。

朝廷认为交州、广州遥远，改授桓温都督并、司、冀三州官职，桓温上表辞让，不予接受。

7　秦王坚亲临太学，考第诸生经义，与博士讲论，自是每月一至焉。

8　六月甲戌，燕征东参军刘拔刺杀征东将军、冀州刺史、范阳王友于信都。

9　秋，七月，吕护退守小平津，中流矢而卒。燕将段崇收军北渡，屯于野王。邓遐进屯新城。八月，西中郎将袁真进屯汝南，运米五万斛以馈洛阳。

10　冬，十一月，代王什翼犍纳女于燕，燕人亦以女妻之。

11　十二月戊午朔，日有食之。

12　庾希自下邳退屯山阳，袁真自汝南退屯寿阳。

兴宁元年（癸亥，363）

1　春，二月己亥，大赦，改元。

2　三月壬寅，皇太妃周氏薨于琅邪第。癸卯，帝就第治丧，诏司徒会稽王昱总内外众务。帝欲为太妃服三年，仆射江虨启："于礼，应服缌麻。"又欲降服期，虨曰："厌屈私情，所以上严祖考。"乃服缌麻。

3　夏，四月，燕宁东将军慕容忠攻荥阳太守刘远，远奔鲁阳。

4　五月，加征西大将军桓温侍中、大司马、都督中外诸军、录尚书事，假黄钺。温以抚军司马王坦之为长史。坦之，述之子也。又以征西掾郗超为参军，王珣为主簿，每事必与二人谋之。府中为之语曰："髯参军，短主簿，能令公喜，能令公怒。"温气概高迈，罕有所推，与超言，常自谓不能测，倾身待之。超亦深自结纳。珣，导之孙也，与谢玄皆为温掾，温俱重之。曰："谢掾年四十必拥旄杖节，王掾当作黑头公，皆未易才也。"玄，奕之子也。

7　前秦王符坚亲临太学,考查学生们的儒学经书义理,与博士一起谈论讲习,从此每月来这里一次。

8　六月甲戌(十五日),前燕征东参军刘拔在信都刺杀了征东将军、冀州刺史、范阳王慕容友。

9　秋季,七月,吕护退守小平津,身中流箭而死。前燕将领段崇收拢军队向北渡河,驻扎在野王。邓遐进军驻扎在新城。八月,西中郎将袁真进军驻扎在汝南,运来五万斛米送给洛阳。

10　冬季,十一月,代王拓跋什翼犍向前燕进贡女子,前燕人也把女子送给他做妻子。

11　十二月戊午朔(初一),出现日食。

12　庾希从下邳后退,驻扎在山阳,袁真从汝南后退,驻扎在寿阳。

晋哀帝兴宁元年(癸亥,公元 363 年)

1　春季,二月己亥,东晋实行大赦,改年号为兴宁。

2　三月壬寅(十七日),皇太妃周氏死于琅邪的宅第。癸卯(十八日),哀帝前往周氏宅第办理丧事,诏令司徒会稽王司马昱总揽朝廷内外的各种事务。哀帝想为太妃居丧三年,仆射江彪陈述说:"根据礼制,应该服三个月的缌麻丧。"哀帝又想降低一等,居丧一年,江彪说:"抑制和暂时委屈自己的私人感情,这是为了尊奉祖先。"于是哀帝就穿麻服以示居丧。

3　夏季,四月,前燕宁东将军慕容忠攻打荥阳太守刘远,刘远逃奔到鲁阳。

4　五月,东晋让征西大将军桓温担任侍中、大司马、都督中外诸军事、录尚书事,并给予他持黄钺的礼遇。桓温任命抚军司马王坦之为长史。王坦之是王述的儿子。又任命征西掾郗超为参军,王珣为主簿,每件事情一定要和这两人商量。王府里的人称他们是:"长胡子参军,矮个子主簿,能让桓公高兴,也能让桓公愤怒。"桓温气概清高卓越,很少有他所推重的人,和郗超谈论,常常自己说郗超深不可测,而尽心敬待他。郗超也很认真地与桓温交往。王珣是王导的孙子,他和谢玄都是桓温的辅佐掾吏,桓温对他们都很看重。桓温说:"谢玄年届四十必定会拥旗执节,王珣当成为少壮而居高位的黑头公,全都是不可多得的人才。"谢玄是谢奕的儿子。

5　以西中郎将袁真都督司、冀、并三州诸军事,北中郎将庾希都督青州诸军事。

6　癸卯,燕人拔密城,刘远奔江陵。

7　秋,八月,有星孛于角、亢。

8　张玄靓祖母马氏卒,尊庶母郭氏为太妃。郭氏以张天锡专政,与大臣张钦等谋诛之,事泄,钦等皆死。玄靓惧,以位让天锡,天锡不受。右将军刘肃等劝天锡自立。闰月,天锡使肃等夜帅兵入宫,弑玄靓,宣言暴卒,谥曰冲公。天锡自称使持节、大都督、大将军、凉州牧、西平公,时年十八。尊母刘美人曰太妃。遣司马纶骞奉章诣建康请命,并送御史俞归东还。

9　癸亥,大赦。

10　冬,十月,燕镇南将军慕容尘攻陈留太守袁披于长平,汝南太守朱斌乘虚袭许昌,克之。

11　代王什翼犍击高车,大破之,俘获万馀口,马、牛、羊百馀万头。

12　以征虏将军桓冲为江州刺史。十一月,姚襄故将张骏杀江州督护赵毗,帅其徒北叛,冲讨斩之。

二年(甲子,364)

1　春,正月丙辰,燕大赦。

2　二月,燕太傅评、龙骧将军李洪略地河南。

3　三月庚戌朔,大阅户口,令所在土断,严其法制,谓之《庚戌制》。

4　帝信方士言,断谷饵药以求长生。侍中高崧谏曰:"此非万乘所宜为。陛下兹事,实日月之食。"不听。辛未,帝以药发,不能亲万机,褚太后复临朝摄政。

5 东晋任命西中郎将袁真为都督司、冀、并三州诸军事,任命北中郎将庾希为都督青州诸军事。

6 癸卯(十九日),前燕人攻下了密城,刘远逃奔到江陵。

7 秋季,八月,有异星出现在角宿、亢宿。

8 张玄靓的祖母马氏去世,尊奉庶母郭氏为太妃。郭氏因为张天锡专擅朝政,与大臣张钦等人谋划要杀掉他,事情泄露,张钦等人全都自杀。张玄靓十分害怕,要把王位让给张天锡,张天锡不接受。右将军刘肃等人劝张天锡自立为王。闰八月,张天锡让刘肃等人趁夜率兵闯进王宫,杀掉了张玄靓,公开宣布时则说他突然死亡,定谥号为冲公。张天锡自称使持节、大都督、大将军、凉州牧、西平公,时年十八岁。尊奉母亲刘美人为太妃。派司马纶骞带着奏章去建康请求指令,同时送御史俞归东返建康。

9 癸亥,东晋实行大赦。

10 冬季,十月,前燕镇南将军慕容尘在长平攻打陈留太守袁披,汝南太守朱斌乘虚袭击许昌,许昌被攻克。

11 代王拓跋什翼犍攻击高车,把他们打得大败,俘获一万多人,马、牛、羊一百多万头。

12 东晋任命征虏将军桓冲为江州刺史。十一月,姚襄的旧将张骏杀掉了江州督护赵毗,率领他的兵众反叛,桓冲讨伐并斩杀了张骏。

晋哀帝兴宁二年(甲子,公元 364 年)

1 春季,正月丙辰(初六),前燕实行大赦。

2 二月,前燕太傅慕容评、龙骧将军李洪率军巡视黄河以南。

3 三月庚戌朔(初一),东晋大规模地核查户数人口,命令以所居之地作为编注户口、纳税服役的依据,并严格法律制度,此项法令称为《庚戌制》。

4 哀帝相信了方术之士的话,不吃饭仅吃药以求长生不老。侍中高崧劝谏说:"这不是帝王应该干的事。如果这样,陛下实在就像出现日食月食一样犯了过失。"哀帝不听劝谏。辛未(二十二日),哀帝因为药性发作,不能亲临政事,诸太后又临朝摄政。

5 夏，四月甲辰，燕李洪攻許昌、汝南，敗晉兵于悬瓠，潁川太守李福戰死，汝南太守朱斌奔壽春，陳郡太守朱輔退保彭城。大司馬溫遣西中郎將袁真等御之，溫帥舟師屯合肥。燕人遂拔許昌、汝南、陳郡，徙萬餘戶于幽、冀二州，遣鎮南將軍慕容塵屯許昌。

6 五月戊辰，以揚州刺史王述為尚書令。加大司馬溫揚州牧、錄尚書事。壬申，使侍中召溫入參朝政，溫辭不至。

王述每受職，不為虛讓，其所辭必于不受。及為尚書令，子坦之白述：“故事當讓。”述曰：“汝謂我不堪邪？”坦之曰：“非也，但克讓自美事耳。”述曰：“既謂堪之，何為復讓！人言汝勝我，定不及也。”

7 六月，秦王堅遣大鴻臚拜張天錫為大將軍、涼州牧、西平公。

8 秋，七月丁卯，詔復徵大司馬溫入朝。八月，溫至赭圻，詔尚書車灌止之，溫遂城赭圻居之，固讓內錄，遙領揚州牧。

9 秦汝南公騰謀反，伏誅。騰，秦主生之弟也。是時，生弟晉公柳等猶有五人，王猛言于堅曰：“不去五公，終必為患。”堅不從。

10 燕侍中慕輿龍詣龍城，徙宗廟及所留百官皆詣鄴。

11 燕太宰恪將取洛陽，先遣人招納士民，遠近諸塢皆歸之。乃使司馬悅希軍于盟津，豫州刺史孫興軍于成皋。

5　夏季,四月甲辰(二十五日),前燕李洪攻打许昌、汝南,在悬瓠打败了东晋的军队,颍川太守李福战死,汝南太守朱斌逃奔到寿春,陈郡太守朱辅退守彭城。大司马桓温派西中郎将袁真等人抵御李洪,桓温自己率领水军驻扎在合肥。于是前燕人攻下了许昌、汝南、陈郡,将一万多户百姓迁徙到幽州、冀州,派镇南将军慕容尘驻扎在许昌。

6　五月戊辰(二十日),东晋任命扬州刺史王述为尚书令。让大司马桓温担任扬州牧、录尚书事。壬申(二十四日),派侍中召桓温入朝参政,桓温辞让不来。

王述每当接受任命,都不虚情假意地辞让,他表示推辞的,就肯定不接受。到他做尚书令时,儿子王坦之告诉他:"根据惯例,应当表示辞让。"王述说:"你认为我不胜任吗?"王坦之说:"不是,只是能辞让自然是件好事。"王述说:"既然认为能够胜任,为什么又要辞让!人们都说你比我强,我看肯定赶不上我。"

7　六月,前秦王苻坚派大鸿胪授予张天锡大将军、凉州牧、西平公。

8　秋季,七月丁卯(二十日),东晋下达诏令,再一次征召大司马桓温入朝。八月,桓温抵达赭圻,朝廷诏令尚书车灌劝阻他,于是桓温就以赭圻为城住了下来,固执地辞让录尚书事职务,只在名义上接受了扬州牧职务。

9　前秦汝南公苻腾图谋反叛,被诛杀。苻腾是前秦国主苻生的弟弟。这时,苻生的弟弟们还有晋公苻柳等五人,王猛对苻坚说:"不除掉这五人,他们最终肯定要作乱。"苻坚没有听从。

10　前燕侍中慕舆龙到龙城,将祭祀祖先的宗庙以及所留下来的百官全都迁徙到邺城。

11　前燕太宰慕容恪准备攻取洛阳,先派人去招募士人百姓,远近各小城全都归附了他。于是就让司马悦希驻军于盟津,让豫州刺史孙兴驻军于成皋。

初，沈充之子劲，以其父死于逆乱，志欲立功以雪旧耻。年三十餘，以刑家不得仕。吴兴太守王胡之为司州刺史，上疏称劲才行，请解禁锢，参其府事，朝廷许之。会胡之以病，不行。及燕人逼洛阳，冠军将军陈祐守之，众不过二千。劲自表求配祐效力，诏以劲补冠军长史，令自募壮士，得千餘人以行。劲屡以少击燕众，摧破之。而洛阳粮尽援绝，祐自度不能守，乃以救许昌为名，九月，留劲以五百人守洛阳，祐帅众而东。劲喜曰："吾志欲致命，今得之矣。"祐闻许昌已没，遂奔新城。燕悦希引兵略河南诸城，尽取之。

12　秦王坚命公国各置三卿，并餘官皆听自采辟，独为置郎中令。富商赵掇等车服僭侈，诸公竞引以为卿。黄门侍郎安定程宪请治之。坚乃下诏称："本欲使诸公延选英儒，乃更猥滥如是！宜令有司推检，辟召非其人者，悉降爵为侯，自今国官皆委之铨衡。自非命士已上，不得乘车马。去京师百里内，工商皂隶，不得服金银、锦绣，犯者弃市。"于是平阳、平昌、九江、陈留、安乐五公皆降爵为侯。

三年（乙丑，365）

1　春，正月庚申，皇后王氏崩。

2　刘卫辰复叛代，代王什翼犍东渡河，击走之。

当初,沈充的儿子沈劲,因为他的父亲死于叛逆作乱,立志要建立战功以雪旧耻。但年纪已经三十多岁了,仍然因为出身于受过刑罚的家庭而不能进入仕途。吴兴太守王胡之任司州刺史,上疏称赞沈劲的才能品行,请求解除对他的禁锢,让他参与自己州府的政事,朝廷同意了。恰好这时王胡之生病,事情没能实行。等到前燕人逼迫洛阳,冠军将军陈祐守卫该地,兵众不到两千人。沈劲自己进上表章,请求到陈祐那里任职效力,朝廷下达诏令,让沈劲补为冠军长史,命令他自己招募勇士,得到一千多人以后便前往。沈劲屡屡用较少的兵力攻击前燕的大部队,并攻破了他们。然而洛阳城里终于粮食耗尽,支援断绝,陈祐自己估计已无法坚守,就以救援许昌为名,九月,给沈劲留下五百人守卫洛阳,陈祐自己则率领兵众东行。沈劲高兴地说:“我的志向就是要临危受命,如今得到机会了。”陈祐听说许昌已经失陷,于是就逃奔到新城。前燕悦希率兵进攻河南各城,全都攻了下来。

12　前秦王符坚命令各公爵封国分别设置郎中令、中尉、大农三卿,同其他官吏一起,全都由他们自行征召选拔,只有郎中令由符坚任命。富商赵掇等人车乘服饰奢侈,然而各位公爵却竞相推举他做三卿。黄门侍郎安定人程宪请求符坚干预此事。符坚于是就下达诏令称:“本来想让诸王公延聘选拔有才华的儒生,没想到竟然混乱到这种地步! 应该命令有关官吏追究检查,凡是所征召的人选不得当的,全都把爵位降为侯,从现在开始,国家的官吏全都由吏部尚书选拔。本人职位不在朝廷任命以上,不许乘车马。离开京师百里以内,工商差役之人,不许穿饰有金银、锦绣的服装,违犯者陈尸街头示众。”因此平阳、平昌、九江、陈留、安乐的五位公爵全被降低爵位为侯。

晋哀帝兴宁三年(乙丑,公元365年)

1　春季,正月庚申(十六日),东晋皇后王氏去世。

2　刘卫辰又背叛了代国,代王拓跋什翼犍东渡黄河,赶跑了刘卫辰。

什翼犍性宽厚,郎中令许谦盗绢二匹,什翼犍知而匿之,谓左长史燕凤曰:"吾不忍视谦之面,若谦惭而自杀,是吾以财杀士也。"尝讨西部叛者,流矢中目,既而获射者,群臣欲脔割之,什翼犍曰:"彼各为其主斗耳,何罪!"遂释之。

3 大司马温移镇姑孰。二月乙未,以其弟右将军豁监荆州、扬州之义城、雍州之京兆诸军事,领荆州刺史;加江州刺史桓冲监江州及荆、豫八郡诸军事,并假节。

司徒昱闻陈祐弃洛阳,会大司马温于洌洲,共议征讨。丙申,帝崩于西堂,事遂寝。

帝无嗣。丁酉,皇太后诏以琅邪王奕承大统。百官奉迎于琅邪第,是日,即皇帝位,大赦。

4 秦大赦,改元建元。

5 燕太宰恪、吴王垂共攻洛阳。恪谓诸将曰:"卿等常患吾不攻,今洛阳城高而兵弱,易克也,勿更畏懦而怠惰!"遂攻之。三月,克之,执扬武将军沈劲。劲神气自若,恪将宥之。中军将军慕舆虔曰:"劲虽奇士,观其志度,终不为人用,今赦之,必为后患。"遂杀之。

恪略地至崤、渑,关中大震,秦王坚自将屯陕城以备之。

燕人以左中郎将慕容筑为洛州刺史,镇金墉;吴王垂为都督荆扬洛徐兖豫雍益凉秦十州诸军事、征南大将军、荆州牧,配兵一万,镇鲁阳。

拓跋什翼犍性格宽容厚道,郎中令许谦盗窃了两匹绢丝,拓跋什翼犍知道后就加以隐瞒,还对左长史燕凤说:"我不忍心看到许谦,如果见面后许谦因惭愧而自杀,这就是我因财货而杀手下的官吏了。"过去讨伐西部反叛者的时候,拓跋什翼犍曾被流箭击中眼睛,后来擒获了射箭的人,群臣都要将他千刀万剐,拓跋什翼犍说:"他们都是各为其主战斗罢了,有什么罪呢!"于是就释放了他。

3　大司马桓温转移到姑孰镇守。二月乙未(二十一日),任命他的弟弟右将军桓豁监荆州、扬州的义城、雍州的京兆诸军事,兼领荆州刺史;让江州刺史桓冲担任监江州及荆、豫八郡诸军事,全都持有符节。

司徒司马昱听说陈祐放弃了洛阳,便和大司马桓温在洌洲会面,共同商议征讨事宜。丙申(二十二日),东晋哀帝在西堂驾崩,征讨事宜也就搁置起来。

哀帝没有后嗣。丁酉(二十三日),皇太后下达诏令,让琅邪王司马奕继承帝位。朝廷百官到琅邪王的宅第去迎接他,当天,司马奕即皇帝位,实行大赦。

4　前秦实行大赦,改年号为建元。

5　前燕太宰慕容恪、吴王慕容垂共同攻打洛阳。慕容恪对众将领说:"你们经常担心我不进攻,如今洛阳城墙虽高而守兵微弱,容易攻克,不要再畏惧怯懦而懒惰!"于是就开始进攻洛阳。三月,洛阳被攻克,抓获了扬武将军沈劲。沈劲神态自若,慕容恪准备要宽赦他。中军将军慕舆虔说:"沈劲虽然是杰出的人,但观察他的志向气度,最终也不会被人所用,如今赦免了他,肯定会留下后患。"于是就把沈劲杀掉了。

慕容恪攻占夺取了崤谷、渑池,关中一带十分惊恐,前秦王符坚亲自率兵驻扎在陕城,以防备慕容恪。

前燕人任命左中郎将慕容筑为洛州刺史,镇守金墉;任命吴王慕容垂为都督荆、扬、洛、徐、兖、豫、雍、益、凉、秦十州诸军事、征南大将军、荆州牧,配备兵力一万,镇守鲁阳。

太宰恪还邺,谓僚属曰:"吾前平广固,不能济辟闾蔚;今定洛阳,使沈劲为戮,虽皆非本情,然身为元帅,实有愧于四海。"朝廷嘉劲之忠,赠东阳太守。

臣光曰:沈劲可谓能子矣!耻父之恶,致死以涤之,变凶逆之族为忠义之门。《易》曰:"干父之蛊,用誉。"《蔡仲之命》曰:"尔尚盖前人之愆,惟忠惟孝。"其是之谓乎!

6　太宰恪为将,不事威严,专用恩信;抚士卒务综大要,不为苛令,使人人得便安。平时营中宽纵,似若可犯,然警备严密,敌至莫能近者,故未尝负败。

7　壬申,葬哀帝及静皇后于安平陵。

8　夏,四月壬午,燕太尉武平匡公封奕卒。以司空阳骛为太尉,侍中、光禄大夫皇甫真为司空,领中书监。骛历事四朝,年耆望重,自太宰恪以下皆拜之。而骛谦恭谨厚,过于少时;戒束子孙,虽朱紫罗列,无敢违犯其法度者。

9　六月戊子,益州刺史建城襄公周抚卒。抚在益州三十馀年,甚有威惠。诏以其子楗为太守楚代之。

10　秋,七月己酉,徙会稽王昱复为琅邪王。

11　壬子,立妃庾氏为皇后。后,冰之女也。

12　甲申,立琅邪王昱子昌明为会稽王。昱固让,犹自称会稽王。

太宰慕容恪回到邺城,对僚属们说:"我以前平定了广固,却没能救助辟闾蔚;如今平定了洛阳,又使沈劲被杀,这些虽然都不是我的本意,然而身为军中主将,实在有愧于天下。"东晋朝廷嘉奖沈劲的忠诚,追赠他为东阳太守。

臣司马光说:沈劲可以称得上是能为人子孝了!对父亲的罪恶深以为耻,不惜以生命加以洗刷,变凶恶叛逆的家族为忠诚道义的门第。《周易》云:"改正父亲的错误,发扬他的荣誉。"《尚书·蔡仲之命》曰:"你尚能遮掩前人的过错,这就是忠和孝。"沈劲大概就是这样吧!

6 太宰慕容恪作为将领,从不显示威严,专门使用恩信;安抚士兵十分注重重要的方面,不乱发苛刻的命令。从而使得人人都相宜安好。平时军营中宽容随便,看上去好像可以冒犯,然而实际上却戒备严密,敌人来到后没有能接近的,所以一直未曾失败过。

7 壬申(二十九日),在安平陵安葬了东晋哀帝及静皇后王氏。

8 夏季,四月壬午(初九),前燕太尉武平匡公奕去世。任命司空阳骛为太尉,侍中、光禄大夫皇甫真为司空,兼中书监。阳骛先后奉事前燕四代,年高望重,从太宰慕容恪以下的人全都叩拜他。但阳骛谦恭仁厚,胜过年轻的时候,对子孙们严加管教,所以他们虽然朱衣紫绶,身为高官,却没人敢违犯他的戒律。

9 六月戊子(十六日),东晋益州刺史建城襄公周抚去世。周抚在益州三十多年,很有威望名声。朝廷下达诏令,任命他的儿子犍为太守周楚代替他的职务。

10 秋季,七月己酉(初七),东晋又调动会稽王司马昱为琅邪王。

11 壬子(初十),东晋将妃庾氏立为皇后。庾皇后是庾冰的女儿。

12 甲申,东晋立琅邪王司马昱的儿子司马昌明为会稽王。司马昱固执地表示不同意,仍自称会稽王。

13 匈奴右贤王曹毂、左贤王刘卫辰皆叛秦。毂帅众二万寇杏城,秦王坚自将讨之,使卫大将军李威、左仆射王猛辅太子宏留守长安。八月,坚击毂,破之,斩毂弟活,毂请降,徙其豪杰六千馀户于长安。建节将军邓羌讨卫辰,擒之于木根山。

九月,坚如朔方,巡抚诸胡。冬,十月,征北将军、淮南公幼帅杏城之众乘虚袭长安,李威击斩之。

14 鲜卑秃发椎斤卒,年一百一十,子思复鞬代统其众。椎斤,树机能从弟务丸之孙也。

15 梁州刺史司马勋,为政酷暴,治中、别驾及州之豪右,言语忤意,即于坐枭斩之,或亲射杀之。常有据蜀之志,惮周抚,不敢发。及抚卒,勋遂举兵反,别驾雍端、西戎司马隗粹切谏,勋皆杀之,自号梁益二州牧、成都王。十一月,勋引兵入剑阁,攻涪,西夷校尉毋丘昕弃城走。乙卯,围益州刺史周楚于成都。大司马温表鹰扬将军江夏相义阳朱序为征讨都护以救之。

16 秦王坚还长安,以李威守太尉,加侍中。以曹毂为雁门公,刘卫辰为夏阳公,各使统其部落。

17 十二月戊戌,以尚书王彪之为仆射。

海西公上
太和元年(丙寅,366)
1 春,三月,荆州刺史桓豁使督护桓罴攻南郑,讨司马勋。
2 燕太宰、大司马恪,太傅、司徒评,稽首归政,上章绶,请归第,燕主暐不许。

13 匈奴右贤王曹毂、左贤王刘卫辰都背叛前秦。曹毂率领两万兵众进犯杏城,前秦王符坚亲自率兵讨伐他,派卫大将军李威、左仆射王猛辅佐太子符宏留守长安。八月,符坚攻击曹毂,攻破了他,斩杀了曹毂的弟弟曹活,曹毂请求投降,符坚将他的富豪显贵六千多户迁徙到长安。建节将军邓羌讨伐刘卫辰,在木根山擒获了他。

九月,符坚到了朔方,巡视安抚各胡族部落。冬季,十月,征北将军、淮南公符幼率领杏城的兵众乘虚袭击长安,李威迎击并斩杀了他。

14 鲜卑人秃发椎斤去世,享年一百一十岁,儿子秃发思复鞬代替他统率部众。秃发椎斤是秃发树机能的堂弟秃发务丸的孙子。

15 梁州刺史司马勋,为政残酷暴虐,治中、别驾以及州内的豪强大族,只要说话不合他的心意,就在座位上命令将他们斩首示众,有时则亲自把他们射死。他一直有占据蜀地的心思,只是因为惧怕周抚,才没敢发兵。等到周抚死后,司马勋就起兵反叛。别驾雍端、西戎司马隗粹恳切地劝谏,司马勋把他们都杀了,自称梁、益二州牧、成都王。十一月,司马勋带兵进入剑阁,攻打涪城,西夷校尉毋丘暐弃城逃跑。乙卯(十五日),司马勋在成都包围了益州刺史周楚。大司马桓温上表请求让鹰扬将军、江夏相、义阳人朱序为征讨都护,前去救援周楚。

16 前秦王符坚回到长安,任命李威暂任太尉,并担任侍中。任命曹毂为雁门公,刘卫辰为夏阳公,让他们各自统领自己的部落。

17 十二月戊戌(二十九日),东晋任命尚书王彪之为仆射。

海西公上
晋海西公太和元年(丙寅,公元366年)

1 春季,三月,荆州刺史桓豁派督护桓罴攻打南郑,讨伐司马勋。

2 前燕太宰、大司马慕容恪,太傅、司徒慕容评,叩头请求归还辅佐朝政的权力,进上了印玺和绶带,请求返回自己的宅第,前燕国主慕容暐没有同意。

3 夏,五月戊寅,皇后庾氏崩。

4 朱序、周楚击司马勋,破之,擒勋及其党,送大司马温。温皆斩之,传首建康。

5 代王什翼犍遣左长史燕凤入贡于秦。

6 秋,七月癸酉,葬孝皇后于敬平陵。

7 秦辅国将军王猛、前将军杨安、扬武将军姚苌等帅众二万寇荆州,攻南乡郡。荆州刺史桓豁救之,八月,军于新野。秦兵掠安阳民万馀户而还。

8 九月甲午,曲赦梁、益二州。

9 冬,十月,加司徒昱丞相、录尚书事,入朝不趋,赞拜不名,剑履上殿。

10 张天锡遣使至秦境上,告绝于秦。

11 燕抚军将军下邳王厉寇兖州,拔鲁、高平数郡,置守宰而还。

12 初,陇西李俨以郡降秦,既而复通于张天锡。十二月,羌敛岐以略阳四千家叛秦,称臣于俨,俨于是拜置牧守,与秦、凉绝。

13 南阳督护赵亿据宛城降燕,太守桓澹走保新野。燕人遣南中郎将赵盘自鲁阳戍宛。

14 徐、兖二州刺史庾希,以后族故,兄弟贵显,大司马温忌之。

二年(丁卯,367)

1 春,正月,庾希坐不能救鲁、高平,免官。

2 二月,燕抚军将军下邳王厉、镇北将军宜都王桓袭敕勒。

3　夏季,五月戊寅(十二日),东晋皇后庾氏去世。

4　朱序、周楚攻打司马勋,攻破了他,擒获了司马勋以及他的同党,解送给大司马桓温。桓温把他们全都杀了,把首级传送到建康。

5　代王拓跋什翼犍派左长史燕凤向前秦进献贡奉。

6　秋季,七月癸酉(初八),东晋在敬平陵安葬了庾皇后。

7　前秦辅国将军王猛、前将军杨安、扬武将军姚苌等人率领两万兵众进犯荆州,攻打南乡郡。荆州刺史桓豁前去救援,八月,驻扎在新野。前秦士兵掳掠了安阳的民众一万多户返回。

8　九月甲午(二十九日),因平定了司马勋,在梁、益二州境内实行大赦。

9　冬季,十月,东晋任命司徒司马昱担任丞相、录尚书事,并给予他入朝晋见皇帝不必小步趋行,唱拜不直呼姓名,可以佩剑穿鞋上殿的礼遇。

10　张天锡派使者到前秦边境,告知与前秦绝交。

11　前燕抚军将军下邳王慕容厉进犯东晋兖州,攻下了鲁、高平数郡,设置了地方官后返回。

12　当初,陇西人李俨率他所统辖的郡投降了前秦,接着又和张天锡交往。十二月,羌族人敛岐带领略阳的四千家民众背叛了前秦,向李俨称臣。李俨于是便在当地设置州郡长官,与前秦、前凉绝交。

13　南阳督护赵亿占据宛城,投降了前燕,东晋宛城太守桓澹逃到新野以自保。前燕人派南中郎将赵盘从鲁阳出发去戍守宛城。

14　徐、兖二州刺史庾希,因为是皇后家族的缘故,兄弟们显贵一时,大司马桓温对此非常忌恨。

晋海西公太和二年(丁卯,公元367年)

1　春季,正月,庾希因不能救援鲁郡、高平郡的罪过,被免官。

2　二月,前燕抚军将军、下邳王慕容厉,镇北将军、宜都王慕容桓袭击敕勒。

3　秦辅国将军王猛、陇西太守姜衡、南安太守南安邵羌、扬武将军姚苌等帅众万七千讨敛岐。三月,张天锡遣前将军杨遹向金城,征东将军常据向左南,游击将军张统向白土,天锡自将三万人屯仓松,以讨李俨。敛岐部落先属姚弋仲,闻姚苌至,皆降。王猛遂克略阳,敛岐奔白马。秦王坚以苌为陇东太守。

4　夏,四月,燕慕容尘寇竟陵,太守罗崇击破之。

5　张天锡攻李俨大夏、武始二郡,下之。常据败俨兵于葵谷,天锡进屯左南。俨惧,退守枹罕,遣其兄子纯谢罪于秦,且请救。秦王坚使前将军杨安、建威将军王抚帅骑二万,会王猛以救俨。

猛遣邵羌追敛岐,王抚守侯和,姜衡守白石,猛与杨安救枹罕。天锡遣杨遹逆战于枹罕东,猛大破之,俘斩万七千级,与天锡相持于城下。邵羌禽敛岐于白马,送之。猛遗天锡书曰:"吾受诏救俨,不令与凉州战,今当深壁高垒,以听后诏。旷日持久,恐二家俱弊,非良算也。若将军退舍,吾执俨而东,将军徙民西旋,不亦可乎!"天锡谓诸将曰:"猛书如此,吾本来伐叛,不来与秦战。"遂引兵归。

李俨犹未纳秦师,王猛白服乘舆,从者数十人,请与俨相见。俨开门延之,未及为备,将士继入,遂执俨。以立忠将军彭越为平西将军、凉州刺史,镇枹罕。

张天锡之西归也,李俨将贺肫说俨曰:"以明公神武,将士骁悍,奈何束手于人!王猛孤军远来,士卒疲弊,且以我请救,必不设备,若乘其怠而击之,可以得志。"俨曰:"求救于人以免难,难既免而击之,天下其谓我何!不若固守以老之,彼将自退。"猛责俨以不即出迎,俨以贺肫之谋告。猛斩肫,以俨归。至长安,坚以俨为光禄勋,赐爵归安侯。

3 前秦辅国将军王猛、陇西太守姜衡、南安太守南安人邵羌、扬武将军姚苌等人率领兵众一万七千人讨伐敛岐。三月,张天锡派前将军杨遹进发金城,征东将军常据进发左南,游击将军张统进发白土,张天锡自己统率三万人驻扎在仓松,用以讨伐李俨。敛岐的部落以前属于姚弋仲,听说姚苌到来,全都投降。王猛于是攻克了略阳,敛岐逃奔到白马。前秦王苻坚任命姚苌为陇东太守。

4 夏季,四月,前燕慕容尘进犯竟陵,太守罗崇击败了他。

5 张天锡攻打李俨统辖的大夏、武始二郡,攻了下来。常据在葵谷打败了李俨的军队,张天锡进军驻扎在左南。李俨十分害怕,退守枹罕,派他哥哥的儿子李纯去向前秦谢罪,并且请求救援。前秦王苻坚让前将军杨安、建威将军王抚率领二万骑兵,会合王猛前去救援李俨。

王猛派邵羌追击敛岐,王抚守卫侯和,姜衡守卫白石,王猛与杨安去救援枹罕。张天锡派杨遹在枹罕以东迎战,王猛彻底攻破了他,俘获斩首一万七千多人,与张天锡在枹罕城下相持。邵羌在白马擒获了敛岐,把他遣送回来。王猛给张天锡写信说:"我接受诏令救援李俨,没想到却和凉州交战,如今面对着坚壁高垒,等候诏令。相持旷日持久,恐怕对秦和凉两家全都不利,这不是良策。如果将军撤退,我带着李俨东返,将军迁徙百姓西归,不是也可以吗?"张天锡对众将领说:"王猛的信中是这样说的。我本来也是来讨伐反叛的,不是来和秦国交战的。"于是就率兵西归。

李俨还没有让前秦的军队进城,王猛身穿白衣,坐着车乘,数十人跟随,请求与李俨见面。李俨打开城门请他进入,没来得及防备,众将士也相继而入,于是就拘捕了李俨。任命立忠将军彭越为平西将军、凉州刺史,镇守枹罕。

张天锡西归的时候,李俨的将领贺肫劝李俨说:"以明公您这样的神明威武,将士们骁勇强悍,为什么要束手就擒于别人呢?王猛的孤军远道而来,士卒疲惫,而且是因为我们的请求救援而来,所以一定不会设置防备措施,如果乘他们懈怠而攻击他们,可以遂心得手。"李俨说:"靠着求救于别人而免遭危难,危难解除以后又去攻击来救援的人,天下人将会怎样说我呢!不如固守以耗磨他们,他们将会自行撤退。"王猛责备李俨不马上出来迎接他们,李俨把贺肫的计谋告诉了他。王猛斩杀了贺肫,带着李俨返回。到达长安后,苻坚任命李俨为光禄勋,赐爵位为归安侯。

6　燕太原桓王恪言于燕主暐曰:"吴王垂,将相之才十倍于臣,先帝以长幼之次,故臣得先之。臣死之后,愿陛下举国以听吴王。"五月壬辰,恪疾笃,暐亲视之,问以后事。恪曰:"臣闻报恩莫大于荐贤,贤者虽在板筑,犹可为相,况至亲乎! 吴王文武兼资,管、萧之亚,陛下若任以大政,国家可安;不然,秦、晋必有窥窬之计。"言终而卒。

秦王坚闻恪卒,阴有图燕之计,欲觇其可否,命匈奴曹毂发使如燕朝贡,以西戎主簿郭辩为之副。燕司空皇甫真兄腆及从子奋、覆皆仕秦,腆为散骑常侍。辩至燕,历造公卿,谓真曰:"仆本秦人,家为秦所诛,故寄命曹王,贵兄常侍及奋、覆兄弟并相知有素。"真怒曰:"臣无境外之交,此言何以及我! 君似奸人,得无因缘假托乎!"白暐,请穷治之。太傅评不许。辩还,为坚言:"燕朝政无纲纪,实可图也。鉴机识变,唯皇甫真耳。"坚曰:"以六州之众,岂得不使有智士一人哉!"

曹毂寻卒,秦分其部落为二,使其二子分统之,号东、西曹。

7　荆州刺史桓豁、竟陵太守罗崇攻宛,拔之。赵亿走,赵盘退归鲁阳。豁追击盘于雉城,擒之,留兵戍宛而还。

8　秋,七月,燕下邳王厉等破敕勒,获马牛数万头。

6　前燕太原桓王慕容恪对前燕国主慕容暐进言说:"吴王慕容垂,具有的将相才能超过我十倍,先帝只是考虑了长幼次序,所以我得以在他之先。我死了以后,愿陛下让整个国家都听命于吴王。"五月壬辰,慕容恪病重,慕容暐亲自前往看望,并向他询问后事。慕容恪说:"我听说报恩没有比荐举贤能更重要的了,贤能的人虽然隐遁在服役筑墙的人中间,也可以启用为宰相,何况是近亲呢!吴王慕容垂文武兼备,才能仅次于管仲、萧何,陛下如果将朝廷大政委托给他,国家就可以安定;不这样的话,秦国、晋朝一定会有觊觎我们的计谋。"说完以后慕容恪就死了。

前秦王符坚听说慕容恪去世,暗地里制定了图谋前燕的计策,想看看这个计策是否可行,就命令匈奴右贤王曹毂启程出使前燕进献贡奉,以西戎主簿郭辩做他的副手。前燕司空皇甫真的哥哥皇甫腆以及侄子皇甫奋、皇甫覆全都在前秦做官,皇甫腆任散骑常侍。郭辩抵达前燕后,逐一拜访公卿,对皇甫真说:"我本是秦国人,家人被秦诛杀,所以才把生命寄托于曹王,你的哥哥散骑常侍皇甫腆以及皇甫奋、皇甫覆兄弟全都和我素来相知。"皇甫真愤怒地说:"臣下没有境外的交往,你这话为什么要告诉我!你好像是奸佞之人,莫非是借此来冒充吗?"皇甫真把这些事告诉了慕容暐,请求追究处理他。太傅慕容评不同意。郭辩返回去以后,告诉符坚说:"燕朝政事乱无纲纪,确实可以图谋。明白了解时机变故的,只有皇甫真罢了。"符坚说:"以六州之广的民众,怎能不让他有一个明白人呢!"

曹毂不久就去世了,前秦把他的部落分成两部分,让他的两个儿子分别统领,称为东曹和西曹。

7　东晋荆州史桓豁、竟陵太守罗崇攻打宛城,攻了下来。赵亿逃跑,赵盘退回到鲁阳。桓豁追击赵盘到雉城,擒获了他,留下士兵戍守宛城后返回。

8　秋季,七月,前燕下邳王慕容厉等攻破了敕勒,夺取牛马数万头。

初,厉兵过代地,犯其稌田,代王什翼犍怒。燕平北将军武强公壆以幽州兵戍云中。八月,什翼犍攻云中,壆弃城走,振威将军慕舆贺辛战没。

9　九月,以会稽内史郗愔为都督徐兖青幽扬州之晋陵诸军事、徐兖二州刺史,镇京口。

10　秦淮南公幼之反也,征东大将军、并州牧、晋公柳,征西大将军、秦州刺史赵公双,皆与之通谋。秦王坚以双,母弟至亲,柳,健之爱子,隐而不问。柳、双复与镇东将军、洛州刺史魏公廋,安西将军、雍州刺史燕公武谋作乱,镇东主簿南安姚眺谏曰:"明公以周、邵之亲,受方面之任,国家有难,当竭力除之,况自为难乎!"廋不听。坚闻之,征柳等诣长安。冬,十月,柳据蒲阪,双据上邽,廋据陕城,武据安定,皆举兵反。坚遣使谕之曰:"吾待卿等,恩亦至矣,何苦而反!今止不征,卿宜罢兵,各定其位,一切如故。"各啮梨以为信。皆不从。

11　代王什翼犍击刘卫辰,河冰未合,什翼犍命以苇絚约流澌。俄而冰合,然犹未坚,乃散苇于其上,冰草相结,有如浮梁,代兵乘之以渡。卫辰不意兵猝至,与宗族西走,什翼犍收其部落什六七而还。卫辰奔秦,秦王坚送卫辰还朔方,遣兵戍之。

12　十二月甲子,燕太尉建宁敬公阳骛卒。以司空皇甫真为侍中、太尉,光禄大夫李洪为司空。

当初,慕容厉的军队经过代国,毁坏了他们的稼田,代王拓跋什翼犍很愤怒。前燕平北将军武强公慕容垔用幽州的军队戍卫云中。八月,拓跋什翼犍攻打云中,慕容垔弃城逃跑,振威将军慕舆贺辛战死。

9　九月,东晋任命会稽内史郗愔为都督徐、兖、青、幽、扬州的晋陵诸军事和徐、兖二州刺史,镇守京口。

10　前秦淮南公苻幼反叛的时候,征东大将军、并州牧、晋公苻柳,征西大将军、秦州刺史赵公苻双,全都与他互通谋略。前秦王苻坚考虑到苻双同母弟关系至亲,苻柳是苻健喜爱的儿子,便将此事隐埋在心里而不加以追究。苻柳、苻双又与镇东将军、洛州刺史魏公苻廋,安西将军、雍州刺史燕公苻武谋划作乱,镇东主簿南安人姚眺劝苻廋说:"明公您因为是像周氏、邵氏一样与王室关系最近的亲戚,接受了统管一方的重任,国家有危难,应当竭力消除,怎么能自己起来反叛作难呢!"苻廋没有听从。苻坚听说后,征召苻柳等人前往长安。冬季,十月,苻柳占据蒲阪,苻双占据上邽,苻廋占据陕城,苻武占据安定,全都起兵反叛。苻坚派使者劝谕他们说:"我对待你们,恩情备至,何苦要反叛呢? 现在停止对你们的征召,你们应该罢兵息叛,各居其位,一切如故。"苻坚要求他们各自咬梨交给使者,作为表示听从劝告的信物。他们都没有照办。

11　代王拓跋什翼犍攻打刘卫辰,准备渡黄河时,黄河还没有封冻,拓跋什翼犍命令用苇草绳阻拦流水。不一会就冻合起来了,然而还冻得不够坚固。于是就把苇草铺散在冰面上,冰草相连,就像浮桥一样,代国士兵踏着它渡过了黄河。刘卫辰没想到代国士兵这么快就来了,便和他的宗族亲信仓惶向西逃跑,拓跋什翼犍房获了他部落中十之六七的人后返回。刘卫辰逃奔到前秦,前秦王苻坚送他返回朔方,并派兵去戍守。

12　十二月甲子,前燕太尉建宁敬公阳鹜去世。任命司空皇甫真为侍中、太尉,光禄大夫李洪为司空。

三年(戊辰,368)

1 春,正月,秦王坚遣后将军杨成世、左将军毛嵩分讨上邽、安定,辅国将军王猛、建节将军邓羌攻蒲阪,前将军杨安、广武将军张蚝攻陕城。坚命蒲、陕之军皆距城三十里,坚壁勿战,俟秦、雍已平,然后并力取之。

2 初,燕太宰恪有疾,以燕主暐幼弱,政不在己,太傅评多猜忌,恐大司马之任不当其人,谓暐兄乐安王臧曰:"今南有遗晋,西有强秦,二国常蓄进取之志,顾我未有隙耳。夫国之兴衰,系于辅相。大司马总统六军,不可任非其人,我死之后,以亲疏言之,当在汝及冲。汝曹虽才识明敏,然年少,未堪多难。吴王天资英杰,智略超世,汝曹若能推大司马以授之,必能混一四海,况外寇,不足惮也。慎无冒利而忘害,不以国家为意也。"又以语太傅评。及恪卒,评不用其言。二月,以车骑将军中山王冲为大司马。冲,暐之弟也。以荆州刺史吴王垂为侍中、车骑大将军、仪同三司。

3 秦魏公廋以陕城降燕,请兵应接。秦人大惧,盛兵守华阴。

燕魏尹范阳王德上疏,以为:"先帝应天受命,志平六合;陛下纂统,当继而成之。今苻氏骨肉乖离,国分为五,投诚请援,前后相寻,是天以秦赐燕也。天与不取,反受其殃,吴、越之事,足以观矣。宜命皇甫真引并、冀之众径趋蒲阪,吴王垂引许、洛之兵驰解廋围,太傅总京师虎旅为二军后继,传檄三辅,示以祸福,明立购赏,彼必望风响应,浑一之期,于此乎在矣!"时燕人多请救陕,因图关中者,太傅评曰:"秦,大国也,今虽有难,未易可图。朝廷虽明,未如先帝。吾等智略,又非太宰之比。但能闭关保境足矣,平秦非吾事也。"

晋海西公太和三年(戊辰,公元 368 年)

1 春季,正月,前秦王符坚派后将军杨成世、左将军毛嵩分别讨伐上邽、安定,派辅国将军王猛、建节将军邓羌攻打蒲阪,派前将军杨安、广武将军张蚝攻打陕城。符坚命令前去攻打蒲阪、陕城的军队全都在离城三十里的地方构筑坚固堡垒,不要与敌交战,等到平定了秦州、雍州以后,再集中兵力攻取。

2 当初,前燕太宰慕容恪有病,考虑到前燕主慕容暐年幼,自己不能主持政事,太傅慕容评生性多疑,恐怕大司马的职务落入不适当的人手中,便对慕容暐的哥哥乐安王慕容臧说:"如今南有遗留下来的晋朝,西有强大的秦国,两国一直怀有进取的志向,只不过看到我们这里还没有可乘之机罢了。国家的兴衰,全在于辅佐的丞相。大司马总管六军,这个职务不可用错了人,我死了以后,以亲疏关系而言,承担大司马职务的人应该在你和慕容冲中选择。你们虽然才能见识神明敏锐,然而年纪尚轻,没有经历过太多的磨难。吴王慕容垂天资出众,智谋超人,你们如果能推举他出任大司马,一定能够统一四海,何况是外敌,那就不值得惧怕了。千万不要贪图权力而忘记了祸患,不为国家考虑。"他又把这些话对太傅慕容评说了。等到慕容恪死后,慕容评没有听从他的话。二月,任命车骑将军中山王慕容冲为大司马。慕容冲是慕容暐的弟弟。任命荆州刺史吴王慕容垂为侍中、车骑大将军、仪同三司。

3 前秦魏公符廋将陕城投降了前燕,请求前燕出兵接应。前秦人十分害怕,以强大的兵力守卫华阴。

前燕魏尹范阳王慕容德上疏,认为:"先帝应承天意,接受天命,志向在于平定天下;陛下继承帝统,应当继续成就大业。如今符氏骨肉叛离,国家一分为五,投诚求援的,前后相继,这是上天要把秦国赐给燕国。上天赐与而不接受,反过来就要遭受他们的祸害,春秋时吴国、越国的往事,足以为鉴。应该命令皇甫真带领并州、冀州的兵众直接开向蒲阪,命令吴王慕容垂带领许昌、洛州的兵众迅速去解救符廋所受的围困,命令太傅慕容评总领京师的劲旅作为皇甫真、慕容垂两军的后继部队,把檄文传递到三辅地区,向他们昭示祸福,明确悬赏,他们一定会闻风而动,群起响应,统一天下的时间,就在此刻了!"当时前燕有很多请求救援陕城、顺势图谋关中的人,太傅慕容评说:"秦国,是一个大国,如今虽有危难,也不容易图谋。主上虽然神明,但不如先帝。我们的智谋,又无法和太宰慕容恪相比。只要能闭关保全国境就足矣,平定秦国不是我们的事情。"

魏公廆遗吴王垂及皇甫真笺曰:"苻坚、王猛,皆人杰也,谋为燕患久矣。今不乘机取之,恐异日燕之君臣将有甫东之悔矣!"垂谓真曰:"方今为人患者必在于秦,主上富于春秋,观太傅识度,岂能敌苻坚、王猛乎?"真曰:"然,吾虽知之,如言不用何!"

4　三月丁巳朔,日有食之。

5　癸亥,大赦。

6　秦杨成世为赵公双将苟兴所败,毛嵩亦为燕公武所败,奔还。秦王坚复遣武卫将军王鉴、宁朔将军吕光、将军冯翊郭将、翟傦等帅众三万讨之。夏,四月,双、武乘胜至于榆眉,以苟兴为前锋。王鉴欲速战,吕光曰:"兴新得志,气势方锐,宜持重以待之。彼粮尽必退,退而击之,蔑不济矣!"二旬而兴退。光曰:"兴可击矣。"遂追之。兴败,因击双、武,大破之,斩获万五千级,武弃安定,与双皆奔上邽,鉴等进攻之。

晋公柳数出挑战,王猛不应。柳以猛为畏之,五月,留其世子良守蒲阪,帅众二万西趋长安。去蒲阪百馀里,邓羌帅精骑七千夜袭,败之。柳引军还,猛邀击之,尽俘其众。柳与数百骑入城,猛、羌进攻之。

秋,七月,王鉴等拔上邽,斩双、武,宥其妻子。以左卫将军苻雅为秦州刺史。八月,以长乐公丕为雍州刺史。

九月,王猛等拔蒲阪,斩晋公柳及其妻子。猛屯蒲阪,遣邓羌与王鉴等会攻陕城。

魏公苻廋给吴王慕容垂及皇甫真去信说,"苻坚、王猛,都是杰出的人物,图谋祸害燕国已经很久了。如今不乘机消灭他们,恐怕日后燕国的君主臣下将会有春秋时吴王居于甫东那样的悔恨!"慕容垂对皇甫真说:"如今作为人们祸患的肯定是在秦国,主上年纪尚轻,观察太傅慕容评的见识气度,难道能与苻坚、王猛匹敌吗?"皇甫真说:"是这样,我虽然知道,奈何说了也不被采用呢!"

4 三月丁巳朔(初一),出现日食。

5 癸亥(初七),东晋实行大赦。

6 前秦杨成世被赵公苻双的将领苟兴打败,毛嵩也被燕公苻武打败,都逃了回去。前秦王苻坚又派武卫将军王鉴、宁朔将军吕光、将军冯翊人郭将、翟僚等人率领三万兵众讨伐苻双、苻武。夏季,四月,苻双、苻武乘胜抵达榆眉,以苟兴作为前锋。王鉴想和他们迅速交战,吕光说:"苟兴刚刚得志,气势正锐,应该稳固防守以等待他。粮食耗尽后他必然要后退,后退时再攻击他,肯定能够成功!"二十多天后苟兴后退。吕光说:"可以攻打苟兴了。"于是就开始追击,苟兴被打败,接着又攻打苻双、苻武,把他们打得大败。斩首擒获一万五千多人,苻武放弃了安定,和苻双全都逃奔到上邽。王鉴等又跟进攻击他们。

晋公苻柳多次出来挑战,王猛不应战。苻柳认为王猛是害怕他,五月,留下他的长子苻良守卫蒲阪,自己率领两万兵众西进长安。离开蒲阪一百多里,邓羌率领精锐骑兵七千人趁夜攻袭,打败了苻柳。苻柳带领军队撤返,王猛半路截击,将他的兵众全部俘获。苻柳和数百骑兵逃进城中,王猛、邓羌跟进攻击。

秋季,七月,王鉴等人攻下了上邽,斩杀了苻双、苻武,宽恕了他们的妻儿。任命左卫将军苻雅为秦州刺史。八月,任命长乐公苻丕为雍州刺史。

九月,王猛等攻下了蒲阪,斩杀了晋公苻柳以及他的妻儿。王猛驻扎在蒲阪,派邓羌和王鉴等会合攻打陕城。

7　燕王公、贵戚多占民为荫户，国之户口，少于私家，仓库空竭，用度不足。尚书左仆射广信公悦绾曰："今三方鼎峙，各有吞并之心。而国家政法不立，豪贵恣横，至使民户殚尽，委输无入，吏断常俸，战士绝廪，官贷粟帛以自赡给。既不可闻于邻敌，且非所以为治，宜一切罢断诸荫户，尽还郡县。"燕主暐从之，使绾专治其事，纠擿奸伏，无敢蔽匿，出户二十馀万，举朝怨怒。绾先有疾，自力厘校户籍，疾遂亟。冬，十一月，卒。

8　十二月，秦王猛等拔陕城，获魏公廋，送长安。秦王坚问其所以反，对曰："臣本无反心，但以弟兄屡谋逆乱，臣惧并死，故谋反耳。"坚泣曰："汝素长者，固知非汝心也，且高祖不可以无后。"乃赐廋死，原其七子，以长子袭魏公，馀子皆封县公，以嗣越厉王及诸弟之无后者。苟太后曰："廋与双俱反，双独不得置后，何也？"坚曰："天下者，高祖之天下，高祖之子不可以无后。至于仲群，不顾太后，谋危宗庙，天下之法，不可私也！"以范阳公抑为征东大将军、并州刺史，镇蒲阪；邓羌为建武将军、洛州刺史，镇陕城。擢姚眺为汲郡太守。

9　加大司马温殊礼，位在诸侯王上。

10　是岁，以仇池公杨世为秦州刺史，世弟统为武都太守。世亦称臣于秦，秦以世为南秦州刺史。

7 前燕的王公贵戚有很多人强占民户作为自己的衣食佃户，以至于国家的户数人口，竟少于私家，仓库空竭，费用不足。尚书左仆射广信公悦绾说："如今燕、晋、秦三国鼎立，各自都有吞并天下的心思。然而国家的政纲法度不能确立，豪强贵族恣意横行，致使民户财力耗尽，租税没有收入，仓库空竭入不敷出，官吏中断俸禄，士兵断绝粮饷，官府靠借贷粟帛以供养自己。这些既不能让邻敌知道，又不是用来治理国家的办法，应该断然罢免所有的荫户，把他们全都归还给郡县官府。"前燕主慕容暐听从了这一意见，让悦绾独自主管这件事，揭露举发隐藏的奸邪之人，没有人再敢隐瞒藏匿，共查出二十多万户，朝廷上下一片怨恨愤怒。悦绾以前就有病，因为竭尽全力整顿审核户口，病情也就加重了。冬季，十一月，去世。

8 十二月，前秦王猛等攻下了陕城，俘获了魏公苻廋，送至长安。前秦王苻坚问他之所以反叛的原因，苻廋回答说："我本来没有反叛的心思，只是因为弟兄们屡屡谋划叛逆作乱，我害怕一起被杀，所以才谋反。"苻坚哭泣着说："你历来都是厚道人，我本来就知道谋反不是你的心愿，而且高祖苻健也不能没有后嗣。"于是就赐苻廋以死，恕免了他的七个儿子，让长子袭任魏公，其余的儿子全都封为县公，以继承越厉王苻生以及众兄弟中没有后嗣的。苟太后说："苻廋与苻双全都反叛，唯独苻双没能设立后嗣，为什么？"苻坚说："天下，是高祖的天下，高祖的儿子不能没有后嗣。至于苻双，不顾及太后，图谋危害国家，天下的法律，不能枉私！"任命范阳公苻抑为征东大将军、并州刺史，镇守蒲阪；任命邓羌为建武将军、洛州刺史，镇守陕城。提升姚眕为汲郡太守。

9 东晋给予大司马桓温特殊的礼遇，地位在诸侯王之上。

10 这一年，东晋任命仇池公杨世为秦州刺史，杨世的弟弟杨统为武都太守。杨世也向前秦称臣，前秦任命杨世为南秦州刺史。

卷第一百二　晋纪二十四

起己巳(369)尽庚午(370)凡二年

海西公下
太和四年(己巳,369)

1　春,三月,大司马温请与徐、兖二州刺史郗愔、江州刺史桓冲、豫州刺史袁真等伐燕。初,愔在北府,温常云:"京口酒可饮,兵可用。"深不欲愔居之,而愔暗于事机,乃遗温笺,欲共奖王室,请督所部出河上。愔子超为温参军,取视,寸寸毁裂,乃更作愔笺,自陈非将帅才,不堪军旅,老病,乞闲地自养,劝温并领己所统。温得笺大喜,即转愔冠军将军、会稽内史。温自领徐、兖二州刺史。夏,四月庚戌,温帅步骑五万发姑孰。

2　甲子,燕主暐立皇后可足浑氏,太后从弟尚书令豫章公翼之女也。

3　大司马温自兖州伐燕。郗超曰:"道远,汴水又浅,恐漕运难通。"温不从,六月辛丑,温至金乡,天旱,水道绝,温使冠军将军毛虎生凿钜野三百里,引汶水会于清水。虎生,宝之子也。温引舟师自清水入河,舳舻数百里。郗超曰:"清水入河,难以通运。若寇不战,运道又绝,因敌为资,复无所得,此危道也。不若尽举见众直趋邺城,彼畏公威名,必望风逃溃,北归辽、碣。若能出战,则事可立决。若欲城邺而守之,则当此盛夏,难为功力,百姓布野,尽为官有,易水以南必交臂请命矣。

海西公下
晋海西公太和四年(己巳,公元369年)

1 春季,三月,大司马桓温请求与徐、兖二州刺史郗愔、江州刺史桓冲、豫州刺史袁真等讨伐前燕。当初,郗愔在京口的北府时,桓温经常说:"京口酒可饮,兵可用。"对郗愔身居北府深为不满,而郗愔却不识时务,还给桓温写去信,想要共同辅佐王室,请求督领自己的部队渡黄河北上。郗愔的儿子郗超是桓温的参军,拿来信看过后,便把信撕碎,重新改写了一封,信中诉说自己不是将帅之才,不能胜任军旅重任,而且年老多病,请求找一个悠闲的地方休养,劝说桓温把郗愔自己的部队一并统领。桓温见信后大喜过望,当即把郗愔调任为冠军将军、会稽内史。桓温自己兼任徐、兖二州刺史。夏季,四月庚戌(初一),桓温率领步、骑兵五万人从姑孰出发。

2 甲子(十五日),前燕国主慕容暐立可足浑氏为皇后,她是太后的堂弟尚书令豫章公可足浑翼的女儿。

3 大司马桓温从兖州出发讨伐前燕。郗超说:"路途遥远,汴水又浅,恐怕运送粮食的水道难以畅通。"桓温没有听从,六月辛丑,桓温抵达金乡,因为天旱,水路断绝,桓温让冠军将军毛虎生在钜野开凿三百里水路,引来汶水会合于清水。毛虎生是毛宝的儿子。桓温带领水军从清水进入黄河,船只绵延数百里。郗超说:"从清水进入黄河,运输难以畅通。如果敌人不与我们交战,运输通道又断绝,只能靠着敌人的积蓄来作给养,那又会一无所得,这是危险的办法。不如让现有部队全部径直开向邺城,他们害怕您的威赫名声,一定会闻风溃逃,北归辽东、碣石。如果他们能出来迎战,那么事情就可以立见分晓。如果他们想盘踞邺城固守,那么值此盛夏之时,难以进行行动,百姓遍布各地,全都为官府所控制,易水以南的人一定会恭敬地向我们请求指令。

但恐明公以此计轻锐,胜负难必,欲务持重,则莫若顿兵河、济,控引漕运,俟资储充备,至来夏乃进兵,虽如赊迟,然期于成功而已。舍此二策而连军北上,进不速决,退必愆乏。贼因此势以日月相引,渐及秋冬,水更涩滞。且北土早寒,三军裘褐者少,恐于时所忧,非独无食而已。"温又不从。

温遣建威将军檀玄攻湖陆,拔之,获燕宁东将军慕容忠。燕主暐以下邳王厉为征讨大都督,帅步骑二万逆战于黄墟,厉兵大败,单马奔还。高平太守徐翻举郡来降。前锋邓遐、朱序败燕将傅颜于林渚。暐复遣乐安王臧统诸军拒温,臧不能抗,乃遣散骑常侍李凤求救于秦。

秋,七月,温屯武阳,燕故兖州刺史孙元帅其族党起兵应温,温至枋头。暐及太傅评大惧,谋奔和龙。吴王垂曰:"臣请击之。若其不捷,走未晚也。"暐乃以垂代乐安王臧为使持节、南讨大都督,帅征南将军范阳王德等众五万以拒温。垂表司徒左长史申胤、黄门侍郎封孚、尚书郎悉罗腾皆从军。胤,钟之子;孚,放之子也。

暐又遣散骑侍郎乐嵩请救于秦,许赂以虎牢以西之地。秦王坚引群臣议于东堂,皆曰:"昔桓温伐我,至灞上,燕不救我;今温伐燕,我何救焉!且燕不称藩于我,我何为救之!"王猛密言于坚曰:"燕虽强大,慕容评非温敌也。若温举山东,进屯洛邑,收幽、冀之兵,引并、豫之粟,观兵崤、渑,则陛下大事去矣。今不如与燕合兵以退温,温退,燕亦病矣,然后我承其弊而取之,不亦善乎!"坚从之。八月,遣将军苟池、洛州刺史邓羌帅步骑二万以救燕,出自洛阳,军至颍川。又遣散骑侍郎姜抚报使于燕。以王猛为尚书令。

只是怕明公您认为此计虽说锋锐但欠稳妥,胜负难定,而想一定要持有万全之策,那就不如停兵于黄河、济水,控制水路运输,等到储备充足,到第二年夏天再进军,虽说拖延了时间,然而这只是期望必定成功而已。舍此二策而让绵延百里的军队北上,进不能迅速取胜,退则必然导致差错与粮饷匮乏。敌人顺应这种形势和我们周旋时日,渐渐地就到了秋冬季节,水路更加难以畅通。而且北方寒冷较早,三军将士穿皮衣冬装的很少,恐怕到那时所忧虑的,就不仅仅是没有粮食了。"桓温又没有听从。

桓温派建威将军檀玄攻打湖陆,攻了下来,擒获了前燕宁东将军慕容忠。前燕国主慕容暐任命下邳王慕容厉为征讨大都督,率领两万步、骑兵在黄墟迎战,慕容厉的部队大败,他单人匹马逃了回去。高平太守徐翻带领全郡向东晋投降。前锋邓遐、朱序在林渚打败了前燕将领傅颜。慕容暐又派乐安王慕容臧统领众军抵抗桓温,慕容臧抵抗不住,就派散骑常侍李凤去向前秦求救。

秋季,七月,桓温驻扎在武阳,前燕过去的兖州刺史孙元率领他的亲族同党起兵响应桓温,桓温抵达枋头。慕容暐及太傅慕容评十分恐惧,谋划要逃奔到和龙。吴王慕容垂说:"我请求去攻打他们。如果不能取胜,再逃也不晚。"慕容暐于是任命慕容垂代替乐安王慕容臧为使持节、南讨大都督,率领征南将军范阳王慕容德等兵众五万人去抵御桓温。慕容垂上表,让司徒左长史申胤、黄门侍郎封孚、尚书郎悉罗腾全都跟随部队一同前往。申胤是申钟的儿子;封孚是封放的儿子。

慕容暐又派散骑侍郎乐嵩去前秦请求救援,许诺把虎牢以西的地域送给他们。前秦王苻坚召群臣到东堂商议,群臣都说:"过去桓温讨伐我们,到达灞上,燕国不救援我们;如今桓温讨伐燕国,我们为什么要救援他们!而且燕国不向我们称藩,我们为什么要去救他!"王猛悄悄地对苻坚进言说:"燕国虽然强大,但慕容评不是桓温的对手。如果桓温占据了整个崤山以东地区,进军驻扎在洛邑,收揽幽州、冀州的兵力,调来并州、豫州的粮食,在崤谷、渑池炫耀兵威,那么陛下统一天下的大业就全完了。眼下不如与燕国汇合兵力来打退桓温,桓温撤退以后,燕国也就精疲力竭了,然后我们乘着它疲惫而攻取,不是很好的事情吗!"苻坚听从了王猛的意见。八月,苻坚派将军苟池、洛州刺史邓羌率领步、骑兵两万人去救援前燕,从洛阳出发,到颍川后驻扎。又派散骑侍郎姜抚出使前燕报告。任命王猛为尚书令。

太子太傅封孚问于申胤曰:"温众强士整,乘流直进,今大军徒逡巡高岸,兵不接刃,未见克殄之理,事将何如?"胤曰:"以温今日声势,似能有为,然在吾观之,必无成功。何则?晋室衰弱,温专制其国,晋之朝臣未必皆与之同心。故温之得志,众所不愿也,必将乖阻以败其事。又,温骄而恃众,怯于应变。大众深入,值可乘之会,反更逍遥中流,不出赴利,欲望持久,坐取全胜;若粮廪愆悬,情见势屈,必不战自败,此自然之数。"

温以燕降人段思为向导,悉罗腾与温战,生擒思。温使故赵将李述徇赵、魏,腾又与虎贲中郎将染干津击斩之。温军夺气。

初,温使豫州刺史袁真攻谯、梁,开石门以通水运,真克谯、梁而不能开石门,水运路塞。

九月,燕范阳王德帅骑一万、兰台侍御史刘当帅骑五千屯石门,豫州刺史李邦帅州兵五千断温粮道。当,佩之子也。德使将军慕容宙帅骑一千为前锋,与晋兵遇,宙曰:"晋人轻剽,怯于陷敌,勇于乘退,宜设饵以钓之。"乃使二百骑挑战,分馀骑为三伏。挑战者兵未交而走,晋兵追之,宙帅伏以击之,晋兵死者甚众。

温战数不利,粮储复竭,又闻秦兵将至,丙申,焚舟,弃辎重、铠仗,自陆道奔还。以毛虎生督东燕等四郡诸军事,领东燕太守。

太子太傅封孚问申胤说:"桓温兵众强壮整齐,顺流直下,如今大军只在高岸上徘徊,兵不交锋,看不到取胜的迹象,事情将会怎样呢?"申胤说:"以桓温今天的声势,似乎能有所作为,然而在我看来,肯定不会成就功业。为什么呢? 晋室衰微软弱,桓温专擅国家的权力,晋王室的朝臣未必都与他同心同德。所以桓温的得志,是众人所不愿看到的,他们必将从中阻挠以败坏他的事业。再有,桓温倚仗着军队人数众多而骄傲,不善于应变。大军深入以后,正值有机可乘的时候,他反而让部队在中途徘徊,不出击争取胜利,指望相持下去,坐取全胜。如果运输误期,粮食断绝,衰落之势就会显露出来,肯定是不战自败,这是当然之理。"

桓温让前燕投降过来的人段思做向导,悉罗腾与桓温交战,活捉了段思。桓温让赵国的旧将李述带兵巡行过去的赵、魏之地,悉罗腾又与虎贲中郎将染干津攻击并斩杀了他。桓温军队的士气低落。

当初,桓温让豫州刺史袁真攻打谯郡、梁国,开辟石门以使水运之路畅通,袁真攻克了谯郡、梁国,但没能开通石门,水运之路堵塞。

九月,前燕范阳王慕容德率领骑兵一万人、兰台侍御史刘当率领骑兵五千人驻扎在石门,豫州刺史李邦率领本州士兵五千人截断桓温运粮的通道。刘当是刘佩的儿子。慕容德派将军慕容宙率领骑兵一千人作为前锋,与东晋的军队相遇,慕容宙说:"晋人轻浮急躁,害怕攻入敌阵,勇于乘退追击,应该设诱饵以使他们上钩。"于是就让两百骑兵前去挑战,其他骑兵则分别埋伏在三处。去挑战的骑兵未交战就退逃,晋兵追击,慕容宙率领埋伏的骑兵展开攻击,晋兵战死的很多。

桓温交战屡屡失利,粮食储备又已用光,又听说前秦的军队将要到来,丙申(十九日),焚烧了舟船,丢弃了装备、武器,从陆路向回逃奔。桓温任命毛虎生督率东燕等四郡的各种军务,兼任东燕太守。

温自东燕出仓垣,凿井而饮,行七百馀里。燕之诸将争欲追之,吴王垂曰:"不可,温初退惶恐,必严设警备,简精锐为后拒,击之未必得志,不如缓之。彼幸吾未至,必昼夜疾趋,俟其士众力尽气衰,然后击之,无不克矣。"乃帅八千骑徐行蹑其后。温果兼道而进。数日,垂告诸将曰:"温可击矣。"乃急追之,及温于襄邑。范阳王德先帅劲骑四千伏于襄邑东涧中,与垂夹击温,大破之,斩首三万级。秦苟池邀击温于谯,又破之,死者复以万计。孙元遂据武阳以拒燕,燕左卫将军孟高讨擒之。

冬,十月己巳,大司马温收散卒,屯于山阳。温深耻丧败,乃归罪于袁真,奏免真为庶人,又免冠军将军邓遐官。真以温诬己,不服,表温罪状,朝廷不报。真遂据寿春叛降燕,且请救,亦遣使如秦。温以毛虎生领淮南太守,守历阳。

4　燕、秦既结好,使者数往来。燕散骑侍郎郝晷、给事黄门侍郎梁琛相继如秦。晷与王猛有旧,猛接以平生,问以东方之事。晷见燕政不修而秦大治,阴欲自托于猛,颇泄其实。

琛至长安,秦王坚方畋于万年,欲引见琛,琛曰:"秦使至燕,燕之君臣朝服备礼,洒扫宫庭,然后敢见。今秦王欲野见之,使臣不敢闻命!"尚书郎辛劲谓琛曰:"宾客入境,惟主人所以处之,君焉得专制其礼!且天子称乘舆,所至曰行在所,何常居之有!又,《春秋》亦有遇礼,何为不可乎!"琛曰:"晋室不纲,灵祚归德,二方承运,俱受明命。

桓温从东燕出了仓垣,一路上掘井饮水,走了七百多里。前燕的众将领都争着要追击桓温,吴王慕容垂说:"不行,桓温刚刚溃退,惊恐未定,一定会严加戒备,选择精锐士兵来殿后,攻击他未必能遂愿,不如暂缓一下。他庆幸我们没有追上,一定会昼夜急行,等他的士兵力量耗尽,士气低落,然后再去攻击他,攻无不克。"于是慕容垂就率领八千骑兵跟在桓温军队的后边慢慢前进。桓温果然兼程行进。过了几天,慕容垂告诉众将领说:"可以攻打桓温了。"于是就迅速追击,在襄邑追上了桓温。范阳王慕容德先率领精锐骑兵四千人埋伏在襄邑东面的山涧中,与慕容垂夹击桓温,桓温大败,被斩首三万多人。前秦人苟池在谯郡迎击桓温,又攻破了他,战死的兵众又数以万计。孙元乘机占据了武阳以与前燕抵抗,前燕左卫将军孟高讨伐并擒获了他。

冬季,十月己巳(二十二日),大司马桓温收拢溃散的士兵,驻扎在山阳。桓温对遭受失败深感耻辱,于是就把罪过归咎于袁真,奏请黜免袁真为庶人,还奏请罢免冠军将军邓遐的官职。袁真认为桓温诬陷自己,不服,于是就进上表章陈述桓温的罪行,朝廷没有回音。袁真于是便占据寿春反叛,投降了前燕,而且请求前燕救援,也派遣使者到了前秦。桓温任命毛虎生兼任淮南太守,戍守历阳。

4 前燕、前秦缔结友好关系后,使者便频繁往来。前燕散骑侍郎郝晷、给事黄门侍郎梁琛相继到前秦。郝晷与王猛有旧交情,王猛和他叙说往事,向他询问东边的事情。郝晷看到前燕朝政混乱而前秦天下大治,暗中想依附于王猛,于是便泄露了很多实情。

梁琛抵达长安,前秦王苻坚正在万年打猎,要把梁琛带到这里见面,梁琛说:"秦国的使者到了燕国,燕国的君主臣下都穿好朝服,备好礼仪,打扫干净宫庭,然后才敢见面。如今秦王要在郊野会见我,使臣不敢听命!"尚书郎辛劲对梁琛说:"宾客入境,只能是客随主便,你怎么能控制别人的礼仪呢!况且天子称为乘舆,所到的地方叫行在所,哪里有固定的居所呢!再者,《春秋》当中也有路途相遇的礼节,又有什么不可以的呢!"梁琛说:"晋室纲纪混乱,神明的赐福归于有道,秦、燕二国继承天运,全都接受了神明的赐命。

而桓温猖狂,窥我王略,燕危秦孤,势不独立,是以秦主同恤时患,要结好援。东朝君臣,引领西望,愧其不竞,以为邻忧,西使之辱,敬待有加。今强寇既退,交聘方始,谓宜崇礼笃义以固二国之欢,若忽慢使臣,是卑燕也,岂修好之义乎!夫天子以四海为家,故行曰乘舆,止曰行在。今海县分裂,天光分曜,安得以乘舆、行在为言哉!礼,不期而见曰遇。盖因事权行,其礼简略,岂平居容与之所为哉!客使单行,诚势屈于主人,然苟不以礼,亦不敢从也。"坚乃为之设行宫,百僚陪位,然后延客,如燕朝之仪。

事毕,坚与之私宴,问:"东朝名臣为谁?"琛曰:"太傅上庸王评,明德茂亲,光辅王室;车骑大将军吴王垂,雄略冠世,折冲御侮;其馀或以文进,或以武用,官皆称职,野无遗贤。"

琛从兄奕为秦尚书郎,坚使典客,馆琛于奕舍。琛曰:"昔诸葛瑾为吴聘蜀,与诸葛亮惟公朝相见,退无私面,余窃慕之。今使之即安私室,所不敢也。"乃不果馆。奕数来就邸舍,与琛卧起,间问琛东国事。琛曰:"今二方分据,兄弟并蒙荣宠,论其本心,各有所在。琛欲言东国之美,恐非西国之所欲闻;欲言其恶,又非使臣之所得论也。兄何用问为!"

然而桓温猖狂无忌，窥视我们的王土，如果燕国遭受危险，秦国必然孤立，势必难以独立于世，所以秦国的主上和我们一样对时患感到忧虑，相邀结为友好，互相支援。我们燕国的君主臣下，翘首西望，深为燕国软弱、给邻国带来忧虑而惭愧，秦国的使臣前来辱见，我们都十分尊敬地对待他。如今强敌已经后退，我们的交往刚刚开始，照我看应该崇尚礼仪，笃行大义，以加强两国的友好关系。如果忽视慢待使臣，就是看不起燕国，这难道是友好的象征吗？天子以四海为家，所以天子出行叫乘舆，停留叫行在。如今天下分裂，天光分照二国，怎么能以乘舆、行在作为托辞呢！根据礼制，事先没有约定而偶然相见称为遇。因为这是顺便行事，所以礼节简略，难道是平常闲居在家时所应该遵奉的吗！使者只身单行，威势确实低于主人，但是假若不以礼相待，也不敢从命。"于是，符坚就为梁琛设置行宫，让众多的官吏奉陪，然后才请客人前来，就像前燕的礼仪一样。

事情结束以后，符坚又为梁琛摆设私宴，问道："燕国以贤能著称的臣下是谁？"梁琛说："太傅上庸王慕容评，是有完美德性与才能的亲属，光大、辅佐王室；车骑大将军吴王慕容垂，勇武和谋略冠世，抗击敌人抵御外侮；其他人有的以文才进身，有的以武略被用，官吏全都称职，民间没有被遗漏的贤能人才。"

梁琛的堂哥梁奕是前秦的尚书郎，符坚让他主管接待来客，他让梁琛住在梁奕的馆舍里。梁琛说："过去诸葛瑾为吴国出使蜀国，与诸葛亮只在办公事的朝堂上见面，退下朝堂后就没有个人的接触，我私下里对此非常敬慕。如今我出使秦国就把我安置在私人的馆舍居住，这是我所不敢接受的。"于是就没有在梁奕馆舍居住。梁奕多次来到梁琛居住的馆舍，与梁琛共同起居，间或也向他询问前燕的事情。梁琛说："如今秦、燕二国分据，你我则同时在二国蒙受荣誉和宠信，然而要论本心，则各有向往。梁琛我想说燕国的好处，恐怕不是秦国人所想听的；你想让我说燕国的坏处，又不是使臣所应该说的。哥哥你还用得着问我吗？"

坚使太子延琛相见。秦人欲使琛拜太子,先讽之曰:"邻国之君,犹其君也;邻国之储君,亦何以异乎!"琛曰:"天子之子视元士,欲其由贱以登贵也,尚不敢臣其父之臣,况他国之臣乎! 苟无纯敬,则礼有往来,情岂忘恭,但恐降屈为烦耳。"乃不果拜。

王猛劝坚留琛,坚不许。

5　燕主晔遣大鸿胪温统拜袁真使持节、都督淮南诸军事、征南大将军、扬州刺史,封宣城公。统未逾淮而卒。

6　吴王垂自襄邑还邺,威名益振,太傅评愈忌之。垂奏:"所募将士忘身立效,将军孙盖等摧锋陷陈,应蒙殊赏。"评皆抑而不行。垂数以为言,与评廷争,怨隙愈深。太后可足浑氏素恶垂,毁其战功,与评密谋诛之。太宰恪之子楷及垂舅兰建知之,以告垂曰:"先发制人,但除评及乐安王臧,馀无能为矣。"垂曰:"骨肉相残而首乱于国,吾有死而已,不忍为也。"顷之,二人又以告,曰:"内意已决,不可不早发。"垂曰:"必不可弥缝,吾宁避之于外,馀非所议。"

垂内以为忧,而未敢告诸子。世子令请曰:"尊比者如有忧色,岂非以主上幼冲,太傅疾贤,功高望重,愈见猜邪?"垂曰:"然。吾竭力致命以破强寇,本欲保全家国,岂知功成之后,返令身无所容。汝既知吾心,何以为吾谋?"令曰:"主上阘弱,委任太傅,一旦祸发,疾于骇机。今欲保族全身,不失大义,莫若逃之龙城,逊辞谢罪,以待主上之察,若周公之居东,庶几感寤而得还,此幸之大者也。如其不然,则内抚燕、代,外怀群夷,守肥如之险以自保,亦其次也。"垂曰:"善!"

符坚派太子去邀请梁琛见面。前秦人想让梁琛对太子行拜礼,事先含蓄地暗示他说:"邻国的君主,就像自己的君主一样;邻国的太子,又有什么不同呢!"梁琛说:"天子的儿子被视同于一般士人,希望他能由低贱进升到高贵,他自己尚且不敢以他父亲的臣下作为臣下,何况是别国的臣下呢!假如没有真诚的恭敬,则礼尚往来,谁的内心岂能忘记恭敬,只是怕屈身降格惹出许多麻烦来。"梁琛最终也没有对太子行拜礼。

王猛劝符坚留下梁琛,符坚没有同意。

5 前燕国主慕容晔派大鸿胪温统授予袁真使持节、都督淮南诸军事、征南大将军、扬州刺史,封为宣城公。结果温统没过淮河就死了。

6 吴王慕容垂从襄邑返回邺城,威名愈显,太傅慕容评也更加忌恨他。慕容垂上奏章说:"所招募的将士舍生忘死,建立战功,将军孙盖等人冲锋陷阵,应该受到特殊的奖赏。"慕容评全都压着不办。慕容垂多次陈说,与慕容评在朝廷争论,结果两人的怨恨隔阂更加深重。太后可足浑氏历来厌恶慕容垂,诋毁他的战功,与慕容评密谋要杀掉他。太宰慕容恪的儿子慕容楷以及慕容垂的舅舅兰建知道此事,便告诉了慕容垂,并说:"先发制人,只要除掉慕容评及乐安王慕容臧,其他的人就无能为力了。"慕容垂说:"骨肉互相残杀而带头在国家作乱,我只有一死而已,不忍心那样干。"过了不久,这俩人又来报告,说:"可足浑氏已经下了决心,不能不早动手了。"慕容垂说:"如果一定不能消除隔阂的话,我宁愿到外边去躲避他们,其馀的不是所要商议的。"

慕容垂内心十分忧虑,却不敢告诉儿子们。世子慕容令恭敬地问道:"您近来好像面有忧色,难道不是因为主上年幼,太傅妒忌贤能,您功高望重,越来越被猜忌吗?"慕容垂说:"是这样。我竭尽全力,不惜牺牲生命打败了强敌,本来是想保全宗族与国家,岂知功业成就以后,反而使得自己无容身之处。你既然了解我的心思,将怎样为我谋划?"慕容令说:"主上昏庸而懦弱,将重任交给太傅,一旦灾祸发生,就会苦于猝不及防。如今想要保全宗族与自身,又不失大义,不如逃到龙城,以恭顺的言辞谢罪,等待主上的明察,就像当年周公居东一样,也许主上能够有所感而觉悟,使您得以返还,如能这样,则是大幸。如果主上不这样做,您则可以对内安抚燕、代之地,对外怀柔群夷部族,坚守肥如之险以自我保全,这也是等而次之的办法。"慕容垂说:"好!"

　　十一月辛亥朔，垂请畋于大陆，因微服出邺，将趋龙城。至邯郸，少子麟素不为垂所爱，逃还告状，垂左右多亡叛。太傅评白燕主晴，遣西平公彊帅精骑追之，乃于范阳。世子令断后，强不敢逼。会日暮，令谓垂曰："本欲保东都以自全，今事已泄，谋不及设。秦主方招延英杰，不如往归之。"垂曰："今日之计，舍此安之！"乃散骑灭迹，傍南山复还邺，隐于赵之显原陵。俄有猎者数百骑四面而来，抗之则不能敌，逃之则无路，不知所为。会猎者鹰皆飞飏，众骑散去，垂乃杀白马以祭天，且盟从者。

　　世子令言于垂曰："太傅忌贤疾能，构事以来，人尤忿恨。今邺城之中，莫知尊处，如婴儿之思母，夷、夏同之，若顺众心，袭其无备，取之如指掌耳。事定之后，革弊简能，大匡朝政，以辅主上，安国存家，功之大者也。今日之便，诚不可失，愿给骑数人，足以办之。"垂曰："如汝之谋，事成诚为大福，不成悔之何及！不如西奔，可以万全。"子马奴潜谋逃归，杀之而行。至河阳，为津吏所禁，斩之而济。遂自洛阳与段夫人、世子令、令弟宝、农、隆、兄子楷、舅兰建、郎中令高弼俱奔秦，留妃可足浑氏于邺。乙泉戍主吴归追及于阌乡，世子令击之而退。

十一月辛亥朔,慕容垂请求到大陆打猎,因此换上便装出了邺城,准备到龙城去。到达邯郸后,小儿子慕容麟因为慕容垂平时不喜欢他,跑回去告了状,慕容垂周围的人大多都逃跑背叛。太傅慕容评把此事告诉了前燕国主慕容暐,并派西平公慕容彊率领精锐骑兵追赶,到范阳后追上了慕容垂。长子慕容令在慕容垂后面掩护,所以慕容彊也不敢逼近。这时正好太阳落山,慕容令对慕容垂说:"本来想守住东都龙城以自我保全,如今事情已经泄露,计谋来不及实施了。前秦国主正在广招英杰,不如前去归附他。"慕容垂说:"如今来谋划,舍此还能去哪里呢!"于是他们就遣散骑兵,消灭痕迹,沿着南山又返回了邺城,隐藏在后赵主石虎的显原陵。不一会儿,有数百名骑着马打猎的人从四面奔来,抵抗,显然无法匹敌;逃跑,又无路可走,不知道该怎么办。恰好这时打猎人捕猎的老鹰全都飞走了,骑马打猎的人们也就散去。慕容垂于是便杀掉了白马以祭祀上天,而且和跟随他的人对天盟誓。

世子慕容令向慕容垂进言说:"太傅嫉贤妒能,自从谋划杀掉您以来,人们对他尤其愤恨。如今邺城里的民众,没有人知道您的去向,他们想念您就像婴儿想念母亲一样,夷、夏百姓全都心有此情,如果能顺应民心,乘慕容评毫无防备对他进行袭击,擒获他易如反掌。事情成功以后,革除弊害,选拔贤能,大力整顿朝政,用以辅佐主上,安定国家,保全宗族,这是大功大德。如今这样的有利时机,实在不可丧失。愿您调给我骑兵数人,就足以办成此事。"慕容垂说:"像你这样的计谋,事情如能成功,确实是大福,如果不成,后悔怎么来得及?不如向西逃奔,可以万无一失。"慕容垂儿子的马夫暗中谋划要逃跑回去,慕容垂杀掉了他们开始西行。到河阳后,被管理渡口的官吏挡住,慕容垂杀掉了官吏后渡过了河。于是慕容垂和段夫人、世子慕容令、慕容令的弟弟慕容宝、慕容农、慕容隆、哥哥的儿子慕容楷、舅舅兰建、郎中令高弼全都从洛阳逃奔到前秦,妃可足浑氏被留在邺城。戍卫乙泉的首领吴归追到阌乡,世子慕容令将他击退。

初,秦王坚闻太宰恪卒,阴有图燕之志,惮垂威名,不敢发。及闻垂至,大喜,郊迎,执手曰:"天生贤杰,必相与共成大功,此自然之数也。要当与卿共定天下,告成岱宗,然后还卿本邦,世封幽州,使卿去国不失为子之孝,归朕不失事君之忠,不亦美乎!"垂谢曰:"羁旅之臣,免罪为幸;本邦之荣,非所敢望!"坚复爱世子令及慕容楷之才,皆厚礼之,赏赐钜万,每进见,属目观之。关中士民素闻垂父子名,皆向慕之。王猛言于坚曰:"慕容垂父子,譬如龙虎,非可驯之物,若借以风云,将不可复制,不如早除之。"坚曰:"吾方收揽英雄以清四海,奈何杀之!且其始来,吾已推诚纳之矣,匹夫犹不弃言,况万乘乎!"乃以垂为冠军将军,封宾徒侯,楷为积弩将军。

燕魏尹范阳王德素与垂善,及车骑从事中郎高泰,皆坐免官。尚书右丞申绍言于太傅评曰:"今吴王出奔,外口籍籍,宜征王僚属之贤者显进之,粗可消谤。"评曰:"谁可者?"绍曰:"高泰其领袖也。"乃以泰为尚书郎。泰,瞻之从子;绍,胤之子也。

秦留梁琛月馀,乃遣归。琛兼程而进,比至邺,吴王垂已奔秦。琛言于太傅评曰:"秦人日阅军旅,多聚粮于陕东,以琛观之,为和必不能久。今吴王又往归之,秦必有窥燕之谋,宜早为之备。"评曰:"秦岂肯受叛臣而败和好哉!"琛曰:"今二国分据中原,常有相吞之志。桓温之入寇,彼以计相救,非爱燕也,若燕有衅,彼岂忘其本志哉!"评曰:"秦主何如人?"

当初,前秦王符坚听说太宰慕容恪去世,暗中怀有图谋前燕的想法,只是因为惧怕慕容垂的威名,才没敢发兵。等到听说慕容垂来到后,十分高兴,亲自到郊外迎接,拉着慕容垂的手说:"上天降于人世的贤杰,一定会相互携手共同成就大的功业,这是天然的气数。眼下重要的是与您共同平定天下,在泰山上告慰上天,然后把您的故国归还给您,世代封居幽州,使您离开故国不失掉作为儿子的孝顺,归依朕下也不失掉侍奉君主的忠诚,不也是很好的事情吗!"慕容垂谢罪说:"寄居他人的臣下,能被免罪就是大幸;世居故国的殊荣,不是我所敢企望的!"符坚又爱惜世子慕容令以及慕容楷的才能,全都给他们以厚重的礼遇,赏赐数万,每当他们进见,符坚都注目端详他们。关中的士人百姓历来知道慕容垂父子的名声,全都向往倾慕他们。王猛对符坚进言说:"慕容垂父子,就像龙虎,不是能够驯服驾驭的人,如果他们得到风云际会的机会,那将无法控制,不如尽早把他们除掉。"符坚说:"我正要招揽各路英雄以廓清四海,为什么要杀掉他们!况且他们刚刚到来,我已经诚心诚意地接纳了他们,庶民百姓尚不食言,何况是万乘之君呢!"于是符坚任命慕容垂为冠军将军,封为宾徒侯,任命慕容楷为积弩将军。

前燕魏尹范阳王慕容德平素与慕容垂关系很好,还有车骑从事中郎高泰,全都坐罪被免官。尚书右丞申绍向太傅慕容评进言说:"如今吴王出走,外边的人议论纷纷,应该征召吴王僚属中的贤明者给予破格提升,大致可以消除人们的指责。"慕容评说:"谁可以呢?"申绍说:"高泰是他们的代表。"于是任命高泰为尚书郎。高泰是高瞻的侄子;申绍是申胤的儿子。

前秦挽留了梁琛一个多月,才让他返回。梁琛兼程赶路,等到抵达邺城时,吴王慕容垂已经出走前秦。梁琛对太傅慕容评进言说:"秦国人每天检阅军队,在陕城以东储备了许多粮食,照我看来,与他们的和好一定不会长久。如今吴王又前去归附了他们,秦国一定会有窥视燕国的打算,应该及早防备。"慕容评说:"秦国怎么肯接受背叛之臣而败坏我们的和好呢!"梁琛说:"如今两国分别占据着中原,一直有互相吞并的志向。桓温入侵的时候,他们是有自己的打算前来救援,并不是爱护燕国,如果燕国出现灾祸,他们岂能忘记本来的志向呢!"慕容评说:"秦国主是一个什么样的人?"

琛曰:"明而善断。"问王猛,曰:"名不虚得。"评皆不以为然。琛又以告燕主暐,暐亦不然之。以告皇甫真,真深忧之,上疏言:"苻坚虽聘问相寻,然实有窥上国之心,非能慕乐德义,不忘久要也。前出兵洛川,及使者继至,国之险易虚实,彼皆得之矣。今吴王垂又往从之,为其谋主,伍员之祸,不可不备。洛阳、太原、壶关,皆宜选将益兵,以防未然。"暐召太傅评谋之,评曰:"秦国小力弱,恃我为援,且苻坚庶几善道,终不肯纳叛臣之言,绝二国之好,不宜轻自惊扰以启寇心。"卒不为备。

秦遣黄门郎石越聘于燕,太傅评示之以奢,欲以夸燕之富盛。高泰及太傅参军河间刘靖言于评曰:"越言诞而视远,非求好也,乃观衅也。宜耀兵以示之,用折其谋。今乃示之以奢,益为其所轻矣。"评不从。泰遂谢病归。

是时太后可足浑氏侵桡国政,太傅评贪昧无厌,货赂上流,官非才举,群下怨愤。尚书左丞申绍上疏,以为:"守宰者,致治之本。今之守宰,率非其人,或武臣出于行伍,或贵戚生长绮纨,既非乡曲之选,又不更朝廷之职。加之黜陟无法,贪惰者无刑罚之惧,清修者无旌赏之劝。是以百姓困弊,寇盗充斥,纲颓纪紊,莫相纠摄。又官吏猥多,逾于前世,公私纷然,不胜烦扰。大燕户口,数兼二寇,弓马之劲,四方莫及,而比者战则屡北,皆由守宰赋调不平,侵渔无已,行留俱窘,莫肯致命故也。

梁琛说:"明达而且善于决断。"慕容评又问王猛如何,梁琛说:"名不虚传。"慕容评对这样的说法全都不以为然。梁琛又把这些告诉了前燕国主慕容暐,慕容暐也不以为然。又告诉了皇甫真,皇甫真对此深感忧虑,上疏说:"苻坚虽然不断派使者前来访问,但实际上却怀有窥探我国之心,他不是向往道德大义,也不是不会忘记平时的和好之约的。以前他出兵洛川,以及使者相继抵达,我们国家地形的险易,兵力的虚实,他已经都知道了。如今吴王慕容垂又前去归附,作为他的主谋,春秋时楚国的伍员带领吴国的军队攻入楚国那样的祸患,不能不防。洛阳、太原、壶关,都应该选择将领,增加兵力,以防患于未然。"慕容暐召来太傅慕容评商量此事,慕容评说:"秦国国小力弱,还要靠我们作为后援。而且苻坚大体上还能以友好的态度与邻国交往,最终也不会采纳叛臣的意见,断绝两国的和好,我们不应该轻举妄动,自我惊扰,以招致他们的进犯之心。"前燕最终没作防备。

前秦派黄门郎石越访问前燕,太傅慕容评向他显示自己的奢豪,想以此炫耀前燕的富裕。高泰以及太傅参军河间人刘靖向慕容评进言说:"石越嘴里说着荒诞之词,眼睛窥视远方,不是来寻求和好的,而是来观察祸患的。应该炫耀兵力让他看,用以挫败他的阴谋。如今却向他显示奢豪,这就更被他所轻视了。"慕容评没有听从。高泰于是就称病辞谢回去了。

这时太后可足浑氏干涉扰乱国家的政事,太傅慕容评贪得无厌,财货贿赂流入上层,官员不按才能选拔,群臣百官一片怨恨愤怒。尚书左丞申绍上疏,认为:"郡县地方官吏,是实现天下大治的根本。如今的地方官,大约都是任非其人,有的武臣就出自军队,有的贵戚就生长于富贵人家,既不是经由乡里选举,又曾经历朝廷的职务。再加上提升黜免毫无准则,贪婪懒惰者没有遭受刑罚的畏惧,清廉勤勉者没有获得奖赏的激励,所以百姓穷困凋敝,坏人盗贼充斥,政纲颓废,法度紊乱,没有人能互相监督震慑。再加上官吏冗多,超过前代,公私纠葛,不胜其烦。大燕国的户数人口,数量相当于晋朝、秦国之和,武器战马的精良强劲,天下没有谁能比,然而近来屡战屡败,这全都是由于地方官吏征调赋税不公平,侵吞鱼肉无休无止,出征的和留下的全都窘困,没有人肯舍生战斗的缘故。

后宫之女四千馀人，僮侍厮役尚在其外，一日之费，厥直万金，士民承风，竞为奢靡。彼秦、吴僭僻，犹能条治所部，有兼并之心，而我上下因循，日失其序。我之不修，彼之愿也。谓宜精择守宰，并官省职，存恤兵家，使公私两遂，节抑浮靡，爱惜用度，赏必当功，罚必当罪。如此则温、猛可枭，二方可取，岂特保境安民而已哉！又，索头什翼犍疲病昏悖，虽乏贡御，无能为患，而劳兵远戍，有损无益。不若移于并土，控制西河，南坚壶关，北重晋阳，西寇来则拒守，过则断后，犹愈于戍孤城守无用之地也。"疏奏，不省。

7 辛丑，丞相昱与大司马温会涂中，以谋后举，以温世子熙为豫州刺史、假节。

8 初，燕人许割虎牢以西赂秦，晋兵既退，燕人悔之，谓秦人曰："行人失辞。有国有家者，分灾救患，理之常也。"秦王坚大怒，遣辅国将军王猛、建威将军梁成、洛州刺史邓羌帅步骑三万伐燕。十二月，进攻洛阳。

9 大司马温发徐、兖州民筑广陵城，徙镇之。时征役既频，加之疫疠，死者什四五，百姓嗟怨。秘书监孙盛作《晋春秋》，直书时事。大司马温见之，怒，谓盛子曰："枋头诚为失利，何至乃如尊君所言！若此史遂行，自是关君门户事！"其子遽拜谢请改之。时盛年老家居，性方严，有轨度，子孙虽斑白，待之愈峻。至是诸子乃共号泣稽颡，请为百口切计。盛大怒，不许，诸子遂私改之。盛先已写别本，传之外国。及孝武帝购求异书，得之于辽东人，与见本不同，遂两存之。

朝廷后宫的嫔妃有四千多人,僮仆、侍者、奴隶、差役尚不包括在内,一天的费用,就值万金,官吏百姓顺承这种风气,竞相奢侈浪费。秦国僭越封号,晋朝偏居一隅,尚且能有条不紊地治理国家,怀有兼并天下之心,而我们却上行下效因循陋习,越来越失去秩序。我们的混乱,正是他们的愿望。我认为应该精心选择地方长官,裁撤冗官冗职,安抚士兵的家属,使公私双方都遂心顺意,抑制浮华靡费,珍惜支出费用,奖赏一定与功劳相称,刑罚一定与罪行相当。如此则桓温、王猛可以斩杀,晋朝、秦国也可以攻取,岂是保全国境安定百姓而已!再有,索头人拓跋什翼犍老朽昏庸,虽然很少贡奉,但也没有能力作乱,而我们却劝勉士兵远征戍卫,这有损无益。不如将兵力调至并州,控制西河,在南面使壶关得以坚固,在北面使晋阳得到加强,西边的敌人来犯,则可以抵御防守,路过,则可以断其后路,这也胜于保卫孤城戍守无用之地。"奏疏进上,没有回音。

7　辛丑(二十五日),丞相司马昱和大司马桓温在涂中会面,共同商量以后的行动,任命桓温的长子桓熙为豫州刺史、假节。

8　当初,前燕人许诺把虎牢以西的地域割送给前秦,东晋的军队撤退以后,前燕人反悔,对前秦人说:"那是派去的使者言辞失当。有国有家的人,分担灾难救助祸患,这是常理。"前秦王苻坚勃然大怒,派辅国将军王猛、建威将军梁成、洛州刺史邓羌率领步、骑兵三万人讨伐前燕。十二月,进军攻打洛阳。

9　大司马桓温征派徐州、兖州的百姓建筑广陵城,他迁往那里镇守。当时征调劳役已经很频繁,再加上瘟疫流行,死亡的人有十之四五,百姓慨叹怨恨。秘书监孙盛著《晋春秋》,真实地记述了当时的事情。大司马桓温见到后很愤怒,对孙盛的儿子说:"在枋头确实是失利了,但哪至于像你父亲所说的那样!如果这部史书最终流行开来,自然是有关你家门户的事情!"孙盛的儿子急忙叩拜谢罪请求修改。当时孙盛年老居家,性格方正严肃,做事严守规矩准则,子孙们虽然也已头发斑白,但孙盛对待他们却更为严厉。到这时,儿子们便一起痛哭叩首,请求他为整个家族百口人的生命着想。孙盛大怒,没有答应,儿子们于是就私下做了修改。孙盛在此前已另外抄写了一部,并已传送到了其他国家。到东晋孝武帝求购珍本图书时,从辽东人手中得到了这部抄本,与当时所见的版本不同,于是两者并存。

五年(庚午,370)

1　春,正月己亥,袁真以梁国内史沛郡朱宪及弟汝南内史斌阴通大司马温,杀之。

2　秦王猛遗燕荆州刺史武威王筑书曰:"国家今已塞成皋之险,杜盟津之路,大驾虎旅百万,自轵关取邺都,金墉穷戍,外无救援,城下之师,将军所监,岂三百弊卒所能支也!"筑惧,以洛阳降,猛陈师受之。燕卫大将军乐安王臧城新乐,破秦兵于石门,执秦将杨猛。

王猛之发长安也,请慕容令参其军事,以为乡导。将行,造慕容垂饮酒,从容谓垂曰:"今当远别,何以赠我?使我睹物思人。"垂脱佩刀赠之。猛至洛阳,赂垂所亲金熙,使诈为垂使者,谓令曰:"吾父子来此,以逃死也。今王猛疾人如雠,谗毁日深;秦王虽外相厚善,其心难知。丈夫逃死而卒不免,将为天下笑。吾闻东朝比来始更悔悟,主、后相尤。吾今还东,故遣告汝;吾已行矣,便可速发。"令疑之,踌躇终日,又不可审覆。乃将旧骑,诈为出猎,遂奔乐安王臧于石门。猛表令叛状,垂惧而出走,及蓝田,为追骑所获。秦王坚引见东堂,劳之曰:"卿家国失和,委身投朕。贤子心不忘本,犹怀首丘,亦各其志,不足深咎。然燕之将亡,非令所能存,惜其徒入虎口耳。且父子兄弟,罪不相及,卿何为过惧而狼狈如是乎!"待之如旧。燕人以令叛而复还,其父为秦所厚,疑令为反间,徙之沙城,在龙都东北六百里。

晋海西公太和五年(庚午,公元 370 年)

1　春季,正月己亥(二十四日),袁真因为梁国内史沛郡人朱宪以及弟弟汝南内史朱斌暗通大司马桓温,把他们杀掉。

2　前秦王猛给前燕荆州刺史武威王慕容筑去信,说:"秦国如今已占据了成皋的险关,切断了盟津的通道,秦王劲旅百万,从轵关攻取邺都,金墉城困厄戍守,外无救援,城下的军队,将军您也看到了,岂是你三百疲惫兵卒所能应付的!"慕容筑十分害怕,将洛阳献出投降了前秦,王猛带领着部队列阵接受慕容筑投降。前燕卫大将军乐安王慕容臧驻守新乐城,他在石门攻破了前秦的军队,抓获了前秦将领杨猛。

王猛发兵长安的时候,请慕容令参与军事行动,让他们作为向导。将要出发时,王猛到慕容垂那里喝酒,不慌不忙地对慕容垂说:"值此远别之时,赠送我点什么东西呢?以使我见物思人。"慕容垂解下佩刀赠送给了他。王猛抵达洛阳以后,贿赂慕容垂的亲信金熙,让他装作慕容垂的使者,对慕容令说:"我们父子来到这里,是因为要逃避一死。如今王猛憎恨我们如同仇敌,谗言诋毁日益深重;秦王虽然表面上对我们仁厚友善,但内心难知。大丈夫逃避死难而最终却不能幸免,将被天下人耻笑。我听说燕朝近来开始幡然悔悟,国主、王后相互自责过错,我现在要返回燕国,所以派使者去告诉你。我已经上路了,你有机会也可以迅速出发。"慕容令对此十分怀疑,整整一天犹豫不决,但又无法去核实。于是就带领着他过去的随从,谎称外出打猎,逃到石门,投奔乐安王慕容臧。王猛上表陈述慕容令叛逃的罪行,慕容垂因为害怕也出逃了。逃至蓝田,被追赶的骑兵擒获。前秦王符坚在东堂召见他,安慰他说:"你因为自家、朝廷争斗,委身投靠于朕。贤人心不忘本,仍然怀念故土,这也是人各有志,不值得深咎。然而燕国行将灭亡,不是慕容令所能拯救的,可惜的只是他白白地进了虎口而已。况且父子兄弟,罪不株连,你为什么过分惧怕而狼狈到如此地步呢!"符坚对待慕容垂仍同过去一样。前燕人因为慕容令是背叛后而又返回,他的父亲又被前秦所厚待,便怀疑他是派回来的奸细,把他迁徙到沙城,此地在龙都东北六百里处。

　　臣光曰:昔周得微子而革商命,秦得由余而霸西戎,吴得伍员而克强楚,汉得陈平而诛项籍,魏得许攸而破袁绍。彼敌国之材臣,来为己用,进取之良资也。王猛知慕容垂之心久而难信,独不念燕尚未灭,垂以材高功盛,无罪见疑,穷困归秦,未有异心,遽以猜忌杀之,是助燕为无道而塞来者之门也,如何其可哉! 故秦王坚礼之以收燕望,亲之以尽燕情,宠之以倾燕众,信之以结燕心,未为过矣。猛何汲汲于杀垂,乃为市井鬻卖之行,有如嫉其宠而谗之者,岂雅德君子所宜为哉!

　　3　乐安王臧进屯荥阳,王猛遣建威将军梁成、洛州刺史邓羌击走之。留羌镇金墉,以辅国司马桓寅为弘农太守,代羌戍陕城而还。

　　秦王坚以王猛为司徒,录尚书事,封平阳郡侯。猛固辞曰:"今燕、吴未平,戎车方驾,而始得一城,即受三事之赏,若克殄二寇,将何以加之!"坚曰:"苟不暂抑朕心,何以显卿谦光之美! 已诏有司权听所守,封爵酬庸,其勉从朕命!"

　　4　二月癸酉,袁真卒。陈郡太守朱辅立真子瑾为建威将军、豫州刺史,以保寿春,遣其子乾之及司马爨亮如邺请命。燕人以瑾为扬州刺史,辅为荆州刺史。

　　5　三月,秦王坚以吏部尚书权翼为尚书右仆射。夏,四月,复以王猛为司徒,录尚书事。猛固辞,乃止。

　　6　燕、秦皆遣兵助袁瑾,大司马温遣督护竺瑶等御之。燕兵先至,瑶等与战于武丘,破之。南顿太守桓石虔克其南城。石虔,温之弟子也。

臣司马光说:过去周朝得到了微子而革殷商之命,秦朝得到了由余而称霸西戎,吴国得到了伍员而攻克强楚,汉朝得到了陈平而诛杀项籍,魏国得到了许攸而大破袁绍。那些敌国的贤能之臣,投奔过来后以为己用,这是进攻取胜的良好凭借。王猛知道慕容垂的心时间一久就难以信任,偏偏不考虑燕国尚未消灭,慕容垂因为才能杰出、功勋卓著,无罪而被怀疑,穷困无路,才归依秦国,并没有异端之心,而竟要因为猜忌杀害他,这是帮助燕国施行无道而向投奔者关闭门户,这怎么能行呢!所以秦王苻坚以礼对待慕容垂,用以收揽燕国人的人心,亲近慕容垂,用以断绝燕国对他的情义,宠爱慕容垂,用以吸引燕国的百姓,信任慕容垂,用以结交燕国人的心,这些都不过分。王猛为什么要一心想着杀慕容垂,竟然干出了市井叫卖者的欺骗勾当,就像嫉妒别人得宠进而就用谗言加以诋毁的人一样,这难道是具有高尚道德的君子应该干的事情吗!

　　3　前燕乐安王慕容臧进军驻扎在荥阳,王猛派建威将军梁成、洛州刺史邓羌打跑了他。留下邓羌镇守金墉,任命辅国司马桓寅为弘农太守,代替邓羌戍守陕城,然后王猛返回。

　　前秦王苻坚任命王猛为司徒,录尚书事,封为平阳郡侯。王猛坚决推辞,说:"如今燕、晋尚未平定,战车正在行驶,刚刚攻下了一城,我就接受了三公这样的奖赏,如果攻克了燕、晋二敌,那将怎样奖赏呢!"苻坚说:"朕假如不暂时有所让步,何以显示出你谦虚风范的光彩! 我已诏令有关部门暂且保留你现在的职位,至于赐封爵位,是酬劳战功,你就勉为其难服从朕的决定吧!"

　　4　二月癸酉(二十八日),袁真去世。陈郡太守朱辅拥立袁真的儿子袁瑾为建威将军、豫州刺史,以保全寿春,派他的儿子朱乾之及司马爨亮到邺城请求指令。前燕人任命袁瑾为扬州刺史,朱辅为荆州刺史。

　　5　三月,前秦王苻坚任命吏部尚书权翼为尚书右仆射。夏季,四月,又任命王猛为司徒,录尚书事。王猛坚决推辞,这才作罢。

　　6　前燕、前秦全都派兵帮助袁瑾,大司马桓温派督护竺瑶等抵御他们。前燕的军队先到达,竺瑶等与他们在武丘交战,攻破了他们。南顿太守桓石虔攻下了寿春的南城。桓石虔是桓温弟弟的儿子。

7 秦王坚复遣王猛督镇南将军杨安等十将步骑六万以伐燕。

8 慕容令自度终不得免,密谋起兵,沙城中谪戍士数千人,令皆厚抚之。五月庚午,令杀牙门孟妫。城大涉圭惧,请自效。令信之,引置左右。遂帅谪戍士东袭威德城,杀城郎慕容仓,据城部署,遣人招东西诸戍,翕然皆应之。镇东将军勃海王亮镇龙城,令将袭之,其弟麟以告亮,亮闭城拒守。癸酉,涉圭因侍直击令,令单马走,其党皆溃。涉圭追令至薛黎泽,擒而杀之,诣龙城白亮。亮为诛涉圭,收令尸而葬之。

9 六月乙卯,秦王坚送王猛于灞上,曰:"今委卿以关东之任,当先破壶关,平上党,长驱取邺,所谓'疾雷不及掩耳'。吾当亲督万众,继卿星发,舟车粮运,水陆俱进,卿勿以为后虑也。"猛曰:"臣杖威灵,奉成算,荡平残胡,如风扫叶,愿不烦銮舆亲犯尘雾,但愿速敕所司部置鲜卑之所。"坚大悦。

10 秋,七月癸酉朔,日有食之。

11 秦王猛攻壶关,杨安攻晋阳。八月,燕主晖命太傅上庸王评将中外精兵三十万以拒秦。晖以秦寇为忧,召散骑侍郎李凤、黄门侍郎梁琛、中书侍郎乐嵩问曰:"秦兵众寡何如?今大军既出,秦能战乎?"凤曰:"秦国小兵弱,非王师之敌;景略常才,又非太傅之比,不足忧也。"琛、嵩曰:"胜败在谋,不在众寡。秦远来为寇,安肯不战!且吾当用谋以求胜,岂可冀其不战而已乎!"晖不悦。王猛克壶关,执上党太守南安王越,所过郡县,皆望风降附。燕人大震。

7 前秦王苻坚又派王猛督领镇南将军杨安等十名将领的步、骑兵六万人讨伐前燕。

8 慕容令自己推测最终也不能免祸,密谋起兵反叛。沙城中被贬谪来戍守的士卒有数千人,慕容令全都优厚地安抚他们。五月庚午,慕容令杀掉了衙门官孟妫。任城大职的涉圭害怕了,自动请求效忠。慕容令相信了他,把他安置在自己身边。慕容令随后率领被贬谪戍守沙城的士卒东进,袭击威德城,杀掉了城郎慕容仓,占据沙城,部署兵力,派人征召驻扎在东西各处的戍卒,他们全都欣然响应。镇东将军勃海王慕容亮镇守龙城,慕容令准备袭击他。他的弟弟慕容麟将这一消息告诉了慕容亮,慕容亮紧闭城门抵御固守。癸酉,涉圭利用当班侍卫的机会攻击慕容令,慕容令只身匹马逃走,他的同党全都溃散。涉圭追赶慕容令到薛黎泽,擒获并斩杀了他,然后到龙城向慕容亮报告。慕容亮为此杀了涉圭,收拾了慕容令的尸体后安葬了。

9 六月乙卯(十二日),前秦王苻坚在灞上为王猛送行,说:"如今把关东的重任委托给你,你应当先攻破壶关,平定上党,长驱直入夺取邺城,此所谓'迅雷不及掩耳'。我要亲自督率数以万计的兵众,紧随你星夜出发,车船运粮,水陆并进,你不必再有后顾之忧。"王猛说:"臣仰仗您的声威,遵奉您的成熟的计划,涤荡残胡,如风扫落叶,不愿麻烦您的车乘亲自披尘出征,只愿您能尽快命令有关机构预先安排好鲜卑的官府。"苻坚听后十分高兴。

10 秋季,七月癸酉朔(初一),出现日食。

11 前秦王猛攻打壶关,杨安攻打晋阳。八月,前燕国主慕容暐命令太傅上庸王慕容评统率宫廷内外的精兵三十万人以抵抗前秦。慕容暐对前秦的进犯深以为忧,召来散骑侍郎李凤、黄门侍郎梁琛、中书侍郎乐嵩问道:"秦国的兵力到底有多少?如今大军已经出发,秦国能够交战吗?"李凤说:"秦国国小兵弱,不是国王军队的对手;王猛是一般的人,又无法与太傅相比,不值得忧虑。"梁琛、乐嵩说:"胜败在于谋略,不在兵力多寡。秦国远道而来进犯,怎么肯不交战呢!再说我们应当用谋略求胜,怎么能希望他仅仅不交战就行了呢!"慕容暐不高兴。王猛攻克壶关,抓获了上党太守南安王慕容越,所经过的郡县,全都闻风归附投降。前燕人十分震惊。

黄门侍郎封孚问司徒长史申胤曰：“事将何如？”胤叹曰：“邺必亡矣，吾属今兹将为秦虏。然越得岁而吴伐之，卒受其祸。今福德在燕，秦虽得志，而燕之复建，不过一纪耳。”

12　大司马温自广陵帅众二万讨袁瑾，以襄城太守刘波为淮南内史，将五千人镇石头。波，隗之孙也。癸丑，温败瑾于寿春，遂围之。燕左卫将军孟高将骑兵救瑾，至淮北，未渡，会秦伐燕，燕召高还。

13　广汉妖贼李弘，诈称汉归义侯势之子，聚众万馀人，自称圣王，年号凤凰。陇西人李高，诈称成主雄之子，攻破涪城，逐梁州刺史杨亮。九月，益州刺史周楚遣子琼讨高，又使琼子梓潼太守虓讨弘，皆平之。

14　秦杨安攻晋阳，晋阳兵多粮足，久之未下。王猛留屯骑校尉苟长成壶关，引兵助安攻晋阳，为地道，使虎牙将军张蚝帅壮士数百潜入城中，大呼斩关，纳秦兵。辛巳，猛、安入晋阳，执燕并州刺史东海王庄。太傅评畏猛不敢进，屯于潞川。冬，十月辛亥，猛留将军武都毛当成晋阳，进兵潞川，与慕容评相持。

壬戌，猛遣将军徐成觇燕军形要，期以日中。及昏而返，猛怒，将斩之。邓羌请之曰：“今贼众我寡，诘朝将战。成，大将也，宜且宥之。”猛曰：“若不杀成，军法不立。”羌固请曰：“成，羌之郡将也，虽违期应斩，羌愿与成效战以赎之。”猛弗许。羌怒，还营，严鼓勒兵，将攻猛。猛问其故，羌曰：“受诏讨远贼，今有近贼，自相杀，欲先除之！”猛谓羌义而有勇，使语之曰：“将军止，吾今赦之。”成既免，羌诣猛谢。猛执其手曰：“吾试将军耳，将军于郡将尚尔，况国家乎，吾不复忧贼矣！”

黄门侍郎封孚问司徒长史申胤:"事情将会如何?"申胤叹息道:"邺城必定灭亡,我们如今将要被秦国俘虏了。然而越国占有岁星,吴国讨伐他们,最终还是要自食其祸。如今福气与道德在燕国,秦国虽然一时得志,但燕国的复兴,不会超过十二年。"

　　12　大司马桓温从广陵出发率领两万兵众讨伐袁瑾,任命襄城太守刘波为淮南内史,统领五千人镇守石头。刘波是刘隗的孙子。癸丑(十一日),桓温在寿春打败了袁瑾,于是就包围了他。前燕左卫将军孟高统领骑兵救援袁瑾,到达淮河以北,尚未渡河,恰逢前秦讨伐前燕,前燕便召孟高返回。

　　13　广汉的妖贼李弘,诈称是汉归义侯李势的儿子,聚集了兵众一万多人,自称圣王,定年号为凤凰。陇西人李高,诈称是成汉国主李雄的儿子,攻破了涪城,驱逐了梁州刺史杨亮。九月,益州刺史周楚派儿子周琼讨伐李高,又派周琼的儿子梓潼太守周虓讨伐李弘,把他们全都平定。

　　14　前秦杨安攻打晋阳,晋阳兵多粮足,久攻不下。王猛留下屯骑校尉苟长戍守壶关,自己带兵帮助杨安攻打晋阳。他们挖了地道,让虎牙将军张蚝率领勇士数百人潜入城中,大声呼喊着冲破了关卡,接秦兵入城。辛巳(初十),王猛、杨安进入晋阳城,抓获了前燕并州刺史东海王慕容庄。太傅慕容评惧怕王猛,不敢继续前进,驻扎在潞川。冬季,十月辛亥(初十),王猛留下将军武都人毛当戍守晋阳,自己进军潞川,与慕容评相对峙。

　　壬戌(二十一日),王猛派将军徐成去侦察前燕军队的布阵要略,要求他日到中天时返回。而他到了黄昏时分才回来,王猛大怒,要把他杀掉。邓羌向王猛请求说:"如今敌众我寡,明天一早将要开战。徐成是大将,姑且宽恕他。"王猛说:"如果不杀掉徐成,军法就无法确立。"邓羌坚持请求说:"徐成是我邓羌本郡的将领,虽然说延误了期限应该斩首,但邓羌愿意和徐成一起效力决战以赎罪。"王猛不同意。邓羌大怒,回到军营,急促地敲响战鼓,率领着士兵,将要攻打王猛。王猛询问邓羌这样做的缘故,邓羌说:"我们接受诏令讨伐远敌,现在却有近敌一味地要自相残杀,我想先把他除掉!"王猛赞扬邓羌仗义而又勇敢,派人去告诉他说:"将军别这样干了,我现在赦免徐成。"徐成获免以后,邓羌到王猛那里谢罪。王猛拉着他的手说:"我这是考验将军罢了,将军对本郡的将领尚且如此,何况是对国家呢,我不再忧虑敌人了!"

太傅评以猛悬军深入，欲以持久制之。评为人贪鄙，鄣固山泉，鬻樵及水，积钱帛如丘陵。士卒怨愤，莫有斗志。猛闻之，笑曰："慕容评真奴才，虽亿兆之众不足畏，况数十万乎！吾今兹破之必矣。"乃遣游击将军郭庆帅骑五千，夜从间道出评营后，烧评辎重，火见邺中。燕主晡惧，遣侍中兰伊让评曰："王，高祖之子也，当以宗庙社稷为忧，奈何不抚战士而榷卖樵水，专以货殖为心乎！府库之积，朕与王共之，何忧于贫！若贼兵遂进，家国丧亡，王持钱帛欲安所置之！"乃命悉以其钱帛散之军士，且趣使战。评大惧，遣使请战于猛。

甲子，猛陈于渭源而誓之曰："王景略受国厚恩，任兼内外，今与诸君深入贼地，当竭力致死，有进无退，共立大功，以报国家，受爵明君之朝，称觞父母之室，不亦美乎！"众皆踊跃，破釜弃粮，大呼竞进。

猛望燕兵之众，谓邓羌曰："今日之事，非将军不能破勃敌，成败之机，在兹一举，将军勉之！"羌曰："若能以司隶见与者，公勿以为忧。"猛曰："此非吾所及也，必以安定太守、万户侯相处。"羌不悦而退。俄而兵交，猛召羌，羌寝不应。猛驰就许之，羌乃大饮帐中，与张蚝、徐成等跨马运矛，驰赴燕陈，出入数四，旁若无人，所杀伤数百。及日中，燕兵大败，俘斩五万馀人，乘胜追击，所杀及降者又十万馀人。评单骑走还邺。

太傅慕容评认为王猛孤军深入,想用持久对峙的办法来制服他。慕容评为人贪婪鄙俗,命令封山禁泉,自己则贩柴卖水,从中渔利,积攒的钱帛堆积如山,士卒心怀怨恨,没有斗志。王猛听说后笑着说:"慕容评真是个奴才,就是有亿兆兵众也不值得害怕,何况只有数十万呢!我今天在这儿打败他是肯定的了。"于是就派游击将军郭庆率领五千骑兵,趁夜顺着小路出现在慕容评军营的后面,焚烧了他的轻重装备,火光在邺城中都能看到。前燕国主慕容㬖十分害怕,派侍中兰伊责备慕容评说:"你是高祖慕容廆的儿子,应当为宗庙国家担忧,为什么不安抚战士反而贩柴卖水,只执迷于钱财呢!府库里的积蓄,朕与你共享,哪里有什么贫穷可忧虑!如果敌人最终进占,家国全都灭亡,你拥有钱帛又想往哪里放呢!"于是就命令把他的钱帛全部发给军中士兵,而且督促他出战。慕容评十分害怕,派使者去和王猛请战。

　　甲子(二十三日),王猛在渭源布开战阵并告诫士兵说:"我王猛接受了国家的厚恩,肩负朝廷内外的重任,如今与诸君深入敌境,应当竭尽全力,殊死战斗,有进无退,共立大功,以报效国家。凯旋后接受贤明君主的封爵,在父母面前举杯庆祝,不也是很美妙的事情吗!"兵众全都踊跃争先,破釜弃粮,高声呼喊着竞相前进。

　　王猛望见前燕的兵力众多,对邓羌说:"今天的战事,非将军不能攻破强大的敌人,成败在此一举,将军为此尽力吧!"邓羌说:"如果能委任我以司隶校尉的话,您不必为此担心。"王猛说:"这不是我所能做到的。我一定任命你为安定太守、万户侯。"邓羌不高兴,退走了。不一会儿,双方军队交战,王猛召唤邓羌,邓羌沉默不答应。王猛驰马跑到邓羌身边,答应委任他为司隶校尉的要求,邓羌于是就在军帐中畅怀大饮,然后与张蚝、徐成等跨上战马,挥舞战矛,奔向前燕军阵。四番出入,旁若无人,杀伤数百人。到中午时分,前燕的军队大败,被俘获斩首的有五万多人,前秦的军队乘胜追击,前燕被斩杀和投降的又有十万多人。慕容评单身匹马逃回邺城。

崔鸿曰：邓羌请郡将以挠法，徇私也；勒兵欲攻王猛，无上也；临战豫求司隶，邀君也，有此三者，罪孰大焉！猛能容其所短，收其所长，若驯猛虎，驭悍马，以成大功。《诗》说："采葑采菲，无以下体。"猛之谓矣！

15 秦兵长驱而东，丁卯，围邺。猛上疏称："臣以甲子之日，大歼丑类。顺陛下仁爱之志，使六州士庶，不觉易主，自非守迷违命，一无所害。"秦王坚报之曰："将军役不逾时，而元恶克举，勋高前古。朕今亲帅六军，星言电赴。将军其休养将士，以待朕至，然后取之。"

猛之未至也，邺旁剽劫公行，及猛至，远近帖然，号令严明，军无私犯，法简政宽，燕民各安其业，更相谓曰："不图今日复见太原王！"王猛闻之，叹曰："慕容玄恭信奇士也，可谓古之遗爱矣！"设太牢以祭之。

十一月，秦王坚留李威辅太子守长安，阳平公融镇洛阳，自帅精锐十万赴邺，七日而至安阳，宴祖父时故老。猛潜如安阳谒坚，坚曰："昔周亚夫不迎汉文帝，今将军临敌而弃军，何也？"猛曰："亚夫前却人主以求名，臣窃少之。且臣奉陛下威灵，击垂亡之虏，譬如釜中之鱼，何足虑也！监国冲幼，鸾驾远临，脱有不虞，悔之何及！陛下忘臣灞上之言邪！"

初，燕宜都王桓帅众万馀屯沙亭，为太傅评后继，闻评败，引兵屯内黄。坚使邓羌攻信都。丁丑，桓帅鲜卑五千奔龙城。戊寅，燕散骑侍郎馀蔚帅扶馀、高句丽及上党质子五百馀人，夜，开邺北门纳秦兵，燕主暐与上庸王评、乐安王臧、定襄王渊、左卫将军孟高、殿中将军艾朗等奔龙城。辛巳，秦王坚入邺宫。

崔鸿说:邓羌为本郡将领求情而扰乱军法,这是枉徇私情;想要率兵攻打王猛,这是目中无上;临战先要求委任司隶校尉,这是邀官求赏。有这三种行为,还有比这些更大的罪吗! 王猛能容忍他的短处,利用他的长处,有如驯服猛虎,驾驭烈马,终成大功。《诗经》说:"蔓菁萝蔔收进门,难道要叶不要根。"说的就是王猛啊!

15 前秦的军队长驱东进,丁卯(二十六日),包围了邺城。王猛上疏称:"臣在甲子(二十三日)那天,痛歼敌人。顺承陛下仁爱的心志,使六州之内的官吏百姓,在不知不觉中就改换了君主,除非执着迷误,违背命令的人,对官吏百姓一无伤害。"前秦王符坚回复王猛说:"将军此次出战时间没超过三月,而首恶元凶已被攻克,功高前古。朕现在亲自率领六军,星夜启程,火速赶赴。将军可以让士兵休整一下,等朕赶到以后,再攻取邺城。"

王猛还没有抵达的时候,邺城周围有人公然抢劫,等王猛来到后,远近秩序井然,王猛军令严明,部队秋毫无犯。他又简化法律,放宽政令,前燕的百姓安居乐业,都互相称颂说:"没想到今天又见到了太原王慕容恪!"王猛听到这话后,感叹地说:"慕容恪真是不同寻常的人,可以称得上是具有古代遗留下来的仁爱风范啊!"于是便设置太牢来祭奠他。

十一月,前秦王符坚留下李威辅佐太子守卫长安,让阳平公符融镇守洛阳,自己率领十万精锐士兵奔赴邺城,七天后抵达了安阳,宴请祖父、父亲时的故旧相识。王猛悄悄地来到安阳谒见符坚,符坚说:"过去周亚夫不迎接汉文帝,如今将军面对敌人而抛下部队,为什么呢?"王猛说:"周亚夫不迎接汉文帝是为了求取名声,我私下里很看不起他。而且我承奉陛下的声威,攻击行将灭亡的敌人,就像釜中抓鱼,哪里值得多虑! 太子年幼留守,君王车乘远行,万一有不测,后悔莫及! 陛下忘记了臣在灞上所说的话了吗!"

当初,前燕宜都王慕容桓率领一万多兵众驻扎在沙亭,作为太傅慕容评的后继部队,听说慕容评失败后,他带兵移驻内黄。符坚派邓羌攻打信都。丁丑(初六),慕容桓率领五千鲜卑人逃奔龙城。戊寅(初七),前燕散骑侍郎馀蔚率领五百多扶馀、高句丽以及上党的人质,趁夜打开邺城的北门让前秦的军队进入,前燕国主慕容暐与上庸王慕容评、乐安王慕容臧、定襄王慕容渊、左卫将军孟高、殿中将军艾朗等逃奔龙城。辛巳(初十),前秦王符坚进入邺城的王宫。

　　慕容垂见燕公卿大夫及故时僚吏，有愠色。高弼言于垂曰：“大王凭祖宗积累之资，负英杰高世之略，遭值迍厄，栖集外邦。今虽家国倾覆，安知其不为兴运之始邪！愚谓国之旧人，宜恢江海之量，有以慰结其心，以立覆篑之基，成九仞之功，奈何以一怒捐之，愚窃为大王不取也！”垂悦，从之。

　　燕主晔之出邺也，卫士犹千馀骑，既出城，皆散，惟十馀骑从行。秦王坚使游击将军郭庆追之。时道路艰难，孟高扶侍晔，经护二王，极其勤瘁，又所在遇盗，转斗而前。数日，行至福禄，依冢解息，盗二十馀人猝至，皆挟弓矢，高持刀与战，杀伤数人。高力极，自度必死，乃直前抱一贼，顿击于地，大呼曰：“男儿穷矣！”馀贼从旁射高，杀之。艾朗见高独战，亦还趋贼，并死。晔失马步走，郭庆追及于高阳，部将巨武将缚之，晔曰：“汝何小人，敢缚天子！”武曰：“我受诏追贼，何谓天子！”执以诣秦王坚。坚诘其不降而走之状，对曰：“狐死首丘，欲归死于先人坟墓耳。”坚哀而释之，令还宫，帅文武出降。晔称孟高、艾朗之忠于坚，坚命厚加敛葬，拜其子为郎中。

　　郭庆进至龙城，太傅评奔高句丽，高句丽执评，送于秦。宜都王桓杀镇东将军勃海王亮，并其众，奔辽东。辽东太守韩稠，先已降秦，桓至，不得入，攻之，不克。郭庆遣将军朱嶷击之，桓弃众单走，嶷获而杀之。

慕容垂见到前燕的公卿大夫及过去的僚属官吏后,面有怒色。高弼向慕容垂进言说:"大王依靠祖宗积累的成果,具有英明杰出的才能,遭遇挫折,滞留外域。如今虽然宗族国家倾覆,怎么知道这不是中兴之运的开始呢! 我认为对国家的故旧元老,应该具有江海那样的宽广肚量,这样才能安慰取得大家的心,以奠定光复的基础,成就宏大的功业,为什么因愤怒而抛弃他们,我私下里认为大王的态度不可取!"慕容垂很高兴,听从了他的意见。

　　前燕国主慕容㬂逃出邺城的时候,尚有一千多骑兵侍卫,等到出城以后,他们全都逃散,只有十多个骑兵跟随。前秦王苻坚让游击将军郭庆追击他们。当时道路艰难,孟高搀扶侍奉慕容㬂,还要跑前跑后地保护乐安王慕容臧和定襄王慕容渊,竭尽辛劳。再加上途中遇上强盗,只得边打边走。几天以后,走到福禄,靠着坟墓休息时,有二十多个强盗突然来到,全都手持弓箭,孟高挥刀与他们搏斗,杀死杀伤了数人。孟高疲劳至极,自觉得必死无疑,于是就冲上前去抱住一个强盗,把他打倒在地,大喊道:"男儿完了!"其他强盗从旁边向孟高射击,射死了他。艾朗看到孟高独自搏斗,也返回来冲向强盗,一并被射死了。慕容㬂失去了马匹,只好步行,郭庆在高阳追上了他,部将巨武正要把他捆绑起来,慕容㬂说:"你是哪里的小人,胆敢捆绑天子!"巨武说:"我接受诏令追击盗贼,什么叫天子!"于是就押着他到了前秦王苻坚那里。苻坚责问慕容㬂为什么不投降而逃跑,慕容㬂回答说:"狐狸要死在自己的洞穴,我想归葬于先人的墓地罢了。"苻坚为他感到悲哀,释放了他,命令他返回王宫,率领文武大臣出来投降。慕容㬂向苻坚称颂孟高、艾朗的忠诚,苻坚命令对他们加以厚葬,授予他们的儿子郎中的官职。

　　郭庆继续前进,抵达龙城,太傅慕容评逃奔到高句丽,高句丽拘捕了慕容评,把他送到前秦。宜都王慕容桓杀掉了镇东将军勃海王慕容亮,吞并了他的兵众,逃奔辽东。辽东太守韩稠,此前已经投降了前秦,慕容桓来到后,没能进入。攻打韩稠,没有攻克。郭庆派将军朱嶷攻打慕容桓,慕容桓丢下兵众只身逃跑,朱嶷擒获并斩杀了他。

诸州牧守及六夷渠帅尽降于秦,凡得郡百五十七,户二百四十六万,口九百九十九万。以燕宫人、珍宝分赐将士。下诏大赦曰:"朕以寡薄,猥承休命,不能怀远以德,柔服四维,至使戎车屡驾,有害斯民,虽百姓之过,然亦朕之罪也。其大赦天下,与之更始。"

初,梁琛之使秦也,以侍辇苟纯为副。琛每应对,不先告纯。纯恨之,归言于燕主暐曰:"琛在长安,与王猛甚亲善,疑有异谋。"琛又数称秦王坚及王猛之美,且言秦将兴师,宜为之备。已而秦果伐燕,皆如琛言,暐乃疑琛知其情。及慕容评败,遂收琛系狱。秦王坚入邺而释之,除中书著作郎,引见,谓之曰:"卿昔言上庸王、吴王皆将相奇材,何为不能谋画,自使亡国?"对曰:"天命废兴,岂二人所能移也!"坚曰:"卿不能见几而作,虚称燕美,忠不自防,反为身祸,可谓智乎?"对曰:"臣闻'几者动之微,吉之先见者也'。如臣愚暗,实所不及。然为臣莫如忠,为子莫如孝,自非有一至之心者,莫能保忠孝之始终。是以古之烈士,临危不改,见死不避,以徇君亲。彼知几者,心达安危,身择去就,不顾家国,臣就使知之,尚不忍为,况非所及邪!"

坚闻悦绾之忠,恨不及见,拜其子为郎中。

坚以王猛为使持节、都督关东六州诸军事、车骑大将军、开府仪同三司、冀州牧,镇邺,进爵清河郡侯,悉以慕容评第中之物赐之。赐杨安爵博平县侯;以邓羌为使持节、征虏将军、安定太守,赐爵真定郡侯;郭庆为持节、都督幽州诸军事、幽州刺史,镇蓟,赐爵襄城侯。其馀将士封赏各有差。

各州州牧、太守以及六夷首领全都向前秦投降,前秦共得到一百五十七郡,二百四十六万户,九百九十九万人。苻坚将前燕的宫女、珍宝分别赏赐给众将士。下达大赦诏令称:"朕以寡薄之德,辱承尊命,不能以道义安抚远方的民众,以怀柔征服天下,以至于使战车屡屡出征,有害于百姓,虽然这是百姓的过错,然而也是朕的罪行。现在大赦天下,与百姓一起从头开始。"

当初,梁琛出使前秦的时候,以侍辇苟纯作为副手。梁琛每逢应酬对答,不事先告诉苟纯,苟纯很忌恨他,回来后告诉前燕国主慕容暐说:"梁琛在长安,与王猛非常亲密友好,我怀疑他有反叛的图谋。"梁琛又多次称赞前秦王苻坚及王猛的美善,而且说前秦将要起兵,对此应该防备。此后前秦果然讨伐前燕,全都和梁琛所说的一样,慕容暐便怀疑梁琛知道实情。等慕容评失败以后,就将梁琛逮捕下狱。前秦王苻坚进入邺城后释放了他,授予他中书著作郎职位,召见时对他说:"你过去说上庸王慕容评、吴王慕容垂全都是不同寻常的将相之才,为什么不能出谋划策,情愿让国家灭亡?"梁琛回答说:"天命的废兴,难道是这两个人所能改变的!"苻坚说:"你没能洞察燕国危机的征兆而有所作为,还虚称燕国的美善,忠诚不能保全自己,反而招来灾祸,这能说是明智吗?"梁琛回答说:"我听说:'所谓征兆,是运动中的隐微苗头,是吉凶的事先表现。'像我这般愚昧,实在无法洞察。然而作为臣下,没有什么能与忠诚相比,作为儿子,没有什么能与孝顺相比,自己没有一贯之心的人,没有谁能始终保持忠和孝。所以古代的刚强之士,临危不改变初衷,见死不加以逃避,以此来殉身君主、父母。那些了解征兆的人,心知安危,便选择去留,不再顾及宗族国家。我即使知道征兆,尚且不忍心去做,何况了解征兆还是力不能及的呢!"

苻坚听说了悦绾的忠诚,只遗憾没能见到他,授予他的儿子郎中职务。

苻坚任命王猛为使持节、都督关东六州诸军事、车骑大将军、开府仪同三司、冀州牧,镇守邺城,进升爵位为清河郡侯,将慕容评宅第中的东西全都赐给了他。赐封杨安博平县侯爵位;任命邓羌为使持节、征虏将军、安定太守,赐封真定郡侯爵位;宁任命郭庆为持节、都督幽州诸军事、幽州刺史,镇守蓟城,赐封襄城侯爵位。对其馀将士的赐封奖赏各有等差。

坚以京兆韦钟为魏郡太守,彭豹为阳平太守。其馀州县牧、守、令、长,皆因旧以授之。以燕常山太守申绍为散骑侍郎,使与散骑侍郎京兆韦儒俱为绣衣使者,循行关东州郡,观省风俗,劝课农桑,振恤穷困,收葬死亡,旌显节行,燕政有不便于民者,皆变除之。

十二月,秦王坚迁慕容暐及燕后妃、王公、百官并鲜卑四万馀户于长安。

王猛表留梁琛为主簿,领记室督。他日,猛与僚属宴,语及燕朝使者,猛曰:“人心不同:昔梁君至长安,专美本朝;乐君但言桓温军盛;郝君微说国弊。”参军冯诞曰:“今三子皆为国臣,敢问取臣之道何先?”猛曰:“郝君知几为先。”诞曰:“然则明公赏丁公而诛季布也。”猛大笑。

秦王坚自邺如枋头,宴父老,改枋头曰永昌,复之终世。甲寅,至长安,封慕容暐为新兴侯;以燕故臣慕容评为给事中,皇甫真为奉车都尉,李洪为驸马都尉,皆奉朝请;李邦为尚书,封衡为尚书郎,慕容德为张掖太守,燕国平睿为宣威将军,悉罗腾为三署郎;其馀封署各有差。衡,裕之子也。

燕故太史黄泓叹曰:“燕必中兴,其在吴王乎!恨吾老,不及见耳!”汲郡赵秋曰:“天道在燕,不及十五年,秦必复为燕有。”

慕容桓之子凤,年十一,阴有复雠之志,鲜卑、丁零有气干者皆倾身与之交结。权翼见而谓之曰:“儿方以才望自显,勿效尔父不识天命!”凤厉色曰:“先王欲建忠而不遂,此乃人臣之节;君侯之言,岂奖劝将来之义乎!”翼改容谢之,言于秦王坚曰:“慕容凤慷慨有才器,但狼子野心,恐终不为人用耳。”

符坚任命京兆人韦钟为魏郡太守,彭豹为阳平太守,其馀州县的牧、守、令、长,全都根据过去的人选加以任命。任命前燕的常山太守申绍为散骑侍郎,让他和散骑侍郎京兆人韦儒一起作为绣衣使者,巡视关东州郡,观察风俗民情,劝勉农耕蚕桑,赈济抚恤贫困,收敛安葬死者,表彰节义行为,前燕的政令有不利于百姓的,全都加以修改、废除。

十二月,前秦王符坚把慕容暐以及前燕的王后、妃嫔、王公、百官连同四万多户鲜卑人,一起迁移到了长安。

王猛上表请求留下梁琛任主簿,兼记室督。有一天,王猛和僚属聚会,说到了燕朝的使者,王猛说:"人心不同:过去梁琛到了长安,专门美化自己的朝廷;乐嵩只说桓温的军队强盛;郝晷暗地里说到了国家的弊端。"参军冯诞说:"如今这三人全都成了前秦的国臣,敢问您任用臣下的策略,应该优先考虑谁?"王猛说:"郝晷能洞察隐微的征兆,应该优先。"冯诞说:"然而汉高祖刘邦却奖赏丁公而要诛杀季布。"王猛大笑。

前秦王符坚从邺城到枋头,宴请父老,把枋头改称永昌,终世免除该地的赋税劳役。甲寅(十四日),符坚抵达长安,封慕容暐为新兴侯;任命前燕旧臣慕容评为给事中,皇甫真为奉车都尉,李洪为驸马都尉,全都给予他们在春、秋朝见天子的资格;任命李邽为尚书,封衡为尚书郎,慕容德为张掖太守,燕国人平睿为宣威将军,悉罗腾为三署郎。对其他人的赐封任命各有等差。封衡是封裕的儿子。

前燕以前的太史黄泓叹息道:"燕朝一定能中兴,大概是在吴王慕容垂了!遗憾的是我已年老,来不及看到了!"汲郡人赵秋说:"天道在燕,用不了十五年,秦国必定又为燕国所有。"

慕容桓的儿子慕容凤,十一岁,暗中怀有复仇之志,鲜卑、丁零有才干的人全都俯身与他结交。权翼见到后对慕容凤说:"小儿正以才能名望自我显露,不要效法你父亲不识天命!"慕容凤严厉地说:"先父想建立忠诚而没能遂愿,这是作为人臣的节操;你所说的话,难道是奖掖后辈的意思吗!"权翼脸色一变谢罪离开,向前秦王符坚进言说:"慕容凤慷慨而有才能与气度,只是豺狼之子不可驯服,恐怕最终也不会被人所用。"

16　秦省雍州。

17　是岁,仇池公杨世卒,子纂立,始与秦绝。叔父武都太守统与之争国,起兵相攻。

16　前秦取消了雍州建制。

17　这一年,仇池公杨世去世,儿子杨纂继位,开始与前秦绝交。杨纂的叔父武都太守杨统与杨纂争夺封国,互相起兵攻打。